T0349536

Grundlagen der Mikroökonomik

Martin Kolmar

Grundlagen der Mikroökonomik

Ein integrativer Ansatz

2., erweiterte und vollständig überarbeitete Auflage

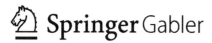 Springer Gabler

Martin Kolmar
Institut für Wirtschaftsethik
Department of Economics
St. Gallen, Schweiz

ISBN 978-3-662-63361-8   ISBN 978-3-662-63362-5 (eBook)
https://doi.org/10.1007/978-3-662-63362-5

Die Deutsche Nationalbibliothek verzeichnet diese Publikation in der Deutschen Nationalbibliografie; detaillierte bibliografische Daten sind im Internet über http://dnb.d-nb.de abrufbar.

Springer Gabler

Planung/Lektorat: Nora Valussi
Springer Gabler ist ein Imprint der eingetragenen Gesellschaft Springer-Verlag GmbH, DE und ist ein Teil von Springer Nature.
Die Anschrift der Gesellschaft ist: Heidelberger Platz 3, 14197 Berlin, Germany

Für meine Tochter,
Carlotta

Vorwort zur zweiten Auflage

Nach vier Jahren war es an der Zeit, dieses Lehrbuch grundlegend zu erweitern und zu überarbeiten. Dabei wurden die drei Besonderheiten dieses Lehrbuchs, *Kontextualisierung, kritische Reflexion* und *Anwendungsbezug* der behandelten Theorien konsequent weiterentwickelt.

Die nun vorliegende Auflage baut insbesondere den entscheidungstheoretischen Teil des Buchs systematisch aus. Zur traditionellen Entscheidungstheorie unter Sicherheit tritt ein Kapitel, welches traditionelle Entscheidungstheorien unter Unsicherheit und Risiko behandelt. Ein weiteres Kapitel ist der Verhaltensökonomik gewidmet. Dabei geht es zum einen darum, besser zu verstehen, inwieweit Menschen in ihrem Verhalten Konsequenzen auf andere Menschen berücksichtigen (soziale Präferenzen). Und zum anderen geht es um Abweichungen vom Paradigma rationalen Verhaltens. Die behandelten empirischen Ergebnisse und theoretischen Erklärungen werden dabei zum einen methodisch hinterfragt, um die Kritikfähigkeit und Methodenkompetenz zu stärken. Und zum anderen werden sie mit den Ergebnissen der klassischen Entscheidungstheorie sowie ihrer wirtschaftspolitischen Implikationen verglichen. Ein abschliessendes entscheidungstheoretisches Kapitel geht noch einen Schritt weiter und behandelt wichtige Theorien und Ergebnisse aus den Neurowissenschaften, der Evolutionspsychologie und der Narrationspsychologie, um ein noch grundlegenderes Verständnis menschlicher Wahrnehmung und menschlichen Verhaltens zu erlangen. In diesem Kapitel wird darüber hinaus der Frage nachgegangen, was diese Ergebnisse für die traditionelle Ökonomik bedeuten und wie eine alternative normative Sicht auf individuelles Wohlergehen und eine Ökonomie, die dieses befördert, aussehen kann.

In den schon in der ersten Auflage existierenden Kapiteln wurden theoretische Ergänzungen vorgenommen und die Fallbeispiele und Fallstudien aktualisiert. So findet sich beispielsweise im Kapitel zum Monopolverhalten ein Abschnitt zu zweiseitigen Märkten, im Kapitel zum Komparativen Vorteil Fallstudien zu Handelskriegen und langfristigen Veränderungen des Komparativen Vorteils, und im Kapitel zu Externalitäten Modelle und Fallstudien zu Pandemien und der Klimakrise. Die in der ersten Auflage verwendeten Randsymbole werden in der zweiten Auflage nicht weiter verwendet.

Ich danke Magnus Hoffmann für die Miterstellung der Kap. 8 und 10 sowie seiner kritischen Begleitung des gesamten Projekts. Judith Gamp danke ich für ihre kritischen Anmerkungen und die sorgfältige Durchsicht des Manuskripts. Dank gebührt ebenfalls Yara Locher, die die Grafiken erstellt hat. Claudia Fichtner, Jürg Furrer, Stefan Legge und Alfonso Sousa-Poza seien ebenfalls für ihre vielen konstruktiven Kommentare gedankt. Nicht zuletzt möchte ich mich auch bei all den vielen Studierenden bedanken, deren zahlreichen grossen und kleinen Anmerkungen und Kommentare über die Jahre ihren Weg in dieses Buch gefunden haben.

St. Gallen, Schweiz   Martin Kolmar
Februar 2021

Vorwort zur ersten Auflage

Vielleicht fragen Sie sich, warum es einen Grund dafür geben sollte, das ohnehin volle Regal mit Einführungslehrbüchern mit einem weiteren Lehrbuch zu den Grundlagen der Mikroökonomik zu bestücken. Es gibt drei Gründe, die mich dazu motiviert haben.

Erstens vermitteln die meisten Lehrbücher den Eindruck, dass die dort vorgestellten ökonomischen Theorien kontextfrei und objektiv seien. Dies ist ein falscher und gefährlicher Glaube. Zunächst ist es so, dass jede Theorie in ein intellektuelles Milieu eingebettet ist, von dem sie Vorstellungen borgt und auf dem sie aufbaut. Niemand ist eine Insel, und das gilt auch für wissenschaftliche Theorien. Die Tendenz, die Kontexte, in denen Theorien angesiedelt sind und innerhalb derer sie erst einen Sinn entfalten können, auszublenden, geht mit dem Risiko einher, dass man blind für die impliziten Annahmen, Werturteile und epistemologischen und ontologischen Prämissen wird, von denen die Theorie abhängt. Dies macht die Ökonomik dafür anfällig, ideologisch missbraucht zu werden. Ökonomische Bildung bedeutet nicht nur, dass man die gängigen ökonomischen Theorien versteht und anwenden kann, sondern auch zu verstehen, wie sich diese zu den anderen Gesellschaftswissenschaften und der Kultur verhalten, aus der sie erwachsen sind. Dieses Lehrbuch ist ein Versuch, die moderne Ökonomik nicht nur zu vermitteln, sondern auch stärker zu kontextualisieren und anhand von zahlreichen Fallbeispielen mit Leben zu füllen. Dies geschieht in der Hoffnung, dass Sie nicht nur ein gutes Verständnis für ökonomische Zusammenhänge entwickeln werden, sondern darüber hinaus auch ein Gefühl für die Stärken und Schwächen des ökonomischen Ansatzes bekommen. Daher eignet sich dieses Buch auf für Studierende anderer Fachbereiche, die eine Einführung in das ökonomische Denken suchen und dabei Zusammenhänge zu den anderen Sozialwissenschaften und der Philosophie schätzen.

Damit es Ihnen leichter fällt, die wichtigsten Kontextualisierungen im Text zu erkennen, finden Sie am Seitenrand eine Reihe von *Icons*. Dabei verweist $\mathcal{L}$ auf einen rechtlichen, $\mathcal{B}$ auf einen betriebswirtschaftlichen und Φ auf einen philosophischen (in einem weiten Sinne) Kontext. Ein ◇-Symbol zu Beginn eines Absatzes verweist darauf, dass in diesem Absatz wichtige neue Begriffe definiert werden.

Zweitens sind Lehrbücher zu den Grundlagen der Mikroökonomik in den vergangenen Jahrzehnten zu einem Millionengeschäft geworden. Tausende von Universitäten, Fachhochschulen und *Business-Schools* lehren weltweit dieselben Prinzipien. Die Globalisierung dieses Marktes führte zu einer Kommodifizierung der Lehrbücher, um damit so viele Kopien wie möglich zu verkaufen. Das Ergebnis ist, dass die meisten Bücher die Theorien nur auf einem sehr elementaren Niveau behandeln und an der Oberfläche bleiben. Diese Strategie macht ein Lehrbuch potenziell kommerziell erfolgreich, doch nimmt sie den Studierenden die Möglichkeit, ein tieferes Verständnis für die Theorien und ihre Stärken und Schwächen zu entwickeln. Man kann argumentieren, dass dies in einem einführenden Buch auch nicht zentral ist, da ein vertieftes Verständnis in aufbauenden Kursen entwickelt wird, so dass man die Lücken auch später im Studium füllen kann. In Wirklichkeit gibt es aber eine nicht zu vernachlässigende Anzahl Studierende, die ihre ganze ‚Weisheit' aus dem Einführungskurs ziehen. Man kann nie früh genug damit beginnen, Studierende zur Entwicklung einer kritischen und unabhängigen Meinung zu motivieren.

Drittens sind die meisten Lehrbücher nicht auf die Bedürfnisse einer *Business-School* zugeschnitten, an der die meisten Studierenden Ökonomik, Betriebswirtschaft, Recht und gegebenenfalls Politikwissenschaft studieren. Die Mikroökonomik beschäftigt sich mit der Funktionsweise von Institutionen, und die meisten modernen Institutionen basieren auf einem Rechtssystem. Dieses in den Theorien in den Vordergrund zu holen, schafft Synergien zwischen Recht und Ökonomik. Und etwas ähnliches gilt für das Verhältnis zur Betriebswirtschaft: Unternehmen handeln in Marktkontexten, so dass man als Manager die Funktionslogik der Märkte, auf denen man agiert, verstehen muss, will man erfolgreich sein. Ökonomische Theorien aus einer Managementperspektive anzuschauen, erlaubt es besser zu verstehen, welche unternehmerischen Folgen bestimmte Marktkontexte haben und wie eng ökonomische und betriebswirtschaftliche Perspektiven miteinander verbunden sind und daher auch im Studium verbunden werden sollten. Ein ähnliches Argument könnte für die Politikwissenschaft entwickelt werden. Diese Fächer sind nur unterschiedliche Perspektiven auf dasselbe Phänomen: Die Logik gesellschaftlichen Handelns.

Dieses Buch nahm über viele Jahre Gestalt an, während denen ich die Grundlagen der Ökonomik lehren durfte. Ich möchte mich bei allen Studierenden für ihre Geduld und ihre unzählbaren interessanten Diskussionen und Anregungen danken. Sie alle haben an der einen oder anderen Stelle Eingang in mein Denken und damit in dieses Buch gefunden. Insbesondere danken möchte ich meinen derzeitigen und früheren Doktorierenden und Wissenschaftlichen Mitarbeitenden Philipp Denter, Magnus Hoffmann, Hendrik Rommeswinkel und Dana Sisak, die einen grossen Einfluss auf das Buch genommen haben. Dies gilt auch für Thomas Beschorner, Friedrich Breyer, Ingo Pies, Claudia Fichtner, Jürg Furrer, Michael Heumann, Normann Lorenz, Alfonso Sousa-Poza und Andreas Wagener, die mir zum Teil sehr detailliertes Feedback zu früheren Versionen des Buchs gegeben haben und von denen ich viel lernen durfte. Weiter gilt mein Dank Maya G. Davies, Corinne Knöpfel, Leopold Lerach, Jan Riss und Jan Serwart, die mich beim Finalisieren des Skripts unterstützt und die durch eine Vielzahl von Anmerkungen dafür gesorgt haben, dass das Buch studierendenfreundlicher und lesbarer geworden ist. Die Verantwortung für die Verständnisprobleme, die Sie bei der Lektüre haben werden, liegt sicherlich nicht bei ihnen.

St. Gallen, Schweiz   Martin Kolmar
Mai 2017

Inhaltsverzeichnis

Teil I
Grundlagen

Grundlagen

1

In diesem Kapitel lernen Sie ...

- genügend Wissenschaftstheorie, um sich eine qualifizierte Meinung über die Struktur und den Erklärungsanspruch ökonomischer Theorien bilden zu können.
- das grundlegende Paradigma der Ökonomik kennen: die Funktionslogik von Gesellschaften als Anpassung auf zugrundeliegende Knappheitsverhältnisse.
- warum die Ökonomik sich nicht über den Betrachtungsgegenstand, sondern über die Analysemethode definiert.
- warum das Gegenteil von positiv nicht negativ, sondern normativ ist.
- die Relevanz von Opportunitätskosten kennen.
- wie Ökonominnen und Ökonomen denken und Entscheidungen treffen.

1.1 Worum geht es in der Ökonomik?

> Economics is the science which studies human behavior as a relationship between ends and scarce means which have alternative uses. (Lionel Robbins, 1932)

> The master-economist must possess a rare combination of gifts. He must reach a high standard in several different directions and must combine talents not often found together. He must be mathematician, historian, statesman, philosopher - in some degree. He must contemplate the particular in terms of the general, and touch abstract and concrete in the same flight of thought. He must study the present in the light of the past for the purposes of the future. No part of man's nature or his institutions must lie entirely outside his regard. He must be purposeful and disinterested in a simultaneous mood; as aloof and incorruptible as an artist, yet sometimes as near the earth as a politician. (John Maynard Keynes, 1924)

Wenn man sich an den ökonomischen Fachbereichen dieser Welt umschaut, wird man überrascht sein, was Ökonominnen und Ökonomen so alles tun und woran sie forschen. Selbstverständlich untersuchen sie ‚die Ökonomie', aber sie tun noch viel mehr. Die moderne Ökonomik umfasst ein weites Feld von Fragestellungen, die ein

© Der/die Autor(en), exklusiv lizenziert durch Springer-Verlag GmbH, DE, ein Teil von Springer Nature 2021
M. Kolmar, *Grundlagen der Mikroökonomik*,
https://doi.org/10.1007/978-3-662-63362-5_1

Laie nicht unmittelbar mit diesem Fach in Verbindung bringen würde. Hier sind einige Beispiele: Ökonominnen und Ökonomen untersuchen die ‚grossen alten' Fragen nach den Ursachen von Wachstum, Konjunkturzyklen, Armut, Arbeitslosigkeit oder die Effekte von Geldpolitik auf die Ökonomie. Allgemein gesprochen versuchen sie herauszufinden, wie in Märkten und anderen Institutionen Güter und Ressourcen verteilt werden und wie sie reguliert werden müssen, damit das Ergebnis bestimmte wünschenswerte Eigenschaften hat. Ein wichtiger Teilbereich ist die Untersuchung der Funktionslogik des Verhältnisses von Märkten, Unternehmen und staatlichen Institutionen. Dazu gehören die Möglichkeiten und Effekte der Steuerpolitik sowie die öffentliche Bereitstellungen von Gütern und Dienstleistungen. Darüber hinaus untersucht man aber auch politische Institutionen wie unterschiedliche Wahlsysteme, die Ursachen und Konsequenzen von politischen und militärischen Konflikten oder das Verhältnis zwischen unterschiedlichen Ebenen des Staates. Sie beschäftigen sich mit evolutionstheoretischen Fragen, der Gestaltung von Finanzdienstleistungen, Auktionen oder Internetplattformen, sie arbeiten mit Juristinnen und Juristen, um die Konsequenzen rechtlicher Regelsysteme zu verstehen, oder mit Philosophinnen und Philosophen, etwa im Bereich der Ethik.

Der Grund für diese enorme Diversität liegt im Selbstverständnis der modernen Ökonomik. Die Ökonomik ist nicht die Wissenschaft von ‚der Ökonomie', sie definiert sich nicht über den Gegenstand, den sie untersucht. Vielmehr definiert sie sich über eine bestimmte Betrachtungsweise, von der aus die gesellschaftliche Wirklichkeit verstanden werden soll: Knappheit. Paul A. Samuelson (1948), einer der einflussreichsten Ökonomen des 20. Jahrhunderts, hat eine präzise Definition dieses Selbstverständnisses formuliert: „Economics is the study of how men and society choose, with or without the use of money, to employ scarce productive resources which could have alternative uses, to produce various commodities over time and distribute them for consumption, now and in the future among various people and groups of society." Diese Definition ist möglicherweise nicht so elegant wie die von Lionel Robbins zu Beginn des Kapitels, sie hat aber den Vorteil grösserer Präzision: In der Ökonomik versucht man zu verstehen, wie Ressourcen verwendet werden, um damit Knappheit zu mildern. Die Ökonomik ist daher eine wissenschaftliche Methode: Man startet mit der Prämisse, dass die Logik individuellen Handelns und gesellschaftlicher Interaktionen als Reaktion auf das Phänomen der Knappheit rekonstruiert werden kann. Daher kommt es zu der obigen, sehr diversen Liste von Beispielen. Wann immer die Hypothese, dass Knappheit zum Verständnis einer Situation eine Rolle spielen kann, sinnvoll erscheint, kann eine Ökonomin oder ein Ökonom an Bord genommen werden.

Aber was ist Knappheit? Knappheit bezieht sich auf Situationen, in denen die Bedürfnisse grösser als die zu ihrer Befriedigung zur Verfügung stehenden Mittel sind. Bedürfnisse werden dabei in der Regel auf menschliche Bedürfnisse (im Vergleich etwa zu solchen von Tieren) reduziert, und die Mittel beziehen sich auf alle Güter und Ressourcen, die zur Befriedigung dieser Bedürfnisse geeignet sind. Der Bezugspunkt ‚Bedürfnis' verweist darauf, dass Knappheit ihren Ursprung in der menschlichen Physiologie und Psychologie hat. Der menschliche Metabolismus basiert auf einem Zufluss von Energie und bestimmten Stoffen, um im Gleichgewicht zu bleiben. Fällt die Nahrungsaufnahme langfristig unter ein bestimmtes Niveau oder muss man ohne die Zuwendung anderer Menschen auskommen, können sich Menschen nicht normal entwickeln, werden krank und sterben. Diese physiologischen Bedürfnisse können als objektiv bezeichnet werden, und ihre Befriedigung ist notwendig für die Aufrechterhaltung von Leben. Allerdings gibt es auch zahlreiche Bedürfnisse, die nicht von dieser Art sind. Schnelle Autos, grosse Häuser oder modische Kleidung sind für ein gesundes Leben nicht notwendig, sondern höchstens angenehm, und sie sind oft kulturspezifisch. Solche Bedürfnisse kann man als subjektiv bezeichnen. Die Ökonomik untersucht, wie Menschen und Gesellschaften sowohl mit objektiver als auch subjektiver Knappheit umgehen.

Exkurs 1.1. Ein Mehr an Mitteln oder ein Mehr an Autonomie?
Nicht nur die Ökonomik nimmt explizit oder implizit Bezug auf das Phänomen der Knappheit. Philosophien wie der Buddhismus haben ebenfalls Knappheit als Ausgangspunkt, auch wenn diese in einem anderen begrifflichen Bezugssystem auftaucht. Die ersten beiden der sogenannten ‚Vier Edlen Wahrheiten' besagen, dass (1) *Dukkha* existiert und dass (2) es durch Anhaftung an Wünsche und Vorstellungen hervorgebracht wird. Dukkha wird oft mit dem Begriff *Leiden* übersetzt, hat aber einen über diesen Begriff weit hinausgreifenden Bedeutungsrahmen, für den sich kein gutes deutsches Wort finden lässt. Dukkha bezieht sich auf nicht aufeinander angepasste Bedürfnisse und Mittel zu ihrer Befriedigung, also auf Knappheit.

Es ist interessant zu sehen, dass der Impuls, der aus der Feststellung von Knappheit resultiert, in der Ökonomik und im Buddhismus in sehr unterschiedliche Richtungen geht. Die meisten ‚westlichen' Ökonominnen und Ökonomen versuchen herauszufinden, wie man Knappheit durch eine Vergrösserung der zur Verfügung stehenden Mittel lindern kann (durch Wachstum, technologischen Wandel, effizientere Organisation). Die intuitive Reaktion auf das Phänomen der Knappheit ist *nach aussen* gerichtet: Vergrössere die Mittel bei gegebenen Bedürfnissen. Dieser Impuls findet sich selbst bei der Idee der Freiheitsrechte wieder, die weitgehend als politische Rechte konzipiert sind, als Abwesenheit von äusserem Zwang.

Im Gegensatz hierzu weist die Reaktion auf Knappheit im Buddhismus *nach innen*, auf eine Überwindung der Bedürfnisse. Dies sieht man, wenn man die beiden anderen Edlen Wahrheiten anschaut: (3) Dukkha verschwindet, wenn die Anhaftung an Bedürfnisse verschwindet und (4) eine Befreiung von Dukkha ist möglich, indem man einem spirituellen Pfad folgt. Damit geht notwendig ein Training einher, welches dabei hilft, die Konventionen der Wahrnehmung des Selbst, seiner Bedürfnisse und Wünsche als solche zu erkennen und sich von ihnen und den entstehenden Handlungsimpulsen zu distanzieren. Dies ist der Kern von Persönlichkeitsentwicklung und Freiheit. Beide Sichtweisen starten am selben Ausgangspunkt, ziehen aber gegensätzliche Schlussfolgerungen hinsichtlich des richtigen Umgangs.

Das Konzept der Knappheit führt unmittelbar zu einem der erklärungsmächtigs-
ten Werkzeuge der Ökonomik: dem Konzept der *Opportunitätskosten*. Wenn man
unter Bedingungen von Knappheit Entscheidungen trifft, impliziert die Entscheidung, den einen Weg einzuschlagen, dass man einen anderen Weg nicht gehen
kann. Aber der andere Weg sieht auch interessant aus. In diesem Sinne hat die
Entscheidung für den einen Weg Kosten. Das können wir auch etwas präziser
formulieren: Nehmen Sie an, Sie müssen eine Alternative a aus einer Menge von
Alternativen A wählen, und Sie können diese hinsichtlich des aus den Alternativen
resultierenden Vergnügens oder Nutzens ordnen, so dass a_1 die für Sie beste, a_2 die
für Sie zweitbeste, usw. Alternative ist. Wenn Sie nun Alternative a_1 wählen, sind
die Opportunitätskosten das Vergnügen oder der Nutzen, der ihnen dadurch entgeht,
dass Sie nicht Alternative a_2 wählen können.

All das klingt ziemlich abstrakt, muss es aber nicht sein. Das Konzept der
Opportunitätskosten erlaubt es, besser zu verstehen, wie Menschen Entscheidungen
treffen bzw. wie sie Entscheidungen treffen sollten (auf diese Unterscheidung
werden wir noch im Detail eingehen). Wenn man abends ins Kino geht, kann
man nicht ins Restaurant gehen; wenn man sein Geld für ein neues Auto ausgibt,
kann man sich den teuren Japanurlaub nicht leisten; wenn man Ökonomik studiert,
kann man nicht gleichzeitig Physik studieren. Um die richtigen Entscheidungen zu
treffen, sollte man sich bewusst sein, was einem die unterschiedlichen Alternativen
bedeuten. Der Wert, den man der nächstbesten nichtgewählten Alternative beimisst,
sind die Opportunitätskosten, die mit der Wahl einhergehen.

**Exkurs 1.2. Grosszügigkeit für Nerds: Opportunitätskosten und Wohltä-
tigkeit**

Das Konzept der Opportunitätskosten hilft in allen möglichen Lebensbereichen, bessere Entscheidungen zu treffen. Um diesen Punkt zu illustrieren,
schauen wir uns einen relativ neuen Trend an, der unter dem Begriff *Effektiver
Altruismus* firmiert, manchmal aber auch ironisch ‚Generosity for Nerds‘
genannt wird. Hinter dem Begriff Effektiver Altruismus verbirgt sich der
Versuch, Spenden und Wohltätigkeit so auf Projekte zu verteilen, dass mit
ihnen ein Maximum an guten Konsequenzen erreicht wird. Ein Beispiel zur
Illustration: Nehmen Sie an, dass Sie nach Ihrem Studienabschluss etwas
Guts für die Welt tun wollen. Viele Studierende, die eine solche Motivation
haben, ziehen z. B. eine Karriere bei Oxfam oder einer anderen wohltätigen
Organisation in Betracht. Womöglich ist das jedoch keine so kluge Idee.
Nehmen wir an, dass Sie bei einer wohltätigen Organisation CHF 50'000 im
Jahr verdienen würden und dass Sie dort problemlos durch eine andere Person
ersetzt werden könnten, die die Tätigkeit genauso gut wie Sie verrichten
würde. Nehmen Sie weiter an, dass Sie alternativ für eine Bank arbeiten
könnten, bei der Sie CHF 120'000 im Jahr verdienen würden. Um dasselbe
Jahreseinkommen für sich zu haben, könnten Sie CHF 70'000 spenden.

(Fortsetzung)

Dieses Geld finanziert die Stelle bei der wohltätigen Organisation und lässt noch CHF 20'000 für weitere wohltätige Spenden übrig. Wenn die Person, die Sie bei der wohltätigen Organisation ersetzen, diese Karriereoption nicht hat, ist es besser, dass Sie sich für eine Bankkarriere entscheiden, auch wenn dies auf den ersten Blick im Widerspruch zu Ihrer Intention zu stehen scheint, etwas für die Menschheit Guts zu tun. (Aber bitte vergessen Sie nicht, das Geld auch tatsächlich zu spenden!)

Nehmen Sie das Beispiel bitte nicht als Ratschlag für Ihre Karriere. Vielmehr illustriert es das Prinzip der Opportunitätskosten, welches genutzt werden kann, um das Ziel, möglichst viel Guts zu tun, bestmöglich zu erreichen. Der Effektive Altruismus tritt gerade mit dieser Idee und Forderung auf: dass man auch bei wohltätigem Verhalten in Alternativen und Opportunitätskosten denken kann und soll. Welche alternativen Verwendungen gibt es für meine Zeit und mein Geld? Und welche Konsequenzen kann ich erwarten, wenn ich mich für das eine oder das andere Ziel einsetze? Die Überzeugung, die dieser Denkrichtung zugrunde liegt, ist, dass Ressourcen so eingesetzt werden sollten, dass ihre Verwendung ein Maximum an guten Konsequenzen nach sich zieht.

Diese Idee mag auf den ersten Blick nach einer Ökonomisierung auch noch der letzten Lebensbereiche, nach ‚Ökonomik auf Steroiden' klingen. Tatsächlich ist es aber eine wichtige Idee zur Reduktion unnötigen Leids. Es gibt überzeugende empirische Evidenz dafür, dass z. B. das Spendenverhalten vieler Menschen hochgradig irrational ist. Katastrophenhilfe nach einem Erdbeben oder Tsunami ist ein gutes Beispiel. Solche Ereignisse sind schrecklich und erzeugen unvorstellbares Leid. Gleichzeitig führt das grosse Medieninteresse zu sogenannten ‚Superstareffekten', also Situationen, in denen sehr viele Menschen helfen wollen und dabei andere wichtige Ziele in den Hintergrund rücken. Am Ende kann es dann dazu führen, dass ein Katastrophenprogramm mehr Geld zur Verfügung hat, als es sinnvollerweise ausgeben kann, um das Leid zu lindern.

Um diesen Punkt zu illustrieren, nehmen wir an, dass wir in jedem Jahr eine fixe Geldsumme für wohltätige Projekte ausgeben wollen. In diesem Fall reduziert jeder Franken, den man für das Erdbebenprogramm ausgibt, die verfügbaren Mittel für andere, ebenfalls wichtige Projekte. Viele Spender sind oft sehr ungehalten, wenn Organisationen wie das Rote Kreuz aus genau diesem Grund einen Teil der Mittel für andere Zwecke verwenden wollen; sie wollen sicherstellen, dass ihr Geld ‚für den richtigen Zweck' ausgegeben wird. Aber was ist der richtige Zweck? Wenn z. B. die Kosten, ein weiteres Leben in der Erdbebenregion zu retten, CHF 50'000 betragen, aber nur CHF 10'000, wenn das Geld zur Malariaprävention in einem wenig öffentlichkeitswirksamen Projekt ausgegeben wird, ergibt es Sinn, ökonomische Prinzipien anzuwenden, wenn das Ziel ist, möglichst viele Menschenleben zu retten.

(Fortsetzung)

Ein Denken in Kategorien von Opportunitätskosten erlaubt es in diesem Fall, knappe Ressourcen rationaler einzusetzen.

Die Ökonomik unterscheidet traditionellerweise drei Betrachtungsebenen bei der Analyse gesellschaftlicher Phänomene:

- **Individualebene:** Auf der Individualebene untersucht man das Verhalten einzelner Menschen. Wie handeln sie unter Bedingungen von Knappheit? Wie geben sie ihr Geld für Güter und Dienstleistungen aus? Kaufen sie Kleider oder Bücher? Legen sie ihr Geld in Aktien oder auf Sparbüchern an? Studieren sie oder machen sie eine Lehre? Das Forschungsfeld, welches sich mit solchen Fragen beschäftigt, heisst Entscheidungstheorie.
- **Interaktionsebene:** Üblicherweise beeinflussen sich die Entscheidungen von Menschen gegenseitig. Wenn Anne ins Kino geht und Beat den Abend gern mit Anne verbringen möchte, muss er auch ins Kino gehen. Gleichgewichtsmodelle des Marktverhaltens oder die Spieltheorie sind Beispiele für Forschungsfelder, die sich mit der Frage beschäftigen, wie das Zusammenwirken individuellen Verhaltens funktioniert und welche Muster sich bilden.
- **Aggregierte Ebene:** Phänomene, die man traditionell auf der aggregierten Ebene untersucht, sind zum Beispiel Inflation, Wachstum oder Arbeitslosigkeit. Sie sind zwar das Ergebnis von individuellen Entscheidungen und den Regeln, die diese strukturieren und koordinieren. Aber oft wird von den Details solcher Entscheidungen abstrahiert und vereinfacht, damit man die Übersicht behält.

Am Ende sind gesellschaftliche Phänomene auf der Interaktionsebene und der aggregierten Ebene immer das Ergebnis individuellen Verhaltens. Der *Methodologische Individualismus* ist eine wissenschaftliche Position, nach der alle gesellschaftlichen Phänomene auf das Verhalten der Individuen zurückgeführt werden müssen. Nach dieser Sichtweise ist es unzureichend, abstrakte Gesetzeshypothesen zu formulieren, die einen Zusammenhang etwa zwischen Inflation und Arbeitslosigkeit postulieren, selbst wenn sich dieser empirisch bestätigt hat. Vielmehr müssen solche Hypothesen auf individuelles Verhalten auf der Individual- und Interaktionsebene zurückgeführt werden. Der Methodologische Individualismus ist in der Ökonomik weitgehend anerkannt.

Exkurs 1.3. Homo Oeconomicus
Die Ökonomik ist für einen Charakter berühmt, der in den meisten ihrer Geschichten eine tragende Rolle spielt, den *Homo Oeconomicus*. Jede Theorie, die gesellschaftliche Phänomene als Ergebnis individuellen Verhaltens erklären möchte, muss auf einer *Entscheidungstheorie* aufbauen, welche es

(Fortsetzung)

erlaubt, Vorhersagen über das Verhalten der Menschen zu treffen. Der Begriff *Homo Oeconomicus* fasst eine Reihe von Annahmen über die Art und Weise zusammen, wie Individuen Entscheidungen treffen.

Unterschiedliche Ökonominnen und Ökonomen verwenden den Begriff unterschiedlich, aber es gibt einen breiten Konsens über Annahmen, die minimal erfüllt sein müssen, um vom *Homo Oeconomicus* zu sprechen. Erstens wird der Begriff rein deskriptiv zur Beschreibung von Verhalten verwendet. Er beinhaltet keine psychologische oder neurowissenschaftliche Theorie der Wahrnehmung, des Wohlergehens und des Verhaltens. Dieser Ansatz geht zurück auf Vilfredo Pareto, John Hicks, Roy Allen und Paul Samuelson, die psychologische Konzepte weitestgehend aus der ökonomischen Theorie entfernen wollten und die Verhalten als rein zweckrational ansahen, wobei die Zwecke sich in den Handlungen der Individuen verwirklichen. Die Idee war, dass man Handlungen, nicht aber Gefühle oder kognitive Prozesse, die möglicherweise Verhalten auslösen, beobachten kann. Und wenn man sie nicht beobachten kann, so lassen sie sich auch nicht empirisch bestätigen oder widerlegen, so dass sie auch in der Theorie keine Rolle spielen sollten. Trotz dieses Standpunkts werden Präferenzen aber in der Normativen Ökonomik zur Messung des individuellen Wohlergehens herangezogen. Wir werden darauf später im Buch zurückkommen.

Daher muss man nur wissen, dass Individuen Entscheidungen strukturiert treffen, so dass wir aus dem Verhalten auf etwas zurückschliessen können, das man eine *Präferenzrelation* nennt. Dies ist der *Ansatz offenbarter Präferenzen*, demzufolge sich individuelles Verhalten, wenn es bestimmte Konsistenzanforderungen erfüllt, beschreiben lässt, als ob das Individuum eine Präferenzrelation (oder Nutzenfunktion) maximiere. Es wird dabei angenommen, dass die Relation, mit der das Individuum die Alternativen ordnet, eindeutig und über einen hinreichend langen Zeitraum stabil ist, damit man aus dem empirisch beobachtbaren Verhalten etwas lernen kann. Beachten Sie, dass nicht gesagt wird, ein Individuum habe eine solche Relation oder Funktion ‚in seinem Kopf'. Es handelt sich um eine ‚Als-Ob-Fiktion', ohne dass der Anspruch erhoben wird, etwas über die Prozesse zu wissen, die im Geist oder Gehirn ablaufen, wenn das Individuum Entscheidungen trifft. Pareto hat diesen Ansatz in einem Brief von (1897) wie folgt gerechtfertigt: „It is an empirical fact that the natural sciences have progressed only when they have taken secondary principles as their point of departure, instead of trying to discover the essence of things. [...] Pure political economy has therefore a great interest in relying as little as possible on the domain of psychology."

Wenn das Verhalten Konsistenzanforderungen erfüllt, so dass es als Maximierung einer Präferenzrelation rekonstruiert werden kann, erfüllt diese bestimmte Annahmen: Sie ist *vollständig* (das Individuum kann beliebige

(Fortsetzung)

Alternativen ordnen) und *transitiv* (wenn das Individuum Alternative *A* lieber mag als Alternative *B* und Alternative *B* lieber als Alternative *C*, dann hat es Alternative *A* auch lieber als Alternative *C*). Schliesslich wird angenommen, dass das Individuum *maximiert*, das heisst, dass es stets die beste zur Verfügung stehende Alternative wählt. Die Idee der Maximierung ist zentral für das Rationalverhaltensparadigma, welches wiederum zentral ist für die Idee des *Homo Oeconomicus*.

Diese Idee der Rationalität als Maximierung einer vollständigen und transitiven Präferenzrelation ist rein instrumentell: Sie bezieht sich auf die Konsistenz der Ordnung der Alternativen und das Verhältnis zwischen Ordnung und Verhalten. Rationalität bezieht sich also nicht auf die Frage, ob es gut, sinnvoll oder was auch immer ist, *A* besser als *B* zu finden. Man kann darüber diskutieren, ob Vollständigkeit, Transitivität und Maximierung die Idee der Rationalität gut erfassen; festzustellen ist aber, dass diese Eigenschaften in der Ökonomik als unverzichtbar für die Idee rationalen Handelns erachtet werden. Das Konzept ist weiter verfeinert worden, um auch Entscheidungssituationen unter Risiko und Unsicherheit erfassen zu können. Siehe Kap. 7, 8 und 10 für Details.

Es ist ein oftmals zu hörendes Missverständnis, dass der *Homo Oeconomicus* sich durch egoistisches Verhalten auszeichne. Wie die obigen Ausführungen gezeigt haben, ist dem aber nicht so. Und folgt man dem Ansatz offenbarter Präferenzen, so kann dies auch gar nicht anders sein. Begriffe wie Egoismus oder Altruismus beziehen sich auf (psychologische) Verhaltensmotive, über die man in diesem Ansatz gar nichts sagen kann. Allerdings muss zugestanden werden, dass viele Wissenschaftlerinnen und Wissenschaftler weitere Annahmen an die Struktur der Präferenzen hinzugefügt haben, welche sich im Sinne einer egoistischen Verhaltensmotivation rekonstruieren lassen. Aber es ist wichtig zu verstehen, dass eine solche Annahme nicht zum Kern der Idee des *Homo Oeconomicus* bzw. des rationalen Verhaltens gehört.

Eine vertiefte Diskussion des Konzepts des *Homo Oeconomicus* würde den Rahmen eines einführenden Kapitels sprengen, allerdings sollte man einige Kritikpunkte zumindest kurz benennen. Psychologen und Verhaltensökonomen haben gezeigt, dass Präferenzen nicht immer transitiv sind und dass Menschen Alternativen wählen, die nicht gut für sie sind (eine Aussage, die man bei einer strengen Auslegung des Ansatzes offenbarter Präferenzen allerdings gar nicht treffen kann). Darüber hinaus wurde nachgewiesen, dass sich Individuen in einer Reihe von Situationen nicht egoistisch verhalten, auch wenn die Standardtheorie oft diese Annahme verwendet. Siehe Kap. 8 und 10 für Details. Trotz dieser Verhaltensanomalien ist der Ansatz nach wie vor populär. Aus einer methodischen Perspektive dient er als regulative Idee, welche dabei hilft, besser zu verstehen, was die Struktur beschränkt rationalen

(Fortsetzung)

und nicht-egoistischen Verhaltens ist. Beschränkt rationales Verhalten folgt Mustern, und diese sind einfacher aufzuspüren, wenn man sie an einem Referenzpunkt misst. Wie wir noch sehen werden, zeichnet sich darüber hinaus eine gute Theorie auch nicht dadurch aus, dass ihre Annahmen in einem naiven Sinn möglichst ‚realistisch‘ sind. Die Vorhersagekraft einer Theorie kann gross sein, auch wenn die unterlegten Annahmen von einer Vielzahl von Faktoren abstrahieren, die in der Wirklichkeit vorliegen können.

Es wäre falsch, wenn man behaupten würde, dass einzig die Ökonomik auf dem Paradigma der Knappheit aufbaut. Die Definitionen von Robbins (1932) und Samuelson sind ziemlich vage hinsichtlich der Rolle, die Menschen in der ökonomischen Theorie spielen, und es ist die zusätzliche Annahme des Methodologischen Individualismus, welche den ökonomischen Mainstream von anderen Wissenschaften unterscheidet, auch wenn sie ansonsten ebenfalls auf der Idee der Knappheit aufbauen.

Die Evolutionsbiologie ist ein gutes Beispiel. Die Evolution einer Population von Lebewesen ist demnach das Ergebnis von drei fundamentalen Prinzipien: (1) Es gibt vererbbare Eigenschaften, (2) diese Eigenschaften variieren, und (3) manche Eigenschaften sind adaptiver als andere, so dass Organismen mit diesen Eigenschaften mehr Kopien an die nächste Generation weitergeben als Organismen ohne diese Eigenschaften. Der aus unserer Perspektive zentrale Punkt ist, dass diesen Prinzipien als viertes sozusagen Fundamentalprinzip Knappheit unterliegen muss, da es nur so zu einem Konkurrenzverhältnis zwischen Eigenschaften kommen kann. Ohne Knappheit könnten sich Eigenschaften unendlich vermehren, ohne miteinander in Konflikt zu geraten. Daher basiert die Evolutionstheorie notwendig auf einer Idee von Knappheit. Was diese von der Ökonomik unterscheidet, ist nicht Knappheit, sondern die ‚kleinste Einheit‘, auf die die Funktionslogik zurückgeführt wird. In der Ökonomik ist dies der einzelne Mensch, in der Evolutionsbiologie ist es das einzelne Gen. Evolutionsbiologen unterscheiden zwischen *proximativen* und *ultimativen* Ursachen. Aus dieser Perspektive ist der menschliche Organismus mit seinem Gehirn und Geist und den entsprechenden Wünschen und Bedürfnissen eine proximative Ursache für Verhalten, geformt durch die Kräfte der Evolution, und die Gesetze genetischer Evolution sind die ultimativen Ursachen für menschliches Verhalten. Aus Sicht eines Physikers wären diese Gesetze dann wiederum wohl wieder nur proximative Ursachen, und die Gesetze der Physik die ultimativen. Ökonomen würden dem wohl weitgehend zustimmen und wählen doch den einzelnen Menschen als Ausgangspunkt ihrer Untersuchungen. Dies ist, wie wir noch argumentieren werden, weder richtig noch falsch, sondern vereinfacht die Analyse.

Eine weitere häufig verwendete Unterscheidung ist die zwischen *Mikroökonomik* und *Makroökonomik*. Die Mikroökonomik untersucht Entscheidungen auf der Individual- und Interaktionsebene, wohingegen die Makroökonomik Phänomene auf der aggregierten Ebene untersucht. Diese Unterscheidung ist allerdings weniger klar, als sie auf den ersten Blick erscheinen mag. Die traditionelle Makroöko-

nomik startete häufig mit empirischen Regelmässigkeiten auf der aggregierten
Ebene, um daran anknüpfend Voraussagen zu treffen. So wurde beispielsweise
die aggregierte Sparquote eines Lands genutzt, um Aussagen über ökonomisches
Wachstum abzuleiten. Wenn man also etwa in den Daten fand, dass ca. 30 %
des Nationaleinkommens Y gespart wird (S), leitete man damit eine aggregierte
Sparfunktion $S(Y) = 0,3 \cdot Y$ ab. Zusammen mit anderen Regelmässigkeiten dieser
Art kann man so eine Funktion dann für ökonomische Prognosen benutzen. Das
Problem dieses Ansatzes ist allerdings, dass unerklärt bleibt, ob immer bzw. unter
welchen Voraussetzungen im Durchschnitt 30 % des Nationaleinkommens gespart
werden. Eine solche Theorie verstösst gegen die Forderung des methodologischen
Individualismus, da sie die Sparquote nicht aus individuellem Verhalten ableitet.
Schliesslich sind es die einzelnen Menschen, die Sparentscheidungen treffen und
die daher in Summe für die gesamtwirtschaftliche Sparquote verantwortlich sind.
Diese Beobachtung führte zum Versuch der sogenannten *Mikrofundierung der
Makroökonomik*, das heisst einem Forschungsprogramm, welches Regelmässigkeiten auf der aggregierten Ebene wie Zusammenhänge zwischen Inflation und
Arbeitslosigkeit durch das Verhalten und die Interaktion von Individuen erklären
will. Der heutige makroökonomische Mainstream ist in diesem Sinne weitgehend
mikrofundiert. Daher ist es angemessener, Makro- und Mikroökonomik anhand
ihrer Betrachtungsgegenstände abzugrenzen, aber auch diese Grenzen sind flies-
send. Die Makroökonomik beschäftigt sich tendenziell eher mit Phänomenen
wie Wachstum, Arbeitslosigkeit, Konjunkturzyklen oder Geldpolitik, wohingegen
die Mikroökonomik tendenziell eher konkrete Märkte oder andere Institutionen
anschaut oder die Rolle von Anreizen für ökonomisches Verhalten untersucht.

1.2   Einige methodische Anmerkungen

Everything should be made as simple as possible, but not simpler.
(Albert Einstein zugeschrieben, Calaprice, 2000)

Explanations exist; they have existed for all time; there is always a well-known solution to
every human problem–neat, plausible, and wrong.
(H.L. Mencken, 1921)

Es gibt Kochbücher, und es gibt wissenschaftliche Theorien. In einem Kochbuch
lernt man, dass man für einen Pfannkuchen eine heisse Pfanne, Eier, Mehl, Milch,
Backpulver und eine Prise Salz benötigt. Wenn man dem Rezept sorgfältig folgt,
wird daraus ein leckeres Essen. Man versteht nur nicht, warum. Eine wissenschaftliche Theorie erklärt, wie Hitze die molekulare Struktur von Proteinen in Eiern
und Milch verändert, wie Backpulver mit Säuren reagiert und wie Gluten elastische
Netze bildet. Von diesem Punkt aus mag es ein langer Weg zu einem Pfannkuchen
sein, aber man bekommt eine Idee über die tieferen Gründe, warum das Rezept
funktioniert. Darüber hinaus kann man das Wissen nutzen, um neue, innovative
Rezepte zu entwickeln. Kochbücher und wissenschaftliche Theorien ergänzen sich:
Ein Verständnis der physikalischen, chemischen und biologischen Mechanismen,
die Zutaten in ein Essen transformieren, helfen dabei, Rezepte zu verbessern, und

die hergebrachten Rezepte sind eine Quelle der Inspiration für wissenschaftliche Entdeckungen.

Die Ökonomik kommt in der Form von Kochbüchern und von wissenschaftlichen Theorien daher. Ein Börsenmakler folgt vielleicht einfach seinem ,Bauchgefühl' bei der Auswahl von Aktien und Wertpapieren. Er besitzt möglicherweise keine expliziten Theorien über die Funktionsweise von Kapitalmärkten und die Preisentwicklung von Wertpapieren. Wie ein erfahrener Koch ,fühlt' er, welche Wertpapiere profitabel sein werden. Ein wissenschaftliches Vorgehen würde erfordern, dass man die Mechanismen versteht, die das eine Wertpapier erfolgreich machen und das andere nicht. Ein anderes Beispiel ist die Managerin eines Unternehmens. Wenn sie die Organisationsstruktur oder die Entlohnungssysteme festlegt, kann es sein, dass sie einfach nur der Tradition oder ihrer Intuition folgt. Der wissenschaftliche Ansatz zur Bestimmung von Organisationsstrukturen und Entlohnungssystemen besteht darin, Theorien über die Funktionslogik und die Konsequenzen unterschiedlicher Systeme zu entwickeln. Solche Theorien mögen zwar im konkreten Fall nicht unmittelbar anwendbar sein, und doch fliessen sie langfristig in die ,Kultur' einer Gesellschaft ein und prägen die Intuitionen der Entscheidungsträgerinnen und -träger. John Maynard Keynes hat diesen Punkt auf sehr pointierte Art gemacht: „The ideas of economists and political philosophers, both when they are right and when they are wrong are more powerful than is commonly understood. Indeed, the world is ruled by little else. Practical men, who believe themselves to be quite exempt from any intellectual influences, are usually slaves of some defunct economist."

Die Ökonomik als eine der Sozialwissenschaften entwickelt solche Theorien. Dabei besteht der unmittelbare Zweck nicht darin, Entscheidungsträger wie Manager oder Politiker über die Konsequenzen ihres Handelns aufzuklären, sondern ein besseres Verständnis der Funktionslogik gesellschaftlicher Prozesse zu entwickeln. Ein solches Verständnis von z. B. Arbeits- oder Kapitalmärkten wird dann am Ende hoffentlich dazu beitragen, dass bessere Entscheidungen getroffen werden können. Aber dieser Aspekt ist zunächst einmal ein Nebenprodukt wissenschaftlicher Erkenntnis.

Die folgenden Abschnitte enthalten eine kurze Einführung in die wichtigsten wissenschaftstheoretischen und praktisch-philosophischen Probleme, die sich stellen, wenn man Ökonomik als Sozialwissenschaft betreibt. Es ist sehr schwierig, den richtigen Zeitpunkt für solche sehr fundamentalen und theorielastigen Erörterungen zu finden. Wenn man dies tut, bevor man Ökonomik zu studieren begonnen hat, sind viele der Themen abstrakt; man diskutiert Fragen, die Studierende von sich aus vermutlich an diesem Punkt nie gestellt hätten. Wenn man diese Fragen am Ende eines Kurses bespricht, besteht das Problem darin, dass Studierende den ökonomischen Theorien ohne ein Bezugs- und Beurteilungssystem ziemlich hilflos ausgeliefert sind. Dies macht es wahrscheinlich, dass man hinsichtlich ihrer Rolle und ihres Potenzials schnell falsche Schlussfolgerungen zieht. Die dritte Option ist ebenfalls nicht ideal: eine Diskussion der philosophischen Probleme, wenn sie sich bei der Behandlung von Theorien konkret stellen. Wenn man ökonomische Theorien mit ein bisschen Wissenschaftstheorie hier und ein bisschen Praktischer Philosophie dort würzt, ist die Wahrscheinlichkeit der Überforderung gross, da man nicht nur die nicht immer einfachen ökonomischen Theorien verstehen muss, sondern auch noch die philosophische Einordnung. Am Ende sieht man den Wald vor lauter Bäumen nicht mehr. (Eine vierte Option wäre natürlich, diese Fragen komplett auszuklammern und es den Studierenden selbst zu überlassen, sich über ethische und wissenschaftstheoretische Grundsatzfragen zu informieren.) Mir erscheint die erste Option als die am wenigsten schlechte, weshalb wir mit ein wenig Philosophie beginnen werden. Für einen ersten Durchgang durch das Material ist es völlig ausreichend, wenn Sie ein Verständnis der Grundprobleme und zentralen Positionen mitnehmen. Wenn wir dann später ökonomische Theorien im Detail behandeln werden, kann es sinnvoll sein, zu diesem Kapitel zurückzukehren, um sich zu vergegenwärtigen, ob die Theorien grundlegenden wissenschaftstheoretischen Ansprüchen genügen und welche Werturteile ihnen unterliegen. Am Ende werden sich alle Bausteine ineinanderfügen, wenn Sie mit dem notwendigen Durchhaltevermögen und einer konstruktiv-kritischen Distanz die ökonomischen Theorien, aber auch deren philosophische Einordnung lernen.

1.2.1 Wahre und vernünftige Theorien

Ich habe im vergangenen Kapitel den Begriff wissenschaftliche *Theorie* verwendet. Eine Theorie ist ein relativ breiter konzeptioneller Denkansatz, welcher vernünftige Vermutungen über Kausalbeziehungen in der Welt trifft.

Wann ist eine Vermutung vernünftig, und warum findet sich im obigen Satz der Ausdruck ‚vernünftig‘ und nicht ‚wahr‘? Aufgrund der Beschränktheit unserer Sinnesorgane und unserer geistigen Fähigkeiten ist es unmöglich festzustellen, ob und wann eine Vermutung wahr in dem Sinn ist, dass sie in vollständiger Übereinstimmung mit der Wirklichkeit ist. Eine relativ einfache Möglichkeit, sich die erkenntnistheoretischen Probleme klar zu machen, die mit einer solchen naiven Idee von Wahrheit einhergehen, besteht in der Diskussion des sogenannten Münchhausen-Trilemmas. Das grundsätzliche Problem wissenschaftlichen Nachdenkens besteht darin, dass wir für unsere Behauptungen Belege oder Beweise anbieten können müssen. Ein solcher Beleg kann aber nur in Form einer weiteren Behauptung erfolgen, welche selbst wiederum überprüfbar sein muss. Nach dem Münchhausen-Trilemma haben wir an dieser Stelle nur drei unbefriedigende Alternativen im Umgang mit diesem Problem:

- **Infiniter Regress:** Jeder Beweis einer Aussage basiert auf einer Aussage, die selbst wieder bewiesen wird, *ad infinitum*. Dieser Prozess kommt niemals zu einem Ende, so dass wir an keiner Stelle zur Wahrheit ‚durchbrechen‘ können. Man kann auch kein konkretes Beispiel für einen infiniten Regress angeben, da unendliche Begründungsketten nur eine theoretische Möglichkeit darstellen.
- **Zirkularität:** Die Aussage und ihr Beweis stützen sich gegenseitig, möglicherweise über eine komplexe Argumentationskette, die dies zunächst verschleiert. Ein Beispiel ist eine verfehlte Interpretation der Evolutionstheorie, bei der man argumentiert, dass sich die Eigenschaften durchsetzen, die am besten auf ihre

Umwelt angepasst sind und dann bei einer konkreten Eigenschaft schlussfolgert, dass sie am besten auf ihre Umwelt angepasst sein muss, da man sie sonst nicht beobachten würde.

- **Dogmatismus:** Man kommt in einer Aussage-Beweis-Kette an einen Punkt, an dem man die getroffenen Annahmen für nicht weiter begründungsbedürftig erklärt. Sie haben den Charakter eines Dogmas. Ein wunderbares Beispiel für eine dogmatische Setzung, auch wenn es sich nicht um eine wissenschaftliche Theorie handelt, finden wir im zweiten Satz der US-amerikanischen Unabhängigkeitserklärung: „We hold these truths to be self-evident, that all men are created equal, that they are endowed by their Creator with certain unalienable Rights, that among these are Life, Liberty and the pursuit of Happiness."

In der Praxis kommt nur der Dogmatismus als ‚Lösung' des Trilemmas in Frage. Das bedeutet aber, dass der Prozess des wissenschaftlichen Nachdenkens niemals aus sich selbst heraus zu einer ‚objektiven' Wahrheit durchbrechen kann, sondern sich aus anderen Quellen wie Intuition oder Gewohnheit speisen muss. Das mit dem Dogmatismus einhergehende Problem mangelnder Letztbegründung bedeutet aber auch, dass sich am Anfang jeder wissenschaftlichen Theorie ein *Werturteil* findet, welches sich in den nicht mehr für begründungsbedürftig erachteten Annahmen äussert. Um auf die Frage zurückzukommen, was dies für Theorien bedeutet, kommt man zu einem recht ernüchternden Schluss: Wenn man eine Theorie vernünftig anstatt wahr nennt, schluckt man damit die Trilemma-Kröte, indem man Wahrheit mit dem viel unschärferen Kriterium der Konsensualität ersetzt: Man erachtet eine Theorie als vernünftig, wenn sie von den Experten ihres Feldes akzeptiert wird. Ludwig Wittgenstein (1972, *94 und 110*) hat diesen Punkt sehr schön zum Ausdruck gebracht: „Aber mein Weltbild habe ich nicht, weil ich mich von seiner Richtigkeit überzeugt habe; auch nicht, weil ich von seiner Richtigkeit überzeugt bin. Sondern, es ist der überkommene Hintergrund, auf welchem ich zwischen wahr und falsch unterscheide. [...] Als ob die Begründung nicht einmal zu Ende käme. Aber das Ende ist nicht die unbegründete Voraussetzung, sondern die unbegründete Handlungsweise." Um aber einen solchen Konsens herzustellen, muss man zumindest Bewusstsein und Einigkeit hinsichtlich der Legitimität der unterlegten Dogmen erlangen.

Exkurs 1.4. Jenseits rationalen Denkens
Die Notwendigkeit eines ‚dogmatischen' Startpunkts jedes wissenschaftlichen Forschungsprogramms verweist auf die Begrenztheit sprachlichen Ausdrucksfähigkeit bei der Erkenntnis der Wirklichkeit. Manche spirituellen Traditionen vertreten sogar die Position, dass die sich sprachlich artikulierende Vernunft ein Hindernis auf dem Weg zu wahrer Erkenntnis ist. Dies lässt sich anhand von Alltagserfahrungen zeigen, da Sprache kein sinnliche Erfahrung vermitteln kann: Man versteht den Geschmack von Kaffee nur, wenn man ihn auch trinkt. Sprache kann nicht auf die verkörperten und

(Fortsetzung)

sinnlichen Qualitäten einer Erfahrung durchgreifen, sondern diese nur benennen. Sprache stülpt der Wirklichkeit aber auch eine Struktur über, die nicht notwendig identisch mit dieser ist.

Dieser Gedanke findet einen sehr klaren Ausdruck im Zen-Buddhismus, in dem meditative Praxis zu einem Zustand reinen Bewusstseins führen soll, von dem aus man die Welt so sieht, ‚wie sie wirklich ist'. Dabei ist aber die Offenheit des Prozesses, die Nichtübernahme von Dogmen als wichtiges Merkmal dieser Form der Erkenntnis zentral: Alles, auch die Lehre selbst, muss hinterfragt werden. Um sich diesem Zustand zu nähern, arbeiten Studierende mit *Kōans*, die aus einer westlichen Perspektive unbeantwortbare Fragen oder bedeutungslose Aussagen sind. Die Arbeit mit und am Kōan hilft bei der Überwindung habituellen, sprachlichen, rationalen Denkens, welches als Hindernis auf dem Weg zu einer erleuchteten Sicht auf die Welt gesehen wird. Ziel ist die Hervorbringung einer existenziellen Krise des rationalen Denkens, welche sich dann im Moment des *Satori* transzendiert. Es entsteht eine Distanz zwischen den Konventionen des alltäglichen Denkens und der unmittelbar wahrgenommenen Welt, womit die Konvention als solche erkennbar wird.

Die ersten, dogmatischen Prinzipien einer Theorie entsprechen ungefähr dem Konzept eines *Paradigmas*, welches von Thomas Kuhn (1962) entwickelt wurde. Paradigmen sind die geteilten Praxen und Überzeugungen, die zu jedem Zeitpunkt eine wissenschaftliche Disziplin definieren. Paradigmen gibt es auf unterschiedlichen Ebenen. Die allgemeinste und abstrakteste Ebene ist das westliche Paradigma der Aufklärung, welches von der Überzeugung ausgeht, dass man durch den freien und unabhängigen Gebrauch der Vernunft Einsichten in das wahre Wesen der Welt gewinnen kann. Jede Wissenschaft basiert in irgendeiner Form auf dieser paradigmatischen Setzung. Auf einer spezifischeren Ebene gehören zum Beispiel die Idee der Rationalität und des methodologischen Individualismus zum Paradigma des ökonomischen Mainstreams.

1.2.2 Theorien und Modelle

Für den ökonomischen Mainstream gilt, dass Theorien Modelle als ‚logisches Rückgrat' besitzen. Ein Modell ist eine Sammlung von Annahmen und Hypothesen, die mit Hilfe logischer Schlussregeln und Mathematik miteinander verbunden sind. Ein Modell trifft bestimmte Annahmen über einen Aspekt der Wirklichkeit und leitet daraus auf logisch konsistente Weise Hypothesen über diese ab. Um den Unterschied zwischen Theorien und Modellen besser zu verstehen, betrachten wir das folgende Beispiel.

Gehen wir davon aus, dass Sie eine Theorie über die Funktionsweise von Preisen auf Märkten entwickeln möchten. Um dies zu tun, denken Sie darüber nach, welche Regeln Individuen bei Kauf- und Verkaufsentscheidungen zur Anwendung bringen und wie diese die Bildung von Preisen beeinflussen. Eine strukturierte Art des Nachdenkens ist ein Modell, welches einer Theorie der Preisbildung unterlegt ist.

Die beiden zentralen Funktionen von Modellen bei der Bildung von Theorien bestehen darin, dass die zentralen Annahmen, von denen die Theorie ausgeht, soweit es geht bewusst gemacht und offengelegt werden, und dass die kausalen Mechanismen, die man in der Wirklichkeit vermutet, in logisch konsistenter Weise abgeleitet werden. Schauen wir uns das folgende Modell an, um ein Gespür für die Wichtigkeit dieser Funktionen zu bekommen:

Modell 1

Annahme 1:   Alle Menschen sind auf den Strassen.
Annahme 2:   Peter ist ein Mensch.
Hypothese: Peter sitzt bei mir zu Hause.

‚Modell 1' ist ein Modell, da es eine Sammlung von *Annahmen und Hypothesen* ist. Allerdings folgt die Hypothese nicht logisch konsistent aus den Annahmen. In diesem Fall ist das Modell logisch inkonsistent, auch wenn die Hypothese empirisch zutrifft (Peter sitzt tatsächlich rechts neben mir auf dem Sofa). Der Punkt ist, dass die Annahmen die Hypothese nicht erklären können, und das macht das Modell für eine Theorie nutzlos. Ein logisch konsistentes Modell ist daher eine notwendige Bedingung für eine gute Theorie.

Aber ist Konsistenz auch *hinreichend*? Das folgende Beispiel hilft bei der Beantwortung dieser Frage.

Modell 2

Annahme 1:   Alle Toten schauen mir über die Schulter.
Annahme 2:   Karl Marx ist tot.
Hypothese: Karl Marx schaut mir über die Schulter.

Die obige Sammlung von Annahmen und Hypothesen erfüllt alle Anforderungen an ein gutes Modell. Alle Annahmen sind explizit formuliert, und die Hypothese folgt auf logisch konsistente Weise aus den Annahmen. Wäre dieses Modell daher ein guter Baustein einer Theorie der Toten? Es ist nur schwierig vorstellbar, dass eine solche Theorie von vielen Experten für gut befunden würde. Logische Konsistenz allein ist daher nicht genug. Um die ‚Vernünftigkeit' einer Theorie beurteilen zu können, benötigt man weitere, ‚weiche' Kriterien wie Adäquatheit, Einfachheit oder Plausibilität. Aber hier muss man vorsichtig sein, denn so etwas wie Adäquatheit oder Plausibilität bezieht sich immer auf einen Referenzfall, ein zum Beispiel kulturell und historisch gewachsenes Bauchgefühl, welches aber selbst falsch sein kann.

1.2.3 Die Tugend der Sparsamkeit

Ein weitgehend anerkanntes Kriterium für ein gutes Modell ist seine Einfachheit
oder Sparsamkeit. Das Prinzip wird oft mit dem Begriff ‚Ockhams Rasiermesser'
bezeichnet (nach einem im 14. Jahrhundert lebenden Franziskanermönch, der das
Prinzip formuliert hat). Das Prinzip besagt, dass man bei gleichem Erklärungsgehalt
eine einfache Erklärung einer komplizierten vorziehen sollte, bzw. dass man unter
verschiedenen Modellen dasjenige wählen sollte, welches dieselben Hypothesen
mit weniger Annahmen ableiten kann. Allerdings ist die Idee viel älter. Schon
Aristoteles (2004) in seiner Schrift *Analytica posteriora* führte aus, dass „we may
assume the superiority ceteris paribus [all things being equal] of the demonstration
which derives from fewer postulates or hypotheses." Ockhams Rasiermesser ist ein
in der Ökonomik weitgehend anerkanntes Prinzip. Robert Solow (1997, S. 43) fasst
das Selbstverständnis der Profession zusammen: „Today, if you ask a mainstream
economist a question about almost any aspect of economic life, the response will
be: suppose we model that situation and see what happens. [...] A model is a
deliberately simplified representation of a much more complicated situation. [...]
The idea is to focus on one or two causal or conditioning factors, exclude everything
else, and hope to understand how just these aspects of reality work and interact."

Ockhams Rasiermesser hat notwendig zur Folge, dass die Annahmen eines
Modells nicht realistisch in dem Sinn sein können oder sein sollen, dass sie der
Wirklichkeit entsprechen. Die wissenschaftliche Theoriebildung betreibt immer
Komplexitätsreduktion, indem sie vereinfacht. Dies ist notwendig, damit der begrenzte menschliche Geist Strukturen finden kann. Joan Robinson (1962) fand für
die Vorstellung, dass Modelle auf ‚realistischen' Annahmen aufbauen sollten, ein
schönes Bild: „[a] model which took account of all the variegation of reality would
be of no more use than a map at the scale of one to one." Aber das epistemologische
Problem reicht noch viel tiefer, wie der Roman *Tristram Shandy* von Laurence
Sterne (2003) illustriert. Das Buch ist die fiktive Autobiographie des Protagonisten,
welche so detailliert ist, dass dieser ein Jahr benötigt, um nur einen einzigen
Tag seines Lebens aufzuschreiben. Aus dieser Perspektive ist die Landkarte noch
detaillierter als das vermessene Territorium. Der als angemessen gesehene Grad
an Detailliertheit muss daher auf einem Werturteil basieren, da es kein objektiv
richtiges Mass an Detailliertheit gibt.

Landkarten müssen also vereinfachen, damit sie nützlich sind. Gibt es eine
‚richtige' Art der Vereinfachung? Die Antwort auf diese Frage muss ‚nein' sein,
da die richtige Art der Vereinfachung vom Zweck abhängt, für den man die Karte
benutzen möchte. Wenn man mit dem Auto fährt, sind Höhenlinien nicht so wichtig,
sondern bergen das Risiko, dass man sich durch irrelevante Informationen ablenken
lässt. Wenn man allerdings im Gebirge wandert, können die Informationen, die
Höhenlinien bieten, lebenswichtig sein. Daher hängt eine gute Vereinfachung vom
Zweck ab, den man verfolgt.

1.2.4 Sind Annahmen wichtig?

Wenn Annahmen weder realistisch sein können noch sollen, kann man vielleicht zu der Ansicht kommen, dass sie gar keine wichtige Rolle für die Gestaltung von Modellen spielen. Diese Auffassung wurde in der Tat von Milton Friedman (1953, S. 14) vertreten, einem der einflussreichsten Ökonomen seiner Zeit. Er kam zu dem folgenden Schluss: „Truly important and significant hypotheses will be found to have ‚assumptions‘ that are wildly inaccurate descriptive representations of reality, and, in general, the more significant the theory, the more unrealistic the assumptions (in this sense)."

Es gibt Unklarheiten darüber, ob Friedman der extremen Position anhing, dass Annahmen überhaupt keine Rolle spielen (*Instrumentalismus*) oder nicht. Gehen wir, um das Argument zu entwickeln, aber für den Moment davon aus, dass er einen Instrumentalismus vertreten hat und schauen, wohin uns diese Position führt. Nach Auffassung des Instrumentalismus sollte man ein Modell auf Grundlage der Gültigkeit und Nützlichkeit seiner Hypothesen beurteilen, wohingegen die Annahmen irrelevant sind. Ergibt eine solche Position Sinn? Schauen wir uns das folgende Modell an.

Modell 3

Annahme: Das Tragen von Sicherheitsgurten verringert die Wahrscheinlichkeit
             schwerer Verletzungen.

Hypothese: Das Tragen von Sicherheitsgurten verringert die Wahrscheinlichkeit
             schwerer Verletzungen.

Modell 3 sieht nach einer ziemlichen Zeitverschwendung aus, da es ein Beispiel für zirkuläres Argumentieren ist. Aber warum finden wir dieses Modell intuitiv unbefriedigend? Die Hypothese lässt sich empirisch testen, und sie wurde von den Daten bestätigt. Daher besteht sie den Gütetest eines Instrumentalisten: Sie ist gültig (da empirisch bestätigt) und nützlich, da sie mein Verhalten auf sinnvolle Weise beeinflussen kann (ich schnalle mich häufiger an, wenn ich Verletzungen vermeiden möchte). Das Problem mit Modell 3 besteht natürlich darin, dass ich nichts über die kausalen Gesetze lernen kann, die dazu führen, dass das Tragen von Sicherheitsgurten die Verletzungswahrscheinlichkeit reduziert. Wenn man das triviale Modell, welches die Hypothesen zu Annahmen macht, zulässt, verunmöglicht man ein solches Lernen. Selbst wenn man niemals zu einem Punkt kommen kann, an dem man die ‚wahren‘ Kausalmechanismen versteht, so dass man sich immer mit mehr oder weniger kruden Narrativen und Heuristiken begnügen muss, lässt uns ein Wissenschaftsverständnis, welches die Annahmen für irrelevant erklärt, nur noch mit Kochbüchern zurück: schmeckt lecker, keine Ahnung warum.

Beim Instrumentalismus handelt es sich um eine extreme Position, und es gibt Gründe dafür, davon auszugehen, dass Friedmans eigene Position ausgeglichener war. Er argumentierte etwa, die Rolle der positiven Wissenschaft „is the development of a ‚theory‘ or ‚hypothesis‘ that yields valid and meaningful (i.e. not truistic)

predictions about phenomena not yet observed." Man kann davon ausgehen, dass
sich der Begriff ‚truistic' auf Modelle des obigen Typs beziehen sollte. Nimmt man
all diese Überlegungen zusammen, wird klar, dass wissenschaftlicher Modellbau
immer eine subjektive Komponente hat, da die richtige Balance zwischen vernünf-
tigen Vereinfachungen der Annahmen und den unterstellten kausalen Gesetzmässigkeiten auf der einen und dem Erklärungsgehalt der ableitbaren Hypothesen auf der
anderen Seite nicht objektiv festgelegt werden kann. Es ist die Kunstfertigkeit der
erfahrenen Wissenschaftlerin oder des erfahrenen Wissenschaftlers einzuschätzen,
ob eine Theorie in diesem Sinne ‚im Gleichgewicht' ist.

1.2.5 Ein Beispiel

Um die Rolle vereinfachender Annahmen in der Theoriebildung zu verdeutlichen,
führen wir ein Modell ein, welches in Kap. 2 noch eine wichtige Rolle spielen wird,
die *Produktionsmöglichkeitengrenze*. In einer modernen, komplexen Ökonomie
mit Millionen von Menschen, die alle einer Beschäftigung nachgehen, Güter
konsumieren, Spass mit Freunden und Familie haben und so weiter, ergibt sich
ein labyrinthisches Miteinander von Austauschbeziehungen von einer Komplexität,
die ohne Vereinfachungen nicht verstanden werden kann. Aus der Perspektive der
Knappheit stellt sich aber eine wichtige Frage, deren Beantwortung man sich durch
Vereinfachung nähern kann: Was sind die relevanten Zielkonflikte bei der Produktion von Gütern und Dienstleistungen, mit denen eine Gesellschaft konfrontiert ist?
Güter und Dienstleistungen werden von Menschen mit Wissen und Fähigkeiten mit
Hilfe von Ressourcen produziert. Die Produktionsmöglichkeitengrenze abstrahiert
von all diesen Komplexitäten. Im einfachsten Fall geht man davon aus, dass es nur
zwei Güter gibt, 1 und 2, deren Mengen auf den Achsen in Abb. 1.1 abgetragen
werden.

Abb. 1.1 Ein Beispiel für
eine Produktionsmöglichkeitengrenze

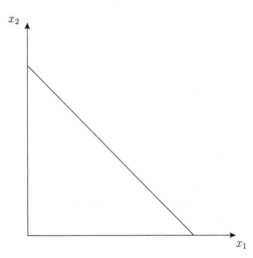

Die Menge an Gut 1 wird entlang der Abszisse (horizontale Achse) und die
Menge an Gut 2 entlang der Ordinate (vertikale Achse) abgetragen. Der fallende
Graph in der Abbildung ist die Produktionsmöglichkeitengrenze für diese beiden
Güter. Er misst die in dieser Ökonomie in einem bestimmten Zeitraum maximal
möglichen Produktionsmengen der beiden Güter. Die drastische Vereinfachung der
komplexen Wirklichkeit erlaubt es, mit diesem Konzept einige zentrale Aspekte besser zu verstehen. Unter der Bedingung von Knappheit muss der Graph zum Beispiel
einen fallenden Verlauf haben, da Knappheit bedeutet, dass ein Mehr von einem
Gut dazu führt, dass man auf eine gewisse Menge des anderen Guts verzichten muss.
Die Steigung des Graphen ist ein Mass für die Opportunitätskosten, da sie misst, um
wieviel die Menge des einen Guts reduziert werden muss, wenn man die Produktion
des anderen Guts (ein wenig) ausdehnen will. Wie nützlich dieses Werkzeug zum
Verständnis ökonomischer Phänomene tatsächlich ist, muss sich noch zeigen. An
dieser Stelle soll das Konzept nur illustrieren, was mit der Idee vereinfachender
Annahmen in der wissenschaftlichen Praxis gemeint ist.

1.2.6   Kritischer Rationalismus

Genauso wenig wie in der Ökonomik immer Einigkeit über die richtige Theorie
besteht, besteht in der Philosophie immer Einigkeit über die richtige Wissenschaftstheorie. Für die meisten Ökonominnen und Ökonomen hört das wissenschaftstheoretische Arbeitspferd auf den Namen *Kritischer Rationalismus*. Dabei
handelt es sich um eine wesentlich durch Karl Popper entwickelte Vorstellung über
Kriterien, anhand derer man gute von schlechten Theorien unterscheiden kann.
Nach dieser Sichtweise lassen sich wissenschaftliche Theorien niemals endgültig
verifizieren (also ihre Richtigkeit beweisen). Was hingegen im Prinzip möglich ist,
ist eine *Falsifikation*, also eine Widerlegung der Hypothesen durch Konfrontation
mit empirischer Evidenz, die im Widerspruch zu den Hypothesen steht. Damit dies
möglich ist, muss eine Theorie so formuliert werden, dass sie sich durch empirische
Tests prinzipiell falsifizieren lässt. Eine gute Theorie ist dadurch charakterisiert,
dass sie einen grossen empirischen Gehalt hat (sich einfach falsifizieren lässt), die
bisherigen Falsifikationsversuche aber gescheitert sind. Eine solche Theorie nennt
man auch vorläufig bewährt. Zusätzlich ist Ockhams Rasiermesser ein integraler
Bestandteil des Kritischen Rationalismus.

Beim Kritischen Rationalismus kommt es im Prozess der Theoriebildung zu
einem aufeinander bezogenen Austausch zwischen theoretischem und empirischem
Denken: Die falsifizierbaren Hypothesen einer Theorie müssen empirisch getestet
werden. Diese Tests können entweder erfolgreich sein (die Theorie ist widerlegt)
oder nicht (die Theorie ist vorläufig bewährt). Falls es in diesem Fall keine andere
Theorie gibt, die denselben Erklärungsgehalt hat und mit weniger Annahmen
auskommt, wird sie für vorläufig gültig erklärt. Falls sie falsifiziert wurde, so nutzt
man die Einsichten zu einer Weiterentwicklung der Theorie.

Ein Schwachpunkt des Kritischen Rationalismus besteht in seinem recht unhinterfragten Glauben an die Möglichkeit der empirischen Falsifikation. Das Problem

besteht darin, dass wir keinen direkten, nicht selbst schon theoriegeleiteten Zugriff zu Fakten haben. Jede empirische Beobachtung basiert auf einer Theorie
empirischen Beobachtens, ob wir uns dieses Umstands bewusst sind oder nicht.
Beispielsweise werden viele von Ökonominnen und Ökonomen verwendete statis-
tische Daten innerhalb eines hoch komplexen Systems der Volkswirtschaftlichen
Gesamtrechnung erhoben. Und Daten, die in Laborexperimenten gewonnen werden,
müssen hinsichtlich ihrer Bedeutung interpretiert werden, da der Experimentator
nicht alle Bedingungen im Labor kontrollieren kann. Daher ist eine Falsifikation
von einem erkenntnistheoretischen Standpunkt aus nichts anderes als der Beweis
der logischen Unverträglichkeit zweier Theorien, der ‚theoretischen Theorie‘ und
der ‚empirischen Theorie‘. Welche man dann verwirft, lässt sich nicht streng
wissenschaftlich klären, es bedarf des Gespürs und der Werturteile der Experten.

Dies ist ein Beispiel für ein viel tiefergehendes Problem, welches als *Unbe-
stimmtheitsproblem wissenschaftlicher Theorien* oder auch *Duhem-Quine-Problem*
bekannt ist. Quine (1951) drückt es so aus: „The totality of our so-called knowledge
or beliefs, from the most casual matters of geography and history to the profoundest
laws of atomic physics or even of pure mathematics and logic, is a man-made fabric
which impinges on experience only along the edges. Or, to change the figure, total
science is like a field of force whose boundary conditions are experience. A conflict
with experience at the periphery occasions readjustments in the interior of the field.
But the total field is so underdetermined by its boundary conditions, experience, that
there is much latitude of choice as to what statements to reevaluate in the light of any
single contrary experience. No particular experiences are linked with any particular
statements in the interior of the field, except indirectly through considerations of
equilibrium affecting the field as a whole."

Einige Philosophen wie Imre Lakatos (1976) ziehen aus dem Unbestimmt-
heitsproblem die Schlussfolgerung, dass wissenschaftlicher ‚Fortschritt‘ keinen
objektivierbaren Kriterien unterliegt, sondern allein vom Talent, der Kreativität
und den Ressourcen der Wissenschaftlerin oder des Wissenschaftlers abhängt.
Eine noch radikalere Schlussfolgerung zieht Thomas Kuhn (1962), der letztlich
die Entscheidung zwischen konkurrierenden Theorien auf eine ökonomische oder
politische Machtfrage reduziert: Da es kein wissenschaftsimmanentes Kriterium für
die Entscheidung zwischen Theorien gibt, entscheiden ökonomische oder politische
Interessen. Um diesen Stachel aus dem Fleisch der Idee wissenschaftlichen Denkens
zu ziehen, ist das Beste, was wir hoffen können und wofür wir eintreten müssen,
die Schaffung eines ‚herrschaftsfreien Diskurses‘, wie dies Jürgen Habermas (1983)
ausgedrückt hat. Unterschiedliche wissenschaftliche Paradigmen und Theorien
müssen unabhängig von der ihnen hinterlegten finanziellen und politischen Macht
zu Worte kommen können, um einen möglichst fairen Austausch von Ideen zu
ermöglichen. Das alles bliebe uns erspart, wenn wir ein klares Kriterium für
Wahrheit hätten, aber das haben wir nun einmal nicht.

1.2.7 Positive und normative Theorien

Theorien gibt es in zwei Geschmacksrichtungen. *Positive* Theorien haben das Ziel, Phänomene zu erklären. Mit der Ausnahme der ersten, ‚dogmatischen‘ Prinzipien enthalten sie keine weiteren Werturteile. Sie erlauben Einsichten in die kausalen Mechanismen, die Ursachen mit Wirkungen verbinden. Ökonomik als positive Wissenschaft hat daher das Ziel zu erklären, wie Menschen mit dem Phänomen der Knappheit umgehen. Aussagen über das, was ‚der Fall‘ ist, werden auch *deskriptiv* genannt.

Im Unterschied dazu geben *normative* Theorien Empfehlungen, was Menschen in welchen Situationen tun sollten. Sie basieren daher auf einem Werturteil. Aussagen wie ‚Du solltest ein paar Kilo abnehmen‘ oder ‚die Schweiz sollte die Unternehmenssteuern senken‘ sind normative Aussagen. Ob man sie für relevant erachtet oder nicht, hängt von zwei Dingen ab. Zum einen muss man das normative Kriterium teilen, welches dem Ratschlag unterlegt ist (‚länger zu leben ist besser als kürzer zu leben‘ oder ‚die Schweiz sollte ihr Nationaleinkommen maximieren‘). Und zum anderen muss man die positiven Theorien für richtig halten, die eine Brücke zwischen den normativen Prinzipien und dem Ratschlag bauen (‚übergewichtige Menschen leben im Durchschnitt kürzer als Menschen mit durchschnittlichem Gewicht, da sie ein erhöhtes Risiko für kardiovaskuläre Erkrankungen aufweisen‘ oder ‚niedrigere Unternehmenssteuern führen zu höherer Kapitalbildung, was zu mehr Wachstum und damit einem grösseren Nationaleinkommen führt‘). Amartya Sen (1970) nennt die fundamentalen, nicht mehr mit positiven Theorien durchsetzten Werturteile *basal* und die auf Basis positiver Theorien abgeleiteten normativen Vorstellungen *nichtbasal*. Basale Werturteile hängen ausschliesslich von ersten ethischen Prinzipien ab, während nichtbasale Werturteile ein Amalgam aus ersten Prinzipien und positiven Theorien sind.

Die Unterscheidung zwischen basalen und nichtbasalen Werturteilen ist für politische Auseinandersetzungen und wirtschaftspolitische Beratung wichtig. Die Aussage, dass niedrigere Unternehmenssteuern das Wachstum erhöhen, lässt sich prinzipiell empirisch testen. Deshalb ist eine Einigung über die Richtigkeit positiver Theorien im Prinzip möglich (im Sinne eines Konsenses zwischen Experten). Der ökonomische und philosophische Mainstream behauptet aber, dass dies für basale Werturteile nicht möglich ist. Nach dem Philosophen David Hume existiert ein qualitativer Unterschied zwischen deskriptiven und präskriptiven Aussagen. Für die auf ihn aufbauende Denktradition sind präskriptive Aussagen keine Fakten, die man durch wissenschaftliche Theoriebildung beweisen oder widerlegen könnte, sondern subjektive Äusserungen ohne darüber hinausgehenden Wahrheitswert. In einer berühmten Passage entwickelt Hume (1739) das Argument wie folgt: „In every system of morality, which I have hitherto met with, I have always remarked, that the author proceeds for some time in the ordinary ways of reasoning, and establishes the being of a God, or makes observations concerning human affairs; when all of a sudden I am surprised to find, that instead of the usual copulations of propositions, is, and is not, I meet with no proposition that is not connected with an ought, or an ought not. This change is imperceptible; but is however, of the last consequence. For as this ought, or ought not, expresses some new relation or affirmation, 'tis necessary that it should be observed and explained; and at the same time that a reason should be given, for what seems altogether inconceivable, how this new relation can be a deduction from others, which are entirely different from it. But as authors do not commonly use this precaution, I shall presume to recommend it to the readers; and am persuaded, that this small attention would subvert all the vulgar systems of morality, and let us see, that the distinction of vice and virtue is not founded merely on the relations of objects, nor is perceived by reason."

Eine ähnliche Position wurde von George Edward Moore (1903) vertreten, der den Begriff *Naturalistischer Fehlschluss* (*naturalistic fallacy*) für den Kategorien-fehler geprägt hat, den man begeht, wenn man einen normativen Begriff wie ‚gut‘ (im Sinne von etwas für sich, intrinsisch normativ Wertvolles) durch bestimmte Eigenschaften definieren will. Es kann z. B. sein, dass Dinge, die sinnliche Lust erzeugen, ‚gute‘ Dinge sind, so dass daher die Eigenschaft, sinnliche Lust zu erzeugen, zur normativen Basis unserer Werturteile gemacht werden sollte (diese Position heisst *Hedonismus*). Jemand anderes kann der Auffassung sein, dass Dinge, die Lebenssinn erzeugen, ‚gute‘ Dinge sind, so dass daher die Eigenschaft, Lebenssinn zu erzeugen, zur normativen Basis unserer Werturteile gemacht werden sollte. Der Punkt, auf den Moore hinaus will, lässt sich nun aufzeigen: Selbst wenn wir uns einig darüber wären, was ‚das Gute‘ ist, könnten wir den Begriff doch nicht über diese Eigenschaften definieren, da er keine natürliche Eigenschaft der Phänomene ist. Vielmehr ist ‚das Gute‘ „one of those innumerable objects of thought which are themselves incapable of definition, because they are the ultimate terms by reference to which whatever is capable of definition must be defined." (Principia Ethica, §10)

Man kann wissenschaftlich nicht beweisen, dass Dinge oder Handlungen gut sind; ihr normativer Wert kann sich höchstens in einem Moment der Erleuchtung oder tiefen, intuitiven Erkenntnis offenbaren. Wittgenstein (1998) hat den Punkt, dass ethische Erkenntnis jenseits wissenschaftlicher Erkenntnis liegt, sehr deutlich herausgestellt: „Alle Sätze sind gleichwertig. [. . .] Darum kann es auch keine Sätze der Ethik geben. Sätze können nichts Höheres ausdrücken. [. . .] Die Ethik ist transzendental. [. . .] Es gibt allerdings Unaussprechliches. Dies z e i g t sich [. . .]."

Die sogenannte *Sein-Sollen-Dichotomie* ist allerdings nicht unwidersprochen geblieben, und die Kritik kommt aus zwei Richtungen. Zum einen haben wir am Münchhausen Trilemma gesehen, dass auch positive Theorien einen ‚dogmatischen‘ Ursprung haben, so dass die Unterscheidung positiv-normativ nicht so klar ist, wie man sie gern hätte. Anscheinend wertfreie Aussagen sind durch Werturteile eingefärbt, die sich in den unhinterfragten ersten Prinzipien zeigen (Hilary Putnam, 2002). Zum anderen wird bestritten, dass normative Aussagen nicht wahrheitsfähig sind. Diese Position wird *Moralischer Realismus* genannt, da er keinen Unterschied hinsichtlich der Wahrheitsfähigkeit von positiven und normativen Aussagen aner-kennt. Vertreter dieser Richtung sind oder waren Philippa Foot, Thomas Nagel, Derek Parfit und auch George Edward Moore.

Die Sein-Sollen-Dichotomie wird von den meisten Ökonominnen und Ökonomen anerkannt, was wichtige Folgen für das Selbstverständnis und das Forschungsprogramm dieser Wissenschaft hat: Wenn positive von normativen Aussagen getrennt werden können, beschränkt sich die gesellschaftliche Rolle der
Ökonomin und des Ökonomen auf die von Technokraten, die (hoffentlich) Experten
für deskriptive Aussagen sind. Sie können die Konsequenzen einer Änderung
des Steuersystems berechnen und benennen, sie können Voraussagen über die
Effekte von bestimmten Formen der Geldpolitik treffen oder sie können analysieren,
welche Auswirkungen Eingriffe in den Arbeitsmarkt wie z. B. ein Mindestlohn
voraussichtlich haben werden. Sie sind aber keine Experten für Werturteile, für das,
was die Gesellschaft wollen sollte. Diese Arbeitsteilung zwischen technokratischen
Experten und Gesellschaft ist in idealer Form so gegeben, dass die Gesellschaft
Einigkeit über die Ziele erlangt und dann Ökonomen untersuchen, mit welchen
Mitteln diese am besten zu verwirklichen sind.

Diese beschränkte Rolle der Ökonomik in der Politikberatung klingt zunächst
angenehm bescheiden, aber sie ist es nicht unbedingt. Zum einen haben wir gesehen,
dass auch anscheinend rein positive Theorien normative ‚Einschlüsse‘ haben, die
möglicherweise auf der gesellschaftlichen Gestaltungsebene relevant werden. Wenn
ich z. B. die Effekte von Steuern mit den Annahmen des *Homo Oeconomicus*
untersuche, bekomme ich möglicherweise ein anderes Bild, als wenn ich andere
Verhaltensannahmen treffe. Und zum anderen sieht die wirtschaftspolitische Be-
ratungspraxis anders aus. Die oben beschriebene Arbeitsteilung existiert so in der
Regel nicht. Die Bürgerinnen und Bürger und selbst die meisten Entscheidungsträgerinnen und Entscheidungsträger sowie Politikerinnen und Politiker haben in
der Regel sehr unklare Vorstellungen über ihre ersten normativen Prinzipien. Das
führt dazu, dass sie ihr zum Teil konfligierendes Bauchgefühl und ihre Narrative,
mit denen sie durch ihr Leben gehen, zu einem Amalgam vermischen, welches Sen
(1970) nichtbasale Werturteile genannt hat. Ökonomische Berater müssen daher die
resultierenden normativen Leerstellen auffüllen und Inkonsistenzen beseitigen, was
ihnen notwendigerweise eine normative Autorität zukommen lässt, die sie ihrem
Selbstverständnis nach gar nicht haben dürften. Nun kann man gegen diesen Umstand wenig machen, allerdings ist ein Bewusstsein dieser Situation an sich schon
hilfreich. Es sollte ein einstimmig geteiltes ‚Hygieneprinzip‘ wissenschaftsbasierter
Politikberatung sein, dass Ökonominnen und Ökonomen in Situation mit unklaren
normativen Erwartungen die Werturteile ihrer Theorien offenlegen und klar und
aktiv kommunizieren. Ansonsten überschreitet man schnell die Grenze zwischen
Wissenschaft und Ideologie.

1.2.8 Ökonomische Denktraditionen und der Ansatz dieses Buchs

Die Mehrzahl der Theorien, die wir in diesem Buch behandeln werden, entstammt
zwei unterschiedlichen ökonomischen Denktraditionen, der *Neoklassik* und der
Neuen Institutionenökonomik. Obwohl die Neoklassik im Zentrum des ökonomi-

schen Mainstreamdenkens ist und an den meisten Universitäten der Welt gelehrt wird, ist das ihr unterlegte Paradigma umstritten. Das Ziel dieses Abschnitts ist es daher, eine kurze Übersicht über diese sowie konkurrierende Denkansätze zu geben, damit Sie diese besser verstehen und einordnen können.

Die *Neoklassik* ist kein monolithisches Denkgebäude, welches mit von allen ihr verpflichteten Wissenschaftlern geteilten und unhinterfragten ersten Prinzipien daherkommt. Doch trotz der Heterogenität und Flexibilität dieses Denkansatzes können einige gemeinsame Prinzipien identifiziert werden: (1) Methodologischer und Normativer Individualismus, (2) Konsequentialismus (und spezifischer *Welfarismus*, auf den wir in Kap. 5 noch eingehen werden), (3) rationale oder Rationalität anstrebende Individuen und (4) Gesellschaft als ein Netzwerk von Transaktionsbeziehungen, die der Logik von Opportunitätskosten folgen. Diese fundamentalen Annahmen können dann durch eine Reihe von weiteren, spezifischeren Annahmen ergänzt werden. Die Neoklassik ist insbesondere im Bereich der Mikroökonomik dominant, aber sie beeinflusst auch stark die Makroökonomik. Dort bildet sie, angereichert um Keynesianisches Denken, die sogenannte *Neoklassische Synthese*. Die Theorien von John Maynard Keynes und der sich daraus entwickelnde *Keynesianismus* waren zunächst eine fundamentale Kritik am neoklassischen Denken und seinen Implikationen (z. B. der sogenannten Neutralität des Geldes, einer Theorieimplikation mit weitreichenden Folgen für die Wirtschaftspolitik), wurde aber später in die neoklassische Theorie integriert (mit der Konsequenz, wie einige Keynesianier argumentieren würden, dass von den eigentlichen Ideen nichts mehr übrig blieb).

Wie der Name nahelegt, entwickelte sich die Neoklassik aus der *Klassischen Ökonomik*, die auch unter dem Namen *Politische Ökonomie* firmiert. Die zentralen Unterschiede zwischen diesen beiden Denkrichtungen sind zum einen die als relevant erachteten Fragestellungen und zum anderen die unterstellte *Werttheorie*, also einer Vorstellung davon, was in einer Gesellschaft wertvoll ist und Wert schafft.

Die Klassische Ökonomik entwickelte sich zu einer Zeit, als der Kapitalismus graduell den Feudalismus zu verdrängen begann. Eine Vielzahl von Innovationen befeuerten die Industrielle Revolution, welche die gesellschaftlichen Strukturen vollständig veränderte. Eines der zentralen Probleme einer solchen Umbruchzeit war die Frage, wie man gesellschaftliches Leben organisieren sollte, wenn man eine Gesellschaft auf den Prinzipien des Liberalismus und der individuellen Vorteilsuche aufbauen will. Aus diesem Grund war die Vorstellung, dass freie Märkte selbstregulierende Strukturen sind, die es ermöglichen, Eigeninteresse in Gemeinwohl zu hebeln, von so zentralem Interesse und grosser Wichtigkeit. In dieser Idee drückt sich die Vorstellung aus, dass eine dezentral organisierte Gesellschaft, die auf dem Prinzip des Eigeninteresses fusst, funktionieren kann. Wichtige Vertreter dieser Denkrichtung waren Adam Smith, Jean-Baptiste Say, David Ricardo, Thomas Malthus und John Stuart Mill.

Darüber hinaus lag die Aufmerksamkeit der Klassischen Ökonomik auf Fragen ökonomischen Wachstums und der Produktion von Gütern. Es herrschte dabei die Auffassung, dass der ökonomische Wert eines Guts von den Kosten bestimmt wird, die zu seiner Produktion aufgewendet werden müssen. Diese Werttheorie markiert einen der zentralen Unterschiede zur Neoklassik, die diesen objektiven durch einen subjektiven Wertbegriff ersetzte, der in einer ersten Phase auf der Idee des Nutzens aufbaute: Die Vorstellung ist, dass der Wert eines Guts nicht an irgendwelchen objektiven Merkmalen bemessen werden kann (wie der Menge an Arbeit, die man zur Produktion einsetzten muss), sondern an dem Beitrag, den es zur Erreichung individueller Ziele hat (also dem Nutzen, den es stiftet).

Ein zweites zentrales Merkmal der Neoklassik ist das Denken in Zielkonflikten. Dies wird auch die *Marginalistische Revolution* genannt. Wenn Menschen Entscheidungen treffen, so die Vorstellung, denken sie in Zielkonflikten und für kleine Änderungen der betrachteten Variablen. Das heisst, dass sie einen Vergleich anstellen bezüglich der Befriedigung, die sie zum Beispiel aus einer weiteren Einheit Brot ziehen, und den Kosten für diese weitere Einheit. Ein Denken in marginalen Einheiten erlaubte es, zentrale Probleme zu lösen, die mit einer objektiven Werttheorie unbewältigt geblieben waren. Zum Beispiel ist Wasser in einem bestimmten Sinne wichtiger als Diamanten, und trotzdem ist der Preis von Diamanten höher als der von Wasser. Dieses ,Rätsel' lässt sich auflösen, wenn man versteht, dass der absolute Nutzen von Wasser den absoluten Nutzen von Diamanten übersteigt, dass Diamanten aber einen grösseren Nutzen der letzten Einheit (Grenznutzen) haben, und dieser ist relevant für Marktpreise. (Warum das so ist, werden Sie noch lernen.)

Die Neoklassik ersetzte graduell die Klassik in einem Prozess, der in den 1870er Jahren begann. Wichtige frühe Vertreterinnen und Vertreter der Neoklassik waren William Stanley Jevons, Carl Menger, John Bates Clark und Léon Walras. Ihnen folgten Alfred Marshall, Joan Robinson, John Richard Hicks, George Stigler, Kenneth Arrow, Paul Anthony Samuelson und Milton Friedman, um nur einige zu nennen.

Die *Institutionenökonomik* beginnt mit der Vorstellung, dass ökonomische Transaktionen (wie der Kauf und Verkauf von Gütern) stets in ein komplexes Netzwerk von Kultur, Normen und Institutionen eingebettet sind. Die Funktionsweise von zum Beispiel Märkten kann nach dieser Ansicht nicht ohne Einbeziehung des kulturellen Kontextes, in dem sie existieren, verstanden werden. Diese Sichtweise steht in klarem Konflikt zur Neoklassik, und wird daher als heterodoxe Denkrichtung angesehen. Allerdings hat sich in der zweiten Hälfte des 20. Jahrhunderts eine Variante der Institutionenökonomik, die *Neue Institutionenökonomik*, gebildet, die bestimmten Formen neoklassischen Denkens zwar nach wie vor kritisch gegenübersteht, aber sich trotzdem vieler der dort entwickelten Methoden bedient. Sie hat ihre Wurzeln in zwei Artikeln von Ronald Coase. Dieser machte klar, dass Transaktionskosten, dass heisst die Kosten, die durch einen Austausch von Gütern entstehen, der Ausgangspunkt für ein Verständnis von ökonomischen Institutionen und einem Institutionenvergleich sein müssen. Ein Verständnis von Transaktionskosten erlaubt es, die relativen Vor- und Nachteile von unterschiedlichen Institutionen wie Märkten, Unternehmen oder dem Staat zu verstehen und daher das Zusammenwirken zwischen diesen Organisationsweisen in den Blick zu bekommen. Die Neue Institutionenökonomik steht der Neoklassik mit ihrem Fokus auf Märkte und Rationalität kritisch gegenüber, ist ansonsten aber in diese integriert; es handelt sich nicht um eine Alternative zur Neoklassik sondern um einen komplementären Standpunkt. Vertreterinnen und Vertreter dieses Felds sind Armen Alchian, Harold Demsetz, Douglass North, Elinor Ostrom und Oliver Williamson neben vielen anderen.

Es gibt selbstverständlich noch viele weitere ökonomische Denktraditionen, und es ist unmöglich, ihnen in einem einführenden Lehrbuch gerecht zu werden und ihr Verhältnis zur Neoklassik und zur neuen Institutionenökonomik im Detail aufzuzeigen. Einige wichtige Schulen und ihre zentralen Vertreter seien hier trotzdem kurz genannt. Einige in der Vergangenheit einflussreiche Denkrichtungen haben an Einfluss verloren. Dazu gehört die *Historische Schule* (zum Beispiel vertreten durch Gustav von Schmoller, Etienne Laspeyres oder Werner Sombart), *Marxistische Ökonomik* (zum Beispiel vertreten durch Karl Marx oder Antonio Gramsci), die *Österreichische Schule* (zum Beispiel vertreten durch Carl Menger, Eugen von Böhm-Bawerk, Ludwig von Mises und Friedrich von Hayek; einige von ihnen lassen sich durchaus auch der Neoklassik zurechnen) und die *Institutionenökonomik* (zum Beispiel vertreten durch Thorstein Veblen, John R. Commons und John Kenneth Galbraith). Diese gelten heute oft als heterodoxe Denkschulen. Es gibt aber auch neue Entwicklungen, deren zukünftiger Einfluss schwer abschätzbar ist. Hierzu gehören etwa die *Feministische Ökonomik* (vertreten durch zum Beispiel Marylin Waring, Marianne Ferber oder Joyce Jacobson) und die *Ökologische Ökonomik* (wichtige Vertreter sind Herman Edward Daly und Nicholas Georgescu-Roegen). Diese Denkansätze kritisieren zumindest in ihrer heutigen Form spezifische Aspekte der Neoklassik, ohne meist selbst eine ausgebaute, alternative Erklärungs- und Bewertungstheorie der Ökonomie zu bilden.

Es ist zum jetzigen Zeitpunkt unklar, welches Verhältnis andere wichtige Entwicklungen, zu denen man die Evolutionsökonomik, die Verhaltensökonomik und die Neuroökonomik rechnen kann, am Ende zur Neoklassik und ihrem Paradigma einnehmen werden. Wie die Vergangenheit zum Beispiel im Fall der Neoklassischen Synthese gezeigt hat, erwies sich die Neoklassik bisher als ausgesprochen anpassungsfähig, um neue, zunächst als kritische Alternativen entwickelte Denkrichtungen zu integrieren und sich daher immer wieder neu zu erfinden.

Literatur

Aristotle. (2004). *Posterior Analytics*. Whitefish: Kessinger Publishing.
Calaprice, A. (Hrsg.) (2000). *The Expanded Quotable Einstein*. Princeton: Princeton University Press.
Franklin, B., Adams, J., Sherman, R., Livingston, R., & Jefferson, T. (2015). *United States Declaration of Independence*. CreateSpace Independent.
Friedman, M. (1953). *Essays in Positive Economics*. University of Chicago Press.
Habermas, J. (1983). *Moralbewusstsein und kommunikatives Handeln*. Frankfurt a. M.: Suhrkamp.
Hume, D. (1739)[2004]. *A Treatise of Human Nature*. Dover Publications.
Keynes, J. M. (1924). Alfred Marshall. *The Economic Journal, 34,* 311–372.
Kuhn, T. (1962). *The Structure of Scientific Revolution*. University of Chicago Press.
Lakatos, I. (1976). *Proofs and Refutations*. Cambridge University Press.
Mencken, H. L. (1921). *Prejudices: Second Series*. London: J. Cape.
Moore, G. E. (1903). *Principia Ethica*. Cambridge University Press.

Pareto, V. (1897). The new theories of economics. *Journal of Political Economy, 5*(4), 485–502.

Putnam, H. (2002). *The Collapse of the Fact/Value Dichotomy and Other Essays*. Harvard University Press.

Quine, W. V. O. (1951). Main trends in recent philosophy: Two dogmas of empiricism. *The Philosophical Review, 60*(1), 20–43.

Robbins, L. (1932). *An Essay on the Nature and Significance of Economic Science*. Auburn: Ludwig von Mises Institute.

Robinson, J. (1962). *Economic Philosophy*. Aldine Transaction.

Samuelson, P. A. (1948). *Economics: An Introductory Analysis*. McGraw-Hill.

Sen, A. (1970). *Collective Choice and Social Welfare*. San Francisco: Holden Day.

Solow, R. (1997). Is there a core of usable macroeconomics we should all believe in? *American Economic Review, 87*(2), 230–232.

Sterne, L. (2003). *The Life and Opinions of Tristram Shandy*. Penguin Classics.

Wittgenstein, L. (1972). *On Certainty*. Harper and Row.

Wittgenstein, L. (1998). *Tractatus Logico-Philosophicus*. Dover Publications.

Weiterführende Literatur

Albert, H. (2014). *Treatise on Critical Reason*. Princeton University Press.

Hausman, D. (Hrsg.). (1994). *The Philosophy of Economics: An Anthology*. Cambridge University Press.

Kincaid, H., & Ross, D. (Hrsg.). (2009). *The Oxford Handbook of Philosophy of Economics*. Oxford University Press.

Reiss, J. (2013). *Philosophy of Economics a Contemporary Introduction*. Routledge.

Simon, H. A. (1957). *Models of Man: Social and Rational*. John Wiley.

Spezialisierung und Tausch

In diesem Kapitel lernen Sie ...

- das Prinzip der Opportunitätskosten anzuwenden, um zu verstehen, warum Spezialisierung und Tausch das Knappheitsproblem lindern können.
- warum das Prinzip des Komparativen Vorteils zentral für ein Verständnis ist, wie Gesellschaften ökonomische Aktivitäten organisieren und welche Rolle Institutionen dabei spielen.
- warum Institutionen wichtig sind, und was eine ökonomische Theorie der Institutionen erklären muss, damit sie Phänomene wie Wachstum, Arbeitslosigkeit, Globalisierung oder anthropogenen Klimawandel erklären kann.

2.1 Einleitung

What is prudence in the conduct of every private family, can scarce be folly in that of a great kingdom. If a foreign country can supply us with a commodity cheaper than we ourselves can make it, better buy it of them with some part of the produce of our own industry, employed in a way in which we have some advantage. The general industry of the country, being always in proportion to the capital which employs it, will not thereby be diminished [...] but only left to find out the way in which it can be employed with the greatest advantage. (Adam Smith, The Wealth of Nations, Book IV: 2, 1776[1991])

Under a system of perfectly free commerce, each country naturally devotes its capital and labour to such employments as are most beneficial to each. This pursuit of individual advantage is admirably connected with the universal good of the whole. [...] It is this principle which determines that wine shall be made in France and Portugal, that corn shall be grown in America and Poland, and that hardware and other goods shall be manufactured in England. (David Ricardo, 2004)

Die Ökonomik wirkte immer ein wenig neureich unter den Wissenschaften, mit dem Anspruch derselben Wissenschaftlichkeit wie die Naturwissenschaften, aber gleichzeitig ohne die allgemeinen Theorien und Einsichten, die zum Beispiel die

M. Kolmar, *Grundlagen der Mikroökonomik*, https://doi.org/10.1007/978-3-662-63362-5_2

moderne Physik kennzeichnen. Dieser Umstand findet in einem Gespräch einen netten Ausdruck, das Paul Samuelson, einem der einflussreichsten Ökonomen des 20. Jahrhunderts, und dem Mathematiker Stanislaw Ulam zugeschrieben wird. Dieser forderte Samuelson auf einer wissenschaftlichen Konferenz wie folgt heraus: „[N]ame me one proposition in all of the social sciences which is both true and non-trivial", wobei er die offensichtliche Erwartung hatte, dass die Frage unbeantwortet blieb. Der Überlieferung nach dauerte es viele Jahre, bis sich die beiden auf einer weiteren Konferenz wieder über den Weg liefen und Samuelson eine Antwort gefunden hatte: die Theorie des Komparativen Vorteils: „That it is logically true need not be argued before a mathematician; that it is not trivial is attested by the thousands of important and intelligent men who have never been able to grasp the doctrine for themselves or to believe it after it was explained to them." (Samuelson, 1969). Es darf daher nicht weiter verwundern, dass diese Theorie nach wie vor im Zentrum ökonomischer Theorien steht. Sie eignet sich gut, um zu verstehen, wie Gesellschaften mit dem Problem der Knappheit umgehen oder – gegeben ein Werturteil – umgehen sollten. Da sie schon alt ist, mag es überraschen, dass sie nach wie vor oft missverstanden wird und Anlass zu ideologischen Diskussionen bietet. In diesem Kapitel werden die zentralen Aspekte dieser Theorie vorgestellt, ihre Relevanz für die Ökonomik (und auch die Betriebswirtschaftslehre und die Rechtswissenschaft) aufgezeigt sowie die potenziellen Missverständnisse und Probleme, die bei einer Anwendung der Theorie entstehen, erörtert.

David Ricardo entwickelte im 18. Jahrhundert die Theorie des Komparativen Vorteils, um zu erklären, warum es für Staaten ökonomisch sinnvoll ist, ihre Grenzen zu öffnen und internationalen Handel zuzulassen. Sein berühmtes Beispiel ist der Handel zwischen England und Portugal. Zur Zeit Ricardos gab es in England eine lebhafte Auseinandersetzung über die Frage, ob man die Grenzen dem Handel mit Portugal öffnen sollte. Mächtige politische Kräfte waren dagegen, weil sie fürchteten, dass England die Wettbewerbsfähigkeit fehlte, um im Handel mit Portugal bestehen zu können. In dieser Debatte argumentierte Ricardo, dass England auch unter diesen Bedingungen von Handel profitieren würde. Gleichzeitig war sein Beispiel so gewählt, dass es den Ursprung vieler Missverständnisse in sich barg, die wir noch genauer sehen werden. Aus diesem Grund werden wir ein Beispiel entwickeln, welches die Möglichkeit von Fehlinterpretationen so gut es geht vermeidet.

Wenn Knappheit existiert, sind die Handlungen der Individuen, die in einer Gesellschaft leben, interdependent. Wenn ich ein Sandwich esse, kann niemand anderes dieses Sandwich essen, wenn ich einen roten Pullover trage, dann müssen ihn sich alle Leute, die ich treffe, anschauen, und so weiter. Interdependenz zwischen Individuen kann Spezialisierung und Tausch erklären. Um dies zu verstehen, beginnen wir mit einer Situation, in der kein Handel oder Tausch zwischen den Individuen einer Gesellschaft stattfindet. Das hat zur Folge, dass die Individuen alles, was sie konsumieren wollen, selbst produzieren müssen. Wir nennen diese Situation *Autarkie*.

Wir entwickeln die Theorie des Komparativen Vorteils anhand eines einfachen Beispiels. Dazu nehmen wir an, dass in der Gesellschaft genau zwei Individuen, leben, Anne (A) und Beat (B), und dass es genau zwei Güter gibt, Pflaumen (P)

und Tomaten (T). Anne und Beat befinden sich zu Beginn in einer Situation der Autarkie.

- **Fall 1:** Jedes Individuum kann genau eines der Güter produzieren und möchte auch nur dieses Gut konsumieren. Dies ist der triviale Referenzfall, in dem Autarkie eine vollständig ausreichende Organisationsform der Wirtschaft darstellt. Anne und Beat haben keine Möglichkeit, durch Interaktion das Problem der Knappheit zu mildern, da die jeweils andere Person nichts anzubieten hat, was von Interesse ist. Die einzige Herausforderung, die sich in dieser Situation stellt, ist das Selbst-Management: Wie sollten die beiden Ihre Tage organisieren, damit sie genug Pflaumen und Tomaten konsumieren können? Wenn diese Situation eine umfassende Darstellung der Wirklichkeit ist, endet unsere ökonomische Reise, bevor sie so richtig beginnt. Niemand muss sich Gedanken über die Organisation der Wirtschaft oder Gesellschaft machen; die Menschen leben glücklich von den Früchten ihrer Gärten, das Studium der Ökonomik ist beendet. Aus Sicht der Sozialwissenschaften ist es daher ein Glücksfall, dass die Welt nicht so ist.
- **Fall 2:** Jedes Individuum kann genau ein Gut produzieren, möchte aber gern beide konsumieren. Dieser Fall erlaubt eine erste Erklärung des Phänomens Handel: Anne kann Tomaten in ihrem Garten anbauen und Beat Pflaumen in seinem, aber beide hätten gern beide Früchte zum Nachtessen. In diesem Fall ergibt es Sinn, dass sie ein ‚Handelsabkommen' abschliessen, welches festlegt, wie viele Tomaten und Pflaumen zwischen A und B getauscht werden sollen. Wenn das Tauschverhältnis richtig gewählt wird, stellen sich beide im Vergleich zur Autarkie besser. Würde dieses Szenario die Welt vollständig beschreiben, so sollten wir Handel beobachten.
- **Fall 3:** Jedes Individuum möchte beide Güter konsumieren und kann auch beide produzieren. Allerdings wachsen bei Anne besser Tomaten und bei Beat besser Pflaumen (gemessen je Stunde eingesetzter Arbeit). In dieser Situation besitzt jedes Individuum einen *absoluten Vorteil* bei der Produktion je eines Guts, aber sie sind nicht notwendig aufeinander angewiesen, wenn sie Tomaten mit Pflaumen zum Nachtessen verspeisen wollen. Allerdings macht ihnen Kooperation das Leben leichter. Wenn beide Individuen einen absoluten Vorteil bei der Produktion jeweils eines Guts haben, ergibt es Sinn, dass sie sich auf die Produktion dieses Guts *spezialisieren* und dann miteinander *tauschen*. Die Gesamtmenge an Tomaten und Pflaumen kann steigen, wenn sich beide Individuen in Richtung ihres absoluten Vorteils spezialisieren. Dabei sind Spezialisierung und Tausch zwei Seiten derselben Medaille. Nehmen wir an, der Autarkiekonsum (und damit die Produktion) spiegle Annes und Beats ‚Geschmack' (Ökonomen nennen dies auch die ‚Präferenzen' der Individuen) für die beiden Früchte in dem Sinne wider, dass sie das bestmögliche unter den erreichbaren Güterbündeln produzieren und konsumieren. Nehmen wir z. B. an, dass beide Individuen Tomaten und Pflaumen in gleicher Menge konsumieren möchten. Daher würde allein eine Spezialisierung in Richtung des absoluten Vorteils ohne Tausch die beiden schlechter stellen, auch wenn die Gesamtmenge an Tomaten und Pflaumen steigt: Es gibt zwar insgesamt mehr zu essen, aber das Verhältnis, in dem die beiden

Individuen die Güter konsumieren, entspricht nicht mehr dem gewünschten Verhältnis. Da aber insgesamt von beiden Gütern eine grössere Menge vorhanden ist, kann man das Problem durch Tausch lösen: Beiden Individuen kann der Autarkiekonsum garantiert werden, und es bleibt noch ein Überschuss, der so verteilt werden kann, dass beide sich besser stellen.

- **Fall 4:** Jedes Individuum möchte beide Güter konsumieren und kann auch beide produzieren. Allerdings kann ein Individuum beide Güter besser produzieren als das andere (es benötigt weniger Zeit für dieselbe Menge). Dies ist der schwierige Fall, und es bedurfte Ricardos Genie, um zu verstehen, dass es möglich ist, beide Individuen durch Spezialisierung und Tausch besser zu stellen. Wie kann das funktionieren? Die Intuition dafür basiert interessanterweise genau auf der Idee der Knappheit. Nehmen wir an, A habe einen absoluten Vorteil bei der Produktion von Tomaten und Pflaumen. Mit unbeschränkten Ressourcen wäre es daher kein Problem für A, B bei der Produktion beider Früchte zu übertreffen. Aber Ressourcen sind nicht unbegrenzt verfügbar. Nehmen wir daher an, dass beide Individuen ihre gesamte verfügbare Zeit zur Produktion der beiden Früchte P und T verwenden. (Dass A einen absoluten Vorteil bei der Produktion beider Güter hat, bedeutet dann, dass sie für die Produktion einer Einheit beider Güter weniger Zeit benötigt als B.) In diesem Fall besteht die einzige Möglichkeit für A, mehr T zu produzieren, darin, weniger Zeit für die Produktion von P aufzuwenden, womit die Produktion von P sinkt. Nehmen wir an, dass dies im Verhältnis von 2 zu 1 passiert, dass also die Reduktion einer Einheit P zu einer Steigerung der Produktion von T um zwei Einheiten führt. Man nennt dies das *Transformationsverhältnis*. Wenn die Autarkieproduktion optimal gewählt war (die Menge der produzierten Tomanten entsprach der Menge der produzierten Pflaumen), führt eine solche Änderung allerdings zu einer Verschlechterung, wenn sie nicht mit Tausch vervollständigt wird.

An dieser Stelle nun hat B seinen grossen Auftritt. Nehmen wir an, A und B tun sich zusammen und vereinbaren, dass B den Produktionsausfall von P dadurch kompensiert, dass er weniger T produziert. Dies gibt ihm die Zeit, mehr P zu produzieren. Nehmen wir weiter an, dass er ein Transformationsverhältnis von eins zu eins hat. Daher reduziert eine Einheit mehr P die Produktion von T um eine Einheit. Wenn man jetzt nachrechnet, sieht man, wie die scheinbare Magie des *Komparativen Vorteils* funktioniert: Die Gesamtproduktion an Pflaumen ist konstant. A hat eine Einheit weniger produziert, und dies ist von B ausgeglichen worden. Aber wie sieht es bei den Tomaten aus? A hat zwei Einheiten mehr produziert, und B musste die Produktion um eine Einheit reduzieren. Daher haben wir nun eine Einheit Tomaten mehr als in der Autarkie. Die Gesamtproduktion steigt, weil B einen *Komparativen Vorteil* bei der Produktion von Pflaumen besitzt. Obwohl Anne mit einer Einheit Zeit doppelt oder hundertmal so viele Tomaten und Pflaumen produzieren kann wie Beat, unterliegt sie doch einer Ressourcenbeschränkung. Und diese führt dazu, dass Spezialisierung die Gesamtproduktion steigern kann, solange sich A und B im Transformationsverhältnis unterscheiden. Dieses Transformationsverhältnis ist Ausdruck der Opportunitätskosten von Tomaten gerechnet in Pflaumen (oder umgekehrt). Solange dies der Fall ist, gibt es Raum für Spezialisierung und Tausch, wodurch sich beide Individuen verbessern.

Um den Punkt zu verdeutlichen, vergleichen Sie einen Nobelpreisträger der Ökonomik mit mir. Ich bin sowohl als Lehrer als auch als Forscher ganz gut. Der Nobelpreisträger ist ein brillanter Forscher und auch ein sehr guter Lehrer. Er ist also in beiderlei Hinsicht besser als ich: Er hat sowohl in der Forschung als auch in der Lehre einen absoluten Vorteil. Ich kann die Position nachvollziehen, dass Studierende von einem sehr guten Lehrer unterrichtet werden möchten, nicht nur von einem guten, aber ergibt das aus einer übergreifenden Perspektive Sinn? Wenn der Nobelpreisträger unterrichten würde, könnte er die Zeit nicht nutzen, um neue Theorien zu entwickeln. Man hat also im Grunde die Wahl zwischen zwei Alternativen: Ökonomik vom besten verfügbaren Lehrer zu lernen und die Chance zu verpassen, in Zukunft bessere Theorien zu haben, oder Ökonomik von einem guten Lehrer zu lernen, aber mit besseren Theorien.

Aus dieser Perspektive ist die Theorie des Komparativen Vorteils ausgesprochen tröstlich für „gewöhnliche" Leute wie uns: Wir können nichts Spezielles? Keine Sorge, selbst wenn es Leute gibt, die alles besser können als wir, haben sie doch nur begrenzte Zeit zur Verfügung. Das ist unsere Chance.

2.2 Ein Rechenbeispiel

In diesem Abschnitt entwickeln wir ein präziseres Verständnis der Theorie des Komparativen Vorteils, indem wir die Produktionsmöglichkeiten von Anne und Beat genau spezifizieren. Wir nehmen an, dass beide jeweils 100 Stunden Arbeitszeit zur Verfügung haben, die sie vollständig auf die Produktion von Tomaten und Pflaumen aufwenden. Tab. 2.1 gibt eine Übersicht über die Produktivitäten der beiden und die maximal möglichen Produktionsmengen. Die Tabelle zeigt, dass A tatsächlich produktiver ist als B: Sie benötigt die halbe Zeit für die Herstellung eines Kilos Tomaten und ein Viertel der Zeit für die Herstellung eines Kilos Pflaumen. Wir gehen davon aus, dass A und B ihre Zeit frei zwischen der Herstellung beider Güter aufteilen können und dass die Produktivitäten (also die Menge an Früchten pro eingesetzter Zeiteinheit) konstant sind. Mit diesen Annahmen sind wir in der Lage, das Beispiel mit Hilfe des Konzepts der Produktionsmöglichkeitenkurve aus Kap. 1 zu untersuchen.

Abb. 2.1 zeigt die Produktionsmöglichkeitenkurven von A und B. Wir bezeichnen mit $x_T^A, x_P^A, x_T^B, x_P^B$ die Mengen an T und P, die A und B herstellen. Die Produktionsmöglichkeitenkurven lassen sich dann wie folgt als Funktionen darstellen:

$$x_T^A = 100 - x_P^A, \qquad x_T^B = 50 - 2 \cdot x_P^B.$$

Die Gesamtmenge an Pflaumen (in Kilogramm) ist entlang der Abszisse abgetragen, die Gesamtmenge an Tomaten entlang der Ordinate. Der *absolute* Vorteil von A bei der Herstellung beider Güter zeigt sich daran, dass ihre Produktionsmöglich-

Tab. 2.1 Produktivitäten und Produktionsmöglichkeiten für Anne und Beat

	Zeit für 1 Kilo Tomaten	Zeit für 1 Kilo Pflaumen
A	1 Stunde	1 Stunde
B	2 Stunden	4 Stunden
	Maximale Tomatenproduktion	Maximale Pflaumenproduktion
A	100 Kilo	100 Kilo
B	50 Kilo	25 Kilo

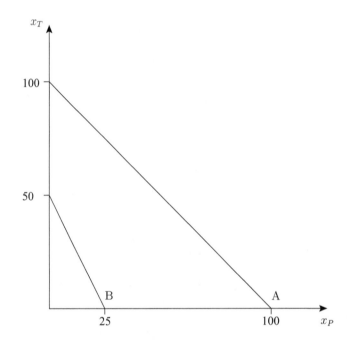

Abb. 2.1 Annes und Beats Produktionsmöglichkeitenkurven

keitenkurve nordöstlich von Bs Produktionsmöglichkeitenkurve liegt. Allerdings unterscheiden sich die beiden Kurven in ihren *Steigungen*, was zentral für die Feststellung des *Komparativen* Vorteils ist.

Um diesen zu bestimmen, beginnen wir mit der Feststellung der Opportunitätskosten (OK). Die Opportunitätskosten von zum Beispiel einem weiteren Kilogramm Tomaten bestehen in der notwendigen Reduktion der Menge an Pflaumen, welche daraus resultiert, dass die Arbeitszeit von der Pflaumen- auf die Tomatenzucht verschoben wird. Sie entsprechen der Steigung (in absoluten Einheiten gemessen) der Produktionsmöglichkeitenkurve. Umgekehrt lassen sich auch die Opportunitätskosten eines weiteren Kilogramms Pflaumen in Kilogramm Tomaten bestimmen. Sie entsprechen der inversen Steigung (in absoluten Einheiten) der Produktionsmöglichkeitenkurve. Tab. 2.2 fasst die OK zusammen. Ein Vergleich dieser OK wird es uns nun erlauben, den Komparativen Vorteil von Anne und Beat zu bestimmen.

Tab. 2.2 Opportunitätskosten für Anne und Beat

	OK Tomaten (in Einheiten Pflaumen)	OK Pflaumen (in Einheiten Tomaten)
A	1	1
B	0,5	2

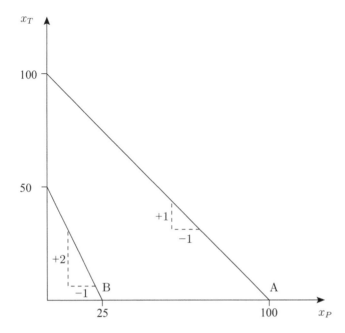

Abb. 2.2 Produktionssteigerung von Tomaten aufgrund einer Senkung der Pflaumenproduktion um ein Kilogramm

Abb. 2.2 zeigt die Kosten der Produktion einer weiteren Einheit Tomaten, gemessen in Einheiten Pflaumen, für beide Individuen. Die Kosten entsprechen einem Kilogramm für Anne und einem halben Kilogramm für Beat. Die Feststellung zeigt, dass es für Beat *relativ* einfacher ist, die Produktion von Tomaten zu steigern; das weitere Kilogramm Tomaten kostet ihn ein halbes Kilogramm Pflaumen, wohingegen Anne auf ein Kilogramm Pflaumen verzichten müsste. Daher besitzt Beat einen *Komparativen Vorteil* bei der Produktion von Tomaten.

Das Konzept des Komparativen Vorteils ist *relational*: Die Tatsache, dass Beat einen Komparativen Vorteil bei der Produktion von Tomaten hat, bedeutet gleichzeitig und notwendigerweise, dass Anne einen Komparativen Vorteil bei der Produktion von Pflaumen hat: Wenn sie die Tomatenproduktion um ein Kilogramm senkt, erntet sie ein zusätzliches Kilogramm Pflaumen, wohingegen Beat nur ein halbes Kilogramm erntet.

Wir sind nun so weit zu zeigen, dass man durch Spezialisierung und Tausch die Gesamtproduktion steigern kann. Als Beispiel gehen wir davon aus, dass beide

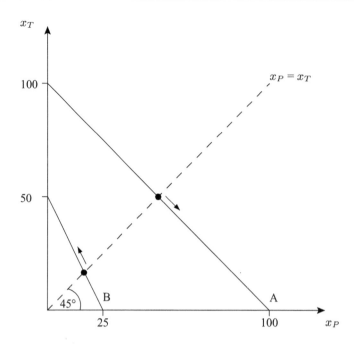

Abb. 2.3 Spezialisierung in Richtung der Komparativen Vorteile

Individuen Tomaten und Pflaumen immer in gleichen Mengen konsumieren wollen. Alle Tomaten-Pflaumenkombinationen mit dieser Eigenschaft liegen auf der 45°-Geraden in Abb. 2.3.

Die Konsummengen in der Autarkie werden durch die Schnittpunkte der 45°-Gerade mit den jeweiligen Produktionsmöglichkeitenkurven festgelegt. Analytisch sind sie die Lösungen der beiden Gleichungssysteme $x_T^A = 100 - x_P^A \wedge x_T^A = x_P^A$ und $x_T^B = 50 - 2 \cdot x_P^B \wedge x_T^B = x_P^B$. Die Lösungen sind $x_T^A = x_P^A = 50$ und $x_T^B = x_P^B = 50/3$. Die Frage lautet nun, ob es möglich ist, Anne und Beat ausgehend von dieser Situation besser zu stellen. Dazu lassen wir sie sich in Richtung ihrer Komparativen Vorteile spezialisieren und verteilen dann die Güter so um, dass sie wieder von beiden gleiche Mengen konsumieren können. Tab. 2.3 zeigt, wie sich die Gesamtproduktion ändert, wenn A mehr Pflaumen und B mehr Tomaten produziert. Wie vorhergesagt kann Spezialisierung in Richtung des Komparativen Vorteils die Gesamtproduktion an Tomaten und Pflaumen vergrössern. Für dieses Ergebnis ist es vollständig irrelevant, dass B weniger produktiv in absoluten Einheiten ist, es zählt einzig, dass sich die beiden Individuen in ihren Opportunitätskosten unterscheiden. Hinter einem solchen Prozess der Spezialisierung verbirgt sich Arbeitsteilung: In der Autarkie produzieren beide Individuen beide Güter, nun spezialisieren sie sich auf das Gut, welches sie relativ besser herstellen können.

Wir nennen die Steigerung der Gesamtproduktion die *materiellen Handelsgewinne*, diese unterscheiden wir von den *subjektiven Handelsgewinnen*, oder

Tab. 2.3 Die Ergebnisse
einer Spezialisierung in
Richtung der Komparativen
Vorteile

	Änderung Tomaten	Änderung Pflaumen
A	$-3/4\,\text{kg}$	$+3/4\,\text{kg}$
B	$+1\,\text{kg}$	$-1/2\,\text{kg}$
$A+B$	$+1/4\,\text{kg}$	$+1/4\,\text{kg}$

auch einfach nur den *Handelsgewinnen*. Was ist der Unterschied? Die materiellen Handelsgewinne messen die Steigerung der Gesamtproduktion. Materielle Güter sind aber höchstens Mittel, nicht Zweck des Wirtschaftens. Was am Ende zählt, ist der Beitrag materieller Güter zum Wohlergehen der Menschen. Der Begriff ,Handelsgewinn' bezieht sich auf ein Mass für diesen subjektiven Zugewinn.

An diesem Punkt müssen wir zwei Fragen stellen:

- Erstes ist es wichtig zu verstehen, wie allgemein die Theorie des Komparativen Vorteils ist. Sind die Handelsgewinne ein Artefakt des obigen Beispiels, oder existieren sie unter allgemeinen Bedingungen?
- Falls es sich um ein allgemeines Ergebnis handelt, müssen wir zweitens verstehen, was es für die Ökonomie einer Gesellschaft bedeutet. Werden Handelsgewinne quasi ,automatisch' ausgeschöpft, oder ist es erforderlich, dass man ökonomische Aktivitäten auf eine bestimmte Art und Weise organisiert?

Wir werden den beiden Fragen im Folgenden nachgehen.

2.3 Wie allgemein ist die Theorie des Komparativen Vorteils?

Eine beschränkende Annahme des obigen Modells ist die Linearität der Produktionsmöglichkeitenkurven. In diesem Fall ist der Komparative Vorteil ein wohldefiniertes Konzept, das unabhängig vom Autarkiefall immer dieselbe Aussage trifft. Und die Ergebnisse sind vollständig verallgemeinerbar: Mit der Ausnahme identischer Opportunitätskosten und im Wesentlichen uninteressanten Randfällen gibt es immer eine Möglichkeit, die Produktion durch Spezialisierung auszuweiten.

Es mag aber auch Fälle geben, in denen die Produktionsmöglichkeiten besser durch eine strikt konkave (nach aussen gewölbte) Kurve dargestellt werden. In diesem Fall ist der Komparative Vorteil nicht mehr länger ein globales, sondern nur noch ein lokales Konzept, und es hängt im Allgemeinen vom Autarkiekonsum bzw. der Autarkieproduktion ab, welches Individuum einen Komparativen Vorteil für welches Gut besitzt. Eine strikt konkave Kurve resultiert, wenn die Produktivität in der produzierten Menge zurückgeht. Abb. 2.4 illustriert eine solche Situation und die Möglichkeit einer Umkehr des Komparativen Vorteils.

Die beiden Punkte X und Y stellen zwei mögliche Autarkiesituationen dar. Die (absoluten Werte der) Steigungen der Kurven sind ein Mass für die lokalen Opportunitätskosten. Wie man sieht, besitzt A einen Komparativen Vorteil bei der Produktion von T in X und einen Komparativen Vorteil bei der Produktion von P

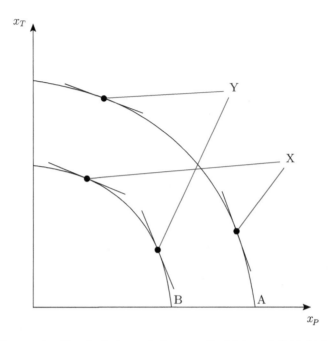

Abb. 2.4 Komparativer Vorteil mit einer strikt konkaven Produktionsmöglichkeitenkurve

in *Y*. Das ist aber auch schon der ganze Unterschied zur vorherigen Situation. Die Schlussfolgerung, dass eine Spezialisierung in Richtung des Komparativen Vorteils (materielle) Handelsgewinne mit sich bringt, bleibt erhalten.

Wenn die Produktionsmöglichkeitenkurve strikt konkav sein kann, dann kann sie im Prinzip auch strikt konvex (nach innen gekrümmt) sein. Eine strikt konvexe Kurve resultiert, wenn die Produktivität in der produzierten Menge steigt. Abb. 2.5 illustriert diesen Fall.

Nehmen wir an, *X* stellt den Autarkiefall dar, so dass weder *A* noch *B* einen lokalen Komparativen Vorteil haben. Selbst (oder gerade) in diesem Fall ist es sinnvoll, sich zu spezialisieren, da Spezialisierung die Produktivität steigert. Dadurch wird ein Komparativer Vorteil geschaffen, der in der Autarkie nicht existiert hat. Dies wird durch Punkt *Y* in Abb. 2.5 illustriert. Dort wird angenommen, dass sich *A* und *B* vollständig spezialisieren.

Die Theorie des Komparativen Vorteils scheint daher robust bezüglich der Annahmen an die Gesetzmässigkeiten zu sein, die die Produktion erklären. In diesem Sinn ist die Theorie tatsächlich vollständig allgemein.

Wenn diese Schlussfolgerung das Ende der Geschichte wäre, sollte es eigentlich keine Vorbehalte gegen eine Ausweitung von Märkten bzw. den Prozess der Globalisierung geben. Und doch haben viele Menschen das Gefühl, dass Marktintegration und Globalisierung nicht nur Gewinner schafft, sondern auch Verlierer, und dass es daher nicht stimmt, dass jedes Individuum sich besser stellt. Wenn in den Worten

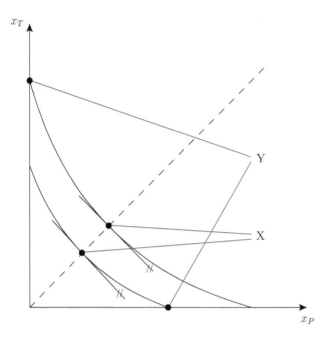

Abb. 2.5 Komparativer Vorteil mit einer strikt konvexen Produktionsmöglichkeitenkurve

Adam Smiths „the extent of this division [of labor] must always be limited by the
extent [. . .] of the market," und wenn *Arbeitsteilung* etwas Gutes ist, dann muss der
Prozess der globalen Marktintegration auch etwas Gutes sein. Die einzige Erklärung
für die Haltung der Skeptiker wäre dann, dass sie dies nicht verstehen.

Oder vielleicht auch nicht. Wir haben zu Beginn des Kapitels schon kurz darauf
hingewiesen, dass die Problemformulierung von Ricardo zu Missverständnissen
einlädt, da er auf Handelsvorteile zwischen Staaten (England und Portugal) ver-
wiesen hat. Es macht aber einen Unterschied, ob man Spezialisierung und Tausch
zwischen zwei Individuen oder zwei Staaten untersucht. Was ist der Unterschied?

Der Schlüssel zum Verständnis liegt in der Einsicht, dass die zeitliche Struktur
der Aufnahme von Handelsbeziehungen für die Wahrnehmung der Handelsvorteile
von grosser Wichtigkeit ist. Dies kann in einem Zwei-Personen-Beispiel nicht
untersucht werden, da es nur einen solchen Zeitpunkt gibt. Wir werden daher
Claudius (*C*) zu unserem Bild hinzufügen und annehmen, er könne ebenfalls
Tomaten und Pflaumen produzieren.

1. Simultane Integration   In diesem Szenario gehen wir davon aus, dass alle drei
Individuen ausgehend von einer Situation der Autarkie simultan Verhandlungen
über Spezialisierung und Tausch führen. In diesem Fall kann die Theorie des
Komparativen Vorteils einfach auf die neue Situation angepasst werden: *A*, *B*, und

C werden sich bezüglich ihres Komparativen Vorteils spezialisieren, und der entstehende Überschuss wird so auf die Individuen verteilt werden, dass sich niemand im Vergleich zur Autarkie verschlechtert. Andernfalls würde ein Individuum einem solchen Abkommen nicht zustimmen. Das bedeutet, dass bei simultaner Integration der Referenzpunkt der Autarkiekonsum ist, und gegeben dieser Referenzpunkt kann sich niemand verschlechtern.

2. Sequenzielle Integration In diesem Szenario nehmen wir an, dass A und B bereits ein Handelsabkommen vereinbart und in Kraft gesetzt haben, wenn C hinzutritt (partielle Integration). Daher ist der Referenzpunkt für A und B nicht mehr der Autarkiekonsum, sondern der Konsum, der durch das Handelsabkommen möglich wird. Ausgehend von diesem Referenzpunkt muss nun aber die Hinzunahme von C nicht mehr dazu führen, dass alle Parteien profitieren. Es könnte zum Beispiel sein, dass die Verfügbarkeit von C als potenzieller Handelspartner A dazu bringt, nicht mehr mit B zu handeln, sondern ihn durch C zu ersetzen. Dies führt aber dazu, dass B auf den Autarkiekonsum zurückfällt, was ihn im Vergleich zur Situation mit partieller Integration schlechter stellt. Dies ist aber im Kern die Situation, mit der viele Fertigungsindustrien in Westeuropa und den USA konfrontiert waren, als China sich auf den Weg in die globale Marktwirtschaft zur ‚Werkbank der Welt' entwickelte und damit tiefe Veränderungen in der industriellen Struktur des ‚Westens' auslöste. Im Zuge dieses Prozesses verloren Westeuropa und die USA einen Grossteil ihrer Arbeitsplätze in der Fertigung an China. Dies stellte ohne Zweifel die nun beschäftigungslos gewordenen Arbeitnehmerinnen und Arbeitnehmer schlechter. Um diesen Umstand mit der Theorie des Komparativen Vorteils zusammenzubringen, muss man den Prozess der Integration mit in die Betrachtung einbeziehen. Die Hinzunahme Chinas als Handelspartner hat wie von der Theorie vorausgesagt die weltweite Gesamtproduktion erhöht, aber da es sich um einen Prozess sequenzieller Integration handelte, war der Vergleichsmassstab nicht die Autarkie, sondern der Konsum bei partieller Integration, und ausgehend davon kann es Verlierer geben.

Die Tatsache, dass der Prozess der Integration hin zu einer vollständig integrierten globalen Ökonomie für die wahrgenommenen Vorteile wichtig ist, erklärt auch, warum Ricardos Beispiel missverständlich ist. Er argumentierte, dass Portugal einen absoluten Vorteil gegenüber England sowohl bei der Produktion von Wein als auch bei der Produktion von Stoffen hatte. Um zu zeigen, dass sich trotzdem beide Länder besser stellen können, behandelte er sie analog zu Individuen. Die Marktintegration zwischen Ländern ist aber ein Spezialfall sequenzieller Integration, bei der alle Engländer und alle Portugiesen bereits auf einem integrierten englischen bzw. portugiesischen Markt aktiv waren. Der Referenzpunkt ist daher nicht Autarkie im obigen Sinn, sondern partiell integrierte Märkte, und ausgehend von diesem Vergleichsmassstab kann eine weitere Integration Verlierer erzeugen.

Der entscheidende Unterschied zwischen Portugal und Anne und England und Beat ist, dass Länder keine Akteure mit einheitlichen Interessen sind. Die Aussage, dass ‚England' vom Handel mit ‚Portugal' profitiert, ist nicht dasselbe wie die Aussage, dass Beat vom Handel mit Anne profitiert. Im Zuge der einhergehenden

Spezialisierung kommt es notwendig zu einer Umstrukturierung innerhalb der beiden Ökonomien, welche zu einem Beschäftigungsabbau im schrumpfenden Sektor führt. Und es ist nicht wirklich tröstlich für jemanden, der in diesem Prozess seine Arbeit verloren hat, zu wissen, dass der Kuchen insgesamt grösser geworden ist. Der Prozess der Restrukturierung erzeugt Gewinner und Verlierer, und selbst wenn die Gewinner die Verlierer kompensieren könnten, da insgesamt mehr produziert wird, kommt das in der Praxis in der Regel nicht vor. Dieses Problem stellt sich für Anne und Beat nicht, weil es bei ihnen nur darum geht, ihren Arbeitstag neu zu strukturieren. Länder wie Individuen zu behandeln verwischt daher die existierenden Verteilungskonflikte, die auftreten können, wenn sich Märkte weiter integrieren. Hier erkennt man eine der Stärken des methodologischen Individualismus: Er zwingt dazu, ökonomische Effekte bis auf die Ebene des einzelnen Individuums zurückzuverfolgen.

Exkurs 2.1. Heckscher-Ohlin und die Verlierer der Globalisierung
Das obige Beispiel veranschaulicht die möglichen Verteilungseffekte einer sequenziellen Integration, aber um ein tieferes Verständnis zu bekommen, muss man „hinter" die Produktionsmöglichkeitsgrenze schauen, um zu sehen, wie Ressourcen, Produktionstechnologien und Güter miteinander verbunden sind und wie sich die Produktionsbedingungen zwischen den Ländern unterscheiden. Eine vollständige formale Analyse dieses Falles würde den Rahmen dieses Kapitels sprengen, aber wir können zumindest einige Grundideen entwickeln. Das Standardmodell zur Analyse von Verteilungseffekten der Globalisierung ist das *Heckscher-Ohlin-Modell*, welches annimmt, dass zwei Länder zwei Güter unter Einsatz von zwei Faktoren (wie z. B. Kapital und Arbeit) produzieren. Das Modell abstrahiert von Faktormobilität zwischen Ländern, d. h. von ausländischen Direktinvestitionen und Migration. Spezialisierung und Handel finden in diesem Modell nicht im luftleeren Raum statt, sondern auf Märkten mit vollkommenem Wettbewerb (siehe Kap. 3, 4 und 12 für eine Definition und Analyse dieses Markttyps). Die wichtigste Implikation des vollkommenen Wettbewerbs für unsere Zwecke ist, dass die Marktpreise vor und nach dem Handel die Verteilung des Einkommens und damit den Zugang zu Gütern bestimmen.

Ein Vergleich von Autarkie mit Handel zeigt den Komparativen Vorteil: „Countries tend to export goods whose production is intensive in factors with which the countries are richly endowed." (Krugman, Melitz und Obstfeld 2018). Darüber hinaus tendiert Handel dazu, die Preise anzugleichen, was zu folgenden Schlussfolgerungen hinsichtlich der Verteilungseffekte der Integration führt: „Owners of a country's abundant factors gain from trade, but owners of a country's scarce factors lose." (Krugman, Melitz und Obstfeld 2018) Es werden also Produktionsfaktoren negativ beeinträchtigt, die spe-

(Fortsetzung)

zifisch für die Branche sind, die der neuen Konkurrenz durch ausländische Importe ausgesetzt ist, sei es Kapital, sei es Arbeit.

Was folgt aus dieser allgemeinen These? Im Vergleich zum Rest der Welt haben Westeuropa und die Vereinigten Staaten einen relativen Überfluss an hochqualifizierten Arbeitskräften und einen relativen Mangel an geringqualifizierten Arbeitskräften. Daher schadet der Handel tendenziell den gering qualifizierten Arbeitskräften in diesen Ländern. Ein Teil des Problems mag nur vorübergehend sein, weil sich die Qualifikation im Laufe kurzfristig zwar nicht ändern kann, aber langfristig Anreize existieren, eine höhere Qualifikation zu erwerben. Ein Teil des Problems ist aber auch strukturell bedingt, wenn nicht alle Menschen die notwendigen Qualifikationen erwerben können, um im (hochqualifizierten) Exportsektor beschäftigt zu werden. Hier liegt einer der Gründe für die innenpolitischen Probleme, die eine Folge der Globalisierung sind. Theoretisch könnten diese Probleme angegangen werden, weil der Handel die gemeinsamen Produktions- (und damit auch Konsum-) Möglichkeiten der beiden Länder erweitert, was ja der Ausgangspunkt des ganzen Unterfangens war. Die Umverteilungseffekte sind ein Ergebnis der spezifischen Institutionen, der Wettbewerbsmärkte, die die Integration im Heckscher-Ohlin-Modell strukturieren. Die Kunst und das Handwerk einer guten Verteilungspolitik besteht also darin, so in die Marktprozesse einzugreifen, dass (a) die Anreize zur Spezialisierung unverändert bleiben und (b) potenzielle Handelsgewinne so verteilt werden, dass es allen besser geht. In der Praxis wird dies jedoch selten gemacht.

Finden wir solche Effekte auch in der Realität? Der Forschungsdienst für den US-Kongress fand in einem Bericht über die Entwicklung der US-Einkommensverteilung aus dem Jahr 2016 eine Bestätigung des oben genannten Trends: Von Mitte der 1970er- Jahre bis 2000 nahm die Einkommensungleichheit deutlich zu. Allerdings wuchsen die Einkommen für Haushalte in allen Einkommensquintilen (man teilt die Einkommensverteilung in fünf Teile). Dieses Muster änderte sich zwischen 2000 und 2015, als die Einkommen für die beiden obersten Quintile weiter anstiegen und für die drei untersten Quintile sanken. Der Nettoeffekt über alle Quintile blieb aber positiv. Die Autoren identifizieren den technologischen Wandel, den Rückgang des gewerkschaftlichen Organisationsgrads und die Globalisierung als die drei (voneinander abhängigen und sich gegenseitig verstärkenden) wichtigsten Ursachen für diesen Trend.

Diese Erkenntnisse werfen ein Licht auf einige der politischen Konfliktlinien in Westeuropa und den USA der letzten Jahre (qualitativ ähnliche Trends findet man auch in anderen westlichen Ländern). Wenn man die Aufmerksamkeit auf den Faktor Arbeit beschränkt, profitieren hochqualifizierte und typischerweise städtische Arbeitskräfte und haben folglich eine eher positive Sicht auf die Globalisierung und die Möglichkeiten, die damit einhergehen.

(Fortsetzung)

Auf der anderen Seite fühlen sich gering qualifizierte und meist ländliche Arbeitskräfte oftmals abgehängt.

Diese Opposition spielte beim britischen („*Brexit*"-) EU-Referendum eine Rolle, und David Goodhart hat in seinem Buch *The Road to Somewhere: The Populist Revolt and the Future of Politics* (2017) die Namen *anywheres* und *somewheres* geprägt, um diese beiden Gruppen zu beschreiben. *Anywheres* sind gut ausgebildete, urbane Eliten, die sich eher als Bürgerinnen und Bürger eines globalen Netzwerks von urbanen Zentren fühlen und sich mit Diversität und Zuwanderung wohlfühlen, während *somewheres* oft weit entfernt von den Metropolregionen leben, sich ausgegrenzt und zurückgelassen fühlen und der Zuwanderung als dem sichtbarsten Aspekt der Globalisierung in ihrem Leben oft eher ablehnend gegenüberstehen (unabhängig davon, ob die Zuwanderung zu ihrem relativen wirtschaftlichen Niedergang beiträgt oder nicht). Und dieser Niedergang ist nicht nur wirtschaftlich, sondern auch kulturell und symbolisch: Goodhart argumentiert, dass das Desinteresse der typischen *anywheres* am Schicksal ihrer Mitbürgerinnen und Mitbürger und die Suche nach Selbstachtung sie zu rivalisierenden Stämmen machen, und dass die stammesmäßigen Wir-gegen-Sie-Identitäten der Keim für die *Culture Wars* sind, die wir in vielen westlichen Ländern in der Gegenwart beobachten können.

Währenddessen war auf der anderen Seite des Atlantiks einer der Gründe für die Wahl von Donald Trump bei der Wahl 2016 das Wahlverhalten des US-Äquivalents der britischen *somewheres*: gering qualifizierte Arbeiter aus ländlichen und ehemals industrialisierten Gebieten (wie dem *Rust Belt*) der Vereinigten Staaten. Interessanterweise begann die Trump-Administration, die Globalisierung zurückzudrehen, indem sie Zölle auf ausländische Importe erhob.

Das Heckscher-Ohlin-Modell kann verwendet werden, um die Auswirkungen eines solchen Handelskriegs auf die US-amerikanischen Löhne zu simulieren. Es stellt sich heraus, dass man zwischen zwei Szenarien unterscheiden muss, um die Auswirkungen zu verstehen. In einem hypothetischen Szenario, in dem die USA unilateral Zölle auf chinesische Importe erheben, steigt der aggregierte US-Konsum durch einen sogenannten *Terms-of-Trade*-Effekt. Fajgelbaum et al. (2019) beziffern diesen Effekt auf (bescheidene) 0,5 Mrd. US-Dollar. Die Simulation zeigt, dass dieser Gesamtgewinn jedoch ungleich verteilt ist: Arbeitnehmende im exportierenden Sektor verlieren und Arbeitnehmende im importierenden Sektor gewinnen. Daher haben hoch- und niedrigqualifizierte Arbeitskräfte gegensätzliche Interessen.

Wenn China jedoch „Vergeltung" übt, indem es ebenfalls Zölle auf US-Importe erhebt, ändert sich das Gesamtbild, weil der Gesamtkonsum sinkt, da sich die Ökonomien der Autarkie annähern. Fajgelbaum et al. (2019) schätzen, dass die Verluste für den US-Konsum und US-Importunternehmen

(Fortsetzung)

rund 51 Mrd. US-Dollar betragen, und dass der gesamte Einkommensverlust für die US-Wirtschaft (unter Berücksichtigung der Zolleinnahmen und der Gewinne für inländische Produzenten) 7,2 Mrd.US-Dollar beträgt.

Aber die Verteilungskonsequenzen sind qualitativ immer noch dieselben: Es ist keine Überraschung, dass hochqualifizierte Arbeitskräfte von Zöllen negativ betroffen sind. Geringqualifizierte Arbeitskräfte können jedoch kurzfristig immer noch profitieren und sind langfristig mehr oder weniger unbeeinflusst. Dies erklärt, warum Protektionismus auch bei einem drohenden Handelskrieg politische Unterstützung finden kann, obwohl die Auswirkungen auf die Wirtschaft insgesamt negativ sind. Dies ist jedoch nicht das, was laut Fajgelbaum et al. (2019) empirisch passiert ist. Sie schlussfolgern: „Import tariffs favored sectors concentrated in politically competitive counties, and the model implies that tradeable-sector workers in heavily Republican counties were the most negatively affected due to the retaliatory tariffs." Dies ist zum Teil darauf zurückzuführen, dass die chinesischen Vergeltungsmassnahmen hauptsächlich auf den Agrarsektor abzielten, der tendenziell in republikanisch geprägten Bezirken angesiedelt war.

Es gibt zwei weitere Aspekte der Theorie des Komparativen Vorteils, die zumindest kurz besprochen werden sollten; die Anfälligkeit gegenüber Ausbeutung und das Problem der Entfremdung.

- **Ausbeutung:** In einer Ökonomie, die sich internationalem Handel gegenüber öffnet, werden sich in der Regel tiefgreifende Restrukturierungsprozesse vollziehen, wenn sich die Industrien in Richtung des Komparativen Vorteils anpassen. Dies ist häufig nicht im kurzfristigen Interesse der Beschäftigten in den schrumpfenden Industrien, und es wird im Zuge solcher Restrukturierungen oft argumentiert, dass eine Aufgabe der Autarkie ein Land abhängiger von Importen und Exporten mache, was zu unerwünschten Abhängigkeiten in politischen Krisenzeiten führen könne. In der Schweiz wird die Versorgungssicherheit mit bestimmten Gütern wie Nahrungsmitteln als so relevant eingestuft, dass sie Verfassungsrang hat. Artikel 102 der Bundesverfassung definiert zwei Prinzipien. „(1) Der Bund stellt die Versorgung des Landes mit lebenswichtigen Gütern und Dienstleistungen sicher für den Fall machtpolitischer oder kriegerischer Bedrohungen sowie in schweren Mangellagen, denen die Wirtschaft nicht selbst zu begegnen vermag. Er trifft vorsorgliche Massnahmen. (2) Er kann nötigenfalls vom Grundsatz der Wirtschaftsfreiheit abweichen." Die Schweiz hat im Vergleich zum Ausland keinen Komparativen Vorteil bei der Produktion von vielen Agrarprodukten, woraus ein Zielkonflikt zwischen ökonomischer Freiheit, Marktintegration und Nahrungssicherheit resultiert. Die zur Umsetzung des Verfassungsartikels beschlossenen Politiken führen zu hohen inländischen Preisen für Nahrungsmittel und Subventionen des Agrarsektors.

Exkurs 2.2. Ausbeutung und *Lock-ins* in unproduktiven Technologien

Die traditionellen formalisierten Theorien des Komparativen Vorteils sind statischer Natur, was bedeutet, dass sie die Ressourcenausstattung, Qualifikationen und Technologien als gegeben annehmen. Diese Annahme zeichnet ein Bild der Globalisierung, das die intertemporale Entwicklung der Komparativen Vorteile vernachlässigt, die ein Ergebnis von Veränderungen in Technologie oder Bildung sein kann. Der kurzfristige Komparative Vorteil eines Landes kann zu jedem Zeitpunkt klar gegeben sein, sei es aufgrund von Unterschieden in der Ressourcenausstattung, sei es aufgrund von Unterschieden in den Qualifikationen, und eine Spezialisierung in diese Richtung wird in der Tat das Einkommen in diesem Land erhöhen. Der langfristige Komparative Vorteil eines Landes kann jedoch durch die Investition in bestimmte Technologien und Fähigkeiten der Arbeitskräfte bestimmt und beeinflusst werden.

Diese dynamischen Veränderungen des Komparativen Vorteils lassen sich sehr gut anhand der Entwicklung Chinas in den letzten Jahrzehnten veranschaulichen. In den frühen Phasen der Öffnung Chinas für die Weltmärkte hatte das Land einen Komparativen Vorteil in der Produktion durch gering qualifizierte Arbeitskräfte. Nehmen Sie Möbel als Beispiel. Die USA und Westeuropa hatten einen absoluten Vorteil in der Produktion von Möbeln, was sich in enormen Unterschieden bei den Reallöhnen zwischen den Ländern niederschlug. Diese Unterschiede resultierten vor allem aus besser ausgebildeten Arbeitskräften, einer besseren Kapitalausstattung und einer besseren Infrastruktur. So gesehen sind die niedrigeren Löhne in China eine Folge von Nachteilen, die durch die Spezialisierung auf die Herstellung von z. B. Möbeln in einen Vorteil umgewandelt werden können. Im Laufe der Zeit verbesserten sich jedoch Qualifikation, Kapitalstock und Infrastruktur, und das schnelle Wachstum der chinesischen Wirtschaft veränderte den Komparativen Vorteil in Richtung von High-Tech-Sektoren.

Wenn Spezialisierung eine Art Pfadabhängigkeit erzeugt (z. B. weil es kostspielig ist, von der Spezialisierung in einem Sektor zur Spezialisierung in einem anderen Sektor zu wechseln), kann es gefährlich sein, sich von den kurzfristigen Marktkräften zu einer Technologie- und Qualifikationsstruktur leiten zu lassen, die den kurzfristigen Komparativen Vorteil widerspiegelt: Wenn der Sektor in seiner relativen Wirtschaftsleistung im Laufe der Zeit zurückfällt, z. B. weil das Potenzial für langfristige technologieinduzierte Produktivitätssteigerungen begrenzt ist, kann man in einer Technologie stecken bleiben, die in Bezug auf ihr Potenzial zur Produktivitätssteigerung eine Sackgasse darstellt. Ob diese Sichtweise richtig ist oder nicht, hängt vom Vorhandensein der oben erwähnten substanziellen Pfadabhängigkeiten und den realistischen Alternativen eines Landes in diesem dynamischen Wettbewerb um Produktivitätswachstum ab. Denn ein Land, das sich entscheidet,

(Fortsetzung)

sich nicht nach seinem kurzfristigen Komparativen Vorteil zu spezialisieren, sondern in einen Weg zu investieren, der diesen verändert, braucht die Mittel dazu. Die Frage, ob man die Entwicklung Komparativer Vorteile und die damit einhergehenden Transformationsprozesse den Marktkräften überlassen sollte, ist Gegenstand intensiver Debatten in der Ökonomik. Die Anhänger der Effizienz von Märkten argumentieren, dass staatliche Eingriffe in diesen Prozess der langfristig effizienten Entwicklung eher schaden, während die Anhänger der Vorstellung, dass Märkte zu substanziellem Marktversagen führen können, eher Raum für staatliche Eingriffe sehen, um diesen Prozess effizient zu gestalten. Marktversagen ist ein spezieller Fall von Externalitäten, die wir in Kap. 6 behandeln werden. Wie wir in den Kap. 14 und 15 sehen werden, können sie auch aufgrund von Marktmacht, d. h. aufgrund von oligopolistischer oder monopolistischer Konzentration, bestehen.

Es ist nicht einfach feststellbar, ob das Argument der Nahrungssicherheit in politischen Krisen ein willkommenes Argument zur Durchsetzung protektionistischer Massnahmen ist oder nicht. Was man allerdings feststellen kann, ist, dass die internationale Abhängigkeit aufgrund von Spezialisierung zwei gegenläufige Effekte haben kann, und wir müssen beide Effekte in die Betrachtung einbeziehen, um eine ausgewogene Meinung bilden zu können. Dazu unterscheiden wir zwischen zwei Szenarien. Das erste nennen wir das *Ceteris-Paribus*-Szenario: Im Falle einer Krise ist es wichtig, ungerechtfertigten Forderungen eines Aggressors nicht nachgeben zu müssen. Nahrungssicherheit ist ein möglicher Baustein zur Erreichung dieses Ziels. Das zweite nennen wir das Allgemeine-Gleichgewicht-Szenario, welches den Effekt von Spezialisierung auf die *Wahrscheinlichkeit des Auftretens* solcher Krisen berücksichtigt. Das Kernargument ist hierbei, dass gegenseitige Abhängigkeiten solche Krisen weniger wahrscheinlich machen, da sie auch das Risiko für mögliche Aggressoren erhöhen. Man muss im Einzelfall beide Effekte gegeneinander abwägen.

Es lassen sich jedoch Bedingungen angeben, unter denen ein Land anfällig für Ausbeutung ist. Ein Szenario ist gegeben, wenn es sich um ein relativ kleines Land handelt, welches hinsichtlich zentraler Güter von einem relativ grossen, mächtigen Land abhängig ist und die ökonomische Struktur nicht einfach reversibel ist. Ökonominnen und Ökonomen haben für so eine Situation den Begriff des *Hold-Up-Problems* geprägt, der sich auf die Fähigkeit des grossen Landes bezieht, dem kleinen ‚die Pistole auf die Brust zu setzen'.

Exkurs 2.3. ‚Zähmung der Leidenschaften.‘ Wie frühe Theoretiker des Kapitalismus die Phänomene Handel und Wettbewerb betrachteten

Frühe Theoretiker des Kapitalismus wie Charles-Louis Montesquieu, James Steuart oder Adam Smith hatten ein komplexes Verständnis des Zusammenspiels zwischen Individuum und Gesellschaft. Albert Hirschmann (1977) hat herausgearbeitet, dass sich das Denken dieser Zeit um die Idee drehte, ein ökonomisches System, welches auf Spezialisierung und Tausch aufbaut, dadurch ausgezeichnet sei, dass es die ‚Leidenschaften der Menschen zähme‘: „Money making [was seen] as an ‚innocent‘ pastime and outlet for men's energies, as an institution that diverts men from the antagonistic competition for power to the somewhat ridiculous and distasteful, but essentially harmless accumulation of wealth." Diese Perspektive auf Märkte (als Institutionen) unterscheidet sich fundamental vom Verständnis der Mainstream-Ökonomen der vergangenen Jahrzehnte, die im Wesentlichen die Fähigkeit von Märkten, Effizienz sicherzustellen, betonen. Die alte Idee wurde aber von John Maynard Keynes (1936, S. 374) aus dem Winterschlaf geholt, der argumentierte, dass „[...] dangerous human proclivities can be canalized into comparatively harmless channels by the existence of opportunities for money-making and private wealth, which, if they cannot be satisfied in this way, may find their outlet in cruelty, the reckless pursuit of personal power and authority, and other forms of self-aggrandisement. It is better that a man should tyrannise over his bank balance than over his fellow-citizens; and whilst the former is sometimes denounced as being but a means to the latter, sometimes at least it is an alternative."

Gewinnstreben gepaart mit Wettbewerb stellte in der damaligen Vorstellungswelt eine Vision einer besseren Gesellschaft dar, in der die ‚dunkleren‘ Seiten des Menschen, seine destruktiven Leidenschaften, durch das Gewinnstreben kontrolliert oder in den Dienst der Gesellschaft gestellt werden. Nach dieser Vorstellung muss ich bei freiem Handel im Fremden keinen Feind, sondern kann in ihm einen Handelspartner sehen. Handel und Wettbewerb werden hiermit zu einer Schule der Moral, welche die relativ harmlosen bürgerlichen Tugenden auf Kosten destruktiverer Tendenzen in den Vordergrund bringt. Wettbewerb und Handel kommt deshalb eine explizit moralische Qualität zu, weil die Alternativen soviel schlechter sind. Dieser Gedanke fand in abgewandelter Form Eingang in das Denken Milton Friedmans (1962), der sich zur Frage der Diskriminierung in einer Wettbewerbswirtschaft wie folgt äusserte: „It is a striking historical fact that the development of capitalism has been accompanied by a major reduction in the extent to which particular religious, racial, or social groups have operated under special handicaps in respect of their economic activities; have, as the saying goes, been discriminated against. The substitution of contract arrangements for status arrangements was the first step toward the freeing of the serfs in the Middle

(Fortsetzung)

Ages. The preservation of Jews through the Middle Ages was possible because of the existence of a market sector in which they could operate and maintain themselves despite official persecution." Deirdre McCloskey (2006) geht sogar noch weiter und vertritt die These, dass Märkte und Kapitalismus zur Entwicklung einer Reihe typisch bürgerlicher Tugenden führen, dass Märkte und Kapitalismus ihre eigenen Persönlichkeiten hervorbringen.

- **Entfremdung:** Spezialisierung und Arbeitsteilung sind zwei Seiten derselben Medaille. In dem Moment, in dem wir Autarkie aufgeben, widmen wir unser Leben einer spezialisierten Aufgabe. Der Schlusspunkt eines solchen Prozesses wird nach Adam Smith allein durch die Anzahl der Handelspartner bestimmt: „As it is the power of exchanging that gives occasion to the division of labour, so the extent of this division must always be limited by the extent of that power, or, in other words, by the extent of the market." Adam Smith (1776, 21). Mit anderen Worten wird der Grad der Spezialisierung umso grösser sein, je mehr mögliche Handelspartner existieren. Die einzigen Faktoren, die Spezialisierung begrenzen, sind Koordinations- und Transportkosten, die notwendig auftreten, wenn die Produktion eines Guts in verschiedene spezialisierte Aufgaben aufgeteilt wird.

  Diese Sichtweise konzentriert sich auf das Ergebnis des Produktionsprozesses, auf Güter und Dienstleistungen. Was sie vernachlässigt, sind die psychologischen Konsequenzen einer Zergliederung der Produktion in kleine Einheiten. Karl Marx (1988) war vielleicht der prominenteste Ökonom, der auf die Konsequenzen der Arbeitsteilung für die Möglichkeit, ein zufriedenes und sinnerfülltes Leben zu führen, hingewiesen hat. Er hat dazu den Begriff der *Entfremdung* verwendet, der die Implikationen zu fassen versucht, die daraus resultieren, dass sich der Einzelne nur noch als kleines Zahnrad in einem grossen Getriebe wahrnimmt, ohne Autonomie über seine Zeit und die Produkte, zu deren Herstellung er nur einen kleinen Beitrag leistet, wertgeschätzt nicht als Mensch, sondern als Produktionsfaktor.

  Die Idee der Entfremdung geht zumindest bis auf Adam Smith zurück. Er hat die sich damit verbindende Vorstellung sehr präzise in seinem Buch *The Wealth of Nations* formuliert: „In the progress of the division of labour, the employment of the far greater part of those who live by labour [...] comes to be confined to a few very simple operations; frequently to one or two. But the understandings of the greater part of men are necessarily formed by their ordinary employments. The man whose whole life is spent in performing a few simple operations, of which the effects too are, perhaps, always the same, or very nearly the same, has no occasion to exert his understanding, or to exercise his invention in finding out expedients for removing difficulties which never occur. He naturally loses, therefore, the habit of such exertion, and generally becomes as stupid and ignorant as it is possible for human creature to become." Er verfolgt diese Idee weiter in seinen *Lectures*: „Where the division of labour is brought to perfection, every man has only a simple operation to perform; to this his whole attention is confined, and few ideas pass in his mind but what have an immediate connection with it. [...] These are the disadvantages of a commercial spirit. The minds of men are contracted and rendered incapable of elevation. Education is despised, or at least neglected, and heroic spirit is almost utterly extinguished. To remedy these defects would be an object worthy of serious attention."

Um zu verstehen, ob und inwieweit Spezialisierung zu Entfremdung in diesem Sinne führt, ist es wichtig zu untersuchen, welche Rolle Arbeit im Leben der Menschen spielt. Die Bedeutung von Arbeit ist dabei eine inhärent kulturelle und psychologische. Ohne tiefer in dieses Thema einzusteigen, kann man sagen, dass die Produktion von Gütern und Dienstleistungen ein Mittel zu einem bestimmten Zweck ist, nennen wir es Glück, Lebenssinn, oder was auch immer. Damit wird aber schon der Prozess des Arbeitens normativ relevant, nicht nur das Ergebnis. Eine Beschränkung auf die materiellen Ergebnisse ist zu eng, um die Effekte der Arbeitsteilung auf das Wohlergehen abschätzen zu können.

2.4 Komparativer Vorteil und die Organisation ökonomischer Aktivitäten

> When will we realise that the fact that we can become accustomed to anything [...] makes it necessary to examine carefully everything we have become accustomed to? (George Bernard Shaw, 1930)

Ich bekenne mich schuldig: Ich habe im vergangenen Abschnitt ein wissenschaftliches Vergehen begangen, da ich sehr unscharf mit zentralen Begriffen umgegangen bin. Ich bezog mich regelmässig auf so etwas wie Märkte, obwohl die Theorie des Komparativen Vorteils als rein technologische Eigenschaft ohne Bezug auf irgendeine spezifische Institution eingeführt wurde. Aber Adam Smith und David Ricardo stehen ebenfalls zur Anklage, was meine Schuld hoffentlich relativiert. Beispiele für die Konsequenzen von Spezialisierung und Tausch lassen sich besser in Marktkontexten finden, da wir unsere Ökonomien grundsätzlich als Marktwirtschaften organisieren. Und für David Ricardo war ein Argumentieren in Marktkontexten ganz natürlich, da es um die Öffnung englischer Märkte ging. Trotzdem ist die Tragweite seiner Theorie viel grösser als allein ein Marktkontext.

- Wir können die Theorie des Komparativen Vorteils zum Beispiel auf die Frage anwenden, wie man innerhalb eines Unternehmens die Arbeit organisiert. Die divisionale Struktur eines Unternehmens (wie Buchhaltung, Marketing, Strategie oder Produktion) ist nichts anderes als eine bestimmte Art der Arbeitsteilung. Die Arbeitnehmenden spezialisieren sich als Ingenieure, Buchhalter oder Facharbeiter mit der Erwartung, dass durch diese Form der Arbeitsteilung das Ganze grösser als die Summe der Teile ist. Die Arbeitsteilung innerhalb eines Unternehmens wird in der Regel nicht über Märkte organisiert, sondern folgt hierarchischen Weisungssystemen, welche sich an Marktmechanismen anlehnen können, aber nicht müssen.

- Oder denken wir an Organisationen wie öffentliche Forschungseinrichtungen oder Universitäten. Wissenschaftlerinnen und Wissenschaftler sind extrem spezialisiert, aber der Austausch ihrer Ideen erfolgt in der Regel nicht auf Märkten, sondern auf Konferenzen und Forschungsseminaren, wo sie ihre Theorien ‚verschenken'. Der Wettbewerb um Forschungsgelder ähnelt eher einem Wettkampf, bei dem die relativ vielversprechendsten Ideen finanziert werden.

Die Beispiele zeigen, dass es Arbeitsteilung und Tausch auch ohne Märkte gibt. Eine fruchtbarere Perspektive auf den Zusammenhang zwischen der Theorie des Komparativen Vorteils und Märkten entsteht, wenn man die Frage stellt, welchen Beitrag Märkte dabei leisten bzw. leisten können, dass Spezialisierung und Tausch entsteht. Märkte sind ein *Mittel*, um dies zu erreichen. Die Theorie sagt, dass Menschen durch Spezialisierung und Tausch Knappheit verringern können. Die nächste Frage muss dann sein, ob und wie ökonomische Aktivitäten organisiert werden müssen, damit das Potenzial der Arbeitsteilung ausgeschöpft wird, sodass aus möglichen auch tatsächliche Handelsgewinne werden. Diese Frage nach der Rolle von *Institutionen* ist im Zentrum der Ökonomik.

Douglas North (1991) hat die folgende Definition von Institutionen eingeführt: „Institutions are the humanly devised constraints that structure political, economic and social interaction. They consist of both informal constraints (sanctions, taboos, customs, traditions, and codes of conduct), and formal rules (constitutions, laws, property rights). Throughout history, human beings devised institutions to create order and reduce uncertainty in exchange, either consciously or by cultural evolution. Together with the standard constraints of economics they define the choice set and therefore determine transaction and production costs and hence the profitability and feasibility of engaging in economic activity. They evolve incrementally, connecting the past with the present and the future; history in consequence is largely a story of institutional evolution in which the historical performance of economies can only be understood as a part of a sequential story. Institutions provide the incentive structure of an economy; as that structure evolves, it shapes the direction of economic change towards growth, stagnation, or decline."

Die Ökonomik als Wissenschaft des Umgangs mit knappen Gütern und Ressourcen ist daher vor allen Dingen mit der Analyse von Institutionen beschäftigt. Ein Markt ist ein Beispiel für eine Institution, ein Unternehmen ein zweites und staatliche Planung ein drittes. Die Untersuchung der Eigenschaften unterschiedlicher Institutionen wird uns dabei helfen zu verstehen, wie sie funktionieren und welchen Beitrag sie in einer Gesellschaft leisten, das Verhalten der Menschen zu steuern (positive Wissenschaft). Darüber hinaus werden wir untersuchen, wie Institutionen gestaltet werden sollten, wenn die Gesellschaft mit ihrer Hilfe bestimmte Ziele erreichen möchte (normative Wissenschaft).

Aus einer philosophisch-epistemologischen Perspektive sind Institutionen merkwürdige Objekte. John Searle (2010) hat herausgearbeitet, dass Institutionen zu einer bestimmten Klasse von Sprechakten gehören, die er ‚Deklarationen‘ nennt. Institutionen existieren nicht unabhängig von solchen ‚Deklarationen‘, vielmehr werden sie durch sie erst in die Welt gebracht. Nach Searle besitzen Menschen „the capacity to impose functions on objects and people where the objects and the people cannot perform the functions solely in virtue of their physical structure. The performance of the function requires that there be a collectively recognized status that the person or object has, and it is only in virtue of that status that the person or object can perform the function in question." Institutionen werden geschaffen, indem bestimmte linguistische Operationen, die Deklarationen, wiederholt zur Anwendung kommen, und sie verschwinden, sobald ihr Status nicht mehr kollektiv akzeptiert wird. Das bedeutet, dass sie epistemologisch objektiv sind, gleichzeitig aber ontologisch subjektiv: Es kann keinen Zweifel daran geben, dass es bestimmte Institutionen zu einem bestimmten Zeitpunkt tatsächlich als Konvention gibt, und man kann ihre Eigenheiten auch studieren. Und gleichzeitig ist die Konvention bis zu einem gewissen Grad beliebig. Nehmen wir die Schweiz als Beispiel. Es gibt einen weit geteilten Konsens darüber, dass die Schweiz als rechtliche Konstruktion existiert. Daher ergibt es aus Sicht eines einzelnen Menschen keinen Sinn, ihre Existenz in Frage zu stellen und auf dem Gebiet der Schweiz zum Beispiel nach russischem Recht zu handeln. In diesem Sinn existiert die Institution ‚Schweiz‘ objektiv. Dies ändert sich allerdings sofort, wenn die Bevölkerung der Schweiz (und des Rests der Welt) leugnet, dass es die Schweiz gibt. In diesem Fall hört sie tatsächlich auf zu existieren, weshalb sie ontologisch subjektiv ist. Ihre Existenz basiert auf einer Konvention. Dies ist anders beim Matterhorn, welches auch dann noch existiert, wenn sieben Milliarden Menschen seine Existenz leugnen, es ist ontologisch objektiv. (Diese Position wird in der Philosophie auch als Realismus bezeichnet. Manche Positionen in der Philosophie bestreiten, dass wir eine solche Aussage treffen können. Da wir es hier mit Institutionen zu tun haben, deren Ontologie ohnehin subjektiv ist, müssen uns diese Debatten aber zum Glück an dieser Stelle nicht weiter kümmern.) Daher unterscheiden sich die Studienobjekte der Ökonomik von vielen Objekten, die die Naturwissenschaften untersuchen: sie sind das Ergebnis ‚geteilter Phantasien‘. Eigentumsrechte als eine wesentliche Voraussetzung von Märkten existieren nicht unabhängig von menschlichen Konventionen, und dies gilt genauso für Geld, den Staat, Unternehmen, usw. Der fundamentalste deklarative Sprechakt ist die Sprache selbst: Es gibt nichts dem ontologischen Objekt ‚Stuhl‘ Innewohnendes, welches erfordert, ihn Stuhl zu nennen, und tatsächlich nennt man ihn in der englischen Sprache auch ‚chair‘. Aber die Erfassung der Welt in einer bestimmten Syntax und Semantik hat weitreichende Konsequenzen für die Wahrnehmung der Wirklichkeit.

Exkurs 2.4. Was bedeuten Ontologie und Epistemologie?
In der Philosophie ist die Ontologie das Studium dessen, ‚was ist', das
Studium des Wesens und der Existenz der Realität. Fragen wie *Was bedeutet
Existenz?, Was ist das Wesen der Existenz?* oder *Welche Prinzipien bestimmen
die Eigenschaften von Materie?* sind ontologische Fragen.

Die Epistemologie demgegenüber beschäftigt sich mit dem Studium von
der Möglichkeit von Wissen und gerechtfertigtem Glauben. Epistemologen
stellen Fragen wie *Was sind die hinreichenden und notwendigen Bedingungen
von Wissen?, Wie können wir richtige von falschen Ideen unterscheiden?* oder
Wie können wir wissen, ob etwas wahr ist?

Die spezifische Ontologie von Institutionen macht die Ökonomik zu einer sehr
speziellen Wissenschaft. In den Worten Rosenbergs und Curtains (Rosenberg,
2013): „Unlike the physical world, the domain of economics includes a wide range
of social ‚constructions' – institutions like markets and objects like currency and
stock shares – that even when idealized don't behave uniformly. They are made
up of unrecognized but artificial conventions that people persistently change and
even destroy in ways that no social scientist can really anticipate. We can exploit
gravity, but we can't change it or destroy it. No one can say the same for the socially
constructed causes and effects of our choices that economics deals with." Diese
mögliche Instabilität von Institutionen macht ihre Untersuchung schwierig. Nehmen
wir das Phänomen des Geldes als Beispiel. Geld basiert auf der gesellschaftlichen
Konvention, dass Menschen bereit sind, es als Tauschmittel zu akzeptieren, da es
keinen nennenswerten intrinsischen Wert besitzt. Sobald sich diese Konvention aber
aufzulösen droht, verliert Geld an Wert, da es ontologisch subjektiv ist. Daher
können Ökonominnen und Ökonomen, die eine Theorie des Gelds entwickeln
wollen, die Existenz von Geld nicht einfach voraussetzen. Vielmehr müssen sie die
individuellen Prozesse und Gruppenprozesse identifizieren, die dazu führen, dass
Geld als Tauschmittel nachhaltig akzeptiert wird.

Lassen Sie uns kurz zusammenfassen: Die Theorie des Komparativen Vorteils kann erklären, warum Menschen ökonomische Aktivitäten organisieren. Sie
organisieren sie mit Hilfe von Institutionen, weshalb diese im Zentrum der Aufmerksamkeit ökonomischer Forschung stehen. Der grösste Teil des Buchs wird
dabei der Untersuchung von Marktinstitutionen gewidmet sein, da sie – zusammen
mit der Demokratie – die wichtigsten Institutionen bürgerlicher Gesellschaften
sind. Es muss aber von Beginn an klar sein, dass Märkte nur eine unter vielen
Möglichkeiten darstellen, ökonomische Aktivitäten zu organisieren.

Literatur

Donovan, S. A., Labonte, M., & Dalaker, J. (2016). *The U.S. Income Distribution: Trends and Issues*. Congressional Research Service, 7-5700.

Fajgelbaum, P., Goldberg, P., Kennedy, P., & Khandelwal, A. (2019). The return to protectionism. *Quarterly Journal of Economics, 135*(1), 1–55.

Friedman, M. (1962). *Capitalism and Freedom*. Chicago: University of Chicago Press.

Goodhart, D. (2017). *The Road to Somewhere: The Populist Revolt and the Future of Politics*. Oxford University Press.

Hirschmann, A. (1977). *The Passion and the Interest*. Princeton University Press.

Keynes, J. M. (1936). *The General Theory of Employment, Interest and Money*. Palgrave Macmillan.

Krugman, P., Obstfeld, M., & Melitz, M. (2018). *International Economics: Theory and Policy* (11. Aufl.). Pearson.

Marx, K. (1988). *The Economic and Philosophic Manuscripts of 1844*. Prometheus Books.

McCloskey, D. (2006). *The Bourgeois Virtues: Ethics for an Age of Commerce*. University of Chicago Press.

North, D. C. (1991). Institutions. *Journal of Economic Perspectives, 5*(1), 97–112.

Ricardo, D. (1817)[2004]. *The Principles of Political Economy and Taxation*. Dover Publications.

Rosenberg, A., & Curtain, T. (2013). What Is Economics Good For? *The New York Times*.

Samuelson, P. A. (1969). The way of an economist. In P. A. Samuelson (Hrsg.), *International Economic Relations: Proceedings of the Third Congress of the International Economic Association* (S. 1–11). London: MacMillan.

Searle, J. R. (2010). *Making the Social World: The Structure of Human Civilization*. Oxford University Press.

Shaw, G. B. (1930). A treatise on parents and children. In *Misalliance*. London: Constable.

Smith, A. (1776)[1991]. *An Inquiry into the Nature and Causes of the Wealth of Nations*. Everyman's Library.

Weiterführende Literatur

Deardorff, A. (1980). The general validity of the law of comparative advantage. *Journal of Political Economy, 88*(5), 941–957.

Deardorff, A. V. (2005). How robust is comparative advantage? *Review of International Economics, 13*(5), 1004–1016.

Dixit, A., & Norman, V. (1980). *Theory of International Trade: A Dual, General Equilibrium Approach* (S. 93–126). Cambridge University Press.

Dornbusch, R., Fischer, S., & Samuelson, P. (1977). Comparative advantage, trade and payments in a Ricardian model with a continuum of goods. *American Economic Review, 67*, 823–839.

Ehrenzeller, B., Schindler, B., Schweizer, R. J., & Vallender, K. A. (2014). *Die Schweizerische Bunderverfassung*. Dike.

Findlay, R. (1987). Comparative advantage. In *The New Palgrave: A Dictionary of Economics* (Bd. V). Macmillan Press.

Teil II
Eine Einführung in Märkte und Institutionen

Einführung

3

In diesem Kapitel lernen Sie ...

- Voraussetzungen für das Entstehen von Märkten kennen.
- unterschiedliche Marktformen anhand der Anzahl von Anbietern und Nachfragern zu unterscheiden.

3.1 Grundlagen

Das Kapitel zur Theorie des Komparativen Vorteils hat gezeigt, dass man das Problem der Knappheit mildern kann, wenn die Individuen bereit sind, sich zu spezialisieren und zu tauschen. Dazu muss ein Tauschschlüssel gefunden werden, der alle beteiligten Personen besser stellt. Wir hatten weiter argumentiert, dass sich dieser Prozess nur entfalten kann, wenn es einen institutionellen Rahmen gibt, der die entsprechenden Anreize setzt. Ein *Markt* ist eine solche Institution, und nicht nur das: Er ist die wichtigste Institution, innerhalb derer sich moderne, kapitalistische Ökonomien entfalten. Informell gesprochen ist ein Markt eine Struktur, die es Käufern und Verkäuferinnen erlaubt, Güter, Dienstleistungen und Informationen zu tauschen. (Wir werden im Folgenden immer nur von Gütern sprechen und damit alle Kategorien meinen.)

Um Tausch zu ermöglichen, benötigt man die Institutionen des *Privateigentums* und des *Vertragsrechts*. Eigentumsrechte definieren individuelle Einflusssphären über Objekte, die es dem Eigentümerinnen erlauben zu bestimmen, in welcher Weise die Objekte genutzt werden sollen, und die einen Unterschied zwischen ‚Mein' und ‚Dein' schaffen. Ohne eine solche Unterscheidung wären Märkte und Handel unmöglich, da ungeklärt wäre, wer das Recht auf die Kontrolle von Objekten hat. Eigentumsrechte können *unbedingt* sein. Dann geben sie dem Eigentümer die vollständige Kontrolle über das Objekt. Aber in den meisten Gesellschaften gibt es

M. Kolmar, *Grundlagen der Mikroökonomik*,
https://doi.org/10.1007/978-3-662-63362-5_3

Einschränkungen dieser Rechte, zum Beispiel wenn die Nutzung das Wohlergehen Dritter beeinträchtigt oder gegen moralische Werte verstossen wird.

Ein wichtiges Beispiel hierfür ist das Eigentum an Land beziehungsweise Grundeigentum. Die Nutzung des Lands und die Art der Bebauung unterliegen in der Regel vielfältigen Beschränkungen. Dies betrifft die Nutzung des Lands, bei einer Bebauung die Architektur, und so weiter. Manche Länder schränken die Rechte noch weiter ein, indem sie zum Beispiel Leerstand oder Verfall unterbinden. Es ist daher sinnvoll, Eigentumsrechte als *residuale Kontrollrechte* zu denken, als einen Bereich der Nutzung, der von der Gesellschaft nicht durch spezifische Vorschriften geregelt ist.

Exkurs 3.1. Die Durchsetzung von Eigentumsrechten
Es ist wichtig, zwischen der gegenseitigen Anerkennung und der Durchsetzung von Eigentumsrechten zu unterscheiden. Wir sind daran gewöhnt, die Durchsetzung von Eigentum als eine zentralisierte Aufgabe ‚des Staates‘ zu verstehen. Ein wichtiger Vertreter dieser Sichtweise war Max Weber (1988), der den Staat als denjenigen Akteur definierte, der das legitime Monopol zur Durchsetzung von Zwangsgewalt innehat. Folgt man dieser Sichtweise, ist es mit der Ausnahme von Selbsthilfe, die wiederum klar geregelt ist, der Staat, der für die Durchsetzung von Eigentumsrechten Sorge trägt und der gleichzeitig die private Durchsetzung von Rechten beschränkt. Dies war nicht immer so. Die private, dezentrale Durchsetzung von Rechten spielte historisch eine wichtige Rolle, zum Beispiel im spätmittelalterlichen Europa. Wirtschaftshistoriker sehen es als einen zentralen Erfolgsfaktor für den ökonomischen Aufstieg vieler Regionen, dass sich während der Renaissance im 11. und 12. Jahrhundert ein dezentrales Handelsrecht bildete, die *Lex Mercatoria*, bei der Kaufleute nach anerkannten Standards bei Konflikten selbst Recht sprachen. Dieses System half dabei, die Beschränkungen einer zentralen Rechtsdurchsetzung zu überwinden, welche aufgrund der politischen Fragmentierung weiter Teile Europas bestanden. Berman (1983) fasst das System wie folgt zusammen: „This legal system's rules were privately produced, privately adjudicated, and privately enforced." Die *Lex Mercatoria* erwies sich gerade deshalb als so effektiv, weil Handel in Europa durch ein Puzzle von Kleinstaaten behindert wurde, deren Herrscher eher eigennutzorientierten Eliten entsprachen. In mancher Hinsicht entspricht die Situation im mittelalterlichen Europa der Situation einer globalisierten Welt von heute, in der multinationale Unternehmen mit nationalstaatlich organisierten Rechtssystemen ohne zentralisierte Rechtsdurchsetzungsagentur konfrontiert sind.

Die Tatsache, dass Märkte auf Eigentumsrechten basieren, zeigt, dass jede Markttransaktion eine ‚physische‘ und eine ‚juristische‘ Seite hat. Die physische Seite ist der Tausch von Gütern, wohingegen wir es aus juristischer Sicht mit einem Tausch von Rechten zu tun haben. Um Rechte tauschen zu können, ist es erforderlich festzulegen, unter welchen Bedingungen welche Transaktionen von Rechten möglich und bindend sind. Ein Tausch von Rechten wird in einem *Vertrag* geregelt, und die Regeln für solche Transaktionen sind im *Vertragsrecht* einer Gesellschaft festgelegt.

Exkurs 3.2. Selbsteigentum

Ein oft übersehenes konstitutives Element von Privateigentum ist das Eigentum an sich selbst. Selbsteigentum ist eine wichtige Errungenschaft bürgerlicher Gesellschaften, die damit Sklaverei und Leibeigentum überwunden haben. Es ist notwendig dafür, überhaupt Eigentumsrechte an äusseren Objekten haben zu können. Und es ist wichtig für das Zustandekommen von Transaktionen von Dienstleistungen, die ja eine begrenzte Zurverfügungstellung von Arbeitszeit beinhalten. Üblicherweise regelt ein Arbeitsvertrag die Pflichten des Arbeitnehmers und der Arbeitgeberin. Selbsteigentum macht solche Verträge möglich, und es definiert gleichzeitig Grenzen der Vertragsfreiheit. So ist es unmöglich, sich selbst in die Sklaverei zu verkaufen.

Die kurze Diskussion der institutionellen Voraussetzungen für eine Marktwirtschaft – Privateigentum als residuale Kontrollrechte und Vertragsrecht – zeigt, dass es eine sehr enge Verbindung zwischen ökonomischen und rechtlichen Aspekten beim Studium von Märkten gibt. Das Zivilrecht einer Gesellschaft legt (implizit) fest, in welchem Rahmen und Ausmass Märkte entstehen können und wie sie funktionieren. Daher kann die ökonomische Analyse des Zusammenhangs zwischen rechtlichen Regeln und ökonomischen Ergebnissen Juristinnen und Juristen helfen zu verstehen, welche Auswirkungen die von ihnen erlassenen Gesetze haben, und eine präzise Kenntnis des rechtlichen Rahmens, in dem ökonomische Transaktionen stattfinden, kann der Ökonomik dabei helfen, die Grenzen und Möglichkeiten wirtschaftspolitischer Massnahmen zu antizipieren. Die Wichtigkeit eines Miteinanders von juristischem und ökonomischem Denken drückt sich darin aus, dass es mit ‚Law and Economics‘ ein ganzes Forschungsfeld gibt, welches den Zusammenhang zwischen rechtlichen Regeln, Verhalten und gesellschaftlichen Ergebnissen erforscht.

Nehmen wir an, eine Gesellschaft habe ein System von Privateigentum samt Vertragsrecht geschaffen, welches den Gesellschaftsmitgliedern residuale Kontrollrechte an den verschiedenen Objekten zuweist und Tauschbedingungen regelt. Die Individuen können daher diese Rechte innerhalb des rechtlichen Rahmens tauschen. Mit unserer rechtlichen Perspektive auf Märkte ist es naheliegend, aber gleichzeitig etwas abstrakt, Güter als Bündel von Rechten zu definieren, die auf Märkten getauscht werden können. Dies kann das Recht sein, einen Apfel zu essen, oder aber auch das Recht, in zwölf Monaten eine bestimmte Anzahl von Aktien zu einem vorbestimmten Preis zu erwerben. Das letzte Beispiel zeigt, warum eine Definition von Gütern über Rechte wichtig für ein Verständnis moderner Ökonomien ist, denn dort können Güter sehr abstrakt werden.

Es gibt zwei zentrale Arten, wie man Handel betreiben kann. In einer *Tausch-wirtschaft* werden Güter direkt gegen andere Güter getauscht, also zum Beispiel zwei Äpfel gegen einen Laib Brot. Die meisten modernen Ökonomien verlassen sich auf ein abstraktes Tauschmedium, auf Geld, sie bilden eine *Geldwirtschaft*. Zum jetzigen Zeitpunkt ist es nicht erforderlich, explizit zwischen Tausch- und Geldwirtschaften zu unterscheiden. Da Geld aber wichtig und gleichzeitig Anlass zu vielen Missverständnissen ist, widmen wir ihm den nächsten Exkurs.

Exkurs 3.3. Geld

Eine der wichtigsten Leistungen der Menschheit ist die Schaffung eines abstrakten Tauschmediums, welches den Handel erleichtert. Dieses Medium nennt sich *Geld*. Traditionellerweise werden ihm drei Funktionen zugeschrieben, es ist ein Tauschmedium, eine Rechnungseinheit, und es dient der Wertaufbewahrung.

Da wir alle in Gesellschaften aufgewachsen sind, in denen Geld fast so normal wie die Atemluft ist, kann man leicht diese drei zentralen Eigenschaften des Geldes übersehen. Erstens erleichtert es im Vergleich zu einer Tauschwirtschaft den Tausch. Ohne Geld kommt es nur zum Tausch, wenn sich Angebot und Nachfrage zweier Individuen nach Gütern genau treffen. Dies nennt man auch die *doppelte Koinzidenz der Wünsche*. In einer Geldwirtschaft wird Tausch dramatisch vereinfacht, da es dieser Koinzidenz nicht bedarf.

Zweitens führt der Umstand, dass Geld keinen intrinsischen Wert besitzt, sondern ein abstraktes Versprechen beinhaltet, in der Zukunft in direkt nutzenstiftende Güter transformiert werden zu können (es handelt sich um eine Konvention im Sinne Searles, siehe Kap. 2), dazu, dass seine Erfindung und seine Existenz an abstraktem Denken und Vertrauen hängt (aller Wahrscheinlichkeit nach hat es sich aus den älteren Schuldverschreibungen entwickelt). Die historische Entwicklung des Geldes zeigt, dass Menschen immer abstrakter über seine Nutzung und sein ‚Wesen' zu denken lernten. Dabei ging der Weg von Gold- und Silbermünzen bei den Lydiern um ca. 600–500 v. Chr. zu Papiergeld (beginnend im 7. Jahrhundert n. Chr. in China und im 13. Jahrhundert n. Chr. in Europa), von goldgedecktem Buchgeld (immateriellem Geld) zu ungedecktem Buchgeld hin zum vollständig abstrakten Tauschmittel des digitalen Zeitalters.

Drittens, und das unterscheidet Geld von vielen anderen Gütern, basiert es auf einer gesellschaftlichen Konvention. Geld besitzt Wert nur insoweit Menschen bereit sind, es als Tauschmedium zu akzeptieren. Dies erklärt, warum der Wert des Geldes inhärent instabil ist, denn der Wert von Banknoten und Münzen (und noch extremer bei rein abstraktem Geld) fällt in dem Moment auf fast null, in dem die Menschen das Vertrauen in seinen zukünftigen Wert verlieren und es daher nicht mehr akzeptieren, auch wenn alle besser

---

(Fortsetzung)

gestellt wären, wenn es akzeptiert würde. Die Erwartungen an die Zukunft sind daher zentral für das Vertrauen in Geld und damit seine Akzeptanz als Tauschmedium.

Nehmen wir an, dass ein Tauschverhältnis zwischen zwei Gütern oder ein monetärer Preis existiert. Im Fall einer Geldwirtschaft nennen wir die Person, die zu einem gegebenen Preis bereit ist, ihre residualen Kontrollrechte zum Verkauf anzubieten, die *Anbieterin* oder den *Verkäufer* eines Guts. Entsprechend nennen wir die Person, die zu einem gegebenen Preis bereit ist, diese Rechte zu kaufen, die *Nachfrager* oder den *Käufer*. Im Falle einer Tauschökonomie, in der immer ein Gut gegen ein anderes getauscht wird, ist es klar, dass eine Person immer zugleich Nachfrager auf einem und Anbieter auf einem anderen Markt sein muss. Diese Reziprozität überträgt sich auch auf eine Geldwirtschaft, wenn man sich daran erinnert, dass Geld das Versprechen beinhaltet, in der Zukunft in Güter getauscht werden zu können. Wenn man Äpfel gegen Geld tauscht, bedeutet das daher, dass die Person, die Kontrollrechte über Äpfel erwirbt (als Käufer) gleichzeitig Kontrollrechte über zukünftigen Konsum aufgibt (als Verkäufer). Wenn es nur Äpfel gäbe, käme es daher zu einem Tausch von heutigen gegen zukünftige Äpfel. Man muss daher im Bewusstsein behalten, dass jede Transaktion auf einem Markt notwendig eine Transaktion auf einem anderen Markt mit sich bringt.

3.2 Marktformen

Im Folgenden gehen wir davon aus, dass Eigentumsrechte und ein Vertragsrecht existieren, und entwickeln eine Taxonomie von Marktformen. Tab. 3.1 gibt eine Übersicht über die wichtigsten Marktstrukturen. Es ist üblich, die Angebots- und Nachfrageseite nach der Anzahl der Verkäuferinnen und Käufer zu unterscheiden. Es ist ebenfalls üblich, zwischen einem, wenigen und vielen Anbietern/Nachfragerinnen zu unterscheiden. Daher definiert die Taxonomie neun verschiedene prototypische Marktformen, jede von ihnen mit einer ganz spezifischen Funktionslogik. Wir schauen uns zunächst die drei Marktformen an, die wir in den späteren Kapiteln des Buchs noch im Detail analysieren werden: Polypol, Oligopol und Monopol.

Tab. 3.1 Taxonomie unterschiedlicher Marktformen

	Käufer		
Verkäufer	Einer	Wenige	Viele
Einer	Bilaterales Monopol	Beschränktes Monopol	**Monopol**
Wenige	Beschränktes Monopson	Bilaterales Oligopol	**Oligopol**
Viele	Monopson	Oligopson	**Polypol**

In einem Polypol existieren viele Käuferinnen und Verkäufer eines *homogenen Guts*. Güter unterschiedlicher Anbieter heissen homogen, wenn die potenziellen Käufer nicht in der Lage sind oder es ihnen egal ist, zwischen den Gütern zu unterscheiden. Daher sehen sie diese als perfekt gegeneinander austauschbar an. Der Begriff ‚Viele' hat ebenfalls eine bestimmte Bedeutung. Er bezieht sich auf eine Situation, in der jede Käuferin oder jeder Verkäufer davon ausgeht, dass er den Preis nicht beeinflussen kann. Sie sind daher *Preisnehmer*, und der Markt heisst *perfekt kompetitiv* oder auch Markt mit *vollständigem Wettbewerb*. Ein Markt mit vollständigem Wettbewerb ist das ‚Arbeitspferdmodell' zur Untersuchung vieler ökonomischer Fragen. Sie reichen von der Bestimmung von Preisen über die Effekte von Steuern bis hin zu den Folgen internationalen Handels. Darüber hinaus ist ein solcher Markt relativ einfach zu verstehen, weshalb wir unser Studium mit dieser Marktform beginnen werden. Dies sind Beispiele für kompetitive Märkte:

- Einige Agrarprodukte und Ressourcen wie Weizen werden auf annähernd vollständig kompetitiven Märkten gehandelt, da es einen Weltmarkt für diese Produkte gibt, auf dem viele Anbieter und Nachfragerinnen unterwegs sind.
- Die Börse ist im Prinzip ein gutes Beispiel für einen kompetitiven Markt, aber man muss aufpassen, da manchmal institutionelle Anleger in der Lage sind, Preise zu beeinflussen.

Aus Gründen, die noch erörtert werden, können viele Märkte nicht sinnvoll als polypolistisch beschrieben und untersucht werden. Die Gründe, warum wir trotzdem mit dieser Marktform beginnen, sind hauptsächlich methodischer Natur. Es ist die am einfachsten zu analysierende Marktform, die es erlaubt, einige fundamentale Aspekte eines Marktes zu verstehen. Darüber hinaus bildet sie einen Referenzpunkt für kompliziertere Märkte. Monopol- oder Oligopolmärkte sind komplizierter zu untersuchen, aber zum Glück lässt sich die zusätzliche Komplexität ganz gut verdauen, da sie in einem bestimmten Sinne additiv ist: Die einfachste Form eines monopolistischen Markts lässt sich mit den Intuitionen analysieren, die man für einen polypolistischen Markt gewonnen hat plus zusätzlicher Effekte.

Diese zusätzlichen Effekte existieren, da der Verkäufer auf einem monopolistischen Markt versteht, dass er aufgrund der Tatsache, dass sonst niemand dasselbe Gut anbietet, Preissetzungsspielräume besitzt. Daher ist die Annahme des Preisnehmerverhaltens nicht mehr gerechtfertigt, und wir müssen verstehen, wie dieser Faktor Angebot und Nachfrage beeinflusst. Die erste bekannte Hypothese über das Verhalten von Monopolen geht bis auf Aristoteles zurück, der in seiner Schrift ‚Die Politischen Dinge' den Markt für Olivenpressen als Monopol beschreibt. Etwas weiter Richtung Gegenwart besass De Beers ein Monopol für Rohdiamanten, bevor Unternehmen aus Ländern wie Russland, Kanada und Australien die Weltmärkte als alternative Anbieter betraten. Öffentliche Versorgungsunternehmen, die Infrastrukturgüter wie Elektrizität, Wasser, Abfallentsorgung und so weiter anbieten, sind ebenfalls oft regionale Monopole.

Aus demselben Grund wie zuvor kann der einfachste Oligopolmarkt untersucht werden, indem man die Intuitionen, die man für einen Monopolmarkt gewonnen hat, um eine weitere Ebene an Komplexität ergänzt. Mit wenigen Anbietern besitzt jeder einzelne von ihnen im Prinzip ebenfalls Preissetzungsspielräume, er muss aber die wahrscheinlichen Reaktionen seiner Wettbewerber in sein Kalkül miteinbeziehen. Für einen Monopolisten ergibt sich keine Notwendigkeit für solche strategischen Überlegungen, da kein anderer Anbieter das Geschehen auf seinem Markt beeinflussen kann. Dies gilt mit wenigen Anbietern nicht, da das optimale Verhalten des einen das optimale Verhalten des anderen Anbieters beeinflusst. Wir sprechen in diesem Fall auch von einer Situation der *strategischen Interdependenz*, und die Analyse eines solchen Marktes wird den Schlussstein dieses einführenden Lehrbuchs bilden.

Ein Oligopolmarkt definiert sich darüber, dass wenige Anbieter ein homogenes Gut anbieten. Hier sind ein paar Beispiele:

- Der Detailhandel wird in der Schweiz von Coop und Migros dominiert.
- Der Markt für Mobiltelefonie wird in der Schweiz von Swisscom, Sunrise und Salt bestimmt.
- Der weltweite Markt für Rechnungswesen wird durch PriceWaterhouseCoopers, KPMG, Deloitte Touche Tohmatsu und Ernst & Young dominiert.
- Der weltweite Markt für Verkehrsflugzeuge bildet ein Duopol (genau zwei Anbieter) aus Boeing und Airbus.

Wenn man die zunehmende Komplexität dieser drei Marktformen im Gedächtnis behält, ist die Dramaturgie der folgenden Kapitel ziemlich klar: Wir werden mit dem einfachsten Markt beginnen, dem Markt mit vollständiger Konkurrenz, dann weitergehen zu Monopolmärkten, um dann mit Oligopolmärkten zu enden.

Tab. 3.1 listet nicht nur drei, sondern neun Marktformen auf, und auch wenn wir nur die drei genannten in diesem Lehrbuch im Detail behandeln werden, sollen die Besonderheiten der sechs anderen Marktformen zumindest kurz besprochen werden.

Monopsonistische und oligopsonistische Märkte sind die Spiegelbilder der bereits behandelten monopolistischen und oligopolistischen Märkte. Daher lassen sich die zentralen Einsichten auf sie übertragen.

Ein bilaterales Monopol konfrontiert uns mit der Herausforderung, dass beide Marktseiten potenziell über Marktmacht verfügen, welche daraus resultiert, dass niemand auf einen anderen Handelspartner ausweichen kann. Eine solche Situation entsteht typischerweise dann, wenn Unternehmen und ihre Zulieferer die Produktionsprozesse und Produkte auf die Möglichkeiten und Bedürfnisse der jeweils anderen Marktseite einstellen. Daher kann ein Zulieferer seine Produkte nicht zum selben Preis an ein anderes Unternehmen verkaufen, und der Hersteller findet auf dem Markt keine anderen, identischen Zulieferprodukte. Hier sind einige Beispiele:

- Kollektive Lohnverhandlungen zwischen Arbeitgeber- und Arbeitnehmerverbänden.

- Spezialisierte Wissenschaftlerinnen und ihre Arbeitgeber (zum Beispiel Pharmaunternehmen und ihre führenden Wissenschaftlerinnen; beide haben Schwierigkeiten, zumindest kurzfristig einen adäquaten Ersatz zu finden, wenn sie sich trennen).
- Regierungen und einige ihrer Zulieferer für militärische Ausrüstung. (Ein extremes Beispiel ist der Markt für atomgetriebene Flugzeugträger, auf dem die US-amerikanische Regierung der einzige Nachfrager und Huntington Ingalls Industries der einzige Anbieter ist.)
- Die Ehe (schauen Sie doch so darauf: Eine Scheidung kostet Geld, so dass es besser sein kann, in einer bestehenden Partnerschaft zu bleiben, auch wenn Sie denken, sie hätten eine passendere Person gefunden).

Aus einer wissenschaftlichen Perspektive besteht die Herausforderung darin, die Faktoren herauszufinden, die den Erfolg von bilateralen Verhandlungen bestimmen, und die erklären, wie die Handelsgewinne zwischen den beiden Partnern aufgeteilt werden. Das Forschungsfeld, welches sich mit diesen Fragen beschäftigt, heisst *Bargaining-* oder *Verhandlungstheorie.*

Die drei verbleibenden Marktformen, bilaterales Oligopol, beschränktes Monopol und beschränktes Monopson, sind nicht so gut erforscht. Die zentrale Herausforderung beim Verständnis der Funktionsweise dieser Märkte und der zugehörigen Strategien von Anbieterinnen und Nachfragern ist es zu verstehen, wie unterschiedliche Wettbewerbsintensitäten die Verhandlungsmacht von Anbieterinnen und Nachfragern beeinflussen. Ein Beispiel ist der Detailhandel in Deutschland: Historisch gesehen war die Angebotsseite stark konzentriert und die Nachfrageseite war eher kompetitiv, aber die Konzentration auf der Nachfrageseite hat in den letzten etwa vierzig Jahren stark zugenommen. Dieser Trend zur Konzentration wurde durch die Bildung von Käufergruppen verstärkt.

Eine weitere oft untersuchte Marktform findet sich nicht direkt in Tab. 3.1. Sie trägt den Namen Monopolistische Konkurrenz. Die Theorie Monopolistischer Konkurrenz verbindet Elemente aus der Monopoltheorie mit Elementen aus der Theorie kompetitiver Märkte. Die Idee ist, dass sich viele Unternehmen grundsätzlich wie ein Monopolist insofern verhalten, dass sie gewisse Preissetzungsspielräume haben und diese auch nutzen, da sie zueinander ähnliche aber nicht homogene Güter produzieren. Ein gutes Beispiel hierfür ist der Markt für Sports-Utility-Vehicles (SUVs), auf dem jeder grosse Autohersteller seine eigene Interpretation dieser Fahrzeugklasse anbietet. Alle diese Fahrzeuge sind sich ähnlich, und doch werden sie vom Kunden nicht als identisch wahrgenommen. Die Theorie monopolistischer Konkurrenz ist nützlich, wenn man zum Beispiel verstehen möchte, wie viele unterschiedliche Varianten eines Guts auf einem Markt Platz finden.

Die bisherigen Ausführungen basierten auf der Prämisse, dass die Anzahl der Anbieter und Nachfrager einen wichtigen Einfluss auf die Funktionslogik eines Marktes hat, und wir werden uns in den kommenden Kapiteln noch ausführlich mit der Frage beschäftigen, wie dieser Einfluss aussieht und welche Konsequenzen er hat. Zum jetzigen Zeitpunkt sollten sich Ihnen aber noch zwei weitere Fragen stellen. Erstens ist unklar, welche Faktoren die Struktur eines Marktes beeinflussen.

Ist es möglich, Marktformen für beliebige Güter frei zu wählen und zu gestalten, oder existieren irgendwelche Faktoren, die bestimmen, welches Gut auf welchem Typ von Markt angeboten wird? Zweitens ist unklar, wie viele Anbieter und Nachfragerinnen eigentlich ‚wenig' und ‚viel' sind. Wenn die Grenze zwischen viel und wenig wichtig für das Verständnis von Märkten ist, wäre es nützlich, wenn wir diese Frage mit einer Zahl beantworten könnten.

Eine erschöpfende Antwort auf diese Fragen liegt jenseits der Möglichkeiten eines einführenden Lehrbuchs. Hinsichtlich der ersten Frage unterscheidet man üblicherweise zwischen Märkten und Industrien. Eine Industrie ist ein Sektor einer Ökonomie, der einen bestimmten Typ von Gut produziert, und sie ist besser durch die technologische Art und Weise der Produktion charakterisiert. Eine *Produktionstechnologie* fasst die physikalischen, chemischen und/oder biologischen Prozesse zusammen, die die zur Produktion notwendigen Ressourcen (*Inputs*) in Güter (*Outputs*) transformiert. Wir werden in Kap. 12 sehen, dass sich Industrien hinsichtlich der Gesetzmässigkeiten unterscheiden, die Inputs mit Outputs verbinden. Diese Gesetzmässigkeiten haben einen wichtigen Einfluss auf die möglichen Marktformen. Darüber hinaus hat die Wahrnehmung von Gütern durch die Käufer einen direkten Einfluss auf die Marktstruktur. Wenn diese zum Beispiel nur in der Lage sind, Rot- von Weisswein zu unterscheiden, bieten alle Hersteller von Rotwein auf dem selben Markt für Rotwein und alle Hersteller von Weisswein auf dem selben Markt für Weisswein an. Wenn die Käuferinnen allerdings in der Lage und bereit sind, Wein nach Anbaugebiet, Traube oder sogar nach den Charakteristika des Bodens und den Methoden des einzelnen Winzers zu unterscheiden, explodiert der Markt für Rotwein in eine Vielzahl von differenzierten Märkten, auf denen selbst kleine, lokale Winzer Marktmacht besitzen können und Preissetzungsspielräume haben. Wir werden uns dieses Phänomen genauer in Kap. 14 anschauen. Schlussendlich ist aber auch der rechtliche Rahmen für die Marktstruktur relevant. Die meisten Länder verfügen über ein Wettbewerbsrecht, dessen Ziel es ist, eine minimale Wettbewerbsintensität auf den Märkten sicherzustellen und Monopole zu verhindern. Aber es gibt auch den umgekehrten Fall: Mit dem Patentrecht ist es dem Inhaber erlaubt, für einen bestimmten Zeitraum ein Monopol zu bilden. Zusammenfassend lässt sich also sagen, dass die Marktstruktur nicht zufällig ist, sondern auf eine komplexe Art und Weise durch die Produktionstechnologie, die Wahrnehmung der Käufer und den rechtlichen Rahmen beeinflusst wird.

Bezüglich der zweiten Frage ist die Antwort noch schwieriger. Erinnern Sie sich daran, dass die Grenze zwischen ‚Viele' und ‚Wenige' durch die Wahrnehmung der Anbieterinnen bzw. Nachfrager bestimmt wird, da sich ‚Viele' auf eine Situation bezieht, in der einzelne Anbieterinnen oder Nachfrager davon ausgeht, dass er den Preis nicht beeinflussen kann, so dass er aus seiner Sicht *de-facto* vorgegeben ist. Es gibt Industrien, in denen bereits zwei Anbieter oder Nachfrager ‚Viele' sind (wie wir in Kap. 15 sehen werden), und es gibt andere Industrien, in denen die Zahl der Wettbewerber deutlich grösser sein muss, damit das beobachtbare Verhalten Preisnehmerverhalten nahe kommt. Es gibt zu dieser Frage Experimente für sogenannte Cournot-Märkte, und bei diesen kristallisiert sich heraus, dass die magische Zahl irgendwo zwischen zwei und vier zu liegen scheint. Aber wie gesagt: Es hängt von der Industrie ab.

Mit diesen Voraussetzungen sind wir nun in der Lage, den ersten Markt genauer anzuschauen, den Markt mit Vollständiger Konkurrenz.

Literatur

Berman, H. (1983). *The Formation of the Western Legal Tradition*. Harvard University Press.
Weber, M. (1988). Politik als Beruf. In M. Weber (Hrsg.), *Gesammelte Politische Schriften* (S. 505–560). Tübingen: Mohr Siebeck.

Weiterführende Literatur

Roberts, J. (1987). Perfectly and imperfectly competitive markets. In *The New Palgrave: A Dictionary of Economics* (Bd. 3). Macmillan Press.
Stigler, J. G. (1987). Competition. *The New Palgrave: A Dictionary of Economics* (Bd. 3). Macmillan Press.

Angebot und Nachfrage bei Vollständigem Wettbewerb

4

In diesem Kapitel lernen Sie …

- die Funktionsweise von Märkten mit Vollständiger Konkurrenz als einer Möglichkeit der Organisation ökonomischer Aktivitäten kennen.
- wie man Angebot und Nachfrage bestimmen und wie man diese nutzten kann, um Marktverhalten zu erklären und zu prognostizieren, wie Änderungen im ökonomischen Umfeld das Marktergebnis beeinflussen.
- wie man die Theorie Vollständigen Wettbewerbs einsetzen kann, um die Ökonomie besser zu verstehen.

4.1 Einführung

From the time of Adam Smith's Wealth of Nations in 1776, one recurrent theme of economic analysis has been the remarkable degree of coherence among the vast numbers of individual and seemingly separate decisions about the buying and selling of commodities. In everyday, normal experience, there is something of a balance between the amounts of goods and services that some individuals want to supply and the amounts that other, different individuals want to sell. Would-be buyers ordinarily count correctly on being able to carry out their intentions, and would-be sellers do not ordinarily find themselves producing great amounts of goods that they cannot sell. This experience of balance is indeed so widespread that it raises no intellectual disquiet among laymen; they take it so much for granted that they are not disposed to understand the mechanism by which it occurs. (Kenneth Arrow, 1974)

In diesem Kapitel werden wir einen ersten Versuch machen, die Funktionsweise von Märkten mit Vollständiger Konkurrenz zu untersuchen. Sie erinnern sich aus dem vergangenen Kapitel, dass wir immer zugleich Anbieterin und Nachfrager sind. Wenn ich Obst und Gemüse oder andere Konsumgüter im Laden um die Ecke kaufe, muss ich meine Zeit und meine Fähigkeiten an meinen Arbeitgeber verkaufen, damit ich das dazu nötige Geld habe. Damit man eine einfache Terminologie hat,

M. Kolmar, *Grundlagen der Mikroökonomik*, https://doi.org/10.1007/978-3-662-63362-5_4

ist es daher notwendig, die Begriffe Käuferin und Verkäufer bzw. Nachfrager und Anbieterin als künstliche Rollenmodelle zu interpretieren, die man je nach dem, was man gerade tut, einnimmt. Wir werden die Begriffe Verkäuferin, Unternehmen oder Firma sowie Käuferin und Konsument im Folgenden synonym verwenden, behalten dabei aber im Hinterkopf, dass nicht nur Unternehmen verkaufen und Konsumenten kaufen.

Die beiden fundamentalen Konzepte zur Untersuchung von Märkten sind Angebot und Nachfrage. Sie messen die Mengen eines gegebenen Guts oder einer gegebenen Dienstleistung (diese beiden Phänomene werden wir in diesem Kapitel weiterhin einfach als Gut bezeichnen), die bei gegebenen Marktpreisen und anderen erklärenden Variablen wie Einkommen, Erwartungen an die Zukunft, etc. die Nachfrager zu kaufen bzw. die Anbieter zu verkaufen bereit sind. Damit wir in der Lage sind, die Funktionsweise eines Marktes zu bestimmen, müssen wir Theorien entwickeln, die das Zustandekommen der Nachfrage, das Zustandekommen des Angebots und das Zusammenspiel der beiden erklären können.

4.2   Bestimmungsgründe

Damit wir dazu in der Lage sind, müssen wir zwischen der Nachfrage eines einzelnen Individuums (Ihrer Nachfrage nach Aprikosen) und der Marktnachfrage (die Nachfrage aller Menschen, die in der Schweiz Aprikosen kaufen) unterscheiden. Und genauso unterscheiden wir zwischen dem individuellen Angebot (Ihr Angebot an Aprikosen) und dem Marktangebot (dem Angebot aller Menschen, die in der Schweiz Aprikosen verkaufen).

Da in diesem Kapitel eine Einführung in die Funktionsweise von Märkten gegeben wird, motivieren wir das Zustandekommen von Angebots- und Nachfrageentscheidungen nur heuristisch, indem wir ihre Eigenschaften plausibel machen. In einer vollständig mikrofundierten Theorie werden diese Heuristiken durch eine entscheidungstheoretische Fundierung des individuellen Marktverhaltens ersetzt. Dabei wird angenommen, dass die Akteure die ihnen zur Auswahl stehenden Alternativen hinsichtlich ihrer Präferenzen ordnen können und dann Angebot und Nachfrage gemäss der von ihnen am meisten präferierten Alternative bilden. Aus einer wissenschaftstheoretischen Perspektive ist eine solche entscheidungstheoretische Fundierung des Marktverhaltens vorzuziehen, doch führt sie zu einer deutlichen Vergrösserung der Komplexität der Analyse. Daher ist es didaktisch sinnvoll, auf sie in einem ersten Durchgang durch die Logik von Märkten zu verzichten, dabei aber im Gedächtnis zu behalten, dass man diese Lücke schliessen kann, ohne dass sich die Ergebnisse ändern. Wir werden das in Kap. 7, 8, 10 und 11 tun.

Nachfrage Unser Vorhaben beginnt mit der Untersuchung der Nachfrage eines bestimmten Guts eines einzelnen Konsumenten. Nehmen wir an, es gebe insgesamt n Güter, aus denen ein Konsument, den wir mit dem Index j bezeichnen, wählen kann. n ist eine natürliche Zahl grösser als 1, und die Güter werden mit den Indizes $1, 2, \ldots, n$ versehen, wobei i der generische Index für ein beliebiges dieser Güter ist.

- Es ist plausibel anzunehmen, dass die von einem Konsumenten j nachgefragte Menge eines Guts i (Aprikosen in Kilogramm) sowohl vom Preis des Guts p_i (CHF pro Kilogramm) als auch von den Preisen der anderen Güter $p_1, p_2, \ldots, p_{i-1}, p_{i+1}, \ldots, p_n$ abhängt (zum Beispiel vom Preis für Pfirsiche oder Brot).
- Aber nicht nur Preise werden einen Einfluss auf die Nachfrage haben, sondern auch andere Grössen. Dazu gehört das dem Konsumenten zur Verfügung stehende Einkommen oder Vermögen b^j (für Budget, also dem Geldbetrag, den der Konsument für Güterkäufe ausgeben kann).
- Auf einer elementareren Ebene wird die Nachfrage nach Gütern vom Geschmack des Konsumenten beeinflusst. Hierfür verwenden wir den Begriff der Präferenzen. Ein Vegetarier wird nichts für Fleisch ausgeben, ein Wanderer einen Teil seines Budgets für Wanderschuhe usw.
- Schliesslich wird die Nachfrage nach einem Gut i auch von den Erwartungen des Konsumenten hinsichtlich der Zukunft beeinflusst werden. Dazu gehören Erwartungen über die zukünftige konjunkturelle Entwicklung, Lebensdauer, berufliche Karriere und so weiter. So werden zum Beispiel die Erwartungen hinsichtlich des Ausmasses des Klimawandels und seiner Konsequenzen das Konsummuster beeinflussen, indem der Konsument sich etwa für umweltfreundlichere Produkte entscheidet. Es sind aber auch Erwartungen hinsichtlich der zukünftigen Innovationskraft von Unternehmen wichtig, sie beeinflussen die Spar- und Anlageentscheidungen.

Diese Aufzählung ist nicht als vollständige Liste von Einflussfaktoren individueller Nachfrageentscheidungen gemeint; sie gibt lediglich einige der wichtigsten Faktoren wieder. Damit haben wir aber unsere erste Hypothese über einen kausalen Zusammenhang formuliert: Preise, Präferenzen, Einkommen und Erwartungen bestimmen die Nachfrage nach Gütern. Sie sind die *erklärenden* oder *exogenen* Variablen des Modells. Die nachgefragten Gütermengen sind die *endogenen* oder *erklärten* Variablen des Modells. Wenn wir Präferenzen und Erwartungen für einen Moment vernachlässigen, können wir diese kausale Hypothese in Form einer mathematischen Funktion ausdrücken: Die Nachfrage von Konsument j nach Gut i lässt sich als Funktion $x_i^j(p_1, \ldots, p_n, b^j)$ darstellen. Diese auf den ersten Blick recht komplexe Notation hat die folgende Interpretation: Die von einem Konsumenten nachgefragte Menge x_i^j wird durch die Preise $p_1, \ldots, p_n$, und das Einkommen b^j erklärt. Eine Funktion in mehreren Variablen ist nichts anderes als eine Verallgemeinerung einer Funktion in einer Variable, die aus der Schule bekannt ist. Die Annahme kompetitiver Märkte besagt, dass die Konsumenten sich für so unwichtig halten, dass sie durch ihre Kaufentscheidungen den Marktpreis nicht beeinflussen können. Deshalb können Preise als erklärende Variablen in das Modell aufgenommen werden.

Tab. 4.1 gibt die Nachfrage eines Konsumenten A (Anne) nach Aprikosen in Abhängigkeit des Aprikosenpreises an. Anne kauft zwei Kilogramm, wenn der Preis CHF 6 pro Kilogramm beträgt, und ihre Nachfrage steigt auf 6 Kilogramm, wenn der Preis auf CHF 2 pro Kilogramm fällt. Wieso sollte die Nachfrage steigen, wenn

Tab. 4.1 Annes
Nachfrageliste

p_i	x_i^A
0	8
1	7
2	6
3	5
4	4
5	3
6	2
7	1
8	0

der Preis fällt? Es könnte zum Beispiel sein, dass Anne unterschiedliche Fruchtarten gleich gern mag, so dass sie Geld sparen kann, indem sie mehr von den nun relativ billigeren Aprikosen kauft.

Diese Tabelle nennt man auch die *individuelle Nachfrageliste*, und im Prinzip könnte man auf Basis solcher Listen die Analyse durchführen. Allerdings sind solche Listen sehr umständlich, so dass Ökonominnen und Ökonomen die in ihnen enthaltenen Informationen üblicherweise durch einen Graph darstellen.

Abb. 4.1 gibt dieselben Informationen wie Tab. 4.1 in Form einer Nachfragekurve wieder. In dieser Abbildung wird der Preis des Guts auf der Ordinate und die nachgefragte Menge auf der Abszisse abgetragen. Zur individuellen Nachfragekurve gehört auch die *individuelle Nachfragefunktion* $x_i^A(p_i)$, die wir hier als Funktion des eigenen Preises dargestellt haben. Es ist einfach nachzuvollziehen, dass die individuelle Nachfragefunktion dieselbe Information enthält wie die individuelle Nachfragekurve und die individuelle Nachfrageliste.

Sie haben wahrscheinlich bemerkt, dass die Ökonomik eine eigentümliche Konvention hinsichtlich der Zuordnung der Achsen in dem Diagramm hat. In der Schule wird meistens gelehrt, dass man die erklärende Variable entlang der horizontalen Achse und die erklärte Variable entlang der vertikalen Achse abträgt. Im hier vorliegenden Fall ist es aber gerade umgekehrt: Der Preis als erklärende Variable findet sich an der vertikalen Achse. Diese Umkehrung der Konvention wird Sie wahrscheinlich zu Beginn ziemlich verwirren, aber man hat einen guten Grund, warum man von der Schulkonvention abweicht. Aus Sicht eines individuellen Konsumenten ist der Preis gegeben, er ist eine erklärende Variable seiner Nachfrage. Letztendlich sind wir aber an der Bestimmung von Marktpreisen durch das Zusammenspiel von Angebot und Nachfrage interessiert. Um dorthin zu gelangen, benötigt man Informationen über die individuelle Nachfrage (und das individuelle Angebot), aber diese sind nur ein Zwischenschritt im Verständnis des Markts. Wenn am Ende der Marktpreis selbst erklärt wird, gilt die ‚alte' Konvention wieder.

Um Marktpreise zu bestimmen, müssen allerdings noch weitere Schritte gegangen werden. Der erste wird uns von der individuellen Nachfrage zur Marktnachfrage bringen. Tab. 4.2 gibt die Nachfragelisten für Aprikosen von A und B (Beat) an. Wenn wir annehmen, dass A und B die einzigen Konsumenten sind, können wir aus

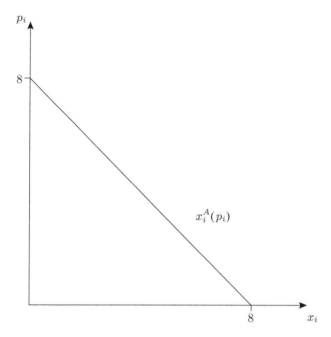

Abb. 4.1 Annes Nachfragekurve

Tab. 4.2 Annes und Beats
Nachfragelisten

p_i	x_i^A	x_i^B	x_i
0	8	10	18
1	7	8	15
2	6	6	12
3	5	4	9
4	4	2	6
5	3	0	3
6	2	0	2
7	1	0	1
8	0	0	0

ihren individuellen Nachfragelisten die *Marktnachfrageliste* ableiten. Diese findet sich in der vierten Spalte.

Man kann selbstverständlich die Marktnachfrage auch grafisch über die Marktnachfragekurven untersuchen. Dies ist in Abb. 4.2 dargestellt. Um von den individuellen Nachfragekurven (bezeichnet als $x_i^A(p_i)$ und $x_i^B(p_i)$) zur Marktnachfragekurve zu gelangen, muss man die beiden individuellen Kurven *horizontal* addieren. Die Marktnachfragekurve ist die fett gedruckte, geknickte Kurve, die mit $x_i(p_i)$ bezeichnet ist. Der Knick folgt aus der Tatsache, dass nur Anne bereit ist, Aprikosen zu kaufen, wenn der Preis zwischen CHF 8 und CHF 5 liegt.

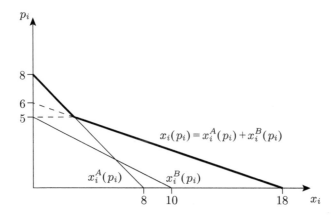

Abb. 4.2 Annes und Beats Nachfragekurven und die Marktnachfragekurve

Man kann den Zusammenhang auch formal anhand der Nachfragefunktionen darstellen. Seien $x_i^A(p_1, \ldots, p_n, b^A)$ und $x_i^B(p_1, \ldots, p_n, b^B)$As und Bs Nachfragefunktionen für Gut i (im Beispiel Aprikosen), dann ergibt sich die *Marktnachfragefunktion* für Gut i als:

$$x_i(p_1, \ldots, p_n, b^A, b^B) = x_i^A(p_1, \ldots, p_n, b^A) + x_i^B(p_1, \ldots, p_n, b^B).$$

In der Realität ist zu erwarten, dass es mehr als zwei Konsumenten eines Guts gibt, aber die obige Logik verallgemeinert sich auf den allgemeinen Fall mit m Konsumenten, wobei m eine natürliche Zahl grösser oder gleich eins ist. Wenn j für einen generischen Konsumenten mit einer individuellen Nachfragefunktion $x_i^j(p_1, \ldots, p_n, b^j)$ steht, ergibt sich die Marktnachfragefunktion für Gut i als

$$x_i(p_1, \ldots, p_n, b^1, \ldots, b^m) = \sum_{j=1}^{m} x_i^j(p_1, \ldots, p_n, b^j).$$

Wir sind jetzt an der Stelle angekommen, an der wir ein paar Begriffe einführen können, die uns dabei helfen werden, die wichtigsten kausalen Mechanismen zu benennen, die die erklärenden mit den erklärten Variablen verbinden. Wir tun dies für ein generisches Individuum j, sie lassen sich aber auch für die Marktnachfrage anwenden. Sie sind hinsichtlich der *Änderungen* formuliert, die eine Änderung der erklärenden Variablen für die erklärten Variablen verursachen. Eine solche Übung nennt man *Komparative Statik*, und sie ist ein zentraler Erklärungsbestandteil der Ökonomik als positiver Wissenschaft. Sie ist deshalb so relevant, weil die meisten testbaren Hypothesen solche über die Effekte von *Veränderungen* empirisch identifizierbarer erklärender Variablen auf *Veränderungen* empirisch identifizierbarer erklärter Variablen sind. Die *absoluten* Werte von Grössen wie der Nachfrage sind aus empirischer Sicht oft irrelevant oder nicht messbar, und die Modelle können in der Regel so angepasst werden, dass sie hinsichtlich der empirisch beobachtbaren Muster getestet werden können. *Änderungen* in Variablen sind oft empirisch robuster und stellen daher die einzige Möglichkeit dar, eine Theorie einem Falsifikationsversuch auszusetzen. Die Möglichkeit einer Falsifikation ist aber im Sinne des Kritischen Rationalismus, welcher die Wissenschaftstheorie der Wahl in der Ökonomik, eine zentrale Voraussetzung für eine gute Theorie. Daher spielt die Komparative Statik eine so wichtige Rolle. Darüber hinaus drehen sich viele wirtschaftspolitische Debatten um Fragen nach den Effekten von Änderungen, zum Beispiel Änderungen der Steuersätze, der Regulierungen eines Marktes usw.

▶ **Definition 4.1 Gewöhnliche Güter** Ein Gut i heisst gewöhnlich, wenn für gegebene Preise und Einkommen die Nachfrage x_i^j im Preis p_i fällt.

Beachten Sie, dass diese Eigenschaft *lokal* definiert ist, also für eine bestimmte Kombination erklärender Variablen. Ein Gut kann für eine bestimmte Kombination von Preisen und Einkommen gewöhnlich sein, und für eine andere nicht. Die Idee hinter dieser Definition ist, dass die Nachfrage nach den meisten Gütern im Preis des Guts fallen wird. Dies muss aber nicht so sein, und es gibt empirische Evidenz dafür, dass es auch Güter gibt, bei denen der umgekehrte Fall einer im Preis steigenden Nachfrage gilt. Beispiele hierfür sind Güter, die primär aus einem Statusmotiv heraus gekauft werden, die aber ansonsten nur einen begrenzten intrinsischen Wert haben. (Solche Güter müssen teuer sein, damit sie ihre Funktion als Statussymbol erfüllen können.) Man nennt diese Güter nach dem Ökonomen Robert Giffen, der dieses Phänomen untersucht hat, auch Giffen-Güter.

▶ **Definition 4.2 Giffen-Güter** Ein Gut i heisst Giffen-Gut, wenn für gegebene Preise und Einkommen die Nachfrage x_i^j steigend im Preis p_i ist.

▶ **Definition 4.3 Normale Güter** Ein Gut i heisst normal, wenn für gegebene Preise und Einkommen die Nachfrage x_i^j steigend im Einkommen b^j ist.

Der Name ist ebenfalls suggestiv, da es intuitiv erscheint, dass man mehr von einem Gut kauft, wenn man ein höheres Einkommen hat. Es gibt allerdings auch von dieser Regel wichtige Ausnahmen. Insbesondere Güter von minderer Qualität werden oft durch qualitativ hochwertigere ersetzt, wenn man reicher wird. Beispiele sind billige Lebensmittel, die durch teure, oder Gebrauchtwagen, die durch Neuwagen ersetzt werden. Dieser Typ von Gut wird durch die nächste Definition erfasst.

▶ **Definition 4.4 Inferiore Güter** Ein Gut i heisst inferior, wenn für gegebene Preise und Einkommen die Nachfrage x_i^j fallend im Einkommen b^j ist.

Die nächsten Definitionen beschreiben das Verhältnis *zwischen* unterschiedlichen Gütern.

▶ **Definition 4.5 Substitute** Für gegebene Preise und Einkommen heisst ein Gut i Substitut zu einem Gut k, wenn die Nachfrage nach diesem Gut x_i^j steigend im Preis p_k ist.

Ein Beispiel für zwei zueinander substitutive Güter sind unterschiedliche, aber ähnliche Weine. Wenn beispielsweise der Preis von Chianti steigt, ersetzt ihn der Konsument durch Barolo. (Bitte beachten Sie, dass dieses Beispiel für einen gegebenen Konsumenten richtig oder falsch sein kann, es ist eine empirische Frage, ob und in welchem Masse jemand das eine Gut durch ein anders zu substituieren bereit ist.) Das umgekehrte Verhältnis ist ebenfalls möglich:

▶ **Definition 4.6 Komplemente** Für gegebene Preise und Einkommen heisst ein Gut i Komplement zu einem Gut k, wenn die Nachfrage nach diesem Gut x_i^j fallend im Preis p_k ist.

Falls Sie sich jemals gewundert haben, warum Schuhe als Paar verkauft werden, gibt Ihnen das Konzept der Komplementarität einen Hinweis auf die Antwort: Für die meisten Menschen sind rechte und linke Schuhe vollständige Komplemente, sie brauchen immer beide. Wenn sie getrennt verkauft würden, führte eine Preiserhöhung von linken Schuhen zu einer Senkung der Nachfrage nach rechten Schuhen und umgekehrt, wenn diese gewöhnlich sind. Ein anderes, vielleicht weniger absurd wirkendes Beispiel ist Drucker und Toner, da man nur drucken kann, wenn man beides besitzt.

Tab. 4.3 fasst die komparativ-statischen Effekte zusammen.

Mit diesen Definitionen sind wir nun soweit, die Nachfrageseite eines Marktes zu analysieren. Wir werden dies mit Hilfe der Nachfragekurve grafisch machen, und wir halten dabei an der Konvention fest, den Preis entlang der Ordinate und die Menge entlang der Abszisse abzutragen. Um die komplexen Veränderungen, die in der Wirklichkeit jederzeit stattfinden, analytisch in den Griff zu bekommen, zerlegt man den Gesamteffekt der Änderung einer erklärten Variable aufgrund der Änderungen unterschiedlicher erklärender Variablen in die Einzeleffekte, die jede der erklärenden Variablen isoliert auf die erklärte Variable hat (*Komparative Statik*), und die möglichen komparativ-statischen Experimente in unserem Modell sind Änderungen des eigenen Preises und der Preise anderer Güter sowie des Einkommens. Der Einfluss, den der Preis eines Guts auf die Nachfrage hat, kann als eine Bewegung *entlang* der Nachfragekurve dargestellt werden. Dies wird in Abb. 4.3 illustriert.

Änderungen der Preise anderer Güter und des Einkommens führen zu einer Veränderung der *Lage* der Nachfragekurve. Ausgehend von einem bestimmten

Tab. 4.3 Übersicht über die komparativ-statischen Effekte bei einer Erhöhung der erklärenden Variablen

	Nachfrage steigt	Nachfrage sinkt
Einkommen steigt	normal	inferior
Eigener Preis steigt	Giffen	gewöhnlich
Anderer Preis steigt	Substitut	Komplement

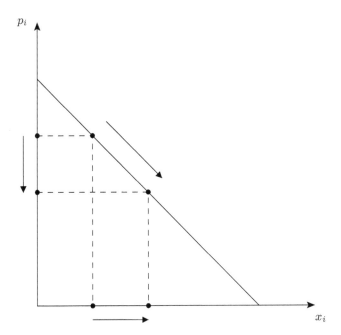

Abb. 4.3 Eine Bewegung entlang der Nachfragekurve: Eine Veränderung der auf der Ordinate dargestellten erklärenden Variable führt zu einer Bewegung entlang der Kurve

Punkt gibt es zwei mögliche Effekte, eine Verschiebung nach links oder nach rechts. Gehen wir davon aus, dass das Gut nicht nur lokal entweder gewöhnlich oder Giffen bzw. normal oder inferior ist, so kommt es zu einer Verschiebung der ganzen Kurve in dieselbe Richtung. Beide sind in Abb. 4.4 dargestellt.

Die Nachfragekurve verschiebt sich nach rechts (links), wenn

- das Gut normal ist und das Einkommen steigt (sinkt),
- das Gut inferior ist und das Einkommen sinkt (steigt),
- der Preis eines Substituts steigt (sinkt) oder
- der Preis eines Komplements sinkt (steigt).

Nehmen wir nur die durch die Definitionen abgedeckten komparativ-statischen Effekte, so gibt die obige Liste einen vollständigen Überblick über die Fälle, die auftreten können. Das handwerkliche Können einer Ökonomin oder eines Ökonomen zeigt sich darin, dass sie oder er in der Lage ist, Situationen in der Wirklichkeit so zu vereinfachen, dass sie als Preis- oder Einkommenseffekte analysierbar werden. Eine Erhöhung des Einkommenssteuertarifs führt etwa dazu, dass das verfügbare Einkommen der Haushalte sinkt. Der Effekt auf Gütermärkte kann daher analysiert werden, als ob das Einkommen der Haushalte gesunken wäre. Alternativ kann Zuwanderung in eine Region dazu führen, dass der Wert der Immobilien steigt.

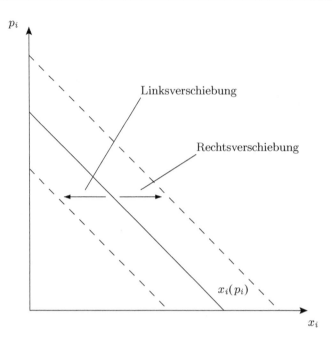

Abb. 4.4 Eine Verschiebung der Nachfragekurve: Eine Veränderung der auf der Ordinate nicht dargestellten erklärenden Variablen führt zu einer Verschiebung der Kurve

Dies führt zu einer Erhöhung des Vermögens und der Einkommen der Haus- und Grundeigentümer.

Bevor wir aber richtig mit einer Untersuchung der Funktionslogik kompetitiver Märkte starten können, müssen wir uns noch die Angebotsseite anschauen.

Angebot Die Ableitung der individuellen Angebotsfunktionen und der Marktangebotsfunktion folgt denselben Schritten wie die Ableitung der Nachfrage. Dabei gehen wir davon aus, dass ein Gut i von einem Unternehmen j aus einer Menge von h Unternehmen produziert und verkauft wird. Welche Faktoren bestimmen aller Wahrscheinlichkeit nach das Angebot y_i^j von Unternehmen j (zum Beispiel Kilogramm Aprikosen)?

- Der Preis des Guts p_i (CHF pro Kilogramm Aprikosen) wird das Angebot wahrscheinlich beeinflussen.
- Darüber hinaus benötigt man zur Produktion des Guts Ressourcen (für Aprikosen beispielsweise Land, Arbeitszeit, Düngemittel und so weiter). Daher wird der Preis für diese Ressourcen den Gewinn des Unternehmens beeinflussen und damit auch das Angebot. Diese Ressourcen werden auch *Inputs* genannt und die produzierten Güter *Outputs*. Inputs und Outputs sind durch die physikalischen, chemischen und biologischen Gesetzmässigkeiten sowie die unternehmensin-

terne Organisation des Produktionsprozesses miteinander verbunden. Bei der Produktion von Gütern kommen alle möglichen Inputs zum Einsatz. Um eine einfache Sprache zu haben, beschränkt man sich oft auf zwei generische Inputs, die man Kapital und Arbeit nennt. Deren eingesetzte Mengen bezeichnet man mit k und l und deren Preise (pro eingesetzter Einheit) mit r und w. r ist dabei der Zinssatz, den man auf dem Kapitalmarkt bezahlen muss, wenn man eine Einheit Kapital leiht, und w ist der Lohnsatz, den man für eine Einheit Arbeit bezahlen muss.

- Da der Zusammenhang zwischen Inputs und Outputs auch durch die physikalischen, chemischen und biologischen Gesetzmässigkeiten sowie die unternehmensinterne Organisation des Produktionsprozesses bestimmt wird, hängt das Angebot von der Produktionstechnologie ab. Nehmen wir als Beispiel eine technologische Innovation, die den Output pro eingesetzter Einheit Arbeit um 20 % steigert. In diesem Fall wird die Produktion profitabler, so dass es *ceteris paribus* wahrscheinlich ist, dass das Unternehmen mehr produziert.

- Ähnlich zur Bestimmung der Nachfrage werden Erwartungen hinsichtlich der Zukunft eine wichtige Rolle bei der Bestimmung des Angebots spielen. Wenn ein Unternehmen zum Beispiel die mittel- und langfristige Produktionskapazität plant, muss es Erwartungen über die Entwicklung der Input- und Outputpreise, Wechselkurse (wenn ein Teil der Produktion exportiert oder der Inputs importiert wird) oder zukünftige Absatzmärkte bilden. Je optimistischer die Entwicklung eingeschätzt wird, desto wahrscheinlicher ist es, dass ein Unternehmen in zusätzliche Kapazität investiert.

Diese Heuristik erlaubt es, eine zweite Hypothese über die kausalen Zusammenhänge unseres Modells zu formulieren: Güter- und Inputpreise, Produktionstechnologien und Erwartungen sind die erklärenden oder exogenen Variablen, und die angebotene Menge ist die erklärte oder endogene Variable dieses Modellbausteins. Wie zuvor werden wir alle erklärenden Variablen ausser den Preisen für den Rest des Kapitels vernachlässigen, so dass wir die kausale Hypothese zur Angebotsentscheidung eines Unternehmens j für ein Gut i in Form einer mathematischen Funktion $y_i^j(p_i, w, r)$ formulieren können. Sie liest sich wie folgt: Das Angebot an Gut i durch Unternehmen j, y_i^j, ist eine Funktion des Preises p_i dieses Guts und der Preise von Arbeit und Kapital, w, r.

Exkurs 4.1. Was ist Kapital?
Kapital ist ein zentrales Konzept der Ökonomik und das Eponym des ökonomischen Systems *Kapitalismus*. Es verdient daher besondere Aufmerksamkeit. Der Begriff geht zurück auf das lateinische Wort *caput*, ‚Kopf‘, welches sich im Italienischen zu ‚capitale‘ weiterentwickelte und die Kopfzahl des Viehbestandes meinte. Die Herkunft des Wortes ist wichtig, da sie auf zwei

(Fortsetzung)

Eigenschaften verweist, die eine Ressource zu Kapital machen: Sie muss beweglich sein (anders als bei der Ressource Land) und sich reproduzieren (der Nachwuchs des Viehs als Zinsen). Daher ist Kapital jede Ressource, die potenziell mobil ist und einen Zins abwirft, wenn sie nicht direkt konsumiert wird. Adam Smith definierte Kapital als „[t]hat part of a man's stock which he expects to afford him revenue [...]."

Ursprünglich hatte man Vieh, Maschinen und andere Werkzeuge im Sinn, wenn man von Kapital sprach. Über die Zeit wurde das Konzept aber immer abstrakter und umfasste immer mehr Phänomene, die einen ‚Zins' abwerfen. Auf einer sehr abstrakten Ebene besteht Kapital aus all den Ressourcen, die die Möglichkeiten einer Person vergrössern, ihre Ziele durchzusetzen (Pierre Bourdieu, 1983). Hier sieht man die enge Verwandtschaft zwischen den Begriffen Kapital und Vermögen. Man kann sagen, dass Kapital diejenigen Ressourcen sind, mit denen man seine Ziele durchzusetzen vermag.

Aufgrund dieses abstrakten Zugangs zum Begriff des Kapitals ist es nur konsequent, dass man zwischen drei oder vier unterschiedlichen Arten von Kapital unterscheidet, *physisch, human, sozial und symbolisch*. Physisches Kapital korrespondiert zum traditionellen Konzept und umfasst Maschinen, Werkzeuge und so weiter. Humankapital bezieht sich auf die produktiven Fähigkeiten einer Person, also denjenigen Fähigkeiten, die sie produktiver im Umgang mit physischem Kapital machen. Es ist der Bestand an Wissen, mit dessen Hilfe man Arbeitszeit produktiv einsetzen kann.

Sozialkapital bezieht sich auf das Netzwerk von Freunden und Bekannten, welche einem dabei helfen können, Ziele zu erreichen. Es ist der Bestand an Verbindungen und Kontakten, die dabei helfen, die eigenen Pläne erfolgreich umzusetzen und gegen die Folgen unerwünschter Ereignisse zu versichern. Beispielsweise profitiert man von Informationen, die sich über das Netzwerk von Bekannten ausbreiten, oder von der Hilfsbereitschaft und dem Altruismus von Freunden. Sozialkapital hat seine Wurzeln in der Bevorzugung von Mitgliedern der eigenen Gruppe oder des eigenen Netzwerks gegenüber anderen Personen.

Symbolisches Kapital ist ein kontroverses Konzept, welches in der Soziologie eine prominentere Rolle spielt als in der Ökonomik. Es bezieht sich auf die Fähigkeit einer Person, ihre Ziele dadurch besser durchzusetzen, dass sie Anerkennung und Status besitzt. Daher hängt seine Existenz und seine Ausprägung von den gesellschaftlichen Normen und Werten sowie den sprachlichen Konventionen ab. Das Konzept erlaubt ein vertieftes Verständnis der Rolle von gesellschaftlichen Konventionen und Ideologien und spielt eine wichtige Rolle in der Genderforschung. Normen und sprachliche Konventionen erzeugen Denkkategorien und spezifische Arten der Wahrnehmung der gesellschaftlichen Wirklichkeit. Wenn diese Denkkategorien unhinterfragt akzeptiert werden, erzeugen sie eine Legitimität der gesellschaftlichen Ord-

(Fortsetzung)

nung, welche die Macht der in dieser Ordnung existierenden Eliten stützt. Wenn Frauen es zum Beispiel für nicht adäquat oder unweiblich erachten, Vorstandsvorsitzende eines Unternehmens zu werden, werden sie eine solche Karriere nicht anstreben, so dass sie diese Positionen ihren männlichen Wettbewerbern überlassen.

In vielen Situationen sind die Grenzen zwischen den genannten Kategorien von Kapital unscharf, und in manchen Definitionen finden sich soziales und symbolisches Kapital als Spezialfälle von Humankapital.

Im Prinzip können wir die *individuellen Angebote* und das *Marktangebot* mit denselben Listen untersuchen, die wir für die Nachfrage eingeführt haben. Da solche Listen aber unpraktisch zu handhaben sind und wir sie auch zuvor nur eingeführt hatten, um damit Nachfragekurven und -funktionen zu motivieren, beginnen wir hier direkt mit den beiden letzteren Konzepten.

In Abb. 4.5 ist das Angebot eines Guts i durch ein Unternehmen A (‚Alpha AG') gegeben. Wie zuvor findet sich der Preis des Guts an der Ordinate und die Menge an der Abszisse.

Dem Graph unterliegt die Annahme, dass das Angebot steigend im Preis ist. Diese Annahme ist plausibel, da ein höherer Preis *ceteris paribus* den Verkauf

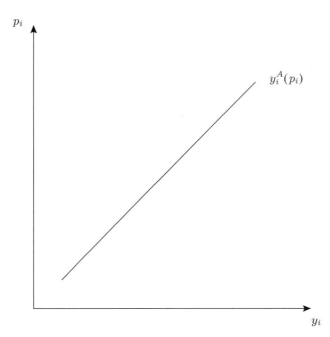

Abb. 4.5 Die Angebotskurve von Unternehmen A

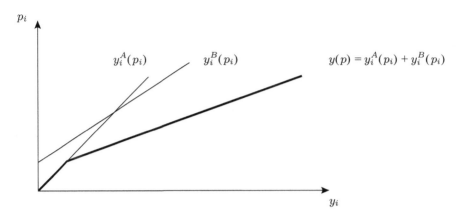

Abb. 4.6 Die Angebotskurven von Unternehmen A und B sowie die Marktangebotskurve

des Guts profitabler macht, so dass das Unternehmen einen Anreiz hat, mehr zu produzieren. Es kann aber durchaus Situationen geben, in denen das Angebot nicht steigend im Preis ist, etwa wenn es kurzfristig Kapazitätsengpässe gibt (wenn zum Beispiel das Agrarunternehmen Alpha AG nicht in der Lage ist, zusätzliches Land zu kaufen oder zu mieten, um darauf Aprikosen anzubauen).

Zuletzt machen wir noch den Schritt von den individuellen Angeboten zum Marktangebot. Abb. 4.6 gibt die Angebotskurven von A und B (Beta AG), $y_i^A(p_i)$ und $y_i^B(p_i)$, wieder. Wenn A und B die einzigen Anbieter sind, kann man mit diesen Informationen das Marktangebot bestimmen, indem man die beiden Kurven horizontal addiert. Man schaut sich mit anderen Worten das Gesamtangebot zu jedem Preis an. Das Marktangebot ist die fett gezeichnete, geknickte Kurve $y_i(p_i)$. Der Knick ergibt sich, da nur Alpha unterhalb eines bestimmten Preises bereit ist, Aprikosen anzubieten.

Man kann denselben Zusammenhang auch wieder durch die Angebotsfunktionen ausdrücken. Seien $y_i^A(p_i, r, w)$ und $y_i^B(p_i, r, w)$ die Angebotsfunktionen von A und B für Gut i. Dann ist die Marktangebotsfunktion:

$$y_i(p_i, r, w) = y_i^A(p_i, r, w) + y_i^B(p_i, r, w).$$

In dieser Formulierung wird vorausgesetzt, dass beide Unternehmen Kapital und Arbeit zu identischen Preisen beschaffen können. Wenn dies nicht der Fall ist, so müsste man die Zins- und Lohnsätze nach den beiden Unternehmen differenzieren, zum Beispiel durch unternehmensspezifische Indizes r^j und w^j. Dies ist wahrscheinlich relevant, wenn Unternehmen in unterschiedlichen Ländern produzieren, wie Aprikosenbauern in der Schweiz und in Italien, die beide in der Schweiz verkaufen.

Wenn mehr als zwei Unternehmen ein Gut anbieten, ist die Marktangebotsfunktion die Summe aller Einzelangebote. Mit insgesamt l Unternehmen mit generischem Index j und individueller Angebotsfunktion $y_i^j(p_i, r, w)$ ist daher die Marktangebotsfunktion

$$y_i(p_i, r, w) = \sum_{j=1}^{l} y_i^j(p_i, r, w).$$

Wie beeinflussen Änderungen in den Input- und Outputpreisen das Angebot? Um diese Frage zu beantworten, verfahren wir wie zuvor und betrachten die Situation grafisch anhand der Angebotskurve in Abb. 4.7 und 4.8. Eine Änderung des Preises des Guts entspricht einer Bewegung *entlang* der Angebotskurve (Abb. 4.7).

Änderungen in den Inputpreisen beeinflussen die *Lage* der Angebotskurve, sie kann sich entweder nach links oder nach rechts verschieben (siehe Abb. 4.8).

Welche Vermutungen können wir bezüglich der Effekte sich verändernder Inputpreise anstellen? Wenn die Produktion billiger (teurer) wird, ist es plausibel anzunehmen, dass die Unternehmen ihre Produktion ausweiten (einschränken) werden. In diesem Fall verschiebt sich die Angebotskurve nach rechts, wenn Löhne oder Zinsen oder beides sinken, und sie verschiebt sich nach links, wenn Löhne oder Zinsen oder beides steigen. Wie auch schon bei der Nachfrage ist die Schwierigkeit, Situationen in der Wirklichkeit stimmig so zu interpretieren, dass sie als Änderungen der Preise beschrieben werden können.

Dass wir nur Output- und Inputpreise explizit als erklärende Variablen aufgenommen haben, ist reine Bequemlichkeit. Es gibt selbstverständlich noch viele

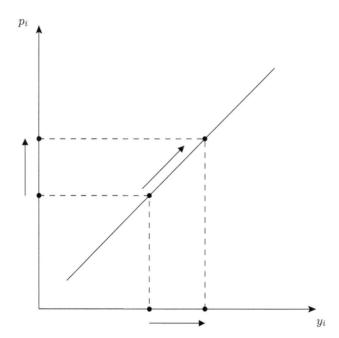

Abb. 4.7 Eine Bewegung entlang der Angebotskurve: Eine Veränderung der auf der Ordinate dargestellten erklärenden Variable führt zu einer Bewegung entlang der Kurve

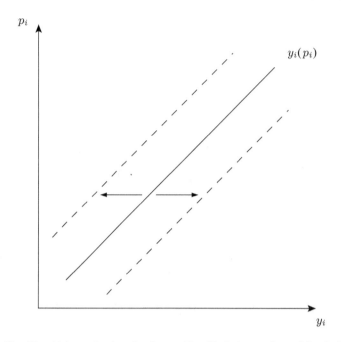

Abb. 4.8 Eine Verschiebung der Angebotskurve: Eine Veränderung der auf der Ordinate nicht dargestellten erklärenden Variablen führt zu einer Verschiebung der Kurve

andere Einflussfaktoren auf das Angebot. Wir hatten bereits Erwartungen als einen solchen Faktor identifiziert, aber auch technologischer Wandel, der die Produktionsweise verändert, und noch viele weitere könnten genannt werden. So kann eine Naturkatastrophe einen Teil der Produktionskapazität vernichten, was zumindest in der kurzen Frist zu einer Verknappung des Angebots führt (die Angebotskurve verschiebt sich nach links), gutes Wetter kann die Ernte vergrössern oder technologischer Fortschritt kann den Output pro eingesetzter Inputmenge vergrössern (die Angebotskurve verschiebt sich beide Male nach rechts).

Dasselbe gilt für die Nachfrage nach einem Gut, so dass eine vollständige Beschreibung der Angebots- und Nachfragefunktionen alle diese Faktoren als erklärende Variablen aufnehmen sollte. Wenn wir diese Variablen mit $\alpha, \beta, \gamma, \ldots$ bezeichnen und davon ausgehen, dass alle Konsumenten ein identisches Einkommen b haben, lassen sich die Marktangebots- und Marktnachfragefunktion wie folgt schreiben: $y_i(p_i, r, w, \alpha, \beta, \gamma, \ldots), x_i(p_1, \ldots, p_n, b, \alpha, \beta, \gamma, \ldots)$. Es hängt von der konkreten Anwendung ab, welche Variablen man explizit als erklärende Variablen aufnimmt und welche man vernachlässigt.

Mit diesen Konzepten sind wir nun in der Lage zu untersuchen, wie Angebot und Nachfrage auf kompetitiven Märkten zusammenwirken.

4.3 Gleichgewicht

Haben Sie jemals darüber nachgedacht, woher der Bäcker wissen kann, dass Sie bei ihm ein Croissant kaufen wollen, wenn Sie in die Stadt gehen? Wenn Sie in sein Geschäft gehen, liegt es einfach da: bereit, von Ihnen gekauft und verzehrt zu werden. Wie kann das sein? Wie kann der Bäcker das gewusst haben, obwohl Sie das Croissant gar nicht zuvor bei ihm bestellt haben? Wenn Sie das Beispiel etwas banal finden, denken Sie vielleicht erst noch einmal nach. Das grosse Wunder des Marktes besteht darin, dass Millionen und Milliarden von Menschen jeden Tag anscheinend unkoordiniert und dezentral Pläne machen und Entscheidungen treffen, und obwohl niemand diese Entscheidungen zentral und explizit steuert, sehen wir ein grosses Ausmass an Ordnung; die meisten Pläne erfüllen sich. Wie ist das möglich?

Einen ersten Hinweis auf die Antwort bekommt man, wenn man sich klar macht, dass die Entscheidungen natürlich nicht unkoordiniert sind. Sie werden durch Marktpreise koordiniert, welche die individuellen Pläne beeinflussen. Sie formen die Anreize der Individuen zu kaufen und zu verkaufen (und allgemeiner: zu handeln). Das bedeutet, dass Entscheidungen in einer Marktwirtschaft dezentral, aber nicht unkoordiniert getroffen werden. Dann stellt sich aber die weitergehende Frage, in welcher Weise und in welchem Ausmass Marktpreise in der Lage sind, individuelles Verhalten zu steuern, und was dies für die Funktionsweise von Märkten bedeutet.

In der Ökonomik ist das Konzept des *Gleichgewichts* von besonderer Wichtigkeit. Um eine allgemeine Definition zu motivieren, schauen wir uns das folgende Beispiel an. Zu einem bestimmten Marktpreis übersteigt auf einem Markt die Nachfrage das Angebot, mit anderen Worten wollen Konsumenten mehr kaufen, als Verkäuferinnen zu verkaufen bereit sind. In einer solchen Situation existiert ein Spannungsverhältnis, da einige der Konsumenten unbefriedigt nach Hause gehen: Sie wären bereit, zum Marktpreis zu kaufen, bekommen aber nichts. Die dezentralen Pläne der ökonomischen Akteure sind miteinander nicht verträglich. (Wir kommen zur analogen Schlussfolgerung im umgekehrten Fall eines Überschussangebots.) Das bedeutet aber, dass der einzige Zustand, in dem alle Pläne aufgehen, bei einem Preis erreicht ist, bei dem Angebot und Nachfrage einander entsprechen. Eine solche Situation nennt man ein *Gleichgewicht*. Man kann ein solches für die ganze Ökonomie mit ihren n unterschiedlichen Gütern und zugehörigen Märkten definieren (allgemeines Gleichgewicht) oder für einen einzelnen Markt unter Vernachlässigung des Rests der Ökonomie (Partielles Gleichgewicht). Aus Vereinfachungsgründen bei der Notation und ohne Relevanz für die Ergebnisse gehen wir davon aus, dass alle Konsumenten über ein identisches Einkommen b verfügen.

▶ **Definition 4.7 Allgemeines Gleichgewicht** Es gebe n Güter mit n zugehörigen Marktpreisen. Ein Allgemeines Gleichgewicht (auf Gütermärkten) ist eine Menge von Preisen $p_1^*, p_2^*, \ldots, p_n^*$, so dass auf allen Märkten das Marktangebot der Marktnachfrage entspricht: Für alle $i = 1, \ldots, n$ gilt $y_i(p_i^*, r, w) = x_i(p_1^*, \ldots, p_n^*, b)$.

▶ **Definition 4.8 Partielles Gleichgewicht** Es gebe n Güter mit n zugehörigen Marktpreisen. Ein Partielles Gleichgewicht auf Markt i ist ein Preis p_i^*, so dass auf diesem Markt das Marktangebot der Marktnachfrage entspricht: $y_i(p_i^*, r, w) = x_i(p_1, \ldots, p_{i-1}, p_i^*, p_{i+1}, \ldots, p_n, b)$.

Bezogen auf Angebots- und Nachfragekurven liegt ein Gleichgewicht im Schnittpunkt der Marktnachfrage- und Marktangebotskurve vor. Dies wird in Abb. 4.9 illustriert.

Wir hatten gesagt, dass ein Gleichgewicht ein Preis ist, bei dem alle dezentralen Pläne miteinander verträglich sind. Es handelt sich dabei also um eine lokale Eigenschaft. Es stellt sich die Frage, ob Gleichgewichte existieren und ob Märkte eine Tendenz haben, sich im Gleichgewicht zu befinden. Dies ist eine Frage nach den dynamischen Kräften, die die Variablen beeinflussen, wenn das System nicht im Gleichgewicht ist. Man kann zwei unterschiedliche epistemische Zugänge zur Frage, was ein Gleichgewicht bedeutet und wie es erreicht wird, unterscheiden.

Manche argumentieren, dass durch den Begriff des Gleichgewichts lediglich die Bedingung der logischen Konsistenz des Modells zum Ausdruck gebracht wird. Diese Sichtweise hat zur Folge, dass Märkte definitionsgemäss nicht im Ungleichgewicht sein können. Alles, was wir empirisch beobachten können, sind Gleichgewichtspunkte. Alle anderen Punkte auf den Angebots- und Nachfragefunktionen sind empirisch nicht beobachtbar und daher für die Modellbildung zwar notwendig, aber nicht testbar.

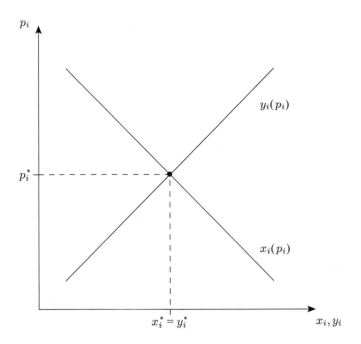

Abb. 4.9 Angebot, Nachfrage und Gleichgewicht

Andere haben eine epistemologisch weniger strenge Sichtweise. Sie interpretieren die Idee eines Gleichgewichts eher metaphorisch und erlauben, dass Märkte sich auch ausserhalb eines Gleichgewichtspunkts befinden können. In diesem Fall muss die Analyse von Marktgleichgewichten durch ein Modell vervollständigt werden, welches erklärt, wie sich Angebot und Nachfrage ausserhalb eines Gleichgewichts verhalten und wie sich Preise anpassen. Ansonsten wäre das Konzept analytisch beliebig, da im Wesentlichen alles passieren könnte. Diese Rolle übernimmt üblicherweise die folgende Hypothese:

▶ **Definition 4.9 ,Gesetz' von Angebot und Nachfrage** Die Preise der Güter passen sich so an, dass sich ein Gleichgewicht einstellt.

Ihnen ist vielleicht aufgefallen, dass die Verwendung des Begriffs ,Gesetz' etwas unüblich ist. Das Gesetz von Angebot und Nachfrage hat den Status einer Annahme, wirkt aber wie eine empirische Behauptung über eine Eigenschaft von Märkten, die prinzipiell wahr oder falsch sein kann, sich aber bisher als wahr erwiesen hat. Es erscheint intuitiv plausibel, dass Märkten eine solche Tendenz innewohnt: Wenn Konsumenten zu einem Preis kaufen wollen, aber nichts bekommen, sind viele von ihnen auch bereit, einen höheren Preis zu akzeptieren, und die Anbieter werden auch nichts dagegen haben. Ein solcher Prozess der Preisanpassung ist aber nicht Teil der bisherigen Theorie, und er ist auch nicht einfach in sie integrierbar. Kirman (1992) fasst die methodischen Probleme, die damit einhergehen, sehr präzise zusammen: „Economists have no adequate model of how individuals and firms adjust prices in a competitive model. If all participants are price-takers by definition, then the actor who adjusts prices to eliminate excess demand is not specified." Oder um es anders auszudrücken: Die unsichtbare Hand des Marktes muss zu jemandem gehören, und dieser Jemand ist in der Standardtheorie abwesend. Sie ist ihrem Wesen nach statisch und bietet keinen Raum für dynamische Preisanpassungsmodelle. Daher ist die epistemologisch wohl am besten zu akzeptierende Position, in den sauren Apfel zu beissen und das Konzept des Gleichgewichts als logische Anforderung an das Modell zu interpretieren.

Aber warum interessiert man sich überhaupt für Gleichgewichte? Es gibt mindestens fünf Gründe, die wir hier kurz besprechen wollen.

- Wie bereits erwähnt wurde, interessiert man sich für die Existenz eines Gleichgewichts, weil dort die ,unsichtbare Hand des Marktes' die dezentral getroffenen individuellen Entscheidungen so koordiniert, dass sie miteinander kompatibel sind. Die moderne Sichtweise zur Frage der Existenz eines Gleichgewichts und die *Theorie des Allgemeinen Gleichgewichts* geht auf Léon Walras, ein Ökonom des 19. Jahrhunderts, zurück. Seine Idee war aus heutiger Sicht von genialer Einfachheit: Die Gleichgewichtsbedingung für jeden Markt i wird durch eine mathematische Gleichung $y_i(p_i^*, r, w) = x_i(p_1^*, \ldots, p_n^*, b)$ beziehungsweise $x_i(p_1^*, \ldots, p_n^*, b) - y_i(p_i^*, r, w) = 0$ definiert. Dies gilt für jedes Gut $i = 1, \ldots n$. Daher reduziert sich die Frage nach der Existenz eines solchen allgemeinen (partiellen) Gleichgewichts darauf, Bedingungen anzugeben, unter denen ein

System mit n Gleichungen in n unbekannten Variablen – den Preisen – eine
Lösung hat. Für lange Zeit, nachdem Walras das Problem beschrieben hatte, war
es eine ungeklärte Frage, ob ein Gleichgewicht unter hinreichend allgemeinen
Bedingungen existiert, so dass man davon ausgehen kann, dass das Modell
repräsentativ für reale Angebots- und Nachfrageentscheidungen ist. Es ist eine
zentrale Errungenschaft der sogenannten *Allgemeinen Gleichgewichtstheorie*,
diese Bedingungen zu charakterisieren. Es ist allerdings jenseits der Möglichkeiten eines einführenden Lehrbuchs, tiefer in diese intellektuell faszinierende
Problematik einzusteigen, da man dazu ein fortgeschrittenes Verständnis mathematischer Konzepte benötigt. Es besteht aber ein recht breiter Konsens darüber,
dass die Bedingungen, unter denen ein solches Gleichgewicht existiert, als relativ
wenig restriktiv eingestuft werden können. Wir formulieren das Theorem ohne
genaue Angabe dieser Bedingungen und ohne Beweis.

▶ **Resultat 4.1 Existenzsatz** Ein Allgemeines (Partielles) Gleichgewicht existiert
unter allgemeinen Bedingungen.

- Diese Formulierung eines der zentralen Ergebnisse der Allgemeinen Gleichge-
wichtstheorie ist ziemlich unscharf, so dass es sinnvoll ist, die Intuition anhand
eines Beispiels zu entwickeln. Nehmen wir dazu an, dass es genau einen Markt
mit einem Preis gibt. Dann vereinfacht sich die Gleichgewichtsbedingung zu
$z(p^*, b, r, w) = x(p^*, b) - y(p^*, r, w) = 0$. Diese Funktion nennt man auch die
Überschussnachfragefunktion, und ein Gleichgewicht ist eine Nullstelle dieser
Funktion. Es ist intuitiv, dass der Wert dieser Funktion positiv wird, wenn sich der
Preis gegen null entwickelt, da dann viele Leute kaufen, aber nur wenige verkau-
fen wollen. Umgekehrt gilt, dass die Funktion negativ wird, wenn der Preis sehr
gross wird, da dann nur noch wenige Leute kaufen, aber viele verkaufen wollen.
(Diese Intuition präzise zu formulieren bedarf einer Menge Arbeit, aber das obige
Argument enthält den zentralen Gedanken.) Wenn wir aber das Verhalten der
Überschussnachfragefunktion für sehr kleine und sehr grosse Preise kennen, folgt
aus dem Zwischenwertsatz, dass sie mindestens eine Nullstelle besitzt, wenn sie
stetig ist, da Stetigkeit sicherstellt, dass sie nicht ‚über die null springen' kann:
Wenn sich der Preis nur ein kleines bisschen ändert, kommt es zu keinen grossen
Änderungen von Angebot und Nachfrage. In diesem Fall muss es mindestens ein
Gleichgewicht geben, Stetigkeit ist eine hinreichende Bedingung für Existenz.
Auch diese Eigenschaft erscheint auf den ersten Blick plausibel, und doch hängt
es von den Präferenzen und den Produktionstechnologien ab, ob sie erfüllt ist. Es
ist das Handwerkszeug der Gleichgewichtstheoretiker, genau diese Bedingungen
herauszuarbeiten, um zu verstehen, ob sie überzeugend für das reale Verhalten
von Individuen und die Struktur von Produktionsprozessen sind. Wenn dies
der Fall ist, dann wissen wir durch den Zwischenwertsatz (oder im Falle von
mehreren Märkten seinen Verallgemeinerungen, den Fixpunktsätzen), dass ein
Gleichgewicht existieren muss. Interessierte Leserinnen und Leser finden weitere
Details in fortgeschrittenen Lehrbüchern zur Mikroökonomik.

- Neben der Existenz ist auch die *Eindeutigkeit* eines Gleichgewichts von grosser Wichtigkeit, insbesondere für die positive Theorie. Damit man klare und empirisch testbare Hypothesen ableiten kann, muss das Gleichgewicht eindeutig sein, da ansonsten der Vorhersagegehalt der Theorie begrenzt ist. Leider hat sich herausgestellt, dass die Annahmen, die man treffen muss, um Eindeutigkeit zu sichern, viel strenger sind als die Annahmen, die für die Sicherung der Existenz erforderlich sind.

- Wir müssen noch einmal auf die Frage nach der ,richtigen' epistemologischen Interpretation der Existenzeigenschaft von Gleichgewichten zurückkommen. Folgt man der ,dynamischen' Interpretation, so ist es eine wichtige Eigenschaft, dass ein Gleichgewicht *stabil* in dem Sinne ist, dass es Kräfte gibt, die dort hineinführen. Andernfalls wäre die Beschäftigung mit Gleichgewichtszuständen von höchstens theoretischem Interesse, da man nicht davon ausgehen kann, dass sie jemals erreicht werden. Stabilität bezieht sich also auf die Eigenschaft, ein ökonomisches System – zum Beispiel nach einem Schock – wieder zurück ins Gleichgewicht zu führen. Die Frage ist daher: Gibt es solche Kräfte? Und die Antwort fällt ähnlich wie für das Problem der Eindeutigkeit aus: Ein Beweis konnte nur unter strengen Annahmen geführt werden.

- Sowohl die Eindeutigkeit als auch die Stabilität sind relevant für den Vorhersagegehalt der Theorie. Nehmen wir für einen Moment an, das Modell Kompetitiver Märkte sei eine gute Beschreibung der ,wirklichen' Ökonomie, und es wird benutzt, um zum Beispiel Politiker darüber zu informieren, welche Effekte Änderungen im Steuersystem, in den Regulierungen von Märkten oder eine weitergehende Integration von Märkten haben. Wir wissen bereits, dass sich der Begriff der Komparativen Statik auf einen Vergleich des Zustands einer Ökonomie für unterschiedliche Zustände der erklärenden Variablen bezieht, zum Beispiel ein Zustand mit hohen und ein Zustand mit niedrigen Steuern. Damit man aus einem solchen Vergleich etwas Sinnvolles für die Wirtschaftspolitik lernen kann, sind Eindeutigkeit und Stabilität sehr wichtig. Ohne Eindeutigkeit sind die komparativ-statischen Effekte nicht eindeutig bestimmbar, und ohne Stabilität kann man nicht sicher sein, dass ein ,neues' Gleichgewicht jemals erreicht wird.

- Die zentrale normative Frage, die aus der Theorie des Komparativen Vorteils folgt, bezieht sich auf die Gestaltung von Institutionen (wie zum Beispiel Kompetitive Märkte). Wenn Institutionen sicherstellen sollen, dass die im Prinzip mögliche Verringerung der Knappheit durch Spezialisierung und Tausch auch möglich wird, stellt sich die Frage, ob bzw. inwieweit Kompetitive Märkte dieses Ziel erfüllen.

- Ein weiterer normativer Aspekt kommt ins Spiel, wenn man nicht nur über die Verringerung von Knappheit nachdenkt, sondern sich auch noch die Frage stellt, wer wieviel des ,Kuchens' konsumiert. Um das Problem zu verstehen, gehen wir davon aus, dass sich Anne und Beat in Richtung ihres Komparativen Vorteils spezialisiert haben und dass der monetäre Wert, der durch diese Spezialisierung geschöpft wird, CHF 100 beträgt (wir bezeichnen diesen von nun an auch als *Rente*). Selbst wenn Märkte im Prinzip in der Lage sind dafür zu sorgen, dass die Handelsgewinne in voller Höhe ausgeschöpft werden können, sagt uns das noch nichts darüber, wer wieviel der Rente erhält. Im Prinzip könnte sie vollständig bei Anne oder bei Beat anfallen, oder sie kann zwischen beiden geteilt werden. Diese Beobachtung führt zur Frage der Verteilungsgerechtigkeit. Wenn die Gesellschaft eine starke Meinung über die gerechte Verteilung der Renten hat, kann es unter Umständen zu einer Spannung zwischen der Ausschöpfung von Handelsgewinnen und der Verteilungsgerechtigkeit kommen.

4.4   Gleichgewichtsanalyse

Der Prüfstein für die Nützlichkeit des bisher entwickelten Modells ist sein Beitrag zum Verständnis der Funktionsweise der Ökonomie bei der Anwendung auf konkrete Fragestellungen. Wir haben bereits in Form einer Art ‚Trockenübung' die wichtigsten komparativ-statischen Effekte auf der Nachfrage- und Angebotsseite herausgearbeitet, so dass wir sie nun zusammenführen können, um zu sehen, was wir daraus lernen. Die folgenden Fallstudien haben dabei das Ziel, Ihnen ein erstes Verständnis darüber zu vermitteln, wie man mit Hilfe unseres Modells ökonomische Phänomene analysieren und verstehen kann. Ziel ist dabei nicht, eine möglichst umfassende und vollständige Analyse eines Phänomens vorzunehmen; dies wäre zum jetzigen Zeitpunkt ein zu ambitioniertes Ziel. Wir werden aber sehen, dass uns unser recht einfaches Modell in unserem Verständnis von komplexen ökonomischen Vorgängen schon recht weit bringen wird.

Fallstudie: Wie schlechtes Wetter in Brasilien den Schweizer Kaffeemarkt beeinflusst Kaffee ist ein weltweit wichtiges Agrarprodukt, und Brasilien ist das Land mit der weltweit grössten Produktion von Rohkaffee. Bevor Kaffee durch die sogenannte ‚Zweite' und ‚Dritte Welle der Kaffeekultur' zu einem differenzierten Produkt mit zum Teil sehr hohen Preisen wurde, war er im Wesentlichen zu einem Allerweltsprodukt heruntergewirtschaftet. Man bekam im Massenmarkt schlechte Qualität zu niedrigen Preisen. Die niedrige Qualitätserwartung der Konsumentinnen führte zu einer niedrigen Zahlungsbereitschaft, was wiederum zu einer geringen Bereitschaft der Kaffeebauern führte, in Qualität zu investieren. Auch wenn dies in den vergangenen Jahren ‚an den Rändern' aufzubrechen scheint, ist dies nach wie vor die Situation im Massenmarkt. Wir gehen daher davon aus, dass ein globaler kompetitiver Markt für Rohkaffee existiert. Die Situation auf diesem Markt wird in Abb. 4.10 illustriert.

Das Angebot an Rohkaffee wird durch die steigende Angebotsfunktion $y(p)$ dargestellt, hinter der sich die individuellen Angebote der Kaffeebauern aus den unterschiedlichen Anbauregionen verbergen. Die fallende Nachfragefunktion $x(p)$ wird durch die Kaffeeröster bestimmt, die den Rohkaffee kaufen, weiterverarbeiten und dann direkt oder über Zwischenhändler an die Konsumenten verkaufen. (Kaffeemarktexperten werden an dieser Stelle mit Recht einwenden, dass es auf der Nachfrageseite eine gewisse Konzentration gibt, so dass die Annahme Vollständiger Konkurrenz ggf. nicht gerechtfertigt ist. Wir arbeiten aus zwei Gründen trotzdem

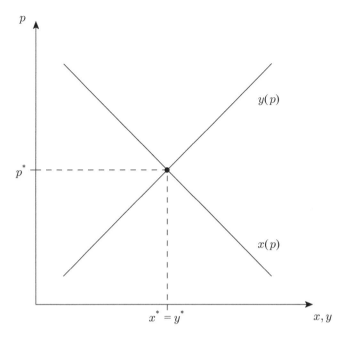

Abb. 4.10 Gleichgewicht im Markt für Rohkaffee

mit ihr. Zum einen, weil wir noch kein anderes Modell kennen, und zum anderen, weil sich die qualitative Analyse nicht ändert, wenn wir mit einem komplizierteren Modell arbeiten.) Wir gehen davon aus, dass wir es mit einer Angebotskurve in einem Jahr mit durchschnittlicher Ernte zu tun haben. Das Gleichgewicht in diesem Markt ist dann im Schnittpunkt von Angebot und Nachfrage gegeben, so dass wir einen Marktpreis p^* und ein Handelsvolumen x^* beobachten können.

Wir wollen uns nun anschauen, was die Effekte einer durch schlechte Wetterbedingungen ausgelösten Missernte in einem Land wie Brasilien sind. Da Brasilien ein auch im Weltmassstab grosser Produzent ist, wird eine solche Missernte einen spürbaren Effekt auf den Weltmarkt ausüben und zu einem Rückgang des Angebots führen. Dieser Rückgang ist in Abb. 4.11 illustriert: Die Weltangebotsfunktion an Rohkaffee verschiebt sich nach links, da zu jedem Preis eine geringere Kaffeemenge als in einem Durchschnittsjahr verfügbar ist. Die Weltnachfragefunktion nach Rohkaffee ändert sich nicht, da sie durch die Nachfrage der Konsumenten (Kaffeetrinker) bestimmt wird, welche sich auf die Nachfrage der Röster nach Rohkaffee überträgt.

Damit besteht der Gesamteffekt der Missernte in einer Steigerung des Preisniveaus für Rohkaffee auf p^{**} und einer Senkung des Handelsvolumens auf x^{**}. Was bedeuten diese Änderungen im Einzelnen? Zunächst könnte man meinen,

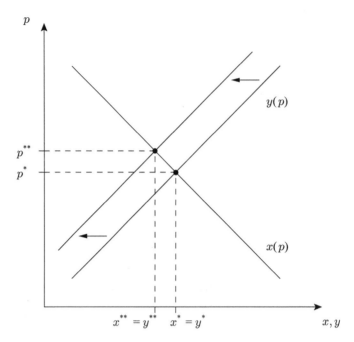

Abb. 4.11 Der Einfluss der Missernte auf das Gleichgewicht im Rohkaffeemarkt

dass die brasilianischen Kaffeebauern die einzigen Leidtragenden der Missernte sind, da sie die Ernteausfälle tragen müssen. Man sieht aber, dass sie zumindest teilweise dadurch entschädigt werden, dass das Preisniveau für Rohkaffee steigt. Diese Preissteigerung kann sogar dazu führen, dass sie höhere Umsätze haben.

Das folgende Rechenbeispiel illustriert diesen Punkt. Nehmen wir an, dass die Nachfragefunktion für Rohkaffee durch $x(p) = 1 - p$ und die Angebotsfunktion durch $y(p) = a + p$ gegeben ist. a ist ein Skalierungsparameter, den wir zur Analyse der Effekte des Ernteausfalls benutzen können. Eine Verkleinerung von a verschiebt die Angebotsfunktion nach links. Diese Nachfrage- und Angebotsfunktionen führen zu einem Marktgleichgewicht mit Preisniveau $p^* = (1 - a)/2$ und Gleichgewichtsmenge $x^* = (1 + a)/2$. Darüber hinaus können wir den Umsatz R der Kaffeebauern als Produkt aus Gleichgewichtspreis und Gleichgewichtsmenge bestimmen, $R = p^* \cdot x^* = (1 - a^2)/4$. Nehmen wir nun an, dass in einem durchschnittlichen Jahr der Skalierungsparameter den Wert $a = 1/2$ annimmt, so dass $p^* = 1/4$ und $x^* = 3/4$ betragen. Dann ist der Umsatz $R = 3/16$. Der Ernteausfall kann als eine Verringerung von a von $1/2$ auf, sagen wir, 0 modelliert werden. In diesem Fall ergibt sich ein neuer Gleichgewichtspreis von $p^* = 1/2$ mit zugehöriger Menge $x^* = 1/2$, und die Umsätze der Kaffeebauern sind $R = 1/4 = 4/16 > 3/16$: Der Umsatz der Kaffeebauern steigt, obwohl sie weniger Kaffee verkaufen!

Es muss darauf hingewiesen werden, dass das Ergebnis eines positiven Effekts der Missernte auf die Umsätze der Kaffeebauern von den gewählten Parametern des

Modells abhängt. (Bitte überprüfen Sie das, indem Sie unterschiedliche Werte für a einsetzen). Es kann aus theoretischer Sicht genauso gut der Fall auftreten, dass die Umsätze zurückgehen, so dass es am Ende eine empirische Frage ist, was passiert. Aber bleiben wir bei dem Fall einer Steigerung der Umsätze, da er ein tieferes Verständnis des Wesens Vollständiger Konkurrenz erlaubt. Wenn die Umsätze steigen und diese Steigerung nicht durch Kostensteigerungen überkompensiert werden (was unplausibel ist, da weniger produziert wird), sollten auch die Gewinne der Kaffeebauern steigen. (Wir werden auf diesen Punkt in Kap. 12 zurückkommen, wenn wir in der Lage sein werden, Gewinne genau zu bestimmen.) Warum müssen die Kaffeebauern auf schlechtes Wetter warten, um ihre Gewinne zu steigern? Warum können sie nicht auch bei gutem Wetter ihre Ernte freiwillig begrenzen, um damit ihre Gewinne zu steigern? Sind sie irrational oder dumm und verstehen nicht, dass eine Reduktion der Absatzmenge ihre Gewinne steigert, oder sind hier grundsätzlichere Mechanismen am Werk, die dies verhindern? Der Grund, warum ein einzelner Kaffeebauer keinen Anreiz hat, seine Ernte zu verringern, liegt in der Natur Vollständiger Konkurrenz, da seine Ernte zu klein ist, um den Marktpreis zu beeinflussen. Eine Missernte in Brasilien betrifft aber ungefähr ein Drittel der weltweiten Gesamternte, was einen spürbaren Effekt auf den Gesamtmarkt hat und erklärt, warum der Preis steigt. Gerade weil jeder einzelne Kaffeebauer sich rational in seinem Marktumfeld verhält, sind der Weltmarktpreis und seine Erlöse niedrig. Dieses Ergebnis ist eine Illustration der Idee *unintendierter Konsequenzen*, die zuerst von John Locke und Adam Smith formuliert wurde: Obwohl jeder Einzelne zu unbedeutend ist, um den Preis zu beeinflussen, führt das Verhalten vieler Anbieter zum Ergebnis niedriger Preise.

Kaffeebauern, die nicht von der Missernte betroffen sind, profitieren natürlich erst recht von dem höheren Preisniveau, da sie ihren Rohkaffee teurer verkaufen können. Zum jetzigen Zeitpunkt sind wir noch nicht in der Lage zu beurteilen, was der Effekt für die Kaffeeröster ist. Dieser hängt im Wesentlichen davon ab, ob sie fähig sind, die Preissteigerung an ihre Kunden weiterzugeben. Daher müssen wir uns nun den Markt für Röstkaffee genauer anschauen, auf dem die Röster als Anbieter auftreten. Um die Analyse nicht zu kompliziert zu machen, gehen wir davon aus, dass sie direkt an die Konsumentinnen verkaufen, also keine weiteren Zwischenhändler existieren (diese Annahme hat keinen qualitativen Effekt auf die Ergebnisse). Der Markt für Röst- hat eine ähnliche Struktur wie der Markt für Rohkaffee, man muss ihn aber anders interpretieren. Er ist in Abb. 4.12 illustriert.

Die Nachfragekurve $X(P)$ (wir benutzen Grossbuchstaben, um die Märkte für Roh- und Röstkaffee unterscheiden zu können) basiert auf der Nachfrage nach geröstetem Kaffee von Konsumenten wie Ihnen und mir. Die Angebotskurve $Y(P)$ wird durch die Kaffeeröster bestimmt. Sie kaufen Rohkaffee auf dem zuvor analysierten Markt und nutzen ihn als Input, um daraus die unterschiedlichen Arten von Kaffee zu produzieren, die Sie im Regal finden können. Das Gleichgewicht in einem durchschnittlichen Jahr ist durch einen Preis P^* und eine gehandelte Menge X^* gegeben. Was ist nun der Effekt einer Verknappung von Rohkaffe aufgrund des Ernteausfalls in Brasilien auf diesem Markt? Die Preissteigerung für Rohkaffee erhöht die Produktionskosten der Kaffeeröster, so dass sich die Angebotsfunktion

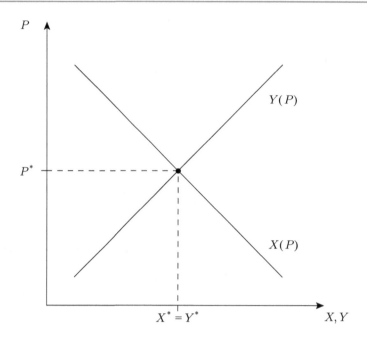

Abb. 4.12 Gleichgewicht im Markt für Röstkaffee

nach links verschiebt. Daher ist die Situation qualitativ ähnlich zur Situation auf dem Rohkaffeemarkt. Sie wird in Abb. 4.13 illustriert.

Wie auch im Rohkaffeemarkt ist eine Preissteigerung auf P^{**} und ein Absatzrückgang auf X^{**} zu erwarten. In der hier dargestellten Situation sind die Kaffeeröster in der Lage, einen Teil der Kostensteigerung aufgrund erhöhter Rohstoffpreise auf die Konsumentinnen zu überwälzen. Diese Überwälzung ist aber unvollständig, da die Konsumentinnen auf die Preiserhöhung mit einer Reduktion der Nachfrage (Bewegung entlang der Kurve) reagieren. Je stärker diese Reaktion ausfällt (je flacher die Nachfragekurve ist), umso schwieriger ist es, die Preiserhöhung weiterzugeben, und umso stärker bricht der Kaffeeabsatz ein. Der Preis bleibt zwar relativ stabil, aber dafür trinkt man kaum noch Kaffee. Zusammenfassend kann gesagt werden, dass das schlechte Wetter in Brasilien die Kaffeetrinker in der Schweiz beeinflusst, da die unterschiedlichen Märkte eng miteinander verbunden sind.

Fallstudie: Was macht Finanzmärkte besonders? Im Prinzip können wir die selben Techniken, die wir bisher verwendet haben, auch zur Analyse von Finanzmärkten verwenden. Es gibt allerdings einige Besonderheiten, die man beachten muss, und die Finanzmärkte inhärent instabil machen. Wir werden uns hier auf Aktienmärkte konzentrieren, auf denen Anteile an Unternehmen gehandelt werden. Wir beginnen mit einem repräsentativen Käufer solcher Wertpapiere und fragen uns, was die Zahlungsbereitschaft bestimmt. Anders als bei Gütermärkten für Schuhe

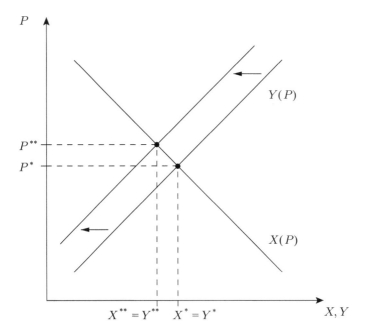

Abb. 4.13 Der induzierte Einfluss der Missernte auf das Gleichgewicht im Röstkaffeemarkt

oder Äpfel haben Aktien keinen direkten Konsumnutzen. Aktien kauft man, weil man damit Geld verdienen möchte, und es gibt zwei Arten, wie man damit Geld verdienen kann. Die erste Einkommensquelle besteht aus dem zukünftigen Zufluss von Dividendenzahlungen, und die zweite aus der Differenz zwischen zukünftigem Verkaufs- und heutigem Kaufpreis.

Wenn der Fluss an zukünftigen Profiten bekannt wäre, könnte man den Preis einer Aktie als diskontierten zukünftigen *Cash-Flow* berechnen. Nehmen wir an, dass eine Aktie in einem Jahr einen Gewinn von CHF 100, im Folgejahr wieder einen Gewinn von CHF 100 und danach keinen Gewinn mehr abwirft. Nehmen wir weiter an, dass man sein Geld als einzige Alternative in Staatsanleihen investieren kann, die eine sichere jährliche Verzinsung von 10 % bieten. In diesem Fall sollte man diesen Zinssatz nehmen, um die zukünftigen Profite zu diskontieren, so dass man bei Kauf der Aktie einen diskontierten Cash-Flow von $1/(1 + 0,1)^1 \cdot 100 + 1/(1+0,1)^2 \cdot 100 \approx 173,5$ erhält. Wenn es Unsicherheit über die zukünftige Gewinn- und Kursentwicklung gibt, muss man diesen Betrag gegebenenfalls noch um eine Risikoprämie reduzieren. In einer solchen Welt und mit rationalen Erwartungen hinsichtlich der Zukunft kann es nur dann einen Unterschied zwischen dem diskontierten Kauf- und Verkaufspreis geben, wenn ein unerwartetes Ereignis eine Wertkorrektur erforderlich macht (zum Beispiel eine unerwartete Erfindung). Auf diese Art findet man dann den Preis für eine Aktie.

Das Problem mit diesem Verfahren besteht natürlich darin, dass niemand den zukünftigen Cash-Flow mit Sicherheit kennt, so dass auch niemand mit Sicherheit sagen kann, ob eine Aktie zu einem bestimmten Zeitpunkt über- oder unterbewertet ist. Nehmen wir Apple Inc. als ein Beispiel. Der erwartete zukünftige Cash-Flow hängt von der wahrgenommenen Fähigkeit des Unternehmens ab, mit dem ‚Next Big Thing' Geld zu verdienen. Dies hängt von einer Reihe von Umständen ab. Dazu gehören die derzeitigen Mitarbeitenden, die Fähigkeit, in der Zukunft qualifizierte Mitarbeitende für das Unternehmen zu gewinnen (und damit so etwas wie die Unternehmenskultur), aber auch technologische Beschränkungen und Möglichkeiten (die Nützlichkeit eines Geräts wie der Apple Watch hängt von der Zuverlässigkeit bestimmter Sensoren ab, die es erlauben, bestimmte Parameter der eigenen Gesundheit zu messen, und es ist *ex ante* unklar, ob und wann diese Technologien vermarktbar sind).

Die Vielzahl unterschiedlicher Faktoren, die zukünftige Gewinne bestimmen, macht jede Preisbestimmung aufgrund des zukünftigen Cash-Flows unsicher. Wenn alle Marktteilnehmenden dieselben Informationen hätten, fände darüber hinaus nur dann überhaupt Handel statt, wenn es Unterschiede in der Risikoeinstellung gäbe; risikofreudigere Individuen sind Käufer und risikoscheuere Individuen Verkäuferinnen. Und umgekehrt findet bei identischen Risikoeinstellungen Handel nur aufgrund unterschiedlich optimistischer Erwartungen statt; optimistischere Individuen wären Käuferinnen und pessimistischere Individuen Verkäufer.

Der Aktienmarkt wird dadurch inhärent instabil, dass die Erwartungen über zukünftige Gewinne selbsterfüllend werden können. Ähnlich einem Virus, der sich in einer Population verbreitet, können sich Gerüchte ausbreiten und die Preisbereitschaften von Käufern und Verkäufern beeinflussen. Wenn die Anleger zum Beispiel ihr Vertrauen in die Fähigkeit Apples verlieren, das ‚Next Big Thing' zu erfinden, reduzieren sie den erwarteten zukünftigen Cash-Flow, was zu einer Abwärtsspirale für den Preis einer Apple-Aktie führen kann. Wenn aber Preise fallen, kann dies die Fähigkeit eines Unternehmens beeinträchtigen, Investitionen in Forschung und Entwicklung zu finanzieren, was genau zu der Situation führt, dass zukünftige Gewinne unwahrscheinlicher werden: Die negativen Erwartungen werden selbsterfüllend. Dies gilt selbst dann, wenn die Gerüchte, die am Anfang der Abwärtsspirale standen, ohne Substanz waren. Dieser Mechanismus unterscheidet die Logik der Preisbildung einer Aktie von Apple Inc. von der Logik der Preisbildung von Äpfeln.

Fallstudie: Märkte als Produktionstechnologien Wir haben uns in Kap. 2 ausführlich mit der Theorie des Komparativen Vorteils beschäftigt, und es ist nun an der Zeit, sich genauer anzuschauen, wie sich diese Theorie zur Theorie Kompetitiver Märkte verhält. Wir hatten zum Beispiel argumentiert, dass durch die sequenzielle Integration mehrerer Handelspartner insgesamt mehr Güter produziert werden, aber verglichen zu einer Situation partieller Integration Gewinnerinnen und Verlierer entstehen können. Die Identität der Gewinner und Verliererinnen wird dabei durch die institutionelle Struktur der Ökonomie bestimmt, innerhalb derer sich die Integration vollzieht. Wir werden diesen Gedanken weiter ausführen, indem wir uns mögliche politische Eingriffe in Kompetitive Märkte genauer anschauen. Es gibt eine ausgesprochen interessante Formulierung des Kerngedankens der Theorie des Komparativen Vorteils, die auf David Friedman zurückgeht. In den Worten Steven Landsburgs (1995): „There are two technologies for producing automobiles in America. One is to manufacture them in Detroit, and the other is to grow them in Iowa. Everybody knows about the first technology; let me tell you about the second. First, you plant seeds, which are the raw material from which automobiles are constructed. You wait a few months until wheat appears. Then you harvest the wheat, load it onto ships, and send the ships eastward into the Pacific Ocean. After a few months, the ships reappear with Toyotas on them. International trade is nothing but a form of technology. The fact that there is a place called Japan, with people and factories, is quite irrelevant to Americans' well-being. To analyze trade policies, we might as well assume that Japan is a giant machine with mysterious inner workings that convert wheat into cars. Any policy designed to favor the first American technology over the second is a policy designed to favor American auto producers in Detroit over American auto producers in Iowa. A tax or a ban on ‚imported' automobiles is a tax or a ban on Iowa-grown automobiles. If you protect Detroit carmakers from competition, then you must damage Iowa farmers, because Iowa farmers are the competition."

Diese Denkweise erlaubt es auf einfache Weise, die Effekte von wirtschaftspolitischen Interventionen auf globalisierten Märkten zu untersuchen. Getreide- und Automärkte sind miteinander verbunden, weil Menschen, die mit Getreide Geld verdienen, dies (auch) für Autos ausgeben und umgekehrt. Diese Verbindung muss nicht direkt sein, sondern kann durch ein kompliziertes Labyrinth von Interaktionen entstehen, die am Ende einen Zusammenhang zwischen zwei anscheinend völlig unabhängigen Märkten schaffen. Getreidebauern verkaufen ihre Ernte etwa an Bäckereien, die daraus Brot backen und ihren Mitarbeitenden Löhne zahlen. Die Bäckereien verkaufen ihr Brot an den Detailhandel, der wiederum die Angestellten bezahlt. Bauern und Bäcker nutzen einen Teil ihres Einkommens, um damit Toyotas zu kaufen, so dass auf komplizierten Wegen aus Getreide Toyotas werden. Die wichtige Einsicht dieses Beispiels besteht darin, dass Politikinterventionen in einem Markt für Laien völlig überraschende Konsequenzen in anderen Märkten haben können. Es zeigt, dass durch die Vermittlung von Märkten Autos aus Detroit und Getreide aus Iowa *Substitute* sind. Ökonominnen und Ökonomen, die darauf trainiert sind, diese Zusammenhänge herauszuarbeiten und zu verstehen, spielen eine wichtige Rolle bei der Vermittlung dieses Wissens in der Gesellschaft.

Hier ist ein weiteres Beispiel, das wir nur skizzieren, welches Sie aber als Anregung zum eigenen Nachdenken nehmen können. Die Schweiz ist derzeit ein Zuwanderungsland, und die meisten Menschen kommen wegen der hohen Löhne und Einkommen. Vor einigen Jahren diskutierten Ökonomen und Politiker die Idee, einen Teil der ‚Zuwanderungsrente', also dem geldwerten Vorteil, den ein Zuwanderer durch die Zuwanderung hat, durch eine Steuer abzuschöpfen. Dies klingt zunächst nach einer guten Idee, aber suchen wir das Geld am richtigen Ort? Um diese Frage zu verstehen, gehen wir davon aus, dass der Markt für international mobile Beschäftigte kompetitiv ist. In diesem Fall wird Immigration bis zu dem Punkt stattfinden, an dem die mobilen Beschäftigten langfristig indifferent zwischen Tätigkeiten in unterschiedlichen Ländern sind. Dies nennt man eine *Arbitragebedingung.* Die Einführung einer Zuwanderungssteuer ändert an dieser Logik nichts: Arbitrage zwischen Arbeitsmärkten führt dazu, dass sich die Nettoeinkommen nach Steuern zwischen den Ländern angleichen werden, so dass am Ende der letzte potenzielle Immigrant gerade indifferent zwischen verschiedenen Beschäftigungsoptionen ist. Daher kann man durch eine Zuwanderungssteuer keine Renten von mobilen Beschäftigten abschöpfen, da der Markt so reagiert, dass diese für die Steuer kompensiert werden. Aber auf der anderen Seite würden diese ja die Steuer bezahlen, und der Staat hätte Einnahmen. Irgendetwas kann hier nicht stimmen; wer zahlt die Zuwanderungssteuer denn am Ende? Um diese Frage zu beantworten, müssen wir die Zusammenhänge zwischen verschiedenen Märkten genauer anschauen, und ein sehr vielversprechender Markt, der mit dem Arbeitsmarkt zusammenhängt, ist der Wohnungsmarkt. Zuwanderer müssen irgendwo wohnen, so dass Zuwanderung Preissteigerungen auf dem Wohnungs- und Immobilienmarkt zur Folge hat. (Ein Nebeneffekt der Zuwanderung ist eine Umverteilung von Mietern zu Eigentümern, da das Preisniveau für Zuwanderer und schon zuvor in der Schweiz lebenden Personen steigt.) Daher können wir davon ausgehen, dass zumindest ein Teil der Zuwanderungssteuer von den Beschäftigten auf die Hauseigentümer überwälzt wird. Da auf den betroffenen Arbeitsmärkten langfristig die Arbitragebedingung gilt, sind es die Wohnungs- und Grundeigentümerinnen, die aufgrund der höheren Mieten und Grundstückspreise von Zuwanderung profitieren, und sie sind es auch, die am Ende den grössten Teil der Zuwanderungssteuer in Form von geringeren Mieten und Grundstückspreisen tragen müssen. Das Phänomen, dass die Gruppe, die eine Steuer juristisch abführen muss, nicht der entspricht, die sie am Ende ökonomisch trägt, nennt man *Steuerinzidenz.* Wir haben hier wieder einen Fall vor uns, in dem Ökonomen wichtige Aufklärungsarbeit in der Bevölkerung leisten können, indem sie auf die wahren Effekte politischer Eingriffe hinweisen.

Fallstudie: Die wahrscheinlichen Effekte autonomer Fahrzeuge Ein etwas spekulativeres Beispiel für die Anwendung der Theorie Kompetitiver Märkte ist die Analyse der ökonomischen Konsequenzen der Entwicklung autonomer Fahrzeuge. Autonomes Fahren ist längst nicht mehr nur noch ein Hobby von Google; in der Automobilindustrie etablierte Unternehmen wie Mercedes-Benz oder Volvo investieren enorme Ressourcen zur Entwicklung dieser neuen Technologie. In dieser Fallstudie kombinieren wir Einsichten, die aus dem Konzept der Opportunitätskosten folgen, mit Einsichten aus der Theorie Kompetitiver Märkte, um darüber zu spekulieren, welche Folgen diese Technologie für unsere Gesellschaften haben wird.

Es ist verführerisch, den zentralen Beitrag autonomer Fahrzeuge (AF) in einer gesteigerten Bequemlichkeit für den Nutzer zu sehen. Dann handelte es sich eher nur um eine weitere Standardinnovation. In Wahrheit wird die Einführung von AF aber spürbare Effekte für die Struktur von Städten, die Funktionsweise von Versicherungs- und Arbeitsmärkten sowie die Art haben, wie wir über Mobilität denken.

Zum Einstieg kann man die Frage stellen, warum ein Fahrzeug, welches autonom fahren kann, die meiste Zeit am Strassenrand oder in der Garage stehen sollte. Es ergibt viel mehr Sinn, wenn ein AF permanent im Einsatz ist, so dass es, nachdem es die eine Person zur Arbeit gebracht hat, die nächste zum Flughafen bringt. Der Grund, warum sich diese Möglichkeit erst mit AF bietet, liegt in einer Verschiebung der Opportunitätskosten. Mit der heutigen Technologie benötigt ein Fahrzeug einen Fahrer, so dass die Opportunitätskosten, jemanden mit dem Fahrzeug zum Flughafen zu bringen, dem Lohnsatz des Fahrers entsprechen (plus Benzin etc.). Dies ist das klassische Taxi- oder Uber-Modell. Diese Opportunitätskosten fallen im Wesentlichen auf Null, sobald mit der neuen Technologie ein solcher Fahrer nicht mehr nötig ist. Dies macht aber die Alternative, das Fahrzeug ungenutzt zu lassen, in Opportunitätskosten gerechnet teurer.

Diese Veränderung hat wahrscheinlich vier zentrale Implikationen:

• Es wird zu einer Veränderung in der Eigentumsstruktur kommen, da es aus Sicht eines Individuums attraktiver wird, zeitlich begrenzte Nutzungsrechte zu kaufen anstatt Eigentümer eines Fahrzeugs zu sein. Dieser Effekt wird umso ausgeprägter sein, je grösser spezialisierte *Car-Sharing*-Unternehmen sind und je genauer planbar ist, wann welches Fahrzeug eine Person wo abholt. Die *Car-Sharing*-Unternehmen müssen nicht die Hersteller selber sein, sondern sie können sich aus den existierenden Unternehmen wie Zipcar, Car2Go, Mobility oder Uber entwickeln. Vielleicht wird es aber auch ganz andere Modelle der Nutzungsteilung geben. Man wird nicht vollständig auf den Erwerb eines eigenen Fahrzeugs verzichten, da viele Menschen vielleicht gern das Eigentum an einem Auto haben oder gern selbst fahren, aber die Opportunitätskosten des klassischen Eigentums werden steigen.

  Auf einer fundamentaleren Ebene wird durch AF Mobilität und Transport mehr zu einem verbundenen System komplementärer Transportsysteme werden, welche ein zunehmend nahtloses Netzwerk von Mobilitätsoptionen bilden. AF werden durch die Strassen fahren, und wir werden sie nutzen wie die Tram. Für längere Strecken wird man von einem AF zu Hause abgeholt und am Bahnhof abgesetzt. Das Ergebnis wird eine zunehmende Verwischung des Unterschieds zwischen privatem und öffentlichem Verkehr sein.

• Wenn die Länge der insgesamt zurückgelegten Strecke konstant bleibt, wird die bessere Ausnutzung der Transportkapazität durch Einführung von AF Parkraum in den Städten schaffen. AFs können in den weniger zentralen Lagen ausserhalb der Städte parken, und sie parken im Durchschnitt weniger lange als nichtautonome Fahrzeuge. Dies ändert das ‚Gesicht‘ der Innenstädte, in denen mehr Raum für Fussgänger und alternative Flächennutzung entsteht.

• In dem Mass, in dem sich Personen von Eigentümern von Fahrzeugen zu Nutzern von Mobilitätsdienstleistungen entwickeln, verändert sich auch die Logik der Versicherungsmärkte. Heute ist der Bereich der Fahrzeugversicherung ein hochregulierter Markt, auf dem der private Nutzer eine Versicherung abschliessen muss. In der Zukunft wird das Unternehmen, welches die Mobilitätsdienstleistung anbietet, Versicherungsnehmer sein. Diese Änderung ist notwendig, da die Hauptquelle von Schäden nicht mehr der Insasse, sondern die bereitgestellte Technologie sein wird.

Darüber hinaus gehen Experten davon aus, dass die neue Technologie sicherer als die bisherige sein wird. McKinsey sagt eine Reduktion der Unfälle um 90 % voraus, woraus eine Einsparung an Reparatur- und Gesundheitskosten von bis zu $190 Milliarden allein in den USA resultieren würde. Dies wird Todesfälle vermeiden und Versicherungsprämien senken.

- Die ökonomischen Anreize, neu über die Eigentumsstruktur nachzudenken, werden wahrscheinlich auch zu einer Veränderung der Wahrnehmung von Autos und Mobilität führen. Autos waren für einen Grossteil des 20. Jahrhunderts ein wichtiges Statussymbol. Veränderungen in den Opportunitätskosten werden dieses Statussymbol zunehmend verteuern.

AF werden aber auch Einfluss auf die allgemeine Produktivität und auf Arbeitsmärkte haben. Sie werden zum Beispiel die Logistikindustrie fundamental verändern. Die derzeitige Komplementarität zwischen Fahrzeug und menschlichem Fahrer wird zu einem Substitutionswettbewerb zwischen Mensch und Maschine führen. Kurzfristig wird dies Lohndruck auf diesen Arbeitsmärkten erzeugen, und langfristig wird ein Grossteil der Arbeitsstellen wegfallen.

Hinsichtlich Produktivität und Freizeit wird es unter Umständen nicht zu einem Rückgang der Pendelzeiten kommen, aber die Insassen werden – befreit von der Notwendigkeit des Fahrens – neue Möglichkeiten der Zeitverwendung bekommen, indem sie entweder arbeiten, Medien konsumieren oder mit Freunden in Kontakt sind. Diese Möglichkeiten schaffen Potenziale in anderen Industrien, zum Beispiel durch die Schaffung eines spezifisch zugeschnittenen Medienangebots.

Die obigen Fallstudien haben die Nützlichkeit des Modells Vollständiger Konkurrenz zum Verständnis komplexer gesellschaftlicher Zusammenhänge gezeigt. Sie waren Beispiele für das, was wir *positive* Ökonomik genannt haben. Eine sich zu diesem Zeitpunkt aufdrängende Frage ist die nach den *normativen* Eigenschaften kompetitiver Märkte: Ist das Ergebnis in irgendeinem Sinne wünschenswert? Dieser Frage werden wir im nächsten Kapitel nachgehen.

Literatur

Arrow, K. J. (1974). General economic equilibrium: Purpose, analytic techniques, collective choice. *American Economic Review, 64*(3), 253–272.

Bourdieu, P. (1983). Ökonomisches Kapital, Kulturelles Kapital, Soziales Kapital. In R. Kreckel (Hrsg.), *Soziale Ungleichheit* (S. 183–198). Göttingen: Schwartz.

Kirman, A. P. (1992). Whom or what does the representative individual represent? *Journal of Economic Perspectives, 6*(2), 117–136.

Landsburg, S. E. (1995). *The Armchair Economist*. Free Press.

Weiterführende Literatur

Bowles, S. (2003). *Microeconomics: Behavior, Institutions and Evolution*. Princeton: Princeton University Press.

Debreu, G. (1972). *Theory of Value: An Axiomatic Analysis of Economic Equilibrium*. Yale University Press.

Frank, R. H. (2008). *Microeconomics and Behavior*. McGraw-Hill.

Kreps, D. M. (1990). *A Course in Microeconomic Theory*. Harvester Wheatsheaf.

Normative Ökonomik

5

In diesem Kapitel lernen Sie ...

- was konsequentialistische und deontologische Ethiken sind und wie sie sich zu Tugendethiken verhalten.
- dass der ökonomische Mainstream auf einer konsequentialistischen Vorstellung von Gerechtigkeit basiert.
- das Konzept der Pareto-Effizienz kennen und warum Kompetitive Märkte effizient sind.
- warum es einen Konflikt zwischen Effizienz und Verteilungsgerechtigkeit geben kann.
- warum Menschen manchmal nicht in ihrem Eigeninteresse handeln.

5.1 Einführung

,It is demonstrable,' said he, ,that things cannot be otherwise than as they are; for as all things have been created for some end, they must necessarily be created for the best end. [...] [A]nd they, who assert that everything is right, do not express themselves correctly; they should say that everything is best.'

,If this is the best of possible worlds, what then are the others?' (Voltaire, Candide)

If one is a utilitarian in philosophy, one has the perfect right to be a utilitarian in one's economics. But if one is not [...] one also has the right to an economics free from utilitarian assumptions. (John Hicks)

Die Untersuchung des Kaffeemarkts im vergangenen Kapitel hat gezeigt, dass man mit Hilfe des Modells Vollständiger Konkurrenz in der Lage ist, komplexe ökonomische Phänomene besser zu verstehen. Die Fallstudie war ein Beispiel für eine *positive* Analyse, einem sehr wichtigen Teilbereich der Ökonomik als Sozialwissenschaft. Die meisten Menschen erwarten von Ökonominnen und Ökonomen

© Der/die Autor(en), exklusiv lizenziert durch Springer-Verlag GmbH, DE, ein Teil von Springer Nature 2021
M. Kolmar, *Grundlagen der Mikroökonomik*,
https://doi.org/10.1007/978-3-662-63362-5_5

aber nicht nur Aussagen über ökonomische Wirkungsmechanismen, sondern sie sind an diesem Wissen primär deshalb interessiert, weil sie es zur Gestaltung besserer Institutionen (wie z. B. von Märkten) nutzen wollen. Dies ist aber eine *normative* Problemstellung. Ökonominnen und Ökonomen sind keine Experten für die Rechtfertigung und Begründung spezieller normativer Kriterien, anhand derer man beurteilen kann, ob Institutionen wünschenswerte Eigenschaften haben oder nicht. Wozu sie aber einen Beitrag leisten können, ist zu beurteilen, ob bzw. inwieweit bestimmte Institutionen einen Beitrag zur Erreichung bestimmter Ziele leisten können. Dann gäbe es eine Art Arbeitsteilung zwischen Ökonomik, Praktischer Philosophie und der Öffentlichkeit bei der Frage, wie man die Gesellschaft und ihre Institutionen am ‚besten' gestalten sollte. Die Öffentlichkeit hat bestimmte (kulturell beeinflusste) Vorstellungen und Intuitionen über Gerechtigkeit, welche von Praktischen Philosophen hinterfragt und systematisch hinsichtlich ihrer Konsistenz und Fundierung untersucht werden. Einige der daraus entstehenden Theorien über gerechte Gesellschaften werden von Ökonominnen und Ökonomen insofern einem Test unterzogen, als dass sie untersuchen, welche Institutionen die Gerechtigkeitsideale am besten umsetzen und wie eine Gesellschaft organisiert werden sollte, die den normativen Idealen ihrer Mitglieder weitestgehend entspricht. Unter idealen Voraussetzungen kann hieraus ein fruchtbarer Diskurs zwischen Philosophie, Ökonomik und den Bürgerinnen und Bürgern entstehen, in dem die Voraussetzungen des ‚ethischen Bauchgefühls' reflektiert werden und aus dem ein Prozess der Anpassung der moralischen Intuitionen und der Vorstellungen über eine gerechte Gesellschaft und den Beitrag von Institutionen wie Märkten resultiert. Der Philosoph John Rawls (1971) nannte einen solchen Zustand, in dem sich die ethischen Intuitionen des Einzelnen über Ziele und Mittel (Institutionen) in einem Gleichgewicht befinden, welches durch einen Prozess der Hinterfragung und Anpassung erreicht wurde, ein *Reflexives Gleichgewicht*.

Das skizzierte Bild ist vielleicht ein bisschen zu optimistisch, da sich der ökonomische Mainstream weit überwiegend mit einer bestimmten Klasse normativer Theorien beschäftigt, die man *Welfarismus* nennt. Welfaristische Theorien gerechter Institutionen basieren auf der normativen Prämisse, dass die individuelle Wohlfahrt und ausschliesslich die individuelle Wohlfahrt für die Bewertung von Institutionen relevant ist. Die individuelle Wohlfahrt wird dabei durch das (subjektive) Wohlergehen (oft als *Nutzen* bezeichnet), welches die Menschen erleben (oder von dem man ausgeht, dass sie es erleben), operationalisiert. Der Welfarismus gehört einer grösseren Klasse normativer Theorien an, die man als *Konsequentialismus* bezeichnet. Allen konsequentialistischen Theorien ist gemeinsam, dass sie allein die Konsequenzen von Handlungen für normativ relevant erachten. Dieses Merkmal hat weitreichende Folgen für die Art und Weise, wie Institutionen wahrgenommen werden: Sie sind so etwas wie Anreizmechanismen, mit deren Hilfe man individuelles Verhalten so beeinflussen möchte, dass sich die gesellschaftlich bestmöglichen Konsequenzen ergeben. Institutionen spielen dieselbe Rolle wie ein Bewässerungssystem: Das Wasser folgt den Gesetzen der Gravitation, und damit der Garten blühen kann, muss man die Kanäle so bauen, dass es an den richtigen Ort gelangt. Genauso verhält es sich nach dieser Vorstellung mit der Gesellschaft: Menschliches

Verhalten folgt bestimmten Regeln, und Institutionen müssen so gestaltet werden, dass sie das individuelle Verhalten ‚in die richtigen Bahnen lenken'.

Aus der Vogelperspektive erkennt man, dass der Konsequentialismus selbst nur eine von drei Klassen ethischer Theorien ist, die in der Praktischen Philosophie diskutiert werden. Die anderen beiden hören auf die Namen *Deontologie* und *Tugendethik*. Deontologische Theorien basieren auf der Vorstellung, dass die Konsequenzen für die normative Bewertung von Handlungen irrelevant sind. Vielmehr sehen sie den normativen Wert in bestimmten Eigenschaften des Verfahrens gegeben, welches zu einer Handlung führt. Ein bedeutender Vertreter deontologischen Denkens war Immanuel Kant, der im *guten Willen* des Handelnden die Quelle normativer Bewertung sah. Aber es gibt viele weitere Vertreter, die sich in der genauen Verortung derjenigen Aspekte des Verfahrens, die normativ relevant sind, unterscheiden. Eine deontologische Vorstellung wie diejenige Kants legt ein viel grösseres Gewicht auf individuelle moralische Verantwortung, wohingegen Institutionen eine weniger zentrale normative Rolle beigemessen wird. Beurteilungsmassstab bei Kant ist das sogenannte Vernunftgesetz, nicht das Gesetz des Staates, welches über die Richtigkeit einer Handlung entscheidet. Die Rolle formaler Institutionen ist daher sekundär.

Ein weiterer klassischer Vertreter deontologischen Denkens ist John Locke, der seinen Ansatz auf der Vorstellung basierte, dass Individuen absolute natürliche Rechte besitzen. Rechte sind nichts, was man im Hinblick auf ihre Konsequenzen zuweisen oder wegnehmen kann, sie sind nicht Mittel zu einem höheren Zweck, sondern sie sind ein integraler Bestandteil dessen, was es heisst, ein Mensch zu sein (sie sind daher selbst Zwecke). Nach dieser Ansicht hängen Naturrechte nicht von Gesetzen, Bräuchen oder Überzeugungen einer bestimmten Gesellschaft oder eines Staats ab, sondern sind universell und unverlierbar. Diese Naturrechte sind das Recht auf Leben, Freiheit und Eigentum. Aber wenn Eigentum den Status eines Naturrechts besitzt, dann haben Märkte eine direkte normative Rechtfertigung, da Privateigentum und Marktwirtschaft Hand in Hand gehen. Vertreter eines Lockeschen Naturrechtsbegriffs unterstützen daher Märkte nicht, weil sie wünschenswerte Konsequenzen mit sich bringen, sondern weil sie Ausdruck von Naturrechten sind.

Tugendethische Vorstellungen gehen zumindest bis zu Aristoteles zurück und waren im europäischen Denken bis zur beginnenden Neuzeit sehr populär. Unterschiedliche Tugendethiken teilen die Vorstellung, dass die zentrale Herausforderung darin besteht, ein gelingendes Leben zu führen. Damit dies möglich ist, müssen Menschen bestimmte Tugenden kultivieren, die es ihnen erlauben, sich situativ angemessen zu verhalten. Sehr ähnliche Vorstellungen wurden auch im Konfuzianismus und im Buddhismus entwickelt. Der englische Begriff für Tugend, *Virtue*, bringt die Idee sehr gut zum Ausdruck: Die tugendhafte moralische Person tut das Gebotene ohne Anstrengung, genauso wie der virtuose Geigenspieler ohne Anstrengung situativ angemessen spielt. Der virtuose (tugendhafte) Mensch und der virtuose Musiker, Sportler, Bäcker, verhalten sich situativ angemessen, da sie die Tugenden im Laufe ihres Lebens zu ihrer ‚zweiten Natur' gemacht haben. Der perfekt tugendhafte Mensch handelt aber nicht moralisch im Sinne Kants, da er nicht aus Pflicht handelt; Moral ist ihm zu einer Neigung geworden. Eine moralisch gebotene Handlung aus Neigung nennt Kant *schön*, aber nicht moralisch.

Da die tugendhafte Person in Übereinstimmung mit ihren moralischen Pflichten handelt, bekommen wir wiederum einen anderen Zugang zu Institutionen. Anders als bei Kant, der sehr grosses Vertrauen in die Vernunft zur Kontrolle des Verhaltens setzt, spielen Institutionen eine wichtige Rolle in der Tugendethik. Gute Institutionen helfen innerhalb dieser Vorstellung den Bürgerinnen und Bürgern dabei, ihre (moralischen) Tugenden zu entwickeln: „We become just by the practice of just actions, self-controlled by exercising self-control, and courageous by performing acts of courage. [...] Lawgivers make the citizens good by inculcating [good] habits in them, and this is the aim of every lawgiver; if he does not succeed in doing that, his legislation is a failure. It is in this that a good constitution differs from a bad one." (Aristotle, Ethics 1103a30).

Diesem Zitat kann man auch entnehmen, dass es einen wichtigen Unterschied zwischen konsequentialistischen und tugendethischen Vorstellungen über die Rolle von Institutionen gibt, und dieser Unterschied kann bis zumindest Machiavelli zurückverfolgt werden. Er schrieb: „Anyone who would order the laws [...] must assume that all men are wicked [...] it is said that hunger and poverty make them industrious, laws make them good." (Machiavelli, 1984, 69–70). Da hier ein fixer Charakter posuliert wird, kann die Aufgabe guter Institutionen daher nicht sein, den Bürgerinnen und Bürgern dabei zu helfen, einen guten Charakter zu entwickeln. Vielmehr kann es nur noch darum gehen, sie zu einem Handeln zu veranlassen welches erscheint, *als ob* sie gut wären. (Hier schaut bereits Adam Smiths Unsichtbare Hand des Marktes, die das Eigeninteresse in das Gemeinwohl hebelt, um die ideengeschichtliche Ecke.) Institutionen sind hier erstmalig als reine *Anreizmechanismen* gedacht, und diese Vorstellung fand ihren Weg über Mandeville und Hobbes hin zum modernen Konsequentialismus, was weitreichende Folgen für unsere Wahrnehmung von Institutionen und das Verhältnis zwischen individueller Verantwortung, Autonomie und Staat hat. Ein Staat, der seine Hauptaufgabe darin sieht, eigennutzorientierte Bürger so erscheinen zu lassen, als seien sie am Gemeinwohl interessiert, ist ein anderer Staat als der, der die Bürger dabei unterstützt, zum Beispiel die Tugend der Gerechtigkeit zu entwickeln. Diesen beiden Vorstellungen liegen unterschiedliche Menschenbilder zu Grunde, und es ist nicht klar, welches Menschen besser beschreibt.

Der ökonomische Mainstream basiert weit überwiegend auf welfaristischen Vorstellungen von Gerechtigkeit und ist in diesem Sinne normativ. Da die Theorien, die wir in diesem Buch kennenlernen werden, nicht an sich auf welfaristische Vorstellungen zugeschnitten sind, könnte man sie im Prinzip auch dafür verwenden, andere normative Vorstellungen zu untersuchen, aber das wird in der Praxis so gut wie nicht getan.

Die Selbstwahrnehmung von Ökonominnen und Ökonomen ist, dass sie keine Experten für normative Theorien sind, so dass sie sich gern auf eine Art von Minimum-Kriterium für eine gerechte Gesellschaft zurückziehen. Dies ist das Kriterium der *Pareto-Effizienz*. Die Idee geht zurück auf den italienischen Ökonomen Vilfredo Pareto. Er wollte verstehen, unter welchen Voraussetzungen

Institutionen in der Lage sind, mit dem Problem der Knappheit so umzugehen, dass keine Verschwendung resultiert. Verschwendung ist in diesem Sinne eine bestimmte Eigenschaft der Verteilung von Gütern und Ressourcen. *Allokation* ist der technische Begriff für die Verteilung aller verfügbaren Güter und Ressourcen einer Ökonomie zwischen den Individuen. Die zentrale Idee ist, dass eine Allokation dann zu Verschwendung führt, wenn es möglich ist, durch eine Umverteilung der Güter und Ressourcen noch mindestens ein Individuum besser zu stellen, ohne dass ein anderes Individuum schlechter gestellt wird. Eine solche Form von Verschwendung nennen wir *Ineffizienz*, und eine Allokation, die diese Verschwendung vermeidet, *effizient*.

Die normative Idee der Effizienz klingt ziemlich plausibel: Eine Allokation kann im welfaristischen Sinne nicht gerecht sein, wenn es noch möglich ist, eine Person besser zu stellen, ohne einer anderen Person dadurch zu schaden. Daher ist Effizienz so etwas wie eine notwendige Bedingung für eine gerechte Verteilung von Gütern und Ressourcen. Ob Effizienz auch hinreichend für Gerechtigkeit ist, werden wir später ausführlicher diskutieren.

Um die Idee der Verschwendungsfreiheit präziser zu fassen, teilen wir die Produktion und den Konsum von Gütern in zwei Klassen von Aktivitäten auf, Produktion für gegebene Ressourcen und Konsum für gegebene Gütermengen.

▶ **Definition 5.10 Produktionseffizienz** Eine Allokation von gegebenen Ressourcenmengen ist produktionseffizient, wenn es nicht möglich ist, durch eine Umverteilung der Ressourcen zwischen den Produzenten von mindestens einem Gut mehr zu produzieren, ohne von einem anderen Gut weniger zu produzieren.

▶ **Definition 5.11 Konsumeffizienz** Eine Allokation von gegebenen Gütermengen ist konsumeffizient, wenn es nicht möglich ist, durch eine Umverteilung der Güter zwischen den Konsumenten mindestens einen Konsumenten besser zu stellen, ohne einen anderen schlechter zu stellen.

▶ **Definition 5.12 Pareto-Effizienz** Eine Allokation von gegebenen Ressourcen- und Gütermengen ist Pareto-effizient, wenn sie produktions- und konsumeffizient ist.

Die obigen Definitionen lassen sich verwenden, um das Konzept der *Pareto-Verbesserung* zu entwickeln: Wir vergleichen zwei Allokationen A und B. Wenn in A niemand schlechter gestellt und mindestens eine Person strikt besser gestellt ist als in B, sagt man, dass A eine Pareto-Verbesserung zu B darstellt. (Beachten Sie, dass es keine Pareto-Verbesserung zwischen zwei Pareto-effizienten Allokationen geben kann. Aber nicht *jede* Veränderung von einer nicht Pareto-effizienten zu einer Pareto-effizienten Allokation ist eine Pareto-Verbesserung. Um dies zu sehen, nehmen Sie an, dass in Allokation A Individuen i und j jeweils 30 Äpfel besitzen. In Allokation B besitzt i 80 und j 20 Äpfel. In Allokation C schliesslich besitzt i 40 und j 40 Äpfel. Die Individuen finden mehr Äpfel besser als weniger Äpfel. Allokation A ist nicht Pareto-effizient, da sie von C dominiert wird, und sowohl B als auch C sind Pareto-effizient. Wenn wir von A zu B wechseln, gehen wir also von einer Paretoineffizienten zu einer Pareto-effizienten Allokation über. Es handelt sich aber nicht um eine Pareto-Verbesserung, da sich j schlechter stellt.)

Das Konzept der Pareto-Effizienz scheint als normatives Prinzip recht attraktiv zu sein. Und doch ist es selbst von Anhängern einer welfaristischen Vorstellung von Gerechtigkeit kritisiert worden. Der Grund dafür besteht darin, dass Pareto-Effizienz ‚blind‘ bezüglich der Verteilung ökonomischer Renten ist. Nehmen wir an, dass Anne und Beat mehr Geld besser als weniger Geld finden und dass sie CHF 100 untereinander aufteilen sollen. Man sieht ohne Weiteres, dass jede Aufteilung des Gelds zwischen den beiden Pareto-effizient ist: Die einzige Möglichkeit, jemanden besser zu stellen, besteht darin, der anderen Person Geld wegzunehmen, was diese Person aber schlechter stellt. Daran sieht man, dass Pareto-effiziente Allokationen nicht notwendigerweise unseren Vorstellungen einer fairen oder gerechten Verteilung entsprechen müssen.

Auf der anderen Seite ist es schlecht von der Hand zu weisen, dass eine plausible normative Theorie (im welfaristischen Sinn) eine Pareto-Verbesserung als allgemeine Verbesserung der Gerechtigkeit einer Gesellschaft bewerten sollte: Wenn es möglich ist, noch mindestens eine Person besser zu stellen, ohne dass das Wohlergehen einer anderen Person negativ beeinflusst wird, warum sollte man darauf verzichten? Wenn man nicht malevolent ist, sind Argumente gegen Pareto-Verbesserungen schwierig zu rechtfertigen. Daher können wir zusammenfassend feststellen, dass sich eine Suche nach Pareto-Verbesserungen als notwendig, aber vielleicht nicht hinreichend für ökonomische Gerechtigkeit darstellt, wenn man welfaristische Vorstellungen für überzeugend hält.

5.2 Märkte mit Vollständiger Konkurrenz

Pareto-Effizienz ist ein sehr allgemeines Konzept, dessen inhaltliche Bedeutung man erst versteht, wenn man den Begriff der individuellen Wohlfahrt genauer angeschaut hat. Als wir die individuelle Nachfrage eingeführt haben, waren wir recht vage hinsichtlich des Zusammenhangs zwischen dem Nachfrageverhalten einer Person und der Bedeutung des Konsums für ihr Wohlergehen. Wir hatten uns lediglich auf den Begriff der Präferenz bezogen, den wir präzise in Kap. 7 einführen werden. Um besser zu verstehen, ob wir etwas über die Effizienz von Marktgleichgewichten aussagen können, müssen wir ein Mass entwickeln, welches es uns erlaubt, einen solchen Zusammenhang herzustellen. Glücklicherweise ist dies möglich.

Um zu sehen, wie dies möglich ist, ergibt es Sinn, sich für einen Moment auf einen Markt zu konzentrieren, auf dem die individuelle Nachfrage typischerweise eine Einheit oder keine Einheit beträgt, zum Beispiel Kühlschränke. Die Ideen und Konzepte, die mit Hilfe dieses Beispiels entwickelt werden, sind allerdings vollständig allgemein und lassen sich auf alle anderen Güter genauso anwenden.

Abb. 5.1 zeigt die Nachfragekurve auf dem Markt für Kühlschränke.

Mit jedem Punkt der Nachfragekurve kann ein spezifisches Individuum in der Gesellschaft in Verbindung gebracht werden, und diese sind nach ihrer Zahlungs-

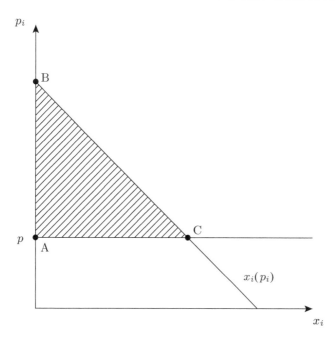

Abb. 5.1 Konsumentenrente auf dem Markt für Kühlschränke

bereitschaft für einen Kühlschrank geordnet. Diese Darstellung erlaubt eine sehr erklärungsmächtige Interpretation der Punkte auf der Nachfragekurve: Sie messen die maximale Zahlungsbereitschaft eines Individuums für einen Kühlschrank. Schauen wir uns das Individuum an, welches sich hinter der ersten Einheit des Guts verbirgt. Die Marktnachfragekurve gibt uns die Information, dass das Individuum eine Zahlungsbereitschaft von CHF 2′000 besitzt. Woher wissen wir das? Indem wir das Verhalten des Individuums bei unterschiedlichen Preisen anschauen. Wenn der Marktpreis kleiner als CHF 2′000 ist, wird es kaufen, wenn er grösser ist, wird es nicht kaufen. Daher stellt CHF 2′000 den kritischen Preis dar, bei dem das Individuum gerade indifferent zwischen Kauf und Nichtkauf ist. Daher ist dieser Preis die maximale Zahlungsbereitschaft für eine Einheit des Guts.

Nehmen wir an, der Preis sei CHF 1′200. In diesem Fall wird das Individuum den Kühlschrank kaufen. Können wir nun etwas darüber aussagen, um wie viel sich das Individuum durch den Kauf verbessert hat? Unter einer Annahme, die wir weiter unten noch genauer anschauen werden, ja. Die maximale Zahlungsbereitschaft ist CHF 2′000, es zahlt aber nur CHF 1′200, daher ist das monetäre Mass für die Zunahme an Wohlfahrt CHF 2′000 − CHF 1′200 = CHF 800. Dieselbe Logik kann für alle Individuen angewendet werden, deren Zahlungsbereitschaft den Marktpreis übersteigt. (Alle anderen Individuen sind weder besser- noch schlechtergestellt, da sie das Gut nicht kaufen.) Daher ist der aggregierte Wohlfahrtsgewinn auf diesem Markt die Summe der Differenzen zwischen den maximalen Zahlungsbereitschaften und den tatsächlichen Zahlungen. Er entspricht der dreieckigen Fläche *ABC* in

Abb. 5.1. Man nennt diesen Wohlfahrtsgewinn und die Fläche auch *Konsumentenrente*.

Um dieses Mass formal definieren zu können, benötigen wir das Konzept einer inversen Funktion oder *Umkehrfunktion*. Erinnern Sie sich, dass eine Funktion f eine Abbildung von einer Menge A auf eine andere Menge B ist, bei der Elemente der Menge A mit Elementen der Menge B verknüpft werden, $f : A \rightarrow B$. Nehmen wir an, die Abbildung sei bijektiv, so dass jedem Element aus A genau ein Element aus B zugeordnet wird und umgekehrt. Für a aus A und b aus B ist dann $b = f(a)$. Die Funktion f gibt eine Antwort auf die Frage, welchen Elementen aus A welche Elemente in B zugeordnet sind. Man kann aber auch die umgekehrte Frage stellen: Nehmen wir ein beliebiges Element aus B, welches Element aus A ist ihm zugeordnet? Da die Funktion bijektiv angenommen wurde, erhalten wir die Antwort mittels der Umkehrfunktion, die man üblicherweise mit f^{-1} bezeichnet und die eine Abbildung von B nach A darstellt.

▶ **Definition 5.13 Konsumentenrente** Gegeben sei eine Marktnachfragefunktion für ein Gut i, $x_i(p_i)$, und ein Marktpreis p_i. Sei $P_i(x)$ die inverse Nachfragefunktion und $x(p_i)$ die Nachfrage, bei der der Preis der maximalen Zahlungsbereitschaft entspricht. Die Konsumentenrente entspricht der aggregierten Differenz aus maximaler Zahlungsbereitschaft und tatsächlicher Zahlung,

$$CS(x(p_i)) = \int_{x=0}^{x(p_i)} (P_i(x) - p_i)dx.$$

Wir können ein ähnlich konstruiertes Mass für die Angebotsseite entwickeln. Abb. 5.2 stellt die Marktangebotsfunktion für Kühlschränke dar.

Nehmen wir aus Vereinfachungsgründen an, dass jede Anbieterin genau einen oder keinen Kühlschrank verkauft. Dann kann mit jedem Punkt auf der Angebotskurve ein bestimmter Anbieter in der Gesellschaft in Verbindung gebracht werden, und die Anbieter sind nach dem minimalen Preis geordnet, den sie erhalten müssen, damit sie zum Verkauf des Kühlschranks bereit sind. Um dies zu verstehen, schauen wir uns den Anbieter der ersten Einheit des Guts an. Die Marktangebotskurve signalisiert an dieser Stelle einen Minimalpreis von CHF 100. Woher wissen wir das? Wie zuvor durch eine Untersuchung des Verhaltens bei unterschiedlichen Preisen. Wenn der Marktpreis kleiner als CHF 100 ist, wird die Anbieterin nicht verkaufen, ist er grösser, so verkauft sie. Daher ist CHF 100 der kritische Preis, bei dem die Anbieterin gerade indifferent zwischen Verkauf und Nichtverkauf ist. Ihre minimale Verkaufsbereitschaft (auch Reservationspreis genannt) entspricht dem Punkt auf der Angebotskurve. Formal entspricht dieser Punkt dem Funktionswert der inversen Angebotsfunktion. Nehmen wir an, der Preis des Guts sei CHF 1'000. In diesem Fall wird die Anbieterin einen Kühlschrank verkaufen. Daraus entsteht ein monetärer Zugewinn an Wohlfahrt bei der Anbieterin in Höhe von CHF 1'000 − CHF 100 = CHF 900.

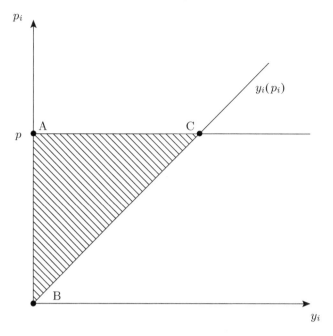

Abb. 5.2 Produzentenrente auf dem Markt für Kühlschränke

Wie zuvor entspricht der aggregierte monetäre Wohlfahrtsgewinn bei einem gegebenen Marktpreis den aufsummierten Wohlfahrtsgewinnen aller Anbieter, die bei einem bestimmten Preis zu verkaufen bereit sind. Er entspricht der dreieckigen Fläche *ABC* in Abb. 5.2. Der Name für dieses aggregierte Wohlfahrtsmass und die Fläche ist *Produzentenrente*.

▶ **Definition 5.14 Produzentenrente** Gegeben sei eine Marktangebotsfunktion i, $y_i(p_i)$ und ein Marktpreis p_i. Sei $Q_i(y)$ die inverse Angebotsfunktion und $y(p_i)$ das Angebot, bei dem die minimale Verkaufsbereitschaft dem Preis entspricht. Die Produzentenrente ist die aggregierte Differenz zwischen dem Marktpreis und der minimalen Verkaufsbereitschaft der Anbieter,

$$PS(y(p_i)) = \int\limits_{y=0}^{y(p_i)} (p_i - Q_i(y))dy.$$

Wenn wir nun Angebot und Nachfrage im selben Diagramm darstellen, sind wir in der Lage, ein Mass für den aggregierten Wohlfahrtsgewinn auf einem Markt abzuleiten. Siehe hierzu Abb. 5.3.

Was wir in dieser Abbildung ablesen können, ist die Summe aus Konsumenten- und Produzentenrente, die sich bei der Gleichgewichtsmenge $x_i^* = y_i^*$ ergibt. Diese

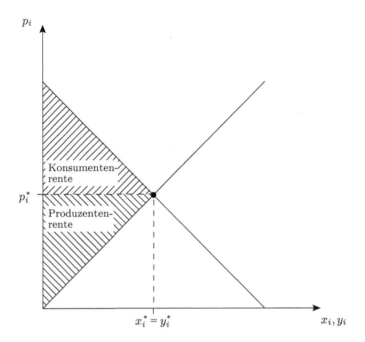

Abb. 5.3 Konsumenten- und Produzentenrente auf dem Markt für Kühlschränke

Summe ist ein Mass für den Wohlfahrtsgewinn oder die Handelsgewinne, die durch den Markt ermöglicht werden.

Wie verhalten sich die Konzepte der Konsumenten- und Produzentenrente zum Konzept der Pareto-Effizienz? Wenn man die im Markt zum Ausdruck kommenden Zahlungs- und Verkaufsbereitschaften mit den ,wahren' Zahlungs- und Verkaufsbereitschaften der Akteure identifiziert, entspricht die Allokation, die die Summe aus Konsumenten- und Produzentenrente maximiert, einer Pareto-effizienten Allokation. Die einzige Möglichkeit, einen Verkäufer besser zu stellen, besteht darin, den Preis zu erhöhen. Das stellt aber mindestens einen Käufer schlechter. Umgekehrt gilt dies auch für Besserstellungen der Käufer. Analog gilt, dass es keine Verbesserung sein kann, mehr als die Gleichgewichtsmenge zu tauschen. Eine grössere Menge würde einen Preis unterhalb des Marktpreises erfordern, damit ein weiterer Käufer kauft, *und* einen Preis oberhalb des Marktpreises, damit ein weiterer Verkäufer verkauft. Das führt aber zu einer Vernichtung von Handelsgewinnen. Diese Beobachtung ist eines der zentralen Ergebnisse der Theorie Vollständiger Konkurrenz und hat daher einen eigenen Namen.

▶ **Resultat 5.2 Erster Hauptsatz der Wohlfahrtsökonomik** Jedes Gleichgewicht bei Vollständiger Konkurrenz ist Pareto-effizient.

Der erste Hauptsatz liefert eine wichtige normative Rechtfertigung für Wettbewerbsmärkte, da aus ihm folgt, dass solche Märkte eine Tendenz besitzen, gesellschaftliche Verschwendung zu vermeiden. Auch wenn unter Bedingungen der Knappheit die Individuen stets ein noch grösseres Kuchenstück bevorzugen würden, stellen Wettbewerbsmärkte doch zumindest sicher, dass der Kuchen so gross wie möglich ist. Dies ist ein Grund, warum viele Ökonominnen und Ökonomen Vertrauen in eine Marktwirtschaft und Wettbewerb haben.

Aber es wird noch besser. Wir haben bereits argumentiert, dass es Gründe gibt, Pareto-Effizienz zwar als notwendiges, nicht jedoch als hinreichendes Kriterium für Gerechtigkeit zu sehen, da effiziente Allokationen mit grosser Ungleichheit einhergehen können. Können wir daher etwas mehr über die Verteilung der Wohlfahrt sagen? Der zweite Hauptsatz der Wohlfahrtsökonomik gibt darauf einen Hinweis.

▶ **Resultat 5.3 Zweiter Hauptsatz der Wohlfahrtsökonomik** Die Ökonomie verfüge über Erstausstattungen an Gütern und Ressourcen, und Angebot und Nachfrage erfüllen bestimmte Regularitätsbedingungen. Dann lässt sich jede Pareto-effiziente Allokation durch eine geeignete Verteilung der Erstausstattungen als Marktgleichgewicht erreichen.

Die Formulierung dieses Ergebnisses ist nicht sehr präzise, da es von einigen sehr technischen Annahmen an das Verhalten der Akteure abhängt, die man in einem Einführungslehrbuch nicht gut vertieft behandeln kann. Allerdings lässt sich die Grundidee recht gut intuitiv erarbeiten. Dies ist deshalb wichtig, weil die aus dem Hauptsatz abgeleitete ‚Philosophie' der Art und Weise, wie der Staat in einer Gesellschaft Verteilungspolitik betreibt, einflussreich war und immer noch ist. Gehen wir zur Illustration davon aus, dass in einer Ökonomie nur Güter getauscht, aber nicht produziert werden und dass die Individuen mit Erstausstattungen dieser Güter beginnen, die sie dann auf Märkten tauschen, aber auch einfach konsumieren (Autarkie) können. Anne und Beat besitzen beispielsweise Äpfel und Pfirsiche, die sie miteinander tauschen können. Die gesamte Erstausstattung in dieser Ökonomie betrage 10 Äpfel und 10 Pfirsiche, und beide wollen immer genauso viele Äpfel wie Pfirsiche essen. Nun habe Anne alle Äpfel und Pfirsiche in ihrer Erstausstattung, wohingegen Beat gar nichts hat, so dass sich die Erstausstattungen schreiben lassen als $e^A = (10, 10)$ und $e^B = (0, 0)$. In diesem Fall gibt es keine Möglichkeit zu einem beide Seiten verbessernden Handel, und die Allokation ist Pareto-effizient. Sie ist aber auch extrem ungleich. Nehmen wir als nächstes an, dass die Erstausstattungen $e^A = (2, 8)$ und $e^B = (8, 2)$ seien. In diesem Fall ergibt Handel Sinn, und ein plausibler Kandidat ist ein Tausch von drei Äpfeln gegen drei Pfirsiche, welcher Anne und Beat einen Konsum von jeweils fünf Früchten jeder Sorte ermöglicht. Dieser Handel führt zu einem ‚Marktpreis' von einem Apfel pro Pfirsich und erzeugt eine vollständig egalitäre Allokation.

Nehmen wir nun an, Sie seien eine Politikerin oder ein gesellschaftlicher Planer, die oder der politisch dem Egalitarismus anhängt, und Sie sind mit einer Situation konfrontiert, in der die Erstausstattungen $e^A = (10, 10)$ und $e^B = (0, 0)$ betragen. Der zweite Hauptsatz der Wohlfahrtsökonomik sagt Ihnen nun, was Sie tun können: Um eine egalitärere Verteilung sicherzustellen, müssen sie die Erstausstattungen der Individuen in eine irgendwie egalitärere Richtung umverteilen und dann den Markt zur Anwendung kommen lassen. Wenn das direkte Ergebnis der Umverteilung nicht Pareto-effizient ist, macht das nichts, weil der Markt dafür Sorge trägt, die verbliebenen Handelsgewinne auszuschöpfen. Wenn Sie als Planer oder Politikerin über hinreichend viel Macht verfügen, diese Art der Umverteilung durchzusetzen, gibt es keine Spannung zwischen Effizienz und Verteilungsgerechtigkeit.

Wir sollten noch weitergehender über die Hauptsätze nachdenken. Eine moderne Ökonomie ist ein unvorstellbar komplexes Gebilde mit Milliarden von Markttransaktionen an jedem Tag. Jede dieser Transaktionen hat einen winzigen Einfluss auf die Art und Weise, wie Güter und Ressourcen zwischen den Akteuren verteilt sind. Wenn ich mir ein Paar neue Turnschuhe zu einem Preis von CHF 150 kaufe, offenbare ich damit, dass mir diese Schuhe mehr als der Preis wert sind. Gleichzeitig offenbart der Verkäufer, dass ihm die Schuhe weniger als der Preis wert sind. Wir können dies wissen, da Kauf und Verkauf freiwillig erfolgt sind. Daher muss der Handel die Wohlfahrt gesteigert haben. Genauso kann gefolgert werden, dass Hersteller in den Turnschuhmarkt einsteigen werden, wenn sie sich davon ein profitables Geschäft erwarten. Dieser Prozess endet erst, wenn die maximale Zahlungsbereitschaft für das letzte Paar Schuhe der minimalen Verkaufsbereitschaft gerade entspricht. Märkte sind daher effizient, und Güter und Ressourcen werden zum Ort ihrer bestmöglichen Verwendung gelenkt. Dazu ist kein Zentralplaner notwendig, der über Informationen zu Zahlungsbereitschaften etc. verfügt. Alles, was man auf einem solchen Markt braucht, sind Informationen über die relevanten Marktpreise.

Gleichzeitig offenbare ich mit meinem Schuhkauf, dass mir ein Paar Turnschuhe für CHF 150 wichtiger ist als alle möglichen anderen Verwendungen des Geldes, inklusive einer Anlage des Geldes für eine zukünftige Verwendung. Dies schafft eine Verbindung zwischen dem Markt für Turnschuhe und *allen anderen* Märkten. Dieses komplizierte Geflecht von Märkten stellt sicher, dass Signale über relative Knappheit so übermittelt werden, dass Ressourcen in Richtung ihrer bestmöglichen Verwendung gelenkt werden. Wenn zum Beispiel eine technologische Innovation im IT-Sektor (etwa eine neue Buchhaltungssoftware) ein Substitut für einen traditionellen Beruf wie den des Buchhalters schafft und die Kapitalkosten dieser Software niedriger als der Lohn für den Angestellten sind, werden Unternehmen damit beginnen, Buchhalter durch Software zu ersetzen. Wenn die Software billiger ist, reduziert ihr Einsatz die Produktionskosten und damit die minimale Verkaufsbereitschaft des Unternehmens. Bei gegebenem Preis wird dies die Gewinne des Unternehmens erhöhen. Langfristig wird es aber auch Druck auf die Preise erzeugen, da die hohen Profite wiederum andere Unternehmen anlocken, die in den Markt eintreten. Technologische Innovationen machen damit die Güter, die mit ihrer Hilfe produziert werden, im Vergleich zu anderen Gütern billiger. Dieser Effekt hat wiederum einen Einfluss auf das Verhalten der Konsumenten: Wenn das Gut gewöhnlich ist, wird mehr davon gekauft werden, was dann den Verkauf von komplementären Gütern erhöht und den von substitutiven Gütern senkt. Wie man sieht, wird sich der Effekt einer möglicherweise nur lokal wirkenden Innovation auf die gesamte Ökonomie ausbreiten.

Wie geht es dem Buchhalter dabei? Die technologische Innovation schaffte ein Substitut für seine Qualifikation, so dass er mit einer neuen Technologie in Wettbewerb treten musste. Die einzige Möglichkeit für den Buchhalter, seinen Beruf nicht zu verlieren, besteht dann darin, eine Lohnkürzung bis zu dem Punkt hinzunehmen, bei dem der Arbeitgeber indifferent zwischen den beiden Substituten ‚menschliche Arbeit' und ‚Computersoftware' ist. Langfristig ist diese Lohnsenkung ein wichtiges Signal, da sie junge Menschen davon abhält, sich für eine Ausbildung zu entscheiden, die ohne zukünftige Berufsperspektive ist. Damit wird menschliche Arbeitszeit frei für in diesem Sinne in Zukunft wertschöpfendere Tätigkeiten. Löhne sind daher ebenfalls ein wichtiger Indikator für Knappheit, welcher den Individuen dabei hilft, wichtige Entscheidungen so zu treffen, dass sie wertschöpfend sind. Das Wissen um diese Zusammenhänge ist aber wenig tröstlich für einen frisch arbeitslos gewordenen 50-jährigen Buchhalter mit zwei Kindern und einer Grundschuld auf ein Haus.

Sollten wir den beiden Hauptsätzen unser Vertrauen schenken? Es müssen drei Punkte diskutiert werden, bevor wir zu einem abschliessenden Urteil gelangen können.

• Der Grund, warum kein Zielkonflikt zwischen Effizienz und Verteilungsgerechtigkeit im Beispiel existiert, liegt darin, dass die Umverteilung einer exogenen Erstausstattung keinerlei Anreizeffekte mit sich bringt. Die Menge an Zutaten, die man zum Backen des Kuchens ‚Gütermengen' verwenden kann, hängt nicht von der Verteilung der Eigentumsrechte an diesen Zutaten ab. Wenn dies der Fall wäre, hätte eine Umverteilung dieser Rechte Konsequenzen für die Grösse des Kuchens, und es gäbe einen Zielkonflikt. Wenn der Staat zum Beispiel die Einkommenssteuer erhöht, um mit den Einnahmen Arme zu unterstützen, kann dies zur Folge haben, dass die Anreize zur Arbeit zurückgehen. In diesem Fall gibt es einen Zielkonflikt, da eine Bewegung hin zu einer egalitäreren Einkommensverteilung die Grösse des Kuchens reduziert. Daher kann man aus dem zweiten Hauptsatz die folgende politische Schlussfolgerung ableiten: Suche nach ‚Steuerbasen', die nicht auf Umverteilung reagieren. Aber leider ist die Auswahl sehr begrenzt. Die einzigen Kandidaten, die in den Sinn kommen, sind Land und die im Boden befindlichen Ressourcen (aber selbst in diesem Fall kann die Bereitschaft, sie zu nutzen, vom Steuersystem abhängen), so etwas wie die potentielle Fähigkeit eines Menschen wie sein IQ (aber die Evidenz der vergangenen Jahre zeigt, dass IQ zu einem guten Teil durch Umwelteinflüsse und Anstrengung beeinflusst werden kann) oder der Mensch selbst (was man eine *Kopfsteuer* nennt). Alle anderen Steuerbasen reagieren mehr oder weniger stark auf die zur Anwendung kommende Verteilungspolitik. Daher ist der Anwendungsbereich des zweiten Hauptsatzes sehr begrenzt, aber die generelle Einsicht ist wichtig: Wenn man die Effizienzkosten einer egalitären Politik begrenzen möchte, sollten die Steuerbasen so wenig wie möglich auf die Verteilungspolitik reagieren.

• Damit es möglich ist, eine Umverteilungspolitik im Sinne des zweiten Hauptsatzes umzusetzen, muss die damit beauftragte Stelle über genügend Unabhängigkeit und Zwangsgewalt verfügen, um die damit einhergehenden Politiken durchzusetzen. *Unabhängigkeit:* Kommen wir zum Apfel-Pfirsich-Beispiel zurück. Dort ist es wahrscheinlich, dass die erstausstattungsreiche Anne gegen Umverteilung sein wird, und sie verfügt über zumindest zwei Einflusskanäle, um sich zu schützen. Sie kann erstens versuchen, die Umverteilungsagentur zu einer anderen Politik zu bewegen (Lobbying). Politiker auf die Lohnliste der Reichen zu setzten ist eine sehr erfolgreiche Art, noch schlimmere (aus Sicht der Reichen) Umverteilungskonsequenzen abzuwenden. Daher ist die Qualität der politischen Institutionen wichtig, wenn man Umverteilungspolitiken umsetzten und man sich nicht auf die intrinsische Motivation der Politiker und Bürokraten verlassen möchte. *Zwangsgewalt:* Ein zweites Problem, welches ebenfalls mit der Qualität politischer Institutionen zu tun hat, besteht in der Möglichkeit, Umverteilungspolitiken auch tatsächlich durchzusetzen. Wenn die zuständige Stelle nicht über genügend Mittel verfügt, ihre Politik umzusetzen, muss sie sich auf die freiwillige Bereitschaft der ‚Reichen' verlassen.

- Der dritte relevante Punkt ist methodischer Art. Im Apfel-Pfirsich-Beispiel wollte der ‚Staat' die egalitäre Allokation $(5, 5)$, $(5, 5)$ durchsetzen. Aber warum sollte er in diesem Fall den Umweg über die Allokation $(2, 8)$, $(8, 2)$ wählen, anstatt die angestrebte Allokation direkt zu bestimmen? Wenn man aus dieser Perspektive auf den zweiten Hauptsatz schaut, erkennt man, dass er zwar richtig ist, aber kein wirklich starkes Argument für eine Wettbewerbsökonomie liefert, da unklar bleibt, warum man Märkte überhaupt benötigt. Hierzu erforderlich ist eine Theorie, die genauer erklärt, welche Informationen welchem Akteur wann zur Verfügung stehen.

5.3   Zahlungsbereitschaft und Präferenzen

Die Ergebnisse zur Effizienz von Wettbewerbsmärkten hängen stark von einer nur implizit getroffenen und auf den ersten Blick harmlos wirkenden Annahme ab: Die im Markt geäusserte Zahlungsbereitschaft entspricht der ‚tatsächlichen' Zahlungsbereitschaft. Forschung, die primär aus den Bereichen der Verhaltensökonomik, den Neurowissenschaften und der Psychologie stammt, stellt diesen Zusammenhang in Frage.

Die Identifikation der im Markt geäusserten mit der tatsächlichen, auch normativ relevanten Zahlungsbereitschaft ist ein Beispiel für eine Sichtweise, die Ökonomen als *Theorie der offenbarten Präferenzen* bezeichnen. Diese Theorie geht davon aus, dass die wahre, auch normativ zugrunde gelegte Präferenz eines Individuums durch sein Verhalten auf Märkten rekonstruiert werden kann. Diese Position hat weitreichende normative Implikationen, da sie davon ausgeht, dass ein Individuum seine wahren Interessen durch seine Wahlhandlungen zum Ausdruck bringt. Es macht in diesem Sinne keine Fehler: Wenn es eine Wahlhandlung bereut, dann deshalb, weil sich zwischen dem Zeitpunkt der Wahl und dem Bewertungszeitpunkt Unsicherheit aufgelöst hat, was zu einer Neubewertung der Alternativen führt: Ich habe mir während einer Reise eine Viruserkrankung zugezogen, so dass ich *ex-post* lieber zu Hause geblieben wäre. Aber *ex-ante*, vor Antritt der Reise und meiner subjektiven Einschätzung der Risiken, war es die richtige Entscheidung, sie anzutreten. Unter sonst gleichen Bedingungen würde ein Individuum immer gleich handeln.

Ob bzw. für welche Entscheidungen die geäusserte Zahlungsbereitschaft ein verlässlicher Indikator für die ‚tatsächlichen' Präferenzen eines Individuums ist, ist eine heftig umstrittene Frage, bei der viel auf dem Spiel steht. In dem Moment, in dem wir zustimmen, dass Individuen manchmal Dinge tun, die nicht gut für sie sind, ist das Tor weit geöffnet für paternalistische Eingriffe, die die individuellen Freiheitsrechte aushöhlen. Auf der anderen Seite führt aber eine Nichteinmischung dazu, dass diejenigen, die die Schwächen verstehen, Produkte und Preisstrategien entwickeln können, die diese systematisch ausnutzen. Kap. 10 über Verhaltensökonomik und 11 über die Psychologie und Neurowissenschaft von Entscheidungsprozessen werden diese Themen im Detail behandeln. Das Bild, welches dabei aufscheinen wird, zeigt, dass Menschen nur begrenzt rational handeln. Vor allem, wenn sie mit neuen und komplexen Situationen konfrontiert werden, machen sie vorhersehbare und systematische Fehler, aber auch in ihnen vertrauten Situationen ist häufig irrationales Verhalten zu beobachten.

In welchen Bereichen ist es wahrscheinlich, dass Menschen nicht konsistent im Sinne ihres wohlverstandenen Eigeninteresses handeln? Loewenstein, Haisley und Mostafa (Haisley et al., 2008) geben einen Überblick: „There are areas of life [...] in which people seem to display less than perfect rationality. For example, although the United States is one of the most prosperous nations in the world, with a large fraction of its population closing in on retirement, the net savings rate is close to zero and the average household has $8400 worth of credit card debt. Fifty percent of U.S. households do not own any equities, but the average man, woman and child in the U.S. lost $284 gambling in 2004, close to $85 billion in total. Many workers don't max out' on 401k plans despite company matches (effectively leaving free money ‚on the table') and what they do invest often goes undiversified into their own company's stocks or into fixed income investments with low long-term yields. At lower levels of income, many individuals and families sacrifice 10–15 percent of their paycheck each month to payday loans, acquire goods through rent-to-own establishments that charge effective interests rates in the hundreds of percent, or spend large sums on lottery tickets that return less than fifty cents on the dollar. Worldwide, obesity rates are high and rising rapidly, and along with them levels of diabetes and other diseases, and people with, or at risk for, life-threatening health conditions often fail to take the most rudimentary steps to protect themselves."

Wenn wir dieser Liste Glauben schenken (und wie gesagt befinden wir uns in einem kontroversen Bereich der Forschung), wird ein Muster sichtbar: Menschen haben am häufigsten Probleme bei Entscheidungen, für die ein Minimum an Finanzwissen, Zukunftplanung und Willensstärke notwendig ist. Vielleicht sind wir aufgrund unserer evolutionären Geschichte nicht gut auf solche Probleme vorbereitet, weil sie für den Grossteil der Entwicklung unserer Art irrelevant waren.

Wenn wir zustimmen, dass es ökonomische Entscheidungen gibt, bei denen wir unsicher sind, ob wir in unserem wohlverstandenen Eigeninteresse handeln, lässt sich die Theorie offenbarter Präferenzen in vielen Marktkontexten nur schwierig rechtfertigen. Und wenn wir sie nicht rechtfertigen können, können wir uns nicht darauf verlassen, dass die Konzepte Konsumenten- und Produzentenrente gute Wohlfahrtsmasse sind, was wiederum die Bedeutung der Hauptsätze der Wohlfahrtsökonomik relativiert. Das bedeutet nicht, dass Wettbewerbsmärkte nicht effizient sind, es bedeutet aber, dass wir unsere Intuitionen nicht auf den Wohlfahrtssätzen aufbauen können.

Literatur

Haisley, R., Mostafa, R., & Loewenstein, G. (2008). Subjective relative income and lottery ticket purchases. *Journal of Behavioral Decision Making, 21*, 283–295.
Machiavelli, N. (1984). *Discorsi sopra la prema deca di Tito Livio*. Milano: Rizzoli (first published in 1513–1517, translation by Samuel Bowles).
Rawls, J. (1971). *A Theory of Justice*. Cambridge, MA: Harvard University Press.

Weiterführende Literatur

Caplin, A., & Schotte, A. (Hrsg.) (2008). *The Foundations of Positive and Normative Economics: A Handbook*. Oxford University Press.
Fleurbaey, M. (2008). Ethics and economics. In *The New Palgrave: Dictionary of Economics*. Macmillan.
Hausman, D. M., & McPherson, M. S. (1996). *Economic Analysis and Moral Philosophy*. Cambridge University Press.
Sen, A. (1970). *Collective Choice and Social Welfare*. North-Holland.

Externalitäten

6

In diesem Kapitel lernen Sie ...

- die impliziten Annahmen hinter den Effizienzergebnissen von Wettbewerbsmärkten kennen.
- die Konzepte Interdependenz und Externalität kennen, und welchen Beitrag sie für unser Verständnis der Organisationsweise der Wirtschaft spielen können.
- das Konzept der Transaktionskosten kennen, und warum es wichtig bei der Entwicklung eines Verständnisses der Möglichkeiten und Grenzen von Institutionen wie Markt, Unternehmen oder Staat ist.
- wie man das Konzept der Transaktionskosten anwenden kann, um zu verstehen, wie man bestimmte Märkte regulieren muss.
- den Zusammenhang zwischen Externalitäten, Gemeinschaftsgütern und Öffentlichen Gütern kennen und warum diese Güter staatliche Interventionen in Märkte rechtfertigen können, die über die Durchsetzung von Eigentumsrechten, Vertragsrecht und Marktregulierung hinausgehen.
- ziemlich viel über Klimawandel, warum uns das Streben nach Status nicht glücklich machen muss und welche gesellschaftliche Verantwortung Unternehmen haben.

6.1 Einführung

It is not possible to add pesticides to water anywhere without threatening the purity of water everywhere. Seldom if ever does Nature operate in closed and separate compartments, and she has not done so in distributing the earth's water supply. (Carson, 1962)

Das vorherige Kapitel hat gezeigt, dass Wettbewerbsmärkte ökonomisches Handeln auf eine sehr effektive Weise koordinieren. Wenn man davon ausgeht, dass sich in den Wahlhandlungen der Akteure ihre wahren Interessen ausdrücken, sind Gleichgewichte bei Vollständiger Konkurrenz Pareto-effizient (Erster Hauptsatz der

© Der/die Autor(en), exklusiv lizenziert durch Springer-Verlag GmbH, DE, ein Teil von Springer Nature 2021
M. Kolmar, *Grundlagen der Mikroökonomik*,
https://doi.org/10.1007/978-3-662-63362-5_6

Wohlfahrtsökonomik). Dieses Ergebnis hat potenziell weitreichende Folgen für unsere Wahrnehmung der ökonomischen Rolle von Institutionen und insbesondere des Staats: Wenn kompetitive Märkte mit dem Problem der Knappheit effizient umgehen, und wenn Effizienz ein überzeugendes normatives Ideal ist, dann ist die gesellschaftliche Rolle des Staats die eines Nachtwächters. Der *Nachtwächterstaat* ist eine Metapher aus der libertären Politischen Philosophie und bezieht sich auf einen Staat, dessen einzige legitime Aufgabe in der Durchsetzung von Eigentumsrechten und Verträgen besteht. Die einzigen staatlichen Institutionen sind daher das Militär, die Polizei und die Gerichte.

Diese Konzeption eines Staats, dessen Monopol auf die Ausübung von Zwangsgewalt und die Durchsetzung von Eigentumsrechten und Verträgen beschränkt ist, nennt man manchmal auch *Minimalstaat*. Die zugrunde liegende Vorstellung ist, dass ein Staat, der seine Aufgaben über diese Bereiche hinaus ausdehnt, eine andere normative Legitimation benötigt, indem zum Beispiel Verteilungsziele für normativ relevant erklärt werden. Aber selbst in diesem Fall gibt der Zweite Hauptsatz der Wohlfahrtsökonomik vor, in welcher Weise der Staat agieren kann: Verteilungsziele können am besten durch die Umverteilung von exogenen Erstausstattungen erreicht werden, und wenn diese nicht umverteilt werden können, sollte man nach den engsten Substituten suchen.

Der Zweck dieses Kapitels besteht darin, diese Sichtweise auf Staat und Gesellschaft zu hinterfragen, indem wir die impliziten Annahmen offenlegen, die ihr zu Grunde liegen. Die Idee ist, die Ergebnisse innerhalb eines grösseren Bildes zu verorten, welches es erlauben wird, die Effizienz von Wettbewerbsmärkten, ihr Potenzial, aber auch ihre Begrenzungen bei der Organisation ökonomischer Aktivitäten zu verstehen. Zusammenfassend gibt es drei Argumentationslinien, die zu der Schlussfolgerung führen werden, dass die Hauptsätze der Wohlfahrtsökonomik noch nicht das letzte Wort hinsichtlich der Organisation ökonomischer Aktivitäten sein können.

- Die erste Argumentationslinie wurde bereits im vorhergehenden Kapitel angesprochen: Unabhängig von der Funktionslogik des Preismechanismus ist es unklar, ob bzw. inwieweit die Vorstellung, dass sich die wahren Interessen der Akteure in ihren Wahlhandlungen auf Märkten ausdrücken, gerechtfertigt sind.
- Der zweite Punkt, auf den wir noch genauer eingehen müssen, ist das Verhältnis zwischen der Produktionstechnologie und den mit ihr verträglichen Organisationsweisen der Wirtschaft. Nicht alle Marktstrukturen sind verträglich mit allen technologischen Produktionsweisen, so dass eine enge Verbindung zwischen ihnen besteht. Ich erwähne diesen Punkt nur kurz und aus Gründen der Vollständigkeit in diesem Kapitel. In Kap. 12 werden wir uns detailliert mit diesem Zusammenhang beschäftigen.
- Die dritte Argumentationslinie basiert auf der Beobachtung, dass es Grenzen der vertraglichen Gestaltung von Tauschakten gibt, die dazu führen, dass nicht alle potenziellen Handelsgewinne auch ausgeschöpft werden können, da sie sich nicht vertraglich absichern lassen. Diesen Grenzen werden wir uns in diesem Kapitel ausführlich widmen. Zur Erinnerung: Wir hatten argumentiert, dass

ein Tausch von Gütern immer zwei Dimensionen aufweist, eine physische, bei der es um den Tausch des Guts geht, und eine juristische, bei der ein Tausch von Rechten im Vordergrund steht. Aus diesem Grund sind die meisten der im Folgenden entwickelten Argumente auch aus einer juristischen Perspektive relevant, und mit dem Gebiet *Law and Economics* hat sich ein interdisziplinäres Forschungsfeld etabliert, welches einige der behandelten Fragen in seinem Zentrum hat.

Wir werden die Diskussion mit einigen Beobachtungen beginnen, die Sie irritieren sollten, wenn Sie diese aus der Perspektive der Hauptsätze der Wohlfahrtsökonomik betrachten.

Erstens liefern die Hauptsätze nur notwendige, aber keine hinreichenden Argumente für einen Nachtwächterstaat, da kein Nachweis erbracht wurde, dass andere Organisationsformen der Wirtschaft notwendigerweise nicht Pareto-effizient sind. Es könnte sein, dass unter den Bedingungen der Gültigkeit der Hauptsätze auch andere Organisationsweisen effizient sind. Wie wir in späteren Kapiteln noch sehen werden, können auch monopolistische und oligopolistische Märkte unter bestimmten Umständen Pareto-effizient sein, und wir haben a priori keinen Grund anzunehmen, dass nicht auch zentrale Planungsverfahren effizient sein können, auch wenn das grosse historische Experiment namens Real Existierender Sozialismus etwas anderes vermuten lässt. Aber vielleicht ist ein Vergleich zwischen ‚Kapitalismus' und ‚Sozialismus' zu grob und ideologisch aufgeladen, um einen konstruktiven Blick auf Institutionen zu erlauben. Was wir an dieser Stelle nur feststellen können, ist, dass aus wissenschaftlicher Sicht eine vollständige Theorie des Nachtwächterstaats diese Lücke schliessen muss.

Zweitens besteht eine grosse Theorie-Wirklichkeitslücke, die wir uns genauer anschauen müssen. Nehmen wir an, dass der Erste Hauptsatz zutreffend Wettbewerbsmärkte beschreibt, und dass Wettbewerbsmärkte für alle Güter geschaffen werden können. Wir sollten dann eigentlich eine starke Tendenz erwarten, dass sich eine Ökonomie in Richtung Vollständiger Konkurrenz entwickelt, da diese Organisationsweise leistungsfähiger als (oder zumindest genauso leistungsfähig wie) andere Institutionen ist. Aber wie sähe eine solche Ökonomie aus? Jede Transaktion sollte auf Märkten stattfinden, und so etwas wie Unternehmen oder andere Organisationen sollten nicht existieren. Die Herstellung zum Beispiel eines Autos würde durch ein komplexes Netzwerk von bilateralen Verträgen zwischen allen Personen organisiert sein, die etwas zum Endprodukt beitragen. Wir würden alle als ‚Ich-AGs' auf atomistischen Märkten operieren, da Unternehmen den Marktmechanismus durch ein System hierarchischer Anweisungen und Kontrollen ersetzen. Aber das beobachten wir in der Wirklichkeit nicht. Viele ökonomische Aktivitäten sind dem Markt entzogen und nach der abweichenden Logik von z. B. Unternehmen organisiert. Was grundsätzlich passiert, wenn Sie einen Arbeitsvertrag unterschreiben, ist die Ausserkraftsetzung von Marktmechanismen in einem bestimmten Bereich Ihres Handelns. Sie geben Ihren Vorgesetzten die Erlaubnis, Ihnen innerhalb eines bestimmten Zeitraums und für eine bestimmte Klasse von Tätigkeiten Weisungen zu erteilen. Der erste Schritt in ein solches hierarchisches

Verhältnis läuft zwar über einen Markt (Sie unterschreiben den Arbeitsvertrag), aber genau mit der Unterschrift unter diesen Vertrag stimmen Sie zu, den Anweisungen ihres Vorgesetzten ohne weitere Verhandlungen über Preise etc. Folge zu leisten. Ein Unternehmen kann daher als eine Institution interpretiert werden, die den Markt durch eine Hierarchie ersetzt. Aber warum sollte das jemals vorteilhaft sein, wenn Märkte ein zuverlässiges Instrument zur Erreichung von Pareto-Effizienz sind? Wenn wir die Hauptsätze der Wohlfahrtsökonomik so nehmen, wie sie sind, sollten Unternehmen nicht existieren. Sie tun es aber, und es gibt zwei mögliche Gründe dafür. Zum einen kann es daran liegen, dass die Menschen nicht schlau genug sind zu verstehen, dass Märkte effizient sind, so dass sie aus Effizienzsicht einen Fehler begehen, wenn sie so viele Transaktionen dem Marktmechanismus entziehen. Oder die bisherige Theorie ist unvollständig.

Wir können die Frage aber auch umdrehen: Wenn Sie aus der Existenz von Unternehmen ableiten, dass es aus Effizienzsicht gute Gründe für ihre Existenz geben muss, warum organisiert man dann nicht alle Aktivitäten innerhalb eines Unternehmens? Warum benutzen wir für einige Transaktionen den Markt? Die Frage wurde unter dem Begriff ‚Williamson Puzzle' bekannt, welches nach einem der wichtigsten Vertreter der sogenannten ökonomischen Vertragstheorie, Oliver Williamson, benannt wurde. Die Idee ist folgende: Wenn es eine Menge von Transaktionen gibt, die durch Märkte organisiert werden, könnte man sie ebenso gut unter dem Dach eines Unternehmens organisieren. Wenn die Märkte effizient sind, lässt der Manager des Unternehmens einfach alles beim Alten, so dass die Effizienz des Unternehmens mindestens so hoch ist wie die Effizienz des Marktes. Wenn es aber Bereiche gibt, für die der Markt aus welchen Gründen auch immer keine Effizienz erzeugt, korrigiert der Manager die Ineffizienz durch eine sogenannte selektive Intervention. Daher sollte das Unternehmen leistungsfähiger als der Markt sein. Aber wenn man darüber nachdenkt, was dies bedeutet, kommt man zu dem Schluss, dass wir am Ende jede Aktivität unter dem Dach eines einzigen grossen Unternehmens ansiedeln. Dann schaut die Ökonomie aber einem Zentralplanungssystem zum Verwechseln ähnlich. Die Schlussfolgerung aus diesem Gedankenexperiment ist eine methodische: Irgendetwas muss in der bisherigen Theorie fehlen.

6.2   Transaktionskosten

In einer modernen Ökonomie existiert eine Vielzahl unterschiedlicher Institutionen: Märkte, profitorientierte Unternehmen, Non-Profit-Organisationen, staatliche An-bieter von Gütern und so weiter. Sie alle stellen bestimmte Güter her und verteilen sie, wobei sie mit einer ganz spezifischen internen Logik Ressourcen in Güter umwandeln. Eine ökonomische Theorie, die Ursachen für die Existenz und Grenzen dieser Organisationsformen verstehen möchte, muss über die Logik der Hauptsätze der Wohlfahrtsökonomik hinausgehen.

Daher besteht die Herausforderung darin, den bisher fehlenden Baustein zu identifizieren, der es uns erlaubt, die institutionelle Diversität zu erklären, die wir beobachten. Um dorthin zu gelangen, ergibt es Sinn, sich der Logik des Ersten Hauptsatzes aus einer anderen Richtung zu nähern. Dies wird es uns erlauben, ein tieferes Verständnis für Ursache der Effizienz von Märkten zu erlangen, aber auch für ihre Grenzen.

Auf einer sehr grundsätzlichen Ebene bedeutet Knappheit, dass die individuellen Handlungen bezüglich ihrer Konsequenzen interdependent sind. Meine Entscheidung, dieses Glas Wein zu trinken, impliziert, dass niemand anders es trinken kann. Meine Entscheidung, einen blauen Pullover zu tragen, impliziert, dass (a) niemand sonst ihn tragen kann und (b) alle Leute, die meinen Weg kreuzen, mich in dem blauen Pullover anschauen müssen. In einer Welt ohne Knappheit gäbe es keine Interdependenz, und damit wären die Ziele der einzelnen Personen und ihre Erreichung voneinander unabhängig. Knappheit führt also dazu, dass gegenseitige Beeinflussungen entstehen, die wir Interdependenzen nennen. Dies führt dazu, dass meine Handlungen (oder Unterlassungen) Konsequenzen für das Wohlergehen anderer Menschen haben, und es stellt sich die Frage, ob ich bei der Wahl meiner Handlungen diese Konsequenzen berücksichtige. Sehr vergröbernd gesprochen bedeutet Effizienz, dass genau dies passiert: dass jedes Individuum die Konsequenzen seiner Handlungen auf alle anderen Individuen berücksichtigt. Der Fachbegriff hierfür lautet, dass das Individuum die Effekte seines Handelns auf andere Individuen *internalisiert*.

Aber wenn ich egoistisch oder ignorant oder beides bin, interessieren mich die Konsequenzen meines Handelns für andere nicht. An diesem Punkt kommt der Markt ins Spiel: Wenn ich Eigentümer eines Autos bin und darüber nachdenke, ob ich es fahren soll, bin ich mir (zumindest prinzipiell) darüber bewusst, dass ich es ebenso gut auf dem Markt verkaufen könnte. In dieser Situation vergleiche ich implizit den monetären Wert, den ich dem Eigentum und der damit einhergehenden Mobilität und Flexibilität beimesse, mit dem Preis, den ich beim Verkauf des Autos erzielen könnte. Ist der Preis grösser, bin ich bereit zu verkaufen, andernfalls nicht.

Was hat diese ziemlich triviale Beobachtung mit anderen Leuten zu tun? Erinnern Sie sich daran, dass der Marktpreis der Zahlungsbereitschaft der Person entspricht, die gerade indifferent zwischen Kauf und Nichtkauf ist; Preise repräsentieren die Zahlungsbereitschaften der anderen Marktteilnehmer. Die Möglichkeit, das Auto verkaufen zu können, lässt den Effekt meiner Handlungen auf Andere indirekt in meine Entscheidung mit einfliessen: Wenn ich das Auto nutze, kann es niemand anders nutzen. Der Marktpreis bringt die Zahlungsbereitschaft für die Nutzung durch Dritte zum Ausdruck, und ich werde das Auto nur dann selbst nutzen, wenn der Wert, den ich der Nutzung zuschreibe, diese übersteigt. Dies ist die tiefere Bedeutung hinter der berühmten Bemerkung Adam Smiths über die gegenseitige Vermittlung des Eigeninteresses durch Märkte: „It is not from the benevolence of the butcher, the brewer, or the baker that we expect our dinner, but from their regard to their own interest. We address ourselves, not to their humanity but to their self-love, and never talk to them of our own necessities but of their advantages. "Die Eigenliebe des Bäckers hebelt sich in das Gemeinwohl, weil wir ihn dafür bezahlen. Preise haben aus dieser Warte zwei sehr wichtige Funktionen in einer Gesellschaft: Sie motivieren die Egoisten, die Konsequenzen ihrer Handlungen auf andere zu berücksichtigen, und sie helfen auch den anderen, da Marktpreise die Komplexität drastisch reduzieren: Ich kann an ihnen unmittelbar ablesen, welchen Beitrag Güter für das Wohlergehen anderer leisten.

6.2.1 Ein Beispiel

Nehmen wir an, ein Unternehmen produziert ein Gut (Brot) mit Hilfe von Kapital und Arbeit. Kapital (der Ofen) ist kreditfinanziert, und die Eigentümer verwenden angestellte Arbeit (Zeit des angestellten Bäckers). Diese ökonomische Aktivität hat drei Effekte. Erstens stellt das gebackene Brot diejenigen, die es essen, besser. Zweitens bindet sie Kapital an eine bestimmte Verwendung, was Opportunitätskosten hat, da es nirgendwo anders eingesetzt werden kann. Und drittens verwendet der Bäcker Zeit in der Backstube. Das hat ebenfalls Opportunitätskosten, da er die Zeit nicht anders verwenden kann (für eine andere bezahlte Tätigkeit oder Freizeit). Mit Wettbewerbsmärkten für Brot, Kapital und Arbeit gibt es Marktpreise für den Output und die Inputs. Die Eigentümer der Bäckerei müssen entscheiden, wie viel Brot gebacken, wie viel Kapital und wie viel Arbeit eingesetzt werden soll. Der Brotpreis signalisiert den gesellschaftlichen Wert eines weiteren Laibs Brot, was dazu führt, dass der Bäcker die zusätzliche Wohlfahrt internalisiert, die er mit seinem Brot schafft. Der Kapitalnutzungspreis (Zins) signalisiert die Opportunitätskosten der nächstbesten Nutzung des Ofens. Daher internalisieren die Eigentümer korrekt den ‚Schaden', der dadurch entsteht, dass das Kapital nicht zur Produktion anderer Güter eingesetzt werden kann. Und der Preis der Arbeit (Lohn) signalisiert die Opportunitätskosten der Zeitverwendung, das heisst die Wohlfahrtskosten, die dadurch entstehen, dass die Zeit nicht für etwas anderes als Brotbacken eingesetzt wird. Das Beispiel illustriert, dass Entscheidungen interdependent sind, dass aber Märkte in der Lage sind, Entscheidungen so zu steuern, dass sie die Effizienz steigern.

So weit, so gut, aber wir sind noch nicht an dem Punkt zu verstehen, warum Märkte *nicht* effizient sein sollten. Um zu diesem Punkt zu gelangen, modifizieren wir das Beispiel. Die erste Erweiterung nimmt an, dass bei der Produktion notwendig Abwässer entstehen, die in einen nahen See eingeleitet werden. Dies reduziert die Gewinne eines ansässigen Fischers, da der Fischbestand dezimiert wird. Können wir uns immer noch darauf verlassen, dass Märkte Eigeninteresse in Gemeinwohl übersetzen? Die Antwort lautet: Es kommt auf die Umstände an. Und an dieser Stelle kommt die juristische Seite einer Transaktion ins Spiel. Es gibt drei mögliche Szenarien:

1. Der Bäcker besitzt das Recht, Abwasser einzuleiten.
2. Der Fischer besitzt das Recht, die Einleitung von Abwasser zu untersagen.
3. Die Rechte sind ungeklärt.

Die beiden ersten Fälle unterscheiden sich nicht vom ersten Beispiel: Die Eigentumsrechte sind vollständig zugewiesen, was eine Voraussetzung für bilaterale Verhandlungen zwischen dem Bäcker und dem Fischer ist. Nehmen wir an, dass eine Reduktion der Abwässer um 10 % den Gewinn des Bäckers um CHF 1'000 senkt und den Gewinn des Fischers um CHF 1'500 steigert. In diesem Fall existieren Handelsgewinne zwischen den beiden, und der Fischer kann im Fall, dass der Bäcker die Rechte besitzt, von diesem ‚Abwasservermeidungsrechte' kaufen. Für eine 10 % Reduktion der eingeleiteten Abwassermenge erhöht jeder Preis zwischen CHF 1'000 und CHF 1'500 die Gewinne beider Unternehmen, und es ist a priori nicht klar, warum solche Verhandlungen nicht erfolgreich sein sollten. Aber wir kommen zur selben Schlussfolgerung, wenn der Fischer der ursprüngliche Inhaber der Rechte ist. In diesem Fall kann der Bäcker ‚Verschmutzungsrechte' von ihm kaufen. Es gibt keinen Grund anzunehmen, dass die eine oder andere Zuordnung von Rechten aus einer Effizienzperspektive einen Unterschied ergibt, aber beide Fälle führen zu einer unterschiedlichen Verteilung der ökonomischen Renten, da jeweils der Rechteinhaber für die Aufgabe der Rechte bezahlt wird. Aber dies ist nicht unterschiedlich zum Fall des Handels von zum Beispiel Äpfeln: Eigentumsrechte haben selbstverständlich einen ökonomischen Wert, aber sie sind – so lange sie zugeordnet sind – irrelevant aus einer Effizienzperspektive.

Nur im dritten Fall kann ein Markt nicht entstehen. Wenn es keine Eigentümerin oder keinen Eigentümer der Rechte am See gibt, können der Bäcker und der Fischer bis in alle Ewigkeit verhandeln, sie werden nicht in der Lage sein, eine juristisch verbindliche Einigung herbeizuführen. Wir nehmen aus diesem Beispiel also mit, dass Märkte nur entstehen können, wenn Eigentumsrechte wohldefiniert sind. Dies motiviert die folgende Definition.

▶ **Definition 6.1 Externalität** Eine Institution ist ineffizient, wenn die Individuen nicht alle Interdependenzen internalisieren. Die nichtinternalisierten Interdependenzen heissen *Externalitäten oder Externe Effekte*.

Diese Definition ist hinreichend allgemein, um marktliche und nichtmarktliche Institutionen zu umfassen. In einem Marktkontext ist die Institution zum Beispiel ein System von Wettbewerbsmärkten, und die Internalisierung erfolgt mit Hilfe von Marktpreisen. Eine Situation, in der Externalitäten innerhalb eines Marktsystems existieren, wird manchmal auch als *Marktversagen* bezeichnet. Wenn die Institution ein Unternehmen ist, kann die Internalisierung zum Beispiel mit Hilfe von internen Transferpreisen zwischen den Abteilungen oder mit Hilfe von Lohnverträgen für die Mitarbeitenden erfolgen. Es ist wichtig darauf hinzuweisen, dass sich das Konzept der Externen Effekte auf den institutionellen Rahmen bezieht, in dem Transaktionen stattfinden; es sind keine Eigenschaften von Gütern oder Dienstleistungen per se.

Das Beispiel zeigt, dass unvollständig zugewiesene Eigentumsrechte zu Externalitäten führen können, weil Märkte nicht entstehen können. Dies ist ein Beispiel für das Phänomen der *Unvollständigen Märkte*, und es stellt sich die Frage, ob Märkte notwendigerweise unvollständig sind, da man Eigentumsrechte nicht zuweisen kann, oder ob man das Problem dadurch in den Griff bekommt, dass man die ‚Lücken schliesst', indem man bisher nicht existierende Eigentumsrechte zuweist.

Diese Geschichte wurde absichtsvoll um ein Umweltproblem herum entwickelt, da oftmals die Meinung besteht, dass Umweltgüter etwas Spezielles an sich haben, was Märkte davon abhält, effizient zu sein. Dies ist ein tiefgreifendes Missverständnis, wie das obige Beispiel zeigt. Die Tatsache, dass die Interdependenz zwischen dem Bäcker und dem Fischer durch Abwasser verursacht wird, ist unerheblich für die Fähigkeit von Märkten, effizient zu sein. Relevant ist allein die Existenz von durchsetzbaren Eigentumsrechten. Dasselbe Problem wie in Fall drei des Beispiels würde existieren, wenn die Eigentumsrechte an dem Brot nicht geklärt wären. Wenn jeder in die Bäckerei stolpern und sich soviel Brot nehmen könnte, wie er oder sie will, ohne dafür bezahlen zu müssen, wäre die Allokation von Brot wahrscheinlich ineffizient, und die Eigentümer der Bäckerei würden die Produktion wohl einstellen. Aber woran liegt es dann, dass anscheinend Umweltgüter besonders anfällig für Marktineffizienzen sind? Es gibt unterschiedliche Gründe, aber keiner ist kausal an die ‚Umwelteigenschaft' des jeweiligen Guts gebunden. Einer der Gründe besteht darin, dass viele Umweltgüter für den grössten Teil der Menschheitsgeschichte nicht knapp waren. Gesunde Luft und Wasser wurden in bestimmten Gegenden erst während des vergangenen Jahrhunderts knapp. Aber ohne Knappheit muss man sich keine Gedanken über eine effiziente Verwendung machen, und daher gab es historisch auch keinen Grund, über so etwas wie Eigentumsrechte nachzudenken. Daher besteht ein Teil des Problems darin, dass die Zuweisung von Rechten nicht schnell genug erfolgt, wenn die Ressourcen und Güter schliesslich knapp werden. Ein weiterer, verwandter Aspekt besteht darin, dass in der Vergangenheit Menschen gar nicht über die technologischen Möglichkeiten verfügten, zum Beispiel Fischgründe soweit auszubeuten, dass die Bestände zusammenbrechen. Auch in einem solchen Fall existiert kein dringendes Regelungsproblem. Aber solche Situationen sind relativ einfach zu handhaben, da sich im Prinzip Rechte zuweisen lassen.

Über die unvollständig zugewiesenen Eigentumsrechte hinaus gibt es einen weiteren Grund, warum Märkte versagen können. Nehmen wir im obigen Beispiel an, dass die Nutzungsrechte am See vollständig und widerspruchsfrei zugewiesen sind. Daher sollte es im Prinzip möglich sein, einen Vertrag zu schliessen, der die Menge an Abwasser definiert, die die Bäckerei in den See einleiten darf. Nun kann aber das Problem bestehen, dass die Vertragsparteien nicht in der Lage sind nachzuweisen, dass der Vertrag eingehalten wird. Es kann zum Beispiel Emissionen durch die Bäckerei geben, die den Fischbestand reduzieren, die schwierig oder unmöglich zu entdecken sind. In einer solchen Situation kann es unzureichend sein, einen Vertrag zu schreiben, da keine der Parteien in der Lage ist, die Vertragseinhaltung vor Gericht nachzuweisen.

Es gibt noch weitere Gründe dafür, dass Märkte versagen. Um dies zu verstehen, schauen wir uns eine weitere Variation des obigen Beispiels an. Die Bäckerei erzeugt nun nicht mehr Abwasser, das den Gewinn eines einzelnen Fischers beeinflusst, sondern emittiert Schadstoffe in die Luft, die alle Bewohnerinnen und Bewohner einer nahen Ortschaft negativ beeinträchtigen. Schauen wir uns an, was Eigentumsrechte und Märkte in diesem Fall für uns tun können.

1. Die Bäckerei hat das Recht zu emittieren.
2. Die Bewohnerinnen und Bewohner haben das Recht, die Emissionen zu untersagen.

Im ersten Fall müssen die Bewohnerinnen und Bewohner eine Einigung mit der Bäckerei erreichen, bei der sie für eine Reduktion der Emissionen bezahlen. Eine solche Einigung wird wahrscheinlich hohe Kosten mit sich bringen, zum Beispiel in Form von Opportunitätskosten der Zeit, die aufgewendet werden muss, eine Einigung dezentral zwischen allen Beteiligten herbeizuführen. Daher ist es sehr unwahrscheinlich, dass man sich auf eine Zahlung und eine Emissionsmenge auf diesem Weg wird einigen können. Und wir kommen zur selben Schlussfolgerung, wenn die Rechte bei den Bewohnerinnen und Bewohnern liegen. In diesem Fall muss die Bäckerei mit jeder Person eine Einigung erzielen. Nehmen wir beispielsweise wie zuvor an, dass eine Reduktion der Emissionen um 10 % die Gewinne der Bäckerei um CHF 1'000 reduziert, und das eine solche Reduktion für jeden einzelnen der 10'000 Anwohner einen monetären Mehrwert von CHF 2 bietet. Daher gibt es riesige Handelsgewinne (CHF 20'000 − CHF 1'000 = CHF 19'000), aber jeder einzelne Anwohner ist nur bereit, so lange zu verhandeln, bis die Opportunitätskosten einen Wert von CHF 2 erreicht haben, was, sagen wir, 5 Minuten entspricht.

Diese Opportunitätskosten sind ein Beispiel für einen Typ von Kosten, der sich als zentral für ein Verständnis der ökonomischen Rolle von Institutionen herausgestellt hat:

▶ **Definition 6.2 Transaktionskosten** Transaktionskosten sind die Kosten ökonomischer Aktivitäten, die durch den institutionellen Rahmen, innerhalb derer die Transaktion stattfindet, erzeugt werden.

Transaktionskosten sind daher die Kosten der Organisation ökonomischer Aktivitäten, also zum Beispiel der Setzung und Durchsetzung von Eigentumsrechten, des Lobbying und Rent Seeking oder der Leistungsmessung, um nur ein paar wenige zu nennen.

Überlegen wir uns, ob dieser Typ von Opportunitätskosten verhindern kann, dass Verhandlungen zu einem erfolgreichen Abschluss kommen. Nehmen wir dazu an, dass die nötigen Verhandlungen länger als fünf Minuten pro Person in Anspruch nehmen. In diesem Fall werden die möglichen Handelsgewinne durch die zu ihrer Realisierung notwendigen Verhandlungen mehr als aufgezehrt (die Transaktionskosten von fünf Minuten Verhandlungen sind CHF 2 multipliziert mit 10'000 Menschen = CHF 20'000), so dass es sehr unwahrscheinlich ist, dass Verhandlungen erfolgreich sein werden. Und selbst wenn sie es sind, schaffen sie eine negative Nettorente, wenn man die Verhandlungszeit als Opportunitätskosten einbezieht.

Die Tatsache, dass Märkte zu ineffizienten Ergebnissen führen können, ist an sich noch kein Argument gegen sie. Die richtige Frage muss lauten, ob es alternative Institutionen gibt, die Transaktionskosten einsparen. Im obigen Beispiel könnten die Bewohnerinnen und Bewohner zum Beispiel die Entscheidungskompetenz, mit dem Unternehmen zu verhandeln, an eine Person delegieren. Selbst wenn einige Bewohnerinnen und Bewohner hierdurch einen Kompromiss akzeptieren müssten, den sie bei eigenem Verhandeln hätten vermeiden können, da sie extreme

Präferenzen besitzen, kann der Kompromiss besser sein als die Externalitäten, die existieren, wenn die Verhandlungen rein dezentral geführt werden. Um dies zu illustrieren, lassen Sie uns annehmen, dass die Opportunitätskosten, die dadurch entstehen, dass man Einigung über eine Repräsentantin erzielt, CHF 1 pro Person sind, und dass die nachfolgenden Verhandlungen zwischen der Repräsentantin und dem Unternehmen Opportunitätskosten von CHF 1'000 erzeugen und zu einer erfolgreichen Einigung führen. Die ‚Netto'-Handelsgewinne ergeben sich dann als CHF 20'000 − CHF 1'000 − CHF 10'000 = CHF 9'000. In diesem Fall wird ein Teil der Rente durch den Verhandlungsprozess aufgezehrt, aber die Lösung ist doch besser als rein dezentrale Verhandlungen, da Transaktionskosten eingespart werden. Beachten Sie, dass die resultierende institutionelle Struktur nicht länger als dezentraler Marktmechanismus bezeichnet werden kann, er entspricht eher etwas, das man als ‚Repräsentative Demokratie' bezeichnen würde.

Exkurs 6.1. Sammelklagen

Die Sammelklage (Class Action) ist ein fester Bestandteil des US-amerikanischen Rechtssystems, welches die Möglichkeit vorsieht, dass Gruppen gesamthaft jemanden verklagen. Sie stellt einen Weg dar, das Problem des Kollektivhandelns zu überwinden, das sich stellt, wenn das Verhalten eines Akteurs viele Menschen beeinträchtigt. Das Problem in einem solchen Fall besteht darin, dass die zu erwartenden Entschädigungen keinen hinreichend grossen Anreiz bieten, individuell zu klagen, obwohl die aggregierten Entschädigungen sehr gross sind. In einer solchen Situation existiert ein Anreiz für den schädigenden Akteur, ineffizient hohe Risiken einzugehen, da die Wahrscheinlichkeit, im Falle eines Schadens vor Gericht belangt zu werden, ohne die Möglichkeit der Sammelklage gering ist. Dies erzeugt Externe Effekte.

Sammelklagen stellen eine Möglichkeit dar, diese Externalitäten zu internalisieren. Dieses Argument wurde ausdrücklich vom United States Court of Appeals vorgebracht. In Mace vs. Van Ru Credit Corporation (1997) hat das Gericht die folgende Argumentation vorgebracht: „The policy at the very core of the class action mechanism is to overcome the problem that small recoveries do not provide the incentive for any individual to bring a solo action prosecuting his or her rights. A class action solves this problem by aggregating the relatively paltry potential recoveries into something worth someone's (usually an attorney's) labor."

Dieses Argument findet sich auch in der Präambel des Class Action Fairness Act von 2005: „Class-action lawsuits are an important and valuable part of the legal system when they permit the fair and efficient resolution of legitimate claims of numerous parties by allowing the claims to be aggregated into a single action against a defendant that has allegedly caused harm."

(Fortsetzung)

In der Schweiz sind Sammelklagen unmöglich. Als die Regierung der Schweiz im Jahr 2006 eine neue Zivilprozessordnung in die Diskussion brachte, die die alten kantonalen Ordnungen ersetzten sollten, wurde die Idee einer Sammelklage verworfen. In einer Mitteilung an das Parlament (Federal Journal 2006, 7221) wurde wie folgt argumentiert: „In der Tat ist es dem europäischen Rechtsdenken fremd, dass jemand ungefragt für eine grosse Zahl von Menschen verbindlich Rechte wahrnehmen darf, ohne dass sich die Berechtigten als Parteien am Prozess beteiligen." (Botschaft zur Schweizerischen Zivilprozessordnung (ZPO) vom 28. Juni 2006, S. 7290). Allerdings bleibt die Einführung eines solchen Instruments nach wie vor in der Diskussion.

6.2.2 Analyse von Marktexternalitäten

Auf Märkten existierende Externalitäten können problemlos mit Hilfe des in Kap. 4 eingeführten Angebots-Nachfragediagramms untersucht werden. Wir beziehen uns dabei auf die Interpretation der Nachfragefunktion als Funktion der Zahlungsbereitschaften der Konsumierenden und der Angebotsfunktion als Funktion der Verkaufsbereitschaften der Anbietenden. Wenn Interdependenzen zwischen den Individuen existieren, die nicht internalisiert sind, muss es eine Lücke zwischen der individuellen und der gesellschaftlichen Bewertung einer ökonomischen Transaktion geben. Dies bedeutet, dass die individuellen Nachfrage- oder Angebotsfunktionen den gesellschaftlichen Wert einer Transaktion nicht richtig widerspiegeln. Betrachten wir das obige Emissionsproblem und nehmen an, dass die betroffenen Personen es nicht schaffen, das notwendige Kollektivhandeln zu organisieren. In diesem Fall sind die Märkte unvollständig, da ein Markt für Emissionen nicht entsteht. Wenn wir daher das Problem mit Hilfe von Angebot und Nachfrage untersuchen wollen, müssen wir uns einen Markt ansehen, der existiert. In diesem Fall ist das der Markt für Brot. Dieser wird in Abb. 6.1 dargestellt.

Die Abbildung zeigt die Angebots- und Nachfragekurven für Brot und die sich ergebende Gleichgewichtsmenge x^* sowie den Gleichgewichtspreis p^*. Wir betrachten als erstes den Fall, in dem der Bäcker für die Luftverschmutzung bezahlt. Wir wissen aus der obigen Überlegung, dass es einen Unterschied zwischen der Verkaufsbereitschaft des Bäckers für den Fall, dass er für die Emission bezahlt, und für den Fall, dass er für die Emission nicht bezahlt, geben muss. Wenn die Emissionen proportional zur Menge an Brot sind, muss die Angebotskurve für den Fall internalisierter Interdependenzen *oberhalb* der Angebotskurve für den Fall nicht internalisierter Interdependenzen liegen: Wenn der Bäcker für seine Emissionen bezahlen muss, steigen die Opportunitätskosten der Produktion. Daher sollte seine Verkaufsbereitschaft bei einem höheren Preis liegen als im Fall nichtinternalisierter Interdependenzen. Diese Situation wird in Abb. 6.2 dargestellt.

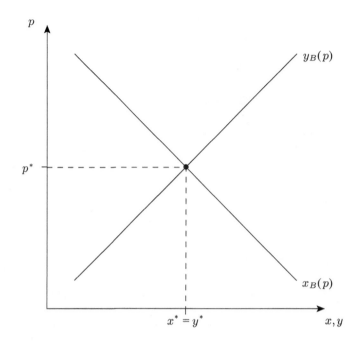

Abb. 6.1 Angebot und Nachfrage auf dem Brotmarkt

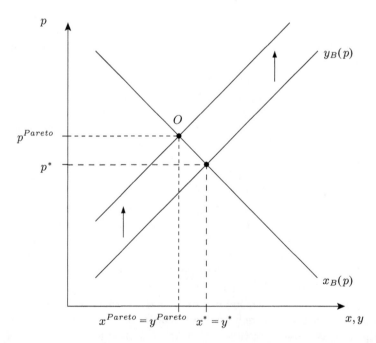

Abb. 6.2 Brotmarkt, wenn der Bäcker für Emissionen bezahlen muss oder wenn der Fischer für die Unterlassung von Emissionen bezahlt

Da die nach oben verschobene Angebotskurve für den hypothetischen Fall vollständiger Märkte gezeichnet wurde, in dem der Bäcker für die Emissionen bezahlt, repräsentiert sie die wahren gesellschaftlichen Opportunitätskosten der Brotproduktion. Daher erhalten wir die Pareto-effiziente Menge an Brot im Schnittpunkt zwischen der Nachfragefunktion mit dieser ‚verzerrten' Angebotskurve (Punkt O in Abb. 6.2), und wir sehen, dass die Nichtinternalisierung von Interdependenzen zu einer zu grossen Produktionsmenge und einem zu niedrigen Preis führt: zu viel für zu wenig. Eine solche Situation heisst *negative Produktionsexternalität*.

Exkurs 6.2. Externalitäten, das ‚Verursacherprinzip' und das Prinzip des ‚unumgänglichen Minimums'

Im Umweltrecht existiert ein ‚Verursacherprinzip', welches eine Marktseite in die finanzielle Verantwortung für Schäden nimmt. Es findet Unterstützung von der Organisation für Ökonomische Entwicklung und Zusammenarbeit sowie den Mitgliedsländern der Europäischen Union, und es erscheint intuitiv eine Menge Sinn zu ergeben: Im obigen Beispiel sollte der Bäcker für die Schäden aufkommen, da er der Verschmutzer des Sees ist.

Bevor wir uns allerdings mit dieser Schlussfolgerung abfinden, sollten wir einen Moment innehalten. Es ist richtig, dass der Bäcker die Emissionen verursacht, das bedeutet aber noch nicht, dass er auch die Externalität verursacht. Dieser Befund scheint auf den ersten Blick merkwürdig zu sein, und er basiert auf der zunächst vielleicht nicht intuitiven Beobachtung von Ronald Coase, dass für die Existenz einer Externalität mindestens immer zwei Personen erforderlich sind. Die Interdependenz existiert nur, weil sich sowohl der Bäcker als auch der Fischer am selben See angesiedelt haben. Wenn einer von beiden die Produktion an einen anderen Ort verlagern würde, gäbe es keine Interdependenz und damit auch keine Möglichkeit einer Externalität. Anders ausgedrückt handelt es sich bei Externalitäten stets um ein reziprokes Problem. Das Verursacherprinzip ignoriert die Einsicht, dass Externalitäten gemeinsam von allen beteiligten Parteien verursacht werden.

Falls sie davon nicht überzeugt sind, da es doch der Bäcker ist, der den See verschmutzt, stellen Sie sich eine Situation vor, in der eine Dynastie von Bäckern schon seit Jahrhunderten an diesem See ihrem Handwerk nachgeht. Dann, von einem Tag auf den anderen, lässt sich ein Fischer an dem See nieder und beginnt seine Arbeit. Wenige Tage später beginnt dieser, sich über die Verschmutzung zu beschweren. Ist es bei dieser narrativen Einbindung immer noch so offensichtlich, dass der Bäcker der Verursacher ist?

Das Verursacherprinzip löst das Externalitätenproblem, da es die dazu notwendige Voraussetzung zugewiesener Rechte auf eine bestimmte Art schafft. Es führt dazu, dass klar ist, welche Seite für die Interdependenz zahlen muss, und mit richtig gesetzten Zahlungen führt dies zu Effizienz. Wir haben aber bereits gesehen, dass die umgekehrte Zuweisung von Rechten, bei denen

(Fortsetzung)

der Bäcker emittieren darf und der Fischer diese Rechte erwerben muss, ebenfalls zu Effizienz führen kann. So ein umgekehrtes Verursacherprinzip mag in Konflikt mit unseren Intuitionen über Fairness stehen, aber aus der Perspektive der Effizienz gibt es keinen Grund, es dem anderen vorzuziehen. Wenn wir Effizienz als normativen Massstab nehmen, muss sogar ein ganz anderes Prinzip diskutiert werden, welches man das ‚Prinzip der günstigsten Kostenvermeidung' (*cheapest cost avoider principle*) nennen kann. Es ist nämlich nicht klar, ob beide Arten der Zuweisung von Rechten tatsächlich gleich effizient sind. Mit potenziell unterschiedlichen Transaktionskosten ist es sinnvoll darüber nachzudenken, welche Zuordnung von Rechten das effiziente Ergebnis auf transaktionskostenminimierende Art erreicht.

Die obige Diskussion bezog sich ausschliesslich auf das normative Ziel der Effizienz, welches ein Beispiel für eine sogenannte anthropozentrische Ethik ist. Der Grund für das Verschwinden der Externalität durch einen Wegzug des Fischers liegt darin, dass dann kein anderes *menschliches* Wesen mehr durch die Emissionen der Bäckerei beeinträchtigt wird. Umweltethiken wie ‚Deep Ecology' argumentieren, dass diese Sichtweise zu eng ist, da das Ökosystem durch die Emissionen noch immer beeinträchtigt wird, und dass die einzige Möglichkeit, dies zu verhindern, darin besteht, diese zu verringern. Wenn wir solche Überlegungen zulassen und nicht nur Menschen zum Zweck erklären, erhält das Verursacherprinzip eine andere Bedeutung, da es das einzige ist, welches die Integrität der ‚Natur' zu wahren in der Lage ist, da diese ja nicht weggehen kann. Aus dieser Perspektive erscheint es als ein Spezialfall eines allgemeineren Prinzips des ‚unumgänglichen Minimums' (*Principle of Minimal Harm*, *Ahimsa*), welches ein zentrales moralisches Prinzip im Jainismus, Hinduismus und Buddhismus ist. Ein im ‚Westen' bekannter Vertreter der Idee von Ahimsa war Mahatma Gandhi, und es prägte auch das Denken von Albert Schweizer, der es als Prinzip der ‚Ehrfurcht vor dem Leben' formulierte.

Fallstudie: Fossile Brennstoffe   Die obige Analyse war trotz ihrer Bedeutung eher abstrakt. Daher ist es sinnvoll, die Theorie anhand eines Beispiels einzuüben. Die Nutzung fossiler Brennstoffe erzeugt zwei Haupteffekte: Sie schafft ökonomischen Wert für die heutige Generation (Mobilität, Energie, um Dinge zu produzieren, Dinge selbst, usw.), und sie trägt zur Klimakrise bei, die uns und zukünftige Generationen schädigt. Wir können daher die Frage stellen, ob wir erwarten können, dass Märkte für fossile Brennstoffe effizient sind, und falls es Anzeichen dafür gibt, dass sie es nicht sind, was man dagegen tun kann.

Um dieses Problem anzugehen, kehren wir zu den Interpretationen der Nachfrage- und Angebotsfunktionen als Zahlungsbereitschaft und Verkaufsbereitschaft zurück, die wir in Kap. 5 eingeführt haben. Formal ist die Funktion der Zahlungsbereitschaft die Umkehrfunktion der Nachfragefunktion $x(p)$, und wir nennen sie $P(x)$. Umgekehrt ist die Funktion der Verkaufsbereitschaften die Inverse der Angebotsfunktion $y(p)$, die wir $Q(y)$ nennen.

Der potentielle ökonomische Wert, der für die heutige Generation geschaffen werden kann, wird durch die Markt-Nachfrage-Funktion für fossile Brennstoffe $x(p) = 1'100 - p$, $p \geq 0$ zusammengefasst. Wir nehmen weiter an, dass die Marktangebotsfunktion für fossile Brennstoffe gleich $y(p) = -100 + p$, $p \geq 100$ ist. Nach wissenschaftlichem Konsens gebe es einen erwarteten Schaden, der durch jede in der Gegenwart verbrauchte Einheit fossiler Brennstoffe für das Wohlergehen zukünftiger Generationen verursacht wird. Wir bezeichnen ihn mit q und nehmen an, dass er gleich $q = 400$ sei.

Als Erstes müssen wir die Frage diskutieren, ob die durch q gemessene intergenerative Abhängigkeit eine Externalität ist oder nicht. Die Antwort auf diese Frage ist einfach: Zukünftige Generationen können nicht an den heutigen Märkten teilnehmen. Daher können ihre Interessen nicht in den heutigen Marktpreisen reflektiert werden. Die einzige Ausnahme von dieser Regel wäre, wenn heutige Generationen vollkommen altruistisch gegenüber der Zukunft wären und ihre Auswirkungen auf das zukünftige Wohlergehen berücksichtigen würden. Dies mag teilweise der Fall sein, aber es scheint sicher zu sein, dass dies für einen grossen Teil der Fälle nicht das ist, was die Entscheidungen über Angebot und Nachfrage erklärt. Folglich ist q eine Externalität. Das Problem ist jedoch aus philosophischer Sicht heikel, weil zukünftige Generationen noch nicht existieren und ihre Existenz zumindest teilweise von den heutigen Entscheidungen abhängt. Wir vernachlässigen dieses in der Philosophie diskutierte Problem hier und nehmen an, dass die blosse Existenz zukünftiger Generationen ausreicht, um zu argumentieren, dass sie durch heutige Entscheidungen geschädigt werden können. Ein Markt ohne weitere Eingriffe ist also ineffizient.

Als nächstes wollen wir das Gleichgewicht auf dem Markt für fossile Brennstoffe berechnen. Wie wir in Kap. 4 gesehen haben, ist ein Gleichgewicht ein Preis p^*, so dass $x(p^*) = y(p^*)$. Wenn wir die gegebenen Nachfrage- und Angebotsfunktionen einsetzen, erhalten wir $1'100 - p^* = -100 + p^*$, und der resultierende Gleichgewichtspreis ist $p^* = 600$. Wir können dann den Preis entweder in die Angebots- oder die Nachfragefunktion einsetzen, um $x(600) = y(600) = 500$ zu erhalten. Wir nennen diese Lösung ein „Nachtwächtergleichgewicht", weil es sich ohne weitere Eingriffe des Staates ergibt.

Was würde mit dem Angebot oder der Nachfrage passieren, wenn man den Schaden für zukünftige Generationen internalisieren würde? Um diese Frage zu beantworten, müssen wir das Pareto-effiziente Gleichgewicht bestimmen. Es gibt zwei Möglichkeiten, dies zu tun, und wir werden beide betrachten, um zu zeigen, dass sie in der Tat gleich effektiv sind, um externe Effekte zu internalisieren.

- Die erste Möglichkeit besteht darin, die Nachfrage für die Externalität $q = 400$ pro Einheit fossilen Brennstoffs bezahlen zu lassen. In diesem Fall kann die neue Nachfragefunktion (aus Sicht der Produzierenden) wie folgt bestimmt werden: Zunächst müssen wir die Umkehrfunktion bestimmen, $x = 1'100 - p(x)$ $\Leftrightarrow$

$P(x) = 1'100 - x$, dann die zusätzlichen Kosten abziehen, $p^{EX}(x) = 700 - x$, um dann wieder zur Ausgangsfunktion zurückzukehren: $x^{EX}(p) = 700 - p$. Diese Nachfragefunktion internalisiert die den zukünftigen Generationen auferlegte Externalität. Wir können sie verwenden, um das neue Gleichgewicht p^{EX} zu berechnen: $x^{EX}(p^{EX}) = y(p^{EX}) \Leftrightarrow 700 - p^{EX} = -100 + p^{EX}$. Wenn wir für p^{EX} lösen, erhalten wir $p^{EX} = 400$ und $x^{EX}(400) = y^{EX}(400) = 300$.

- Die zweite Möglichkeit besteht darin, die Produzierenden für die Externalität $q = 400$ pro Einheit fossilen Brennstoffs zahlen zu lassen. In diesem Fall kann die neue Angebotsfunktion (aus Sicht der Konsumierenden) wie folgt bestimmt werden: Zunächst benötigen wir die Umkehrfunktion, $y = -100 + p(y) \Leftrightarrow p(y) = y + 100$. Wir fügen ihr die zusätzlichen Kosten hinzu, $p^{EX}(y) = y + 500$, und erhalten durch Invertierung wieder die Ausgangs-funktion: $y^{EX}(p) = -500 + p$. Diese Angebotsfunktion internalisiert die den zukünftigen Generationen auferlegte Externalität. Wir können sie verwenden, um das neue Gleichgewicht auf dieselbe Art wie zuvor zu berechnen, und wir erhalten $p^{EX} = 800$ und $x^{EX} = y^{EX} = 300$.

Wenn wir das Nachtwächter-Gleichgewicht mit den beiden Gleichgewichten ver-gleichen, die die Externalität internalisieren, sehen wir, dass der Einsatz fossiler Brennstoffe ineffizient gross ist, $dx = 500 - 300$, und genau das ist der Kern des Pro-blems mit den meisten Aktivitäten, die zur Klimakrise beitragen. Die naheliegende nächste Frage ist also, welche Arten von Eingriffen in den Nachtwächter-Markt es ermöglichen, sich der Pareto-effizienten Lösung anzunähern? Wir werden vier mögliche Lösungen diskutieren.

- Die erste Lösung ist hier keine Option. Man könnte argumentieren, dass der Kern des Problems ein fehlender Markt ist. Aber natürlich können wir einen solchen Markt nicht schaffen, weil zukünftige Generationen *per definitionem* nicht daran teilnehmen können.
- Eine zweite Lösung könnte also darin bestehen, eine Steuer auf fossile Brennstof-fe zu erheben. Das ist prinzipiell möglich und wird auch in der Praxis gemacht. Ein Nachteil von Steuern in einer Situation mit ausgeprägter Heterogenität zwischen Unternehmen und Nutzern ist jedoch, dass sie diese Unterschiede nicht berücksichtigen können. Daher kann in der Praxis nicht erwartet werden, dass eine Steuer völlig effizient ist. Sie haben aber gegenüber anderen Steuern einen potenziellen Vorteil. Steuern, die zur Finanzierung öffentlicher Projekte wie Schulen, Strassen usw. erhoben werden, sind an sich schon eine Quelle der Ineffizienz, da sie in der Regel individuelle Entscheidungen verzerren. Hier können Steuern, die zur Internalisierung von Externalitäten eingesetzt werden, einen Vorteil ausspielen. Sie reduzieren nicht nur eine Externalität, sondern sie können auch dazu verwendet werden, andere, verzerrende Steuern zu reduzieren, wenn die gesamten Steuereinnahmen konstant gehalten werden. Dies wird als „doppelte Dividende" bezeichnet.

- Eine dritte Lösung ist die Schaffung eines künstlichen Markts, zum Beispiel für das Recht, bestimmte Mengen von Schadstoffen zu emittieren, die für die Klimakrise verantwortlich sind (wie CO_2 oder Methan). In diesem Fall macht eine Regierungsbehörde diese Rechte verpflichtend und legt ein Gesamtangebot an Rechten fest, die aber handelbar sind. Damit kontrolliert sie die gesamte Emissionsmenge, und Unternehmen müssen Rechte besitzen, wenn sie Ressourcen nutzen, die den jeweiligen Schadstoff ausstossen. Diese Lösung ist prinzipiell möglich, und viele Ökonominnen und Ökonomen halten sie für die beste verfügbare Alternative, weil sie es Unternehmen erlaubt, sich an ihre spezifischen Umstände anzupassen. Diese Flexibilität vermeidet einige der Ineffizienzen, die mit Steuern einhergehen.
- Eine vierte Lösung ist eine Preisregulierung oder Mengensteuerung. In diesem Fall greift die Regierung in die bestehenden Märkte ein, indem sie entweder Höchst- oder Mindestpreise festlegt oder die Mengen beschränkt, die auf den mit den Emissionen korrelierenden Märkten gehandelt werden dürfen. Dieses Instrument ist eher grob, da der Staat nicht die Informationen besitzt, individuelle, effiziente Vorgaben zu machen. Hinzu kommt, dass es keine doppelte Dividende gibt, die diese Effizienzverluste ausgleichen kann.

Aus rein theoretischer Sicht ist es unmöglich, die verschiedenen Lösungen nach ihrer Effizienz zu ordnen. Die beste Lösung in der Praxis hängt von einer Reihe von Dingen ab, wie z. B. von den Informationen, die der Regulierungsbehörde zur Verfügung stehen, von der Stärke der Institutionen, die Massnahmen glaubwürdig umzusetzen, von der Wichtigkeit des Umweltproblems usw. Dies beendet die Fallstudie.

Wir hatten zuvor argumentiert, dass es in Abhängigkeit davon, welche Marktseite die Eigentumsrechte besitzt, immer zwei Möglichkeiten gibt, Interdependenzen zu internalisieren (die sich aber in den Transaktionskosten unterscheiden können). Daher besteht die Alternative im obigen Beispiel darin, dass die Bewohner bzw. der Fischer den Bäcker für eine Reduktion der Emissionen bezahlen. Ist der Effekt auf den Brotmarkt derselbe wie im umgekehrten Fall, oder gibt es Unterschiede? Wenn unsere bisherige Analyse richtig war, sollten sich (ohne Transaktionskosten) keine Unterschiede hinsichtlich der Effizienz des Ergebnisses ergeben. Um dies zu prüfen, nehmen wir an, dass der Bäcker für die Reduktion der Emissionen bezahlt wird und dass die Emissionen wiederum proportional zur produzierten Menge Brot sind. Zur Illustration und ohne Beschränkung der Allgemeinheit nehmen wir weiter an, dass ein Laib Brot eine Einheit Emissionen erzeugt. Der Brotpreis sei p^b und der Preis für jede Einheit Emissionsreduktion sei p^e. In diesem Fall hat ein weiterer gebackener Laib Brot zwei Effekte für den Bäcker: Seine Erlöse steigen um den Marktpreis für Brot, p^b, und seine Erlöse sinken, da ihm aufgrund der zusätzlichen Emissionen der Preis für eine Einheit Emissionsvermeidung p^e entgeht. Daher ist der Gesamteffekt auf die Erlöse des Bäckers $p^b - p^e$, wohingegen er p^b im Falle einer nichtinternalisierten Interdependenz gewesen wäre. Das Ergebnis ist eine *Aufwärtsverschiebung* der Angebotsfunktion, wie sie in Abb. 6.2 dargestellt ist: Wenn der Bäcker genauso viel Brot wie im Fall nichtinternalisierter Interdependenzen bereit sein soll zu verkaufen, muss man ihm einen *höheren* Preis bezahlen. Wenn der Marktpreis um den Betrag p^e steigt, ist sein Nettoerlös unverändert, und damit auch seine produzierte Menge. Dieses Ergebnis zeigt, dass es ohne Transaktionskosten irrelevant ist, welche Marktseite für die Internalisierung der Interdependenz bezahlt; wichtig ist nur, dass dies geschieht. Dieses Ergebnis spielt eine wichtige Rolle in der Literatur zu *Law and Economics*, die Verhaltenskonsequenzen unterschiedlicher rechtlicher Regelungen zu verstehen versucht.

Wenn es negative Produktionsexternalitäten geben kann, sollte es nicht verwundern, dass es auch positive Produktionsexternalitäten, negative Konsumexternalitäten und positive Konsumexternalitäten gibt:

- **Negative Produktionsexternalitäten:** Das Verhalten eines Individuums führt zu nichtinternalisierten Interdependenzen, deren Internalisierung die Opportunitätskosten der Produktion erhöhen würde. Ein Beispiel ist die oben diskutierte nichtinternalisierte Umweltinterdependenz.
- **Positive Produktionsexternalitäten:** Das Verhalten eines Individuums führt zu nichtinternalisierten Interdependenzen, deren Internalisierung die Opportunitätskosten der Produktion senken würde. Ein Beispiel ist die Bestäubung von Obstbäumen durch Bienen. Die Existenz eines Bienenzüchters in der Nähe eines Obstbauern erhöht die Ernte des Obstbauern, da mehr Blüten befruchtet werden. Wenn es keinen Markt für ‚Bestäubungsdienstleistungen' gibt, ist das sich einstellende Gleichgewicht ineffizient, so dass es zu wenig Bienen, Obst und Honig gibt. Diese Situation kann beispielsweise auf dem Markt für Honig untersucht werden, auf dem die individuelle Zahlungsbereitschaft unterhalb der gesellschaftlichen Zahlungsbereitschaft für Honig liegt, da die Menge an Honig positiv mit der Menge an Bestäubungsdienstleistungen korreliert ist, für die der Bienenzüchter nicht bezahlt wird. (Dieses Beispiel dient nur zur Illustration, wie man Externalitäten mit Angebots- und Nachfragediagrammen untersuchen kann. In der Wirklichkeit finden Bauern und Bienenzüchter in der Regel Wege, für die Leistungen zu zahlen.) Alternativ kann man sich auch den Markt für Früchte anschauen, auf dem die Verkaufsbereitschaft oberhalb der gesellschaftlich effizienten liegt, da für den Obstbauern dieselbe Menge Obst teurer zu produzieren ist als in einer Situation mit mehr Bienen.

Exkurs 6.3. Bestäubungsdienstleistungen
Bestäubungsdienstleistungen werden von vielen Menschen auf Anhieb für nicht besonders relevant erachtet. Sie sehen sie als leicht schrullige Anekdote zur Illustration des sonst nicht gut zu motivierenden theoretischen Phänomens positiver Produktionsexternalitäten. In Wahrheit sind Bestäubungsdienstleistungen das Rückgrat der Landwirtschaft und ein wichtiger ökonomischer Faktor.

(Fortsetzung)

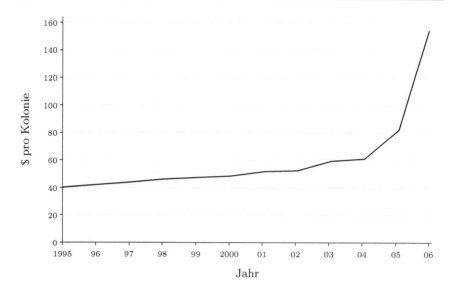

Abb. 6.3 Preisniveau für Bestäubungsdienstleistungen. (Quelle: Sumner & Boriss, Sumner and Boriss (2006), S. 9)

Bestäubung von Früchten, Gemüse, Faserpflanzen und Nüssen hat einen wichtigen Anteil an der Wertschöpfung des Agrarsektors. Schätzungen ergeben, dass Bestäubungsdienstleistungen in den USA zwischen $6 und $14 Milliarden zum Nationalprodukt beitragen (Southwick and Southwick, 1992; Morse and Calderone, 2000). Das United Nations Environment Programme (UNEP, 2016) schätzt, dass der jährliche weltweite Beitrag von Bestäubungsdienstleistungen zur weltweiten ökonomischen Wertschöpfung zwischen $235 und $577 Milliarden beträgt.

Aufgrund der ökonomischen Bedeutung von Bestäubungsdienstleistungen sollte es nicht verwundern, dass Märkte und kommerzielle Anbieter für Bestäubungsdienstleistungen entstanden sind, die hauptsächlich mit Hilfe von Bienen arbeiten. Kalifornische Mandeln sind ein gutes Beispiel, um die Funktionsweise dieses Marktes zu untersuchen. Mandeln sind eines der profitabelsten Agrarprodukte überhaupt. In der jüngeren Vergangenheit haben aber Krankheiten wie die *Colony Collapse Disorder* das Angebot an Bienen reduziert. Gleichzeitig haben die hohen Profitraten für Mandeln dazu geführt, dass Bauern die Anbaufläche vergrössert haben. Eine gewöhnliche Angebots-Nachfrageanalyse führt zu dem Schluss, dass dieser Trend – Reduktion des Angebots und Erhöhung der Nachfrage nach Bestäubungsdienstleistungen – zu einer Erhöhung der Preise führen sollte. Abb. 6.3 zeigt, dass dies in der

(Fortsetzung)

Tat der Fall ist: Der Durchschnittspreis verdreifachte sich zwischen 1995 und 2006.

Bestäubungsdienstleistungen sind ein Beispiel für sogenannte *Ökosystemfunktionen*, die wie folgt definiert werden: „the capacity of the ecosystem to provide goods and services that satisfy human needs, directly or indirectly" (De Groot 1992). Solche Dienstleistungen werden nicht nur von Bienen erbracht, sondern von einer Vielzahl von Insekten, Vögeln und Säugetieren. Eine britische Studie fand heraus, dass durch Insekten befruchtete Nutzpflanzen eine zunehmend wichtige Rolle für die britische Agrarwirtschaft spielen. 2007 machten sie 20 % des Wertes der agrarisch genutzten Flächen in Grossbritannien aus. Bienen erbringen dabei nur etwa 34 % der gesamten Bestäubungsdienstleistungen, wobei diese Zahl von 70 % im Jahr 1984 gefallen ist (Breeze, Bailey, Balcombe und Potts 2011). Im Gegensatz zu Bienen ist es sehr schwierig, Märkte für Bestäubungsdienstleistungen zu schaffen, die von anderen Insekten oder Tieren erbracht werden, so dass zu erwarten ist, dass ohne weitere Eingriffe Externalitäten existieren. Dies kann auch beobachtet werden, da der Bestand dieser Arten schwindet.

- **Positive Konsumexternalitäten:** Das Verhalten eines Individuums führt zu nichtinternalisierten Interdependenzen bei anderen Individuen, welche den Nutzen ihres Konsums erhöht. Ein Beispiel ist die Entscheidung, ein Produkt zu kaufen, welches innerhalb eines Netzwerks funktioniert, also etwa eine bestimmte Software oder ein bestimmtes Smartphone. Je mehr Konsumierende sich auf einen gemeinsamen Standard einigen, desto grösser ist der Nutzen jeder Person, wenn sie diesen Standard nutzt. Nehmen wir zur Illustration ein Textverarbeitungsprogramm: Je mehr Nutzer mit demselben Programm arbeiten, desto einfacher ist der Austausch von Dateien. Daher übersteigt der gesellschaftliche Nutzen der Entscheidung für ein bestimmtes Produkt den individuellen Nutzen. Oder um es anders auszudrücken: Die Marktnachfragekurve mit internalisierten Interdependenzen liegt oberhalb der Nachfragekurve mit nichtinternalisierten Interdependenzen. Andere Beispiele sind individuelle Ausbildungsentscheidungen, die gleichzeitig die durchschnittliche Bildung einer Gemeinschaft heben, oder Investitionen in den Wert einer Immobilie, die einen positiven Einfluss auf die Attraktivität des Wohnviertels haben.
- **Negative Konsumexternalitäten:** Das Verhalten eines Individuums führt zu nichtinternalisierten Interdependenzen bei anderen Individuen, welche den Nutzen ihres Konsums senken. Ein Beispiel sind Geräusche, die bei der Gartenarbeit entstehen, und die den Nachbarn stören. In diesem Fall liegt die Marktnachfragekurve mit internalisierten Interdependenzen unterhalb der Nachfragekurve mit nichtinternalisierten Interdependenzen. Impfungen sind ein weiteres Beispiel. Die Weltgesundheitsorganisation (WHO) schätzt, dass durch Impfungen jährlich 2–3 Millionen Menschenleben über alle Altersgruppen gerettet werden. Weiterhin wird geschätzt, dass bis zu 1,5 Millionen Kinder jährlich an

Krankheiten sterben, die durch Impfungen hätten vermieden werden können. Die individuelle Entscheidung, sich gegen ein Pathogen zu impfen, erzeugt eine positive Interdependenz, da sie die Verbreitung des Pathogens erschwert, was das Infektionsrisiko des Rests der Bevölkerung senkt. Umgekehrt erzeugt die individuelle Entscheidung, sich nicht impfen zu lassen, eine negative Interdependenz. Die Transaktionskosten einer Internalisierung solcher Interdependenzen durch rein dezentrale Markttransaktionen sind so hoch, dass eine negative Konsumexternalität zu erwarten ist, wenn nicht regulierend eingegriffen wird.

Fallstudie: Impfung Die Corona-Pandemie ist ein ideales Beispiel, um die Konzepte Interdependenzen, Transaktionskosten und Externalitäten zu veranschaulichen. Unter den verschiedenen Aspekten des Umgangs mit der Pandemie nehmen wir Impfungen als Beispiel. Das folgende Modell kann jedoch leicht umgedeutet werden, um Einblicke in ein anderes wichtiges Phänomen von Pandemien zu ermöglichen: dass Menschen sich auf eine Art und Weise verhalten, die aus gesellschaftlicher Sicht ineffizient riskant ist. Wir kommen auf diese Umdeutung am Ende zurück.

Nehmen wir das folgende vereinfachte Modell an, das zentrale Elemente des Problems wiedergibt. In einer Gesellschaft mit $n > 1$ Individuen kann jedes einzelne den Nutzen und die Kosten der beiden möglichen individuellen Zustände *gesund* und *krank* sowie die monetären und wahrgenommenen psychologischen Kosten einer Impfung bewerten.

- $u_h > 0$: Nutzen (in Geldwerten) im Zustand der Gesundheit,
- $u_s \geq 0$: Nutzen (in Geldwerten), wenn man an dem Virus erkrankt ($u_h > u_s$),
- $c \geq 0$: Kosten (in Geldwerten) der Impfung (direkt plus psychologisch),
- $1 \geq p \geq 0$: Wahrscheinlichkeit, sich ohne Impfung mit dem Virus zu infizieren (die Wahrscheinlichkeit im Falle einer Impfung wird mit 0 angenommen),
- $r \geq 0$: effektive Reproduktionszahl (durchschnittliche Anzahl der Personen, die von einer mit dem Virus infizierten Person angesteckt werden).

Wir vernachlässigen Probleme, die sich aus der Heterogenität der Individuen (in der Realität unterscheiden sie sich in Bezug auf alle oben genannten Variablen) und der langfristigen Endogenität der Wahrscheinlichkeiten ergeben (r und p beeinflussen, hängen aber auch vom individuellen Verhalten ab). Man kann das Modell komplizierter machen; die Grundaussage bliebe aber gleich.

Wir nehmen weiter an, dass die einzige Entscheidung, die ein Individuen treffen kann, darin besteht, sich zu impfen oder nicht. Wir werden auf diese Annahme zurückkommen, wenn wir die Ergebnisse diskutieren. Mit diesen Informationen können wir den erwarteten Nutzen der Individuen für die beiden Alternative, die sie haben, nämlich Impfung oder keine Impfung, berechnen:

- Erwarteter monetärer Nutzen eines Individuums ohne Impfung: $(1-p) \cdot u_h + p \cdot u_s$,
- Erwarteter monetärer Nutzen eines Individuums mit Impfung: $u_h - c$.

Wenn Menschen ihre Entscheidungen in Bezug auf Opportunitätskosten treffen, sollten sie genau dann impfen lassen, wenn $u_h - c > (1 - p) \cdot u_h + p \cdot u_s$, und man kann diese Ungleichung vereinfachen, um $p(u_h - u_s) > c$ zu erhalten.

Ist diese Entscheidungsregel aus gesellschaftlicher Sicht effizient? Um diese Frage beantworten zu können, müssen wir den erwarteten gesellschaftlichen Nutzen eines Individuums ohne Impfung bestimmen, der $(1 - p \cdot (1+r))u_h + p \cdot (1+r) \cdot u_s$ beträgt, und ihn mit dem erwarteten gesellschaftlichen Nutzen eines Individuums mit Impfung vergleichen, der $u_h - c$ beträgt.

Vergleicht man beide Terme, so kommt man zu dem Ergebnis, dass ein Individuum sich genau dann impfen lassen sollte, wenn $u_h - c > (1 - p \cdot (1+r)) \cdot u_h + p \cdot (1 + r) \cdot u_s$ gilt, was wiederum vereinfacht $p \cdot (1 + r) \cdot (u_h - u_s) > c$ ergibt. Wir können nun die individuelle mit der gesellschaftlichen Entscheidungsregel vergleichen:

* Beobachtung 1: Wenn es für das Individuum optimal ist zu impfen, ist es auch für die Gesellschaft optimal: $p \cdot (u_h - u_s) > c \rightarrow p \cdot (1 + r) \cdot (u_h - u_s) > c$.
* Beobachtung 2: Wenn es für die Gesellschaft nicht optimal ist zu impfen, ist es auch für das Individuum nicht optimal: $p \cdot (1 + r) \cdot (u_h - u_s) < c \rightarrow p \cdot (u_h - u_s) < c$.
* Beobachtung 3: Es ist möglich, dass es für das Individuum nicht optimal ist zu impfen, obwohl es für die Gesellschaft optimal ist: $p \cdot (u_h - u_s) < c \wedge p \cdot (1 + r) \cdot (u_h - u_s) > c$.

Beobachtung 3 zeigt, dass es Parameterwerte gibt, die zu einer negativen Externalität führen. Würde man der optimalen gesellschaftlichen Entscheidungsregel folgen, so würde jede Person um $EX = p \cdot (1 + r) \cdot (u_h - u_s) - p \cdot (u_h - u_s) = r \cdot p(u_h - u_s)$ im Vergleich zur individuellen Entscheidung profitieren, wenn sich ein Individuum impfen lässt. Die negative Externalität des Nicht-Impfens ist gleich dem nichtinternalisierten Effekt des individuellen Verhaltens auf die Gesellschaft. Diese ist gleich der gewichteten (mit dem erwarteten Nutzenunterschied zwischen gesund und krank) effektiven Reproduktionszahl. Diese Externalität tritt in Fällen auf, in denen der Nutzenverlust durch eine Infektion im Vergleich zu den Kosten der Impfung weder sehr hoch noch sehr niedrig ist.

Warum stellt sich die zugrundeliegende Interdependenz (individuelle Entscheidungen haben Auswirkungen auf die Gesundheit anderer Menschen) in diesem Fall als negative Externalität dar? Wir haben die Transaktionskosten nicht explizit modelliert, aber es ist nicht schwer zu erkennen, warum effiziente dezentrale Lösungen nicht zu erwarten sind, wenn n hinreichend gross ist. Wir haben angenommen, dass Individuen nur zwei Alternative haben: sich impfen zu lassen oder nicht. Es ist nicht überraschend, dass diese Einschränkung zu einer Ineffizienz führt, wenn die Menschen keine direkte, moralische Verpflichtung empfinden, sich um andere zu kümmern, denn bei egoistischen Individuen erfordert eine Internalisierung der gegenseitigen Interdependenzen interindividuelle Zahlungen, die sie dazu bringen, die Auswirkungen ihres Verhaltens auf andere zu internalisieren und sie zu effizientem Handeln zu motivieren. Daher ist die Externalität bis zu diesem Punkt ein Ergebnis der Modellierungsstrategie, diese Zahlungen nicht zuzulassen. Wie realistisch und überzeugend ist diese Strategie? Wenn *n* sehr klein wäre (z. B. 2), nicht sehr, denn es wäre relativ einfach, zwischen nur zwei Individuen zu verhandeln. Wenn *n* jedoch gross wird, wird das Netzwerk der erforderlichen dezentralen Zahlungen wahrscheinlich nicht zustande kommen, weil die Transaktionskosten für die Aushandlung dezentraler Zahlungen zu hoch wären.

Was sind die Alternativen, um die Externalität zu internalisieren? Wir diskutieren zwei Massnahmen, die eine zentrale Agentur (den Staat) erfordern, deren Fähigkeit, einheitlich und koordiniert zu handeln, die Transaktionskosten reduziert.

- Die Agentur könnte jede Impfung mit einem Betrag von EX subventionieren. Der Vorteil ist, dass eine solche Subvention ausreicht, um optimales Verhalten zu induzieren und gleichzeitig die Entscheidung zur Teilnahme freiwillig zu machen. Der Nachteil ist, dass die Agentur genügend finanzielle Mittel benötigt, um die Subventionen zu finanzieren, was in der Praxis entweder höhere Steuern und/oder mehr Staatsverschuldung bedeutet.

  Es gibt einen zweiten Nachteil, der in diesem vereinfachten Modell nicht ersichtlich ist, der aber diskutiert werden sollte, um die Grenzen der vereinfachenden Annahmen zu verdeutlichen. Wenn alle Individuen identisch sind, braucht man genau eine Subvention. Bei heterogenen Individuen müssen die Subventionen, die notwendig sind, um die richtige Art von Verhalten zu induzieren, zwischen verschiedenen Individuen variieren. Wenn individualisierte Subventionen in der Praxis nicht durchführbar sind (z. B. weil die Agentur unvollständige Informationen hat), muss eine effektive Subventionspolitik sicherstellen, dass ein ausreichender Anteil der Bevölkerung geimpft wird. Daher ist die dann notwendigen Subvention für die Individuen, die sich ohnehin oder auch mit niedrigeren Subventionen impfen lassen würden, höher als notwendig, um das richtige Verhalten bei denjenigen zu bewirken, die eher zögerlich sind. Dies wird als *Mitnahmeeffekt* bezeichnet und macht diese Politik noch teurer.
- Wenn die Behörde über ausreichende Zwangsmittel verfügt, könnte sie Impfungen zur Pflicht machen. Der Hauptvorteil dieser Politik ist, dass sie das effiziente Verhalten relativ einfach und ohne teure Subventionen implementiert (allerdings können die Durchsetzungskosten hoch sein, wenn sich die Menschen widersetzen). Der Nachteil ist ebenfalls leicht zu erkennen: Menschen mögen es nicht, vom Staat zu etwas gezwungen zu werden.

  Diese Einschränkungen der individuellen Freiheit tauchen in den meisten ökonomischen Modellen nicht als direkte Kosten auf, weshalb die Mainstream-Ökonomie manchmal kritisiert wird. In der Praxis ist sie jedoch nicht nur deshalb wichtig, weil die Menschen sie nicht mögen, sondern auch aus systematischeren Gründen. In einer Gesellschaft, die auf liberal-demokratischen Prinzipien aufgebaut ist, gibt es einen qualitativen Unterschied zwischen Anreizen (die die letztendliche Entscheidung beim Individuum belassen) und Zwang, auch wenn das Ergebnis dasselbe ist. Dies ist nicht der Ort, um tiefer in diese rechtlichen und politischen Fragestellungen vorzudringen. Aber es soll als Erinnerung dienen, dass die ökonomische Analyse in einen breiteren Kontext gestellt werden muss.

Wir schliessen mit der eingangs erwähnten Neuinterpretation des formalen Modells. In einer Zeit, in der es keine wirksamen Impfungen gibt, sind die beiden einzigen effektiven Möglichkeiten, die Ausbreitung eines Virus zu verhindern, (1) die Kontrolle der Ausbreitung des Virus durch das Tragen von Masken oder soziale Distanzierung und (2) die Reduzierung der Interaktionen mit anderen Menschen. (2) kann durch eine einfache Neuinterpretation des Modells leicht analysiert werden, (1) erfordert ein etwas komplizierteres Modell.

- Vorsichtsmassnahmen, die die Ausbreitung eines Virus reduzieren, sind im Allgemeinen unangenehm. Nehmen wir Masken als Beispiel. In diesem Fall sind die beiden Optionen, entweder eine zu tragen oder nicht, und c misst den Nutzenverlust des Tragens einer Maske. Der einzige grosse formale Unterschied zwischen einer Impfung und dem Tragen einer Maske ist, dass Letztere nicht den gleichen Schutz bietet wie Erstere, weshalb man die Wahrscheinlichkeiten modifizieren muss. So wäre der erwartete Nutzen des Nichttragens einer Maske $(1 - p) \cdot u_h + p \cdot u_s$, und der erwartete Nutzen des Tragens einer Maske wäre $(1 - p^M) \cdot u_h + p^M \cdot u_s - c$. $p^M > p$ ist die individuelle Wahrscheinlichkeit, gesund zu bleiben, wenn man eine Maske trägt. Diese Erweiterung macht die Analyse komplizierter, aber solange $p^M > p$ gilt, bleiben die qualitativen Ergebnisse gleich (Sie können dies als Übung überprüfen).
- Soziale Kontakte sind ein wichtiger Teil dessen, was es bedeutet, ein gutes Leben zu führen. Daher ist eine Reduzierung der sozialen Kontakte kostspielig. In diesem Fall bestehen die beiden Optionen darin, die Kontakte zu reduzieren (der Einfachheit halber auf Null) oder nicht, und c misst den Nutzenverlust durch Isolation (in Form von Opportunitätskosten). Wenn die Kontakte auf null reduziert werden, ist diese Massnahme genauso wirksam wie eine perfekte Impfung, so dass alles andere gleichbleibt.

Wir können aus den Umdeutungen des Modells eine wichtige methodische Einsicht gewinnen: Das mathematische Modell ist eine Struktur, die auf bestimmte abstrakte Eigenschaften eines Problems fokussiert. Die spezifische Interpretation dieser abstrakten Struktur hängt von der Situation ab, die man analysieren möchte. Ein und dasselbe mathematische Modell kann auf mehrere verschiedenen Szenarien passen. Damit ist die Fallstudie beendet.

Die Literatur zu Externen Effekten verwendet leider eine sehr inkonsistente Terminologie. Es wird oft nicht sauber zwischen den physischen Eigenschaften von Aktivitäten (die wir Interdependenz nennen) und dem institutionellen Rahmen, innerhalb dessen diese Aktivitäten sich ereignen (und der zu Externalitäten führen kann oder nicht), getrennt. Daraus entsteht dann ein undurchschaubares begriffliches Amalgam, welches zu falschen Schlussfolgerungen geradezu einlädt. Daran leidet die Debatte bis heute. Es soll daher nochmals darauf hingewiesen werden, dass sich der Begriff Externalität in einem Marktkontext auf fehlende oder imperfekte Märkte bezieht, also auf eine Eigenschaft der Institution. Eine Analyse, die mit der Prämisse startet, dass ein Externer Effekt existiert, ohne nach den zugrundeliegenden Ursachen zu fragen, führt hinsichtlich der politischen Implikationen leicht in die

Irre. Im Bäcker-Fischer-Beispiel impliziert die Annahme, zwischen beiden existiere eine negative Externalität, dass man *implizit annimmt*, dass die beiden Damen oder Herren nicht in der Lage sind, Lösungen für das Problem zu ersinnen. Aber das wäre nicht rational für sie, denn es existieren nicht ausgeschöpfte Handelsgewinne. Daher ist es fruchtbarer für ein Verständnis des Problems, wenn man nach den tieferen Gründen für fehlende Problemlösungen fragt, was dann zu einer Analyse der Transaktionskosten führt. Ökonomen können manchmal von ihren eigenen Theorien geblendet werden. So war es die gängige Ansicht, dass die Dienstleistungen für die Schifffahrt, die von Leuchttürmen erbracht werden, ein gutes Beispiel für positive Externalitäten sind, da einzelne Schiffe nicht von der Versicherungsdienstleistung, die durch die Leuchttürme erbracht wird, ausgeschlossen werden können. Eine naheliegende Politikimplikation dieser Analyse ist dann, dem Staat eine aktive Rolle bei der Bereitstellung dieser Dienstleistung zuzuweisen, da es ein Marktversagen gibt. Eine detailliertere empirische Untersuchung zeigte aber, dass es zahlreiche Beispiele für den Betrieb von Leuchttürmen gab, die gänzlich ohne staatliche Interventionen zu Stande kamen. Der Schlüssel zum Verständnis dieser Situation ist, dass die Eigentümer der nahen Häfen einen Anreiz hatten, dass Schiffe ihren Weg sicher in den Hafen fanden, so dass sie freiwillig bereit waren, diese Dienstleistung anzubieten. Die Situation entspricht in wichtigen Aspekten der Situation bezüglich der Verfügbarkeit von kostenlosen Inhalten im Internet. Die Anbieter von ‚Content‘ sind bereit, diesen kostenlos anzubieten, da die Nutzung es ihnen erlaubt, Geld auf anderen Märkten zu verdienen, zum Beispiel durch Werbung oder Datensammlung.

6.2.3   Das grosse Ganze

Wir sind nun soweit, auf Basis der Beispiele einen umfassenderen Blick auf Institutionen und Transaktionskosten zu entwickeln. Die Idee, dass in der Standardtheorie etwas fehlt, das notwendig für die Erklärung von Institutionen ist, geht auf eine Arbeit von Ronald Coase zurück, die er bereits Coase (1937) veröffentlichte. Die Standardtheorie hatte eine Vorstellung von Unternehmen als technologische Phänomene, die Inputs in Outputs übersetzen. Diese Sicht wurde mit der Verhaltensannahme der Gewinnmaximierung gekoppelt, um daraus Hypothesen über das Angebotsverhalten abzuleiten. Dieser ‚Black-Box-Ansatz‘, der die innere Organisationsstruktur eines Unternehmens ausblendet, hat den Vorteil der Einfachheit, und er erlaubt viele grundlegende Einsichten in die Funktionsweise von Märkten. Einige davon haben Sie bereits kennengelernt. Der Ansatz erwies sich aber als ungeeignet, wenn man erklären wollte, warum Unternehmen überhaupt existieren, da doch anscheinend Markttransaktionen Pareto-effizient sind. Die zentrale Einsicht von Ronald Coase bestand darin, dass Transaktionskosten im Zentrum der Frage stehen, warum sich Institutionen so bilden, wie wir sie beobachten, und auch im Zentrum der Frage nach einer optimalen institutionellen Gestaltung. Leider ist das Konzept der Transaktionskosten problematisch und umstritten, da es sich als schwierig erwies, sie auf nützliche und präzise Art zu definieren.

In der Ökonomik wurde viel Aufwand betrieben, um die genauen Bedingungen zu verstehen, unter denen man davon ausgehen kann, dass sich – wie die Metapher von der unsichtbaren Hand nahelegt – Eigeninteresse in Gemeinwohl hebelt. Die aus Sicht dieses Kapitels nützlichste Perspektive auf das Problem geht auf eine andere Arbeit von Ronald Coase (1960) zurück. Die Grundidee ist einfach: Wenn eine Gesellschaft an Effizienz interessiert ist, dann sollte sie Institutionen so gestalten, dass die Individuen die Effekte, die ihr Verhalten auf Dritte hat, vollständig in ihrem Handeln berücksichtigen. Alle effizienten Institutionen weisen diese Eigenschaft auf.

Wie bereits klar wurde, können potenzielle Externalitäten prinzipiell durch vollständige Wettbewerbsmärkte internalisiert werden. Dabei impliziert die Vollständigkeit der Märkte, dass es eine wichtige Kategorie von marktbezogenen Transaktionskosten nicht gibt, bzw. diese null sind. Der Begriff der Transaktionskosten hat einen engen Bezug zu Institutionen, da man ihn benutzen kann, um die relative ‚Imperfektheit' von Institutionen abzuschätzen. Damit lässt sich die Relevanz des Ersten Hauptsatzes der Wohlfahrtsökonomik perspektivisch neu erschliessen. Schaut man sich in der Ideengeschichte um, so fällt auf, dass aufgrund von Arbeiten Oskar Langes (1936, 1937) schon sehr früh klar war, dass unter den Annahmen, die hinreichend für den Ersten Hauptsatz sind, ein zentrales Planungsverfahren ebenfalls zu einer effizienten Allokation führt: Um die markträumenden Preise zu finden, benötigt ‚der Markt' Informationen, die in den Händen eines Zentralplaners hinreichend für die direkte Umsetzung einer effizienten Allokation sind. Dieses Ergebnis bedeutet aber, dass unter bestimmten idealisierten Bedingungen die institutionelle Struktur irrelevant für das sich ergebende Wirtschaftsergebnis ist.

Coase (1960) verallgemeinerte diese Idee, indem er das Bewusstsein schärft, dass weder vollständige Märkte noch der idealisierte Planer-Mechanismus für das Effizienzergebnis verantwortlich sind, sondern zwei andere, implizite Annahmen, nämlich die Rationalität der wirtschaftlichen Akteure und die Abwesenheit von Transaktionskosten.

▶ **Resultat 6.1 Coase-Theorem** In Abwesenheit von Transaktionskosten werden rationale Akteure eine Vereinbarung finden, die sowohl Pareto-effizient als auch unabhängig von der anfänglichen Zuteilung von Eigentumsrechten ist.

Die Erkenntnis ist von verblüffender Einfachheit: Wenn Individuen rational sind und keine Transaktionskosten existieren, sollten sie immer in einer Situation enden, in der die potenziellen Handelsgewinne vollständig ausgeschöpft werden; es wäre nicht rational, sie unausgeschöpft zu lassen. In einer idealen Welt ohne Transaktionskosten würden potenzielle Externalitäten von rationalen Individuen vollständig internalisiert, sei es durch Marktpreise, zentrale Planung in Form von zentral festgelegten Transferpreisen oder direkter Mengensteuerung oder durch andere institutionelle Regelungen.

Was ist die Bedeutung dieses Ergebnisses? Im Gegensatz zu dem, was manchmal in der Literatur behauptet wird, ist das Coase-Theorem kein Ergebnis über die

Effizienz von Märkten oder die Vorteile von dezentralen Verhandlungen. Es ist vielmehr eine Methodenkritik an Modellen und Theorien, die entweder im- oder explizit die Effizienz verschiedener Institutionen oder Organisationen vergleichen, ohne die zugrundeliegenden Annahmen bezüglich ihrer Transaktionskosten explizit zu machen (oder noch besser die spezifischen Transaktionskosten zu erklären). Es ist wie der Vergleich verschiedener architektonischer Entwürfe, die ohne Einbeziehung der Schwerkraft abgeleitet entwickelt werden. Die Häuser sehen vielleicht schön aus, aber es ist nicht klar, was passiert, wenn man sie tatsächlich baut. Transaktionskosten sind in diesem Sinne wie die Schwerkraft.

Der erste Hauptsatz der Wohlfahrtsökonomik ist ein Beispiel dafür. Zu der Zeit, als die zugrundeliegende Theorie entwickelt wurde, war die zentrale Bedeutung der Transaktionskosten für die Erklärung der relativen Effizienz verschiedener Institutionen noch nicht bewusst. Also wird der zugrundeliegende Marktmechanismus so modelliert, als ob es keine Transaktionen gäbe. Die Implikation ist, dass das Ergebnis aus einer Transaktionskostenperspektive nicht verwendet werden kann, um zu argumentieren, dass Märkte anderen Institutionen überlegen sind, solange die relevanten Transaktionskosten nicht verstanden und mit den Transaktionskosten von alternativen Institutionen verglichen werden. Ohne Transaktionskosten macht allein die angenommene Rationalität jede Institution effizient.

Diese Erkenntnis impliziert nicht, dass das Marktmodell nutzlos ist. Im Gegenteil, es kann äusserst wertvoll sein, um Vorhersagen über alle Arten von Auswirkungen auf Marktpreise, die Allokation von Gütern usw. zu treffen. Es kann jedoch nicht verwendet werden, um etwas Sinnvolles über die Komparative Effizienz des Marktes – im Vergleich zu anderen Institutionen – abzuleiten.

Viele Forschungsfelder sind auf Basis dieser Einsicht entstanden. Sie alle werden vereinigt durch ihren Versuch, bestimmte Aspekte des Phänomens ‚Transaktionskosten' besser zu verstehen.

1. Transaktionskosten aufgrund der Formulierung von Verträgen: Wie wir bereits gesehen haben, existieren Verträge nicht einfach so, sondern müssen verhandelt werden. Dazu benötigt man aber Zeit und bestimmte Kompetenzen. Daher werden nur solche Verträge geschrieben (und Markttransaktionen durchgeführt), bei denen die Transaktion zu Handelsgewinnen führt, die ihre Transaktionskosten übersteigen. Selbst der Kauf eines Smoothies setzt voraus, dass man ins Geschäft geht, den Preis anschaut und bezahlt. Das kostet Zeit.

   Eines der grössten Probleme im Umgang mit Interdependenzen, welches auf der Unmöglichkeit des Schreibens von Verträgen basiert, entsteht durch intergenerative Interdependenzen. Eine Vielzahl der gegenwärtigen Entscheidungen werden Konsequenzen in der Zukunft haben, die das Wohlergehen zukünftiger Generationen betreffen. Die bekanntesten Beispiele sind der anthropogene Klimawandel und die Atomenergie. In beiden Fällen kann man davon ausgehen, dass zukünftige Generationen von unserem heutigen Verhalten betroffen sein werden, und diese Interdependenzen lassen sich nicht durch Verträge internalisieren, da eine Seite des Marktes zum Zeitpunkt des Vertragsabschlusses noch gar nicht geboren wurde. Märkte führen fast schon definitionsgemäss zu Externalitäten, wenn zukünftige Generationen betroffen sind. Aber wenn Märkte versagen, welche anderen Möglichkeiten bestehen, um die Interessen zukünftiger Generationen zu berücksichtigen? Da es offensichtlich ist, dass zukünftige Generationen an *keinem* Entscheidungsverfahren teilhaben können, sei es marktbasiert, sei es politisch in Form von Wahlen, bleibt nur eine Alternative übrig: die wörtliche Internalisierung der Interessen zukünftiger durch das moralische Gewissen der heute lebenden Generationen. Nur wenn die gegenwärtigen Generationen bereit sind, über die legitimen Interessen zukünftiger Generationen nachzudenken und ihr Handeln an den Ergebnissen dieses Nachdenkens auszurichten, ist es im Prinzip möglich, ansonsten existierende Externalitäten zu internalisieren. Selbst wenn politische Entscheidungen wie zum Beispiel ein Preisanstieg für fossile Energien individuelle Entscheidungen beeinflussen, ist die Entscheidung, eine solche Regulierung umzusetzen, nicht Ergebnis eines Verhandlungsprozesses zwischen allen betroffenen Akteuren. Es handelt sich um einen Selbstbindungsmechanismus der gegenwärtigen Generationen, welcher es einfacher macht, sich an die eigenen moralischen Standards zu halten.

Exkurs 6.4. Ist da jemand, den man schädigen kann? Das Nichtidentitätsproblem intergenerativer Gerechtigkeit

Es gibt einen Aspekt in der Debatte zu intergenerativer Gerechtigkeit, der einen qualitativen normativen Unterschied zwischen Allokationsproblemen innerhalb und Allokationsproblemen zwischen Generationen erzeugt. Eine wichtige Debatte in der Praktischen Philosophie über den normativen Status ungeborener (oder noch nicht gezeugter) Menschen dreht sich um die Frage, ob zukünftige Generationen dieselben Rechte haben wie bereits geborene Menschen, und in welchem Sinn man ungeborenen Menschen Schaden zufügen kann (Parfit, 1984). Eine zentrale Herausforderung stellt dabei das sogenannte *Nichtidentitätsproblem* dar, welches besagt, dass anscheinend minimale und triviale Änderungen in unseren Plänen die Identität zukünftiger Personen verändert (weil zum Beispiel die Eizelle durch ein anderes Spermium befruchtet wird).

Daher haben Änderungen im ökonomischen und politischen Umfeld einen grossen Einfluss auf die biologische Identität zukünftiger Generationen. Aber wenn dem so ist, kann man nicht argumentieren, dass irgendeine spezifische Person durch eine Massnahme schlechter gestellt wird, da zum Beispiel zwei unterschiedliche politische Massnahmen dazu führen, dass in Zukunft biologisch unterschiedliche Menschen leben werden (was aber für die Anwendbarkeit welfaristischer Kriterien notwendig ist). Eine pragmatische Sichtweise würde das Problem ‚lösen', indem sie die konkrete biologische Identität für moralisch unerheblich erklärt. Das einzige, was normativ zählt, so könnte man argumentieren, ist der Umstand, dass in der Zukunft Menschen leben werden, und diese können durch vergangene Entscheidungen besser

---

(Fortsetzung)

oder schlechter gestellt werden. So plausibel diese Position erscheinen mag, so muss man sich doch klarmachen, dass sie in zentralen Punkten vom Welfarismus, der der normativen Mainstreamökonomik zu Grunde liegt, abweicht. Welfarismus basiert auf der Vorstellung, dass das Wohlergehen tatsächlich existierender Menschen normativ relevant ist.

2. Transaktionskosten aufgrund der Durchsetzung von Verträgen: Selbst in einem Nachtwächterstaat muss die Durchsetzung von Verträgen zum Beispiel durch Polizei und Gerichte sichergestellt werden. Die Kapital- und Arbeitskosten dieser Einrichtungen müssen zu den Transaktionskosten gezählt werden. Aus einer Effizienzperspektive ist die Polizei nur indirekt produktiv, da ihre Existenz in einem Rechtsstaat die Voraussetzungen für ein Umfeld schafft, in dem sich Menschen sicher fühlen und Produktion und Handel stattfinden. Wenn die Polizei unnötig wäre (zum Beispiel, weil die Menschen aus innerem Antrieb heraus kooperativ sind und vertragliche Verpflichtungen einhalten), würde Kapital und Arbeitszeit freigesetzt, die man direkt produktiv einsetzen könnte.
3. Transaktionskosten aufgrund der Unvollständigkeit von Verträgen: Ein sehr ausführlich untersuchtes Problem ist die Rolle von Informationen bei der Vertragsgestaltung und der Leistungsfähigkeit von Institutionen. Es gibt unterschiedliche Forschungsrichtungen, die hier kurz vorgestellt werden.
   (a) Asymmetrische Informationen: Der Begriff ‚Asymmetrische Informationen' bezieht sich auf eine Situation, in der eine Seite einer Transaktion über Informationen verfügt, die für die Transaktion relevant sind, nicht aber die andere Seite. Diese Ausgangslage ist eher die Regel als die Ausnahme, da in fast jedem Käufer-Verkäufer-Verhältnis die jeweiligen Zahlungsbereitschaften der anderen Marktseite nicht bekannt sind. Das folgende Beispiel illustriert die Relevanz asymmetrisch verteilter Informationen. Gehen wir von einem Gebrauchtwagenmarkt aus, auf dem die Verkäufer besser über die Qualität der zum Verkauf stehenden Fahrzeuge informiert sind als die Käufer. Dann wird die Zahlungsbereitschaft eines repräsentativen Käufers von seiner Einschätzung der *durchschnittlichen* Qualität der Fahrzeuge abhängen. Das führt aber dazu, dass die Anbieter von qualitativ hochwertigen Fahrzeugen kein Interesse am Verkauf haben, da die Qualität ihrer Fahrzeuge einen höheren Preis rechtfertigt. Daher werden sie auf dem Markt nicht anbieten. Wenn die Käufer diesen Anreiz verstehen, reduzieren sie ihre Qualitätserwartung nach unten, und damit auch den Preis, den sie zu zahlen bereit sind. Dies kann einen Prozess der Marktauflösung auslösen, an dessen Ende nur noch Autos minderer Qualität angeboten werden. George Akerlof (1970), einer der Pioniere der Informationsökonomik, nannte einen solchen Markt einen *Markt für Zitronen* (*Market for Lemons*) (der Begriff Zitrone steht in den USA umgangssprachlich für ein Auto, welches sich nach dem Kauf als mangelhaft erweist).

Es hat sich gezeigt, dass asymmetrische Informationen insbesondere auf Versicherungsmärkten relevant sind, was eine Erklärung dafür gibt, warum diese in vielen Ländern reguliert werden: Unregulierte Versicherungsmärkte haben eine Tendenz zu Ineffizienzen. Spezifische regulatorische Eingriffe wie Versicherungspflicht und Kontrahierungszwang (zusammen mit einer gewissen Form der Preisregulierung, der es Versicherungsunternehmen verunmöglicht, den Kontrahierungszwang durch hohe Preise de facto auszuheben) reduzieren die hierauf zurückgehenden Ineffizienzen. Eine solche Form der Regulierung funktioniert recht gut auf Versicherungsmärkten, aber nicht notwendigerweise auf anderen Märkten: Wenn Individuen Risiken vermeiden wollen (sie sind *risikoavers*) und eine Versicherung ihr Verhalten nicht riskanter macht, ist eine Pareto-effiziente Lösung einfach zu bestimmen: Jeder bekommt vollen Versicherungsschutz. Ein solcher Standard ist relativ einfach durch einen staatlichen Akteur zu regulieren.

(b) Nichtverifizierbare Verträge: Manche Vertragsbestandteile können sich auf Eigenschaften des Guts oder der Dienstleistung beziehen, die für beide Vertragspartner beobachtbar sind, aber trotzdem ist die Einhaltung des Vertrages durch ein Gericht nicht kontrollierbar. Dies nennt man ein Verifizierbarkeitsproblem. Ein Beispiel wäre ein Arbeitsverhältnis, bei dem Arbeitgeber und Arbeitnehmer wissen, dass sich der Arbeitnehmer nicht anstrengt, aber der Arbeitgeber dies nicht beweisen kann.

(c) Unvollständige Voraussicht: Viele vertragliche Verpflichtungen erstrecken sich in die entferntere Zukunft. Daher ist die Vorhersehbarkeit der Konsequenzen von vertraglichen Abmachungen von grosser Bedeutung. In vielen Fällen ist eine solche Vorhersehbarkeit aber nicht gegeben. Ein Beispiel ist wiederum ein Arbeitsvertrag, diesmal zwischen einem Arbeitgeber und einer Wissenschaftlerin, die für das Unternehmen Forschung betreiben soll. Es liegt im Wesen von Forschung, dass die Ergebnisse der Anstrengung nicht vollständig vorhersehbar sind, sonst wäre sie überflüssig. Daher lässt sich ein Arbeitsvertrag nicht direkt auf das Ergebnis der Forschungstätigkeit beziehen, auch wenn es das ist, was der Arbeitgeber erwartet. Es kann sein, dass etwas Unerwartetes oder gar nichts aus dem Forschungsprojekt resultiert. Daher sind solche Verträge notwendig unvollständig.

Aus Sicht der Transaktionskostenökonomik ist der Klimawandel das wahrscheinlich komplexeste Problem, welches man sich ausdenken kann, um die Menschheit herauszufordern, da er viele Problemaspekte in sich vereint, für deren Lösung Menschen nicht gut vorbereitet sind. Zunächst einmal führt die Intergenerativität des Problems dazu, dass nicht alle betroffenen Personen auf dem Markt oder bei jeder anderen Form der Verhandlung teilnehmen können. Daher besteht die einzige Möglichkeit, die Interessen zukünftiger Generationen zu berücksichtigen, darin, dass sich die gegenwärtigen Generationen freiwillig moralisch gegenüber ihnen verhalten. Und selbst wenn es eine hinreichende moralische Motivation gibt, sich um zukünftige Generationen zu kümmern, haben wir nur unvollständiges Wissen über die zukünftigen Konsequenzen unseres Handelns. Drittens ist unsere

Spezies durch ihre evolutionäre Geschichte auf Probleme vorbereitet, die relativ kleine, überschaubare Gruppen betreffen. Unsere ‚moralischen Instinkte' lassen uns einen Unterschied zwischen der eigenen und der anderen Gruppe machen, und unsere intuitive Hilfsbereitschaft ist meist auf die eigene Verwandtschaft und die eigene Gruppe begrenzt. Globale Probleme machen es aber erforderlich, dass man über die moralischen Intuitionen hinausgeht und ein vernunftgeleitetes Interesse am Geschick der ganzen Menschheit entwickelt, nicht nur dem der eigenen Verwandtschaft oder der eigenen ‚Stammesmitglieder'. Aber die Vernunft ist eine arbeitsscheue und schnell zu erschöpfende Gefährtin. Die Zusammenfassung des sogenannten Stern-Berichts zu den Folgen des Klimawandels (Stern, 2007) kommt zu dieser Schlussfolgerung: „The scientific evidence is now overwhelming: climate change presents very serious global risks, and it demands an urgent global response. [...] Climate change presents a unique challenge for economics: it is the greatest and widest-ranging market failure ever seen. The economic analysis must therefore be global, deal with long time horizons, have the economics of risk and uncertainty at center stage, and examine the possibility of major, non-marginal change. [...] The effects of our actions now on future changes in the climate have long lead times. What we do now can have only a limited effect on the climate over the next 40 or 50 years. On the other hand what we do in the next 10 or 20 years can have a profound effect on the climate in the second half of this century and in the next. No one can predict the consequences of climate change with complete certainty; but we now know enough to understand the risks. [...] For this to work well, policy must promote sound market signals, overcome market failures and have equity and risk mitigation at its core."

Im Folgenden werden wir am Beispiel des Strassenverkehrs und von Umweltproblemen zeigen, wie man das Konzept der Transaktionskosten nutzbar machen kann, um ein besseres Verständnis für die Lösung von Externalitätenproblemen zu entwickeln.

6.2.3.1 Externalitäten im Strassenverkehr

A society sufficiently sophisticated to produce the internal combustion engine has not had the sophistication to develop cheap and efficient public transport?

Yes, boss... it's true. There's hardly any buses, the trains are hopelessly underfunded, and hence the entire population is stuck in traffic. (Ben Elton (1991), Gridlock)

Das häufigste Gefühl von Autofahrern, die im Stau stehen, ist Verärgerung. Aber diese psychologischen Kosten sind nur die Spitze des Eisbergs der ökonomischen Kosten von überfüllten Strassen und einer überbeanspruchten Infrastruktur. Die Hauptursachen für Staus sind Unfälle, schlechte Infrastruktur, zu viel Verkehr zu den Stosszeiten und unterschiedliche Geschwindigkeiten der Verkehrsteilnehmenden auf vollen Strassen. Das Centre for Economics and Business Research hat zusammen mit INRIX (ein Unternehmen, welches Internetdienstleistungen im Bereich Strassenverkehr anbietet) eine Schätzung der Folgen von überfüllten Strassen für die Ökonomien Grossbritanniens, Frankreichs, Deutschlands und den

USA ermittelt. Hier sind einige der wesentlichen Ergebnisse (bezogen auf die USA):

- Die ökonomischen Kosten überfüllter Strassen betrugen im Jahr 2013 ca. $124 Milliarden. Es wird erwartet, dass diese Kosten (*ceteris paribus*) um ca. 50 % auf $186 Milliarden im Jahr 2030 steigen werden. Die kumulativen Kosten über diese siebzehnjährige Periode werden auf $2,8 Billionen geschätzt.
- Die jährlichen Verkehrskosten aufgrund von Externalitäten betragen derzeit $1'700 für einen repräsentativen US-amerikanischen Haushalt. Es wird erwartet, dass diese Kosten auf $2'300 im Jahr 2030 steigen werden, wobei starke regionale Schwankungen existieren (die Kosten im Grossraum Los Angeles betragen $6'000). Um ein Gefühl für diese Zahlen zu bekommen: Der Medianhaushalt (die Hälfte hat ein geringeres, die andere Hälfte ein höheres Einkommen) hatte im Jahr 2013 ein Einkommen von $51'939.
- Der Geldwert der durch Überfüllung verursachten Kohlendioxidemissionen betrug im Jahr 2013 $300 Millionen. Es wird erwartet, dass er auf $538 Millionen im Jahr 2030 steigen wird, was zu Gesamtkosten von $7,6 Milliarden über diesen Zeitraum führt.

Überfüllungskosten im Strassenverkehr sind als Externalitäten zu bewerten, da die wesentlichen Ursachen für sie (a) Opportunitätskosten der Zeit, (b) Kosten durch Emissionen und (c) Preiseffekte aufgrund von höheren Transportkosten sind. Um dies zu begründen, schauen wir uns das Entscheidungsproblem einer Autofahrerin an. Wenn sie entscheidet, ob, wann und wo sie Strassen benutzen möchte, berücksichtigt sie die individuellen Kosten und den individuellen Nutzen dieser Entscheidung. Allerdings fällt ein grosser Teil der Kosten und Erträge bei anderen Verkehrsteilnehmern und der Öffentlichkeit an. Emissionen erzeugen regionale und globale Schäden, die im individuellen Entscheidungsproblem nicht vorkommen, und die Zeitverschwendung anderer Verkehrsteilnehmer wird ebenfalls individuell nicht berücksichtigt. Der Grund liegt darin, dass dezentrale Verhandlungen darüber, wann und wo Strassen genutzt werden, zu prohibitiven Transaktionskosten führen.

Was kann man sonst tun, um den Strassenverkehr effizienter zu gestalten? Welche institutionellen Alternativen gibt es? Überfüllungsexternalitäten zu internalisieren ist schwierig. Der Bau weiterer oder die Verbreiterung bestehender Strassen verbraucht Land und kann dazu führen, dass noch mehr gefahren wird. Die Erhebung von überfüllungsabhängigen Gebühren (zum Beispiel zu Zeiten des Berufsverkehrs) kann dazu beitragen, das Effizienzproblem zu lösen, aber selbst neue Probleme schafft. Um dies zu sehen, schauen wir uns als Beispiel die *London Congestion Charge* an. Die Standardgebühr betrug in 2016 £15 für die meisten Motorfahrzeuge, die montags bis freitags zwischen 07:00 und 20:00 Uhr in der sogenannten *Congestion Charge Zone* (Central London) unterwegs sind. Die theoretische Lösung bei der Bestimmung der Gebühr ist, sie so zu bemessen, dass der individuelle Strassennutzer durch sie die Externalität, die er sonst auf den Rest der Gesellschaft ausüben würde, internalisiert. Wenn die Gebühr in diesem Sinne richtig berechnet wurde, können wir schliessen, dass die Interdependenz mit ungefähr £15 bewertet werden kann. Wenn die Gebühr steigt, sollte die Nachfrage, mit dem eigenen Fahrzeug in die Londoner Innenstadt zu fahren, zurückgehen. Dies sollte für eine Gebühr unterhalb der optimalen zu einer Erhöhung der Effizienz führen, da die Überfüllung zurückgeht. Was dieses Instrument problematisch macht, sind daher nicht seine Effizienz, sondern seine Verteilungskonsequenzen, da die Gebühr insbesondere ärmere Verkehrsteilnehmende belastet. Diese werden überdurchschnittlich von einem Besuch der Innenstadt mit dem eigenen Fahrzeug abgehalten.

Exkurs 6.5. Die Rolle des öffentlichen Raums in der Demokratie
Strassennutzungsgebühren haben nicht nur Verteilungskonsequenzen, die man normativ fragwürdig finden kann, sondern auch noch weitergehende Konsequenzen bezüglich der Frage, wie wir die gesellschaftliche Rolle des öffentlichen Raums sehen. Öffentliche Räume spielen in einer Demokratie eine wichtige Rolle als Orte, wo sich Meinungen bilden und kundtun können, und zu denen jede Bürgerin und jeder Bürger diskriminierungsfreien Zugang hat. Ein öffentlicher Raum ist ein Ort, an dem Demokratie möglich wird. Henri Lefebvre (1974) hat diesen Punkt sehr pointiert herausgestellt: „(Social) space is a (social) product [...] the space thus produced also serves as a tool of thought and of action [...] in addition to being a means of production it is also a means of control, and hence of domination, of power." Verlangt man hohe Gebühren für den Zugang zu solchen Orten, diskriminiert dies gegenüber bestimmten gesellschaftlichen Gruppen, die diese nicht mehr ohne Weiteres aufsuchen können, was aus einer demokratietheoretischen Perspektive fragwürdig ist. Ein enger ökonomischer Blick, der sich auf den Aspekt der Effizienz konzentriert, geht das Risiko ein, diesen grösseren Kontext nicht zu sehen.

Ein gutes Beispiel für das Verhältnis von Demokratie und öffentlichem Raum ist die *Landsgemeinde*, eine weitgehend vergangene Schweizer Institution, bei der die wahlberechtigten Bürgerinnen und Bürger an einem bestimmten Tag an einem bestimmten Ort zusammenkommen, um zu debattieren und politische Entscheidungen direktdemokratisch zu treffen. Ein weiteres Beispiel ist der *Speakers' Corner*, ein Ort, an dem jeder ohne Beschränkung seine Meinung öffentlich verbreiten und diskutieren kann. Es ist eine bislang unbeantwortete Frage, ob bzw. inwieweit virtuelle öffentliche Räume im Internet an die Stelle physisch verortbarer Räume treten und die Rolle diskriminierungsfreien öffentlichen Austauschs übernehmen können.

6.2.3.2 Umweltexternalitäten

Climate change is a result of the greatest market failure the world has seen. (Nicholas Stern)

The metaphor is so obvious. Easter Island isolated in the Pacific Ocean – once the island got into trouble, there was no way they could get free. There was no other people from whom they could get help. In the same way that we on Planet Earth, if we ruin our own [world], we won't be able to get help. (Jared Diamond (2005), Collapse: How Societies Choose to Fail or Succeed)

Ölkatastrophen, die malerische Strände und die letzten Wildnisse zerstören, sind nur die Spitze des Eisbergs von Umweltexternalitäten. Hier sind ein paar Beispiele für Umweltinterdependenzen in der Produktion, bei denen die gesellschaftlichen Kosten nicht vollständig in Marktpreisen reflektiert werden: Unregulierte Luftverschmutzung durch die Verbrennung fossiler Energien, wenn kein Markt für die Schadstoffe existiert, oder anthropogener Klimawandel als Konsequenz der Emission von Treibhausgasen (da zukünftige Generationen betroffen sind). Negative Konsequenzen aus der industriellen Tierzucht, zum Beispiel die exzessive Nutzung von Antibiotika, die zu Resistenzen der Krankheitserreger führen, die Kontamination der Umwelt mit tierischen Abfällen oder Methan aus der Rinderzucht. Oder die Kosten der Lagerung atomarer Abfälle für lange Zeiträume.

Es gibt einen breiten Konsens in der Wissenschaft, dass die Geschwindigkeit des Artenverlustes heute grösser als zu jeder anderen Zeit der menschlichen Geschichte ist. Im Jahre 2007 anerkannte der deutsche Bundesumweltminister Studien, die einen Artenverlust von 30 % bis zum Jahr 2010 prognostizierten. Der *Living Planet Report* World Wildlife Fund (2014) kommt zu dem Schluss, dass „the number of mammals, birds, reptiles, amphibians and fish across the globe is, on average, about half the size it was 40 years ago." Wenn wir diesen wissenschaftlichen Konsens akzeptieren und davon ausgehen, dass ein Teil des Verlusts an Biodiversität eine Folge des ökonomischen Systems ist, stellt sich die Frage, ob es sich um eine Externalität handelt. Kann es sein, dass ein massenhaftes Artensterben Paretoeffizient ist? Dies ist eine sehr schwierig zu klärende Frage, da sie nur beantwortet werden kann, wenn wir verstehen, welche Rolle Biodiversität für die Möglichkeit menschlichen Lebens auf diesem Planeten spielt. Zusätzlich müssen wir wissen, inwieweit Menschen Biodiversität *an sich* als einen Wert ansehen. Wenn wir von der konservativen Annahme ausgehen, dass Biodiversität einen ausschliesslich instrumentellen Wert für Menschen zur Ermöglichung menschlichen Lebens besitzt und wir auch davon ausgehen, dass es intergenerative Externalitäten gibt, da zukünftige Generationen mit der hinterlassenen Biodiversität leben müssen, kommt man zu dem Schluss, dass es eine Externalität gibt, wenn grössere Biodiversität eine positive Rolle in der Ermöglichung menschlichen Lebens spielt. Diese letzte Annahme basiert aber auf tiefer Unsicherheit hinsichtlich der komplexen Rolle, die die Biosphäre für den Menschen hat. Ein weiteres Problem besteht darin, dass das Kriterium der Pareto-Effizienz blind auf dem Verteilungsauge ist. Eine Politik, bei der die derzeit lebenden Generationen ein grosses „Fest" veranstalten, bei dem so gut wie alle mit unserem derzeitigen Wissen verfügbaren natürlichen Ressourcen so umgewandelt werden, dass eine Ödnis hinterlassen wird, so dass zukünftige Generationen am Existenzminimum leben müssen oder gar nicht mehr existieren, ist so lange Pareto-effizient, so lange keine andere Politik identifiziert wird, die zukünftige Generationen besser stellt, ohne den gegenwärtigen das „Fest" zu verderben.

Das Kriterium der Pareto-Effizienz hat insbesondere bei Problemen mit einem langen Zeithorizont konzeptionelle Eigenheiten, die für viele Menschen normativ nicht akzeptabel erscheinen. Daher wurde es durch ein anderes Kriterium ergänzt oder gar verdrängt, *Nachhaltigkeit*. Die in der Öffentlichkeit bekannteste Definition geht auf die sogenannte ‚Brundtland Kommission' der Vereinten Nationen (1987) zurück: „Sustainable development is development that meets the needs of the present without compromising the ability of future generations to meet their own needs." Dieses Konzept erkennt implizit das Recht zukünftiger Generationen auf ein gutes Leben an und ist daher stärker als Pareto-Effizienz. Es leidet aber an der schwierigen Operationalisierbarkeit, da die Möglichkeit der Bildung von Erwartungen hinsichtlich der Einhaltung des Kriteriums zum Zeitpunkt der Entscheidung (denn eine retrospektive Beurteilung ist ja sinnlos) voraussetzt, dass wir die komplexe Rolle von z. B. Ökosystemen für unser Leben hinreichend gut verstehen. Darüber hinaus ist es ebenfalls ein anthropozentrisches Kriterium. Auf diesen Punkt werden wir zurückkommen.

Für den Moment kehren wir aber zu einem weniger komplexen Problem zurück. Wir schauen uns anhand des Beispiels einer Ölkatastrophe an, welche grundlegenden Probleme und Lösungsansätze für das Externalitätenproblem existieren. Betrachten wir ein Unternehmen, welches eine Tankerflotte betreibt, mit der Rohöl von Förderstätten zu Raffinerien transportiert wird. Das Umweltrisiko dieses Geschäftsmodells besteht darin, dass ein Ölteppich aufgrund eines Unfalls das marine Ökosystem und gegebenenfalls auch die Fisch- und Tourismusindustrie schädigen kann. Wir zerlegen die Diskussion in zwei Teile. Im ersten Teil gehen wir davon aus, dass es sinnvoll möglich ist, solche Schäden monetär zu beziffern, und fragen nach möglichen institutionellen Lösungen des Effizienzproblems. Im zweiten Teil hinterfragen wir diese Annahme und schauen uns die normativen Probleme genauer an, die entstehen, wenn man Ölkatastrophen Preisschilder aufklebt.

Das Risiko eines Unfalls kann durch die Investitionen in Sicherheitstechnologien beeinflusst werden. Ein gewinnorientiertes Unternehmen steht dabei vor einem Zielkonflikt zwischen den Kosten und den Erträgen einer solchen Investition, und es stellt sich die Frage, ob es die gesellschaftlichen Kosten und Nutzen adäquat berücksichtigt, wenn es Entscheidungen trifft. In einem unregulierten Markt mit ausschliesslich Eigentumsrechten und Vertragsrecht ist das sehr unwahrscheinlich, da potenziell sehr viele Menschen von einer Ölkatastrophe betroffen sind, so dass wir davon ausgehen müssen, dass dezentrale Verhandlungen zwischen den potenziell Betroffenen und dem Flottenbetreiber über den Einbau von Sicherheitstechnologie scheitern. Die Sicherheitsstandards sind in einem unregulierten Markt wahrscheinlich ineffizient niedrig. Wie lassen sich diese Externalitäten internalisieren? Wir diskutieren drei unterschiedliche Instrumente.

- Ein sehr direkter Weg, Sicherheitsstandards umzusetzen, besteht in der Vorgabe verpflichtender Standards. Dieses Instrument ist effektiv (wenn die Einhaltung kontrolliert und durchgesetzt werden kann), aber nicht immer effizient. Es ist umso effizienter, je homogener die globale Tankerflotte ist, da bei identischen Tankern die Kosten und Nutzen für alle gleich sind. Leider ist das nicht der

Fall, und mit zunehmender Heterogenität schwindet die Effizienz. Man könnte nun argumentieren, dass dies kein Problem sei, solange die Regulierung auf die individuelle Flotte oder den individuellen Tanker zugeschnitten werden könne. Aber kompliziertere Regulierungen sind schwieriger umzusetzen, und ihre Einhaltung ist schwieriger zu kontrollieren. Mit dem Detaillierungsgrad der Regulierung steigen ihre Transaktionskosten. Daher ist für die Praxis zu erwarten, dass Sicherheitsstandards zu Effizienzverlusten führen.

- Eine weitere Möglichkeit besteht darin, Aktivitäten zu besteuern, die positiv, und Aktivitäten zu subventionieren, die negativ mit Risiken korreliert sind. Steuern und Subventionen verändern die wahrgenommen Preise dann so, dass riskante Aktivitäten teurer und risikovermeidende Aktivitäten billiger werden. Das Ergebnis ist, dass Anreize gesetzt werden, Investitionen in Richtung von mehr Sicherheit zu lenken. Der Vorteil im Vergleich zu Standards ist, dass die Anreize selektiv für unterschiedliche Tanker wirken, und es ist im Prinzip möglich, Ineffizienzen, die daraus resultieren, dass derselbe Standard für alle gilt, zu vermeiden. Allerdings muss auch ein Steuer-Subventionssystem administriert werden, was eigene Transaktionskosten erzeugt.

- Schliesslich ist es auch möglich, das Instrument des Haftungsrechts einzuführen. Das Haftungsrecht führt dazu, dass der Flottenbetreiber für Schäden zahlen muss, wenn sie auftreten. Damit steigen die Kosten für das Unternehmen im Schadensfall, so dass es theoretisch ein vielversprechendes Instrument zur Internalisierung Externer Effekte ist: Wenn Schadensfälle für Unternehmen teurer werden, haben sie einen stärkeren Anreiz, Schäden zu vermeiden. Allerdings kann dieses juristische Instrument in Konflikt mit anderen juristischen Instrumenten stehen, die wiederum ihrer eigenen Logik folgen. So haben die meisten Länder ein Insolvenzrecht, welches die Risiken von Unternehmen und Privatpersonen begrenzt. Wenn ein solches Recht existiert, kann das Haftungsrecht zu einem stumpfen Schwert werden, da der schlimmstmögliche Fall die Insolvenz ist, was die finanziellen Risiken nach unten begrenzt. Da Ölkatastrophen typischerweise hohe finanzielle Risiken mit sich bringen, ist das Haftungsrecht daher möglicherweise unzureichend, die richtigen Anreize zu setzen, da die Eigentümer gegen hohe Verluste geschützt sind.

Die obige Diskussion hat gezeigt, dass in einer Gesellschaft unterschiedliche Instrumente zum Umgang mit Externalitäten zur Verfügung stehen, und es hängt vom jeweiligen Einzelfall ab, welches Instrument oder welche Kombination von Instrumenten am besten funktioniert.

Der zweite Aspekt des Problems der Umweltinterdependenzen bezieht sich auf die Frage, ob es tatsächlich immer sinnvoll möglich ist, Umweltschäden monetär zu bewerten. Es ist relativ unproblematisch, zum Beispiel Gewinnausfälle der betroffenen Fischerei- oder Tourismusindustrie zu bestimmen, da die Güter ohnehin schon zu Marktpreisen gehandelt werden, so dass zusammen mit Informationen über vergangene Umsätze oder Gewinne recht gute Schätzwerte für die Verluste durch Umweltschäden ermittelt werden können. Das Problem wird schwieriger, wenn man die nicht schon ökonomisch gemessenen Schäden ermitteln möchte, die

Menschen durch die Ausbeutung von Ressourcen wie Wasser, Luft oder Erdreich, die Zerstörung von Ökosystemen oder die Vernichtung von Arten erleiden. Was ist aus Sicht der Menschheit der monetäre Wert einer bestimmten Käferart, die vom Aussterben bedroht ist?

Eine radikale Position würde aber über das Problem der Bewertung von in einem engen Sinne nicht-ökonomischen Schäden noch hinausgehen und den hinter diesem Ansatz stehenden Anthropozentrismus selbst in Frage stellen. Sowohl der Welfarismus als auch das Konzept der Nachhaltigkeit im Sinne des Brundtland-Berichts sehen in allen nichtmenschlichen Lebensformen nur ein Mittel für das Wohlergehen von Menschen. Normative Ansätze, wie sie zum Beispiel von der *Deep-Ecology-Bewegung* vertreten werden, deren Ethik stark von dem norwegischen Philosophen Arne Næs beeinflusst ist, schreiben Tieren und Biosystemen einen Zweckcharakter zu. Sie besitzen einen intrinsischen Wert, der sich nicht auf den Nutzwert für den Menschen reduzieren lässt. Anthropozentrische Ethiken würden einer Art nur eine Existenzberechtigung zusprechen, wenn sie zur Befriedigung irgendeines menschlichen Bedürfnisses beiträgt. Die Deep-Ecology-Bewegung lehnt dies ab und geht stattdessen von dem Kernprinzip aus, dass das gesamte Biosystem in seiner Komplexität respektiert werden muss und dass ihm eigene Rechte zukommen, die seinen Fortbestand garantieren, unabhängig vom Nutzwert für die Menschen. Eine solche Position hat weitreichende Folgen für eine ökonomische Theorie, die auf welfaristischen Vorstellungen von gut und schlecht, richtig und falsch basiert. So wäre es aus der Perspektive der Deep Ecology etwa völlig unsinnig, von der Effizienz eines Fleischmarktes zu sprechen, da Tiere Zwecke und nicht Mittel sind. Ein Vergleich mit Sklavenmärkten zeigt das Problem: Der Handel von Sklaven auf Märkten kann nur als effizient oder nichteffizient bezeichnet werden, wenn man Sklaven von Menschen- und Bürgerrechten ausschliesst und sie als reine Mittel für die Zwecke anderer Menschen ansieht. In einer solchen Gesellschaft kann man tatsächlich sinnvoll von der Pareto-Effizienz eines Sklavenmarkts sprechen. Sobald man aber die Menschen- und Bürgerrechte auf alle Menschen ausdehnt und für unverlierbar erklärt, ist es kategorial nicht möglich, von der Effizienz eines solchen Marktes zu sprechen, da die gehandelten ‚Ressourcen', nicht mehr bloss Mittel sondern selbst Zweck sind, von dem ausgehend man Fragen der Effizienz erst beurteilt. Wir bekommen dieselbe fundamentale Transformation, wenn wir nichtmenschlichem Leben oder sogar nichtlebenden Phänomenen Rechte zuweisen.

Es übersteigt die Möglichkeiten eines einführenden Lehrbuchs bei Weitem, tiefer in die schwierigen und faszinierenden Probleme der Umweltethik und ihrer Konsequenzen für unsere Wahrnehmung ökonomischer Systeme einzusteigen. Was die obige Diskussion aber gezeigt haben sollte, ist, dass unsere Wahrnehmung von Märkten auf normativen Prinzipien basiert, die – obwohl weitgehend unhinterfragt – nicht selbstverständlich und folgenlos sind.

Es gibt noch weitere, weniger offensichtliche Möglichkeiten des Umgangs mit Externalitäten, und es gibt auch noch weitere, weniger offensichtliche Ursachen für sie. Die beiden folgenden Beispiele behandeln die Unternehmensethik und insbesondere Fragen der *Corporate Social Responsibility* (CSR) sowie Statusmotive und relative Leistungsmessung zur Illustration.

6.2.3.3 Moral und Unternehmensverantwortung

Globalization makes it clear that social responsibility is required not only of governments, but of companies and individuals. (Anna Lindh (2002) zugeschrieben)

Wenn wir davon ausgehen, dass die institutionelle Struktur einer Gesellschaft stets imperfekt in dem Sinn sein wird, dass nicht immer Anreize zu (Pareto-)effizientem Verhalten existieren, stellt sich die Frage, wie man mit den existierenden Ineffizienzen umgeht bzw. umgehen sollte. Ein Beispiel können unvollständig durchgesetzte Eigentumsrechte aufgrund hoher Transaktionskosten sein. Der grösste Teil der alltäglichen Transaktionen ist beispielsweise zwar formal durch Eigentumsrechte gesichert, aber de facto nicht, da es zu teuer wäre, diese durchzusetzen. Wenn eine Konsumentin eine Flasche Orangensaft kauft und der Verkäufer sich weigert, das Rückgeld auszuzahlen, sind die Opportunitätskosten, die entstehen, wenn man die Polizei ruft und vor Gericht einen Nachweis erbringt, dass man tatsächlich Anspruch auf Rückgeld hat (und nicht etwa passend bezahlt hat, wie der Verkäufer behauptet, Zeugen gibt es keine) wahrscheinlich zu hoch. Oder umgekehrt: Auch der Verkäufer kann wohl wenig dagegen unternehmen, wenn die Kundin einfach nur ,Danke' sagt und ohne zu bezahlen mit dem Orangensaft weggeht. Die Existenz von Eigentumsrechten allein kann nicht erklären, warum für den weit überwiegenden Anteil der Transaktionen diese völlig konfliktfrei ablaufen. Es muss andere Mechanismen geben, die dies sicherstellen. Zwei davon sollen nun vorgestellt werden.

Zum einen kann es sein, dass die Transaktion nicht einmalig ist, sondern sich in der Zukunft wiederholt. Wenn es aber stets eine positive Wahrscheinlichkeit gibt, dass sich die Kundin und der Verkäufer wieder begegnen werden, wäre es sehr kurzsichtig, wenn man zukünftige Handelsgewinne wegen des einmaligen Vorteils aufs Spiel setzte. Wiederholte Interaktionen können daher dazu genutzt werden, eine Reputation als verlässlicher Geschäftspartner aufzubauen. Dies stabilisiert Transaktionen auch in Situationen, in denen sie nicht über formale Eigentumsrechte abgesichert sind.

Zum anderen kann es sein, dass die Handelspartner einen intrinsischen Anreiz besitzen, sich an Absprachen zu halten und ,fair zu spielen'. Es gibt einen wissenschaftlichen Konsens darüber, dass Menschen nicht immer egoistisch handeln, sondern dass sie vielmehr über die Möglichkeit verfügen und manchmal auch den Wunsch verspüren, sich moralisch fair zu verhalten. Die Bereitschaft, Versprechen einzuhalten, Rechnungen zu bezahlen, und so weiter, hängt allerdings in starkem Masse von der Wahrnehmung der Situation ab. Wenn Menschen das Gefühl haben, dass sie in der Gesellschaft im Grossen und Ganzen fair behandelt werden, ist ihre Bereitschaft, sich ebenfalls kooperativ und fair zu verhalten, grösser, als wenn sie davon überzeugt sind, dass die Situation von vornherein unfair war. In einer an sich als fair wahrgenommenen Gesellschaft können daher Normen und die intrinsische Motivation zu fairem Verhalten ein Substitut zur formalen Durchsetzung von Eigentumsrechten sein. Je lückenhafter das System der Eigentumsdurchsetzung ist, desto wichtiger wird moralisches Verhalten.

Es stellt sich natürlich die Frage, wie relevant das beschriebene Verhalten ist. Ist moralisches Verhalten nur für kleine Transaktionen wie den Kauf eines Getränks relevant, oder verbirgt sich mehr hinter dem Phänomen? Betrachten wir das folgende Beispiel. Wir haben gesehen, dass unvollständige und asymmetrisch verteilte Informationen eine zentrale Ursache für Transaktionskosten sind. Daher kann in allen Fällen, in denen die besser informierte Marktseite den Informationsvorsprung auszubeuten in der Lage ist, moralisches Verhalten die Transaktionskosten senken. Diese Sichtweise wurde von Kenneth Arrow (1971) zum Ausdruck gebracht: „In the absence of trust [...] opportunities for mutually beneficial cooperation would have to be forgone [...] norms of social behavior, including ethical and moral codes (may be) [...] reactions of society to compensate for market failures." Der alleinige Bezug auf Märkte ist an dem Zitat missverständlich. Es wäre falsch, Moral als eine Reparaturwerkstatt für Marktversagen zu sehen. Aber der allgemeine Punkt ist gültig: Wenn Spezialisierung, Tausch und gegenseitiges Vertrauen sich ergänzen, ist es einfacher für eine Gesellschaft zu gedeihen.

Wie wir weiter unten noch sehen werden, führt die Existenz von sogenannten Öffentlichen Gütern wie Infrastruktur, Grundlagenforschung oder Landesverteidigung dazu, dass der Staat aus einer Effizienzperspektive eine aktivere Rolle als die des Nachtwächters spielen sollte. Dazu muss er aber in der Lage sein, die notwendigen Ausgaben zu finanzieren, was er im Wesentlichen durch die Erhebung von Steuern tut. Die Globalisierung der ehemals im Wesentlichen nationalen Ökonomien hat aber die Möglichkeit für (multinationale) Unternehmen und (tendenziell vermögende) Privatpersonen geschaffen, sich der Besteuerung durch die Schaffung komplizierter rechtlicher Strukturen zu einem guten Teil zu entziehen. Es mag aus Sicht insbesondere eines kleinen Landes als gute Idee erscheinen, Unternehmen durch niedrige Steuersätze zur Ansiedlung zu bewegen, aus einer globalen Perspektive führt dies aber zu einer Steuerstruktur, mit der eine effiziente Finanzierung Öffentlicher Güter nicht möglich ist. Der Grund liegt darin, dass bei dem bestehenden System nationalstaatlicher Souveränität die bestehenden internationalen Steuerabkommen Spielräume schaffen, die von Unternehmen und Privatpersonen zur Reduktion ihrer Steuerlast genutzt werden können. Trotz Initiativen von Seiten z. B. der OECD, ist es unrealistisch davon auszugehen, dass diese Schlupflöcher mit Hilfe von durchsetzbaren internationalen Abkommen in vorhersehbarer Zeit geschlossen werden können. Im Ergebnis kann man die resultierenden Ineffizienzen akzeptieren, oder man appelliert an die moralische Verantwortung der Unternehmen und Privatpersonen, wie es die schwedische Politikerin Anna Lindh im diesem Abschnitt vorausgehenden Zitat getan hat. Dabei sind Steuern nur ein Bereich, in dem sich für international agierende Akteure Gestaltungsspielräume ergeben haben, die sich einem gesellschaftlichen Zugriff und demokratischer Kontrolle weitgehend entziehen.

Im Bereich der Wirtschafts- und Unternehmensethik hat sich mit der Debatte um Unternehmensverantwortung (Corporate Social Responsibility, CSR) ein eigenes Forschungsfeld etabliert, welches die Verantwortung von Unternehmen benennen möchte, die durch diese Machtspielräume erwächst. Eine zentrale Frage in dieser Literatur ist, inwieweit die Zunahme an unternehmerischer Macht durch zum Beispiel Informationsvorteile oder Globalisierungsprozesse eine moralische Verantwortung begründet, die über das Gewinnerzielungsmotiv hinausgeht.

6.2.3.4 Status

> From whence, then, arises that emulation which runs through all the different ranks of men,
> and what are the advantages which we propose by that great purpose of human life which
> we call bettering our condition? To be observed, to be attended to, to be taken notice of with
> sympathy, complacency, and approbation, are all the advantages which we can propose to
> derive from it. It is the vanity, not the ease, or the pleasure, which interests us. (Adam Smith,
> The Theory of Moral Sentiments, Chapter II.)

> Comparison brings about frustration and merely encourages envy, which is called competi-
> tion. (Jiddu Krishnamurti, 2005)

Vergleiche mit anderen und das Bestreben, besser als sie zu sein, ist ein tief verwur-
zelter Antrieb. Menschen sind eine manchmal kooperative, aber auch kompetitive
Art, und es gibt evolutionäre Gründe, warum relative Leistung und Rangvergleiche
eine wichtige Rolle spielen. Der Mensch benötigt eine gewisse absolute Menge
an Nährstoffen, um gesund zu bleiben, aber davon einmal abgesehen ist es die
relative Position innerhalb einer Gruppe, die den Ausschlag für das individuelle und
genetische Überleben gibt. Dass ein Interesse an individuellem und Gruppenstatus
daher eine wichtige Rolle in unserem Denken, Fühlen und Handeln spielt, ist nicht
überraschend und findet sich zu allen Zeiten in verschiedenen Kulturen.

Dieser mächtige Antrieb für menschliches Verhalten hat jedoch auch eine pro-
blematische Seite, und so gut wie alle spirituellen Traditionen, die die Menschheit
hervorgebracht hat, vom Christentum bis zum Buddhismus, warnen davor, dass eine
Beschäftigung mit dem eigenen Status den Weg in eine tiefe Unzufriedenheit und
Leid bahnt. Umgekehrt wird behauptet, dass die Befreiung von Statusdenken zu
einem erfüllten Leben beiträgt. Mark Twain hat diese Vorstellung wohl auf die
kürzest mögliche Formel gebracht: „Comparison is the death of joy."

Wie dem auch sei, können wir irgendetwas als Ökonom darüber sagen, wie
Märkte funktionieren, auf denen Statusmotive eine wichtige Rolle spielen? Die
erste Beobachtung, die man machen kann, ist, dass Knappheit bei Statusgütern einer
anderen Logik folgt als Knappheit bei Gütern, die aus anderen Gründen konsumiert
werden. Nehmen wir an, wir essen Äpfel wegen ihres Nährwerts. Dann stellt uns der
Verzehr eines weiteren Apfels besser, unabhängig davon, was die anderen Menschen
tun. Daher stellt sich jeder in der Gesellschaft besser, wenn alle einen weiteren Apfel
verzehren. Dies gilt nicht für Statusgüter. Nehmen wir an, Autos seien für Sie ein
solches Statusgut (oder auch ein Smartphone oder Schuhe von Prada oder was auch
immer). Wenn Sie ein grösseres Auto kaufen und alle anderen Bewohner in Ihrer
Nachbarschaft ihr altes Fahrzeug behalten, gewinnen Sie an Status und Prestige.
Wenn allerdings jede Person ein grösseres Auto kauft, ändert sich nichts. Sie enden
hinsichtlich Ihres Status in derselben Situation, in der Sie sich auch befunden hätten,
wenn alle beim Kleinwagen geblieben wären. Statusgüter sind wie Wettrennen:
Wenn wir alle härter trainieren und schneller laufen, ändern sich die Chancen, das
Rennen zu gewinnen, nicht. Nur wenn Sie die oder der Einzige sind, die oder der
bereit ist, mehr zu tun, können Sie das Ergebnis zu Ihren Gunsten beeinflussen.

Was diese Diskussion zeigt, ist, dass technologischer Fortschritt und eine
Zunahme des materiellen Wohlstands Knappheit an Gütern lindern kann, die nicht
aus Statusgründen konsumiert werden (man lebt ein gesünderes, längeres Leben,

ist besser ernährt, ...), nicht aber für Statusgüter. Aus diesem Grund nennt man Statusgüter auch *Positionsgüter*: Es ist die relative Position in der Rangordnung, die über den Status entscheidet, und wenn alle doppelt so hart arbeiten, um vorwärts zu kommen, bleiben am Ende alle auf derselben Position. Es kann sogar zu einem Punkt kommen, an dem sich jeder schlechter stellt, da z. B. die langen Arbeitszeiten ihren Tribut fordern. Aber führen Statusmotive auch zu Externalitäten in Märkten? Um dies zu verstehen, können wir auf die erweiterte Angebots-Nachfrageanalyse zurückgreifen, die wir in Abschn. 6.2.2 kennengelernt haben. Nehmen wir an, x messe das Angebot und die Nachfrage nach einem Statusgut (mechanische Uhren), was bedeutet, dass das Gut zum Teil deshalb gekauft wird, weil man damit seine Nachbarn und Arbeitskollegen beeindrucken kann. Nehmen wir weiter an, dass diese psychologische Interdependenz zwischen Ihnen und ihren Nachbarn nicht direkt internalisiert werden kann (denken Sie darüber nach: „Wie viel bezahlst du mir, wenn ich die Rolex nicht trage?", so kann das nicht funktionieren). In diesem Fall ist der individuelle Wert der Uhr grösser als der gesellschaftliche. Es existiert eine negative Konsumexternalität.

Man kann sich fragen, ob sogenannte *Positionsexternalitäten* eine eher theoretische Kuriosität darstellen oder ob mit ihnen ein wichtiges gesellschaftliches Phänomen erfasst wird. Eine Möglichkeit, sich dieser Frage zu nähern, besteht darin, nach empirischer Evidenz zu suchen, die unverträglich mit der klassischen Theorie (die die Besonderheiten von Statusmotiven vernachlässigt) ist, die sich aber mit Statusmotiven erklären lässt. Und in der Tat existiert diese Evidenz, und sie wurde unter dem Namen ‚Happiness-Paradox' bekannt. Es ist allerdings nicht unumstritten, ob die empirisch gemessenen Daten valide sind.

Der Begriff Happiness-Paradox bezieht sich auf ein Muster in den empirischen Daten, die die Lebenszufriedenheits-(Happiness-)Forschung ermittelt hat. Zwei Ergebnisse sind zentral. Das erste bezieht sich auf den Zusammenhang zwischen subjektiver Lebenszufriedenheit und Durchschnittseinkommen. Die Ergebnisse werden in Abb. 6.4 zusammengefasst.

In der Abbildung werden *durchschnittliche* Lebenszufriedenheitswerte und *durchschnittliche* Einkommensniveaus aus unterschiedlichen Ländern zueinander in Beziehung gesetzt. Es zeigt sich, dass es einen positiven Zusammenhang bis zu einem durchschnittlichen Jahreseinkommen von ca. $12'000 gibt. Danach verschwindet der positive Zusammenhang, und die Kurve wird flach; es gibt keinen positiven Zusammenhang zwischen durchschnittlicher Lebenszufriedenheit und durchschnittlichem Einkommen in reicheren Ländern. Die ‚Flachheit' dieser Kurve wird manchmal auch auf die sogenannte ‚hedonistische Tretmühle' zurückgeführt, auf der wir immer schneller laufen, ohne dass wir von der Stelle kommen. Dieses Ergebnis ist nur schwierig mit der Idee in Einklang zu bringen, dass Individuen egoistisch sind und sich nicht mit anderen Menschen vergleichen. Wenn wir mit dieser Annahme die Ergebnisse erklären wollen, kommen wir zu dem Schluss, dass materielle Knappheit ab einem durchschnittlichen Jahreseinkommen von $12'000 überwunden zu sein scheint, zumindest wenn man davon ausgeht, dass es einen Zusammenhang zwischen Einkommen und Lebenszufriedenheit unter Bedingungen von Knappheit geben sollte. Dies klingt aber sehr unplausibel. Hier ist ein Zitat,

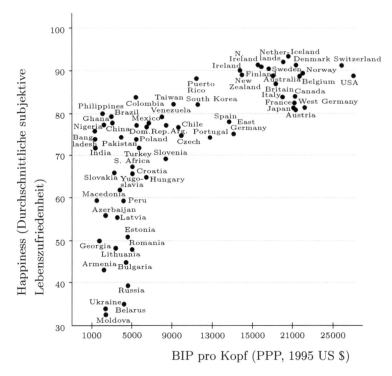

Abb. 6.4 Durchschnittliche subjektive Lebenszufriedenheit und Durchschnittseinkommen. (Quelle: Inglehart & Klingemann, Inglehart and Klingemann (2000), S. 168)

welches diesen Aspekt des Happiness-Paradox gut zusammenfasst: „People in the West have got no happier in the last 50 years. They have become much richer, they work much less, they have longer holidays, they travel more, they live longer, and they are healthier. But they are no happier." (Layard, 2005)

Das zweite Ergebnis bezieht sich auf den Zusammenhang zwischen *individueller* subjektiver Lebenszufriedenheit und dem *individuellen* Einkommen innerhalb eines Landes, siehe hierzu Abb. 6.5.

Aus dieser Abbildung folgt, dass innerhalb einer Gesellschaft reichere Individuen ein höheres Mass an Lebenszufriedenheit haben als ärmere Individuen und genau dies ist das Paradox: Wie ist es möglich, dass auf individueller Ebene ein robust positiver Zusammenhang zwischen Einkommen und Lebenszufriedenheit existiert, dieser Effekt sich aber ab einem bestimmten Durchschnittseinkommen auf der gesellschaftlichen Ebene nicht nachweisen lässt?

Statuspräferenzen stellen das fehlende Bindeglied zwischen den beiden Beobachtungen bereit: In armen Ländern ist für die Mehrheit der Menschen das Erreichen eines Subsistenzniveaus im Zentrum der Aufmerksamkeit. Daher ist das Verhältnis zwischen Nichtstatus- und Statusgütern am Konsum relativ gross, und eine Erhöhung des materiellen Wohlstands führt zu einer Verbesserung der Lebensumstände.

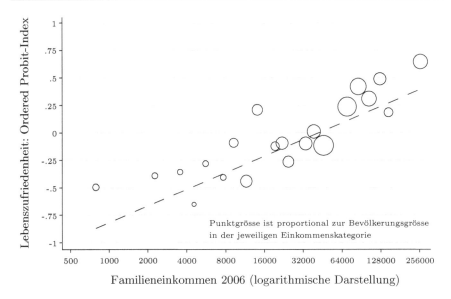

Familieneinkommen 2006 (logarithmische Darstellung)

Abb. 6.5 Individuelle Lebenszufriedenheit und individuelles Einkommen (innerhalb eines Landes?). (Quelle: Stevenson & Wolfers, Stevenson and Wolfers (2008); General Social Survey, 2006)

Je höher allerdings das materielle Wohlstandsniveau ist, desto wichtiger werden die Statusmotive beim Konsum. Daher geht in diesen Gesellschaften der positive Zusammenhang bezogen auf Durchschnitte verloren, da sich die Statuseffekte neutralisieren: Wenn Sie auf der Statusleiter heraufklettern, muss notwendigerweise jemand anderes Platz für Sie machen, der Nettoeffekt ist null. Gleichwohl oder gerade deshalb bleibt der positive Zusammenhang auf der individuellen Ebene erhalten: Die Tatsache, dass jemand anderes an Status verliert, wenn Sie gewinnen, hat einen negativen Effekt auf seine Lebenszufriedenheit, nicht auf *Ihre*. Hierin besteht gerade die Positionsexternalität.

Wie bereits erwähnt wurde, sind die Ergebnisse und die Interpretationen des Happiness Paradox umstritten. Das liegt auch daran, dass manchmal eine Missinterpretation stattfindet, nach der auch auf individueller Ebene der zunächst positive Zusammenhang zwischen Einkommen und subjektiver Lebenszufriedenheit ab einem bestimmten Einkommen (oftmals bei ca. $75'000 geschätzt) verschwände. Die Existenz eines solchen *individuellen* Knicks ist 2021 von Killingsworth auf Basis eines sehr grossen Datensatzes und neuer Methoden nochmals untersucht worden, und er findet keinen Hinweis auf einen solchen Knick. Aber einen solchen benötigt man für das Paradox auch gar nicht, wie wir gesehen haben

Die Existenz des Paradoxes ist auf einen Statuseffekt zurückzuführen, der auf einer relativen Positionierung beruht, ist verträglich mit vielen Ergebnissen anderer Wissenschaften wie der Evolutionsbiologie, die zeigt, dass die *relative* Anpassung (Fitness) entscheidend für das Überleben und den reproduktiven Erfolg und damit die Weitergabe der Gene ist. Und es ist nicht überraschend, dass die spirituellen

Traditionen grosse Warnschilder vor individuellen Vergleichen aufgestellt haben. Aber auch wenn wir die Ergebnisse so akzeptieren, wie sie oben dargestellt wurden, sind die daraus ableitbaren Politikimplikationen kompliziert. Sollten wir aus der Existenz einer hedonistischen Tretmühle schliessen, dass der Staat eine aktive Rolle bei der Internalisierung von Positionsexternalitäten spielen sollte, ähnlich der Rolle bei Umweltexternalitäten (Besteuerung von Statusgütern,...)? Oder sollte man es dem Individuum überlassen, einen Umgang mit den negativen Aspekten einer Anhaftung an Statusgüter zu finden? Diese Fragen reichen tief hinein in das individuelle Selbstverständnis, und sie haben eine besondere Relevanz, da in unseren Gesellschaften Normen existieren, die eine Verbindung zwischen Status und materiellem Wohlstand herstellen, welche einen Einfluss auf materialistische Werte und das Phänomen des *Consumerism* hat, der den Alltag prägt und zumindest mitverantwortlich für die zuvor behandelten Umweltprobleme ist.

6.3   Vier Grenzfälle

[T]hey devote a very small fraction of time to the consideration of any public object, most of it to the prosecution of their own objects. Meanwhile each fancies that no harm will come to his neglect, that it is the business of somebody else to look after this or that for him; and so, by the same notion being entertained by all separately, the common cause imperceptibly decays. (Thucydides, 2013, The Peleponnesian War, Book 1, Section 141.)

Kommen wir noch einmal zurück zum Beispiel der Bäckerei aus dem vergangenen Abschnitt. Der entscheidende Unterschied zwischen den beiden Typen von Umweltinterdependenzen (Abwasser und Luftverschmutzung) bestand in der physischen ‚Reichweite‘, der Emissionen. Im Fall des Abwassers war nur der Fischer, im Fall der Luftverschmutzung die gesamte Bevölkerung des Orts betroffen. Diese Unterschiede in der Anzahl der von Interdependenzen betroffenen Personen bilden ein wichtiges Element für die Klassifikation von Gütern und für ein Verständnis der Funktionsweise von Märkten.

Eine implizite Annahme, die in dem in Kap. 4 diskutierten Modell Kompetitiver Märkte getroffen wurde, ist die *Bilateralität* der Interdependenz. Ein typisches Beispiel für eine bilaterale Interdependenz ist ein Apfel. Er kann nur von der einen oder der anderen Person gegessen werden (man kann den selben Apfel nicht zweimal essen), so dass die Entscheidung Annes, den Apfel an Beat zu verkaufen, keine direkten physischen Konsequenzen für Dritte hat. Dasselbe gilt im Beispiel für das Abwasser. Allerdings hängt die Bilateralität der Interdependenz in diesem Beispiel davon ab, dass nur ein Fischer am See seiner Beschäftigung nachgeht. Falls zwei Fischereibetriebe am See ansässig sind, wird die Interdependenz trilateral, da beide Fischer von den Abwässern der Bäckerei betroffen sind. Im Fall der Luftverschmutzung ist die Reichweite der Interdependenz noch grösser und umfasst alle ansässigen Personen, die im Einzugsgebiet der Luftverschmutzung durch die Bäckerei leben. Diese Beobachtung motiviert die folgende Definition:

▶ **Definition 6.3 Reichweite** Die Reichweite einer ökonomischen Aktivität ist die Anzahl der Individuen, die durch die Aktivität beeinflusst werden.

Es ist wichtig, an dieser Stelle etwas mehr über die individuellen Motive für Konsumentscheidungen zu sagen. Kommen wir also zurück auf den obigen Apfel. Die meisten Menschen sehen einen Apfel als Nahrungsmittel. In diesem Fall kommt es zu einer bilateralen Interdependenz. Es ist aber nicht auszuschliessen, dass Menschen Äpfel aus ästhetischen Gründen mögen und einfach gerne anschauen. In diesem Fall ist die Interdependenz nicht mehr notwendigerweise bilateral; mehr als zwei Personen können von dem Apfel profitieren. Der Grund, warum dieses Beispiel etwas unbeholfen klingen mag, ist, dass es das auch ist. Aber es macht einen wichtigen Punkt deutlich: Ökonominnen und Ökonomen kümmern sich normalerweise nicht um Handlungsmotive, weil diese Motive schwer zu messen sind. Allerdings kann das Handlungsmotiv einen Einfluss auf die Reichweite der Handlung haben, wie man am Beispiel sehen kann, und dies hat wichtige ökonomische Konsequenzen. Die Reichweite einer Handlung hängt also von dem spezifischen mentalen Kontext der Handlung ab, nicht nur von der physischen Aktivität selbst.

Die beiden sinnvollen Extremfälle bezeichnen wir als minimale und maximale Reichweite. Die Nutzung eines Guts mit minimaler Reichweite hat auf nur eine weitere Person einen Effekt, die eines Guts mit maximaler Reichweite auf alle Individuen einer Ökonomie. Ein Gut mit minimaler Reichweite nennt man auch *rivalisierend im Konsum*, und ein Gut mit maximaler Reichweite *nichtrivalisierend im Konsum*. Unter Bedingungen der Knappheit führen Güter mit minimaler Reichweite zu einer bilateralen Interdependenz. Wir hatten bereits gesehen, dass ein Apfel ein Beispiel für ein rivalisierendes Gut ist: Entweder Sie oder ich können ihn essen. Ein Beispiel für ein globales nichtrivalisierendes Gut ist die Verbrennung von fossilen Energien, die das CO_2-Niveau vergrössern und damit zum anthropogenen Klimawandel beitragen. Dieser betrifft alle Menschen auf diesem Planeten. Ein Beispiel für ein nationales nichtrivalisierendes Gut ist der Schutz gegen ausländische Aggression durch nationale Verteidigung.

Der grösste Teil der Güter fällt irgendwo zwischen die beiden Extreme. Die Reichweite nationaler Verteidigung ist die Grenze des Nationalstaats. Eine Sportveranstaltung oder ein Musikkonzert hat eine Reichweite, die auf die Besucher des Stadions oder der Konzerthalle begrenzt ist. Und ein Musikstück auf *Youtube* kann von allen Menschen mit Internetzugang gesehen und gehört werden.

Obwohl es eine grosse Bandbreite von Reichweiten gibt, hat sich in der Ökonomik die Konvention herausgebildet, zunächst nur die Extremfälle genauer anzuschauen. Wir werden dieser Konvention folgen, müssen aber im Hinterkopf behalten, dass die anhand der Extremfälle entwickelten Intuitionen bei einem Gut gegebenenfalls modifiziert werden müssen, welches eine ‚mittlere', Reichweite hat.

Wir haben anhand des Luftverschmutzungsbeispiels gesehen, dass es unterschiedliche Institutionen mit unterschiedlichen Transaktionskosten gibt, mit deren Hilfe man das Externalitätenproblem zu lösen versuchen kann. Um Märkte zur Allokation zu nutzen, muss sichergestellt sein, dass der Eigentümer eines Guts in der

Lage ist, Dritte von der Nutzung auszuschliessen. Ohne Ausschliessbarkeit würden Dritte die Güter einfach nutzen, ohne dafür zu bezahlen, so dass ein Markt nicht entstehen kann. Die Ausschliessbarkeit eines Guts vom Konsum durch Dritte ist daher eine notwendige Voraussetzung für die Entstehung von Märkten, und die Opportunitätskosten des Ausschlusses sind eine zentrale Quelle der Transaktionskosten eines Marktmechanismus. Diese Beobachtung motiviert die folgende Definition.

▶ **Definition 6.4 Ausschlusskosten** Die Transaktionskosten, die notwendig sind, um Dritte von der Aneignung oder Nutzung eines Guts ohne Einwilligung des Eigentümers abzuhalten, heissen Ausschlusskosten.

Die Reichweite eines ökonomischen Guts und seine Ausschlusskosten spannen einen zweidimensionalen Raum auf, in dem einzelne Güter hinsichtlich ihrer spezifischen Charakteristika verortet werden können. Abb. 6.6 illustriert dies.

Die vier Extrempunkte dieser ‚Landkarte' definieren die vier möglichen Grenzfälle einer minimalen und maximalen Reichweite und Ausschlusskosten von null sowie prohibitiven Ausschlusskosten. Reale Güter finden sich alle irgendwo im Inneren dieses Felds. Ein Punkt wie *A* könnte zum Beispiel für ein Auto stehen. Die Reichweite beträgt fünf Personen, und die Ausschlusskosten definieren sich durch die Kosten für Schlösser und Alarmanlagen (sowie indirekt durch die Existenz von Polizei und Gerichten).

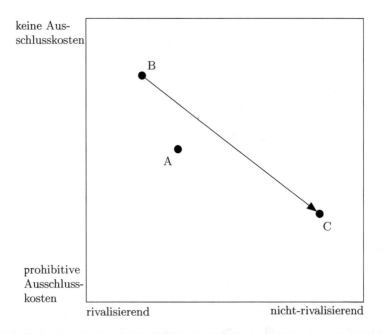

Abb. 6.6 Güter unterscheiden sich hinsichtlich ihrer Reichweite und ihrer Ausschlusskosten

Ausschlusskosten und Reichweite können sich über die Zeit verändern. Nehmen wir Musik als Beispiel. In der guten alten Zeit der Langspielplatte war es relativ einfach, Dritte vom Konsum abzuhalten: Ohne weit verfügbare Kopiertechnologien war es hinreichend, illegale Nutzer vom Diebstahl der physischen Schallplatte abzuhalten. Die Musik als solche (also unabhängig vom physischen Träger) ist nichtrivalisierend im Konsum, aber die Abhängigkeit von einem bestimmten Träger – der Schallplatte – machte sie de facto rivalisierend (ein Punkt wie *B* in der Abbildung). Mit der Erfindung von Musikkassetten wurde das Kopieren eines Musikstücks einfacher, so dass auch die illegale Nutzung anstieg. Aber die grosse Veränderung setzte natürlich mit der Digitalisierung und dem Vertrieb von Musik durch das Internet ein. Dieser technologische Wandel transformierte Musik von einem rivalisierenden in ein nichtrivalisierendes Gut, und er hatte einen massiven Einfluss auf die Fähigkeit der Eigentümer der Rechte an der Musik, diese auch durchzusetzen. Insbesondere in den frühen Tagen dieser Technologie kam es zu einer massiven illegalen Nutzung von Musik. (Dies entspricht einer Bewegung von Punkt *B* zu Punkt *C* in der Abbildung). Die Musikindustrie benötigte Jahre, um einen Umgang mit diesem Problem zu finden und neue Geschäftsmodelle zu entwickeln. Technologische Entwicklungen in anscheinend völlig anderen Bereichen wie Datenkopie und Datenspeicherung können daher Externalitäten mit anderen Gütern wie Musik oder Software mit sich bringen, da sie die Kosten des Ausschlusses dieser Güter verändern.

Auch bei den Ausschlusskosten existiert die Konvention, sich zunächst mit den beiden Extremfällen zu beschäftigen. Wenn der Ausschluss Transaktionskosten von null mit sich bringt, nennt man ein Gut (*perfekt*) *ausschliessbar*. Wenn der Ausschluss prohibitive Transaktionskosten mit sich bringt, nennt man ein Gut (*perfekt*) *nichtausschliessbar*. Die Annahme perfekter Ausschliessbarkeit ist offensichtlich eine Vereinfachung, solange die Erde nicht von lauter freiwillig die Eigentumsrechte aller anderen respektierenden Menschen bewohnt wird, die freiwillig niemals stehlen. Ansonsten schützen Geschäftsleute ihre Geschäfte durch Schlösser, Alarmanlagen oder Wachdienste. All diese Aktivitäten tragen zu den Transaktionskosten des Ausschlusses bei. Und dasselbe gilt für Schlösser in Wohnungen oder Autos und so weiter. Die Existenz von Polizei und Gerichten hat ebenfalls u. a. die Funktion des Schutzes von Eigentum, so dass auch diese Kosten zu den Transaktionskosten hinzugezählt werden müssen. Allerdings gibt es Güter, die dem Ideal relativ nahekommen, zum Beispiel der schon oft genannte Apfel. Ein sehr wichtiges Gut, welches nichtausschliessbar ist, ist Sauerstoff; wenn Sie es nicht glauben, versuchen Sie Ihre Eigentumsrechte an einem bestimmten Molekül durchzusetzen.

Die Extreme von Rivalität und Ausschliessbarkeit definieren vier prototypische Güterarten, die in einer Matrix zusammengefasst werden können. Eine Konzentration auf die Extremfälle erlaubt eine erste Identifikation der zentralen Herausforderungen, die bei der Organisation ökonomischer Aktivitäten gemeistert werden müssen. Tab. 6.1 gibt einen Überblick. Die vier Grenzfälle werden Private Güter, Klubgüter, Gemeinschaftsgüter und Öffentliche Güter genannt. Wir diskutieren sie im Folgenden.

Tab. 6.1 Eine Gütertaxonomie

	Rivalisierend	Nichtrivalisierend
Ausschliessbar	Private Güter	Klubgüter
Nichtausschliessbar	Gemeinschaftsgüter	Öffentliche Güter

Private Güter Wir müssen dieser Kategorie an dieser Stelle keine grosse Aufmerksamkeit mehr schenken, da ihre Produktion und Verteilung zumindest im Prinzip relativ einfach durch Institutionen effizient organisiert werden kann. Es wurde in der Theorie Kompetitiver Märkte in Kap. 4 implizit auch vorausgesetzt, dass auf Märkten Private Güter gehandelt werden. Die minimale Reichweite erzeugt unter Bedingungen der Knappheit eine bilaterale Interdependenz, so dass Gleichgewichtspreise zu effizienten Anreizen zur Produktion und zum Tausch solcher Güter führen. Wenn darüber hinaus der Ausschluss Dritter kostenlos ist, steht einer Schaffung von Märkten nichts mehr im Weg.

Gemeinschaftsgüter Die Dinge werden deutlich komplizierter, wenn wir es mit Gemeinschaftsgütern zu tun haben. Diese Güter haben eine minimale Reichweite, man kann allerdings den Marktmechanismus nicht benutzen, da Dritte von ihrer Nutzung nicht ausgeschlossen werden können. Die Fähigkeit zum Ausschluss Dritter von der Nutzung von Ressourcen und Gütern ist eng verbunden mit der Fähigkeit des Staats, Rechte und andere Aufgaben zu erfüllen. Selbst ein Nachtwächterstaat basiert auf Gesetzen und Rechtsdurchsetzung, die die Entstehung von Märkten ermöglichen sollen. Mit schwachen Institutionen (mangelhafte Finanzierung der Polizei, korrupte Beamte, etc.) ist Ausschliessbarkeit in keiner Weise sichergestellt, so dass Märkte entweder gar nicht erst entstehen oder ineffizient funktionieren. Aber auch unabhängig von der Qualität der Institutionen gibt es Güter, deren spezifische Eigenschaften Ausschluss sehr schwierig macht. Ein Beispiel sind migrierende Fisch- und Vogelarten oder Sauerstoff (siehe oben). Anders als bei Nutzvieh, für das die Zuweisung von Eigentumsrechten an bestimmten Tieren im Prinzip möglich und durchsetzbar ist, ist es sehr schwierig, Eigentumsrechte an einem konkreten Fisch zuzuweisen und durchzusetzen. Dies muss noch kein Problem für einen effektiven Ausschluss sein. So lange es enge Substitute zu Eigentumsrechten am konkreten Objekt gibt, lässt sich das Problem lösen. So kann man zum Beispiel Rechte an den Teilen des Meeres zuordnen, in denen sich ein Schwarm aufhält. Niemand anderes darf dann in diesem Territorium fischen. So wurden zum Beispiel in der *United Nations Convention on the Law of the Sea* Staaten sogenannte exklusive ökonomische Zonen (EEZ) zugewiesen. Innerhalb dieser Zonen besitzt ein Staat bestimmte Rechte zur Ausbeutung und Nutzung von Ressourcen. Diese Zonen erstrecken sich von der Küste 200 Seemeilen ins Meer (solange keine Überlappung mit anderen Anrainern besteht). Die sogenannte ‚Offene See' bezieht sich auf den Teil der Meere, der ausserhalb dieser Zonen liegt und für den keine Nutzungsrechte spezifiziert wurden.

Mit diesem Instrument ist Ausschluss daher für all die Fischarten möglich, die sich nur innerhalb der Grenzen der EEZs bewegen. Für Fischarten, die diese verlassen und zwischen EEZs oder innerhalb der Offenen See migrieren, sind diese Zonen aber kein Substitut für direkte Eigentumsrechte am einzelnen Fisch. Dies führt oft zu einer Überfischung der Bestände, da eine nachhaltige Befischung nicht im Interesse des einzelnen Landes oder der einzelnen Fischereiflotte liegt: Sie tragen die gesamten Opportunitätskosten der nachhaltigen Befischung, aber ein Teil der Erträge fällt in anderen Ländern oder bei anderen Flotten an.

Um die Zusammenhänge besser zu verstehen, ergibt es Sinn, etwas tiefer in die Ökonomik des Managements erneuerbarer Ressourcen einzusteigen. Für alle erneuerbaren Ressourcen gibt es einen kausalen Zusammenhang zwischen dem Bestand und dem Ertrag. Wenn der Bestand null ist, muss der Ertrag notwendigerweise auch null sein. Eine Vergrösserung des Bestandes erlaubt es, positive Erträge zu erhalten. Dieser positive Zusammenhang zwischen Bestand und Ertrag gilt bis zu einem bestimmten Punkt. Wenn man den Bestand ausgehend von diesem weiter vergrössert, sinken die Erträge wieder bis zu einem Punkt mit maximalem Bestand, bei dem der Ertrag wieder null sein muss, um den Bestand aufrechterhalten zu können. Abb. 6.7 illustriert diesen Zusammenhang.

Der maximale Ertrag, der nachhaltig erwirtschaftet werden kann, heisst *Maximum Sustainable Yield* (MSY). Er ist als maximale Entnahme aus einem Bestand definiert, die nachhaltig – also ohne den Erhalt des Bestandes zu gefährden – möglich ist. Im Fischereibeispiel ist es der grösstmögliche Fang, der langfristig erreicht werden kann, ohne die Fischart in ihrer Existenz zu gefährden. Er wird mit *MSY* in Abb. 6.7 bezeichnet. Gegeben dieses biologische Gesetz, ist es im langfristigen Geschäftsinteresse, den Fang so auszulegen, dass er sich am *MSY* orientiert. Kleinere Fänge würden Gewinnmöglichkeiten ungenutzt lassen und grössere Fänge würden einen Zielkonflikt zwischen kurz- und langfristigen Gewinninteressen erzeugen. Wenn der Bestand nicht ausschliessbar ist, ist der Anreiz, sich an den langfristigen Gewinninteressen zu orientieren, allerdings gering, da kein Nutzer des Bestands sicher sein kann, dass er in Zukunft noch vorhanden sein wird. Es gibt eine

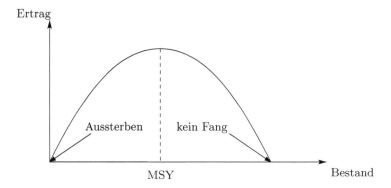

Abb. 6.7 Maximum Sustainable Yield

Unverträglichkeit zwischen der individuellen und der kollektiven Handlungslogik. Wir werden auf diesen sehr wichtigen Punkt in Kap. 9 zurückkommen.

Exkurs 6.6. Kabeljau

Eines der ,berühmtesten' Beispiele für die Übernutzung von Meeresressourcen ist *Gadus Morhua*, oder auch Kabeljau bzw. Dorsch. Kabeljau war für mehr als 600 Jahre eines der wichtigsten Handelsgüter, und getrockneter Kabeljau (auch Stockfisch genannt) war eines der wichtigsten Nahrungsmittel für Seeleute. Seine Wichtigkeit wurde im Mittelalter und dem Zeitalter der grossen Entdeckungen in der Seefahrt begründet, da Stockfisch eines der ersten haltbaren Nahrungsmittel war. Ohne eine solche Nahrungsquelle wären die langen Seefahrten nicht möglich gewesen. Es wurde aber auch über die Seefahrt hinaus zu einem populären Nahrungsmittel in Europa, und für einen Zeitraum von ungefähr 250 Jahren lag der Anteil an Kabeljau an dem gesamten verzehrten Fisch bei ungefähr 60 %. Bereits im Jahre 1620 stand Kabeljau im Zentrum internationaler Konflikte, da unterschiedliche Staaten die Fischgründe monopolisieren wollten. Selbst der König von Spanien verheiratete seinen Sohn mit dem portugiesischen Königshaus, um sich damit Fischerrechte zu sichern. Im späten 18. Jahrhundert war Kabeljau ein zentraler Faktor beim Aufstieg Neuenglands zu einem internationalen ökonomischen Machtfaktor.

Für einen sehr langen Zeitraum war es unvorstellbar, dass Menschen in der Lage sind, den Fortbestand von Kabeljau zu gefährden, da diese Art berühmt für ihre Fortpflanzungsfähigkeit ist. Alexandre Dumas (1873) drückte dies wie folgt aus, „It has been calculated that if no accident prevented the hatching of the eggs and each egg reached maturity, it would take only three years to fill the sea so that you could walk across the Atlantic dryshod on the backs of cod." Es zeigte sich, dass das menschliche Vorstellungsvermögen zu begrenzt ist. Durch technologischen Fortschritt seit den 1950er- Jahren wurde die Fischerei ,produktiver', womit eine Periode der Überfischung eingeläutet wurde. Diese führte zu einem ersten, partiellen Zusammenbruch der Kabeljaufischerei im Nordwestatlantik in den 1970er- und zu einem kompletten Kollaps in den 1990er- Jahren. Im Sommer 1992 war die Kabeljaubiomasse auf 1 % ihres früheren Bestandes gesunken. Abb. 6.8 zeigt die Entwicklung.

Kabeljau ist nur ein Beispiel für das allgegenwärtige Problem der Überfischung: Die peruanische Anchoviefischerei brach aufgrund von Überfischung in den 1970er- Jahren zusammen, die Seezunge in der Irischen See und dem Ärmelkanal ist hoffnungslos überfischt, und viele Tiefseefischarten sowie viele Arten von Thunfisch sind bedroht. Ein UN-Bericht von 2008 kommt zu dem Schluss, dass man in dem Untersuchungszeitraum die halbe weltweite Fischereiflotte hätte stilllegen können, ohne dass dies die Fangmengen reduziert hätte. Noch fundamentaler ist der Einfluss auf das gesamte Meeres-

(Fortsetzung)

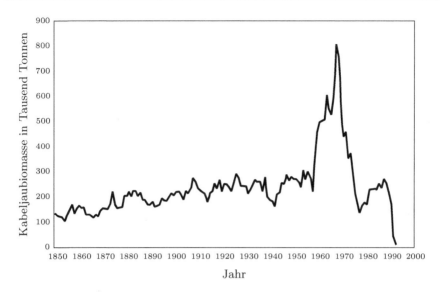

Abb. 6.8 Zusammenbruch der nordatlantischen Kabeljaufischerei. (Quelle: Millenium Ecosystem Assessment, Millennium Ecosystem Assessment (2005), S. 12)

Ökosystem. Die wissenschaftliche Evidenz zum Einfluss des Menschen auf die Meeresflora und -fauna wird von McCauley et al. (2015) zusammengefasst: „Three lessons emerge when comparing the marine and terrestrial defaunation experiences: (i) today's low rates of marine extinction may be the prelude to a major extinction pulse, similar to that observed on land during the industrial revolution, as the footprint of human ocean use widens; (ii) effectively slowing ocean defaunation requires both protected areas and careful management of the intervening ocean matrix; and (iii) the terrestrial experience and current trends in ocean use suggest that habitat destruction is likely to become an increasingly dominant threat to ocean wildlife over the next 150 years. [...] Human dependency on marine wildlife and the linked fate of marine and terrestrial fauna necessitate that we act quickly to slow the advance of marine defaunation."

Ungelöste Probleme mit Gemeinschaftsgütern haben wohl auch den Zusammenbruch ganzer Kulturen verursacht. So weit dies heute bekannt und rekonstruierbar ist, können die Wikingersiedlungen auf Grönland, die Kultur der Osterinseln, die Polynesier auf den Pitcairn-Inseln, die Anazasi in Nordwesten Nordamerikas und die Maya in Südamerika als Beispiele genannt werden (Diamond, 2005). Man muss sich bei komplexen geschichtlichen Prozessen wie dem Zusammenbruch von Staaten und Kulturen vor Übervereinfachungen in Acht nehmen, und in jedem der genannten Beispiele trugen zahlreiche Faktoren zum Zusammenbruch bei. Allerdings spielte die Übernutzung natürlicher Ressourcen stets eine wichtige Rolle. Märkte sind nur hinreichend, aber nicht notwendig für Effizienz. Menschen haben darüber hinaus andere Mittel entwickelt, um mit Problemen der Gemeinschaftsgüter umzugehen, und Eigentumsrechte plus Handel ist keinesfalls das am häufigsten gefundene institutionelle Modell, wie Elinor Ostrom betont hat. Sie hat die Lösungen des Gemeinschaftsgut-Problems in unterschiedlichen Gesellschaften untersucht und klassifiziert. Dabei kam sie zu dem Schluss, dass die Abwesenheit von Eigentumsrechten und Märkten kein Hinderungsgrund für eine effiziente und nachhaltige Ressourcennutzung sein muss. Im Gegenteil zeigte die empirische Evidenz, dass gut gemanagte Modelle der Ressourcen- und Ökosystemnutzung leistungsfähiger als Märkte sein können. Diese Ergebnisse sind von grosser Wichtigkeit für die Art, wie wir über Institutionen denken, und sie verweisen auf einen blinden Fleck auf der Netzhaut der Standardökonomik, die sich mit (zu?) grosser Ausschliesslichkeit mit der Funktionsweise von Märkten auseinandergesetzt hat. Allerdings ist es nicht ganz einfach, die Ergebnisse von Ostrom in unsere Diskussion zu Gemeinschaftsgütern zu integrieren, da sie den Begriff Gemeinschaftsgut anders definiert als wir. Wie definieren ihn über die ‚technologische' Eigenschaft der Nichtausschliessbarkeit, was schon definitionsgemäss bestimmte Institutionen als mögliche Lösungen unmöglich macht. Ostrom (2005) organisiert ihr Denken aus einer anderen Perspektive, indem sie schaut, welche Güter de facto durch eine Form des Gemeinschaftseigentums gemanagt werden. Daher bleibt unklar, welche Institutionen sich prinzipiell als Lösungen eignen, und einige der von ihr entwickelten Kriterien für ein erfolgreiches Ressourcenmanagement basieren auf der Idee der Ausschliessbarkeit. Mit diesen Vorbemerkungen können wir uns nun genauer anschauen, wodurch sich erfolgreiche Institutionen auszeichnen.

- In Übereinstimmung mit unserem Standardmodell ist eine präzise Abgrenzung des Guts und ein Ausschluss externer Nutzer wichtig. Der Begriff extern bezieht sich dabei auf andere Gruppen. Auch wenn daher innerhalb einer Gruppe kein Ausschluss betrieben wird, ist es wichtig, Nichtgruppenmitglieder von der Nutzung abzuhalten.
- Man benötigt Regeln, die die Aneignung und Bereitstellung der Güter klären, und diese Regeln müssen auf die konkreten, regionalen Bedingungen Bezug nehmen. Dies zeigt, dass die Diversität von Institutionen wichtig ist, da es eine enge Verbindung zwischen Institutionen und Normen oder Kultur auf der einen sowie Umweltbedingungen auf der anderen Seite gibt.
- Erfolgreiche Regeln der kollektiven Entscheidungsfindung zeichnen sich dadurch aus, dass sie möglichst viele Nutzer des Gemeinschaftsguts in Abstimmungsprozesse einbeziehen und flexibel genug sind, um Entscheidungen an sich ändernde soziale Bedingungen und Umweltbedingungen anzupassen.
- Eine effektive Kontrolle der Einhaltung der Regeln durch von den Regeln betroffene Personen ist ebenfalls wichtig.
- Es bedarf eines Systems abgestufter Sanktionen für Personen, die Gemeinschaftsregeln brechen.

- Es bedarf eines Systems der Konfliktlösung, welches niedrige Transaktionskosten hat und für die Konfliktparteien einfach zu nutzen ist.
- Die Selbstbestimmung der regionalen Gemeinschaft, die Gemeinschaftsgutprobleme löst, sollte von übergeordneten Stellen anerkannt werden.

Diese Liste zeigt, dass Institutionen, die in der Lage sind, Gemeinschaftsgüter effektiv zu managen, divers sind, aber doch Gemeinsamkeiten aufweisen. Daher sollte man Einheitslösungen wie Eigentumsrechten und Märkten mit Skepsis gegenüberstehen, da es sich bei diesem Modell nicht um das einzige Lösungsmodell handeln muss, ja es unter Umständen sogar schlecht adaptiert auf regionale Traditionen und Besonderheiten sein kann. Allerdings ist unklar, inwieweit sich die obigen Prinzipien, die grösstenteils durch die Untersuchung von relativ stabilen und kleinen Gemeinschaften gewonnen wurden, in dem Sinne skalieren lassen, dass sie in der Lage sind, Grossgruppenprobleme bis hin zu Problemen mit globaler Reichweite in den Griff zu bekommen. Vertrauen und Sanktionen lassen sich relativ einfach in kleinen und stabilen Gruppen etablieren, und Kleingruppenprobleme stellen auch den ‚evolutionären Normalfall' dar, innerhalb dessen sich Menschen entwickelt und ihre Intuitionen von Gerechtigkeit und Fairness gebildet haben. Ein Vorschlag, der auf den obigen Prinzipien aufbaut, würde darauf basieren, Gemeinschaftsgutprobleme mit grosser Reichweite durch die Schaffung von unterschiedlichen, ineinander gestaffelten Organisationseinheiten zu organisieren.

Klubgüter Wenn Ausschluss möglich und das Gut nichttrivalisierend ist, handelt es sich um ein Klubgut. Der Name mag auf Anhieb merkwürdig erscheinen. Seine Berechtigung wird sich allerdings zeigen, wenn man sich die Implikationen dieser beiden Faktoren anschaut. Nehmen wir ein live gespieltes Musikkonzert oder eine live ausgetragene Sportveranstaltung als Beispiele. Um daran teilhaben zu können, muss man zunächst die Konzerthalle oder das Stadion betreten, und diese physische Barriere kann dazu genutzt werden, das Ausschlussprinzip anzuwenden, um damit die Bezahlung von Eintrittsgeldern zu ermöglichen. Weitere Beispiele für Klubgüter sind Pay TV, Vorlesungen, Musik oder Software, und – bis zu einem bestimmten Punkt – Strassen. Wir werden diese Beispiele kurz diskutieren um zu sehen, ob man ein Muster erkennt.

Vorlesungen, zum Beispiel an Universitäten, ähneln zumindest aus einer ökonomischen Perspektive Musikkonzerten und Sportveranstaltungen, da man im Prinzip Ausschluss betreiben kann, um damit die Zahlung von Preisen durchzusetzen. Diese Preise nennt man manchmal auch Nutzungs- oder Eintrittsgebühren. Und wenn das zentrale Motiv für den Besuch einer Vorlesung der Leistungsnachweis durch die Universität ist, kann diese die Zahlung durchsetzten, wenn sie die Herausgabe eines Zertifikats an die Zahlung knüpft. Da Ausschluss im Prinzip möglich ist, ist es eine politische Entscheidung, ob man ihn praktizieren möchte und den Zugang zu einer Bildungseinrichtung primär durch Preise oder durch andere Mechanismen (wie zum Beispiel eine verpflichtende Matura oder Hochschulreife) regulieren möchte. Viele öffentliche Universitäten in Europa erheben nur moderate oder gar keine Nutzungsgebühren, wohingegen private und auch öffentliche Universitäten in Ländern wie den USA zum Teil hohe Gebühren erheben. Das MIT zum Beispiel verlangte im akademischen Jahr 2019/2020 von seinen Studierenden eine jährliche *tuition fee* von ca. \$44'525, was ziemlich üblich auch für die anderen führenden US-Universitäten ist. Die Universität Cambridge erhebt unterschiedliche Gebühren für britische und sonstige Studierende. Im akademischen Jahr 2021 sind das £9'250 und £22'227 für die beiden Gruppen (für das *Economics*-Programm.

Ein weiterer Aspekt von Vorlesungen, Musik und Sport als ,Live'-Veranstaltungen ist, dass sie eine maximale Reichweite besitzen, die durch die Grösse des Hörsaals, Konzertsaals oder Stadions definiert wird. Um sicherzustellen, dass Angebot und Nachfrage ausgeglichen sind, kann man den Preismechanismus nutzen und die Gebühren so lange anpassen, bis die Nachfrage gerade der Kapazität entspricht. Oder man nutzt andere Rationierungsmechanismen. Universitäten nutzen oft Tests, um den Zugang zu ihren Programmen zu regulieren; diesen erhalten dann die jeweils relativ besten Studierenden in dem jeweiligen Test bis zur Kapazitätsgrenze.

Wieso gibt es überhaupt einen Unterschied bei dem Verfahren der Rationierung zwischen z. B. Universitäten und Musikveranstaltungen? Gewinnorientierte Universitäten sehen sich einem Zielkonflikt zwischen kurz- und langfristigen Gewinnen gegenüber. Um das zu sehen, nehmen wir an, dass bei gegebenen Studiengebühren die Nachfrage nach Studienplätzen das Angebot übersteigt, so dass man Einstufungstest zur Rationierung verwenden muss. Kurzfristig könnte die Universität ihre Gewinne erhöhen, indem sie auf den Einstufungstest verzichtet und stattdessen die Gebühren erhöht. Dies könnte aber einen negativen Effekt auf die Qualifikation der Studierenden haben, wenn Qualifikation nicht perfekt mit Zahlungsbereitschaft korreliert ist. Dies wiederum könnte der zukünftigen Reputation der Universität schaden, was wiederum – als letzter Schritt einer komplexen Kette – ihre zukünftige Fähigkeit zur Erhebung von Gebühren beeinträchtigen würde. Dies gilt bei kommerziellen Veranstaltungen wie Musikkonzerten oder Sportveranstaltungen nicht, da die Fähigkeiten und Motive der Besucherinnen und Besucher nur einen sehr begrenzten Einfluss auf die Qualität der Darbietung haben.

Wir haben bereits gesehen, dass Live-Veranstaltungen bestimmten Kapazitätsbegrenzungen unterliegen, was die Reichweite des Klubguts begrenzt. Diese Begrenzung kann im Prinzip umgangen werden, wenn man das Angebot digitalisiert. Die Übertragung von Sportveranstaltungen bzw. Konzerten oder der Vertrieb von Studiomusik durch Plattformen wie Spotify vergrössern die Reichweite dieser Angebote substanziell. Im Grenzfall hat jede Person mit Internetzugang auch Zugang zu dem Gut, was ein riesiges Gewinnpotenzial für Unternehmen schafft. Allerdings hat jeder Vertriebskanal seine eigenen Durchsetzungskosten, und zum Beispiel die Musikindustrie benötigte Zeit, bis sie ein profitables Geschäftsmodell für digital vertriebene Musik gefunden hatte. Insbesondere in den frühen Tagen des Internets war es fast unmöglich, illegale Downloads von Inhalten zu verhindern. Daher oszillieren digitale Güter zwischen den Charakteristika eines Klubguts und eines Öffentlichen Guts.

Schliesslich sind Strassen ein Gut, dessen Zugang zunehmend durch Preismechanismen reguliert wird. Dies liegt zum Teil an neuen Technologien, die eine Durchsetzung der Gebühren mit geringen Transaktionskosten möglich machen, und zum Teil an anderen Gründen. Der Zugang zu Strassen ist in den meisten Ländern ohne Gebühr möglich, und die Verkehrsinfrastruktur wird durch Steuern finanziert. Einer der Gründe besteht darin, dass die Durchsetzung von Gebühren und die damit einhergehenden Investitionen und laufenden Kosten sehr hoch wären. Darüber hinaus gibt es Evidenz dafür, dass in Situationen, in denen Überfüllung keine grosse Rolle spielt, mit dem freien Zugang zur Verkehrsinfrastruktur positive Externe Effekte einhergehen, da Handel vereinfacht wird. Zum Beispiel kam es in Paris zu einem markanten ökonomischen Aufschwung, nachdem Baron Hausman die üblichen Brückenzölle im 19. Jahrhundert abschaffen liess. Der derzeitige Trend zur Wiedereinführung von Strassennutzungsgebühren ist bis zu einem gewissen Grad der Vergrösserung der Überfüllungsexternalitäten geschuldet, mit der einhergehend sich die Transaktionskosten der Durchsetzung der Gebühren verringert haben.

Wenn wir Klubgüter aus einer etwas anderen Perspektive anschauen, erkennen wir eine interessante Eigenschaft: So lange die Kapazitätsbeschränkungen nicht binden (es gibt noch leere Plätze im Stadion), verursacht ein weiterer Nutzer keine zusätzlichen Kosten. Diese Eigenschaft hat zwei wichtige Implikationen.

Erstens sollte aus einer Effizienzperspektive die Anzahl der Nutzer weitestgehend ausgedehnt werden, da jeder weitere Nutzer einen positiven Handelsgewinn ermöglicht (keine zusätzlichen Kosten aber zusätzliche Konsumentenrente). Daraus folgt, dass es vor dem Erreichen der Kapazitätsgrenze niemals optimal sein kann, potenzielle Nutzer tatsächlich von der Nutzung eines Klubguts auszuschliessen. Ausschluss ist daher lediglich ein Mechanismus, der zur Schaffung von Märkten genutzt werden kann. Ziel ist es, durch die Möglichkeit des Ausschlusses die Zahlung des Preises sicherzustellen, nicht der Ausschluss selbst. Es hängt dann von den konkreten Preisen ab, ob Ausschluss erfolgt oder nicht.

Zweitens führt die Eigenschaft, dass ein Anbieter weitere Kunden zu zusätzlichen Kosten von approximativ null bedienen kann, zu einer Monopolisierungstendenz eines Marktes für Klubgüter. Software ist ein gutes Beispiel. Aus der Perspektive eines Softwareentwicklers besteht der Löwenanteil der Kosten im Entwickeln der Software. Sobald das Produkt im Markt ist, erzeugen weitere Nutzer zusätzliche Kosten von approximativ null. Daher gilt grob gesprochen, dass es umso besser für den Softwareentwickler ist, je mehr Kunden die Software kaufen. Je grösser die Anzahl der Nutzer, umso geringer kann der Preis für eine einzelne Lizenz sein, um die Entwicklungskosten zu decken. Aus diesem Grund existiert die Tendenz zur Konzentration: Unternehmen mit einem grossen Marktanteil sind bei gleichen Entwicklungskosten in der Lage, zu geringeren Preisen anzubieten als Unternehmen mit einem kleinen Marktanteil, ohne dabei einen Verlust zu erwirtschaften. Daher können sie kleine Unternehmen vom Markt verdrängen. Aus diesem Grund nennt man Klubgüter manchmal auch *Natürliche Monopole*. Wir werden hierauf zurückkommen, wenn wir in Kap. 12 Kosten und in Kap. 14 die Preispolitik von Monopolen anschauen werden.

Öffentliche Güter Bei der letzten behandelten Güterkategorie besteht keine Rivalität im Konsum, und Ausschluss ist nicht möglich. Wenn Ausschluss nicht möglich ist, kann man Märkte nicht benutzen, um effiziente Anreize zur Produktion und Allokation zu setzen, so dass man nach alternativen Institutionen schauen muss.

Beispiele für Öffentliche Güter sind Feuerwerke, Grundlagenforschung, Landesverteidigung, die Verhinderung von Klimawandel und das Rechtssystem. Wir werden alle fünf Beispiele kurz anschauen. Feuerwerke sind ein Beispiel für (lokale oder regionale) Öffentliche Güter, da niemand in der Stadt effektiv von ihnen ausgeschlossen werden kann und alle sie gleichzeitig sehen können. Die anderen Beispiele haben aber wohl eine grössere ökonomische Relevanz.

Grundlagenforschung ist nichtrivalisierend, da die Tatsache, dass eine Person ein mathematisches Theorem versteht, nicht bedeutet, dass eine andere Person es nicht mehr verstehen kann. In diesem Sinn ist jede Form von Wissen nichtrivalisierend. Der Unterschied zwischen Grundlagenwissen und angewandtem Wissen ist daher nicht die Rivalität im Konsum, sondern die Fähigkeit zum Ausschluss. Angewandte Forschung basiert üblicherweise auf Grundlagenforschung und bringt sie ,zum Markt'. Ein gutes Beispiel ist die Quantenphysik. Ohne Quantenphysik gäbe es keinen Transistor und daher keinen Personalcomputer und keinen Laser. Daher ermöglichte die Entwicklung der Quantenmechanik die Entwicklung einer ganzen Reihe von Produkten, ohne die wir uns die heutige Welt kaum noch vorstellen können. Diese Produkte bzw. ihre Komponenten lassen sich effektiv durch das Patentrecht schützen. Ein Schutz von Eigentumsrechten an den grundlegenden mathematischen Formulierungen der Quantenphysik wie der Schrödinger-Gleichung oder dem Unsicherheitsprinzip sind aber nicht so einfach möglich. Selbst wenn ein formales Eigentumsrecht existiert, lässt sich die Schrödinger-Gleichung nicht direkt verkaufen, und es ist sehr schwierig, einen kausalen Zusammenhang zwischen vermarktbaren Gütern und abstrakten physikalischen Prinzipien herzustellen, so dass ein Missbrauch eines solchen Rechts schwierig nachzuweisen ist.

Dass Grundlagenforschung den Charakter eines Öffentlichen Guts hat, macht es erforderlich, dass man Alternativen zum Marktmechanismus schafft, und man findet grundsätzlich zwei Arten, den Produktionsprozess zu organisieren. Die eine Art ist die öffentliche Finanzierung. Ein wichtiger Teil der finanziellen Ressourcen von Universitäten und Forschungseinrichtungen wird vom Staat bereitgestellt und durch Steuern finanziert. Und die Karriereanreize für Wissenschaftler werden durch eine Art von Wettkampf strukturiert, in dem die relativ erfolgreichsten Forscherinnen und Forscher mit Professuren und Forschungsgeldern belohnt werden. Die Alternative hierzu besteht darin, Lehre und Forschung als komplementär zueinander zu interpretieren und Grundlagenforschung zumindest teilweise durch Studiengebühren zu finanzieren. Die Idee ist, dass Studierende an forschungsstarken Universitäten direkt oder indirekt von dem Umfeld und dem unmittelbaren Zugang zu neuem Wissen profitieren, da sie durch den zeitlichen Vorsprung einen Wettbewerbsvorteil bei der Entwicklung von neuen Produkten haben. Die Stanford University und die Startup-Szene im Silicon Valley sind ein gutes Beispiel für so ein synergetisches Verhältnis.

Nationale Sicherheit ist ein oft diskutiertes Beispiel für ein Öffentliches Gut. Es ist relativ klar, dass innerhalb eines bestimmten Territoriums der Schutz vor internationaler Aggression, der durch das Militär geschaffen wird, nichtrivalisierend im Konsum für die Bürgerinnen und Bürger ist. Die Reichweite militärischer Abschreckung ist fast schon definitionsgemäss die Menge der Menschen innerhalb des geschützten Territoriums (der Schutz von Staatsbürgerinnen und Staatsbürgern im

Ausland ist schwieriger). Die Nichtausschliessbarkeit kann man sich vergegenwärtigen, wenn man zwischen dem Schutz im Falle einer Aggression und dem Schutz vor Aggressionen unterscheidet. Im Falle eines aggressiven Akts wäre es prinzipiell möglich, spezifische Bürgerinnen und Bürger an den Aggressor auszuliefern. Man könnte die Person an die Grenze eskortieren und dort dem Aggressor übergeben. Es ist allerdings so gut wie unmöglich, Personen von dem Schutz auszuschliessen, der dadurch entsteht, dass erst gar kein aggressiver Akt stattfindet.

Die Verhinderung des Klimawandels hat wichtige Eigenschaften eines globalen Öffentlichen Guts: CO_2-Emissionen haben globale Klimaeffekte, so dass Massnahmen zur Reduktion dieser Emissionen nichtrivalisierende Effekte für die globale Bevölkerung haben. Aus demselben Grund kann niemand von den Effekten des Klimawandels (oder seiner Verringerung) ausgeschlossen werden. Das globale Wesen des Phänomens ‚Klimawandel' macht es schwierig, Massnahmen zu seiner Verhinderung umzusetzen. Die erwarteten Kosten und Nutzen des Klimawandels sind zwischen Ländern und Regionen ungleich verteilt, und internationale Verhandlungen finden im löchrigen Netz des internationalen Rechts statt. Internationale Abkommen sind nur schwierig zu erreichen und noch schwieriger durchzusetzen. Wenn man eine Gruppe von Sozialwissenschaftlern und Psychologen bitten würde, sich ein Problem auszudenken, welches für Menschen schwierig zu lösen ist, dann sähe es vermutlich ziemlich genau so aus wie Klimawandel.

Das letzte Beispiel eines Öffentlichen Guts, welches hier besprochen werden soll, ist das Rechtssystem eines Landes. Dieses Beispiel ist interessant, weil es zeigt, dass die Nichtausschliessbarkeit nicht physische oder technologische Ursachen haben muss, sondern durch grundlegende normative Prinzipien motiviert sein kann. Das Rechtssystem ist nichtrivalisierend im Konsum. Wenn ich auf Basis des Vertragsrechts einen Vertrag schreibe, hat das nicht zur Folge, dass niemand anderes mehr dieses Vertragsrecht nutzen kann. Schwieriger wird die Einschätzung der Ausschliessbarkeit. Technisch ist es unproblematisch, Personen zum Beispiel vom Vertragsrecht auszuschliessen, da deren Gültigkeit auch innerhalb eines Staats auf bestimmte Gruppen begrenzt werden kann. Allerdings ist das Vertragsrecht in das restliche Rechtssystem eingebettet. Und solche Einschränkungen sind in der Regel unverträglich mit höheren Rechtsnormen. Die Verfassung eines Staates kann etwa (und tut dies in der Regel auch) vorsehen, dass die Gesetze eines Landes gleiche Gültigkeit für alle Bürgerinnen und Bürger besitzen. So eine Rechtsnorm schafft eine juristische Nichtausschliessbarkeit, und es hängt von der sozialwissenschaftlichen Untersuchungsperspektive ab, ob man solche Beschränkungen als gegeben annimmt oder selbst hinterfragt.

Literatur

Akerlof, G. (1970). The market for lemons: quality uncertainty and the market mechanism. *The Quarterly Journal of Economics, 84*(3), 488–500.

Arrow, K. (1971). *Essays in the Theory of Risk-Bearing.* Amsterdam: North-Holland.

Breeze, T. D., Bailey, A. P., Balcombe K. G., & Potts S. G. (2011). Pollination services in the UK: How important are honeybees? *Agriculture, Ecosystems and Environment, 142*(3–4), 137–143.

Carson, R. (1962). *The Silent Spring.* Mariner Books.

Coase, R. (1937). The nature of the firm. *Economica, 4*(16), 386–405.

Coase, R. (1960). The problem of social cost. *Journal of Law and Economics, 3*, 1–44.

De Groot, R. S. (1992). *Functions of Nature: Evaluation of Nature in Environmental Planning, Management and Decision Making*. Groningen: Wolters-Noordhoff.

Diamond, J. (2005). *Collapse: How Societies Choose to Fail or Succeed*. Penguin Books.

Dumas, A. (1873). *Grand Dictionnaire de Cuisine*. Hachette.

Elton, B. (1991). *Gridlock*. Sphere Books.

Inglehart, R., & Klingemann, H. D. (2000). Genes, culture, democracy, and happiness. In E. Diener & M. Eunkook (Hrsg.), *Culture and Subjective Well-Being*. MIT-Press.

Killingsworth, M.A. (2021). Experienced well-being rises with income, even above $75,000 per year, Proceedings of the National Academy of Sciences Jan 2021, 118(4).

Krishnamurti, J. (2005). *Life Ahead: On Learning and the Search for Meaning*. New World Library.

Lange, O. (1936). On the economic theory of socialism: Part one. *The Review of Economic Studies, 4*(1), 53–71.

Lange, O. (1937). On the theory of economic socialism: Part two. *The Review of Economic Studies, 4*(2), 123–142.

Layard, R. (2005). *Happiness: Lessons from a New Science*. Penguin Books.

Lefebvre, H. (1974). *The Production of Space*. Wiley.

Lindh, A. (2002). Speech by Anna Lindh in the Helsinki Conference.

McCauley, D. J., Pinsky, M. L., Palumbi, S. R., Estes, J. A., Joyce, F. H., & Warner R. R. (2015). Marine defaunation: Animal loss in the global ocean. *Science, 347*(6219, 1255641).

Millennium Ecosystem Assessment. (2005). *Ecosystems and Human Well-Being: Synthesis*. Island.

Morse, R. A., & Calderone, N. W. (2000). The value of honey bees as pollinators of U.S. crops in 2000. *Bee Culture, 128*, 1–15.

Ostrom, E. (2005). *Understanding Institutional Diversity*. Princeton University Press.

Parfit, D. (1984). *Reasons and Persons*. Oxford University Press.

Southwick, E. E., & Southwick, L. (1992). Estimating the economic value of honey-bees (Hymenoptera, Apidae) as agricultural pollinators in the United States. *Journal of Economic Entomology, 85*, 621–633.

Stern, N. (2007). *Stern Review on the Economics of Climate Change*. Cambridge University Press.

Stevenson, B., & Wolfers, J. (2008). Economic Growth and Subjective Well-Being: Reassessing the Easterlin Paradox. Discussion paper, National Bureau of Economic Research.

Sumner, D. A., & Boriss, H. (2006). Bee-conomics and the leap in pollination fees. *Agricultural and Resource Economics Update, 9*(3), 9–11.

Thucydides. (2013). *The History of the Peleponneasian War*. CreateSpace Independent.

World Wildlife Fund. (2014). Living Planet Report 2014.

Weiterführende Literatur

Arrow, K. J. (1969). The organization of economic activity: Issues pertinent to the choice of market versus non-market allocations. In *Analysis and Evaluation of Public Expenditures: The PPP System*. Washington, D.C: Joint Economic Committee of Congress

Coase, R. (1998). The new institutional economics. *American Economic Review, 88*, 72–74

Furuborn, E. G., & Richter, R. (2005). *Institutions and Economic Theory: The Contribution of the New Institutional Economics* (2. Aufl.). University of Michigan Press

Laffont, J. J. (2008). Externalities. *The New Palgrave: Dictionary of Economics*

Marney, G. A. (1971). The ‚Coase Theorem:‘ A reexamination. *Quarterly Journal of Economics, 85*(4), 718–723

Ostrom, E. (1990). *Governing the Commons: The Evolution of Institutions for Collective Action*. Cambridge University Press

Voltaire (1984). *Candide*. Bantam Books

Williamson, O. E. (1985). *The Economic Institutions of Capitalism: Firms, Markets, Relational Contracting*. Free Press

Teil III
Grundlagen des Verhaltens und der Interaktion

Entscheidungstheorie und Konsumentenverhalten

7

In diesem Kapitel lernen Sie ...

- das Konzept einer Präferenzordnung und einer Nutzenfunktion kennen und was sie miteinander zu tun haben.
- wie die Annahme der Präferenzmaximierung genutzt werden kann, um individuelle Nachfragefunktionen auf kompetitiven Märkten zu erklären.
- die Stärken und Schwächen dieses Erklärungsansatzes im Allgemeinen und hinsichtlich der Erklärung von Nachfragefunktionen im Speziellen kennen.

7.1 Grundlagen

> The theory of Economics must begin with a correct theory of consumption.
> (William Stanley Jevons, 1905/1965)

Das Verhalten von Konsumenten auf Märkten ist die Konsequenz von individuellen Entscheidungen. Bisher haben wir gewissermassen eine Abkürzung genommen und uns nicht weiter darum gekümmert, wie Individuen Entscheidungen treffen und wie diese zu Nachfragefunktionen führen, da wir zunächst einmal eine erste Idee von der Funktionsweise von Märkten gewinnen wollten. Daher war es ausreichend, Struktureigenschaften der Nachfrage wie den Zusammenhang zwischen Preis und Menge heuristisch zu begründen. Der Preis, den wir für diese Vereinfachung zahlen mussten, bestand darin, dass wir nicht wirklich verstehen konnten, wie individuelle Entscheidungen und Marktverhalten zusammenhängen, und die Art und Weise, wie wir die Idee der Pareto-Effizienz auf Marktzusammenhänge anwenden mussten, war ziemlich umständlich.

Wenn man sie auf die zentrale Idee reduziert, ist die ökonomische Entscheidungstheorie ziemlich einfach: Man nimmt an, dass Individuen die für sie beste aus einer gegebenen Menge von Entscheidungsalternativen wählen. In einem Markt-

© Der/die Autor(en), exklusiv lizenziert durch Springer-Verlag GmbH, DE, ein Teil von Springer Nature 2021
M. Kolmar, *Grundlagen der Mikroökonomik*,
https://doi.org/10.1007/978-3-662-63362-5_7

kontext ist die Menge der Entscheidungsalternativen die Menge aller Güter- und Dienstleistungen, die sich ein Konsument bei gegebenen Preisen und gegebenem Einkommen leisten kann. Es ist allerdings nicht ganz so klar, was es heisst, dass ein Individuum die beste unter den verfügbaren Alternativen wählt. In diesem Kapitel werden wir diese Idee präzise formulieren und schauen, inwieweit sie uns dabei hilft, Marktverhalten im Speziellen und Entscheidungen im Allgemeinen besser zu verstehen.

7.1.1 Auswahlmengen und Präferenzen

Um eine Entscheidungstheorie zu entwickeln, benötigt man zwei konzeptionelle Elemente. Zuerst eine Menge von Alternativen, aus der ein Individuum wählen kann. Diese nennen wir die *Auswahlmenge* und schreiben sie formal als $X = \{x^1, x^2, \ldots, x^n\}$, wobei $x^i, i = 1, \ldots, n$ eine der zulässigen Alternativen ist. Hier werden wir aus Gründen der Vereinfachung davon ausgehen, dass diese Menge eine endliche Anzahl n an Elementen hat. Das Konzept einer Auswahlmenge ist sehr allgemein. Wenn man in einem Café sitzt, ist die Auswahlmenge die Menge aller Teilmengen der Speisekarte. Das bedeutet, dass eine Alternative eine ganze Liste individueller Elemente sein kann, also z. B. „eine Tasse Tee, zwei Brötchen und eine Portion Konfitüre." In der Mathematik nennt man so eine Liste *Tupel*. Falls x^i die obige Alternative ist, dann könnten wir sie auch schreiben als $x^i = \{$Menge Tee, Anzahl Brötchen, Menge Konfitüre$\} = \{1, 2, 1\}$. Wenn es um politische Wahlen geht, ist die Auswahlmenge die Menge der zulässigen Parteien oder Kandidatinnen, und wenn man nach der Schule eine Ausbildung wählt, ist die Auswahlmenge die Menge aller Berufe.

Darüber hinaus benötigt man etwas, das den Geschmack, die Wertvorstellungen etc. eines Individuums darstellt. Im Allgemeinen wird es die zur Verfügung stehenden Alternativen nicht alle gleich gut finden, sondern die eine der anderen vorziehen. Wir nehmen an, dass das Individuum paarweise Vergleiche zwischen Elementen der Auswahlmenge X derart vornehmen kann, dass Aussagen der Form „ich ziehe Alternative x^i der Alternative x^j vor", oder „ich bin indifferent zwischen Alternative x^i und Alternative x^j" möglich sind. Um sich möglichst sparsam auszudrücken, benutzt man die folgenden Symbole für diese Aussagen: „ich ziehe Alternative x^i der Alternative x^j vor" wird als „$x^i \succ x^j$" und „ich bin indifferent zwischen Alternative x^i und Alternative x^j" wird als „$x^i \sim x^j$" geschrieben.

Es ist wichtig, die genaue Bedeutung der Terminologie zu verstehen. Mathematisch formuliert nehmen wir zwei beliebige Elemente x^i und x^j aus X und vergleichen sie miteinander. Dieser Vergleich ist eine *binäre Relation* auf X. Die *strikte Präferenzrelation* „$\succ$" und die *Indifferenzrelation*.

„$\sim$" sind dann nichts anderes als Teilmengen des kartesischen Produkts von X, $X \times X$. (Wir werden im Folgenden die Präferenzsymbole sowohl als Namen für die Relation als Ganze als auch zum paarweisen Vergleich verwenden.)

Ein Beispiel: Nehmen wir an, Anne könne zwischen einem Apfel, x^1, einer Orange, x^2, und einer Kirsche, x^3, wählen. Dann ist die Auswahlmenge gegeben durch $X = \{x^1, x^2, x^3\}$, und das kartesische Produkt ist die Menge aller geordneten

Paare $X \times X = \{(x^1, x^1), (x^1, x^2), (x^1, x^3), (x^2, x^1), (x^2, x^2), (x^2, x^3), (x^3, x^1),$ $(x^3, x^2), (x^3, x^3)\}$. Nehmen wir an, Anne zieht Äpfel Orangen vor und ist indifferent zwischen Orangen und Kirschen, $x^1 \succ x^2$, $x^2 \sim x^3$. Wenn wir ein Paar (x^i, x^j) in der folgenden Weise interpretieren: „x^i steht in Relation R zu x^j", lässt sich die Präferenzrelation „$\succ$" als Teilmenge der geordneten Paare $\{(x^1, x^2)\}$ und die Präferenz „$\sim$" als Teilmenge der Paare $\{(x^1, x^1), (x^2, x^2), (x^2, x^3), (x^3, x^3)\}$ darstellen. Beachten Sie, dass die Paare (x^i, x^i) Elemente der Teilmenge sind, da Anne nicht zwischen zwei identischen Alternativen unterscheiden kann und daher gesetzt wird, dass sie indifferent zwischen ihnen ist. Diese Eigenschaft ist aus mathematischer Perspektive nicht selbstevident, weshalb man diese Eigenschaft manchmal unter dem Namen *Reflexivität* als Annahme an die Präferenzen trifft.

Wie gesagt, ist die Relation „$\succ$" die *strikte Präferenzrelation*, und die Relation $\sim$ die *Indifferenzrelation*. Es hat sich gezeigt, dass es oft bequemer ist, eine dritte Relation einzuführen, die *schwache Präferenzrelation* genannt wird und mit „$\succsim$" bezeichnet wird. Sie enthält alle Paare aus $X \times X$, die entweder zur strikten Präferenzrelation oder zur Indifferenzrelation gehören. Im Beispiel ist das die Menge $\{(x^1, x^1), (x^1, x^2), (x^2, x^2), (x^2, x^3), (x^3, x^3)\}$. Die strikte Präferenzrelation kann einfach aus der schwachen mit Hilfe der folgenden Operation gewonnen werden:

- $(x^i \succ x^j) \Leftrightarrow (x^i \succsim x^j) \wedge \neg(x^j \succsim x^i)$,
- $(x^i \sim x^j) \Leftrightarrow (x^i \succsim x^j) \wedge (x^j \succsim x^i)$,

wobei $\wedge$, $\neg$ für die logischen Operatoren „und" und „nicht" stehen.

Damit man empirisch überprüfbare Hypothesen mit Hilfe dieser Bausteine machen kann, muss man zusätzliche Annahmen an die Struktur der schwachen Präferenzrelation treffen.

▶ **Definition 7.5 Vollständigkeit** Für alle $x^i, x^j \in X$ gilt entweder $x^i \succsim x^j$, oder $x^j \succsim x^i$ oder beides.

Vollständigkeit bedeutet, dass ein Individuum in der Lage ist, beliebige Alternativen miteinander zu vergleichen. Diese Annahme scheint harmlos zu sein, da man sich entweder mit der einen oder der anderen Alternative besser stellt, und wenn nicht, dann indifferent ist. Kritiker bemerken jedoch, dass man in machen Kontexten einen solchen Vergleich nicht machen kann. Nehmen wir als Beispiel die beiden Alternativen „Zerstörung allen menschlichen Lebens durch ein Virus" oder „Zerstörung allen menschlichen Lebens durch Atomwaffen". Es wird argumentiert, dass es einen bedeutungsvollen Unterschied zwischen der Indifferenz zwischen zwei Alternativen gibt, und deren Unvergleichbarkeit. Wenn man zwei Alternativen vergleichen soll, deren Konsequenzen jenseits des Vorstellungsvermögens liegen, ist es nicht klar, ob Indifferenz und die Unfähigkeit zum Vergleich dasselbe sind.

▶ **Definition 7.6 Transitivität** Für alle $x^i, x^j, x^k \in X$ gilt, falls $x^i \succsim x^j$ und $x^j \succsim x^k$, dann auch $x^i \succsim x^k$.

Transitivität impliziert, dass Präferenzen nicht „zyklisch" sein können. Der wichtigste Rechtfertigungsgrund wird aus der Evolutionstheorie geborgt und ist als „Geldpumpenargument" bekannt: Wenn ein Individuum an einer Stelle intransitive Präferenzen hat, existiert ein „Zyklus" $x^i \succ x^j \succ x^k \succ x^i$. Nehmen wir an, dass das Individuum mit diesem Zyklus bereit ist, mindestens eine Geldeinheit für die jeweils vorgezogene Alternative zu bezahlen. Dann ist es bereit, x_i plus eine Geldeinheit für x_k, x_k plus eine Geldeinheit für x_j und – Achtung Geldpumpe – x_j plus eine Geldeinheit für x_i einzutauschen. Nun sind wir aber zurück am Ausgangspunkt, mit dem Unterschied, dass das Individuum drei Geldeinheiten verloren hat. Macht man immer weiter, so kann man das Individuum auf diesem Weg von all seinem Geld trennen.

Allerdings wurde in Experimenten gezeigt, dass sich Individuen nicht immer transitiv verhalten. Ein Beispiel: Prokrastination beschreibt die Tendenz, unangenehme Pflichten aufzuschieben. Eine Tendenz zur Prokrastination kann sehr negative Folgen haben, und die Intransitivität der Präferenzen scheint dabei eine wichtige Rolle zu spielen. Der Grund: Nehmen wir an, es ist Montag und Sie müssen eine Hausarbeit am Donnerstag einreichen. Wenn man alles einbezieht, würden Sie gern eine gute Hausarbeit einreichen. Allerdings ist es attraktiver, mit der Arbeit nicht schon am Montag zu beginnen, sondern bis Dienstag zu warten („Weisst Du, mein Tag war ohnehin stressig!"). Aber am Dienstag erscheint es besser, mit der Arbeit erst am Mittwoch zu beginnen („Ich brauche den Druck, damit etwas Gescheites dabei herauskommt"). Aber am Mittwoch ist es wiederum besser, bis Donnerstag zu warten („Ich schaffe es einfach nicht"). Dann ist es aber zu spät, noch eine qualitativ hochwertige Hausarbeit fertigzustellen.

Eine schwache Präferenzrelation, die Vollständigkeit und Transitivität erfüllt, heisst *Präferenzordnung*. Was implizieren sie in unserem Beispiel? Wir wissen bereits, dass Annes Präferenzen $x^1 \succsim x^2$ (da $x^1 \succ x^2$ und $\succsim$ eine schwächere Annahme als $\succ$ ist) und $x^2 \succsim x^3$ (da $x^2 \sim x^3$ und $\succsim$ schwächer als $\sim$ ist). Vollständigkeit ist bereits erfüllt, da wir nur drei Alternativen haben, und Transitivität impliziert, dass man $x^1 \succsim x^3$ von $x^1 \succsim x^2 \succsim x^3$ ableiten kann. Daher ist die auf diese Art vervollständigte Präferenzordnung gegeben durch die Teilmenge $\{(x^1, x^1), (x^1, x^2), (x^1, x^3), (x^2, x^2), (x^2, x^3), (x^3, x^3)\}$.

Vollständigkeit und Transitivität werden in allen traditionellen ökonomischen Anwendungen als gegeben angenommen. (Ausnahme hiervon ist die Verhaltensökonomik, die insbesondere bei Entscheidungsproblemen, die langfristige Konsequenzen in der Zukunft betreffen, manchmal von intransitiven Präferenzen ausgeht.) In vielen konkreten Anwendungen werden allerdings weitere Annahmen an die Präferenzen gestellt. Wir geben im Folgenden eine Liste möglicher zusätzlicher Annahmen.

▶ **Definition 7.7 Stetigkeit** Für jede Alternative $x^i \in X$ ist die Menge aller $x^j \in X$, so dass $x^i \succsim x^j$, und die Menge aller $x^k \in X$, so dass $x^k \succsim x^i$ abgeschlossen in X ist.

Stetigkeit ist hinsichtlich ihrer ökonomischen Bedeutung weniger einfach zu interpretieren, hat aber doch eine gewisse Plausibilität. Die Annahme stellt sicher, dass die Präferenzrelation keine „Sprünge" im folgenden Sinn aufweist: Nimmt man an, man vergleiche zwei Alternativen x^1 und x^2 und ziehe $x^1 x^2$ schwach vor, $x^1 \succsim x^2$. Wenn nun x^1 minimal verändert wird, so dass eine neue Alternative $x^1 + \epsilon$ existiert, wobei ϵ eine sehr kleine Veränderung bezeichnet, dann dreht sich die Präferenz nicht plötzlich um, $x^1 \succsim x^2 \Rightarrow x^1 + \epsilon \succsim x^2$.

▶ **Definition 7.8 Monotonie** Für alle $x^i, x^j \in X$ führt $x^i \geq x^j$ und $x^i \neq x^j$ zu $x^i \succ x^j$.

Die Annahme der Monotonie ist erläuterungsbedürftig. Bisher ist die Struktur der Auswahlmenge X völlig allgemein, ihre Elemente können sehr komplexe Dinge oder sehr einfache Dinge sein. In manchen Fällen lassen sich die Alternativen aber quantitativ messen und vergleichen, wie zum Beispiel Milch, deren Menge man in Litern messen kann. In diesem Fall könnte x^i für zwei Liter Milch und x^j für einen Liter Milch stehen. In solchen Fällen sind quantitative Vergleiche wie „$x^i \geq x^j \wedge x^i \neq x^j$" sinnvoll möglich. Sie sind aber nicht möglich, wenn wir beispielsweise *Smartphones* mit Speiseeis vergleichen. Monotonie ist daher nur anwendbar, wenn Alternativen auf einer absoluten Skala mess- und vergleichbar sind. In diesem Fall ist die Interpretation aber einfach: Individuen mit monotonen Präferenzen ziehen grössere Mengen kleineren vor.

▶ **Definition 7.9 Konvexität** Für alle $x^i, x^j \in X$, für die $x^i \succsim x^j$ gilt und für alle $t : 0 \leq t \leq 1$ folgt, dass $t \cdot x^i + (1 - t) \cdot x^j \succsim x^j$.

▶ **Definition 7.10 Strikte Konvexität** Für alle $x^i, x^j \in X$, für die $x^i \sim x^j$ gilt und für alle $t : 0 < t < 1$ folgt, dass $t \cdot x^i + (1 - t) \cdot x^j \succ x^i$.

Die Annahmen der Konvexität und der strikten Konvexität ähneln sich in ihrer ökonomischen Interpretation. Sie implizieren, dass Individuen gemischte Alternativen extremen Alternativen vorziehen. Um die Idee zu illustrieren, muss man aber von der absoluten Mess- und Vergleichbarkeit ausgehen, die wir auch bei der Monotonie unterstellt haben.

Die Annahmen der Konvexität spielen eine wichtige Rolle in der Theorie individueller Entscheidungen auf kompetitiven Märkten, und daher beschäftigen wir uns etwas intensiver mit ihnen. Nehmen wir an, dass die Alternativenmenge, aus der ein Individuum auswählen kann, unterschiedliche Mengen von Wasser und Brot sind. Seien $x^1 = \{10, 0\}$ und $x^2 = \{0, 10\}$ zwei solche Alternativen. Bei der ersten Alternative bekommt das Individuum zehn Einheiten Wasser und kein Brot, und bei der zweiten Alternative ist es umgekehrt. In diesem Beispiel bedeutet sowohl Konvexität als auch strikte Konvexität, dass das Individuum eine ausgewogenere Alternative wie z. B. $x^3 = 0{,}5 \cdot x^1 + 0{,}5 \cdot x^2 = (5, 5)$ den beiden extremen Alternativen schwach vorzieht.

In diesem Beispiel scheinen die Annahmen der Konvexität völlig sinnvoll zu sein, aber schauen wir uns stattdessen ein alternatives Beispiel an, bei dem das erste Gut Miso-Suppe und das zweite Gut Vanille-Eiscreme ist. Nur wenige Menschen essen beides gern zusammen.

Die obigen Annahmen werden üblicherweise nicht alle zugleich als erfüllt vorausgesetzt. Vielmehr ist es so, dass man verstehen will, welche Annahmen man im Minimum treffen muss, damit bestimmte Eigenschaften z. B. der individuellen Nachfragefunktion sichergestellt werden. Somit kann man besser verstehen, welche Annahme an Präferenzen für welches Verhalten ausschlaggebend ist, und damit auch, wie plausibel die Annahme bestimmter Eigenschaften der Nachfrage ist. Je mehr Annahmen als erfüllt vorausgesetzt werden müssen, um so weniger allgemein ist die Theorie.

Die Allgemeinheit einer Theorie ist an sich wünschenswert, sie ist aber im vorliegenden Kontext noch wichtiger, da Präferenzen nicht direkt beobachtet und daher nicht direkt empirisch getestet werden können. Nur Verhalten ist beobachtbar und damit prüfbar. Daher möchte man auf spezifische Annahmen zu unbeobachtbaren Elementen einer Theorie verzichten.

Wir können nun das Konzept der Rationalität definieren, wie es in der Ökonomik verwendet wird. Es hat zwei Aspekte. Zum einen setzt es voraus, dass Individuen eine Präferenzordnung haben, so dass eine wohldefinierte Teilmenge $X^o \subset X$ an Alternativen existiert, die für das Individuum am besten gegeben seine Präferenzen sind. Dies wäre nicht sichergestellt, wenn die Präferenzen nicht vollständig und transitiv wären. Daher nennen wir eine Präferenzrelation *rational*, wenn sie vollständig und transitiv ist. Zweitens reicht es nicht aus, dass Individuen die Alternativen konsistent ordnen können, sie müssen auch dementsprechend wählen bzw. handeln. Daher nennen wir das individuelle *Verhalten* rational, wenn das Individuum eine gegeben seine Präferenzordnung beste Alternative *wählt*. Diese Idee der Rationalität ist der Kern des Konzepts des *Homo Oeconomicus*.

▶ **Definition 7.11 Homo Oeconomicus**   Ein Individuum verhält sich als Homo Oeconomicus, wenn es (i) eine Auswahlsituation in Form einer Auswahlmenge X wahrnimmt, (ii) eine Präferenzordnung auf der Auswahlmenge hat und (iii) eine gegeben seine Präferenzordnung beste Alternative aus der Auswahlmenge wählt.

Zwei Anmerkungen sollten gemacht werden. Erstens ist dieses Rationalitätskonzept rein instrumentell. Es setzt nur voraus, dass die Präferenzen so strukturiert sind, dass es möglich ist, konsistent über bessere und schlechtere Alternativen zu sprechen, und dass sich Individuen konsistent mit ihren Präferenzen verhalten. Es hinterfragt aber nicht den Geschmack oder die Werturteile, der oder die zu den Präferenzen führen. Eine Debatte, die zwischen „guten" und „schlechten" Präferenzen unterscheiden würde, basierte auf einem anderen Rationalitätskonzept, welches auch in Abgrenzung zur Zweckrationalität Wertrationalität genannt wird. Der ökonomische *Mainstream* akzeptiert eine philosophische Position, die man als *Subjektivismus* bezeichnet. Hinter ihr verbirgt sich das Werturteil, dass man individuelle Präferenzen so akzeptiert, wie sie sind, ohne zu hinterfragen, ob sie gut oder schlecht sind. Zweitens wird deutlich, dass so etwas wie Egoismus nicht zur Definition des Homo Oeconomicus gehört. Egoistisches Verhalten wird nicht automatisch vorausgesetzt, obwohl es in vielen Anwendungen als zusätzliche Annahme in die Untersuchung aufgenommen wird. Einer der Gründe ist, dass sich

Konzepte wie Egoismus, Altruismus, Sadismus, etc. auf *Handlungsmotive* beziehen, über die Ökonomen sich im Sinne des Subjektivismus nicht äussern. Daher ist die gesamte Idee der Handlungsmotive der Idee der instrumentellen Rationalität fremd, da sie sich auf mentale Prozesse beziehen, die zu Präferenzen führen.

Wir benötigen noch einige weitere Konzepte, bevor wir mit der eigentlichen Untersuchung von Entscheidungsverhalten beginnen können.

▶ **Definition 7.12 Nicht-schlechter-als-x-Menge** Die Nicht-schlechter-als-x-Menge zu einer Alternative $x \in X$, $NW(x)$, ist die Menge aller $x^i \in X$, so dass $x^i \succsim x$.

▶ **Definition 7.13 Nicht-besser-als-x-Menge** Die Nicht-besser-als-x-Menge zu einer Alternative $x \in X$, $NB(x)$, ist die Menge aller $x^i \in X$, so dass $x \succsim x^i$.

▶ **Definition 7.14 Indifferent-zu-x-Menge** Die Indifferent-zu-x-Menge zu einer Alternative $x \in X$, $I(x)$, ist gegeben durch die Schnittmenge $NW(x) \cap NB(x)$.

7.1.2 Indifferenzkurven

Bisher haben wir das Konzept einer Präferenzordnung für den Fall einer endlichen Alternativenmenge X formuliert. Das Konzept lässt sich aber ohne Probleme auf unendlich grosse Auswahlmengen anwenden. Dies wird in der Regel gemacht, wenn man Marktverhalten analysieren möchte. In diesem Fall wird angenommen, dass es n unterschiedliche Güter gibt, deren Mengen jeweils durch die reellen Zahlen gemessen werden. Damit ist die Auswahlmenge eine Teilmenge der n-dimensionalen Menge der positiven reellen Zahlen, $X \subset \mathbb{R}_+$. Dann lässt sich die Indifferent-zu-x-Menge grafisch darstellen. Nehmen wir an, es gebe zwei Güter, deren positive Mengen durch Abb. 7.1 dargestellt werden.

Der fallende Graph repräsentiert die Indifferent-zu-x-Menge für eine beliebige Alternative $\bar{x} = (\bar{x}_1, \bar{x}_2)$, die wir von nun an auch *Konsumbündel* nennen. Der Graph heisst *Indifferenzkurve*. Das bedeutet, dass Anne zwischen diesem und jedem beliebigen anderen Konsumbündel auf der Indifferenzkurve (in der Abbildung sind als Beispiele zwei solche Konsumbündel $\tilde{x} = (\tilde{x}_1, \tilde{x}_2)$ und $\hat{x} = (\hat{x}_1, \hat{x}_2)$ angegeben) indifferent ist, $\bar{x} \sim \tilde{x} \sim \hat{x}$. Machen Sie sich klar, dass die Krümmung der Indifferenzkurve repräsentativ für die Präferenzordnung „$\succsim$" ist, wenn diese konvex bzw. strikt konvex ist. Die Stetigkeit der Indifferenzkurve weist darauf hin, dass die Präferenzen in diesem Bereich auch stetig sind.

Die in Abb. 7.1 dargestellte Indifferenzkurve gibt natürlich die Präferenzordnung nur partiell wieder. Es gibt zu jedem Konsumbündel x eine Indifferent-zu-x-Menge, die sich prinzipiell als Indifferenzkurve darstellen lässt.

Die Steigung der Indifferenzkurve hat eine wichtige ökonomische Interpretation. Nehmen wir an, wir wollten an einem Punkt x die Konsumgüter umverteilen, dabei aber sicherstellen, dass sich das Individuum durch die Umverteilung nicht schlechter stellt. Das ist nur möglich, wenn das neue Konsumbündel auf derselben Indifferenzkurve liegt. Wenn wir also an einem Punkt x dem Individuum $dx^2 < 0$

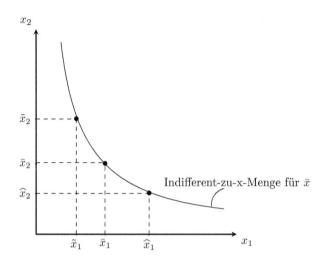

Abb. 7.1 Annes Indifferent-zu-x-Menge

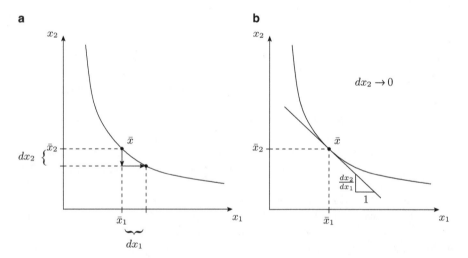

Abb. 7.2 Grenzrate der Substitution

von Gut 2 wegnehmen, müssen wir es durch eine zusätzliche Menge $dx^1 > 0$ an Gut 1 entschädigen, damit es indifferent ist. Dies ist in Abb. 7.2 dargestellt.

Wenn man nun infinitesimale Änderungen anschaut, $dx^2 \to 0$, ist die indifferente Tauschrate durch die Steigung der Tangente an die Indifferenzkurve in Punkt $\bar{x}$ gegeben. Der absolute Wert dieser Tauschrate, dx^2/dx^1, heisst *Grenzrate der Substitution* (*MRS*) zwischen Gut 2 und Gut 1. Sie bringt die Idee der

Opportunitätskosten in folgendem Entscheidungsproblem zum Ausdruck: Wenn man dem Individuum eine kleine Menge von einem Gut wegnimmt, mit welcher Menge des anderen Guts muss man es entschädigen, damit es gleich gut gestellt bleibt?

Abb. 7.3a–d illustrieren unterschiedliche Formen von Indifferenzkurven, die zu jeweils spezifischen Präferenzordnungen gehören.

Abb. 7.3a illustriert den Fall *vollständiger Substitute*. Die Indifferenzkurven sind hier parallele Geraden. Der nach aussen weisende Pfeil gibt an, dass das Individuum grössere Mengen kleineren Mengen vorzieht (Monotonie). Wenn die Indifferenzkurven Geraden sind, ist die *MRS* unabhängig vom Konsumbündel immer gleich. Daher wird das Individuum die beiden Güter immer im selben Verhältnis zueinander substituieren, wodurch sich der Name erklärt. Ob zwei Güter vollständige Substitute sind oder nicht, hängt vom Geschmack des Individuums ab und ist daher keine objektive Eigenschaft der Güter. Plausible Kandidaten für solche

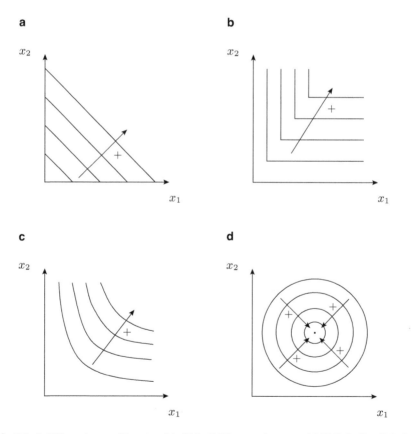

Abb. 7.3 Indifferenzkurven für unterschiedliche Präferenzordnungen: (**a**) Vollständige Substitute, (**b**) Vollständige Komplemente, (**c**) Strikt konvexe Präferenzen, (**d**) Strikt konvexe Präferenzen mit Sättigungspunkt

Güter sind aber unterschiedliche Zahnpasta- Joghurt- oder Orangensaftmarken und so weiter. Diese Präferenzen erfüllen Stetigkeit, Monotonie und Konvexität, nicht aber strikte Konvexität.

Abb. 7.3b illustriert den Fall *vollständiger Komplemente*. Die Indifferenzkurven sind L-förmig mit einem Knick. Diese Form bedeutet, dass das Individuum die Güter nur in einem festen Verhältnis zueinander konsumieren möchte. Dieses Verhältnis wird durch die Steigung der Ursprungsgerade durch die Knicke gegeben. Beispiele für vollständige Komplemente sind rechte und linke Schuhe (daher werden sie auch als Paare verkauft, Rätsel gelöst), Computersoftware und -hardware, Kaffee und Milch, und so weiter. Diese Präferenzen erfüllen Stetigkeit, Monotonie und Konvexität, nicht aber strikte Konvexität.

Abb. 7.3c illustriert den Fall strikt konvexer Präferenzen. Die Indifferenzkurven biegen sich nach innen, aber nicht so stark wie im Fall vollständiger Komplemente. Daher liegt dieser Fall zwischen den beiden obigen. Ein Individuum mit solchen Präferenzen ist bereit, das eine Gut gegen das andere zu substituieren, hat aber *ceteris paribus* eine Präferenz für ausgewogene Bündel.

Abb. 7.3d schliesslich illustriert einen weiteren Fall von strikt konvexen Präferenzen. Die Pfeile zeigen an, dass sie in diesem Fall nicht monoton sind, sondern dass es einen sogenannten Sättigungspunkt gibt. Wenn das Güterbündel links-unterhalb des Sättigungspunktes liegt, verbessert sich das Individuum noch durch eine Vergrösserung des Konsums. Wenn das Güterbündel hingegen rechts-oberhalb liegt, stellt es sich besser, wenn es auf Konsum verzichtet. Solche Präferenzen sind plausibel, wenn Güter nicht lagerbar sind und es physische Grenzen des Konsums gibt. Speiseeis ist ein Beispiel: Die erste Kugel ist sehr gut, die zweite ziemlich gut, die dritte schon nicht mehr so, und ab der vierten, fünften, sechsten geht es einem immer schlechter. Es ist an dieser Stelle wichtig zu verstehen, dass in einer Situation, in der alle Individuen jenseits ihres Sättigungspunkts sind (und Überschüsse ohne Kosten vernichtet werden können), keine Knappheit mehr existiert. Daher nimmt man in der Ökonomik an, dass für die meisten Güter dieser Punkt noch nicht erreicht ist. In diesem Fall sehen die Indifferenzkurven in Abb. 7.3d aber qualitativ genauso aus wie die Indifferenzkurven in Abb. 7.3c, weshalb man mit Ockhams Rasiermesser die Analyse gleich mit ihnen durchführt.

7.1.3 Nutzenfunktionen

Das Entscheidungsproblem eines Individuums kann vollständig mit dem Konzept von Präferenzordnungen untersucht werden. Es stellt sich aber heraus, dass es in vielen Fällen bequemer ist, die Präferenzordnung durch eine Funktion zu ersetzen, welche die Eigenschaften der Ordnung erhält und mit deren Hilfe man einfachere mathematische Werkzeuge benutzen kann. Solch eine Funktion wird *Nutzenfunktion* genannt. Wir werden zuerst das Konzept einführen und dann einige der möglichen Fehler diskutieren, die man machen kann, wenn man mit einer solchen Funktion arbeitet.

Man geht von den folgenden Konvention aus, wenn sie eine Präferenzordnung durch eine Funktion $u(x)$ ersetzen, wobei x eine beliebige Alternative ist, die selbst ein Tupel sein kann. Sie nehmen an, dass die Funktion strikt präferierten Alternativen grössere Zahlen, $x^i \succ x^j \Leftrightarrow u(x^i) > u(x^j)$, und indifferenten Alternativen dieselbe Zahl, $x^i \sim x^j \Leftrightarrow u(x^i) = u(x^j)$, zuordnet. Jede Funktion, die diesen Bedingungen genügt, kann als Nutzendarstellung $u(x)$ der Präferenzordnung „$\succsim$" gelten. Formal ausgedrückt gilt das Folgende:

▶ **Definition 7.15 Nutzenfunktion** Eine Funktion $u : X \to \mathbb{R}$ heisst Nutzenfunktion zu einer Präferenzordnung „$\succsim$" genau dann, wenn $x^i \succ x^j \Leftrightarrow u(x^i) > u(x^j)$ und $x^i \sim x^j \Leftrightarrow u(x^i) = u(x^j)$ für alle $x^i, x^j \in X$.

Diese Definition einer Nutzendarstellung lässt einen grossen Freiraum hinsichtlich der Wahl einer spezifischen Funktion. Oder um es anders auszudrücken, eine gegebene Präferenzordnung hat nicht nur eine, sondern viele Nutzendarstellungen. Ein Beispiel: Nehmen wir an, ein Individuum wählt aus einer Auswahlmenge $X = \{x^1, x^2, x^3\}$ und hat eine Präferenzordnung $x^1 \succ x^2 \succ x^3$. In diesem Fall sind alle der drei folgenden Zuordnungen von Zahlen zu Alternativen Nutzendarstellungen der Präferenzordnung: $u_A : u_A(x^1) = 3, u_A(x^2) = 2, u_A(x^3) = 1$, $u_B : u_B(x^1) = 354, u_B(x^2) = 7,65, u_B(x^3) = 0$, $u_C : u_C(x^1) = -1, u_C(x^2) = -2, u_C(x^3) = -3$. Die Funktion D allerdings repräsentiert die Präferenzordnung nicht: $u_D : u_D(x^1) = 3, u_D(x^2) = 1, u_D(x^3) = 2$. Sie weist der schlechtesten Alternative x^3 eine grössere Zahl zu als der zweitbesten Alternative x^2 (2 im Vergleich zu 1).

Eine Folge dieser Definition einer Nutzenfunktion ist, dass die absoluten Nutzenwerte keine ökonomische Bedeutung haben. Und das bedeutet weiterhin, dass die Nutzendifferenzen keine sinnvolle ökonomische Interpretation besitzen. Das einzige, was sinnvoll geschlussfolgert werden kann, ist, dass Alternativen, denen grössere Nutzenwerte zugewiesen sind, Alternativen mit geringeren Nutzenwerten vorgezogen werden. Man nennt das auch ein *ordinales* Konzept (absolute Werte und kardinale Differenzen haben keine ökonomische Bedeutung).

Eine direkte Folge aus dem Gesagten lässt sich durch das folgende Ergebnis präzisieren. Nehmen wir an, dass $u : X \to \mathbb{R}$ eine Nutzendarstellung der Präferenzordnung „$\succsim$" ist, und nehmen wir weiter an, dass $f : \mathbb{R} \to \mathbb{R}$ eine monoton steigende Funktion ist. Dann ist die zusammengesetzte Funktion $v = f \circ u$ ebenfalls eine Nutzendarstellung von „$\succsim$". Um dies zu beweisen, nimmt man an, dass $u : X \to \mathbb{R}$ eine Nutzendarstellung von „$\succsim$" ist,

$$u(x^i) > u(x^j) \Leftrightarrow x^i \succ x^j \quad \wedge \quad u(x^i) = u(x^j) \Leftrightarrow x^i \sim x^j.$$

Aus der Monotonie von $f(x)$ folgt, dass

$$f(u(x^i)) > f(u(x^j)) \Leftrightarrow u(x^i) > u(x^j)$$
$$\wedge \quad f(u(x^i)) = f(u(x^j)) \Leftrightarrow u(x^i) = u(x^j).$$

Aber daraus folgt wiederum, dass

$$f(u(x^i)) > f(u(x^j)) \Leftrightarrow x^i \succ x^j \quad \wedge \quad f(u(x^i)) = f(u(x^j)) \Leftrightarrow x^i \sim x^j,$$

und somit gilt

$$v(x^i) > v(x^j) \Leftrightarrow x^i \succ x^j \quad \wedge \quad v(x^i) = v(x^j) \Leftrightarrow x^i \sim x^j.$$

Der Übergang von Präferenzordnungen zu Nutzenfunktionen birgt das Risiko falscher Interpretationen. Da Nutzenfunktionen Alternativen Zahlen zuweisen, ist es verführerisch, die Zahlen zu benutzen und alle möglichen Operationen mit ihnen auszuführen, also zum Beispiel Differenzen zu bilden ($u(x^i) = 10$, $u(x^j) = 7$, daher gilt $u(x^i) - u(x^j) = 10 - 7 = 3$, das Individuum muss sich um drei Nutzeneinheiten besser gestellt haben), Nutzen zwischen Individuen zu vergleichen (Individuum A hat 8 Nutzeneinheiten und Individuum B nur 3, daher ist A 5 Nutzeneinheiten besser gestellt als B). Diese Rechnungen sind mathematisch möglich, aber ökonomisch bedeutungslos, da absolute Nutzenwerte und Nutzendifferenzen von den Zufälligkeiten der Zuweisung einer Nutzenfunktion abhängen, solange man als grundlegendes Konzept die Präferenzordnung hat. Nur Aussagen, die sinnvoll auf Basis von Präferenzordnungen gemacht werden können, dürfen auch für Nutzenfunktionen gemacht werden. Eine solche Eigenschaft ist die Grenzrate der Substitution *MRS*, da diese nicht von der zufällig gewählten Nutzendarstellung abhängt. Um das zu sehen, gehen wir zu den beiden Nutzendarstellungen $u(x)$ und $v(x) = f(u(x))$ zurück, die wir zuvor eingeführt hatten, und benutzen die folgende Notation: Alternative x^i besteht aus den Mengen x_1^i, x_2^i zweier Güter 1 und 2. Wir können die Grenzrate der Substitution dx_2^i/dx_1^i durch das Totale Differenzial der Nutzenfunktion darstellen. Wir beginnen mit der Präferenzdarstellung $u(x)$ und erhalten als Totales Differenzial

$$du = \frac{\partial u}{\partial x_1^i} \cdot dx_1^i + \frac{\partial u}{\partial x_2^i} \cdot dx_2^i.$$

Um auf derselben Indifferenzkurve zu bleiben, muss $du = 0$ gesetzt werden, so dass

$$\frac{dx_2^i}{dx_1^i} = -\frac{\partial u/\partial x_1^i}{\partial u/\partial x_2^i}$$

gilt. Für infinitesimale Änderungen der Gütermengen entspricht die Grenzrate der Substitution daher dem inversen Verhältnis der partiellen Ableitungen der Nutzenfunktion $\partial u/\partial x_i^k$, $k = 1, 2$. Wenn nun dieselben Schritte mit der Nutzendarstellung $v(.)$ durchgeführt werden, erhalten wir

$$\frac{dx_2^i}{dx_1^i} = -\frac{\partial v/\partial x_1^i}{\partial v/\partial x_2^i} = -\frac{(\partial f/\partial u)(\partial u/\partial x_1^i)}{(\partial f/\partial u)(\partial u/\partial x_2^i)} = -\frac{\partial u/\partial x_1^i}{\partial u/\partial x_2^i}.$$

Die Grenzrate der Substitution ist daher unabhängig von der gewählten Nutzendarstellung immer gleich, solange die Nutzenfunktion dieselbe Präferenzordnung darstellt. Daher ist die Grenzrate der Substitution ein ökonomisch sinnvoll definiertes Konzept, da es eine Eigenschaft der Präferenzordnung beschreibt, die ein erklärendes Element der Theorie ist.

Exkurs 7.1. Wofür stehen Präferenzordnungen und Nutzenfunktionen? Die moderne Entwicklung des Präferenzbegriffs

Die Sicht auf das Konzept des Nutzens hat sich im Verlauf des vergangenen Jahrhunderts sehr verändert. Was alle Interpretationen eint, sind die Auffassungen, dass Nutzen etwas mit individuellem Verhalten und mit individuellem Wohlergehen zu tun hat. Zunächst wurde der Begriff als Abkürzung für das sogenannte *hedonische* Wohlergehen benutzt, also die Idee, dass Nutzen so etwas wie einen affektiven Zustand misst. Diese Vorstellung geht zurück auf *utilitaristische* Philosophen wie Jeremy Bentham oder John Stuart Mill. Mill schrieb: „The creed which accepts as the foundation of morals, Utility, or the Greatest-Happiness Principle, holds that actions are right in proportion as they tend to promote happiness, wrong as they tend to produce the reverse of happiness. By happiness is intended pleasure, and the absence of pain; by unhappiness, pain, and the privation of pleasure." Diese Philosophen setzten Nutzen daher mit einer wie es heute genannt wird *Theory of Mind* gleich und hatten eine substanzielle Vorstellung davon, was individuelles Wohlergehen fördert: sich in einem affektiven Sinne gut zu fühlen. Gehirn und Geist wurden als „Maschinen" verstanden, die Gefühle der Lust und Unlust produzieren, und diese Affekte wurden als Verursacher menschlicher Handlungen angesehen. Dementsprechend ist eine Nutzenfunktion ein Mass für hedonische Zustände (höherer Nutzen = mehr (Lust minus Unlust), niedrigerer Nutzen = weniger (Lust minus Unlust)). Zusammen mit der Annahme, dass Affekte Verhalten steuern, ist dies eine stilisierte *Theory of Mind*. Diese Sicht auf Nutzen entsprach mehr oder weniger auch der gängigen Auffassung in der Psychologie, die von Personen wie Gustav Theodor Fechner oder Wilhelm Wundt dominiert wurde, die der Auffassung waren, dass man geistige Prozesse wie Affekte prinzipiell messen und vergleichen kann.

Zu Beginn des 20. Jahrhunderts wurde diese Interpretation aber zunehmend kritisiert. Die Vorstellung, dass man mentale Phänomene messen könne, wurde als „metaphysischer Hokus-Pokus" abgetan, und das Paradigma der Psychologie verschob sich zum sogenannten Behaviorismus, demzufolge nur noch beobachtbares Verhalten in einer Theorie Berücksichtigung finden sollte. Die Ökonomik folgte dieser Entwicklung. Einer der wichtigsten Vertreter dieser neuen Sicht war Vilfredo Pareto, der in einem Brief von 1897 schrieb: „It is an empirical fact that the natural sciences have progressed only when

(Fortsetzung)

they have taken secondary principles as their point of departure, instead of trying to discover the essence of things. [...] Pure political economy has therefore a great interest in relying as little as possible on the domain of psychology." Er ersetzte das Konzept des mess- und vergleichbaren Nutzens durch das Konzept einer ordinalen Präferenzordnung und ging sogar noch einen Schritt weiter, indem er anregte, man solle Präferenzordnungen nicht als etwas verstehen, was Bezug auf Geist oder Gehirn nimmt, sondern als ein *Als-ob*-Hilfsmittel, welches es erlaubt, Verhalten zu erklären, ohne dass es selbst eine tiefere Bedeutung hätte.

Allerdings verblieb auch in Paretos Vorstellung noch eine minimale *Theory of Mind* enthalten, da er davon ausging, dass Alternativen, die in der Präferenzordnung höher angesiedelt sind, vom Individuum vorgezogen werden (gegeben ihr eigener subjektiver Standard). Diese Annahme führte zum normativen Kriterium der *Pareto Effizienz* (siehe Kap. 5 für die Definition).

Diese Vorstellung von Präferenzordnungen und die damit einhergehende Folgerung, dass Nutzenfunktionen keine tiefere ontologische Bedeutung über die Repräsentation von Präferenzordnungen hinaus zukommt, führte zur Entwicklung der sogenannten Indifferenzkurvenanalyse durch Francis Ysidro Edgeworth, und diese Entwicklung wurde damals als grosser wissenschaftlicher Durchbruch angesehen. Der Enthusiasmus kann immer noch in einem Zitat von Eugen Slutsky (1915/1952) gespürt werden: *„ [I]f we wish to place economic science upon a solid basis, we must make it completely independent of psychological assumptions [...].*" In dieser Aufbruchstimmung entwickelte sich die Mainstreamökonomik auch von einer eher engen Wissenschaft des Marktverhaltens zu einer allgemeinen Theorie individueller Interaktion zur Untersuchung allgemeiner gesellschaftlicher Phänomene (John Hicks und Douglas Allen 1934): „The methodological implications of [the new] conception of utility [...] are far reaching indeed. By transforming the subjective theory of value into a general logic of choice, they extent its applicability over wide fields of human conduct."

Es muss noch ein Punkt geklärt werden, bevor wir die vorgestellte Entscheidungstheorie auf Entscheidungssituationen auf Märkten anwenden können. Bisher hatten wir einfach angenommen, dass Präferenzordnungen durch Nutzenfunktionen dargestellt werden können, aber es ist ja völlig unklar, warum das so sein sollte. Und tatsächlich gibt es ein Gegenbeispiel, welches hinsichtlich des Entscheidungsverhaltens nicht so unrealistisch ist, dass man es direkt verwerfen könnte. Nehmen wir an, ein Individuum hat die Auswahl zwischen zwei Gütern 1 und 2 mit Mengen x_1 und x_2 und hat die folgenden Präferenzen: Es zieht mehr von Gut 1 weniger von Gut 1 vor, und dasselbe gilt für Gut 2. Aber unabhängig davon, wie gross die Mengen sind, die das Individuum von Gut 1 und Gut 2 besitzt, zieht es stets mehr von Gut 1 vor. Diese Präferenzen heissen *lexikografisch*, da das Individuum die Güter so

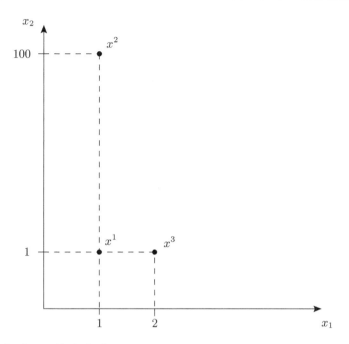

Abb. 7.4 Lexikographische Präferenzen

ordnet, wie ein Lexikon die Einträge ordnet: zunächst nach dem ersten Buchstaben (Gut 1) und dann nach dem zweiten Buchstaben (Gut 2). Damit wird eine Hierarchie geschaffen, die dem ersten einen absoluten Vorrang vor dem zweiten Gut gibt. Nur wenn zwei Alternativen dieselbe Menge des ersten Guts enthalten, bestimmt die Menge des zweiten Guts die Präferenz.

Abb. 7.4 illustriert den Fall. Ein Beispiel: Nehmen wir an, das Individuum habe die Wahl zwischen den drei Alternativen $x^1 = (1, 1)$, $x^2 = (1, 100)$ und $x^3 = (2, 1)$. Mit lexikografischen Präferenzen zieht es Alternative x^2 Alternative x^1 vor (mehr von Gut 2) und Alternative x^3 Alternative x^2 (mehr von Gut 1, Gut 2 ist irrelevant, sobald mehr von Gut 1 verfügbar ist).

Lexikographische Präferenzen erscheinen wahrscheinlich ziemlich ungewöhnlich, und wahrscheinlich sind sie das auch. Aber wir können sie nicht einfach ausschliessen, da wir nicht wissen, ob es Individuen gibt, die solche Präferenzen haben. Aber was ist das Problem mit diesen Präferenzen? Sie lassen sich nicht durch eine Nutzenfunktion darstellen. Um den tieferen Grund dieses Problems zu verstehen, benötigt man Masstheorie.

(Hier ist eine Skizze des Arguments: Nehmen wir an, dass $u_L : X \to \mathbb{R}$ eine Nutzendarstellung der lexikographischen Ordnung $\succ_L$ ist. Für jedes $x, y \in \mathbb{R}$ mit $x > y$ mus gelten, dass $(x, 1) \succ_L (x, 0) \succ_L (y, 1)$ gilt, was impliziert, dass die Intervalle $\{[u_L(x, 0), u_L(x, 1)] | x \in \mathbb{R}\}$ disjunkt sind, $[u_L(x, 0), u_L(x, 1)] \cap [u_L(y, 0), u_L(y, 1)] = \emptyset$ für $x \neq y$. Ausserdem enthält jede

Menge $[u_L(x, 0), u_L(x, 1)]$ mindestens eine rationale Zahl. Dies impliziert aber, dass wir eine Eins-zu-Eins-Abbildung von der Menge der reellen Zahlen in die Menge der rationalen Zahlen konstruiert haben, was nicht möglich ist, weil die Menge der rationalen Zahlen abzählbar und die Menge der reelen Zahlen nicht abzählbar ist).

Eine Möglichkeit, dieses Problem zu „lösen", besteht darin anzunehmen, dass Präferenzordnungen stetig sind. Daher zeigt dieses Beispiel, welche Wichtigkeit die ansonsten etwas abstrakt daherkommende Annahme der Stetigkeit in der Theorie spielt.

7.2   Die Nachfrage nach Gütern auf Wettbewerbsmärkten

In Kap. 4 haben wir eine Reihe von intuitiv plausiblen Einflussfaktoren für das individuelle Nachfrageverhalten und die Marktnachfrage für den Fall kompetitiver Märkte diskutiert. Wir hatten argumentiert, dass die individuelle Nachfrage wahrscheinlich von dem Preis des Guts und von den Preisen anderer Güter sowie dem Einkommen des Individuums abhängen wird. Darüber hinaus sollte auch der individuelle Geschmack und die Erwartungen über die Zukunft einen Einfluss haben. Weiterhin hatten wir argumentiert, dass eine Veränderung all dieser erklärenden Variablen einen bestimmten Einfluss auf die Nachfrage ausüben wird. Wir sind nun in der Lage, diese intuitiven Argumente innerhalb des formalen entscheidungstheoretischen Modells der Präferenz- bzw. Nutzenmaximierung, welches wir eingeführt haben, zu überprüfen und zu untersuchen, was wir über das Nachfrageverhalten lernen können. Erinnern Sie sich daher nochmals daran, dass ein ökonomisches Auswahlproblem immer zwei Elemente hat, die Bestimmung einer Auswahlmenge und die Bestimmung der individuellen Wahl aus dieser Menge für gegebene Präferenzen.

Wir nehmen an, dass ein Individuum (Anne) aus unterschiedlichen Mengen zweier Konsumgüter 1 und 2 auswählen kann. Deren Mengen werden mit x_1 und x_2 bezeichnet, und sie sind aus der Menge der positiven reellen Zahlen (inklusive 0). Man nennt dies auch den *Güterraum*. Anne verhält sich als Preisnehmerin und verfügt über ein Einkommen oder Budget b, und sie kann nicht mehr als dieses für die beiden Güter ausgeben. (Dieses Modell ist sehr flexibel; wenn man zum Beispiel annimmt, dass x_1 gegenwärtiger und x_2 zukünftiger Konsum ist, lässt sich mit dem Modell auch Sparverhalten untersuchen.) Die Preise der beiden Güter sind p_1 und p_2.

Diese Informationen können verwendet werden, um Annes Auswahlmenge zu bestimmen: Wir wissen, dass Anne höchstens b Geldeinheiten für die beiden Güter ausgeben kann. Die Ausgaben für die beiden Güter sind $p_1 \cdot x_1 + p_2 \cdot x_2$, so dass

$$p_1 \cdot x_1 + p_2 \cdot x_2 \leq b$$

gelten muss, damit die Ausgaben das Budget nicht übersteigen. Diese Ungleichung definiert alle Paare (x_1, x_2), die sich Anne für ihr Einkommen b bei Preisen

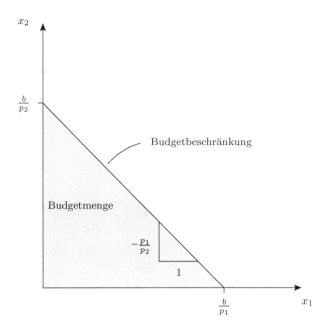

Abb. 7.5 Budgetmenge und Budgetbeschränkung auf einem kompetitiven Markt

p_1, p_2 leisten kann. Dies ist ihre *Auswahlmenge*, die wir künftig als *Budgetmenge* bezeichnen und formal als $B(p_1, p_2, b)$ schreiben werden. Wenn Anne ihr gesamtes Einkommen ausgibt, wird ein Punkt auf der äusseren Grenze dieser Menge erreicht, $p_1 \cdot x_1 + p_2 \cdot x_2 = b$. Diese Gleichung definiert implizit eine Funktion, die auch als *Budgetbeschränkung* oder *Budgetlinie* bezeichnet wird. Abb. 7.5 illustriert dies.

In dieser Abbildung tragen wir x_1 entlang der Abszisse und x_2 entlang der Ordinate ab. Mit dieser Konvention können wir die Budgetbeschränkung benutzten, um nach x_2 aufzulösen:

$$x_2 = \frac{b}{p_2} - \frac{p_1}{p_2} \cdot x_1.$$

Diese Gleichung zeigt, dass die Budgetbeschränkung als eine fallende Gerade mit konstanter Steigung $-p_1/p_2$ dargestellt werden kann, welche die Abszisse an der Stelle b/p_2 und die Ordinate an der Stelle b/p_1 schneidet. Dies ist die Budgetgerade. Die Menge links unterhalb dieser Gerade ist die Budgetmenge. Sie definiert die Menge aller Konsumbündel, die Anne sich leisten kann.

Die Budgetbeschränkung ändert sich mit Änderungen in den Preisen und dem Einkommen, siehe Abb. 7.6. Machen Sie sich klar, dass sie sich parallel nach innen (aussen) verschiebt, wenn das Einkommen kleiner (grösser) wird. Sie dreht sich um den Punkt $(0, b/p_2)$ nach aussen (innen), wenn p_1 sinkt (steigt), und sie dreht sich um den Punkt $(b/p_1, 0)$ nach aussen (innen), wenn p_2 sinkt (steigt).

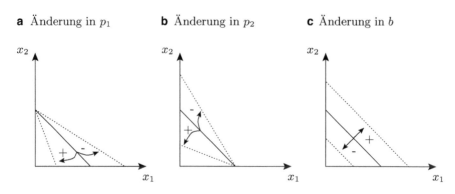

a Änderung in p_1 **b** Änderung in p_2 **c** Änderung in b

Abb. 7.6 Effekte von Preis- und Einkommensänderungen auf die Budgetbeschränkung

Die Steigung der Budgetgerade $-p_1/p_2$ hat eine wichtige ökonomische Interpretation; sie misst das Verhältnis, in dem die beiden Güter auf dem Markt miteinander getauscht werden können. Nehmen wir an, dass $b = 100$ und $p_1 = 8$, $p_2 = 4$ gelten. In diesem Beispiel ist $-p_1/p_2 = -2$: Wenn Anne ihr ganzes Einkommen für die beiden Güter ausgibt, muss sie auf zwei Einheiten von Gut 1 verzichten, wenn sie eine weitere Einheit von Gut 2 konsumieren möchte, da Gut 1 doppelt so teuer wie Gut 2 ist. Die Steigung $-p_1/p_2$ ist daher der *Relativpreis* von Gut 2 in Einheiten von Gut 1 und misst die Opportunitätskosten einer weiteren Einheit von Gut 2 in Einheiten von Gut 1, die sich auf dem Markt ergeben.

7.2.1   Grafische Lösung des Auswahlproblems

Wir sind nun soweit, das Konzept der Präferenzordnung oder Nutzenfunktion anzuwenden, um Auswahlverhalten zu bestimmen. Die Hypothesen, die wir dabei ableiten können, hängen von den Annahmen ab, die wir hinsichtlich der Struktur der Präferenzordnung machen. Der grösste Teil der Literatur geht davon aus, dass die individuelle Nachfrage bestimmt werden kann, als ob ein Individuum eine stetige, monotone und konvexe bzw. strikt konvexe Präferenzordnung auf einer Budgetmenge $B(p_1, p_2, b)$ maximiere. Um dies einfacher grafisch darstellen zu können, gehen wir davon aus, dass Präferenzen nicht nur auf der Budgetmenge $B(p_1, p_2, b)$ definiert sind, sondern auf dem gesamten Güterraum $x_1 \geq 0$, $x_2 \geq 0$, unabhängig davon, ob das Individuum sich die Güterbündel leisten kann oder nicht.

Stetigkeit impliziert, dass eine Präferenzordnung durch eine Nutzenfunktion $u(x_1, x_2)$ repräsentiert werden kann, und damit werden wir von nun an arbeiten. Um Annes Auswahlproblem zu veranschaulichen, nehmen wir für den Moment an, ihre Präferenzen seien strikt konvex und durch eine stetig differenzierbare Nutzenfunktion beschreibbar. In diesem Fall müssen die Indifferenzkurven für unterschiedliche Nutzenniveaus u^j nach innen gekrümmt sein, wie dies in Abb. 7.7 der Fall ist. Dort haben wir Indifferenzkurven zu den Nutzenniveaus $u^1 < u^2 < u^3$

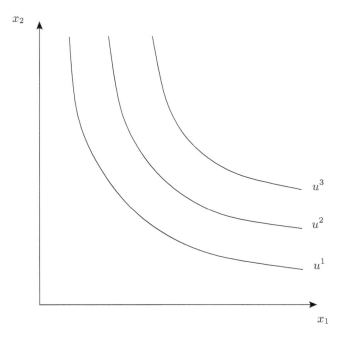

Abb. 7.7 Indifferenzkurven im Kontext kompetitiver Märkte

gezeichnet. Um eine einfache Sprache zu haben, bezeichnen wir Indifferenzkurven, die zu einem grösseren Nutzenniveau gehören als „höher" und Indifferenzkurven, die zu einem kleineren Nutzenniveau gehören, als „niedriger".

Monotonie führt dazu, dass höhere Indifferenzkurven nordöstlich von niedrigeren Indifferenzkurven liegen. Wie man sieht, erzeugen die Indifferenzkurven eine Ordnung auf der Menge der möglichen Konsumbündel. Ausgehend von einem Konsumbündel auf einer beliebigen Indifferenzkurve werden Konsumbündel auf höheren Indifferenzkurven vorgezogen.

Wenn wir die Budgetmenge zur Abbildung hinzufügen, können wir die Indifferenzkurven dazu benutzen, um Voraussagen über Verhalten abzuleiten.

Abb. 7.8 zeigt eine Schar Indifferenzkurven, die aus einer Nutzenfunktion $u(x_1, x_2)$ abgeleitet sind, und eine Budgetmenge $B(p_1, p_2, b)$. Qualitativ können vier verschiedene Fälle unterschieden werden. Sie werden durch die Konsumbündel A, B, C und D repräsentiert. Anne kann sich Konsumbündel A leisten, da es innerhalb der Budgetmenge liegt. Aber es ist nicht Annes beste Wahl. Vergleicht man A mit B, sieht man, dass B auf einer höheren Indifferenzkurve als A liegt, sich aber immer noch in Annes Budgetmenge befindet. Daher würde sie Konsumbündel B Konsumbündel A vorziehen. Ist B optimal für Anne? Man könnte argumentieren, dass C noch besser ist, da es auf einer noch höheren Indifferenzkurve liegt. Allerdings ist diese ausserhalb von Annes Budgetmenge: Sie würde Konsumbündel C Konsumbündel B vorziehen, kann es sich aber nicht leisten.

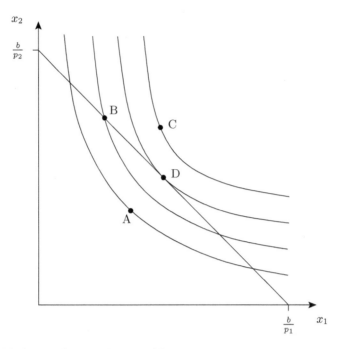

Abb. 7.8 Die Struktur der optimalen Auswahl

Daher kann *C* auch nicht optimal sein. Um Annes optimale Wahl zu bestimmen, müssen wir daher die höchste Indifferenzkurve bestimmen, die noch innerhalb der Budgetmenge liegt. Konsumbündel *D* erfüllt diese Bedingungen, es befindet sich auf der höchsten Indifferenzkurve, die noch innerhalb der Budgetmenge $B(p_1, p_2, b)$ liegt.

Eine Situation wie *D* hat eine ökonomische Intuition, die wichtig für das Verständnis von Opportunitätskosten und Präferenzmaximierung ist. Achten Sie darauf, dass die Steigung der Indifferenzkurve und die Steigung der Budgetbeschränkung in Punkt *D* identisch sind. Die Steigung der Budgetbeschränkung entspricht dem Relativpreis der beiden Güter und gibt daher das Tauschverhältnis auf dem Markt an. Die Steigung der Indifferenzkurve entspricht der Grenzrate der Substitution, der Austauschrate zwischen den beiden Gütern, die Anne gerade indifferent zwischen zwei Konsumbündeln macht. In einem Punkt wie *D* fallen beide Tauschraten zusammen, die Grenzrate der Substitution ist gleich dem Relativpreis. Warum ist das ökonomisch sinnvoll? Schauen wir uns das folgende Beispiel an: Wir nehmen an, dass für ein gegebenes Konsumbündel der Relativpreis von Gut 1 in Einheiten von Gut 2 −2 beträgt und die Grenzrate der Substitution von Gut 1 in Einheiten von Gut 2 −4. Dies ist in einem Punkt wie *B* erfüllt. (Die Budgetbeschränkung ist flacher als die Steigung der Indifferenzkurve.) Das bedeutet, dass Anne bereit wäre, vier Einheiten von Gut 2 für eine weitere Einheit von Gut 1 abzugeben, ohne das sie sich besser oder schlechter stellt. Bei den gegebenen Marktpreisen muss sie aber nur zwei Einheiten Gut 2 abgeben, um eine weitere Einheit Gut 1 zu bekommen. Daher kann sie sich besser stellen, indem sie mehr von Gut 1 konsumiert und weniger von Gut 2. Diese Logik gilt immer, wenn die „interne" Tauschrate (*MRS*) nicht der „externen" Tauschrate (Relativpreis) entspricht. Daher sind nur solche Konsumbündel mit Präferenzmaximierung vereinbar, für welche die Grenzrate der Substitution dem Relativpreis entspricht.

Der Umstand, dass sich das präferenzmaximierende Konsumbündel auf der Budgetbeschränkung und nicht im Innern der Budgetmenge befindet, folgt aus der Annahme der Monotonie. Ohne diese Annahme wäre es möglich, dass Annes Präferenzen einen Sättigungspunkt haben, der im Innern der Budgetmenge liegt, so dass sie weniger als ihr ganzes Einkommen ausgibt. Die Annahme der Monotonie kann daher als Umsetzung der Annahme der Knappheit interpretiert werden: Ohne Monotonie können Fälle auftreten, in denen alle Wünsche Annes erfüllt sind. Das ist gut für Anne, und es ist am Ende eine empirische Frage, ob ein solcher Punkt erreichbar ist. Daher sollte man diese Annahme bewusst reflektieren, da sie schnell dazu führt, dass man ein quantitatives Wachstumsziel akzeptiert.

Zusätzlich notwendig für den Umstand, dass im Optimum die Grenzrate der Substitution dem Relativpreis entsprechen muss, ist die Annahme strikt konvexer Präferenzen (zusätzlich müssen die Indifferenzkurven stetig differenzierbar sein, damit sie keine „Knicke" haben können).

7.2.2 Analytische Lösung des Auswahlproblems

Das Präferenz- und Nutzenmaximierungsproblem kann auch analytisch gelöst werden. Dazu beschreiben wir zunächst Annes Auswahlproblem. Wir sind mit einem Optimierungsproblem konfrontiert, bei dem p_1, p_2 und b die erklärenden (exogenen) Variablen sind, also die Variablen, die Annes Wahl eines Konsumbündels x_1, x_2 bestimmen. Die Konsumgüter sind die erklärten (endogenen) Variablen. Daher möchten wir Funktionen $x_1(p_1, p_2, b)$, $x_2(p_1, p_2, b)$ bestimmen. Dazu nehmen wir an, Anne maximiere ihre Nutzenfunktion $u(x_1, x_2)$ unter der Nebenbedingung, dass sie nicht mehr für Konsum ausgeben kann als ihr Einkommen, $p_1 \cdot x_1 + p_2 \cdot x_2 \leq b$. Wenn wir von monotonen Präferenzen ausgehen, wissen wir, dass Anne ihr gesamtes Einkommen ausgeben wird. Dann können wir schreiben:

$$\max_{x_1, x_2} u(x_1, x_2) \quad \text{u. d. B. d.} \quad p_1 \cdot x_1 + p_2 \cdot x_2 = b.$$

Diese Notation muss erklärt werden. Der Ausdruck $\max_{x_1, x_2}$ besagt, dass wir das Maximum der Nutzenfunktion bezüglich der endogenen Variablen (x_1, x_2) bestimmen wollen. Der Ausdruck „u. d. B. d." kürzt „unter der Bedingung, dass" ab, womit gemeint ist, dass Anne bei ihrer Entscheidung ihre Budgetbeschränkung berücksichtigen muss.

7.2.2.1 Notwendige Bedingungen für ein Maximum

Formal handelt es sich um ein Optimierungsproblem unter Nebenbedingungen, und es gibt mehrere Wege, es zu lösen. Solange nur zwei endogene Variablen existieren, benötigen wir dazu keine fortgeschrittenen mathematischen Techniken; wir benutzen einfach die Nebenbedingung, um nach einer der endogenen Variablen aufzulösen. Setzen wir diese Bedingung dann in die Nutzenfunktion ein, so eliminieren wir eine der beiden endogenen Variablen, und wir haben ein Optimierungsproblem mit einer endogenen Variable und ohne Nebenbedingung. Für allgemeinere (und realistischere) Optimierungen, in denen Anne die Wahl zwischen mehr als zwei Gütern hat, benötigt man allerdings andere Lösungsverfahren.

Wir werden zunächst die Lösung dieses Optimierungsproblems durch Eliminierung einer Variablen herleiten, bevor wir den allgemeinen Ansatz vorstellen.

Wir werden uns hier allerdings nicht tiefer mit dem Feld der Optimierungsprobleme unter Nebenbedingungen beschäftigen, da wir aus dem einfachen Zwei-Güter-Modell schon eine Menge Einsichten in individuelles Verhalten auf Wettbewerbsmärkten gewinnen können.

Zur formalen Lösung des Problems formen wir die Budgetbeschränkung wie zuvor um: $x_2 = b/p_2 - (p_1/p_2) \cdot x_1$. Diese Funktion stellt einen Zusammenhang zwischen x_1 und x_2 her, den man auch als $X_2(x_1) = b/p_2 - (p_1/p_2) \cdot x_1$ schreiben kann. Diese Gleichung kann dann genutzt werden, um x_2 in der Nutzenfunktion zu ersetzen. Damit erhalten wir ein modifiziertes Optimierungsproblem ohne Nebenbedingung:

$$\max_{x_1} u(x_1, X_2(x_1)) = \max_{x_1} u(x_1, b/p_2 - (p_1/p_2) \cdot x_1).$$

Um zu zeigen, wie dieses Problem gelöst werden kann, gehen wir davon aus, dass $u(x_1, x_2)$ zweimal stetig differenzierbar und die zugrunde liegende Präferenzordnung strikt konvex ist. Wenn diese Annahmen erfüllt sind, ist ein inneres Maximum durch einen Wert x_1 charakterisiert, bei dem die erste Ableitung der Nutzenfunktion $u(x_1, X_2(x_1))$ gleich null ist (Bedingung Erster Ordnung):

$$\frac{\partial u}{\partial x_1} - \frac{\partial u}{\partial x_2} \cdot \frac{\partial X_2}{\partial x_1} = \frac{\partial u}{\partial x_1} - \frac{\partial u}{\partial x_2} \cdot \frac{p_1}{p_2} = 0.$$

Diese Bedingung kann wie folgt vereinfacht werden:

$$\frac{\partial u/\partial x_1}{\partial u/\partial x_2} = \frac{p_1}{p_2}.$$

Dies ist die Optimalitätsbedingung des Nutzenmaximierungsproblems auf kompetitiven Märkten. Um sie zu interpretieren, müssen wir den Ausdruck auf der linken Seite verstehen. Dazu bilden wir das Totale Differenzial der Nutzenfunktion:

$$du = \frac{\partial u}{\partial x_1} \cdot dx_1 + \frac{\partial u}{\partial x_2} \cdot dx_2.$$

Das Totale Differenzial misst den Gesamteffekt, den eine Veränderung von x_1 und x_2 um dx_1 und dx_2 auf den Nutzen haben. Wir interessieren uns hier aber nicht für allgemeine Veränderungen, sondern nur für solche, bei denen der Gesamtnutzen unverändert bleibt, $du = 0$, da wir damit auf derselben Indifferenzkurve bleiben. Damit bestimmen wir aber die Grenzrate der Substitution:

$$du = \frac{\partial u}{\partial x_1} \cdot dx_1 + \frac{\partial u}{\partial x_2} \cdot dx_2 = 0$$

$$\Leftrightarrow MRS(x_1, x_2) = \frac{dx_2}{dx_1} = \frac{\partial u / \partial x_1}{\partial u / \partial x_2}.$$

Dies ist aber genau die linke Seite der obigen Optimalitätsbedingung. Wir können daher schliessen, dass ein präferenz- oder nutzenmaximierendes Individuum ein Konsumbündel so wählen wird, dass die Grenzrate der Substitution dem Relativpreis entspricht.

Die allgemeine Lösung macht Gebrauch vom sogenannten Lagrange-Verfahren (siehe Kap. 17 für eine mathematische Einführung des Konzepts). Wir beschränken uns weiterhin auf Optimierungsprobleme mit zwei Gütern. Sei λ der Lagrange-Multiplikator, so können wir die folgende Lagrange-Funktion aufstellen:

$$\mathcal{L}(x_1, x_2, \lambda) = u(x_1, x_2) + \lambda \cdot (p_1 \cdot x_1 + p_2 \cdot x_2 - b).$$

Diese Funktion hat drei endogene Variablen, x_1, x_2 und λ. Um mit dieser Funktion das Nutzenmaximum innerhalb der Budgetrestriktion zu bestimmen, benötigt man die folgenden drei Bedingungen erster Ordnung:

$$\frac{\partial \mathcal{L}(x_1, x_2, \lambda)}{\partial x_1} = \frac{\partial u(x_1, x_2)}{\partial x_1} + \lambda \cdot p_1 = 0,$$

$$\frac{\partial \mathcal{L}(x_1, x_2, \lambda)}{\partial x_2} = \frac{\partial u(x_1, x_2)}{\partial x_2} + \lambda \cdot p_2 = 0,$$

$$\frac{\partial \mathcal{L}(x_1, x_2, \lambda)}{\partial \lambda} = p_1 \cdot x_1 + p_2 \cdot x_2 - b = 0.$$

Die dritte Bedingung garantiert, dass das Individuum genau sein Einkommen b für die beiden Güter ausgibt. Die erste und zweite Bedingung bestimmen die optimale Kombination der beiden Güter und können kombiniert werden, um zu ergeben:

$$\frac{\partial u(x_1, x_2) / \partial x_1}{\partial u(x_1, x_2) / \partial x_2} = \frac{p_1}{p_2}.$$

Dies ist aber genau die Optimalitätsbedingung, die wir zuvor hergeleitet haben.

Konsumbündel (x_1^*, x_2^*), die diese Bedingung erfüllen, maximieren den Nutzen des Individuums. Formal sind sie Funktionen der erklärenden Variablen $x_1(p_1, p_2, b), x_2(p_1, p_2, b)$ und heissen nach Alfred Marshall *Marshallsche Nachfragefunktionen*. Was aus Sicht einer empirisch testbaren Theorie an diesen Funktionen interessant ist, sind allgemeine Struktureigenschaften, welche die individuelle Nachfrage und dann auch gegebenenfalls die Marktnachfrage aufweisen.

Zusätzlich kann man die Marshallschen Nachfragefunktionen in die Nutzen-funktion $u(x_1(p_1, p_2, b), x_2(p_1, p_2, b))$ einsetzen, um die sogenannte *indirekte Nutzenfunktion* $v(p_1, p_2, b)$ zu erhalten. Sie misst den höchsten Nutzen, der bei gegebenen Marktpreisen und Einkommen erreichbar ist. Nutzen ist nach wie vor ein ordinaler Begriff, so dass z. B. der absolute Wert von v oder Unterschiede in v für verschiedene Preise oder Einkommen keine sinnvolle ökonomische Interpretation haben. Allerdings können verschiedene Werte von v ordinal verglichen werden: Wenn $v(p_1^1, p_2^1, b^1) > v(p_1^2, p_2^2, b^2)$ in den beiden Situationen (p_1^1, p_2^1, b^1), (p_1^2, p_2^2, b^2) ist, bedeutet das, dass es dem Individuum in Situation 1 besser geht als in Situation 2. Wir werden auf indirekte Nutzenfunktionen in Kap. 8 zurückkommen.

Gemäss der wissenschaftstheoretischen Auffassung des Kritischen Rationalis-mus (siehe Kap. 1 für eine Diskussion) muss eine Theorie empirisch zu testende Hypothesen liefern, die falsifizierbar sind und (bisher) nicht falsifiziert werden konnten. Daher müssen wir schauen, wie man diese Theorie testen kann. Sie hat zwei Elemente, Budgetmengen und Präferenzrelationen. Die Budgetmenge ist relativ einfach empirisch zu bestimmen, da Preise und Einkommen im Prinzip beobachtbar sind. Das ist anders mit Präferenzen. Aber das ist zunächst eine schlechte Nachricht, da beides, Budgetmengen und Präferenzen, das Verhalten er-klären. Wenn wir die Präferenzen nicht beobachten können, können wir die Theorie nicht testen. Beobachtbar ist aber Verhalten, also die Marshallsche Nachfrage. Was wir jedoch sehr wohl testen können, sind Eigenschaften der Marshallschen Nachfrage, die *unabhängig* von den genauen Präferenzen immer gültig sein sollten. Da aber jede Konsumentscheidung für *irgendeine* Präferenzordnung rational sein könnte, besteht die einzige Hoffnung darin, dass *Änderungen* in den nachgefragten Mengen aufgrund von Änderungen in den Preisen und dem Einkommen robuste Eigenschaften haben, die sich durch empirische Tests überprüfen lassen. Damit dies möglich ist, muss man aber als weitere (nur dogmatisch zu setzende, siehe Kap. 1) Annahme hinzufügen, dass Präferenzen über den Betrachtungszeitraum stabil sind. Macht man dies, so wird klar, warum die *Komparative Statik* eine so wichtige Rolle in der Ökonomik spielt: Wenn es die Hoffnung gibt, dass sich die Theorie empirisch testen lässt, dann deshalb, weil sie robuste komparativ-statische Eigenschaften bezüglich der empirisch messbaren Variablen hat, und das sind Eigenschaften der Marshallschen Nachfrage, die einen Zusammenhang zwischen den empirisch beobachtbaren Preisen und Einkommen und den empirisch beobachtbaren nachgefragten Mengen herstellen. Ob die Theorie diesem Anspruch gerecht werden kann, wird uns nun beschäftigen.

Eine wichtige Eigenschaft der Marshallschen Nachfrage ist ihre Nullhomogenität in Preisen und Einkommen: Wenn sich alle erklärenden Variablen gleichermassen proportional verändern, ändert sich die Nachfrage nicht. Formal gilt also $x_i(p_1, p_2, b) = x_i(\lambda \cdot p_1, \lambda \cdot p_2, \lambda \cdot b)$ für $i = 1,2$ und $\lambda > 0$. Intuitiv bedeutet diese Eigenschaft, dass es für die Nachfrage egal ist, ob Preise in Schweizer Franken oder Rappen, Euro oder Cent gemessen werden. Solange die Relativpreise der Güter p_1/p_2 und die Kaufkraft des Einkommens b/p_2 (hier ausgedrückt bezüglich Gut 2) unverändert bleiben, ändert sich die Nachfrage nicht. Um zu sehen, dass diese Eigenschaft gilt, muss man zurück zur Budgetbeschränkung $x_2 = b/p_2 - (p_1/p_2) \cdot x_1$ gehen. Wenn alle Preise und das Einkommen mit demselben Faktor α multipliziert werden, erhält man

$$x_2 = \frac{\alpha \cdot b}{\alpha \cdot p_2} - \frac{\alpha \cdot p_1}{\alpha \cdot p_2} \cdot x_1 = \frac{b}{p_2} - \frac{p_1}{p_2} \cdot x_1,$$

der Effekt von α kürzt sich heraus, so dass die Lage der Budgetrestriktion unverändert bleibt. Aber mit einer unveränderten Budgetrestriktion ändert sich auch die optimale Wahl des Individuums nicht, und daher muss die Marshallsche Nachfrage homogen vom Grade null in den Preisen und dem Einkommen sein.

Exkurs 7.2. Geldillusion und die Debatte zwischen Keynesianern und Neoklassikern

Die Homogenität der Marshallschen Nachfrage vom Grad null in den Preisen und dem Einkommen mag zunächst nach einer harmlosen mathematischen Eigenschaft klingen, und doch liegt hier eine der wichtigen Wasserscheiden der ökonomischen Theoriegeschichte. Keynesianische und neoklassische Vorstellungen über Wirtschaftspolitik divergieren fundamental hinsichtlich der Rolle unterschiedlicher wirtschaftspolitischer Instrumente zur Stabilisierung der Wirtschaft. Ein Bereich ist dabei die Geldpolitik. Neoklassische Ökonomen sind traditionell eher skeptisch bezüglich der Rolle, die eine aktive Geldpolitik spielen kann und soll, und sie kommen regelmässig zu dem Schluss, dass Preisniveaustabilität im Zentrum der Geldpolitik stehen sollte. Keynesianer auf der anderen Seite sahen eine viel aktivere Rolle für die Geldpolitik bei der Stimulierung und Stabilisierung der Ökonomie (Keynes 1936). Es gibt unterschiedliche Gründe, warum beide Denkschulen zu divergierenden Einschätzungen kommen, aber zumindest einer lässt sich auf die Nullhomogenität der Nachfrage zurückführen. Wenn diese Eigenschaft erfüllt ist, sind die Möglichkeiten der Geldpolitik, die Wirtschaft zu beeinflussen, sehr begrenzt. Eine Erhöhung des Geldangebots ist nämlich nichts anderes als eine Multiplikation aller Preise und Einkommen um denselben Faktor λ. Aber wenn dann das hier vorgestellte Verhaltensmodell zutrifft, sind die realen Effekte einer solchen Änderung der Geldpolitik null: Allgemeine Inflation oder Deflation ist identisch dazu, die Preise in Euro oder Cent zu messen. Verhalten kann man nur verändern, wenn sich die Relativpreise oder

(Fortsetzung)

die Kaufkraft des Einkommens verändern. Diese Eigenschaft wird auch als *Abwesenheit von Geldillusion* bezeichnet. Ohne Geldillusion hat Geldpolitik keine Wirkung auf die Ökonomie, da niemand sein Verhalten verändert. Die einzige Möglichkeit, dass innerhalb dieses Modells Geldpolitik eine reale Wirkung entfalten kann, ist durch Inflation oder Deflation, welche die Kaufkraft oder die Relativpreise beeinflusst. So etwas kann auftreten, wenn z. B. einige Preise oder Löhne nominal fixiert sind, so dass sie sich nicht mit der Geldmenge anpassen können. Ein Keynesianischer Ökonom, der eine aktive Rolle für die Geldpolitik begründen möchte, muss daher entweder nachweisen, dass Geldpolitik selektiv auf bestimmte Preise und Einkommen wirkt, oder dass das Modell der Präferenzmaximierung falsch ist.

7.2.2.2 Hinreichende Bedingungen für ein Maximum

Die Bedingung Erster Ordnung ist nur eine notwendige, aber keine hinreichende Bedingung für ein Nutzenmaximum, so dass wir noch gar nicht wissen, ob wir tatsächlich über ein lokales Maximum, lokales Minimum oder einen Wendepunkt reden. Um hierauf eine Antwort zu bekommen, müssen wir uns die Bedingung Zweiter Ordnung anschauen. Die Bedingung Erster Ordnung ist die Funktion

$$\frac{\partial u(x_1, x_2)}{\partial x_1} - \frac{\partial u(x_1, x_2)}{\partial x_2} \cdot \frac{\partial X_2}{\partial x_1}.$$

Sie charakterisiert ein lokales Maximum, wenn die Ableitung nach x_1 an der Stelle kleiner oder gleich null ist,

$$\frac{\partial^2 u(x_1, x_2)}{\partial x_1^2} + \frac{\partial^2 u(x_1, x_2)}{\partial x_1 \partial x_2} \cdot \frac{\partial X_2}{\partial x_1} + \frac{\partial X_2}{\partial x_1} \cdot \frac{\partial^2 u(x_1, x_2)}{\partial x_2 \partial x_1}$$

$$- \left(\frac{\partial X_2}{\partial x_1} \right)^2 \cdot \frac{\partial^2 u(x_1, x_2)}{\partial x_2^2} \leq 0.$$

Man kann diese Bedingung vereinfachen, wenn man sich erinnert, dass

$$\frac{\partial X_2}{\partial x_1} = -\frac{p_1}{p_2} = -\frac{\dfrac{\partial u(x_1, x_2)}{\partial x_1}}{\dfrac{\partial u(x_1, x_2)}{\partial x_2}}$$

und

$$\frac{\partial^2 u(x_1, x_2)}{\partial x_1 \partial x_2} = \frac{\partial^2 u(x_1, x_2)}{\partial x_2 \partial x_1}$$

gilt. Dann erhält man aber

$$\left(\frac{\partial u(x_1, x_2)}{\partial x_2}\right)^2 \cdot \frac{\partial^2 u(x_1, x_2)}{\partial x_1^2} + \left(\frac{\partial u(x_1, x_2)}{\partial x_1}\right)^2 \cdot \frac{\partial^2 u(x_1, x_2)}{\partial x_2^2}$$

$$- 2 \cdot \frac{\partial u(x_1, x_2)}{\partial x_1} \cdot \frac{\partial u(x_1, x_2)}{\partial x_2} \cdot \frac{\partial^2 u(x_1, x_2)}{\partial x_1 \partial x_2} \leq 0.$$

Die Bedingungen erster Ordnung erlauben es, diese Bedingung wie folgt zu vereinfachen:

$$(\lambda \cdot p_2)^2 \cdot \frac{\partial^2 u(x_1, x_2)}{\partial x_1^2} + (\lambda \cdot p_1)^2 \cdot \frac{\partial^2 u(x_1, x_2)}{\partial x_2^2}$$

$$- 2 \cdot \lambda^2 \cdot p_1 \cdot p_2 \cdot \frac{\partial u(x_1, x_2)}{\partial x_2} \cdot \frac{\partial^2 u(x_1, x_2)}{\partial x_1 \partial x_2} \leq 0,$$

die wiederum vereinfacht werden kann zu

$$p_2^2 \cdot \frac{\partial^2 u(x_1, x_2)}{\partial x_1^2} + p_1^2 \cdot \frac{\partial^2 u(x_1, x_2)}{\partial x_2^2} - 2 \cdot p_1 \cdot p_2 \cdot \frac{\partial u(x_1, x_2)}{\partial x_2} \cdot \frac{\partial^2 u(x_1, x_2)}{\partial x_1 \partial x_2} \leq 0.$$

Wenn diese Bedingung an der Stelle (x_1^*, x_2^*) erfüllt ist, ist die Indifferenzkurve lokal konvex, so dass ein lokales Minimum vorliegt. Wenn die Bedingung für alle (x_1, x_2) erfüllt ist, ist die Indifferenzkurve global konvex. Dies ist dann der Fall, wenn die zugrundeliegende Präferenzordnung konvex ist. Daher stellt die Eigenschaft konvexer Präferenzen sicher, dass mit der Bedingung Erster Ordnung ein Nutzenmaximum charakterisiert wird. Wenn die Ungleichung strikt ist, ist auch die Präferenzordnung strikt konvex, und damit ist die Lösung eindeutig.

Alternativ kann man die Bedingungen zweiter Ordnung des Optimierungsproblems in Lagrange-Form überprüfen. Für den Test der zweiten Ableitung wird die sogenannte geränderte Hesse-Matrix verwendet, die die folgende Form hat:

$$H(x_1, x_2, \lambda) = \begin{pmatrix} \frac{\partial^2 \mathcal{L}}{\partial \lambda^2} & \frac{\partial^2 \mathcal{L}}{\partial \lambda \partial x_1} & \frac{\partial^2 \mathcal{L}}{\partial \lambda \partial x_2} \\ \frac{\partial^2 \mathcal{L}}{\partial x_1 \partial \lambda} & \frac{\partial^2 \mathcal{L}}{\partial x_1^2} & \frac{\partial^2 \mathcal{L}}{\partial x_1 \partial x_2} \\ \frac{\partial^2 \mathcal{L}}{\partial x_2 \partial \lambda} & \frac{\partial^2 \mathcal{L}}{\partial x_2 \partial x_1} & \frac{\partial^2 \mathcal{L}}{\partial x_2^2} \end{pmatrix} = \begin{pmatrix} 0 & p_1 & p_2 \\ p_1 & \frac{\partial^2 u}{\partial x_1^2} & \frac{\partial^2 u}{\partial x_1 \partial x_2} \\ p_2 & \frac{\partial^2 u}{\partial x_2 \partial x_1} & \frac{\partial^2 u}{\partial x_2^2} \end{pmatrix}.$$

Eine Lösung der Bedingungen erster Ordnung (x_1^*, x_2^*) kennzeichnet ein Maximum, wenn die Determinanten der sogenannten Hauptminoren der geränderten Hesse-Matrix, H_1, H_2, H_3, wechselnde Vorzeichen haben:

$$\det H_1 = 0 \geq 0,$$

$$\det H_2 = p_1^2 \leq 0,$$

$$\det H_3 = 2 \cdot p_1 \cdot p_2 \cdot \frac{\partial u(x_1, x_2)}{\partial x_2} \cdot \frac{\partial^2 u(x_1, x_2)}{\partial x_1 \partial x_2}$$

$$- p_2^2 \cdot \frac{\partial^2 u(x_1, x_2)}{\partial x_1^2} + p_1^2 \cdot \frac{\partial^2 u(x_1, x_2)}{\partial x_2^2} \geq 0.$$

Die Bedingungen für H_1 und H_2 sind trivialerweise erfüllt, und die Bedingung für H_3 ist identisch mit derjenigen, die sich aus der obigen Lösung des direkten Problems ergibt.

Eine Nutzenfunktion mit dieser Eigenschaft heisst (strikt) *quasikonkav*. Quasikonkavität ist eine schwächere Eigenschaft als Konkavität, da sie nur sicherstellt, dass die Nicht-schlechter-als-x-Mengen (deren äussere Hüllen ja die jeweiligen Indifferenzkurven sind) konvexe Mengen sind. Es wird aber nicht gefordert, dass die Funktion ansonsten konvex ist.

7.2.3   Drei Beispiele

Es gibt drei Nutzenfunktionen, die typische Präferenzordnungen repräsentieren und die wichtige Rollen in vielen ökonomischen Anwendungen spielen. Wir werden sie sowohl grafisch als auch analytisch untersuchen.

7.2.3.1 Homothetische strikt konvexe Präferenzen

Eine sogenannte *homothetische* Nutzenfunktion ist $u(x_1, x_2) = a \cdot (x_1)^\alpha \cdot (x_2)^\beta$, wobei a, α, β positive reelle Zahlen sind. Sie ist ein Beispiel für eine strikt quasi-konkave Nutzenfunktion, welche die zusätzliche Eigenschaft besitzt, dass die Grenzrate der Substitution für proportionale Änderungen der beiden Güter ($x_1/x_2 = c$, wobei $c > 0$ konstant ist) gleich bleibt.

Im folgenden konzentrieren wir uns auf den Spezialfall $a = 1$ und $\alpha = \beta = 1/2$, da sich dieser Fall sehr einfach lösen lässt. Diese Annahmen implizieren, dass $u(x_1, x_2) = \sqrt{x_1} \cdot \sqrt{x_2}$. Bevor wir die Marshallschen Nachfragefunktionen bestimmen, machen wir uns mit der Struktur der Funktion vertraut. Wir können zum Beispiel die Indifferenzkurve für ein gegebenes Nutzenniveau $\bar{u}$ bestimmen, $u(x_1, x_2) = \sqrt{x_1} \cdot \sqrt{x_2} = \bar{u}$. Um die Funktion $X_2(x_1)$ abzuleiten, welche die Indifferenzkurve beschreibt, lösen wir nach x_2, $\sqrt{x_2} = \bar{u}/\sqrt{x_1} \Leftrightarrow x_2 = (\bar{u})^2/x_1$, auf. Dies ist eine Schar hyperbolischer Funktionen, eine für jedes Nutzenniveau $\bar{u}$. Daher ist die unterliegende Präferenzordnung strikt konvex.

Wir können auch nochmals illustrieren, dass jede monoton steigende Transformation einer Nutzenfunktion dieselbe Präferenzordnung repräsentiert. Wenn wir die Nutzenfunktion zum Beispiel ins Quadrat nehmen (dies ist eine monoton steigende Transformation, da die Nutzenfunktion u nur positive Werte annehmen kann), erhalten wir $v(x_1, x_2) = (u(x_1, x_2))^2 = (\sqrt{x_1} \cdot \sqrt{x_2})^2 = x_1 \cdot x_2$. Es folgt dann aber unmittelbar, dass die Indifferenzkurven dieser Funktion wiederum Hyperbeln sind: $x_2 = \bar{u}/x_1$. Der einzige Unterschied zwischen den Indifferenzkurven zu u und

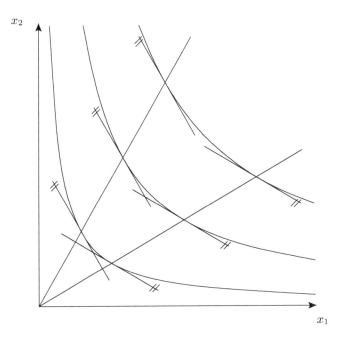

Abb. 7.9 Grenzrate der Substitution für eine homothetische, strikt konvexe Nutzenfunktion

den Indifferenzkurven zu v ist der *absolute* Nutzenwert, aber der besitzt ja keine ökonomische Bedeutung.

Wir können nun Annes Nachfrage für die Nutzendarstellung $u(x_1, x_2) = \sqrt{x_1} \cdot \sqrt{x_2}$ ableiten. Abb. 7.9 gibt eine Schar von Indifferenzkurven an, die zu unterschiedlichen Nutzenniveaus gehören. Da sie hyperbolisch sind, bleibt die Grenzrate der Substitution entlang eines Strahls durch den Ursprung konstant (Punkte A, B und C).

Abb. 7.10a zeigt dieselbe Schar Indifferenzkurven und fügt unterschiedliche Budgetrestriktionen für Einkommen $b^1 < b^2 < b^3$ hinzu. Die bereits erwähnte Eigenschaft einer entlang eines Strahls durch den Ursprung konstanten Grenzrate der Substitution impliziert, dass auch die nutzenmaximierenden Güternachfragen für unterschiedliche Einkommensniveaus auf einem Strahl durch den Ursprung liegen. Dieser Pfad optimaler Konsumniveaus bei unterschiedlichen Einkommen heisst *Einkommens-Konsumpfad*. Er wird durch A^*, B^* und C^* illustriert. Abb. 7.10b zeigt die Nachfrage nach einem der beiden Güter (sagen wir 1) als Funktion des Einkommens. Die obigen Argumente implizieren, dass der Zusammenhang zwischen Einkommen b und Nachfrage x_1^* linear sein muss. Die Gerade E zeigt dies. Der Zusammenhang zwischen Einkommen und nutzen- bzw. präferenzmaximierender Nachfrage heisst *Engelkurve*. In diesem Fall ist sie steigend, so dass das Gut normal ist (siehe Kap. 4 für die Definition von Normalität).

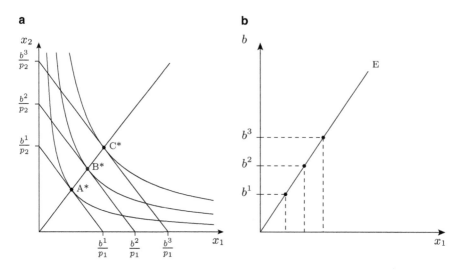

Abb. 7.10 Einkommens-Konsumkurve und Engelkurve für eine homothetische, strikt konvexe Nutzenfunktion

Abb. 7.11a zeigt dieselbe Schar von Indifferenzkurven und fügt Budgetrestriktionen für unterschiedliche Preise von Gut 1 hinzu, $p_1^1 < p_1^2 < p_1^3$. Ein Anstieg von p_1 dreht die Budgetrestriktion um den Punkt $(0, b/p_2)$ nach innen. Die nutzenmaximierenden Konsumbündel werden wieder mit A^*, B^* und C^* bezeichnet. Sie liegen auf der horizontalen Linie in der Abbildung, die auch *Preis-Konsumpfad* genannt wird. Abb. 7.11b zeigt die Nachfrage nach Gut 1 als Funktion des Preises p_1. Dies ist die *individuelle Nachfragefunktion*, die wir bereits aus Kap. 4 kennen. Sie ist fallend im Preis, so dass das Gut gewöhnlich ist (siehe Kap. 4 für die Definition von Gewöhnlichkeit).

Alternativ lässt sich Annes Nachfragefunktion analytisch bestimmen. Zu diesem Zweck können wir entweder direkt die Information benutzen, dass die Grenzrate der Substitution dem Relativpreis entsprechen muss, oder wir lösen das Nutzenmaximierungsproblem von Anfang an. Um das Verfahren zu üben, folgen wir dem zweiten Weg, und um möglichst wenig rechnen zu müssen, verwenden wir die Nutzendarstellung $v(x_1, x_2) = x_1 \cdot x_2$ (benutzen Sie auch die anderen Nutzendarstellungen, um zu sehen, ob Sie zum selben Ergebnis gelangen):

$$\max_{x_1} \quad x_1 \cdot \big(b/p_2 - (p_1/p_2) \cdot x_1\big).$$

Um die Bedingung Erster Ordnung zu bekommen, können wir die Produktregel anwenden:

$$\big(b/p_2 - (p_1/p_2) \cdot x_1\big) - (p_1/p_2) \cdot x_1 = 0.$$

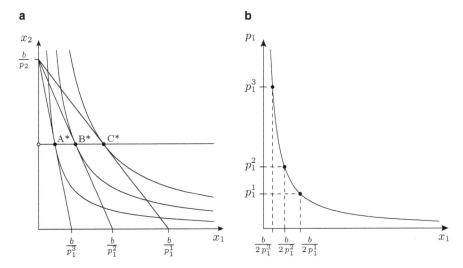

Abb. 7.11 Preis-Konsumpfad und Nachfragefunktion für eine homothetische, strikt konvexe Nutzenfunktion

Diese Bedingung lässt sich nach x_1 auflösen, womit wir die Marshallsche Nachfragefunktion für Gut 1 erhalten:

$$x_1(p_1, p_2, b) = \frac{b}{2 \cdot p_1}.$$

Da $x_2 = b/p_2 - (p_1/p_2) \cdot x_1$ gilt, kann man auch die Marshallsche Nachfragefunktion für Gut 2 bestimmen:

$$x_2(p_1, p_2, b) = \frac{b}{2 \cdot p_2}.$$

Diese Nachfragefunktionen dieses Typs weisen drei bemerkenswerte Eigenschaften auf. Erstens sind sie linear im Einkommen (was wir wegen der Linearität der Engelkurven erwarten konnten). Zweitens sind sie fallend und hyperbolisch im eigenen Preis (was wir ebenfalls aus der grafischen Analyse haben erwarten können). Und drittens sind sie unabhängig vom Preis des anderen Guts.

Homothetische Nutzenfunktionen spielen eine wichtige Rolle in ökonomischen Anwendungen, da sie sehr einfach zu handhaben sind. Sie lassen sich verallgemeinern, indem man die relative Wichtigkeit der beiden Güter durch einen Parameter $\alpha \in [0, 1]$ variiert, so dass man $u(x_1, x_2) = x_1^\alpha \cdot x_2^{1-\alpha}$ erhält. Es ist allerdings unklar, ob sich Individuen so verhalten, als ob sie eine solche Nutzenfunktion maximieren. Es handelt sich daher eher um ein Gedankenexperiment als um eine empirisch bestätigte Aussage über das Verhalten von Konsumenten.

7.2.3.2 Vollständige Substitute

Die zuvor untersuchte Nutzenfunktion repräsentierte einen Fall, in dem ein Individuum beide Güter in relativ ausgewogenen Mengen konsumieren möchte, aber doch auf Preisänderungen reagiert und weniger von einem Gut kauft, wenn es teurer wird. Dem muss nicht so sein. Es kann Güter geben, für die Individuen ,extremere' Präferenzen haben, sie zum Beispiel immer nur das billigere kaufen. Ein solcher Fall wird *Vollständige Substitute* genannt und kann durch die folgende Nutzenfunktion dargestellt werden:

$$u(x_1, x_2) = \alpha \cdot x_1 + \beta \cdot x_2.$$

Dabei misst α / β die relative Wichtigkeit von Gut 1 im Vergleich zu Gut 2. Auch diese Funktion ist homothetisch. Wiederum aus Vereinfachungsgründen setzen wir $\alpha = \beta = 1$. In diesem Fall sind Annes Indifferenzkurven fallende Geraden mit einer Steigung von -1. Eine Schar von Indifferenzkurven ist durch die gepunkteten Linien in Abb. 7.12 dargestellt. Wir haben auch die Budgetbeschränkung in die Abbildung übernommen, und wir wissen bereits, dass sie durch einen linearen Graph mit einer Steigung von $-p_1/p_2$ dargestellt werden kann. Was man erkennt ist, dass das präferenzmaximierende Güterbündel vom Verhältnis der beiden Steigungen abhängt. Ist die Indifferenzkurve steiler als die Budgetgerade, so konsumiert Anne nur Gut 1, ansonsten ist es umgekehrt. Wenn Indifferenzkurve und Budgetgerade gleich steil sind, ist Anne indifferent zwischen allen Güterbündeln auf der Budgetgeraden und wird von beiden gleich viel kaufen.

Da Anne nur das relativ billigere Gut kauft, lassen sich die Engelkurven leicht bestimmen. Sie sind eine Gerade mit Steigung null für das relativ teure und eine Gerade mit Steigung $1/p_i$ für das relativ billige Gut. Preisänderungen lassen sich wie zuvor bestimmen, doch ist ihr Effekt auf die Nachfrage etwas komplizierter. Abb. 7.13a zeigt eine Schar von Indifferenzkurven und Budgetgeraden für unterschiedliche Preise von Gut 1, $p_1^1 < p_1^2 = p_2 < p_1^3$. Bei einer Erhöhung von p_1 dreht sich die Budgetgerade um den Punkt 0, b/p_2 nach innen. Die nutzenmaximierenden Güterbündel werden wie zuvor mit A^*, B^* und C^* bezeichnet. Falls der Preis von Gut 1 kleiner als der Preis von Gut 2 ist, gibt Anne ihr gesamtes Einkommen für Gut 1 aus, was durch Punkt A^* illustriert wird. Falls beide Preise gleich sind ($p_1^2 = p_2$), ist Anne indifferent zwischen beiden Gütern, und wir nehmen an, dass sie in diesem Fall von beiden gleich viel kauft. Steigt p_1 weiter, so geht die Nachfrage auf null zurück, weil Anne nun nur noch das billigere Gut 2 kauft. Aus diesem Verhalten lässt sich die Nachfragefunktion in Abb. 7.13b ableiten. Sie hat an der Stelle $p_1 = p_2$ eine Sprungstelle und ist für kleinere Preise von Gut 1 hyperbolisch.

Aus der Analyse vollständigen Wettbewerbs in Kap. 4 wissen wir, dass diese Unstetigkeit problematisch sein kann, da möglicherweise kein Schnittpunkt zwischen Marktangebot und Marktnachfrage existiert. (Die Marktnachfrage ist ja die Summe der möglicherweise unstetigen individuellen Nachfragen.) Daher ist die Stetigkeit von sowohl Marktangebot als auch Marktnachfrage wichtig, um die Existenz eines

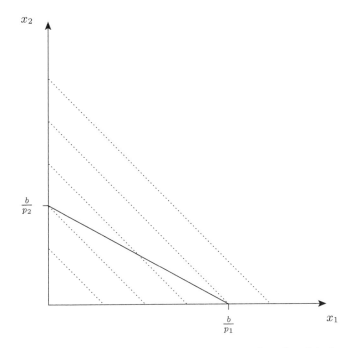

Abb. 7.12 Indifferenzkurven und Budgetgeraden für den Fall Vollständiger Substitute

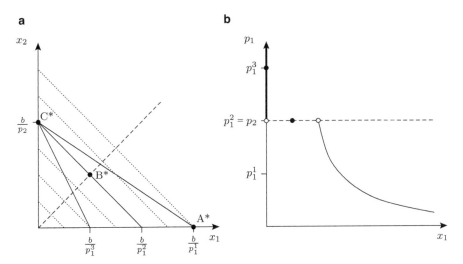

Abb. 7.13 Optimale Wahl und Nachfragefunktion für den Fall Vollständiger Substitute

Wettbewerbsgleichgewichts sicherzustellen. An dieser Stelle erkennt man einen der Vorteile einer verhaltenstheoretischen Fundierung des Nachfrageverhaltens: Wir verstehen die tieferen Ursachen besser, die zu Stetigkeit und Unstetigkeit führen, so dass wir ein besseres Gespür dafür entwickeln können, wie einschränkend Annahmen an Aggregate wie Marktnachfragefunktionen sind. Und wie wir sehen, kann eine unstetige Nachfrage Folge von Präferenzen sein, die nicht völlig absurd erscheinen. Die tiefere Ursache für die Unstetigkeit liegt darin, dass die Präferenzordnung nur konvex und nicht strikt konvex ist. Mit einer strikt konvexen Präferenzordnung führen „kleine" Preisänderungen zu „kleinen" Änderungen der nachgefragten Menge, dies ist bei Vollständigen Substituten aber nicht der Fall.

Um die Marshallschen Nachfragen analytisch abzuleiten, muss man aufpassen. Da sowohl die Budgetrestriktion als auch die Indifferenzkurven linear sind, kann man die optimale Wahl nicht mit Hilfe von Bedingungen Erster Ordnung bestimmen, sondern muss anders vorgehen. Glücklicherweise haben wir fast alle Informationen zur Bestimmung schon beieinander. Wir wissen, dass Anne immer nur das billigere Gut kauft, wir haben die Konvention eingeführt, dass sie bei Indifferenz beide Güter in gleichen Mengen kauft, und wir kennen Preise und Einkommen. Was noch fehlt, ist, all dies formal aufzuschreiben.

$$x_1(p_1, p_2, b) = \begin{cases} \frac{b}{p_1}, & p_1 < p_2 \\ \frac{b}{2 \cdot p_1}, & p_1 = p_2, \\ 0, & p_1 > p_2 \end{cases} \qquad x_2(p_1, p_2, b) = \begin{cases} \frac{b}{p_2}, & p_2 < p_1 \\ \frac{b}{2 \cdot p_2}, & p_2 = p_1 \\ 0, & p_2 > p_1 \end{cases}.$$

7.2.3.3 Vollständige Komplemente

Das dritte und letzte Beispiel ist gewissermassen das gegenteilige Extrem zum Fall Vollständiger Substitute. Manche Güter möchte Anne immer in einem fixen Verhältnis zueinander konsumieren, zum Beispiel rechte und linke Schuhe, Drucker und Toner, Hardware und Software. In diesem Fall wird sie ihr Einkommen so auf die beiden Güter verteilen, dass sie von beiden Güter immer in den zueinander richtigen Proportionen kaufen kann. Eine Nutzenfunktion, die solche Präferenzen zum Ausdruck bringt, ist durch

$$u(x_1, x_2) = \min\{\alpha \cdot x_1, \beta \cdot x_2\},$$

gegeben, wobei α / β die Anzahl der Einheiten Gut 2 misst, die Anne benötigt, wenn sie eine Einheit Gut 1 kauft. Auch diese Funktion ist homothetisch. Um eine Intuition für die Funktion zu bekommen, nehmen wir an, dass x_1 die Anzahl an Autokarosserien ist und x_2 die Anzahl an Rädern. Wenn man zur Fertigung eines Autos vier Räder und eine Karosserie benötigt, gilt $\alpha = 4$ und $\beta = 1$, und damit $\alpha / \beta = 4$: die Anzahl an Rädern je Karosserie. Im Folgenden schauen wir uns wiederum den einfachsten Fall an und setzen $\alpha = \beta = 1$: Anne benötigt eine Einheit Gut 1 zusammen mit einer Einheit Gut 2, $u(x_1, x_2) = \min\{x_1, x_2\}$.

Wie sehen die Indifferenzkurven dieser Nutzenfunktion aus? Wir haben eine Schar in Abb. 7.14a dargestellt. Sie sind L-förmig mit einem Knick entlang der 45-Grad Ursprungsgerade, entlang der beide Güter gerade in gleichen Mengen

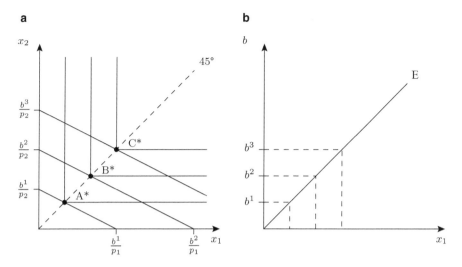

Abb. 7.14 Indifferenzkurven, Budgetgeraden und Engel-Kurve für den Fall Vollständiger Komplemente

vorliegen. Vergrössert man von hier die Menge eines Guts und hält die Menge des anderen konstant, ändert sich Annes Nutzen nicht, weil sie mit der zusätzlichen Menge nur eines Guts nichts anfangen kann. Daher haben die Indifferenzkurven eine L-Form.

In Abb. 7.14a haben wir Budgetrestriktionen für unterschiedliche Einkommen $b^1 < b^2 < b^3$ eingezeichnet. Wie man sieht, liegen die nutzenmaximierenden Konsumbündel immer auf dem Knick der Indifferenzkurven, die entlang der 45-Grad Geraden durch den Ursprung liegen. Die optimalen Güterbündel sind mit A^*, B^* und C^* bezeichnet. Es folgt unmittelbar, dass die Engelkurven Geraden sein müssen, wie sie in Abb. 7.14b eingezeichnet sind.

Was passiert, wenn sich ein Preis verändert? Wie zuvor erhöhen wir den Preis von Gut 1, so dass sich die Budgetgerade nach innen dreht. Die drei Preise $p_1^1 < p_1^2 < p_1^3$ sind in Abb. 7.15a illustriert.

Wir wissen bereits, dass Anne beide Güter immer in gleichen Mengen kaufen wird, d. h., dass sie auf der 45-Grad Ursprungsgeraden nachfragt. Aber das bedeutet, dass sowohl die Nachfrage nach Gut 1 als auch die Nachfrage nach Gut 2 fällt, wenn der Preis von Gut 1 steigt. Daher ist die Nachfrage nach Gut 1 durch den fallenden Graphen in Abb. 7.15b gegeben. Machen Sie sich klar, dass er die Abszisse an der Stelle $x_1 = b/p_2$ berührt, da sich Anne an der Stelle $p_1 = 0b/p_2$ Einheiten beider Güter leisten kann. Es ist illustrativ, sich ebenfalls die Nachfrage nach Gut 2 als Funktion von p_1 anzuschauen. Diese ist in Abb. 7.16 gegeben.

Da Anne immer die gleiche Menge beider Güter kauft, muss die Nachfrage nach Gut 2 als Funktion von p_1 *identisch* zur Nachfrage nach Gut 1 als Funktion von p_1 sein.

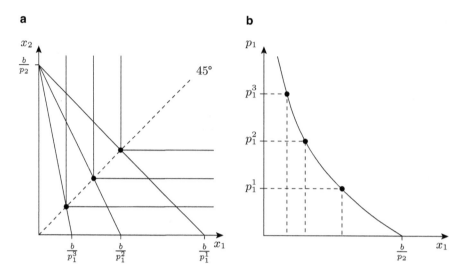

Abb. 7.15 Optimale Wahl und Nachfragefunktion für den Fall Vollständiger Komplemente

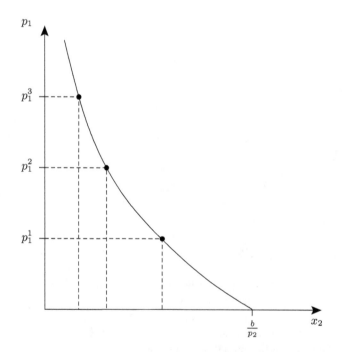

Abb. 7.16 Nachfrage nach Gut 2 als Funktion von p_1 bei Vollständigen Komplementen

Um die Marshallschen Nachfragen analytisch zu bestimmen, können wir weiterhin nicht auf Bedingungen Erster Ordnung zurückgreifen, da die Indifferenzkurven Knicke haben und daher nicht stetig differenzierbar sind. Glücklicherweise lässt sich das Problem aber intuitiv einfach lösen. Wir kennen Annes Budgetbeschränkung $p_1 \cdot x_1 + p_2 \cdot x_2 = b$ und dass sie beide Güter immer in gleichen Mengen konsumiert, $x_1 = x_2 = x$. Diese Information kann in der Budgetbeschränkung genutzt werden, um eine der endogenen Variablen zu eliminieren. Dann erhält man beispielsweise $p_1 \cdot x_1 + p_2 \cdot x_1 = b$. Aber das ist eine lineare Funktion in einer endogenen Variablen, so dass wir nach ihr auflösen können. Die Lösung lautet

$$x_1(p_1, p_2, b) = \frac{b}{p_1 + p_2}, \qquad x_2(p_1, p_2, b) = \frac{b}{p_1 + p_2}.$$

7.2.4 Komparative Statik und die Struktur der Marktnachfrage

Die drei Beispiele für Präferenzordnungen mit zugehörigen Nutzenfunktionen haben gezeigt, dass es einen stabilen Zusammenhang zwischen der Struktur der Präferenzen auf der einen und der Struktur der Nachfragefunktion auf der anderen Seite gibt. In allen Beispielen haben wir gesehen, dass die individuelle Nachfrage fallend im Preis und (schwach) steigend im Einkommen ist. Die Kreuzpreiseffekte schienen allerdings komplizierter zu sein, da sie einmal nicht existierten, einmal positiv und einmal negativ waren. Wir haben auch gesehen, dass die strikte Konvexität der Präferenzen wichtig zu sein scheint, um die Existenz eines Marktgleichgewichts sicherzustellen, da ansonsten Unstetigkeiten in der individuellen Nachfrage auftreten können.

Was wir nun anschauen werden ist, ob bzw. inwieweit diese Ergebnisse verallgemeinerbar sind. Wie gesagt sind Präferenzen nicht direkt beobachtbar, und Menschen scheinen sich deutlich in ihren Geschmäckern zu unterscheiden. Daher wäre es wichtig, wenn man ohne strenge Annahmen an die Struktur der Präferenzordnungen robuste Eigenschaften der Nachfrage ableiten könnte, da jede weitere Annahme die Theorie weniger allgemein macht, da sie bestimmte Präferenzen ausschliesst, und daher ihren Erklärungsgehalt verringert. Daher wollen wir untersuchen, welche Struktureigenschaften der Nachfrage allein aus den Annahmen der strikten Konvexität, Monotonie und Stetigkeit der Präferenzordnung folgen. Dabei konzentrieren wir uns auf zwei komparativ-statische Gedankenexperimente, eine Änderung des Einkommens und eine Änderung des Preises eines der Güter.

7.2.5 Einkommensänderungen

Wir wissen bereits, dass eine Veränderung des Einkommens die Budgetrestriktion parallel nach innen oder aussen verschiebt. Wir wissen auch schon aus den obigen Beispielen, dass das Gut normal sein kann (Nachfrage steigt (sinkt), wenn Einkommen steigt (sinkt)). Die verbleibende Frage ist daher, ob dies ein Artefakt der

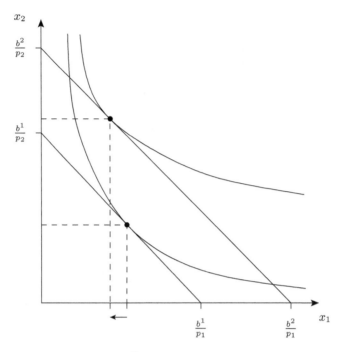

Abb. 7.17 Präferenzmaximierung bei Änderungen des Einkommens: ein inferiores Gut

Präferenzordnungen in den Beispielen ist, oder ob diese Eigenschaft allgemein gilt, wenn das Präferenzmaximierungsmodell angewendet wird. Abb. 7.17 illustriert, dass dies leider nicht der Fall ist.

Die Abbildung zeigt zwei Einkommen b_1 und b_2 und die zugehörigen Indifferenzkurven, die Anne erreichen kann, wenn sie sich nutzenmaximierend verhält. Wie man sieht, ist die Nachfrage nach Gut 2 steigend im Einkommen, die Nachfrage nach Gut 1 nimmt aber ab, wenn das Einkommen steigt. Daher ist Gut 1 ein normales und Gut 2 ein inferiores Gut für diese Einkommensänderung. (Beachten Sie, dass diese Eigenschaften lokal sind; sie können für manche Einkommensänderungen gelten und für andere nicht.) Daher schliessen strikte Konvexität, Monotonie und Stetigkeit der Präferenzordnung die Inferiorität der Nachfrage nicht aus. Und das sollten sie auch nicht, da es zahlreiche Güter gibt, die inferior sind. Beispielsweise Güter minderer Qualität, die durch höherwertige ersetzt werden, wenn das Einkommen des Individuums steigt.

7.2.6 Preisänderungen

Aus Sicht der Gleichgewichtsanalyse sollte die Nachfrage nicht nur stetig, sondern auch monoton fallend im Preis sein, da nur so die Existenz und Eindeutigkeit eines Gleichgewichts sichergestellt werden kann. Wenn die Marktnachfrage für

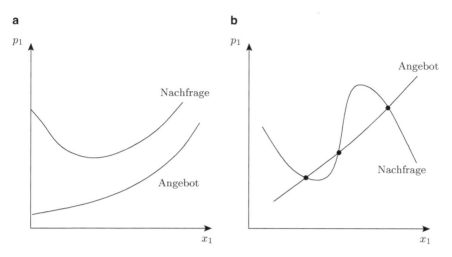

Abb. 7.18 Marktgleichgewicht und nichtmonotone Marktnachfragefunktion

bestimmte Preise steigend im Preis ist, kann es sein, dass ein Gleichgewicht nicht existiert oder dass mehrere Gleichgewichte existieren. Abb. 7.18a und b illustrieren beide Fälle.

Daher wäre es sehr hilfreich, wenn man zeigen könnte, dass aus der Annahme der Präferenzmaximierung mit strikt konvexen, monotonen und stetigen Präferenzen folgt, dass Güter gewöhnlich sind. Dies ist leider nicht so. Abb. 7.19 zeigt ein Beispiel für das sogenannte *Giffen-Paradoxon*, einer Situation, in der die Nachfrage nach einem Gut sinkt, obwohl der Preis dieses Guts sinkt.

Abb. 7.19 illustriert einen Rückgang des Preises des ersten Guts von p_1^1 auf p_1^2. Das nutzenmaximierende Konsumbündel ändert sich dadurch von $A = (x_1(p_1^1, p_2, b), x_2(p_1^1, p_2, b))$ zu $B = (x_1(p_1^2, p_2, b), x_2(p_1^2, p_2, b))$, und die höchsten bei den jeweiligen Preisen erreichbaren Indifferenzkurven werden mit $I(p_1^1, p_2, b)$ und $I(p_1^2, p_2, b)$ bezeichnet. Wie man sieht, sinkt die Nachfrage nach Gut 1 (und die Nachfrage nach Gut 2 steigt).

Um ein besseres Verständnis der hinter diesem Phänomen stehenden Ursachen zu bekommen, ergibt es Sinn, sich die Krümmung der Indifferenzkurve genauer anzuschauen. Wenn die Änderung von p_1 nicht zu einer Drehung um den Punkt $(0, b/p_2)$, sondern entlang der Indifferenzkurve führte, (siehe Abb. 7.20), hätte die Preissenkung von Gut 1 den erwarteten umgekehrten Effekt auf die Nachfrage: Gut 1 wird relativ zu Gut 2 billiger, und dieser isolierte Effekt bringt Anne dazu, mehr von Gut 1 und weniger von Gut 2 zu kaufen. Aber die Reduktion von p_1 hat nicht nur zur Folge, dass Gut 1 relativ billiger wird, sie macht Anne auch in dem Sinne reicher, dass die neue Budgetmenge die alte Budgetmenge als Teilmenge enthält. Und dieser Effekt kann das Auftreten des Giffen-Paradoxon erklären.

Um das zu verstehen, müssen wir die beiden Einzeleffekte zusammenfügen. Abb. 7.21 ist identisch mit Abb. 7.19, mit dem Unterschied, dass eine Budgetbe-

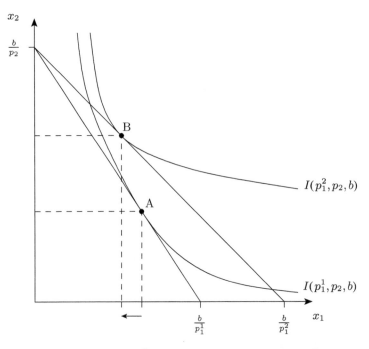

Abb. 7.19 Präferenzmaximierung bei Änderungen des Preises: das Giffen-Paradox

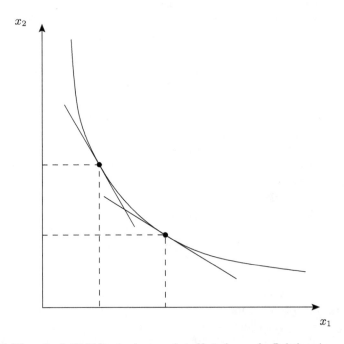

Abb. 7.20 Die optimale Wahl für eine kompensierte Veränderung des Relativpreises

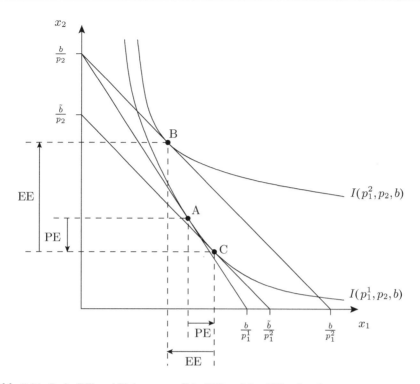

Abb. 7.21 Preis-(PE) und Einkommenseffekt (EE) und das Giffen-Paradox

schränkung zu einem hypothetischen Einkommen $\tilde{b}$ eingefügt ist. Diese hypothetische Budgetbeschränkung ist so konstruiert, dass Anne mit dem gesenkten Preis dieselbe höchste Indifferenzkurve $I(p_1^1, p_2, b)$ wie mit dem alten Preis erreichen kann. Um dies sicherzustellen, muss man das alte Einkommen b so zu einem neuen, hypothetischen Einkommen $\tilde{b}$ verändern, dass $I(p_1^1, p_2, b) = I(p_1^2, p_2, \tilde{b})$. Das nutzenmaximierende Konsumbündel, welches zu der Budgetbeschränkung $p_1^2 \cdot x_1 + p_2 \cdot x_2 = \tilde{b}$ gehört, ist $C = (x_1(p_1^2, p_2, \tilde{b}), x_2(p_1^2, p_2, \tilde{b}))$. Wir nennen es die *kompensierte Nachfrage*. Die kompensierte Nachfrage nach Gut 1 ist grösser als zuvor, $x_1(p_1^1, p_2, b) < x_1(p_1^2, p_2, \tilde{b})$: Der isolierte Effekt der Änderung des Relativpreises ist negativ (kleinerer Preis führt zu grösserer Nachfrage und umgekehrt). Dieser kompensierte Effekt wird auch *Preiseffekt* genannt, und er führt uns von Punkt *A* zu Punkt *C* in der Abbildung.

Diese einkommenskompensierte Veränderung der Nachfrage (von b zu $\tilde{b}$) ist aber nur der erste Schritt des Gedankenexperiments. Im nächsten Schritt müssen wir untersuchen was passiert, wenn wir das Einkommen wieder auf das tatsächliche Niveau anpassen, wir uns also von der Situation $(p_1^2, p_2, \tilde{b})$ zu der Situation (p_1^2, p_2, b) bewegen. Diese Änderung hält den Relativpreis konstant, verändert aber Annes Einkommen, und wir wissen natürlich schon, dass uns diese Einkommensänderung von *C* nach *B* bringt. Die zusätzliche Einsicht, die wir gewinnen, ist aber zentral: Dass wir von C nach B kommen ist nur möglich, wenn Gut 1 *inferior* ist: Wenn wir C mit B vergleichen, zeigt sich, dass $x_1(p_1^2, p_2, b) < x_1(p_1^2, p_2, \tilde{b})$. Dies ist der *Einkommenseffekt*.

Dieses Gedankenexperiment ist wichtig, weil es ein tieferes Verständnis der Ursache einer nicht in ihrem Preis fallenden Nachfrage erlaubt. Jede Preisänderung hat immer sowohl einen Preis- als auch einen Einkommenseffekt, und dieser Einkommenseffekt ist ursächlich für das Giffen-Paradoxon. Falls das Gut für Anne inferior ist, kann es sein, dass sie weniger von einem Gut nachfragt, obwohl der Preis dieses Guts sinkt.

Dieses Ergebnis mag intellektuell faszinierend sein und uns ein tieferes Verständnis des Modells der Präferenz- oder Nutzenmaximierung erlauben. Gleichzeitig ist es zutiefst unbefriedigend. Der Ausgangspunkt für die Entwicklung eines entscheidungstheoretischen Modells des Marktverhaltens war die Hoffnung, ein besseres Verständnis der Struktur von Nachfragefunktionen auf Wettbewerbsmärkten zu erhalten. Diese Nachfragefunktionen müssen bestimmte Eigenschaften wie Stetigkeit und Monotonie erfüllen, damit ein eindeutiges Gleichgewicht existiert, welches sicherstellt, dass es einen Punkt gibt, an dem die individuellen Pläne der Anbieter und Nachfrager miteinander aufgehen, und welches uns Prognosen auf Basis von komparativ-statischen Gedankenexperimenten erlaubt. Wir können aus dem Giffen-Paradoxon lernen, dass die üblichen Annahmen an Präferenzordnungen (wie Stetigkeit, strikte Konvexität oder Monotonie) allein nicht ausreichen, um die Existenz eines eindeutigen Gleichgewichts sicherzustellen. Wie wir in Kap. 4 gesehen haben, sind Existenz und Eindeutigkeit wichtige Eigenschaften, und wie wir an den drei Beispielen für Präferenzordnungen gesehen haben, können wir Existenz und Eindeutigkeit auch sicherstellen, indem wir *bestimmte* Präferenzordnungen unterstellen. Aber das geht auf Kosten der Allgemeinheit der Theorie. Und diese Kosten dürfen nicht vernachlässigt werden, da wir die Präferenzen der Individuen nicht kennen können und daher auch nicht wissen, ob und inwieweit die in der Theorie angenommenen Präferenzen in irgendeiner Weise empirisch rechtfertigbar sind. Aber so ist es nun mal: Wenn wir eine allgemeine Theorie des Konsumentenverhaltens wollen, können wir nicht sicherstellen, dass ein Gleichgewicht existiert und eindeutig ist. Und wenn wir wollen, dass ein Gleichgewicht existiert und eindeutig ist, müssen wir von spezifischen Präferenzen ausgehen.

Literatur

Hicks, J. R., & Allen, R. G. D. (1934). A reconsideration of the theory of value. Part I. *Economica, 1*(1), 52–76.

Jevons, W. S. (1905/1965). *The Principles of Economics*. New York: Augustus M. Kelley.

Keynes, J. M. (1936). *The General Theory of Employment, Interest and Money*. Palgrave Macmillan.

Slutsky, E. E. (1915/1952). Sulla teoria del bilancio del consumatore. *Giornale degli Economisti, 51*, 1–26. English edition: On the theory of the budget of the consumer (trans Ragusa, O.). In G. J. Stigler & K. E. Boulding (Hrsg.), *Readings in Price Theory* (S. 27–56). Homewood, Ill.: Irwin.

Weiterführende Literatur

Arrow, K. J. (1989). Economic Theory and the Hypothesis of Rationality, *The New Palgrave: Utility and Probability*

Becker, G. S. (1976). *The Economic Approach to Human Behavior*. Chicago University Press

Elster, J. (1989). *Nuts and Bolts for the Social Sciences*. Cambridge University Press

Mas-Colell, A., Whinston, M. D., & Green, J. R. (1995). *Microeconomic Theory*. Oxford University Press

Varian, H. R. (1992). *Microeconomic Analysis*. Norton

Entscheidungen unter Risiko und Unsicherheit 8

In diesem Kapitel lernen Sie ...

- wie man Entscheidungsprobleme bei Unsicherheit oder Risiko strukturiert.
- den Unterschied zwischen Risiko und Unsicherheit kennen.
- wichtige Modelle zur Lösung von Entscheidungsproblemen bei Unsicherheit.
- wichtige Modelle zur Lösung von Entscheidungsproblemen bei Risiko.
- Konzepte zur Messung der Risikoeinstellung.
- wie man die Modelle auf ökonmische Probleme anwenden kann.

8.1 Ein Modell von Risiko und Unsicherheit

> We live in a world full of contradiction and paradox, a fact of which perhaps the most fundamental illustration is this: that the existence of a problem of knowledge depends on the future being different from the past, while the possibility of the solution of the problem depends on the future being like the past. (Frank Knight 1921)

Die bisher behandelten Themen hatten eine Gemeinsamkeit: Sie zeichneten sich dadurch aus, dass wir den Entscheidungsträger Sicherheit bzgl. der Konsequenzen ihrer Handlungen unterstellten. Die meisten Entscheidungen, die man zu treffen hat, werden sich aber dadurch auszeichnen, dass bestimmte Bestandteile der Entscheidung, insbesondere aber deren Konsequenz nicht sicher sind. Nicht sicher ist zum Beispiel, ob der Weltmeister, auf den man in einer WM-Tipprunde gewettet hat, am Ende auch der Richtige war. Auch die Qualität des Geräts, das man bei einem Onlineshop erworben hat, oder der zukünftige Kurs der Aktie, welche man heute gekauft hat, sind nicht sicher. Und nicht sicher ist, welche Auswirkungen die Behandlung einer Patientin auf deren Gesamtprognose hat. Die meisten Entscheidungen, die getroffen werden, seien sie noch so belanglos oder bedeutend, zeichnen sich dadurch aus, dass ihre Konsequenzen nicht sicher sind.

© Der/die Autor(en), exklusiv lizenziert durch Springer-Verlag GmbH, DE, ein Teil von Springer Nature 2021
M. Kolmar, *Grundlagen der Mikroökonomik*,
https://doi.org/10.1007/978-3-662-63362-5_8

Um eine solche Entscheidungssituation zu beschreiben, verwenden wir drei Konzepte, Handlungsalternativen oder *Strategien*, *Ergebnisse* und *Umweltzustände*. Die Idee ist dabei folgende: Eine Person wählt aus einer Menge von Strategien aus, die zu bestimmten Ergebnissen führen. Welche Ergebnisse das sind, hängt von den Umweltzuständen ab. Da die Umweltzustände zum Zeitpunkt der Entscheidung nicht vollständig bekannt sind, weiss die Person nicht mit Sicherheit, welches Ergebnis folgt, wenn sie eine bestimmte Strategie wählt. Wir werden die drei Konzepte nacheinander beschreiben und zu einer Entscheidungstheorie zusammensetzen.

Zur Illustration verwenden wir ein Beispiel: Nehmen Sie an, Julia plant die Besteigung eines Bergs für das kommende Wochenende, zu der sie am Vorabend anreisen muss. Zur selben Zeit findet auch ein Musikkonzert statt, welches sie auch gern besuchen möchte. In Abhängigkeit vom Wetter würde sie lieber den Berg besteigen oder das Konzert besuchen. Bei gutem Wetter wird die Besteigung erfolgreich sein, bei schlechtem Wetter hingegen nicht. Die Qualität des Musikkonzerts ist unabhängig vom Wetter. Am liebsten würde Julia bei gutem Wetter den Berg besteigen, am wenigsten gern würde sie zur Besteigung anreisen, um dann festzustellen, dass das schlechte Wetter eine solche nicht erlaubt. Der Nutzen aus dem Konzertbesuch liegt in der Mitte. Da sie zum Zeitpunkt der Entscheidung das Wetter noch nicht kennt, stellt sich die Frage, wie sie entscheiden wird (positiv) oder entscheiden sollte (normativ). In dieser Situation hat Julia zwei Strategien, und die Strategienmenge, aus der Julia auswählen kann, ist {*Berg besteigen, Konzert besuchen*}. Die Menge der für die Entscheidung relevanten Umweltzustände ist {*gutes Wetter, schlechtes Wetter*}. Die möglichen Ergebnisse lassen sich nun durch Kombination der Strategien mit den Umweltzuständen ableiten. Wir haben sie in Form einer *Ergebnismatrix* in Tab. 8.1 abgebildet.

Jede Kombination aus einer Strategie und einem Umweltzustand bildet ein *Ergebnis*. So folgt das Ergebnis *erfolgreiche Besteigung* aus der Kombination *Berg besteigen* und *gutes Wetter*, während das Ergebnis *keine erfolgreiche Besteigung* aus der Kombination *Berg besteigen* und *schlechtes Wetter* resultiert. Aus der Strategie *Konzert besuchen* folgt immer das Ergebnis *Konzertabend*, unabhängig vom Umweltzustand. Gleichwohl muss dieses Ergebnis für jeden Umweltzustand definiert werden.

Zur Lösung des Entscheidungsproblems fehlen nun noch zwei Dinge. Zum einen Julias Präferenzen. Die hatten wir mit *erfolgreiche Besteigung* $\succsim_E$ *Konzertabend* $\succsim_E$ *keine erfolgreiche Besteigung* schon festgelegt (der Index E steht für Ergebnisse). Anders als in Entscheidungsproblemen bei Sicherheit, die wir in Kap. 7 kennengelernt haben, genügt diese Information hier aber nicht. Wir benötigen

Tab. 8.1 Julias Ergebnismatrix

	gutes Wetter	schlechtes Wetter
Berg besteigen	erfolgreiche Besteigung	keine erfolgreiche Besteigung
Konzert besuchen	Konzertabend	Konzertabend

zur Bestimmung der besten Strategie Präferenzen auf Strategien, die z. B. sagen, dass *Berg besteigen* $\succsim_S$ *Konzert besuchen* gilt (der Index S steht für Strategien). Bei Entscheidungsproblemen unter Sicherheit trat dieses Problem nicht auf, da es einen eindeutigen Zusammenhang zwischen Strategien und Ergebnissen gab, so dass eine Präferenzordnung auf Strategien eindeutig aus einer Präferenzordnung auf Ergebnissen abgeleitet werden konnte. Daher haben wir gar nicht thematisiert, dass die Präferenzen über Handlungsalternativen eigentlich aus Präferenzen über nutzenstiftende Konsequenzen bzw. Ergebnisse abgeleitet werden müssen. In einer Entscheidungstheorie unter Risiko und Unsicherheit geht es aber genau um diesen Zusammenhang:

Wie kann man aus einer Präferenzordnung $\succsim_E$ über Ergebnisse eine Präferenzordnung $\succsim_S$ über Strategien ableiten?

Denn eine solche benötigt man, um eine Entscheidung treffen zu können. Der Rest dieses Kapitels ist der Beantwortung dieser Frage gewidmet. Dabei gehen wir davon aus, dass es eine Präferenzordnung $\succsim_E$ auf der Menge der Ergebnisse gibt, die sich durch eine Nutzenfunktion beschreiben lässt, siehe auch Kap. 7. Für die angegebenen Präferenzen kann man dann eine *Nutzenmatrix* wie in Tab. 8.2 schreiben.

Eine wichtige Teilklasse von Entscheidungsproblemen unter Risiko und Unsicherheit beschäftigt sich mit Auswahlsituationen, bei denen die Ergebnisse in Geld gemessen werden, also z. B. bei der Bestimmung von Anlagestrategien auf Finanzmärkten. So könnte man sich vorstellen, dass es im obigen Beispiel nicht um eine tatsächliche Besteigung des Bergs geht, sondern um eine Wette auf die Möglichkeit, dass der Berg bestiegen werden kann. Angenommen, Julia findet ein Wettbüro, welches solche Wetten anbietet. In diesem Fall könnte man die die obigen Strategien wie folgt uminterpretieren. *Berg besteigen* wäre dann die Strategie *Wette eingehen* und *Konzert besuchen* wäre die Strategie *Wette nicht eingehen*. Auch in diesem Fall hätte man wieder vier Kombinationen von Strategien und Umweltzuständen. Wir nehmen an, dass eine gewonnene Wette zu einer Auszahlung von CHF 100 und eine verlorene Wette zu einer Auszahlung von CHF -10 führt. Wird die Wette nicht eingegangen, ist die Auszahlung CHF 0. Wir können dann alternativ Julias *Auszahlungsmatrix* wie in Tab. 8.3 schreiben. Entscheidungsprobleme über Geld sind deshalb wichtig, weil z. B. Unternehmen monetäre Ziele wie die Gewinn- oder Umsatzmaximierung verfolgen, siehe Kap. 12 und 13. Wichtige Spezialfälle sind die Versicherungswirtschaft und die Finanzwirtschaft, deren Aufgabe neben

Tab. 8.2 Julias Nutzenmatrix

	gutes Wetter	schlechtes Wetter
Berg besteigen	10	0
Konzert besuchen	4	4

Tab. 8.3 Julias Auszahlungsmatrix

	gutes Wetter	schlechtes Wetter
Wette eingehen	100	-10
Wette nicht eingehen	0	0

anderen darin besteht, nicht nur realwirtschaftliche Investitionen zu ermöglichen, sondern auch in Situationen von Risiko und Unsicherheit Geldströme zwischen Umweltzuständen zu verschieben. Daher sollte eine Entscheidungstheorie diese Fälle umfassen.

Auch hier sieht man, dass diese Spezifikation des Problems noch nicht ausreicht, um die Frage zu beantworten, ob Julia die Wette abschliessen soll oder nicht, denn die Kenntnis der monetären Auszahlungen auf Ergebnissen reicht noch nicht aus, um Präferenzen über Strategien $\succsim_S$ zu bestimmen.

In vielen Situationen unter Risiko und Unsicherheit werden den Umweltzuständen Wahrscheinlichkeiten p zugeordnet. Im Beispiel kann es eine Wetterprognose geben, die die Wahrscheinlichkeit für schlechtes Wetter mit 80 % ($p = 0.8$) und die Wahrscheinlichkeit für gutes Wetter mit 20 % ($1 - p = 0.2$) bemisst. Falls solche Wahrscheinlichkeiten existieren, kann man die *erwarteten Auszahlungen* der beiden Strategien bestimmen. Sie sind $0.2 \cdot 100 + 0.8 \cdot (-10) = 12$, wenn Julia die Wette eingeht, und 0, wenn sie die Wette nicht eingeht. Wenn man nun unterstellt, dass Julia die erwartete Auszahlung maximieren möchte, können wir damit eine Präferenzordnung über Strategien ableiten: Sie sollte die Wette eingehen, da $12 > 0$ ist. In diesem Fall hätten wir das Entscheidungsproblem gelöst.

Wir können ein analoges Verfahren auch verwenden, wenn wir zurück zum ursprünglichen Problem gehen und anstatt mit Geld mit Nutzen arbeiten. In diesem Fall hätte Julia einen *erwarteten Nutzen* in Höhe von $0.2 \cdot 10 + 0.8 \cdot 0 = 2$, wenn sie den Berg besteigt, und einen Nutzen von 4, wenn sie das Konzert besucht. Wenn man nun analog annimmt, dass Julia ihren erwarteten Nutzen maximieren möchte, können wir ebenfalls eine Präferenzordnung über Strategien ableiten: Sie sollte ins Konzert gehen, da $2 < 4$ ist. Auch in diesem Fall hätten wir das Entscheidungsproblem gelöst. Hier stellen sich zwei Fragen:

- Handelt es sich bei diesem Verfahren um eine gute Erklärung von bzw. um eine gute Empfehlung für Verhalten bei Risiko und Unsicherheit (positive bzw. normative Sicht)? Falls ja, wie lässt es sich verallgemeinern? Falls nein, was kann an seine Stelle treten?
- Ist die Zugrundelegung von Wahrscheinlichkeiten, die hier eine Lösung des Problems ermöglicht haben, immer sinnvoll möglich? Und falls dem nicht so ist, welche alternativen Verfahren zur Lösung des Auswahlproblems können an die Stelle treten?

Die oben gestellte allgemeine Frage dieses Kapitels zergliedert sich damit in die Beantwortung dieser Teilfragen. Um sie beantworten zu können, werden wir zunächst die Begrifflichkeiten genauer einführen.

Wir nehmen an, dass eine Person aus einer endlichen Menge von Strategien $s_1, s_2, \ldots, s_N$ auswählen kann. Diese Menge wird mit $S = \{s_1, s_2, \ldots, s_N\}$ bezeichnet, und s_n ist eine Strategie aus dieser Menge. Im Beispiel ist $N = 2$ und $S = \{Berg\ besteigen,\ Konzert\ besuchen\}$.

Des Weiteren gibt es eine endliche Menge an Umweltzuständen $\theta_1, \theta_2, \ldots \theta_L$, die das Auswahlproblem beeinflussen können. Die Menge aller Umweltzustände ist

$\Theta = \{\theta_1, \theta_2, \ldots, \theta_L\}$, und θ_l bezeichnet einen Umweltzustand aus dieser Menge. Im Beispiel ist $L = 2$ und $\Theta = \{gutes\ Wetter,\ schlechtes\ Wetter\}$.

Wir haben damit $N \times L$ mögliche Kombinaten von Strategien und Umweltzuständen, die sich durch das kartesische Produkt der Mengen S und Θ ergeben. Man könnte diese Kombinationen direkt als Ergebnisse interpretieren. In ökonomischen oder allgemein sozialwissenschaftlichen Kontexten will man aber ggf. noch mehr Struktur im Modell abbilden, so dass wir noch eine Abbildung f von $N \times L$ auf eine *Ergebnismenge* C definieren. Diese *Ergebnisfunktion* $f : S \times \theta \rightarrow C$ ordnet jeder möglichen Kombination aus Strategien und Umweltzuständen eines der möglichen Elemente der Ergebnismenge C zu.

Im Beispiel hatten wir drei solche Ergebnisfunktionen kennengelernt. Die Tab. 8.1 zugrundeliegende Geschichte führt zu der folgenden Ergebnisfunktion f^1:

- $f^1(Berg\ besteigen,\ gutes\ Wetter)$ = erfolgreiche Besteigung,
- $f^1(Berg\ besteigen,\ schlechtes\ Wetter)$ = keine erfolgreiche Besteigung,
- $f^1(Konzert\ besuchen,\ gutes\ Wetter)$ = Konzertabend,
- $f^1(Konzert\ besuchen,\ schlechtes\ Wetter)$ = Konzertabend.

Man kann auch eine direkte Abbildung von $N \times L$ auf Nutzenwerte definieren. Nimmt man die in Tab. 8.2 angenommenen Werte, führt dies zu der folgenden Ergebnisfunktion f^2:

- $f^2(Berg\ besteigen,\ gutes\ Wetter) = 10$,
- $f^2(Berg\ besteigen,\ schlechtes\ Wetter) = 0$,
- $f^2(Konzert\ besuchen,\ gutes\ Wetter) = 4$,
- $f^2(Konzert\ besuchen,\ schlechtes\ Wetter) = 4$.

In der Variante mit Geldauszahlungen (siehe Tab. 8.3) entspricht C den möglichen Auszahlungen, so dass wir Ergebnisfunktion f^3 erhalten:

- $f^3(Wette\ eingehen,\ gutes\ Wetter) = 100$,
- $f^3(Wette\ eingehen,\ schlechtes\ Wetter) = -10$,
- $f^3(Wette\ nicht\ eingehen,\ gutes\ Wetter) = 0$,
- $f^3(Wette\ nicht\ eingehen,\ schlechtes\ Wetter) = 0$.

Für eine Ergebnisfunktion erhält man eine zugehörige Ergebnismenge $C = \{c_{11}, c_{12}, \ldots, c_{NL}\}$. c_{nl} ist das Element dieser Menge, welches aus der Kombination der Strategie s_n und dem Umweltzustand θ_l resultiert (siehe Tab. 8.4).

Wir können nun definieren, was wir unter einer Entscheidungssituation bei Unsicherheit oder Risiko verstehen.

▶ **Definition 8.1 Entscheidung bei Unsicherheit oder Risiko** Eine Entscheidungssituation bei Unsicherheit oder Risiko liegt vor, wenn eine Person zum Zeitpunkt der Strategiewahl $s_n \in S$ den Umweltzustand $\theta_l \in \Theta$ nicht mit Sicherheit kennt.

Tab. 8.4 Ergebnismatrix

	θ_1	θ_2	$\cdots$	θ_L
s_1	c_{11}	c_{12}	$\cdots$	c_{1L}
s_2	c_{21}	c_{22}	$\cdots$	c_{2L}
$\vdots$	$\vdots$	$\vdots$	$\ddots$	$\vdots$
s_N	c_{N1}	c_{N2}	$\cdots$	c_{NL}

Tab. 8.5 Wahrscheinlichkeits-Ergebnismatrix

	θ_1	θ_2	$\cdots$	θ_L
$p(\theta_i)$	p_1	p_2	$\cdots$	p_L
s_1	c_{11}	c_{12}	$\cdots$	c_{1L}
s_2	c_{21}	c_{22}	$\cdots$	c_{2L}
$\vdots$	$\vdots$	$\vdots$	$\ddots$	$\vdots$
s_N	c_{N1}	c_{N2}	$\cdots$	c_{NL}

In manchen Entscheidungssituationen unter Unsicherheit oder Risiko kann man wie bereits gesagt den Umweltzuständen Wahrscheinlichkeiten ihres Eintritts zuordnen. Wir nehmen hierzu an, dass der Umweltzustand θ_l mit der Wahrscheinlichkeit p_l eintritt, wobei $p_l \in [0, 1]$ sein muss. Darüber hinaus muss $\sum_{l=1}^{L} p_l = 1$ gelten. Man nennt eine solche Zuordnung von Wahrscheinlichkeiten zu Umweltzuständen eine *Wahrscheinlichkeitsverteilung*. Tab. 8.5 ist die um die Wahrscheinlichkeinen ergänzte Ergebnismatrix. Sicherheit ist dann ein Spezialfall, bei der einem Umweltzustand $\theta_l, l = 1, \cdots, L$, die Wahrscheinlichkeit 1 zuordnet und allen anderen Umweltzuständen die Wahrscheinlichkeit 0.

Exkurs 8.1. Was sind Wahrscheinlichkeiten?

Über die Frage, was genau Wahrscheinlichkeiten sind (also Fragen nach ihrer Epistemologie und Ontologie, siehe zu diesen Begriffen Kap. 1), gibt es unterschiedliche Auffassungen. In der modernen Entscheidungstheorie werden Wahrscheinlichkeiten oft als *Grade der Überzeugung* interpretiert, so dass eine Proposition (z. B. ‚Strategie s_n führt zu Ergebnis c_{nl}') von einem Entscheider als wahrscheinlich angesehen wird, wenn er überzeugt von ihrer Richtigkeit ist (epistemische Interpretation). Diese Interpretation von Wahrscheinlichkeiten ist aber nicht notwendig für die hier behandelten Theorien. Es gibt auch die Vorstellung objektiver Wahrscheinlichkeiten, nach der sie Teil der physischen Welt sind und nicht eine subjektive Unsicherheit über diese bezeichnen (ontologische Interpretation). Auch die sogenannte *frequentistische* Interpretation ist mit den hier vorgestellten Theorien vereinbar. Diese besagt, dass Wahrscheinlichkeiten die relativen Häufigkeiten von wiederholten Beobachtungen beschreiben. Wenn man beispielsweise eine Münze wiederholt wirft und sich herausstellt, dass die relative Häufigkeit für

(Fortsetzung)

Kopf und Zahl jeweils 0.5 ist, dann würde man diese relativen Häufigkeiten als Wahrscheinlichkeiten wählen.

Wir können nun zwischen den Konzepten *Risiko* und *Unsicherheit* unterscheiden.

▶ **Definition 8.2 Risiko und Unsicherheit** Unsicherheit liegt vor, wenn die Entscheidungsträgerin lediglich weiss, welche Umweltzustände Θ auftreten können und welche Strategien S existieren, sie den Ergebnissen aber keine Wahrscheinlichkeiten zuordnet oder sinnvoll zuordnen kann. Risiko liegt vor, wenn die Entscheidungsträgerin den Ergebnissen Wahrscheinlichkeiten zuordnet oder sinnvoll zuordnen kann.

Ob es sinnvoll ist, jeder Entscheidungssituation Wahrscheinlichkeiten zuzuordnen, ist in der Entscheidungstheorie heftig umstritten. Aus einer rein formalen, mathematischen Perspektive ist es immer möglich, Wahrscheinlichkeitsverteilungen zuzuordnen, so lange man Θ kennt. Ob dies auch sinnvoll oder rational ist, ist Gegenstand der Debatten. Eine Position lautet, dass eine rationale Person auch dann noch Wahrscheinlichkeiten zuordnen sollte, wenn sie nichts weiter als Θ kennt. Wir werden sie unter dem Begriff *Prinzip des unzureichenden Grundes* später noch kennenlernen. Eine Strategie s_n hat in diesem Fall maximale Unsicherheit, wenn man jedem möglichen Ergebnis c_{nl} dieselbe Wahrscheinlichkeit zuordnet. Die Gegenposition hierzu lautet, dass bei maximaler Unsicherheit die Verwendung von Wahrscheinlichkeiten an sich nicht zu rechtfertigen ist.

Hier ist ein Beispiel, welches das Problem illustriert: Angenommen, man vergleicht einen Wurf einer fairen Münze mit der Frage, ob die Welt zu einem bestimmten Zeitpunkt in 20 Jahren von einer Virus-Pandemie betroffen ist oder nicht. In beiden Fällen gibt es zwei alternative Umweltzustände. Einmal ist es *Kopf* oder *Zahl*, im anderen Fall ist es *Pandemie* oder *keine Pandemie*. Im ersten Fall wissen wir, dass es sich um eine faire Münze handelt, so dass die Zuordnung der Wahrscheinlichkeiten $(0.5, 0.5)$ rational und sinnvoll erscheint. Im zweiten Fall wissen wir so gut wie nichts. Wenn dieses Nichtwissen ebenfalls dazu führt, dass wir den beiden Umweltzuständen Wahrscheinlichkeiten $(0.5, 0.5)$ zuordnen, führt das dazu, dass wir beide Situationen gleich behandeln, obwohl sie sich in der Tiefe der Nicht-Sicherheit unterscheiden: Einmal kennt man die Wahrscheinlichkeiten, einmal weiss man so gut wie nichts. In Experimenten konnte man nachweisen, dass Menschen Situationen nach der ‚Tiefe' der Unsicherheit unterscheiden und sich dementsprechend anders verhalten. Die Frage ist dann, ob dies rational ist oder nicht.

Exkurs 8.2. Epistemische Kritik und Transformative Erfahrungen

Es existieren zwei Richtungen einer fundamentalen Kritik an dem hier vorgestellten Ansatz zur Modellierung von Risiko und Unsicherheit, die unter den Namen *epistemische Kritik am Konsequenzialismus* und *Argument der Transformativität von Erfahrung* firmieren. Sie bezieht sich dabei auf die *normative* Interpretation als Theorien *rationaler* Entscheidung.

Kommen wir zuerst zur epistemischen Kritik. Wir hatten bisher einfach vorausgesetzt, dass eine Person, die in einer bestimmten Situation eine Entscheidung zu treffen hat, die Menge Θ von Umweltzuständen und die Menge S an Strategien kennt und damit eine Vorstellung über die denkbaren Ergebnisse bzw. Konsequenzen ihrer Entscheidungen hat, auch wenn unklar ist, welches Ergebnis genau resultiert. Die Kritik an dieser Position besagt nun zum einen, dass diese Annahme nicht gerechtfertigt werden kann, da man auch schon qualitativ nicht wissen kann, welche Konsequenzen zumindest mittel- und langfristig aus Strategien folgen. Wenn das so ist, kann Θ nicht sinnvoll bestimmt werden, und damit hängt der ganze Ansatz in der Luft.

Ein Beispiel zur Verdeutlichung, was mit der Unkenntnis von Θ gemeint sein kann: Heute wissen wir, dass Krankheiten wie die Pest eine Spätfolge der Domestizierung von Tieren waren. Hiervon konnten die Menschen, die Tiere zu Haustieren erzogen, aber schon kategorial kein Wissen haben: Die Konsequenz ,Pest' kam sozusagen in Θ nicht vor und konnte nicht vorkommen, weil man nicht einmal eine Vorstellung davon hatte, dass dies eine Spätfolge sein konnte. Man mag nun gegen dieses Beispiel ins Feld führen, dass es aufgrund der langen zeitlichen Distanz zwischen Handlung und Konsequenz nicht sehr relevant ist, aber man leicht aktuelle Beispiele finden, bei denen ähnliche Probleme existieren. Bei der Corona-Pandemie kennt man die langfristigen Gesundheitsfolgen einer Erkrankung nicht. Vielleicht gibt es keine, vielleicht gibt es Spätfolgen, von denen wir heute nichts wissen (können). Man kann daher nicht erwarten, dass man zum Zeitpunkt der Entscheidungen Θ vollständig kennt.

Darüber hinaus besagt die Kritik, dass Strategien und Umweltzustände nicht einfach objektiv gegeben sind, sondern in einer Situation (narrativ) erzeugt werden. Menschen nehmen keine objektive Wirklichkeit wahr, sondern ,basteln' sich eine solche in Form eines *mentalen Modells*. Wenn die damit entstehende Strukturierung in Strategien und Umweltzustände aber beliebig ist, verliert die Theorie eine Menge ihrer normativen Plausibilität, da die Rationalität erst einsetzt, wenn das mentale Modell schon fertig ist, die Entstehung aber selbst nicht rational gerechtfertigt wird und werden kann. Wir werden hierauf in Kap. 11 zurückkommen, wenn wir die *Prospect*-Theorie behandeln werden.

Kommen wir nun zum Argument der Transformativität von Erfahrung, das sich auf die Bewertung von Ergebnissen durch Präferenzen oder Nutzen

(Fortsetzung)

bezieht, die eine fundamentale epistemische Problematik immer dann mit sich bringt, wenn eine Person eine mögliche Konsequenz noch nie selbst erlebt hat. An diesem Problem setzt das Argument an: Bevor man erstmalig einen Apfel isst, kann man den Akt des Apfelessens zwar gegebenenfalls beschreiben, aber man kann trotzdem nicht wissen, was es bedeutet, einen Apfel zu essen. Die sinnliche Erfahrung des Apfelverzehrs ist nicht sprachlich vermittelbar. Eine Erfahrung erstmalig zu machen, hat eine transformative Qualität. Die sprachliche Repräsentation der Alternativen kann die unmittelbare Erfahrung nicht ersetzen. In einer solchen Situation kann man den Ergebnissen zwar Nutzenwerte zuweisen und damit das Problem in einem formalen Sinn vollständig beschreiben, es stellt sich aber die Frage, ob dieses Verhalten sinnvoll ist, wenn die zugeordneten Nutzenwerte nicht auf vergangenen Erfahrungen basieren, sondern willkürlich gewählt sind.

Nehmen wir die Wahl eines Studiums als Beispiel. Hier lässt sich die Strategienmenge gut abgrenzen (alle möglichen Studiengänge). Was dann die Wahl eines solchen Studiums aber für das Leben bedeutet, und ob man dieser Bedeutung gerecht wird, wenn man Nutzenwerte zuschreibt, ist unklar. Ähnlich ist die Entscheidung, ein Kind zu zeugen und zu erziehen. Zwar kennt man diverse Erzählungen darüber, was es heisst, ein Kind zu haben. Aber erst, wenn man selber in der Situation ist und erfährt, welche Gefühle und Erfahrungen damit verbunden sind, versteht man, was es bedeutet. Auf Basis dieser Beispiele wird klar, an welcher Stelle die Kritik ansetzt und wie fundamental sie ist: Möglicherweise bastelt man sich mit einem der in diesem Kapitel vorgestellten Modelle eine Scheinrationalität zusammen, die dem eigentlichen Problem der Transformativität der Erfahrung nicht gerecht wird.

Bei der epistemischen Kritik am Konsequentialismus und dem Argument der Transformativität von Erfahrung steht für die ökonomische Verhaltenstheorie viel auf dem Spiel. Wir hatten in Kap. 5 zwischen tugendethischen, deontologischen und konsequentialistischen Ethiken unterschieden. Die in der Ökonomik verwendeten Entscheidungstheorien sind allesamt Spezialfälle einer konsequentialistischen Sicht auf Rationalität. Wie wir sehen, ist es alles andere als selbstverständlich, dass diese Sicht mehr ist als eine zwar mathematisch konsistente, aber letztlich inhaltlich leere Form der Scheinrationalität. Wenn die Kritik daher ernst genommen werden muss, unterspült sie die Legitimität des gesamten Projekts einer ökonomischen Theorie rationaler Entscheidung.

8.2   Entscheidungen bei Unsicherheit

In diesem Abschnitt werden wir uns mit Entscheidungen bei Unsicherheit beschäftigen und unterschiedliche Entscheidungskriterien für solche Situationen kennenlernen.

Beginnen wir mit einem Beispiel. Cornelia plant, sich im Sommer mit Freundinnen zu treffen. Die möglichen Aktivitäten sind eine Bergwanderung, ein Segeltörn, ein Theaterbesuch und eine Weinprobe. Cornelias Aufgabe ist es, die Aktivität zu wählen. Zwar ist sie sich über ihre Präferenzen im Klaren, aber dafür in völliger Unkenntnis über die Wetterlage am Tag des Treffens. Ihre Strategiemenge ist

$$S = \{Bergwanderung,\ Segeltörn,\ Theaterbesuch,\ Weinprobe\}.$$

Cornelia würde ihre Auswahl gern vom Wetter abhängig machen. Die Menge der relevanten Wetterlagen und damit Umweltzustände ist

$$\Theta = \{windstill,\ windig\}.$$

Dass andere Umweltzustände nicht berücksichtigt werden, bedeutet, dass sie für die Entscheidung irrelevant sind, bzw. von Cornelia als irrelevant angesehen werden.

Abhängig vom möglichen Wetter ordnet Cornelia jedem Ausflugsziel als Ergebnisfunktion ihren Nutzen zu, der von der Strategie und dem Umweltzustand abhängig ist: $u : S \times \Theta \rightarrow C$. Das Ergebnis sehen wir in Cornelias Ergebnismatrix (Tab. 8.6), in der die Nutzenwerte stehen.

Das Wetter am Tag des Treffens ist unerheblich für den Nutzen, den Cornelia aus dem Theaterbesuch oder der Weinprobe zieht. Sie hat auch nur einen geringen Einfluss auf die Beurteilung der Bergwanderung. Für den Segeltörn ist es hingegen sehr relevant.

Wie kann sich Cornelia in dieser Situation sinnvoll entscheiden? Zur Beantwortung der Frage können wir in einem ersten Schritt versuchen, die Menge der Strategien zu reduzieren. Offensichtlich gibt es mit *Bergwanderung* und *Theaterbesuch* zwei Strategien, die die Strategie *Weinprobe* in dem Sinne dominieren, dass sie unabhängig vom Umweltzustand θ_l zu einem höheren Nutzen führen. Eine rationale Entscheidungsregel sollte aber nie zu der Entscheidung gelangen, dass eine in dem obigen Sinne dominierte Strategie gewählt wird. Und wir würden auch im Sinne einer positiven Theorie vermuten, dass solche Strategien nicht gewählt werden.

Tab. 8.6 Cornelias Ergebnismatrix

	windstill	windig
Bergwanderung	10	7
Theaterbesuch	8	8
Segeln	2	15
Weinprobe	3	3

▶ **Definition 8.3 Dominierte Strategien** Strategie $\tilde{s}_n \in S$ wird von Strategie $\bar{s}_n \in S$ genau dann *dominiert*, wenn für alle $\theta_l \in \Theta$ gilt, dass

$$u(\bar{s}_n, \theta_l) \geq u(\tilde{s}_n, \theta_l)$$

erfüllt ist, und es mindestens einem Umweltzustand $\hat{\theta}_l \in \Theta$ gibt, so dass

$$u(\bar{s}_n, \hat{\theta}_l) > u(\tilde{s}_n, \hat{\theta}_l)$$

gilt.

Nach dem *Dominanz-Prinzip* sollte niemals eine dominierte Strategie gewählt werden. Wir formulieren es für den Bereich der Unsicherheit, doch gilt es auch für Entscheidungsprobleme bei Risiko. Wir werden in Kap. 10 auf die Frage zurückkommen, ob dieses Prinzip nicht nur als normatives Prinzip rationalen Verhaltens postuliert werden sollte, sondern auch positiv, im tatsächlichen Verhalten von Individuen berücksichtigt wird.

Offensichtlich wird in unserem Beispiel die Strategie *Weinprobe* sowohl durch die Strategie *Bergwanderung* als auch durch *Theaterbesuch* im obigen Sinne dominiert. Somit können wir diese Strategie aus der Strategiemenge S eliminieren, da sie von keiner rationalen Entscheidungsregel gewählt werden wird. Cornelia sieht sich allerdings immer noch mit der Frage konfrontiert, welche der verbleibenden drei Strategien gewählt werden soll. Wir werden sehen, dass die Antwort auf diese Frage von der gewählten Entscheidungsregel abhängt und dass alle Entscheidungsregeln Vor- und Nachteile haben.

8.2.1 Maximin-Regel

Die wohl bekannteste Entscheidungsregel ist die von dem Mathematiker Abraham Wald entwickelte *Maximin-Regel*. Bei dieser Entscheidungsregel orientiert sich die Entscheiderin bei der Strategiewahl an den Umweltzuständen, die zum geringsten Nutzen führen. Sie bestimmt für jede Strategie die schlechteste Nutzenkonsequenz und entscheidet sich dann für die Strategie, bei der diese möglichst wenig schlecht ist. Für Cornelia sind das die Umweltzustände *windig* im Falle der Bergwanderung und *windstill* im Falle des Segeltörns, während die Wetterlage für den Theaterbesuch irrelevant ist. Sei $s_1 = Bergwanderung$, $s_2 = Theaterbesuch$ und $s_3 = Segeltörn$, dann bestimmt man die Nutzenwerte formal wie folgt:

$$\min_{\theta_l \in \Theta} u(s_1, \theta_l) = 7, \quad \min_{\theta_l \in \Theta} u(s_2, \theta_l) = 8, \quad \min_{\theta_l \in \Theta} u(s_3, \theta_l) = 2.$$

Sie sind in der dritten Spalte von Tab. 8.7 dargestellt.

Ausgehend von dieser Einschätzung wählt die Entscheiderin dann jene Strategie, die den maximalen Nutzen aus diesen Möglichkeiten aufweist. In Cornelias Fall ist das Ergebnis 8 und entspricht dem Nutzen bei der Strategiewahl $s_n = Theaterbesuch$.

▶ **Definition 8.4 Maximin-Regel**   Nach der Maximin-Regel ist für die Entscheidung über alle Strategien $s_n \in S$ nur der jeweils geringste Nutzen über alle Umweltzustände $\theta_l \in \theta$ relevant. Es wird jene Strategie gewählt, welche den maximalen dieser über alle Umweltzustände minimierten Nutzen aufweist. Der Maximin-Nutzen entspricht

$$\max_{s_n \in S} \min_{\theta_l \in \Theta} u(s_n, \theta_l),$$

und eine Strategie, welche zum Maximin-Nutzen führt, ist

$$\arg \max_{s_n \in S} \min_{\theta_l \in \Theta} u(s_n, \theta_l).$$

Im Beispiel folgt daraus, dass

$$\max_{s_n \in S} \min_{\theta_l \in \Theta} u(s_n, \theta_l) = 8 \text{ und } \arg \max_{s_n \in S} \min_{\theta_l \in \Theta} u(s_n, \theta_l) = Theaterbesuch.$$

Die Maximin-Regel ist auch als *Vorsichtsprinzip* bekannt und setzt die Idee um, dass man bei Unsicherheit „auf Nummer sicher" gehen sollte. Wir befinden uns hier in Situationen, in denen man über so wenig Informationen verfügt, dass Wahrscheinlichkeiten nicht sinnvoll gebildet werden können, und das Vorsichtsprinzip besagt, dass man dann versuchen sollte, den möglichen Schaden so klein zu halten wie möglich. Eine unreflektierte Anwendung dieses Prinzips kann aber durchaus problematisch sein. Ein Beispiel mit zwei Strategien und jeweils zwei möglichen Nutzenkonsequenzen: Bei der ersten Strategie sind die beiden möglichen Nutzenwerte 100 und 100, bei der anderen sind sie 99 und 1'000'000. Das Maximin-Prinzip bedeutet, dass man sich für die erste Strategie entscheiden sollte. Wie man aber sieht, ist diese im schlechten Fall nur wenig besser als die die zweite, dafür ist sie aber im guten Fall viel schlechter. Man gewinnt also durch das Vorsichtsprinzip wenig, nimmt sich aber die Möglichkeit, einen sehr grossen Nutzen zu haben. Gleichwohl kann es eine wichtige Rolle spielen, wenn man den konkreten Kontext berücksichtigt. Wenn wir beispielsweise die Nutzenkonsequenzen im obigen Beispiel so ändern, dass bei der ersten Strategie die beiden möglichen Nutzenwerte 0 und 19 und bei der anderen 20 und 20 sind, erscheint das Maximin-Prinzip deutlich attraktiver: Man verhindert 0 und nimmt sich lediglich eine Nutzenerhöhung von 19 auf 20. Daher wird oftmals argumentiert, dass das Maximin-Prinzip rational ist, wenn es um die Verhinderung von Katastrophen geht, von deren Eintreten man zwar ausgehen muss, deren Wahrscheinlichkeiten aber nicht rational bestimmt werden können. Daher findet man ein Vorsichtsprinzip im Kontext der Klimakrise, von Pandemien oder zur Beurteilung neuer Technologien.

8.2.2 Maximax-Regel

Wie wir gesehen haben, spielt der konkrete Kontext eine Rolle, um eine Entscheidungsregel wie die Maximin-Regel zu beurteilen. Gibt es Alternativen, die in inplausiblen Kontexten an ihre Stelle treten können? Eine solche ist die Maximax-Regel. Im Gegensatz zur Maximin-Regel bewertet die Entscheiderin jede Strategie anhand des Umweltzustands, der zum höchsten Nutzen führt. Für Cornelia wäre das der Umweltzustand *windstill* im Falle der Bergwanderung und *windig* im Falle des Segeltörns. Formal entsprechen diese Werte

$$\max_{\theta_l \in \Theta} u(s_1, \theta_l) = 10, \quad \max_{\theta_l \in \Theta} u(s_2, \theta_l) = 8, \quad \max_{\theta_l \in \Theta} u(s_3, \theta_l) = 15,$$

welche in Spalte 4 von Tab. 8.7 dargestellt werden. Ausgehend von dieser Bewertung wird die Entscheiderin dann wiederum jene Strategie wählen, die den maximalen Nutzen maximiert. In Cornelias Fall ist das Ergebnis 15 und entspricht dem Nutzen bei der Strategiewahl $s = Segeltörn$. Wir können nun diese Entscheidungsregel formal definieren.

▶ **Definition 8.5 Maximax-Regel** Nach der Maximax-Regel ist für die Entscheidung über aller Strategien $s_n \in S$ nur der jeweils höchste Nutzen über alle Umweltzustände $\theta_l \in \Theta$ relevant. Es wird jene Strategie gewählt, welche den maximalen dieser über alle Umweltzustände maximierten Nutzen aufweist. Der Maximax-Nutzen entspricht

$$\max_{s_n \in S} \max_{\theta_l \in \Theta} u(s_n, \theta_l),$$

und die Strategie, welche den Maximax-Nutzen bedingt, ist

$$\arg\max_{s_n \in S} \max_{\theta_l \in \Theta} U(s_n, \theta_l).$$

Formal gilt dann in unserem Beispiel, dass

$$\max_{s_n \in S} \max_{\theta_l \in \Theta} u(s_n, \theta_l) = 15 \text{ und } \arg\max_{s_n \in S} \max_{\theta_l \in \theta} u(s_n, \theta_l) = Segeltörn.$$

Tab. 8.7 Bewertungen von Cornelias Entscheidungsproblem

	windstill	windig	$\min_{\theta_l \in \Theta} u(\cdot)$	$\max_{\theta_l \in \Theta} u(\cdot)$	$0.4 \times \max_{\theta_l \in \Theta} u(\cdot)$ $+$ $0.6 \times \min_{\theta_l \in \Theta} u(\cdot)$	$\frac{u(\cdot, \theta_1)}{2}$ $+$ $\frac{u(\cdot, \theta_2)}{2}$
Bergwanderung	10	7	7	10	8.2	8.5
Theaterbesuch	8	8	8	8	8	8
Segeltörn	2	15	2	15	7.2	8.5

Analog zur Maximin-Regel fällt es schwer, die Maximax-Regel uneingeschränkt als Entscheidungsregel zu akzeptieren. Insbesondere in Situationen mit Katastrophenrisiken würde sie dazu führen, dass man die Folgen einer Katastrophe völlig ausblendet. Umgekehrt gilt aber, dass in Situationen, in denen die negativen Konsequenzen weniger schwerwiegend sind, die Maximax-Regel die Probleme der Minimax-Regel vermeidet und stattdessen das Handeln an den besten erreichbaren Möglichkeiten orientiert. So kann man argumentieren, dass eine Person, die die Wahl hat zwischen einem eher langweiligen, aber sicheren Beruf und einer als attraktiv, aber unsicher empfundenen Laufbahn als Künstlerin oder Künstler (bei der sich die Wahrscheinlichkeit, Erfolg zu haben oder zu scheitern, nicht sinnvoll berechnen lässt) und die sich für Letztere entscheidet, rational im Sinne der Maximax-Regel handelt.

Beide bisher genannten Entscheidungsregeln müssen nicht immer zu einem eindeutigen Ergebnis führen. So kann es sein, dass mehrere Strategien zum selben Maximin-Nutzen bzw. Maximax-Nutzen führen. In einem solchen Fall kann man entweder eine dieser Strategien frei wählen. Oder man könnte das jeweilige Verfahren unter Verwendung des zweitniedrigsten Nutzens (Maximin-Regel) bzw. des zweithöchsten Nutzens (Maximax-Regel) wiederholen.

8.2.3 Hurwicz-Regel

Die bisherigen Ergebnisse sind unbefriedigend, da die beiden genannten Entscheidungsregeln vollkommen unterschiedliche Handlungsanweisungen geben können. Und es wurde bereits klar, dass beide Regeln nur innerhalb eines bestimmten Kontextes überzeugend sind. Die Frage ist, ob es nicht ein oder mehrere Entscheidungsregeln gibt, die dies vermeiden und gleichzeitig in allen denkbaren Situationen überzeugen? In der Literatur werden mehrere solcher Regeln diskutiert.

Die nach dem Ökonomen Leonid Hurwicz benannte *Hurwicz-Regel* stellt einen Kompromiss zwischen den bereits genannten Maximin- und Maximax-Regeln dar. Hierzu wird für jede Strategie s_n die folgende Linearkombination des zugehörigen Maximums und Minimums gebildet:

$$\alpha \cdot \max_{\theta_l \in \Theta} u(s_n, \theta_l) + (1 - \alpha) \cdot \min_{\theta_l \in \Theta} u(s_n, \theta_l).$$

Der Wert $\alpha \in [0, 1]$ repräsentiert hierbei die relative Gewichtung des relevanten Maximums im Verhältnis zum relevanten Minimum.

Der Wert α wird manchmal auch Optimismus-Parameter genannt, da ein grosses α bedeutet, dass man dem jeweiligen Maximum ein grosses Gewicht im Vergleich zum Minimum beimisst. Wir vermeiden hier die Begriffe Optimismus und Pessimismus nach Möglichkeit, da sie auf mentale Phänomene der Entscheiderin Bezug nehmen. Wenn wir die hier diskutierten Entscheidungsregeln unter Unsicherheit als positive Beschreibungen des Verhaltens von Menschen unter Unsicherheit behandeln würden, dann wäre eine solche Bezeichnung ggf. sinnvoll, obwohl man dann schauen müsste, ob sich Menschen tatsächlich so verhalten. Spätestens in einer normativen Theorie rationalen Verhaltens unter Unsicherheit haben aber solche Begriffe nichts zu suchen. Vielmehr müssten Kriterien benannt werden, unter denen eine solche Linearkombination und das zugehörige α rational sind. Leider ist die Literatur hinsichtlich dieser Fragen sehr ungenau, so dass unklar ist, ob sie sich positiv oder normativ versteht.

Nehmen wir an, dass $\alpha = 0.4$ gewählt wird. Dann repräsentiert die 5. Spalte der Ergebnismatrix (Tab. 8.7) den Wert der Funktion (8.2.3). In einem letzten Schritt wird dann das Maximum dieser Werte über alle s_n gesucht.

▶ **Definition 8.6 Hurwicz-Regel** Nach der Hurwicz-Regel wird für jede Strategie $s_n \in S$ der über alle Umweltzustände $\theta_l \in \Theta$ maximierte Nutzen mit einem Faktor $\alpha \in [0, 1]$ und der über alle Umweltzustände $\theta_l \in \Theta$ minimierte Nutzen mit dem Faktor $1 - \alpha$ gewichtet. Diese Werte werden über $s_n \in S$ maximiert:

$$\max_{s_n \in S} \left\{ \alpha \cdot \max_{\theta_l \in \Theta} u(s_n, \theta_l) + (1 - \alpha) \cdot \min_{\theta_l \in \Theta} u(s_n, \theta_l) \right\}.$$

Die Strategie, die diesen Wert maximiert, ist

$$\arg\max_{s_n \in S} \left\{ \alpha \cdot \max_{\theta_l \in \Theta} u(s_n, \theta_l) + (1 - \alpha) \cdot \min_{\theta_l \in \Theta} u(s_n, \theta_l) \right\}.$$

Die Anwendung der Hurwicz-Regel führt dazu, dass Cornelia sich bei $\alpha = 0.4$ für die Bergwanderung entscheidet.

8.2.4 Regel des minimalen Bedauerns

Eine weitere Entscheidungsregel, die wir uns anschauen werden, ist die *Regel des minimalen Bedauerns*. Hierbei wird ein Vergleich angestellt zwischen dem, was ich mache, und dem, was ich machen würde, wenn ich die Zukunft kennen würde. Die Idee ist die folgende: In Cornelias Entscheidungsproblem ist der maximale Nutzen beim Umweltzustand *windstill* gleich 10 (wenn sie sich für die Bergwanderung entscheidet). Wenn sie sich für den Theaterbesuch entscheidet, und es stellt sich heraus, dass es ein windstiller Tag ist, dann ist ihr Nutzen gleich 8. Nun weiss sie aber, dass sie einen Nutzen von 10 hätte erreichen können, wenn sie sich für die Bergwanderung entschieden hätte. Es wird nun bei dieser Entscheidungsregel angenommen, dass sie dies bedauert und dem Bedauern einen Wert von $10 - 8 = 2$ zuweist. Analog wäre es bei einem Segeltörn, bei dem sie an einem windstillen Tag ein Bedauern von $10 - 2 = 8$ zuweist. Die Verhaltenshypothese ist nun, dass Cornelia ihre Strategie so wählt, dass sie ihr maximales Bedauern minimiert

Formaler ausgedrückt gibt es für jeden Umweltzustand θ_l eine Strategie s_n, die zu einem maximalen Nutzen für diesen Umweltzustand führt, $\max_{s_n \in S} u(s_n, \theta_l)$. Man kann nun diesen Umweltzustand fixieren und den Nutzen $u(s_n, \theta_l)$ aller Strategien in diesem Umweltzustand bestimmen. Der Begriff *Bedauern* bezieht sich dann auf die Differenz zwischen dem maximalen Nutzen und dem Nutzen bei diesen anderen Strategien.

$$r(s_n, \theta_l) = \max_{s_n \in S} u(s_n, \theta_l) - u(s_n, \theta_l).$$

Zur Anwendung dieser Regel müssen wir die in Tab. 8.7 dargestellte Ergebnismatrix in die Bedauernsmatrix in Tab. 8.8 überführen. Somit bilden wir für jeden Eintrag der Bedauernsmatrix die Differenz zwischen dem Nutzen einer Strategie und dem maximalen Nutzen, der bei gleichem Umweltzustand möglich ist. In Cornelias Fall gilt dann Tab. 8.9. In einem letzten Schritt wird dann die Strategie $s_n \in S$ gewählt, die das Zeilenmaximum in Tab. 8.8 minimiert. In Cornelias Beispiel ist dies die Strategie *Theaterbesuch*, da $7 < 8$.

▶ **Definition 8.7 Regel des minimalen Bedauerns** Nach der Regel des minimalen Bedauerns wird jene Strategie $s_n \in S$ gewählt, deren maximales Bedauern im Vergleich zu allen anderen Strategien minimal ist,

$$\min_{s_n \in S} \max_{\theta_l \in \Theta} r(s_n, \theta_l),$$

und die Strategie, welche das maximale Bedauern minimiert, ist

$$\arg \min_{s_n \in S} \max_{\theta_l \in \Theta} r(s_n, \theta_l).$$

Die Regel des minimalen Bedauerns bringt den eigentümlichen methodologischen Status der Literatur zur Entscheidungstheorie unter Unsicherheit noch einmal besonders prägnant auf den Punkt. Wie auch bei den anderen Regeln ist weitgehend unklar, ob sie als positive Regel zur Erklärung von Verhalten dienen soll, oder ob es sich um eine normative Regel rationalen Verhaltens unter Unsicherheit handelt. Aus der Perspektive einer positiven Theorie kann argumentiert werden, dass Menschen

Tab. 8.8 Bedauernsmatrix

	θ_1	θ_2	$\cdots$	θ_L
s_1	r_{11}	r_{12}	$\cdots$	r_{1L}
s_2	r_{21}	r_{22}	$\cdots$	r_{2L}
$\vdots$	$\vdots$	$\vdots$	$\cdots$	$\vdots$
s_N	r_{N1}	r_{N2}	$\cdots$	r_{NL}

Tab. 8.9 Cornelias Bedauernsmatrix

	windstill	windig
Bergwanderung	0	8
Theaterbesuch	2	7
Segeltörn	8	0

durchaus die Tendenz haben, Entscheidungen zu bedauern, wenn sich im Laufe der Zeit Unsicherheit reduziert und man feststellt, dass man sich im Lichte der neuen Informationen gern anders verhalten hätte. Aber aus Sicht einer positiven Theorie ist es völlig unplausibel anzunehmen, dass Menschen allein dadurch zu ihrem Verhalten angetrieben werden, dass sie ein wie hier verstandenes Bedauern minimieren wollen. Und der Umstand, dass man bei zusätzlichen Informationen anders entschieden hätte, bedeutet ebenfalls nicht, dass man mit den gegebenen Informationen, die man zum Entscheidungszeitpunkt hatte, irrational umgegangen ist. Hinterher ist man immer schlauer, aber die Frage ist, ob eine Regel, die ein hier ableitbares „Bedauern" ins Zentrum stellt, vernünftig ist. Daher haben die hier bislang diskutierten Entscheidungsregeln am ehesten den Status von mehr oder weniger plausiblen Heuristiken. Sie sind weit entfernt von einer geschlossenen normativen Theorie rationalen Verhaltens bei Unsicherheit, und ihre Rolle bei der (positiven) Erklärung von Verhalten ist ebenfalls unklar.

8.2.5 Laplace-Regel

Bisher haben wir den Begriff Unsicherheit so interpretiert, dass keine Wahrscheinlichkeiten gebildet werden können. Wir haben aber auch schon gesehen, dass diese Sichtweise nicht unstrittig ist. Die wichtigste Denktradition, die davon ausgeht, dass man auch bei Unsicherheit Wahrscheinlichkeiten zuordnen kann, geht auf den Mathematiker und Physiker Pierre-Simon Laplace zurück, der das *Prinzip des unzureichenden Grundes* formulierte. Erinnern wir uns, dass Unsicherheit nicht mit einem völligen Mangel an Wissen gleichzusetzen ist. Vielmehr haben wir das Modell so formuliert, dass man weiss, welche möglichen Ergebnisse eintreten können. In einer solchen Situation, so Laplace, ist es rational, jedem der L möglichen Ergebnisse dieselbe Wahrscheinlichkeit $1/L$ zuzuordnen, denn man hat keinen Grund, zwischen den Ergebnissen zu unterscheiden.

Folgt man dem Prinzip, so ergibt sich eine weitere, weitaus einfachere Entscheidungsregel, die – wie wir noch sehen werden – auch eine Brücke zur Entscheidungstheorie unter Risiko baut:

▶ **Definition 8.8 Laplace-Regel** Nach der Laplace-Regel wird jedem der L möglichen Umweltzustände dieselbe Wahrscheinlichkeit $1/L$ zugeordnet. Es wird dann eine Strategie s_n gewählt, die den höchsten mit den Eintrittswahrscheinlichkeiten $\frac{1}{L}$ gewichteten „erwarteten" Nutzen aufweist,

$$\max_{s_n \in S} \left\{ \sum_{\theta_l \in \Theta} \frac{1}{L} \cdot u(s_n, \theta_l) \right\}.$$

Die Strategie, die diesen Wert maximiert, ist

$$\arg\max_{s_n \in S} \left\{ \sum_{\theta_l \in \Theta} \frac{1}{L} \cdot u(s_n, \theta_l) \right\}.$$

Bei Anwendung der Laplace-Regel ist Cornelia indifferent zwischen der Bergwanderung und dem Segeltörn, zieht beide aber dem Theaterbesuch vor (siehe Spalte 6 in Tab. 8.7).

Eine normative Rechtfertigung der Laplace-Regel erfolgt im kommenden Abschnitt zu Risiko, denn dort spielt die sogenannte von Neumann und Morgenstern-Erwartungsnutzenfunktion als Grundlage einer Entscheidungstheorie eine wichtige Rolle. Vergleicht man die Laplace-Regel mit den vier zuvor behandelten Regeln, so wird ersichtlich, dass eine zentrale Frage ist, ob es auch bei Unsicherheit rational ist, Wahrscheinlichkeiten nach dem Prinzip des unzureichenden Grundes zuzuweisen oder nicht. Denn wenn dies der Fall ist, dann werden die vorherigen, ohne Wahrscheinlichkeiten auskommenden Entscheidungsregeln obsolet, wenn man die von Neumann und Morgenstern-Theorie mit Rationalität identifiziert. Eine ausführliche Diskussion dieser Frage sprengt allerdings die Möglichkeiten eines einführenden Lehrbuchs, und man kann in aller Fairness auch sagen, dass es hierzu zwei Ansichten gibt, ohne dass es so aussieht, als würde sich die eine oder die andere in naher Zukunft durchsetzen.

8.3   Entscheidungen bei Risiko

Wie wir bereits gesehen haben, zeichnen sich Entscheidungen bei Risiko dadurch aus, dass den Elementen der Menge aller Ergebnisse C Wahrscheinlichkeiten P zugeordnet werden. Wie wir in Exkurs 8.1 gesehen haben, können Wahrscheinlichkeiten unterschiedlich interpretiert werden. Wir werden im Folgenden davon ausgehen, dass die Wahrscheinlichkeiten sowohl objektiv als auch subjektiv sein können, d. h. dass diese auf den subjektiven Einschätzungen der Individuen beruhen. Es werden darüber hinaus auch keine weiteren Annahmen an die Art der Ergebnisse C getroffen. Oftmals werden aber die folgenden Spezialfälle untersucht: Eine mögliche Ergebnisfunktion f^m ist eine Abbildung von $S \times \Theta$ in Geld (in Form von z. B. Einkommen, Vermögen oder Gewinn). C sind dann Geldwerte. Eine andere mögliche Ergebnisfunktion f^u ist eine Abbildung von $S \times \Theta$ in Nutzen. C besteht dann aus Nutzenwerten. Wenn $S \times \Theta$ selbst schon in Form von Geld gemessen wird, dann ist die Ergebnisfunktion eine indirekte Nutzenfunktion $v(.)$. Andernfalls ist es eine „direkte" Nutzenfunktion $u(.)$, siehe Kap. 7 .

8.3.1   Lotterien und Geld-Erwartungswertregel

Wir wollen zuerst davon ausgehen, dass die Ergebnisse C in Geld gemessen werden und uns eines Beispiels bedienen. Nehmen wir an, dass uns eine Wette angeboten wird. Es soll eine faire Münze geworfen werden. Der Einsatz entspricht 50 CHF, bei *Kopf* erfolgt eine Auszahlung in Höhe von 100 CHF, bei *Zahl* ist diese null. Tab. 8.10 stellt diesen Fall dar. Dabei steht A für die Strategie *Annahme der Wette* und NA für die Strategie *Nichtannahme der Wette*.

Eine bei Entscheidungen über Geld oftmals verwendete Entscheidungsregel bei Risiko ist die Geld-Erwartungswertregel (auch Bayes-Regel oder μ-Regel genannt). Diese verlangt, dass jene Strategie gewählt wird, die die erwartete Auszahlung maximiert. Die erwartete Auszahlung einer Strategie s_n entspricht der mit den Eintrittswahrscheinlichkeiten gewichteten Summe aller Auszahlungen:

$$EV(s_n) = p_{n1} \cdot c_{n1} + p_{n2} \cdot c_{n2} + \ldots + p_{nL} \cdot c_{nL},$$

wobei p_{nl} die Wahrscheinlichkeit des Eintritts des Ergebnisses c_{nl} ist.

Im Fall unserer Wette ergibt sich, dass

$$EV(A) = \frac{1}{2} \cdot 100 + \frac{1}{2} \cdot 0 = 50$$

und $EV(NA) = 50$ ist; der Erwartungswert ist in beiden Fällen identisch.

Ein weiteres Beispiel für eine Entscheidung bei Risiko ist die Wette an einem Roulettetisch. Wir nehmen an, dass es sich um einen europäischen Roulettetisch handelt: 37 Gewinnzahlen, 18 rot, 18 schwarz und *Zéro* (grün). Der Wetteinsatz beträgt 100 CHF, und unsere Wette läuft auf die Farbe Schwarz. Tab. 8.11 stellt diesen Fall dar, wobei S für die Strategie *Wette auf Schwarz* steht, während NS für *kein Wetteinsatz* steht. Schauen wir uns das Problem etwas allgemeiner an. Die Menge $\{C, P\}$ definiert alle möglichen Strategie-Ergebniskombinationen samt den zugehörigen Wahrscheinlichkeiten. Zu jeder Strategie $s_n \in S$ gehört dann eine Zeile C_n in C und P_n in P, die zusammen die möglichen Ergebnisse der Strategie s_n samt der zugehörigen Wahrscheinlichkeiten bestimmt. Man kann diese auch in Form von Tupeln (c_{nl}, p_{nl}), $l = 1, \ldots, L$ schreiben. Eine Liste

$$\mathcal{L}_n = \{(c_{n1}, p_{n1}); (c_{n2}, p_{n2}); \ldots; (c_{nL}, p_{nL})\}$$

nennt man in Anlehnung an Wettspiele eine *Lotterie* zu Strategie s_n. Wenn die zugehörige Strategie irrelevant oder offensichtlich ist, spricht man auch einfach nur von einer *Lotterie*.

Das Beispiel Roulette hat die folgende Darstellung als Lotterie:

Tab. 8.10 Faire Münze

	Kopf	Zahl
A	100	0
NA	50	50

Tab. 8.11 Roulette

	Schwarz	Rot	*Zéro*
S	200	0	0
NS	100	100	100

$$\mathcal{L}_S = \left\{ \left(200, \frac{18}{37} \right) ; \left(0, \frac{18}{37} \right) ; \left(0, \frac{1}{37} \right) \right\}$$

und $\mathcal{L}_{NS} = \{(100, 1)\}$. Dabei führt die Strategie NS zu einer „degenerierten" Lotterie, bei der die Auszahlung 100 mit Wahrscheinlichkeit 1 erfolgt.

Damit führt jede Strategie zu einer ihr zugehörigen Lotterie, und das entscheidungstheoretische Problem der Wahl einer Strategie besteht darin, diese Lotterien miteinander zu vergleichen und dann die beste zu wählen. Zu jeder Lotterie $\mathcal{L}_n$ kann ihr Erwartungswert $EV(\mathcal{L}_n) = \sum_{j=1}^{L} p_{nj} \cdot c_{nj}$ definiert werden. Wir können damit die Geld-Erwartungswertregel definieren.

▶ **Definition 8.9 Geld-Erwartungswertregel** Die Geld-Erwartungswertregel verlangt, die Strategie s_n zu wählen, deren zugehörige Lotterie $\mathcal{L}_n$ den höchsten Erwartungswert hat,

$$\max_{s_n \in S} EV(\mathcal{L}_n).$$

Eine Strategie, die diesen Wert maximiert, ist

$$\arg\max_{s_n \in S} EV(\mathcal{L}_n).$$

Im konkreten Fall des Roulettebeispiels erhalten wir somit

$$EV(\mathcal{L}_S) = \frac{18}{37} \cdot 200 + \frac{18}{37} \cdot 0 + \frac{18}{37} \cdot 0 \approx 97.3.$$

und

$$EV(\mathcal{L}_{NS}) = 100.$$

Damit würde eine Person, die die erwartete Auszahlung maximiert, nicht am Roulette teilnehmen.

In dem Roulettebeispiel sehen wir, dass zwei Ereignisse zur selben Auszahlung führen, sowohl *Rot* als auch *Zéro* ergeben eine Auszahlung von 0. Diese Umweltzustände treten mit Wahrscheinlichkeiten 18/37 und 1/37 auf. Daher kann man eine alternative Lotterie $\hat{\mathcal{L}}_S$ wie folgt definieren:

$$\hat{\mathcal{L}}_S = \left\{ \left(200, \frac{18}{37} \right) ; \left(0, \frac{19}{37} \right) \right\}$$

Beide Lotterien haben denselben Erwartungswert. Man nennt eine Lotterie wie $\hat{\mathcal{L}}_S$ auch eine *reduzierte Lotterie* zur *elementaren Lotterie* $\mathcal{L}_S$. Diese Beobachtung und Notation ist wichtig, weil die Ergebnisse einer Lotterie selbst wieder Lotterien sein können, so dass man eine Hierarchie von geschachtelten Lotterien bekommt, bis man schliesslich auf der Ebene der elementaren Lotterien ankommt. Man spricht dann von *zusammengesetzten Lotterien*. Der Umstand, dass die wie oben definierten reduzierten und elementaren Lotterien denselben Erwartungswert haben, bedeutet dann, dass man elementare Lotterien stets in reduzierte und reduzierte stets in elementare Lotterien umformen kann.

Das folgende Spiel illustriert das Prinzip. Wir nehmen an, dass ein (idealer) Würfel geworfen wird. Wenn die Zahlen 1 oder 2 erscheinen, so wettet man 100 CHF auf *Rot* auf einem europäischen Roulettetisch. Wenn hingegen die Zahlen 3, 4, 5 oder 6 erscheinen, so wettet man 100 CHF, dass eine faire Münze nach einem Wurf *Kopf* zeigt.

Wir können nun sagen, dass es zwei elementare Lotterien

$$\mathcal{L}_1 = \left\{ \left(200, \frac{18}{37}\right) ; \left(0, \frac{18}{37}\right) ; \left(0, \frac{1}{37}\right) \right\}, \mathcal{L}_2 = \left\{ \left(200, \frac{1}{2}\right) ; \left(0, \frac{1}{2}\right) \right\}$$

gibt, die jeweils das Roulettespiel und den Münzwurf repräsentieren. Beide Lotterien können dann als Ergebnisse des vorgeschalteten Würfelwurfs interpretiert werden. Dieser wird durch die zusammengesetzte Lotterie

$$\mathcal{L}_C = \left\{ \left(\mathcal{L}_1, \frac{1}{3}\right) ; \left(\mathcal{L}_2, \frac{2}{3}\right) \right\}$$

dargestellt.

Aus dieser zusammengesetzten Lotterie lässt sich eine reduzierte Lotterie $\mathcal{L}_R$ nach der oben vorgestellten Idee bilden. Hierzu werden für jede Auszahlung $c_l \in C$ (da es im Beispiel keine Strategiewahl gibt, kann auf einen Strategieindex verzichtet werden) die Wahrscheinlichkeiten der elementaren Lotterien mit den Wahrscheinlichkeiten der zusammengesetzten Lotterie multipliziert. Wir erhalten dann als Wahrscheinlichkeiten der reduzierten Lotterie $\mathcal{L}_R$ die in Tab. 8.12 dargestellten Werte.

Die reduzierte Lotterie lautet dann

$$\mathcal{L}_R = \left\{ \left(200, \frac{55}{111}\right) ; \left(0, \frac{56}{111}\right) \right\},$$

und der Erwartungswert dieser Lotterie ist

$$EV(\mathcal{L}_R) = \frac{55}{111} \cdot 200 + \frac{56}{111} \cdot 0 = \frac{11'000}{111} \approx 99.1.$$

Tab. 8.12 Zusammengesetzte Lotterie

Auszahlung	Wahrscheinlichkeit
200	$\frac{1}{3} \cdot \frac{18}{37} + \frac{2}{3} \cdot \frac{1}{2} = \frac{55}{111}$
0	$\frac{1}{3} \cdot \frac{19}{37} + \frac{2}{3} \cdot \frac{1}{2} = \frac{56}{111}$

Er entspricht konstruktionsgemäss den mit den Wahrscheinlichkeiten der zusammengesetzten Lotterie ($\mathcal{L}_C$) gewichteten Erwartungswerten der elementaren Lotterien:

$$\frac{1}{3} \cdot EV(\mathcal{L}_1) + \frac{2}{3} \cdot EV(\mathcal{L}_2) = \frac{1}{3} \cdot \frac{3'600}{37} + \frac{2}{3} \cdot 50 = \frac{11'000}{111}.$$

Die hier vorgestellte Geld-Erwartungswertregel hat den Vorteil, dass ihre Anwendung sehr einfach ist. Aus Sicht einer positiven Theorie kann aber gefragt werden, ob Menschen sich tatsächlich so verhalten, als ob sie die erwartete Geldauszahlung maximieren. Hiermit werden wir uns im nächsten Abschnitt beschäftigen. Sie ist hingegen sehr relevant für Unternehmen, die mit dem Ziel der Gewinnerzielung arbeiten. Damit haben sie definitionsgemäss eine Bewertung ihrer Strategien in Geld.

Aus Sicht einer normativen Theorie kann zusätzlich gefragt werden, ob alle Situationen durch Geld bewertet werden sollten. Wenn es beispielsweise um Risiken geht, bei denen Menschen sterben können, lassen sich prinzipiell Geldwerte für ein menschliches Leben angeben und dann Entscheidungen mit der Geld-Erwartungswert-Regel getroffen werden. Dies wird in der Praxis auch manchmal getan, und der Wert eines (US-amerikanischen) Lebens wird dabei typischerweise mit \$ 5 − 10 Mio. bewertet. Aus einer ethischen Perspektive stellt sich dann die Frage, ob ein solches Vorgehen legitim ist.

8.3.2 Kritik an der Geld-Erwartungswertregel

Die Geld-Erwartungswertregel wurde bis ins 17. Jahrhundert als richtige oder rationale Methode verstanden, um Entscheidungssituationen unter Risiko zu bewerten. Erst der Mathematiker Nikolaus Bernoulli wies in einem 1713 verfassten Brief darauf hin, dass die Maximierung des Geld-Erwartungswerts von einem Individuum nicht stets als Bewertungskriterium verwendet wird.

Das Problem: In einem fiktiven St. Petersburger Kasino wird den Gästen folgendes Spiel angeboten: Eine faire Münze wird solange geworfen, bis das erste Mal *Kopf* erscheint. Sollte *Kopf* nach dem ersten Wurf erscheinen, so erhält der Spieler 2 Rubel. Sollte *Kopf* erst nach dem zweiten Wurf erscheinen, so erhält der Spieler 4 Rubel, 8 Rubel wenn *Kopf* erst nach dem dritten Wurf erscheint, etc. Allgemein entspricht die Auszahlung nach dem n-ten Wurf also 2^n. Die Frage, ob man an diesem Spiel teilnehmen sollte oder nicht, kann auf Grundlage der Geld-Erwartungswertregel wie folgt beantwortet werden: Unabhängig von der Höhe der Teilnahmegebühr sollte man immer an diesem Spiel teilnehmen, solange diese endlich ist. Der Grund für diese Antwort ist die Tatsache, dass der Geld-Erwartungswert dieses Spiels gegen unendlich konvergiert. Die Wahrscheinlichkeit, dass *Kopf* nach dem ersten Wurf erscheint, ist $\frac{1}{2}$. Wie hoch ist aber die Wahrscheinlichkeit, dass *Kopf* zum ersten Mal nach dem zweiten Wurf erscheint? Sie entspricht der Wahrscheinlichkeit, dass beim ersten Wurf *Zahl* und beim zweiten Wurf *Kopf* erscheint: also $\frac{1}{2} \cdot \frac{1}{2} = \frac{1}{4}$. Die Wahrscheinlichkeit, dass *Kopf* nach dem zweiten Wurf erscheint ist also halb so gross wie die Wahrscheinlichkeit, dass *Kopf* nach dem ersten Wurf erscheint. Allerdings hat sich auch der Geldwert verdoppelt: Er steigt von 2 auf 4 Rubel. Dieser Zusammenhang treibt das Ergebnis. Allgemein ist die Wahrscheinlichkeit, dass *Kopf* nach dem n-ten Wurf erscheint, genau $\frac{1}{2^n}$. $(n-1)$-mal muss *Zahl* erscheinen und beim nächsten Wurf *Kopf*. Die Auszahlung bei diesem Ereignis ist 2^n. Somit gilt für den Erwartungswert dieses Spiels:

$$EV(\mathcal{L}) = \frac{1}{2} \cdot 2 + \frac{1}{4} \cdot 2^2 + \frac{1}{8} \cdot 2^3 + \cdots = \sum_{j=1}^{\infty} \frac{1}{2^j} \cdot 2^j = 1 + 1 + \cdots \to \infty.$$

Deshalb sollte man gemäss der Geld-Erwartungswertregel jeden endlichen Preis bezahlen, um an diesem Spiel teilnehmen zu dürfen. Man hätte aber wahrscheinlich Schwierigkeiten, jemanden zu finden, der dieses Spiel auch für einen Einsatz von nur 100 Rubel spielen würde. Daher ergibt sich ein Paradox: Obwohl der Geld-Erwartungswert des Spiels unendlich ist, entspricht dies offenbar nicht dem Wert, den Individuen diesem Spiel beimessen.

Eine Lösung des Problems wurde unabhängig voneinander und nahezu zeitgleich von dem Mathematiker Gabriel Cramer und von Nicolas Bernoullis Cousin, dem Mathematiker Daniel Bernoulli vorgeschlagen, auf dessen Publikation im Jahr 1738 auch der Name dieses Problems zurückgeht: das *St. Petersburg-Paradox*, siehe Bernoulli (1738;1954). Beide lösten sie das Problem, indem sie argumentierten, dass Menschen nicht erwartete Geldauszahlung(en) maximieren, sondern den *Nutzen*, den diese Auszahlungen stiften. Sie ersetzten also den Geld-Erwartungswert durch einen Nutzen-Erwartungswert. Wenn Geld einen abnehmenden Grenznutzen besitzt, dann kann dies dazu führen, dass die unendliche Nutzensumme einen endlichen Nutzen-Erwartungswert hat.

Wir wollen das an einem Beispiel verdeutlichen. Sei $u(c) = \ln(c)$, dann entspricht der Grenznutzen der Auszahlung $u'(c) = \frac{1}{c}$, und dieser nimmt offensichtlich in c ab. Der Nutzen, den ein Spieler durch die Auszahlung erfährt, welche nach dem j-ten Wurf erstmals *Kopf* zeigt, ist dann $u(c_j) = \ln(2^j)$. Verwenden wir nun die Werte der Nutzenfunktion $(u(c_j))$ anstatt der Auszahlung (c_j), dann wird aus der obigen Gleichung:

$$\sum_{j=1}^{\infty} \frac{\ln(2^j)}{2^j} = \frac{\ln(2)}{2} + \frac{\ln(4)}{4} + \frac{\ln(8)}{8} + \cdots,$$

Deren Wert konvergiert gegen 1.39. Dies ist der Nutzen-Erwartungswert des Spiels, wenn die Nutzenfunktion $u(c) = \ln c$ ist. Dieser Nutzen-Erwartungswert wird auch *Erwartungsnutzen*, EU, genannt.

Im Allgemeinen wird der Erwartungsnutzen einer Lotterie $\mathcal{L}$ wie folgt berechnet:

$$EU(\mathcal{L}) = \sum_{j=1}^{L} p_j \cdot u(c_j),$$

wobei $u(c_j)$ auch *Bernoulli-Nutzenfunktion* genannt wird, um sie von der Erwartungsnutzenfunktion $EU(\mathcal{L})$ zu unterscheiden. Ein Individuum mit der oben genannten Bernoulli-Nutzenfunktion $u(c) = \ln(c)$ wird also einen Erwartungsnutzen in Höhe von ≈ 1.39 erzielen. Damit können wir auch die maximale Zahlungsbereitschaft x eines solchen Individuums berechnen, an diesem Spiel teilzunehmen. Sie ist

$$u(x) = EU(\mathcal{L}) \Leftrightarrow \ln(x) \approx 1.39 \Leftrightarrow x = e^{1.39} \approx 4.01.$$

Exkurs 8.3. Die „Lösung" des St. Petersburg-Paradox
Wie bereits erwähnt, gelten die Arbeiten von Gabriel Cramer und Daniel Bernoulli als erste Lösungen des St. Petersburg-Paradox. Cramers und Bernoullis Lösung bestand darin, dass sie eine spezifische, hinreichend konkave Transformation der Geldwerte vorschlugen, die von Cramer als *valeur morale*, also als moralischer Wert bezeichnet wurde. Cramers und Bernoullis Argument war, dass mit zunehmender Höhe der Gewinne der zusätzliche moralische Wert abnehme. In Bernoullis Arbeit wurde eine logarithmische Transformation vorgeschlagen, Cramers Vorschlag bestand in einer Wurzelfunktion (Seidl, 2013). Allerdings handelt es sich strenggenommen um keine Lösung des allgemeinen Problems, da, wie der Mathematiker und Ökonom Karl Menger (1934;1979) zeigte, das Paradox wiederkehrt, wenn eine Anpassung der Gewinne vorgenommen wird. So würde eine Auszahlung in Höhe von e^{2^n} für den Fall, dass *Kopf* erstmalig nach dem n-ten Wurf erscheint, folgenden transformierten Wert ergeben: $\ln\left(e^{2^n}\right) = 2^n$. Demnach konvergiert der Erwartungsnutzen nun gegen unendlich, genauso wie zuvor die erwartete Auszahlung. Gleiches gilt für Cramers Variante, wenn wir annehmen, dass für den Fall, dass *Kopf* erstmalig nach dem n-ten Wurf erscheint, die Auszahlung 2^{2^n} ist. Somit zeigte Menger, dass für jede nicht nach oben beschränkte Nutzenfunktion u mit positivem Grenznutzen eine strikt zunehmende Transformation der Geldzahlungen gefunden werden kann, so dass der Erwartungsnutzen gegen unendlich konvergiert (Buchak, 2013). Dieses Problem lässt sich nur lösen, wenn man eine Nutzenfunktion $u(c)$ verwendet, die für $c \to \infty$ einen endlichen Wert $\bar{u}$ nicht übersteigt.

Die Lösung des Paradoxes durch Bernoulli ist im Sinne einer Verhaltenstheorie interessant, und sie hat den Weg bereitet, den die ökonomische Theorie mit der im Folgenden vorgestellten Entwicklung der Erwartungsnutzentheorie auch gegangen ist. Eine hinreichend konkave Transformation von Geld zu Nutzen ist eine „psychologische" Lösung, weil damit angenommen wird, dass Menschen eine bestimmte subjektive Bewertung von Geld vornehmen. Dies ist aber keinesfalls die einzige mögliche Lösung des Paradoxes. Vielmehr finden sich Argumente, die das Paradox als ein Artefakt der Vernachlässigung von Knappheit sehen.

• Das direkteste Argument stellt fest, dass bei knappen Ressourcen eine solche Wette niemals glaubhaft angeboten werden kann, da sie auf der Existenz unendlicher Ressourcen basiert. Die Individuen müssen daher irrational sein, wenn sie die Wette nicht nur als mathematisches, sondern als ökonomisches Problem ernst nehmen.

• Ein ähnliches Argument geht auf den Ökonomen Paul Anthony Samuelson (1960) zurück, der feststellte, dass selbst bei unendlichen Ressourcen eine solche Wette niemals glaubhaft angeboten werden kann, weil es keine gegenseitigen Handelsgewinne gibt: „Paul will never be willing to give as much as Peter will demand for such a contract; and hence the indicated activity will take place at the equilibrium level of zero intensity."

Die Implikation der ersten beiden Punkte ist, dass es sich bei dem Paradox um ein mathematisches Artefakt handelt, welchem für ökonomische Probleme keine Bedeutung zukommt. Es gibt weitere Argumente, die auch bei im Prinzip unendlichen Ressourcenmengen Knappheit einführen.

• Ein weiteres Argument bringt den Faktor Zeit und die mit ihr einhergehenden Opportunitätskosten ins Spiel. Wenn Menschen zukünftige Zahlungen weniger wertschätzen als gegenwärtige, dann werden diese *diskontiert*. Wenn daher die Wette eine zeitliche Struktur hat und jeder weitere Münzwurf zu einem jeweils eine Periode späteren Zeitpunkt stattfindet, ist bei einer Diskontierung der Zukunft der Gegenwartswert des Spiels kleiner als ihr Geld-Erwartungswert.
   Um den Punkt konkret zu machen, gehen wir davon aus, dass eine Person eine Auszahlung, die eine Periode in der Zukunft liegt, mit dem Diskontfaktor $\delta < 1$ diskontiert. Dann ist der Gegenwartswert des Spiels

$$EV(\mathcal{L}) = \sum_{j=1}^{\infty} \delta^{j-1} \cdot \frac{1}{2^j} \cdot 2^j = \frac{1}{1-\delta}.$$

Daher ist der diskontierte Geld-Erwartungswert endlich, und geduldigere Menschen (mit einem grösseren δ) messen dem Spiel einen höheren Gegenwartswert bei.
   Ein formal identisches aber konzeptionell unterschiedliches Argument basiert auf einem anderen Konzept der Opportunitätskosten der Zeit: Wenn Menschen zu jedem Zeitpunkt eine bestimmte Sterbewahrscheinlichkeit λ haben, kann es sein, dass sie sterben, bevor sie die Wette gewinnen. Formal hat dies dieselben Konsequenzen wie eine Diskontierung der Zeit, und wir bekommen

$$EV(\mathcal{L}) = \sum_{j=1}^{\infty} \lambda^{j-1} \cdot \frac{1}{2^j} \cdot 2^j = \frac{1}{1 - \lambda}.$$

Die Interpretation lautet nun, dass Menschen mit einer geringeren Sterbewahrscheinlichkeit dem Spiel einen höheren Wert beimessen.

Man kann empirisch zeigen, dass Menschen und Unternehmen die Zukunft diskontieren, und dies kann auch rational sein, wie das Beispiel der Sterbewahrscheinlichkeiten zeigt. Daher wird klar, dass eine Bewertung in Nutzen nicht die einzige Lösung des St. Petersburg-Paradoxes ist. Und das ist eine wichtige Feststellung. Wie wir in Kap. 12 sehen, geht man in der ökonomischen Theorie davon aus, dass Unternehmen Gewinne maximieren. Gewinne werden aber in Geld gemessen. Wenn die konkave Transformation von Geldauszahlungen durch Nutzenfunktionen der einzige Weg wäre, das Paradox zu lösen, hätte man daher ein Problem. Vielmehr löst man in den Bereichen der Unternehmenstheorie, die sich mit Investitions- und Anlageentscheidungen beschäftigen, das Problem potenziell unendlicher Geld-Erwartungswerte durch zeitliche Diskontierung.

• Wenn man sich die zeitliche Entwicklung der Gewinnwahrscheinlichkeiten anschaut, so stellt man fest, dass diese rasch gegen null konvergieren. Man kann darüber hinaus empirisch feststellen, dass es bei vielen Menschen einen Unterschied zwischen objektiven und subjektiv wahrgenommenen Wahrscheinlichkeiten gibt; sie bewerten Auszahlungen nicht mit ihren Wahrscheinlichkeiten p, sondern verhalten sich, als ob sie eine Transformation $\pi(p)$ verwenden würden (man nennt dies auch Entscheidungsgewichte, siehe Kap. 11). Man nennt das auch *Wahrscheinlichkeitsgewichtung*. Empirisch gilt, dass die meisten Menschen Unterschiede in sehr kleinen Wahrscheinlichkeiten nicht präzise unterscheiden können. Der Unterschied zwischen einer Wahrscheinlichkeit von 0.0001 und 0.00001 ist den wenigsten Menschen klar und wird vernachlässigt, auch wenn er wir bei dem hier angeschauten Spiel von grosser Wichtigkeit sein kann. Diese Eigenschaft mentaler Modelle kann das Paradox auflösen, wenn die grossen Auszahlungen mit einem Entscheidungsgewicht bewertet werden, welches kleiner als die objektive Wahrscheinlichkeit ist.

  Etwas Ähnliches gilt für die Wahrnehmung von Auszahlungen. In dem Spiel steigen diese sehr schnell an, und auch hier gilt, dass die meisten Menschen irgendwann kein gutes Gespür mehr für diese Auszahlungen haben. Auch hier ist ihr mentales Modell verzerrt.

Bei dieser Lösung des Paradoxes hinterfragt man die Annahme der Rationalität und stösst damit das Tor zur sogenannten *Verhaltensökonomik* auf, mit der wir uns in Kap. 10 beschäftigen werden.

Wie bereits gesagt und im Abschnitt zu Unsicherheit angewendet, geht die ökonomische Theorie davon aus, dass Menschen Lotterien mit Nutzenfunktionen bewerten, und bei Risiko in der Form einer Erwartungsnutzenfunktion, $u(\mathcal{L}) =$

$EU(\mathcal{L})$. Um dies zu motivieren, wurde eine sogenannte axiomatische Begründung gegeben, mit der wir uns nun beschäftigen werden.

8.3.3 Die Theorie des Erwartungsnutzens

Der Grund, warum wir bisher meist über Geld-Erwartungswerte gesprochen haben, lag darin, dass wir angenommen haben, dass die Ergebnisfunktion f^m Strategien und Umweltzustände $S \times \Theta$ in Geld abbildet. Wir hatten auch schon gesagt, dass eine andere mögliche Ergebnisfunktion f^u von $S \times \Theta$ in Nutzen abbildet. In diesem Fall haben Erwartungswerte über Lotterien $\mathcal{L}$ automatisch die Struktur einer Erwartungsnutzenfunktion $EU(\mathcal{L})$. Man könnte es hiermit gut sein lassen und wie beim St. Petersburg-Paradox schauen, was aus dieser Annahme für Verhalten in unterschiedlichen Kontexten folgt. Allerdings hat man sich anders entschieden und diese spezifische Struktur einer Nutzenfunktion axiomatisch aus einem allgemeineren Ansatz abgeleitet. Dieser Ansatz erlaubt es, viel genauer zu verstehen, was genau man unter Rationalität bei Risiko verstehen sollte.

Daher beginnen wir mit einer beliebigen Ergebnisfunktion f, die Strategien und Umweltzustände $S \times \Theta$ in eine Menge C abbildet, die alles Mögliche ausser Nutzen sein kann (z. B. Parteien bei einer Wahl, Berufe, Speisen im Restaurant, aber auch Geld). Die Ergebnisse c_{nl} sind aber für die Entscheidungen eines Individuums relevant. Es ist plausibel anzunehmen, dass die Wahrscheinlichkeiten P, mit denen die Ergebnisse auftreten, ebenfalls relevant sind.

Das formale Problem ist nun wie in Kap. 7, dass ein Individuum eine Strategie wählt, welches seine (schwache) Präferenzrelation $\succsim$ auf einer Auswahlmenge maximiert. Die Auswahlmenge ist dabei die Menge aller Lotterien $\mathbf{L} = \{\mathcal{L}_1, \mathcal{L}_2, \ldots\}$. Ebenfalls wie in Kap. 7 nehmen wir an, dass die schwache Präferenzrelation $\succsim$ rational im Sinne von vollständig und transitiv ist:

▶ **Definition 8.10 Rationalität** Die schwache Präferenzrelation $\succsim$ über die Menge der möglichen Lotterien $\mathbf{L}$ ist vollständig und transitiv:

1. Für alle $\mathcal{L}_i, \mathcal{L}_j \in \mathbf{L}$ gilt entweder $\mathcal{L}_i \succsim \mathcal{L}_j$ oder $\mathcal{L}_j \succsim \mathcal{L}_i$ oder beides.
2. Für alle $\mathcal{L}_i, \mathcal{L}_j, \mathcal{L}_k \in \mathbf{L}$ gilt: Falls $\mathcal{L}_i \succsim \mathcal{L}_j$ und $\mathcal{L}_j \succsim \mathcal{L}_k$, dann gilt auch $\mathcal{L}_i \succsim \mathcal{L}_k$.

Dies entspricht den Rationalitätsannahmen an die Präferenzrelation über beliebige Auswahlmengen, die wir in Kap. 7 behandelt haben. Daher gelten alle dort gemachten Anmerkungen weiterhin, und wir gehen hier nicht weiter darauf ein.

Die folgenden beiden zusätzlichen Annahmen gehen über die Standardannahme der Rationalität hinaus und gehen auf Arbeiten von John von Neumann und Oskar Morgenstern zurück (Von Neumann und Morgenstern 1944), die uns in Kap. 9 über die Spieltheorie wieder begegnen werden. Beide Axiome zusammen sind sowohl notwendig als auch hinreichend dafür, dass sich Individuen bei Auswahlproblemen über Lotterien verhalten, als ob sie eine Erwartungsnutzenfunktion maximieren würden.

▶ **Definition 8.11 Stetigkeit** Die Präferenzen auf der Menge der Lotterien **L** sind *stetig*, wenn es für alle Lotterien $\mathcal{L}_i$, $\mathcal{L}_j$, $\mathcal{L}_k$ mit $\mathcal{L}_i \succsim \mathcal{L}_j \succsim \mathcal{L}_k$ eine Wahrscheinlichkeit $p \in [0, 1]$ gibt, so dass $p \otimes \mathcal{L}_i \oplus (1 - p) \otimes \mathcal{L}_k \succsim \mathcal{L}_j \wedge \mathcal{L}_j \succsim p \otimes \mathcal{L}_i \oplus (1 - p) \otimes \mathcal{L}_k$.

Die Symbole $\oplus$ und $\otimes$ beziehen sich darauf, dass wir es in der obigen Operation nicht mit Addition und Multiplikation zu tun haben. Die Symbole besagen, dass z. B. Lotterie i mit Wahrscheinlichkeit p und Lotterie j mit Wahrscheinlichkeit $(1 - p)$ realisiert wird.

Man nennt eine Operation wie $p \otimes \mathcal{L}_i \oplus (1-p) \otimes \mathcal{L}_k$ auch eine *Linearkombination* mit Gewichten p und $(1 - p)$ der beiden Lotterien $\mathcal{L}_i$ und $\mathcal{L}_k$. Sie ist selbst eine zusammengesetzte Lotterie. Das Axiom besagt dann, dass es immer möglich ist, genau eine Linearkombination aus einer guten ($\mathcal{L}_i$) und schlechten ($\mathcal{L}_k$) Lotterie zu finden, die das Individuum indifferent zur mittleren Lotterie ($\mathcal{L}_j$) macht.

Wenn es eine beste und schlechteste Lotterie in **L** gibt, dann folgt aus der Stetigkeit, dass zu jeder anderen Lotterie in **L** eine indifferente aus der besten und schlechtesten Lotterie zusammengesetzte Lotterie gebildet werden kann (Abb. 8.2).

Diesen Zusammenhang kann man sich mit Hilfe eines Wahrscheinlichkeitssimplex klarmachen. In Abb. 8.2a ist der Fall dreier elementarer Lotterien $\mathcal{L}_i$, $\mathcal{L}_j$, $\mathcal{L}_k$ dargestellt. Das grauschraffierte Dreieck geht durch die Punkte $(1, 0, 0)$, $(0, 1, 0)$, $(0, 0, 1)$, die als Spezialfälle beschrieben werden können, bei denen Lotterie $\mathcal{L}_i$ mit Wahrscheinlichkeit 1 und die beiden anderen mit Wahrscheinlichkeit 0 auftreten $((1, 0, 0))$, usw. Die Menge aller aus diesen elementaren Lotterien konstruierbaren zusammengesetzten Lotterien ist die Menge aller Wahrscheinlichkeitsgewichte $(p_i, p_j, 1 - p_i - p_j)$ (Linearkombinationen). Diese Menge entspricht grafisch dem

Abb. 8.1 Konstruktion eines Wahrscheinlichkeitssimplex

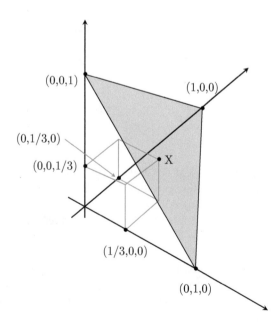

grau schraffierten Dreieck, das auch Wahrscheinlichkeitssimplex heisst. Dort ist eine solche zusammengesetzte Lotterie mit den Gewichten $(1/3, 1/3, 1/3)$ als Punkt X dargestellt.

Schauen wir uns nur das Dreieck an, erhalten wir ein gleichseitiges Dreieck, und die drei Ecken sind die elementaren Lotterien $\mathcal{L}_i$, $\mathcal{L}_j$, $\mathcal{L}_k$ (Abb. 8.2b). Stetigkeit bedeutet dann, dass es eine Linearkombination aus $\mathcal{L}_i$ und $\mathcal{L}_k$ gibt (Punkt A in Abb. 8.2c), bei der das Individuum indifferent zu $\mathcal{L}_j$ ist.

▶ **Definition 8.12 Unabhängigkeit** Die Präferenzen auf der Menge der Lotterien sind *unabhängig*, wenn für alle Lotterien $\mathcal{L}_i$, $\mathcal{L}_j$, $\mathcal{L}_k$ mit $\mathcal{L}_i \succsim \mathcal{L}_j$ und $p \in (0, 1]$ folgt, dass $p \otimes \mathcal{L}_i \oplus (1 - t) \otimes \mathcal{L}_k \succsim p \otimes \mathcal{L}_j \oplus (1 - t) \otimes \mathcal{L}_k$ gilt.

Was ist die Intuition des Axioms? Nehmen Sie an, Sie haben eine Präferenzordnung über zwei Lotterien. Wenn Sie nun aus diesen beiden Lotterien jeweils zusammengesetzte Lotterien konstruieren, indem Sie beiden *dieselbe* dritte Lotterie mit *derselben* Wahrscheinlichkeit (kleiner 1) hinzufügen, dann sollte sich Ihre ursprüngliche Präferenzordnung nicht ändern.

Dies kann man sich wieder im Wahrscheinlichkeitssimplex verdeutlichen. In Abb. 8.2d haben wir aus der Lotterie A eine neue zusammengesetzte Lotterie gemacht, indem wir mit Wahrscheinlichkeit $(1 - p)$ Lotterie $\mathcal{L}_k$ hinzugenommen

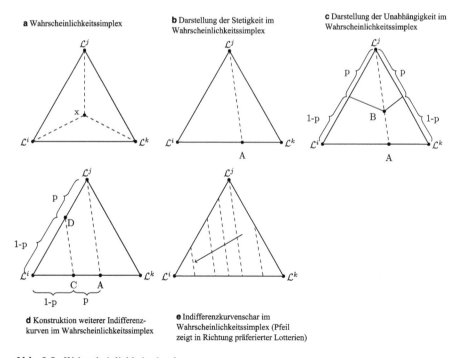

a Wahrscheinlichkeitssimplex

b Darstellung der Stetigkeit im Wahrscheinlichkeitssimplex

c Darstellung der Unabhängigkeit im Wahrscheinlichkeitssimplex

d Konstruktion weiterer Indifferenzkurven im Wahrscheinlichkeitssimplex

e Indifferenzkurvenschar im Wahrscheinlichkeitssimplex (Pfeil zeigt in Richtung präferierter Lotterien)

Abb. 8.2 Wahrscheinlichkeitssimplex

haben. Diese neue Lotterie ist mit B bezeichnet und muss auf der Geraden zwischen A und $\mathcal{L}_k$ liegen. Unabhängigkeit besagt, dass B indifferent zu A sein muss. Ausgehend von diesen Annahmen gelangen wir jetzt zum zentralen Theorem.

▶ **Resultat 8.1 Theorem von Neumann und Morgenstern** Eine Präferenzrelation $\succsim$ über Lotterien $\mathcal{L} \in \mathbf{L}$ erfüllt die Annahmen Rationalität, Stetigkeit und Unabhängigkeit dann und nur dann, wenn eine Nutzenfunktion $EU : \mathbf{L} \to \mathbb{R}$ existiert, welche $\succsim$ repräsentiert und die Erwartungsnutzen-Eigenschaft

$$EU(\mathcal{L}) = \sum_{j=1}^{I} p_j \cdot u(c_j)$$

besitzt.

Was ist die Intuition für dieses Ergebnis? Wir verzichten auf einen formalen Beweis, können dessen Idee aber anhand des Wahrscheinlichkeitssimplex vermitteln. Zunächst einmal folgt aus der Erwartungsnutzenfunktion, dass der Nutzen linear in den Wahrscheinlichkeiten ist. Mit anderen Worten nimmt ein Individuum, welches eine solche Funktion maximiert, Wahrscheinlichkeiten als vollständige Substitute wahr (siehe Kap. 7). Schauen wir uns Abb. 8.2d an, so sehen wir, dass Lotterie B auf der Geraden zwischen A und $\mathcal{L}_j$ liegt und dass B sowohl indifferent zu A als auch zu $\mathcal{L}_j$ ist. Mit anderen Worten bildet die Gerade $(A, \mathcal{L}_k)$ eine Indifferenzkurve.

Wenn man nun noch zeigen kann, alle anderen Punkte (mögliche Lotterien) im Wahrscheinlichkeitssimplex ebenfalls Indifferenzkurven aufweisen, die Geraden sind, und wenn diese Geraden alle parallel sind, so haben wir die Eigenschaft der Erwartungsnutzenfunktion gezeigt. Dass dies so sein muss, kann man sich klarmachen, indem man in Abb. 8.2 von den Lotterien A und $\mathcal{L}_j$ ausgeht. Wir bilden nun zwei neue Lotterien C und D, indem wir mit derselben Wahrscheinlichkeit p Lotterie $\mathcal{L}_i$ hinzunehmen. Nach der Annahme der Unabhängigkeit muss ein Individuum zwischen beiden Lotterien indifferent sein, und wiederum nach der Annahme der Unabhängigkeit müssen alle Punkte auf der Geraden zwischen C und D ebenfalls indifferent zu C oder D sein; sie bilden eine Indifferenzkurve. (Da diese einen grösseren Anteil der besten Lotterie $\mathcal{L}_i$ enthalten, verbessert sich das Individuum im Vergleich zur Indifferenzkurve durch A und $\mathcal{L}_j$.) Diese neue Indifferenzkurve muss aufgrund des Strahlensatzes parallel zur Indifferenzkurve durch A und $\mathcal{L}_j$ sein, da jeweils derselbe Anteil p der Lotterie $\mathcal{L}_i$ hinzugenommen wird. Damit sind die Indifferenzkurven im Wahrscheinlichkeitssimplex aber parallele Geraden, gerade so, wie es das Theorem verlangt, siehe Abb. 8.2e.

Was nun noch fehlt, ist ein Nutzenindex. Da es eine beste ($\mathcal{L}_b$) und eine schlechteste Lotterie ($\mathcal{L}_w$) gibt, wissen wir aufgrund der Stetigkeit, dass jede andere Lotterie eine indifferente Lotterie besitzt, die als Linearkombination $p \otimes \mathcal{L}_b \oplus (1 - p) \otimes \mathcal{L}_w$ dieser beiden konstruiert werden kann. Wenn wir nun der besten Lotterie den Nutzenwert 1 und der schlechtesten Lotterie den Nutzenwert 0 zuweisen, so entspricht der Nutzenwert jeder anderen Lotterie gerade p.

Was hat man nun durch dieses Theorem gewonnen? Aus einer methodischen Perspektive können wir durch die axiomatische Vorgehensweise deutlich besser als zuvor die Frage stellen, ob eine Erwartungsnutzenmaximierung im Fall des Risikos normativ überzeugend ist. Wenn man sich die beiden Annahmen anschaut, so wird man zu dem Schluss kommen, dass sie als Verhaltensmaximen sehr vernünftig wirken. Dass es möglich sein soll, aus einer besten und schlechtesten Lotterie eine zusammengesetzte Lotterie zu bilden, die indifferent zu einer „mittleren" Lotterie ist, klingt überzeugend. Und dass eine Beimischung derselben Lotterie zu zwei anderen Lotterien in gleichen Teilen die Ordnung nicht verändern sollte, klingt ebenfalls sinnvoll. Daher kann man durchaus vertreten, die beiden Annahmen als zusätzliche Rationalitätsannahmen zu akzeptieren, an denen man das Verhalten ausrichten sollte.

Aber dann ist das Theorem extrem stark: Wenn man dies so sieht, dann ist die Erwartungsnutzenmaximierung die normativ richtige Art, Entscheidungen unter Risiko zu treffen. Kombiniert man diese Sichtweise noch mit dem Prinzip des unzureichenden Grundes von Laplace, wird die Aussage noch stärker, denn dann ist die Erwartungsnutzenmaximierung auch in Situationen der Unsicherheit das richtige Entscheidungskriterium. Und das Argument gilt auch umgekehrt: Wenn man mit der Erwartungsnutzenmaximierung als Rationalitätsstandard nicht zufrieden ist, muss man erklären, was an den beiden Annahmen falsch ist.

Aber auch aus Sicht der positiven Wissenschaft ist das Theorem relevant. Sowohl die klassischen Rationalitätsannahmen als auch die Stetigkeit und Unabhängigkeit sind komplex, und man kann nicht erwarten, dass Menschen in realen Entscheidungssituationen stets konsistent mit ihnen handeln, selbst wenn sie es eigentlich wollen. In diesem Fall spielen sie aber gleichwohl eine wichtige Rolle, weil man empirisch beobachtbares Verhalten an ihnen messen kann. Ein Beispiel: Wir hatten zuvor schon argumentiert, dass Menschen mit kleinen Wahrscheinlichkeiten nicht gut umgehen können, sondern dass sie sich verhalten, als ob sie Wahrscheinlichkeitsgewichtungen vornähmen. In diesem Fall würde man erwarten, dass die Indifferenzkurven im Wahrscheinlichkeitssimplex keine durchgängig parallelen Geraden sind. Wir werden hierauf in Kap. 10 zur Verhaltensökonomik noch ausführlicher zurückkommen. Im nächsten Abschnitt schauen wir uns mit dem Allais-Paradox allerdings schon hier ein Beispiel für einen systematischen Verstoss gegen die Erwartungsnutzentheorie genauer an.

8.3.4 Das Allais-Paradox

Nehmen Sie an, dass ein Individuum vor der Wahl zwischen folgenden Lotterien steht:

- Die (degenerierte) Lotterie A garantiert eine Auszahlung von CHF 1 Mio. mit Wahrscheinlichkeit 100 %.

- Bei Lotterie B gewinnt man mit Wahrscheinlichkeit 10 % CHF 5 Mio., mit Wahrscheinlichkeit 89 % gewinnt man CHF 1 Mio., und mit Wahrscheinlichkeit 1 % gewinnt man CHF 0.

Hier ist die Zusammenfassung:

$$\mathcal{L}_A = \{(1, 1)\}, \quad \mathcal{L}_B = \{(5, 0.1); (1, 0.89); (0, 0.01)\}.$$

Darüber hinaus steht das Individuum auch vor der Wahl zwischen zwei weiteren Lotterien:

- Bei Lotterie C gewinnt man mit Wahrscheinlichkeit 11 % CHF 1 Mio. und mit Wahrscheinlichkeit 89 % gewinnt man CHF 0.
- Bei Lotterie D gewinnt man mit Wahrscheinlichkeit 10 % CHF 5 Mio. und mit Wahrscheinlichkeit 90 % gewinnt man CHF 0.

Hier ist wiederum die Zusammenfassung:

$$\mathcal{L}_C = \{(1, 0.11); (0, 0.89)\}, \quad \mathcal{L}_D = \{(5, 0.1); (0, 0.9)\}.$$

Dieses Experiment geht auf den Ökonomen Maurice Allais zurück (Allais, 1952). Wie sich herausstellte, zogen die meisten Personen die Lotterie A der Lotterie B vor ($\mathcal{L}_A \succ \mathcal{L}_B$), während sie die Lotterie D der Lotterie C vorzogen ($\mathcal{L}_D \succ \mathcal{L}_C$).

Wir wollen nun überprüfen, ob diese offenbarten Präferenzen mit den Annahmen der Erwartungsnutzentheorie vereinbar sind: Wenn für ein Individuum $\mathcal{L}_A \succ \mathcal{L}_B$ gilt, dann folgt daraus, dass

$$EU(\mathcal{L}_A) > EU(\mathcal{L}_B)$$

$$\Leftrightarrow \quad u(1) > 0.1 \cdot u(5) + 0.89 \cdot u(1) + 0.01 \cdot u(0)$$

$$\Leftrightarrow \quad 0.11 \cdot u(1) > 0.1 \cdot u(5) + 0.01 \cdot u(0)$$

gelten muss. Wenn dasselbe Individuum $\mathcal{L}_D \succ \mathcal{L}_C$ offenbart, dann folgt daraus

$$EU(\mathcal{L}_D) > EU(\mathcal{L}_C)$$

$$\Leftrightarrow \quad 0.1 \cdot u(5) + 0.9 \cdot u(0) > 0.11 \cdot u(1) + 0.89 \cdot u(0)$$

$$\Leftrightarrow \quad 0.1 \cdot u(5) + 0.01 \cdot u(0) > 0.11 \cdot u(1).$$

Offensichtlich widersprechen sich die Gleichungen: Konsistent wäre, wenn ein Individuum sowohl Lotterien A und C oder B und D vorzöge. Damit verstossen Individuen mit solchen Präferenzen gegen mindestens eine der von Neumann-Morgenstern-Annahmen.

Machen wir uns anhand eines Beispiels klar, wie man herausfinden kann, welche das sind. Nehmen wir an, dass wir vor einem Roulettetisch mit 100 Feldern stehen.

Tab. 8.13 Allais Paradox

Lotterie	Rot	Schwarz	Grün
	89 %	10 %	1 %
$\mathcal{L}_A$	1	1	1
$\mathcal{L}_B$	1	5	0
$\mathcal{L}_C$	0	1	1
$\mathcal{L}_D$	0	5	0

50 der Felder sind rot, 49 sind schwarz und eines ist grün. Wir werden nun die Lotterien als Wetten an diesem Roulettetisch darstellen. Dazu notieren wir die Lotterien $\mathcal{L}_A$ und $\mathcal{L}_C$ als zusammengesetzte Lotterien

$$\mathcal{L}_{A'} = \{(1, 0.89); (1, 0.1); (1, 0.01)\}$$

und

$$\mathcal{L}_{C'} = \{(0, 0.89); (1, 0.1); (1, 0.01)\},$$

die immer noch dieselben Wahrscheinlichkeitsverteilungen über die Menge der Auszahlungen repräsentieren wie die Lotterien $\mathcal{L}_A$ bzw. $\mathcal{L}_C$. Nun sehen wir, dass für den Vergleich zwischen $\mathcal{L}_A$ bzw. $\mathcal{L}_B$ die erste Spalte der Tab. 8.13 irrelevant ist: In beiden Fällen gewinnt man CHF 100 Mio. mit einer Wahrscheinlichkeit von 89 %. Gemäss der Unabhängigkeitsannahme (Annahme 8.3.3) sollte somit dieser Bestandteil beider Lotterien für die Präferenz irrelevant sein. Man zieht also Lotterie A Lotterie B vor, wenn folgende Präferenzen vorliegen:

$$\left\{\left(1, \frac{10}{11}\right); \left(1, \frac{1}{11}\right)\right\} \succ \left\{\left(5, \frac{10}{11}\right); \left(0, \frac{1}{11}\right)\right\}.$$

Betrachten wir nun den Vergleich zwischen Lotterie C und D. Auch hier ist die erste Spalte von Tab. 8.13 irrelevant, da in beiden Fällen das Individuum mit einer Wahrscheinlichkeit von 89 % null gewinnt. Es zieht also Lotterie D Lotterie C vor, wenn folgende Präferenzen existieren:

$$\left\{\left(5, \frac{10}{11}\right); \left(0, \frac{1}{11}\right)\right\} \succ \left\{\left(1, \frac{10}{11}\right); \left(1, \frac{1}{11}\right)\right\}.$$

Die Vollständigkeitsannahme besagt jedoch, dass die beiden obigen Relationen nicht zugleich wahr sein können.

Wie bereits erwähnt liegt der Verstoss gegen die Erwartungsnutzenmaximierung an einer Verletzung der Unabhängigkeitsannahme. Kann man dies noch etwas genauer sehen? Schauen wir uns dazu die Lotterien A und B nochmals an: Wir sehen, dass bei Lotterie A der Gewinn von CHF 1 Mio. sicher ist. Hingegen kann bei Lotterie B ein Gewinn von null entstehen, auch wenn die Wahrscheinlichkeit hierfür gering ist. Eine mögliche Erklärung, warum manche Personen A, B vorziehen, ist, dass sie bei solchen Summen auf Nummer sicher gehen wollen. Sobald es eine positive Wahrscheinlichkeit gibt, nichts zu gewinnen, nehmen Menschen die Situation qualitativ anders wahr. So wird eine Änderung der Wahrscheinlichkeiten von 1 auf 0, 99 anders wahrgenommen als eine Änderung von 0, 11 auf 0, 10. Die Annahme der Unabhängigkeit lässt einen solchen qualitativen Unterschied nicht zu. Allais (2018) hat dies so interpretiert: „I viewed the principle of independence as incompatible with the preference for security in the neighbourhood of certainty shown by every subject and which is reflected by the elimination of all strategies implying a non-negligible probability of ruin, and by a preference for security in the neighbourhood of certainty when dealing with sums that are large in relation to the subject's capital." Seit der Arbeit von Allais ist viel passiert. Heute weiss man, dass Menschen regelmässig und systematisch gegen die Annahmen der Erwartungsnutzentheorie verstossen. Wir werden hierauf in Kap. 10 zurückkommen.

8.3.5 Risikoeinstellung

Wir gehen nun davon aus, dass die Ergebnismenge C in Geld gemessen wird, Lotterien über Geld $\mathcal{L}$ aber mit einer Erwartungsnutzenfunktion bewertet werden. In einer solchen Situation können wir zwischen dem Erwartungsnutzen $EU[\mathcal{L}]$ einer Lotterie und dem Nutzen aus dem Geld-Erwartungswert der Lotterie $u(EV(\mathcal{L}))$ unterscheiden, und diese Unterscheidung spielt in der ökonomischen Theorie eine wichtige Rolle.

Nehmen wir an, dass ein Individuum der folgenden Lotterie gegenübersteht: $\mathcal{L} = \{(c_1, p_1)\,;\,(c_2, p_2)\}$.

Wir nehmen an, dass die Bernoulli-Nutzenfunktion $u(c)$ des Individuums einen positiven und abnehmenden Grenznutzen in Geld c aufweist, dass also $u'(c) > 0$ und $u''(c) < 0$ gilt (die Funktion ist strikt konkav). Sie entspricht damit formal der indirekten Nutzenfunktion $v(.)$, die wir in Kap. 7 abgeleitet haben.

Abb. 8.3 verdeutlicht den streng konkaven Verlauf der Bernoulli-Nutzenfunktion in Abhängigkeit von der Auszahlung c. An der Stelle c_1 hat diese Nutzenfunktion den Wert $u(c_1)$ und an der Stelle c_2 den Wert $u(c_2)$. Der Erwartungsnutzen dieser Lotterie beträgt dann

$$EU(\mathcal{L}) = p_1 \cdot u(c_1) + p_2 \cdot u(c_2).$$

Der Erwartungsnutzen entspricht einer Linearkombination der Nutzenbewertungen an den Stellen $u(c_1)$ und $u(c_2)$ mit den Faktoren p_1 und $p_2(= 1 - p_1)$. Diese Linearkombination wird an der Ordinate gemessen.

Der Geld-Erwartungswert $EV(\mathcal{L})$ entspricht hingegen einer Linearkombination der Geldwerte c_1 und c_2 mit den Faktoren p_1 und $p_2(= 1 - p_1)$,

$$EV(\mathcal{L}) = p_1 \cdot c_1 + p_2 \cdot c_2.$$

Diese Linearkombination wird an der Abszisse gemessen.

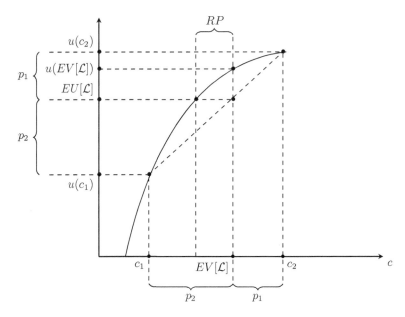

Abb. 8.3 Risikoaversion

Wir können nun fragen, welchen Nutzen ein sicherer Geldbetrag der Höhe $EV(\mathcal{L})$ dem Individuum stiften würde. Formal ist dieser Nutzen gleich $u(EV(\mathcal{L}))$. Man erkennt, dass der Nutzen, den das Individuum aus dem (sicheren) Erwartungswert der Lotterie zieht, grösser als der Erwartungsnutzen $EU(\mathcal{L})$ der Lotterie ist. In einem solchen Fall sprechen wir davon, dass das Individuum *risikoavers* ist.

Risikofreude hingegen liegt vor, wenn das Individuum sich bei einer Wahl zwischen einer unsicheren Lotterie oder der sicheren Auszahlung ihres Erwartungswerts für die Lotterie entscheidet. In diesem Fall ist der Erwartungsnutzen grösser ist als der Nutzen des Erwartungswerts. Dieser Fall tritt auf, wenn die Bernoulli-Nutzenfunktion einen positiven und *zunehmenden* Grenznutzen aufweist, $u'(c) > 0$ und $u''(c) > 0$ (sie also strikt konvex ist). Er ist in Abb. 8.4 dargestellt.

Der Erwartungsnutzen ist wie zuvor die Linearkombination der Nutzenwerte $u(c_1)$ und $u(c_2)$ entlang der Ordinate, und der Geld-Erwartungswert ist die Linearkombination der Geldwerte c_1 und c_2 entlang der Abszisse. Der zu diesem Erwartungswert zugehörige Bernoulli-Nutzen ist diesmal kleiner als der Erwartungsnutzen.

Der Grenzfall zwischen Risikoaversion und Risikofreude ist die *Risikoneutralität*. In diesem Fall ist der Erwartungsnutzen gleich dem Nutzen des Erwartungswerts, was dann auftritt, wenn die Bernoulli-Nutzenfunktion linear ist, $u'(c) > 0$ und $u''(c) = 0$.

Die folgende Definition fasst zusammen:

▶ **Definition 8.13 Risikoeinstellung** Die *Risikoeinstellung* eines Individuums wird durch die Differenz zwischen dem Wert des Erwartungsnutzens einer Lotterie $EU[\mathcal{L}]$ und dem Nutzen des Erwartungswerts dieser Lotterie, $u(EV(\mathcal{L}))$ bestimmt. Ein Individuum heisst

$$\text{risikoavers,} \quad \text{falls } EU(\mathcal{L}) < u(EV(\mathcal{L})),$$

$$\text{risikoneutral,} \quad \text{falls } EU(\mathcal{L}) = u(EV(\mathcal{L})),$$

$$\text{risikofreudig,} \quad \text{falls } EU(\mathcal{L}) > u(EV(\mathcal{L}))$$

erfüllt ist.

Ein Blick auf Abb. 8.3 zeigt auch, dass eine sichere Auszahlung in Höhe von CE einen Nutzen stiftet, der gleich dem Erwartungsnutzen der Lotterie $\mathcal{L}$ ist. Somit entspricht CE der Auszahlung, die dazu führt, dass das Individuum indifferent zwischen ihr und der Lotterie ist, $u(CE) = EU[\mathcal{L}]$. Dieser Betrag wird *Sicherheitsäquivalent* genannt. Bei einem risikoaversen (risikoneutralen, risikofreu-digen) Individuum, ist das Sicherheitsäquivalent kleiner (gleich, grösser) als der Erwartungswert der Lotterie (siehe Abb. 8.3 und 8.4).

Im Falle der Risikoaversion bedeutet dies, dass das Individuum bereit ist, einen strikt positiven Preis in Höhe von maximal $EV[\mathcal{L}] - CE$ zu bezahlen, um das Risiko der Lotterie zu vermeiden (siehe Abb. 8.3). Dieser Betrag wird *Risikoprämie* (RP) genannt. Im Fall der Risikofreude ist die Risikoprämie negativ (siehe Abb. 8.4).

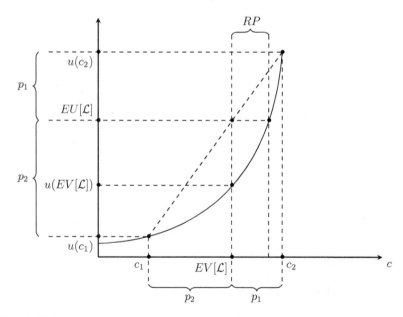

Abb. 8.4 Risikofreude

Hier kann die (negative) Risikoprämie als maximaler Preis interpretiert werden, den das Individuum zu zahlen bereit ist, um sich dem Risiko auszusetzen. Bei Risikoneutralität ist die Risikoprämie gleich 0.

Die Ergebnisse werden in Tab. 8.14 zusammengefasst. An dieser Stelle sollte nochmals darauf hingewiesen werden, dass die hier diskutierten Risikomasse lediglich für den Fall definiert sind, dass die Ergebnisfunktion f in Geld abbildet. Für Lotterien, bei denen Nutzen beispielsweise auf mehrdimensionalen Konsumgüterbündeln oder in politischen Wahlen auf Parteien definiert ist, können sie nicht oder nicht ohne Weiteres zur Anwendung kommen. Wie wir mit dem Konzept der indirekten Nutzenfunktion gesehen haben, kann man dieses Problem manchmal lösen (beispielsweise bei vollständigen Wettbewerbsmärkten, die die Ermittlung einer solchen Funktion ermöglichen). Auch eine Anwendung von Risikomassen in politischen Entscheidungssituationen ist prinzipiell möglich, wenn eine Person Parteien ausschliesslich anhand der erwarten Konsequenzen auf das Einkommen, das Vermögen oder den Gewinn beurteilt (dann kann man C wieder in Geld ausdrücken). In allen anderen Fällen geht dies jedoch nicht. Die Erwartungsnutzenfunktion bleibt dann natürlich anwendbar, man kann aber Konzepte wie Risikoaversion nicht mehr verwenden.

Wir wollen die genannten Grössen nun für ein Beispiel ermitteln. Matteo verdient sein monatliches Einkommen mit Verkäufen auf einer Onlineplattform. In guten Monaten entspricht sein Einkommen c_1 = CHF 2'500, während dieses in schlechten Monaten nur c_2 = CHF 900 beträgt. Wenn wir annehmen, dass die Wahrscheinlichkeiten für gute und schlechte Monate mit $p_1 = 0.6$ und $p_2 = 0.4$ gegeben sind, dann entspricht das erwartete monatliche Einkommen $EV(\mathcal{L}) = \frac{3}{5} \cdot 2'500 + \frac{2}{5} \cdot 900 =$ CHF 1'860. Matteos Bernoulli-Nutzenfunktion sei $u(c) = \sqrt{c}$, so dass der Nutzen, den er an guten bzw. schlechten Monaten aus seiner Tätigkeit zieht, $u(2'500) = 50$ bzw. $u(900) = 30$ entspricht. Der Erwartungsnutzen ist dann $EU(\mathcal{L}) = \frac{3}{5} \cdot 50 + \frac{2}{5} \cdot 30 = 42$. Matteos Nachbar bietet ihm nun einen Job in dessen Bar an, der ihm einen sicheren monatlichen Lohn in Höhe von CHF 1'700 garantiert. Wenn wir Matteos Sicherheitsäquivalent (CE) berechnen, dann ermitteln wir damit den (monatlichen) Mindestlohn, der ihn indifferent zwischen seiner jetzigen Tätigkeit und einem alternativen Job mit sicherem einkommen macht. Um ihn zu bestimmen, löst man $\sqrt{CE} = EU(\mathcal{L})$ nach CE auf. Man erhält dann $CE = 1'764$. Wenn Matteo Erwartungsnutzenmaximierer ist, wird er somit dieses Jobangebot ablehnen, denn der monatliche Lohn ist geringer als sein Sicherheitsäquivalent.

In manchen Anwendungen erscheint es angebracht, das Mass einer Risikoneigung nicht nur qualitativ zu bestimmen, sondern genau zu quantifizieren. Das kann

Tab. 8.14 Risikomasse

risikoavers	$u''(c) < 0$	$EU(\mathcal{L}) < u(EV(\mathcal{L}))$	$CE < EV(\mathcal{L})$	$RP > 0$
risikoneutral	$u''(c) = 0$	$EU(\mathcal{L}) = u(EV(\mathcal{L}))$	$CE = EV(\mathcal{L})$	$RP = 0$
risikofreudig	$u''(c) > 0$	$EU(\mathcal{L}) > u(EV(\mathcal{L}))$	$CE > EV(\mathcal{L})$	$RP < 0$

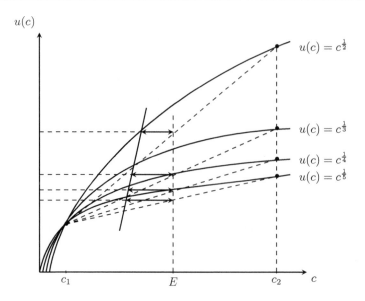

Abb. 8.5 Grade der Risikoaversion

z. B. der Fall sein, wenn man die Risikoeinstellungen zweier unterschiedlicher Individuen miteinander vergleichen möchte. Das bekannteste Mass ist hierbei das auf die Ökonomen Kenneth Arrow und John Winsor Pratt zurückgehende sogenannte *Arrow-Pratt-Mass*. Wir werden hier zwei Varianten dieses Masses vorstellen: eines für die sogenannte *absolute* Risikoaversion und eines für die sogenannte *relative* Risikoaversion.

▶ **Definition 8.14 Arrow-Pratt-Mass** Angenommen, eine Bernoulli-Nutzwertfunktion $u(c)$ ist zweimal stetig differenzierbar. Das Arrow-Pratt-Mass der absoluten (ARA) sowie der relativen Risikoaversion (RRA) sind:

$$ARA(c) = -\frac{u''(c)}{u'(c)},$$

$$RRA(c) = -\frac{u''(c)}{u'(c)} \cdot c.$$

Bei risikoaversen (risikofreudigen) Individuen sind diese Werte positiv (negativ).

Bei einem Blick auf Abb. 8.5 erscheint es plausibel zu sein, dass die Krümmung der Nutzenfunktion $u(c)$ für das Ausmass der Risikoaversion verantwortlich ist.

Hier wurde für dieselbe Lotterie die Risikoprämie bei unterschiedlichen Bernoulli-Nutzenfunktionen $u(c) = c^\alpha$ dargestellt. Diese Funktion hat die folgenden ersten und zweiten Ableitungen: $u'(c) = \alpha \cdot c^{\alpha-1}$, $u''(c) = (\alpha-1) \cdot \alpha \cdot c^{\alpha-2}$. Hieraus kann man die beiden Risikomasse berechnen:

$$ARA(c) = \frac{1-\alpha}{c}, \quad RRA(c) = 1 - \alpha.$$

α ist ein Mass für die Krümmung der Funktion. Für $\alpha < 1$ (Risikoaversion) ist die Funktion umso stärker gekrümmt, je kleiner α ist. Bei $\alpha = 1$ (Risikoneutralität) sind beide Masse gerade 0. Man erkennt auch, dass $RRA(c)$ dimensionslos in dem Sinn ist, dass es nicht davon abhängt, in welcher Grösse c gemessen wird. Dies ist für $ARA(c)$ anders. Beide Masse sind bei Risikoaversion fallend in α.

Eisenhauer und Halek (2001) zeigten unter der Verwendung von Daten über den Abschluss von Lebensversicherungen in den USA, dass es signifikante Unterschiede zwischen unterschiedlichen Bevölkerungsgruppen hinsichtlich des Masses ihrer relativen Risikoaversion gibt. So zeigte sich, dass Bevölkerungsgruppen, welche bereits ihre Risikobereitschaft durch Migration bewiesen haben, im Durchschnitt weniger risikoavers waren als Menschen ohne Migrationserfahrung. Das Gleiche galt für Menschen, die zum beobachteten Zeitpunkt arbeitslos waren. In dieser Studie zeigte sich auch, dass der Grad der Risikoaversion nicht geschlechtsneutral ist. Insbesondere wurde gezeigt, dass Frauen in der Studie im Durchschnitt risikoaverser waren als Männer. Neuere Studien belegen allerdings, dass diese Unterschiede weniger ausgeprägt zu sein scheinen, bisher angenommen wurde (siehe Filippin 2016; Bouchouicha et al. 2019). Mit diesen Studien wird auch nicht geklärt, ob solche Geschlechterunterschiede natürlich oder kulturell bedingt sind.

8.3.6 Versicherungen

Wir haben gesehen, dass risikoaverse Individuen eine Zahlungsbereitschaft in Höhe ihrer Risikoprämie dafür haben, ein Risiko zu vermeiden. Das ist der Grund für die Existenz von Versicherungsmärkten, und wir werden uns zum Abschluss dieses Kapitels mit der Nachfrage nach Versicherungen beschäftigen. Dabei gehen wir insbesondere auf Vermögensversicherungen ein.

Der zentrale Zielkonflikt eines potentiellen Versicherungsnehmers besteht darin, dass eine Versicherung durch die Prämienzahlungen (den Preis, den man für die Versicherung bezahlen muss) das Vermögen des Versicherungsnehmers reduziert, dafür aber das Vermögen durch die *Schadensdeckung* (der Geldbetrag, den man im Schadensfall von der Versicherung erhält) erhöht, wenn der Versicherungsfall eintritt. Die daraus abgeleitete Frage lautet dann: Wie ist die Nachfrage auf einem Markt für Vermögensversicherungen, wenn Schadensdeckungen zu einem bestimmten Preis (*Prämie*) angeboten werden?

In einer ersten Annäherung an das Thema werden wir versuchen, das Verhalten eines Nachfragers (*Versicherungsnehmers*) zu analysieren, der vor die Wahl gestellt wird, ob er eine Vermögensversicherung mit einer vorgegebenen (exogenen) Deckung abschliessen möchte. Dieses Modell werden wir in einem zweiten Schritt erweitern, um zu untersuchen, welche Deckung der Versicherungsnehmer bei einem gegebenen Preis pro Einheit Deckung nachfragen wird.

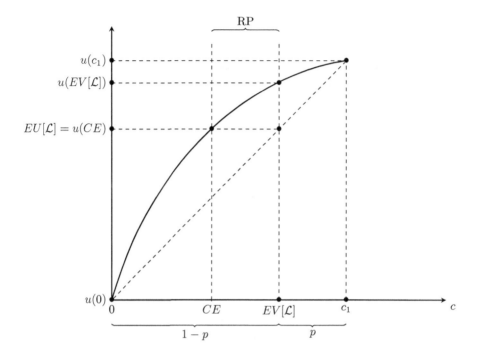

Abb. 8.6 Lotterie mit $D = c_0$

8.3.6.1 Ein Modell mit exogener Deckung

Nehmen wir an, dass ein risikoaverses Individuum mit Bernoulli-Nutzenfunktion $u(c)$ ein Vermögen von $c_0 > 0$ besitzt, das im Schadensfall einen Wert von $c_0 - D$ annimmt. D. h., der Geldwert des Schadens beträgt $D > 0$. Weiter nehmen wir an, dass mit einer Wahrscheinlichkeit p der Schadensfall eintritt (Umweltzustand θ_D) und mit der Wahrscheinlichkeit $1 - p$ dieser Fall nicht eintritt (Umweltzustand θ_N). Somit steht das Individuum ohne Versicherung der folgenden Lotterie gegenüber:

$$\mathcal{L} = \{(c_0 - D, p); (c_0, 1 - p)\}.$$

Diese Lotterie führt zu einem erwarteten Vermögen von

$$EV(\mathcal{L}) = p \cdot (c_0 - D) + (1 - p) \cdot c_0 = c_0 - p \cdot D.$$

Abb. 8.6 zeigt diese Situation für den Fall eines totalen Vermögensverlusts im Schadensfall ($D = c_0$).

Nehmen wir weiterhin an, dass es eine Vermögensversicherung gibt, welche im Schadensfall die volle Höhe des Schadens D deckt. Die volle Deckung des Schadens bedeutet, dass das Individuum unabhängig vom Umweltzustand dasselbe Vermögen besitzt: Tritt kein Schaden ein, zahlt das Individuum die Versicherungsprämie IP.

Tritt hingegen der Schaden ein, erhält das Individuum die Deckung D ersetzt und zahlt ebenfalls die Versicherungsprämie. Der Abschluss dieser sogenannten *Vollversicherung* ersetzt somit die risikobehaftete Lotterie durch ein in beiden Umweltzuständen gleiches Vermögen. Der Preis hierfür ist die Versicherungsprämie IP.

Nehmen wir an, dass das Versicherungsunternehmen eine sogenannte *aktuarisch faire* Prämie IP^f verlangt. Darunter versteht man eine Prämie, die genauso hoch wie der erwartete Schaden ist, $IP^f = p \cdot D$. Mit einer solchen Prämie ist das Vermögen des Individuums bei Abschluss der Versicherung unabhängig vom Schadensfall immer gleich $c_0 - IP^f = c_0 - p \cdot c_0 = (1 - p) \cdot c_0$. Dass dieses Vermögen dem Erwartungswert der Lotterie $EV(\mathcal{L})$ entspricht, folgt daraus, dass die Versicherungsprämie aktuarisch fair ist. Da das Individuum risikoavers ist, führt der Abschluss dieser Versicherung zu einer Nutzensteigerung, da der Nutzen des Erwartungswerts grösser als der Erwartungsnutzen ist (siehe Tab. 8.14). Somit können wir schlussfolgern, dass ein risikoaverses Individuum sich bei einer aktuarisch fairen Prämie immer versichern wird.

Bei einer aktuarisch fairen Prämie entsteht damit eine positive Konsumentenrente für das Individuum. Wir können nun umgekehrt fragen, wie hoch die *maximale* Zahlungsbereitschaft Z des Individuums für eine vollständige Deckung des Schadens ist. Diese ist durch die folgende Gleichung implizit definiert:

$$u(c_0 - Z) = p \cdot u(c_0 - D) + (1 - p) \cdot u(c_0)$$

Bei einer Versicherungsprämie in Höhe von $IP = Z$ wäre das Individuum gerade indifferent zwischen Abschluss und Nichtabschluss der Versicherung. Anders als im Fall der aktuarisch fairen Prämie können wir Z jedoch nicht explizit berechnen, ohne die Bernoulli-Nutzenfunktion zu kennen. Um ein besseres Gespür für das Modell zu bekommen, werden wir daher nun davon ausgehen, dass das Individuum eine Bernoulli-Nutzenfunktion $u(c) = c^{1/2}$ hat, und dass im Schadensfall das gesamte Vermögen vernichtet wird, $D = c_0$. Die aktuarisch faire Prämie ist in diesem Fall $IP^f = p \cdot c_0$. Die maximale Zahlungsbereitschaft Z kann dann durch Lösung der Gleichung

$$u(c_0 - Z) = p \cdot u(0) + (1 - p) \cdot u(c_0) \Leftrightarrow (c_0 - Z)^{1/2} = (1 - p) \cdot c_0^{1/2}$$

bestimmt werden. Sie ist $Z = (2 - p) \cdot p \cdot c_0$. Wir können nun diese mit der aktuarisch fairen Prämie vergleichen:

$$Z - IP^f = (2 - p) \cdot p \cdot c_0 - p \cdot c_0 = (1 - p) \cdot p \cdot c_0 \geq 0.$$

Diese Differenz ist bei $p = 0$ und $p = 1$ null und ansonsten positiv. Sie ist bei $p = 0$ Null, weil dann kein Schaden eintreten kann und daher auch keine Versicherung nötig ist. Sie ist bei $p = 1$ Null, weil dann der Schaden immer eintritt und daher

Tab. 8.15 Veloversicherung

Deckung (I)	Prämie ($q\,I$)	(c_1)	(c_2)
0	0	2'000	0
400	8	1'992	392
800	16	1'984	784
1'200	24	1'976	1'176
1'600	32	1'968	1'568
2'000	40	1'960	1'960

auch keine Versicherung möglich ist. Bei allen anderen Werten von p übersteigt die maximale Zahlungsbereitschaft aber die faire Prämie.

8.3.6.2 Ein Modell mit endogener Deckung

Als Nächstes wollen wir uns mit der Frage beschäftigen, wie hoch die optimale Deckung des Schadens ist, wenn ein Individuum die Höhe der Deckung selbst wählen kann. Diese Analyse wird auf Techniken zurückgreifen, welche wir bereits in Kap. 7 kennengelernt haben.

Beginnen wir mit einem Beispiel. Emma hat sich ein Mountainbike zu einem Preis von CHF 2'000 gekauft. Leider gibt es viele Velodiebstähle in der Stadt, in der sie lebt. Wenn das Velo gestohlen wird, ist ihr Vermögensverlust $D = 2'000$. Wir nehmen an, dass p die Wahrscheinlichkeit für einen Diebstahl ist (Umweltzustand θ_2). Dementsprechend ist $1 - p$ die Wahrscheinlichkeit, dass kein Diebstahl stattfindet (Umweltzustand θ_1). Sei $p = 0.02$. Die zu dieser Situation gehörige Lotterie lautet

$$\mathcal{L} = \{(0, 0.02); (2'000, 0.98)\}.$$

Da Emma risikoavers ist, überlegt sie sich, eine entsprechende Veloversicherung abzuschliessen. Sie kann dabei den sogenannten *Deckungsgrad* selbst wählen. Dieser bezeichnet den Geldbetrag I, der im Schadensfall von der Versicherung bezahlt wird. Die Prämie q ist proportional zur Deckung und entspricht hier CHF $q = 0.02$ pro CHF 1 Deckung.

Damit ist die Prämie IP bei einem Deckungsgrad von I gleich $q \cdot I = 0.02 \cdot I$. Die Tab. 8.15 stellt diesen Sachverhalt für beliebig gewählte Werte der Deckung I dar. Hierbei repräsentiert c_2 Emmas Vermögen im Falle des Diebstahls und c_1 ihr Vermögen im Falle, dass kein Diebstahl stattfindet.

Allgemein gilt, dass Emma bei Abschluss einer Versicherung mit einer Deckung in Höhe von I folgende Vermögensposition besitzt:

$$c_1 = c_0 - q \cdot I,$$
$$c_2 = -q \cdot I + I = (1 - q) \cdot I,$$

welche im Fall $I = 0$ der Vermögensposition der Lotterie ohne Versicherung $\mathcal{L}$ entspricht.

Wir untersuchen nun Emmas Entscheidungsproblem, welches in der Wahl einer für sie nutzenmaximierenden Deckung I besteht. Analog zur Budgetgeraden in Kap. 7 können wir ihre Auswahlmenge durch die sogenannte *Versicherungsgerade* darstellen. Diese gibt alle erreichbaren Vermögenspositionen in den beiden Umweltzuständen θ_1 und θ_2 an für das gegebene Versicherungsangebot. Um sie zu berechnen, löst man

$$c_1 = c_0 - q \cdot I$$

nach der Deckung I auf,

$$c_1 = c_0 - q \cdot I \Leftrightarrow I = \frac{c_0 - c_1}{q},$$

um anschliessend I in $c_2 = (1 - q) \cdot I$ durch diesen Wert zu ersetzen:

$$c_2 = \frac{(1 - q)}{q} \cdot c_0 - \frac{(1 - q)}{q} \cdot c_1.$$

Mit den numerisch vorgegebenen Werten nimmt diese Gleichung die folgende Form an:

$$c_2 = \frac{2'000 - 0.02 \cdot 2'000}{0.02} - \frac{0.98}{0.02} \cdot c_1 = 98'000 - 49 \cdot c_1.$$

Dies ist die Versicherungsgerade, die wir mit IL bezeichnen. Sie hat die Struktur einer Budgetgeraden, bei der an den beiden Achsen das für die jeweilige Deckung effektive Vermögen in den beiden Umweltzuständen steht. Die Achsenabschnitte entsprechen dem maximal möglichen Vermögen in beiden Zuständen. Beginnen wir mit $c_2 = 0$: Emma maximiert ihr Vermögen im Nichtschadensfall, indem sie keine Versicherung kauft. In diesem Fall gilt einfach $c_1 = c_0$. Der umgekehrte Fall $c_1 = 0$ ist im Versicherungsmodell nur möglich, wenn sich Emma überversichern kann. Gehen wir davon aus, dass dies nicht möglich ist und die maximale Deckung 100 % des Schadens ist. In diesem Fall ist das maximale effektive Vermögen im Schadensfall durch die Nebenbedingung $c_1 = c_2$ begrenzt (das effektive Vermögen ist in beiden Umweltzuständen gleich gross). Man erhält dann als maximales effektives Vermögen im Schadensfall $c_2 = (1 - q) \cdot c_0$. Der Ausdruck auf der rechten Seite dieser Gleichung entspricht dem Nettovermögen, wenn $I = c_0$ Einheiten Deckung gekauft werden.

Die Steigung der Versicherungsgeraden, $-(1 - q)/q$, gibt an, um wieviel das Vermögen c_2 bei gegebener Prämie q im Schadensfall sinkt, wenn das Vermögen im Nichtschadensfall c_1 um eine Einheit steigen soll. Eine Erhöhung der Versicherungsdeckung um CHF 1 verringert das Vermögen c_1 durch die zusätzliche Prämienzahlung in Höhe von CHF q. Gleichzeitig erhöht es das Vermögen c_2 im

Schadensfall um CHF $1 - q$, da Emma nun in diesem Fall CHF 1 zusätzlich erhält, aber auch den Betrag CHF q als zusätzliche Prämie zahlen muss. Je grösser die proportionale Prämie q, umso höher der Preis, den der Versicherungsnehmer für den Transfer des Vermögens vom Zustand θ_N zum Zustand θ_S zahlen muss. Da im numerischen Beispiel $q = 0.02$ angenommen wurde, entspricht die Steigung der Geraden -49.

Dieser Sachverhalt ist in Abb. 8.7 in dem entsprechenden c_1-c_2-Diagramm dargestellt.

An der Ordinate wurde das effektive Vermögen im Falle des Diebstahls (Umweltzustand θ_2) und an der Abszisse das effektive Vermögen ohne Diebstahl (Umweltzustand θ_1) abgetragen. Die Gerade AB repräsentiert die Versicherungsgerade, der Punkt A entspricht Emmas Vermögen im Fall ohne Versicherung $(c_1, c_2) = (c_0, 0) = (2'000, 0)$, während Punkt B Emmas Vermögen bei Vollversicherung $(c_1, c_2) = ((1 - q) \cdot c_0, (1 - q) \cdot c_0) = (1'960, 1'960)$ darstellt (siehe Tab. 8.15). An dieser Stelle entspricht die Versicherungsdeckung dem Schaden, $I = D$, so dass das Vermögen in beiden Umweltzuständen gleich ist. Dieser Punkt liegt auf der gestrichelten Linie, der sogenannten *Sicherheitslinie SL*). Sie verbindet alle Vermögenspositionen, bei denen $c_2 = c_1$ gilt und somit Vollversicherung erreicht wird.

Nachdem wir Emmas Auswahlmenge analysiert haben, werden wir uns im nächsten Schritt mit Emmas Präferenzen beschäftigen. Bis auf I sind aus Emmas Sicht dabei alle Grössen Parameter, d. h., sie sind durch Emma nicht beeinflussbar – weder die proportionale Prämie q, noch die Höhe des Schadens D. Sie wählt daher

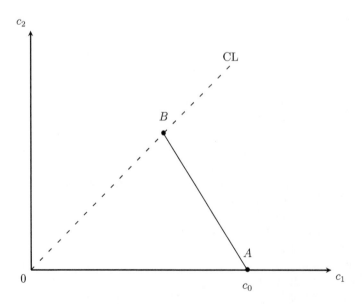

Abb. 8.7 Emmas Handlungsmöglichkeiten

1. Wir nehmen an, dass Emma Erwartungsnutzenmaximiererin ist. $EU(\mathcal{L})$ ist wie folgt definiert:

$$EU(\mathcal{L}) = p \cdot u(c_2) + (1 - p) \cdot u(c_1).$$

In Anlehnung an Kap. 7 werden wir sagen, dass alle Vermögenspositionen, welche denselben Erwartungsnutzen stiften, auf derselben *Indifferenzkurve* liegen. Die Steigung der Indifferenzkurve ermitteln wir über das totale Differential der Erwartungsnutzenfunktion $EU(\mathcal{L})$:

$$dEU = \frac{\partial EU}{\partial c_2} \cdot dc_2 + \frac{\partial EU}{\partial c_1} \cdot dc_1 = p \cdot \frac{\partial u}{\partial c_2} \cdot dc_2 + (1 - p) \cdot \frac{\partial u}{\partial c_1} \cdot dc_1.$$

Da auf einer Indifferenzkurve $dEU = 0$ gilt, erhalten wir somit für die Steigung der Indifferenzkurve, dass

$$\frac{dc_2}{dc_1} = -\frac{\dfrac{\partial EU}{\partial c_1}}{\dfrac{\partial EU}{\partial c_2}} = -\frac{(1 - p) \cdot \dfrac{\partial u}{\partial c_1}}{p \cdot \dfrac{\partial u}{\partial c_2}}.$$

Die Steigung der Indifferenzkurve beantwortet die folgende Frage: Wie muss das effektive Vermögen zwischen den beiden Umweltzuständen θ_1 und θ_2 verschoben werden, so dass der Erwartungsnutzen konstant bleibt? Wir hatten diese Steigung in Kap. 7 auch als Grenzrate der Substitution (MRS) bezeichnet. Diese Bezeichnung können wir auch weiterhin verwenden, doch muss man an einer Stelle aufpassen. Der Zähler entspricht dem Grenz-Erwartungsnutzen, welcher $(1 - p)$ mal dem Grenznutzen der Bernoulli-Nutzenfunktion entspricht, und analog für den Nenner. Der Begriff „Grenzrate der Substitution" bezieht sich bei Risiko daher strikt auf die Erwartungsnutzen- und nicht auf die Bernoulli-Nutzenfunktion. Was wir aber sehen, ist, dass die Grenzrate der Substitution vom Verhältnis der Wahrscheinlichkeiten beeinflusst wird: Wenn p steigt, nimmt diese *ceteris paribus* zu.

In Abb. 8.8 sind zwei Indifferenzkurven eingezeichnet. Die Indifferenzkurve durch Punkt A entspricht dem Erwartungsnutzen ohne Versicherung und die Indifferenzkurve durch Punkt B entspricht dem Erwartungsnutzen mit Vollversicherung.

Man kann zunächst feststellen, dass unabhängig von der Höhe des Erwartungsnutzens die Grenzrate der Substitution auf der Sicherheitslinie CL konstant ist und dem Verhältnis der Wahrscheinlichkeiten entspricht: Auf der Sicherheitslinie ist die Höhe des Vermögens gleich, $c_1 = c_2$. Daraus folgt, dass die Bernoulli-Grenznutzen gleich sind; damit ist das Verhältnis der Bernoulli-Grenznutzen eins. Somit folgt, dass die Steigung der Indifferenzkurve für $c_1 = c_2$ gleich $-(1 - p)/p$ ist. Im numerischen Beispiel ist die Wahrscheinlichkeit des Velodiebstahls $p = 0.02$, so dass die Steigung der Indifferenzkurve dort -49 ist.

Diese Eigenschaft einer konstanten Grenzrate der Substitution verallgemeinert sich für fixe Verhältnisse von c_1 und c_2, $c_1 = \gamma \cdot c_2$. In diesem Fall ist auch das

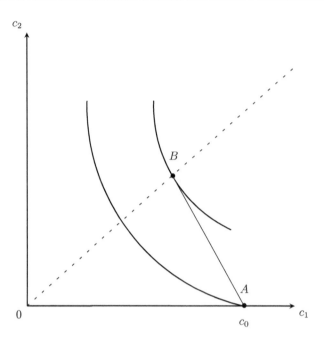

Abb. 8.8 Nutzen ohne Versicherung und mit Vollversicherung

Verhältnis der Bernoulli-Grenznutzen fix, $u(a \cdot c_2)/u(c_2) = \tau$, und damit auch die
Steigung der Indifferenzkurve konstant gleich $-((1-p)/p) \cdot \tau$. Dabei sind γ, τ und
a Parameter.

Wir können nun Emmas erwartungsnutzenmaximierende Strategie ermitteln.

Hierzu wenden wir uns Abb. 8.9 zu. Wir wissen aus Kap. 7, dass ein Nutzenmaximum genau dann erreicht ist, wenn die Steigung der Budgetgeraden gleich der
Grenzrate der Substitution ist. Diese Intuition gilt prinzipiell auch im Modell der
Versicherungsnachfrage, ausser im Fall, dass am Punkt B die Versicherungsgerade
steiler als die Indifferenzkurve ist. Wovon hängt das ab? Im numerischen Beispiel
entspricht die proportionale Prämie $q = 0.02$ genau der Wahrscheinlichkeit eines
Schadens $p = 0.02$. Dieser Fall entspricht einer aktuarisch fairen Prämie, diesmal
nur für den Fall einer proportionalen Deckung. In diesem Fall entspricht die
Steigung der Versicherungslinie der Steigung der Indifferenzkurve an der Stelle
$c_1 = c_2$. Damit wird an dieser Stelle die höchste Indifferenzkurve erreicht, und
Emma wählt eine Deckung in Höhe von $I = 2'000$, was zu einer Prämienzahlung
in Höhe von $IP = q \cdot I = 0.02 \cdot 2'000 = 40$ führt. Damit ist das effektive Vermögen
in beiden Umweltzuständen $c_1 = c_2 = 1'960$.

Dieses Ergebnis gilt allgemein: Ein erwartungsnutzenmaximierendes und risikoaverses Individuum wird sich bei einer aktuarisch fairen Prämie vollständig gegen
das Risiko versichern.

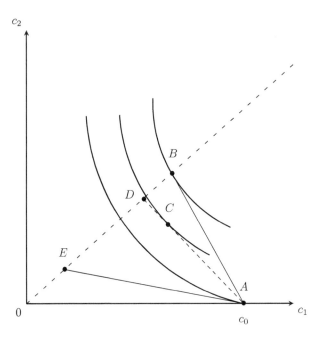

Abb. 8.9 Emmas Auswahlproblem

Wir können nun noch die Versicherungsnachfrage bei einer nicht aktuarisch fairen Prämie $q > p$ analysieren. Hierdurch verändern sich die für Emma erreichbaren effektiven Vermögen, da ein Vermögenstransfer von Zustand θ_1 zu Zustand θ_2 höhere Kosten verursacht. Graphisch bedeutet dies, dass sich die Versicherungslinie im Punkt A nach innen dreht. Damit muss sich aber der Tangentialpunkt zwischen der Versicherungslinie und den Indifferenzkurven nach unten-links verschieben, weil dort aufgrund der Eigenschaft konstanter Grenzraten der Substitution auf einem Strahl durch den Ursprung diese abnimmt. Da unterhalb der Sicherheitslinie $\gamma > 1$ ist, folgt aufgrund der Risikoaversion, dass $\tau < 1$ sein muss und damit die Steigung $((1 - p)/p) \cdot \tau$ sinkt. Emma wird bei $q > p$ damit eine geringere Deckung wählen. Siehe z. B. den Fall einer Versicherungslinie AD mit Erwartungsnutzenmaximum C in Abb. 8.9. Zur konkreten Bestimmung der Deckungshöhe muss man die Bernoulli-Nutzenfunktion $u(c)$ kennen.

Es ist bei $q > p$ auch möglich, dass die optimale Deckung $I = 0$ beträgt, Emma also auf jegliche Vermögensversicherung verzichtet. Ein solcher Fall ist in Abb. 8.9 mit der Versicherungslinie durch AE gegeben. Ob und ab welcher Höhe von q dieser Fall eintritt, ist wiederum von der konkreten Bernoulli-Nutzenfunktion $u(c)$ abhängig.

Was passiert bei einer Prämie, die niedriger als die aktuarisch faire ist, $q < p$? In diesem Fall wird die Versicherungslinie steiler, so dass der theoretische Tangentialpunkt mit einer Indifferenzkurve oberhalb der Sicherheitslinie liegt.

Daher würde sich Emma gern *überversichern*, dass heisst, sie würde eine Deckung wählen, die im Schadensfall mehr als den Betrag des Schadens auszahlt. Wenn dies nicht möglich ist, bleibt es bei der Vollversicherung.

Literatur

Allais, M. (1952). The foundations of a positive theory of choice involving risk and a criticism of the postulates and axioms of the American school, in Allais and Hagen (1979), *Expected utility hypotheses and the Allais-Paradox; contemporary discussions and rational decisions under uncertainty with Allais' rejoinder*. Dordrecht: Reidel

Allais M. (2018). *Allais Paradox*, in: Macmillan Publishers Ltd, The New Palgrave Dictionary of Economics. London: Palgrave Macmillan.

Bernoulli, D. (1738/1954). Exposition of a new theory on the measurement of risk. *Econometrica, 22*(1), 23–36

Bouchouicha, R., Deer, L., Galal Eid, A., McGee, P., Schoch, D., Stojic, H., Ygosse-Battisti, J., & Vieider, F. M. (2019). Gender effects for loss aversion: Yes, no, maybe? *Journal of Risk and Uncertainty, 59*, 171–184

Buchak, L. (2013). *Risk and Rationality*. New York: Oxford University

Eisenhauer, J. G., & Halek, M. (2001). Demography of risk aversion. *The Journal of Risk and Insurance, 68*(1), 1–24

Filippin, A. (2016). *Gender Differences in Risk Attitudes*. IZA World of Labor

Knight, F. (1921). *Risk Uncertainty, and Profit*. Boston/New York: Miflin

Menger, K. (1934; 1979). *Das Unsicherheitsmoment in der Wertlehre: Betrachtungen im Anschluss an das sogenannte Petersburger Spiel*, Zeitschrift für Nationalökonomie, 5(4): 459–485. Translated, 1979, as *The Role of Uncertainty in Economics*, in Menger's *Selected Papers in Logic and Foundations, Didactics, Economics* (S. 259–278). Dordrecht: Springer Netherlands, 259–278.

Samuelson, P. A. (1960). The St. Petersburg paradox as a divergent double limit. *International Economic Review, 1*(1), 31–37

Seidl, C. (2013). The St. Petersburg Paradox at 300. *Journal of Risk and Uncertainty, 46*(3), 247–264

von Neumann, J., & Morgenstern, O. (1944). *Theory of Games and Economic Behavior*. Princeton University Press

Weiterführende Literatur

Mas-Colell, A., Whinston, M. D., & Green, J. R. (1995). *Microeconomic Theory*. Oxford University Press

Varian, H. R. (1992). *Microeconomic Analysis*. Norton

Grundlagen der Spieltheorie

In diesem Kapitel lernen Sie ...

- die Grundlagen der Spieltheorie als mathematische Methode zur Untersuchung von Situationen strategischer Interdependenz.
- die grundlegenden Definitionen und Lösungskonzepte für Spiele.
- wie man Spiele nutzen kann, um Situationen komplexer gesellschaftlicher Interaktion zu analysieren.
- wie man Spiele nutzen kann, um praktische Entscheidungsprobleme wie Markteintritte, die ökonomischen Mechanismen hinter Problemen wie dem Klimawandel oder politische Anreize zum Steuerwettbewerb besser zu verstehen.

9.1 Einführung

> I am willing to take life as a game of chess in which the first rules are not open to discussion. No one asks why the knight is allowed his eccentric hop, why the castle may only go straight and the bishop obliquely. These things are to be accepted, and with these rules the game must be played: it is foolish to complain of them. (W. Somerset Maugham, 1949)

Die Spieltheorie befasst sich mit der Analyse strategischer Interdependenzen zwischen den Entscheidungen von Handlungssubjekten. Obwohl sich tatsächlich viele der frühen Arbeiten zur Spieltheorie mit der Analyse von Gesellschaftsspielen beschäftigten (zwei der wichtigsten Beiträge des frühen 20. Jahrhunderts waren Ernst Zermelos ,Über eine Anwendung der Mengenlehre auf die Theorie des Schachspiels' (Zermelo, 1913) und John von Neumanns ,Zur Theorie der Gesellschaftsspiele' (von Neumann, 1928)), ist die Spieltheorie heute in vielen wissenschaftlichen Bereichen zu einem unverzichtbaren Analyseinstrument geworden. Neben der Ökonomik gilt dies vor allem für die Politikwissenschaft und Finance, aber auch für die Biologie, die Rechtswissenschaft und die Philosophie.

© Der/die Autor(en), exklusiv lizenziert durch Springer-Verlag GmbH, DE, ein Teil   271
von Springer Nature 2021
M. Kolmar, *Grundlagen der Mikroökonomik*,
https://doi.org/10.1007/978-3-662-63362-5_9

Die Ziele der Spieltheorie sind dabei vielfältig und reichen von der Erklärung beobachteter Phänomene über die Prognose von Handlungen bis zu konkreten Handlungsanweisungen.

Viele Ökonominnen und Ökonomen gehen sogar so weit zu sagen, dass erst mit der Entwicklung der Spieltheorie die theoretische Ökonomik zu einer eigenständigen Wissenschaft geworden ist, da sie zuvor im Wesentlichen ihre Modelle aus der Physik geborgt und uminterpretiert hatte. Aus der Spieltheorie hat sich auch die erste ,ingenieurwissenschaftliche' Richtung der Ökonomik entwickelt, das sogenannte *Market Design*, dessen Ziel es ist, gezielt Markt- und Preisfindungsmechanismen zu entwickeln, um damit Transaktionen zu strukturieren. Erste Bekanntschaft mit dieser Richtung machte eine breitere Öffentlichkeit bei der Versteigerung von UMTS-Lizenzen in der Mobilfunkindustrie, bei denen in vielen Ländern Auktionsformate zur Anwendung kamen, die zuvor von Ökonomen auf Basis spieltheoretischer Modelle entwickelt wurden. Ein weiteres Beispiel für bewusst gestaltete Märkte ist die Entwicklung von Algorithmen zur Verteilung von Spenderorganen oder bei der Zuordnung von Ärzten auf Krankenhäuser. Spieltheorie bildet auch das Rückgrat der Verhaltensökonomik, einem Forschungsfeld, in dem zum Beispiel die Struktur kooperativen Verhaltens und die Grenzen rationaler Entscheidungsfindung studiert werden.

Ein klassisches Anwendungsgebiet für die Spieltheorie im Rahmen der Ökonomik ist die Analyse von Oligopolmärkten, also von Märkten, in denen konkurrierende Unternehmen Preissetzungsspielräume ähnlich denen im Monopol haben, diese aber durch die Existenz von Konkurrenten eingeschränkt sind. Die Anwesenheit von Konkurrenten macht die optimale Preis- oder Mengenpolitik eines Unternehmens abhängig von den Erwartungen über das Verhalten dieser Konkurrenten; die optimalen Entscheidungen sind daher interdependent. Um diese Interdependenzen analysieren und somit eine Vorhersage über das Marktgleichgewicht treffen zu können, wird nun eine Einführung in die Spieltheorie gegeben.

9.2   Was ist ein Spiel?

Ein *Spiel* beschreibt eine Situation strategischer Interdependenz. Die beteiligten Akteure, zum Beispiel Individuen oder Unternehmen, nennt man *Spieler*. Strategische Interdependenz bedeutet im Sinne der Spieltheorie, dass sich die Handlungen der einzelnen Spieler potenziell gegenseitig beeinflussen. Am besten lässt sich das anhand eines Beispiels verdeutlichen. Angenommen, im Strassenverkehr gibt es (noch) keine Regel, auf welcher Seite der Strasse man zu fahren hat. Zwei Autos, die in entgegengesetzter Richtung fahren, begegnen sich. Das Ziel eines jeden Fahrers ist, ohne Unfall weiterfahren zu können. Fahren beide Autos jeweils links oder rechts, ist alles in Ordnung, und sie fahren aneinander vorbei. Fährt jedoch eines links und das andere rechts, kommt es zu einem Unfall. Ähnliche Situationen kennt wahrscheinlich jeder an vollen Tagen in der Fussgängerzone oder auf dem Marktplatz, wo Menschen in unterschiedliche Richtung laufen und dann einander spontan ausweichen müssen, weil es keine klaren Regeln gibt. Was eine vernünftige eigene Handlung ist, wird bestimmt durch die Handlungen der anderen, und somit haben wir es mit strategisch interdependenten Handlungen zu tun.

Ein weiteres Beispiel einer strategischen Interaktion ist das Spiel ‚Schere, Stein, Papier' (SSP). Zwei Spieler, $i = 1,2$, stehen sich gegenüber und wählen gleichzeitig entweder *Schere*, *Stein* oder *Papier*. Die Regeln sehen dabei vor, dass *Schere Papier* schlägt, *Papier Stein* und *Stein Schere*. Wenn beide Spieler dieselbe Wahl treffen, gewinnt niemand, und das Spiel endet unentschieden. Es ist nun einfach zu sehen, worin die strategische Interdependenz liegt: Die optimale Wahl hängt für jeden Spieler, wenn sein Ziel darin besteht zu gewinnen, von der Wahl des Gegenspielers ab. Wählt der Gegenspieler *Stein*, sollte man *Papier* wählen, wählt der Gegenspieler hingegen *Schere*, sollte man *Stein* wählen, und so weiter.

9.3 Elemente der Spieltheorie

Um eine Situation strategischer Interdependenz mit Hilfe der Spieltheorie untersuchen zu können, ist es notwendig, (1) ein Spiel formal zu beschreiben, (2) Hypothesen über das Verhalten der Spieler zu treffen, und (3) ein sogenanntes Lösungskonzept anzuwenden.

Die Beschreibung eines Spiels Γ beginnt gewöhnlich mit der Aufzählung der betroffenen Akteure, den Spielern. Die Menge $N = \{1, 2, \ldots, n\}$ bezeichnet die Menge aller n Spieler eines Spiels. Im konkreten Beispiel SSP ist dies die Menge $N^{\text{SSP}} = \{1, 2\}$, also die Menge der Spieler 1 und 2.

Als nächstes wird festgelegt, welche Handlungsoptionen die Spieler haben. Diese werden Strategien genannt. Die Menge aller m_i Strategien eines Spielers $i \in N$ wird mit $S_i = \left\{s_i^1, s_i^2, \ldots, s_i^{m_i}\right\}$ bezeichnet, und s_i^j, $j \in \{1, 2, \ldots, m_i\}$ bezeichnet eine Strategie aus dieser Menge. Im Beispiel SSP besitzen beide Spieler dieselbe Strategiemenge $S_1^{\text{SSP}} = S_2^{\text{SSP}} = \{Schere, Stein, Papier\}$.

Aufgrund der strategischen Interdependenz sind für das Ergebnis eines Spiels allerdings nicht nur die eigenen Strategien relevant, sondern auch die aller anderen Spieler. Ein *Strategieprofil* ordnet jedem Spieler eine Strategie aus seiner Strategiemenge zu und wird mit $s \in S = S_1 \times S_2 \times \cdots \times S_n$ bezeichnet. (Der mathematische Operator ‚$\times$' bezeichnet das kartesische Produkt der Mengen S_i, $i = 1, 2, \ldots, n$, also die Menge aller n-Tupel von Elementen dieser Mengen. Ein n-Tupel ist eine geordnete Liste der Länge n der Form $(\tilde{s}_1, \tilde{s}_2, \ldots, \tilde{s}_n)$, wobei $\tilde{s}_i$ ein beliebiges Element der Menge S_i ist.) S ist die Menge aller möglichen Strategieprofile. Im Beispiel SSP ist dies die Menge aller Kombinationen $(s_1 \in S_1^{\text{SSP}}, s_2 \in S_2^{\text{SSP}})$, also (*Schere, Schere*), (*Stein, Schere*), (*Papier, Schere*), (*Schere, Stein*), (*Stein, Stein*), (*Papier, Stein*), (*Schere, Papier*), (*Stein, Papier*) und (*Papier, Papier*).

Jedes Strategieprofil ist eine mögliche Art, das Spiel zu spielen. Ausgehend von den möglichen Strategieprofilen $s \in S$ kann man daher das Ergebnis des Spiels für seine möglichen Arten, es zu spielen, bestimmen. Diese Aufgabe übernimmt die Ergebnisfunktion $f : S \to E$, die jedem Strategieprofil $s \in S$ ein Ergebnis e aus der Menge von möglichen Ergebnissen E zuordnet. Im Beispiel ist die Ergebnismenge $E^{\text{SSP}} = \{$Spieler 1 gewinnt, Spieler 2 gewinnt, Unentschieden$\}$. Die Funktion $f(s)$

bestimmt ausgehend von einem gespielten Strategieprofil s ein Ergebnis e. Ist zum Beispiel die Strategiekombination $s = (Schere, Stein)$, dann weist die Funktion $f(s)$ das Ergebnis ‚e = Spieler 2 gewinnt' zu. Für $s = (Papier, Papier)$ ist das Ergebnis ‚e = Unentschieden'.

Zuletzt ist noch wichtig, wie die Spieler das jeweilige Ergebnis bewerten. Dazu wird jedem Spieler für jedes mögliche Ergebnis durch eine Funktion $u_i(e)$ eine Nutzenbewertung des Ergebnisses zugewiesen, $u_i : E \to \mathbb{R}$. Falls man unterstellt, dass im Beispiel die Spieler gern gewinnen wollen, wäre jede Bewertung plausibel, bei der die folgende Ordnung gilt: u_i(Spieler i gewinnt) $>$ u_i(Unentschieden) $>$ u_i(Spieler i verliert). Zum Beispiel könnte jeder Spieler ‚Gewinn' mit 1, ‚Unentschieden' mit 0 und ‚Verlust' mit -1 bewerten. Mit den bisher diskutierten Elementen ist ein Spiel vollständig beschrieben und kann wie folgt zusammengefasst werden:

$$\Gamma = \left\{ N, S, f, \{u_i\}_{i=1,\dots,N} \right\}.$$

Es ist oft nützlich, die etwas komplizierte Definition dahingehend zu vereinfachen, dass die Nutzenbewertungen direkt den Strategieprofilen zugeordnet werden und nicht den Ergebnissen. Dies ist möglich, da ein Strategieprofil ein Ergebnis festlegt, welches wiederum die Nutzenbewertung bestimmt, $S \to E \to \mathbb{R}$. Wir können uns daher den mittleren Schritt sparen und direkt den Strategiekombinationen die Nutzenbewertungen zuweisen, $u_i : S \to \mathbb{R}$. Dies vereinfacht die Beschreibung eines Spiels, und wir erhalten

$$\Gamma' = \left\{ N, S, \{u_i\}_{i=1,\dots,N} \right\}.$$

Im Folgenden werden wir bei der abstrakten Einführung in die Spieltheorie von dieser Darstellung eines Spiels ausgehen. Man muss sich allerdings klar machen, dass sie für einen Sozialwissenschaftler oft zentrale Informationen über den gesellschaftlichen Kontext der Entscheidungssituation verdeckt. Man weiss nicht mehr, warum Spieler die eine Strategiekombination der anderen vorziehen, man weiss nur noch, dass dies so ist. Aus der rein technischen Perspektive der Untersuchung des Verhaltens ist dies irrelevant, für ein Verständnis des gesellschaftlichen Kontextes gilt das im Allgemeinen aber nicht. In SSP wissen wir zum Beispiel nur, dass ein Spieler $(Stein, Schere)$ der Strategienkombination $(Schere, Stein)$ vorzieht, wenn wir Γ' spezifizieren. Die ausführlichere Definition Γ erlaubt es, die Frage zu beantworten, warum dies so ist: Da der Spieler beim ersten Strategieprofil gewinnt und beim zweiten verliert.

Um Aussagen über das Verhalten der Spieler treffen zu können, benötigt man eine Hypothese über das Verhalten der Spieler und eine Hypothese über die Koordination dieses Verhaltens. Üblicherweise unterstellt man die sogenannte (Erwartungs-) Nutzenmaximierungshypothese, welche besagt, dass jeder Spieler die Strategie wählt, die seinen (erwarteten) Nutzen maximiert. Handelt es sich bei den Spielern zum Beispiel um konkurrierende Unternehmen, und identifiziert man den Nutzen eines Unternehmens mit seinem Gewinn, dann ist ein Beispiel die bereits bekannte Gewinnmaximierungshypothese. Aber auch altruistische Motive und viele andere können in die Bewertung eingehen. Nehmen wir an, ein altruistischer Spieler zieht eine gleiche Verteilung von Gewinnen $(5, 5)$ einer ungleichen Verteilung $(10, 0)$ vor. Dann würde man der ersten Verteilung einen höheren Nutzenwert zuweisen als der zweiten, auch wenn dies bei einem egoistischen Spieler gerade umgekehrt wäre. Nutzenmaximierung bedeutet dann, dass man jeweils die Strategie wählt, die den höchsten Nutzen verspricht.

Wir sind nun an einem Punkt angelangt, an dem wir die optimale Reaktion eines Spielers auf die Strategien der anderen Spieler bestimmen können. Diese Information findet sich in der sogenannten *Reaktionsfunktion*. Für jeden Spieler $i \in N$ sei die eigene Strategie $s_i \in S_i$ und das Strategieprofil aller übrigen Spieler $s_{-i} \in S_{-i}$.($-i$ bezeichnet die Menge aller Spieler mit Ausnahme von i.)

Die *beste Antwort* eines Spielers i auf ein Strategieprofil s_{-i} der anderen Spieler ist die Teilmenge seiner Strategien, die seinen Nutzen für das gegebene Strategieprofil s_{-i} maximieren. Die Reaktionsfunktion gibt an, welche Strategien den Nutzen eines Spielers i für jede mögliche Strategiekombination der anderen Spieler maximieren. Was das genau bedeutet, lässt sich am Beispiel SSP erklären. Spieler 2 hat drei Strategien. Wenn Spieler 2 die Strategie *Schere* wählt, ist die beste Antwort von Spieler 1, *Stein* zu wählen. Wählt Spieler 2 hingegen *Stein*, ist die beste Antwort von Spieler 1 *Papier*. Und wählt Spieler 2 *Papier*, ist die beste Antwort von Spieler 1 *Schere*. Diese drei besten Antworten auf die jeweiligen Strategien von Spieler 2 bilden die Reaktionsfunktion von Spieler 1. Formal lässt sie sich wie folgt definieren:

▶ **Definition 9.1 Reaktionsfunktion** Eine Strategie $s_i^* \in S_i$, die den Nutzen des Spielers für eine Strategiekombination der anderen Spieler s_{-i}, $u_i(s_i, s_{-i})$, maximiert,

$$u_i(s_i^*, s_{-i}) \geq u_i(s_i, s_{-i}) \quad \text{für alle} \quad s_i \in S_i,$$

heisst *beste Antwort* auf s_{-i}. Eine Funktion, die die besten Antworten eines Spielers i auf alle möglichen Strategiekombinationen der anderen Spieler angibt, heisst *Reaktionsfunktion* von Spieler i.

Die Konzepte der besten Antwort und der Reaktionsfunktion sind für die Bestimmung des Ausgangs eines Spiels von elementarer Bedeutung. Eine besondere Art der besten Antwort ist die sogenannte *Dominante Strategie*. Dabei handelt es sich um eine Strategie, die unabhängig von der Strategiewahl aller anderen Spieler immer eine beste Antwort ist. Formal bedeutet das:

▶ **Definition 9.2 Dominante Strategie** Eine Strategie $s_i^d \in S_i$ heisst *Dominante Strategie*, wenn sie eine beste Antwort auf alle möglichen Strategieprofile $s_{-i} \in S_{-i}$ der anderen Spieler ist,

$$u_i(s_i^d, s_{-i}) \geq u_i(s_i, s_{-i}) \quad \text{für alle} \quad s_i \in S_i \quad \text{und für alle} \quad s_{-i} \in S_{-i}.$$

Wenn ein Spieler über eine dominante Strategie verfügt, ist seine beste Antwort unabhängig davon, was die anderen Spieler tun, immer dieselbe. Die Strategien aller anderen Spieler s_{-i} können zwar den Nutzen eines Spielers i beeinflussen, nicht aber die optimale Strategie. Daher handelt es sich um einen Grenzfall der strategischen Interdependenz. Allerdings existieren dominante Strategien nicht in jedem Spiel, so auch nicht bei SSP.

9.4 Spiele in Normalform

Bei Spielen in Normalform wird zu Beginn des Spiels von allen Spielern zeitgleich (simultan) verbindlich festgelegt, welche Strategie sie spielen. Im Fall von zwei Spielern, die jeweils wenige Strategien haben, lässt sich ein Spiel in Normalform recht übersichtlich in Matrixform wie in Tab. 9.1 darstellen. Links sieht man vertikal angeordnet die m_1 Strategien von Spieler 1, oben waagerecht die m_2 Strategien von Spieler 2. Jedes Feld der Matrix steht für ein Strategieprofil, und die zugehörigen Nutzenbewertungen der Spieler sind angegeben. So steht $u_2(s_1^2, s_2^{m_2})$ für die Nutzenbewertung des Strategieprofils $(s_1^2, s_2^{m_2})$ durch Spieler 2, also einer Situation, in der Spieler 1 seine zweite Strategie wählt und Spieler 2 seine m_2-te.

Die Reaktionsfunktion sagt uns, welches Verhalten ein nutzenmaximierender Spieler an den Tag legen sollte, wenn er mit einem Strategieprofil der anderen Spieler konfrontiert ist. Was wir noch nicht wissen ist, wie diese besten Antworten miteinander koordiniert werden. Um eine Vorhersage über den Ausgang eines Spiels zu machen, benötigen wir daher eine Annahme über die Art, wie Spieler ihr Verhalten koordinieren. So eine Annahme nennt man auch ein *Gleichgewichtskonzept*. Das wichtigste Konzept zur Lösung von Spielen in Normalform ist das Nash-Gleichgewicht, benannt nach dem US-amerikanischen Mathematiker John Nash. Ein Nash-Gleichgewicht ist wie folgt definiert:

▶ **Definition 9.3 Nash-Gleichgewicht** Ein Strategieprofil $s^{ne} = \{s_1^{ne}, \ldots, s_n^{ne}\}$ heisst Nash-Gleichgewicht, wenn die Strategie eines jeden Spielers eine beste Antwort auf die gleichgewichtigen Strategien aller anderen Spieler ist,

$$u_i(s_i^{ne}, s_{-i}^{ne}) \geq u_i(s_i, s_{-i}^{ne}) \quad \text{für alle} \quad s_i \in S_i \quad \text{und für alle} \quad i \in N.$$

Tab. 9.1 Matrixdarstellung eines Spiels

	s_2^1	$\ldots$	$s_2^{m_2}$
s_1^1	$u_1(s_1^1, s_2^1), u_2(s_1^1, s_2^1)$	$\ldots$	$u_1(s_1^1, s_2^{m_2}), u_2(s_1^1, s_2^{m_2})$
s_1^2	$u_1(s_1^2, s_2^1), u_2(s_1^2, s_2^1)$	$\ldots$	$u_1(s_1^2, s_2^{m_2}), u_2(s_1^2, s_2^{m_2})$
$\vdots$	$\ldots$	$\ldots$	$\ldots$
$s_1^{m_1}$	$u_1(s_1^{m_1}, s_2^1), u_2(s_1^{m_1}, s_2^1)$	$\ldots$	$u_1(s_1^{m_1}, s_2^{m_2}), u_2(s_1^{m_1}, s_2^{m_2})$

Die Idee hinter dem Konzept des Nash-Gleichgewichts ist relativ einfach zu verstehen. Angenommen, es gibt zwei Spieler. Spieler 1 verfügt über zwei Strategien, ‚ins Kino gehen' oder ‚in die Bar gehen'. Spieler 2 verfügt ebenfalls über diese zwei Strategien. Jeder Spieler $i = 1,2$ nimmt an, dass der andere Spieler bei seiner Strategie bleiben wird, egal, was Spieler i tut. Dies erlaubt es, Reaktionsfunktionen zu bestimmen (sie behandeln die Strategien der anderen Spieler als Parameter). Das Problem ist nur, dass die Spieler auch noch herausfinden müssen, was die anderen Spieler tun, damit ihre besten Antworten ‚zusammenpassen'. Nehmen wir an, die beste Antwort von Spieler 1 ist, ins Kino zu gehen, wenn Spieler 2 ins Kino geht, und in die Bar zu gehen, wenn Spieler 2 in die Bar geht (er möchte den anderen Spieler treffen). Was sollte er tun? Um das herauszufinden, muss er versuchen zu verstehen, wie der andere Spieler handeln wird. Nehmen wir an, Spieler 2 geht ins Kino, egal was Spieler 1 tut. Spieler 1 weiss dann, dass er ins Kino geht, wenn Spieler 2 ins Kino geht, und dass Spieler 2 immer ins Kino geht. Daher sind diese besten Antworten miteinander konsistent. Die Vermutung von Spieler 1, dass Spieler 2 ins Kino geht, veranlasst ihn, ins Kino zu gehen, und es ist eine beste Antwort von Spieler 2, ins Kino zu gehen, wenn Spieler 1 ebenfalls dorthin geht. Diese gegenseitige Konsistenz der Pläne ist das fehlende Element zwischen individuellen Reaktionsfunktionen und der Art, wie ein Spiel gespielt wird. Ein Nash-Gleichgewicht ist nichts anderes als eine solche Konsistenzbedingung. Um dies zu sehen, schauen wir uns die mögliche Vermutung von Spieler 1 an, Spieler 2 ginge in die Bar. In diesem Fall würde Spieler 1 ebenfalls in die Bar gehen, worauf Spieler 2 reagiert, indem er ins Kino geht, worauf Spieler 1 seinen Plan korrigiert und auch ins Kino geht. Die Vermutung über das Verhalten von Spieler 2 führt zu einem Verhalten von Spieler 1, das zu einem Verhalten von Spieler 2 führt, welches nicht konsistent mit der Vermutung ist.

Die obige Diskussion hat gezeigt, dass die Spieler, um ihre gleichgewichtigen besten Antworten bestimmen zu können, die Überlegungen aller anderen Spieler in ihre eigenen mit einbeziehen müssen und von der Annahme ausgehen, dass ihre eigene Strategiewahl das Verhalten der anderen Spieler nicht verändert (weshalb sie diese Strategien als Parameter ihres eigenen Optimierungsproblems behandeln können). Aber das ist noch nicht alles. Wir sind nun an einem Punkt, an dem jeder Spieler seine Reaktionsfunktion sowie die Reaktionsfunktionen der anderen Spieler bestimmen kann. Was noch fehlt, ist das Wissen darum, dass die anderen Spieler auch mit dieser Logik das Spiel analysieren und ihre besten Antworten bestimmen. Und wir müssen auch noch annehmen, dass die Spieler um dieses Wissen wissen, dass sie wissen, dass sie um dieses Wissen wissen, und so weiter bis in unendliche Iterationen dieses Prozesses. Der Begriff *Common Knowledge* bezieht sich auf eine Situation, in der jeder einzelne Spieler über diese Form von Metawissen verfügt.

Es existiert in einer Gruppe von Spielern S *Common Knowledge* über einen Zustand z, wenn alle Spieler wissen, dass z, wenn alle Spieler wissen, dass sie wissen, dass z, und so weiter, *ad infinitum*. Der folgende Exkurs zeigt, warum *Common Knowledge* wichtig ist.

Exkurs 9.1. Ein Märchen über die Wichtigkeit von *Common Knowledge*
Auf einer Südseeinsel leben 100 blauäugige Personen. Der Rest der Bevölkerung hat eine andere Augenfarbe. Die Einwohner sind perfekte Logiker und sprechen niemals über Augenfarben. Es existiert ein alter Brauch, nachdem ein Inselbewohner die Insel in der Nacht, in der er seine Augenfarbe erfahren hat, verlassen muss. Da aber niemals über Augenfarbe gesprochen wird und es keine reflektierenden Oberflächen auf der Insel gibt, kennt niemand seine Augenfarbe. Daher bleiben alle Bewohner auf der Insel.

Eines Tags kommt ein Schiffbrüchiger auf die Insel. Man erlaubt ihm zu bleiben, und schon nach kurzer Zeit erwirbt er sich den Ruf, vollständig vertrauenswürdig zu sein. Nach einer Weile kommt ein Schiff und holt den Schiffbrüchigen ab. Als er die Insel verlässt, versammeln sich alle Inselbewohner am Hafen, und das Letzte, was der Schiffbrüchige den Inselbewohnern sagt, ist: ‚Übrigens, es gibt mindestens eine blauäugige Person auf der Insel.'

Was passiert in den folgenden Nächten? Und was hat all das mit dem Konzept des *Common Knowledge* zu tun? Die Antwort auf die erste Frage lautet, dass während der 100. Nacht nach dem Abschied des Schiffbrüchigen alle Blauäugigen die Insel verlassen.

Was fügt die Information des Schiffbrüchigen dem Wissen der Inselbewohner hinzu? Sie wussten doch schon vorher, dass es Blauäugige auf der Insel gibt. Was sie aber nicht wussten ist, dass die anderen Inselbewohner es auch wussten, und dass sie wissen, dass die anderen es auch wissen, und so weiter. Daher war die Information, dass es Blauäugige gibt, kein *Common Knowledge*. Dies änderte sich mit der Mitteilung des Schiffbrüchigen. Von diesem Moment an ist das Wissen um die Existenz von Blauäugigen *Common Knowledge*.

Warum macht das einen Unterschied? Um das zu verstehen, kann man ein Induktionsargument verwenden. Wenn genau eine Person blaue Augen hat, weiss diese Person, dass es keine andere Person mit blauen Augen auf der Insel gibt. Vor der Mitteilung des Schiffbrüchigen hätte sie denken können, dass keine Person blaue Augen hat, so dass es keinen Grund gab, die Insel zu verlassen. Mit der Mitteilung des Schiffbrüchigen lernt diese Person aber, dass es jemanden mit blauen Augen geben muss, und da sie niemanden sieht, muss sie es selbst sein. Daher verlässt sie die Insel in der ersten Nacht.

Als nächstes gehen wir davon aus, dass es zwei Personen mit blauen Augen gibt. Keine von beiden muss in der ersten Nacht die Insel verlassen, da es die Möglichkeit gibt, dass es nur eine blauäugige Person gibt, und die sieht man ja. Am nächsten Tag hat sich die Situation aber geändert. Beide Personen befinden sich noch immer auf der Insel, und das dürfte nicht sein, wenn die Annahme, es gäbe nur eine Person mit blauen Augen, stimmte. Daher lernen sie, dass jede von ihnen eine blauäugige Person gesehen haben muss. Da es

(Fortsetzung)

aber keine andere gibt, muss sie es selbst sein. Daher verlassen beide Personen die Insel in der zweiten Nacht.

Dasselbe Argument gilt, wenn es n blauäugige Personen gibt: Induktion führt zu dem Schluss, dass bis nach der $n-1$-ten Nacht niemand die Insel verlässt. Danach lernt aber jede Person mit blauen Augen, dass es n solche geben muss, und eine von ihnen sie selbst ist.

Daher führt eine anscheinend irrelevante Mitteilung des Schiffbrüchigen dazu, dass die Inselbewohner am Ende ihre Augenfarbe herausfinden.

Um das Gleichgewichtskonzept zu illustrieren, betrachten wir das Spiel in Tab. 9.2.

In diesem Spiel haben zwei Spieler $i = 1,2$ je zwei Strategien. Das Spiel hat ein Nash-Gleichgewicht, (O, L). Zunächst zeigen wir, dass (O, L) tatsächlich ein Gleichgewicht ist. Angenommen, Spieler 2 wählt L. Die beste Antwort von Spieler 1 ist dann O, da $4 > 2$ ist. O ist also eine beste Antwort auf L. Damit es sich um ein Nash-Gleichgewicht handelt, muss nun auch L eine beste Antwort auf O sein. Dies ist in der Tat der Fall, da $3 > 2$ ist und folglich aus Sicht von Spieler 2 kein Anreiz besteht, von L abzuweichen. Die Strategien O und L sind also gegenseitig beste Antworten, und (O, L) ist somit ein Nash-Gleichgewicht.

Für Spiele in Matrixdarstellung gibt es ein einfaches Verfahren zur Bestimmung von Nash-Gleichgewichten. Zunächst geht man sukzessive die Strategien von Spieler 1 durch und markiert die jeweils besten Antworten von Spieler 2 im jeweiligen Feld der Spielmatrix. Dann wiederholt man die Prozedur mit den Strategien von Spieler 2 und markiert die besten Antworten von Spieler 1. Sind nun in einem Feld der Spielmatrix Markierungen für beste Antworten von beiden Spielern, dann handelt es sich bei dem dazugehörigen Strategieprofil um ein Nash-Gleichgewicht.

Ein Nash-Gleichgewicht ist eine Vorhersage über den Ausgang eines Spiels. Aber wieso sollte ein Spiel einen solchen Verlauf nehmen? Eine wichtige Eigenschaft des Nash-Gleichgewichts ist die Stabilität: Kein Spieler hat einen Anreiz, von der gleichgewichtigen Strategie abzuweichen, da die gewählte Strategie ja definitionsgemäss eine beste Antwort auf die Strategien aller anderen Spieler ist. Allerdings setzt diese Argumentation voraus, dass die Spieler, wenn sie die Strategien der anderen Spieler kennen, sich noch überlegen können, ob sie abweichen wollen. Dies ist für ein Normalformspiel, bei dem die Strategien von vornherein und ohne Kenntnis der Strategiewahl der anderen Spieler festgelegt werden, aber gerade nicht der Fall. Vielmehr muss jeder Spieler von der Hypothese ausgehen, dass alle anderen Spieler auch daran glauben, dass ein Nash-Gleichgewicht gespielt wird. Damit er dann seine

Tab. 9.2 Ein Beispiel für ein Spiel in Matrixform

	L	R
U	4,3	3,2
D	2,1	1,4

optimale Strategie bestimmen kann, muss er die Nutzenmaximierungsprobleme aller anderen Spieler ebenfalls lösen, um zu verstehen, was er tun soll. Daher stellt das Konzept des Nash-Gleichgewichts hohe Anforderungen an das Ausmass der impliziten Übereinstimmung darüber, dass ein solches Lösungskonzept zur Anwendung kommt, sowie an die kognitiven Fähigkeiten der einzelnen Spieler. Im oben diskutierten Beispiel etwa muss Spieler 2 abwägen, welche Strategie Spieler 1 wählt. Wählte dieser U statt O, wäre die beste Antwort von Spieler 2 nicht L sondern R. Er muss mutmassen, dass Spieler 1 tatsächlich davon ausgeht, dass ein Nash-Gleichgewicht gespielt wird, und er muss sich dann in Spieler 1 hineinversetzen. Im Beispiel wird die Komplexität jedoch dadurch reduziert, dass Spieler 1 eine dominante Strategie besitzt. O ist unabhängig von der Strategiewahl von Spieler 2 eine beste Antwort. Da Spieler 2 das weiss, kann er vorhersehen, dass Spieler 1 stets O wählen wird, falls er rational ist. Er wird also selbst stets L wählen. Hat ein Spieler i eine dominante Strategie, senkt dies die Komplexität des Spiels, weil es den anderen Spielern hilft, Erwartungen darüber zu bilden, welche Strategie Spieler i wählt.

Für die Vorhersagekraft des Nash-Gleichgewichts kann man also festhalten, dass es umso unwahrscheinlicher ist, dass ein solches in der Praxis gespielt wird, je komplexer die zu analysierende Situation ist und je weniger Erfahrung die Spieler mit der Situation haben.

Das Problem der kognitiven Überforderung könnte deutlich durch das Lösungskonzept eines Gleichgewichts in dominanten Strategien entschärft werden, da für dieses Konzept jeder Spieler nur sein eigenes Optimum bestimmen muss, weil es unabhängig vom Verhalten der anderen Spieler ist:

▶ **Definition 9.4 Gleichgewicht in Dominanten Strategien** Ein Strategieprofil $s^{ds} = \{s_1^{ds}, \ldots, s_n^{ds}\}$ heisst Gleichgewicht in Dominanten Strategien, wenn die Strategie eines jeden Spielers eine dominante Strategie ist,

$$u_i(s_i^{ds}, s_{-i}) \geq u_i(s_i, s_{-i}) \quad \text{für alle} \quad s_i \in S_i \quad \text{und für alle} \quad i \in N.$$

Allerdings gibt es in den wenigsten Spielen ein solches Gleichgewicht, so dass man dann auf diesem Konzept keine Verhaltensprognose aufbauen kann. Daher behebt ein Übergang auf dieses Lösungskonzept das Problem nicht wirklich. Falls ein Gleichgewicht in dominanten Strategien aber existiert, kann vermutet werden, dass der Prognosegehalt der Theorie deutlich steigt.

Ein Gleichgewicht in dominanten Strategien ist immer auch ein Nash-Gleichgewicht. Ein Nash-Gleichgewicht ist jedoch nicht immer auch ein Gleichgewicht in dominanten Strategien. Das Spiel in Tab. 9.3 veranschaulicht dies.

Das Spiel hat zwei Nash-Gleichgewichte, (O, L) und (U, R). Dabei hat jeder Spieler eine dominante Strategie, für Spieler 1 ist dies O und für Spieler 2 L. (O, L) ist also auch ein Gleichgewicht in dominanten Strategien, (U, R) hingegen nicht. U ist lediglich eine beste Antwort, wenn Spieler 2 R wählt, und R ist lediglich eine beste Antwort, wenn Spieler 1 U wählt.

Tab. 9.3 Gleichgewichte in
Dominanten Strategien und
Nash-Gleichgewichte

	L	R
O	2,2	1,1
U	1,1	1,1

Tab. 9.4 Das Spiel „Schere,
Stein, Papier' in Matrixform

	St	*Pa*	*Sc*
St	0,0	-1,1	1,-1
Pa	1,-1	0,0	-1,1
Sc	-1,1	1,-1	0,0

Exkurs 9.2. Existenz eines Nash-Gleichgewichts.

Wie wir gesehen haben, ist es oftmals nicht einfach, eine genaue Vorhersage über den Ausgang eines Spiels zu treffen, da es sein kann, dass es kein eindeutiges Gleichgewicht gibt. Ein weiteres, mindestens ebenso fundamentales Problem ist die Möglichkeit, dass kein Gleichgewicht existiert, wie wir es bereits für Gleichgewichte in dominanten Strategien gesehen haben. Ist es möglich, dass ein Spiel gar kein Nash-Gleichgewicht besitzt? Und falls ja, was ist dann eine vernünftige Vorhersage über den Ausgang des Spiels?

Ein Beispiel für ein Spiel, in dem es kein Nash-Gleichgewicht gibt, ist das zu Beginn diskutierte Spiel SSP. Eine Darstellung des Spiels in Matrixform findet sich in Tab. 9.4. Wann immer ein Spieler eine beste Antwort auf die Strategie des anderen wählt, bedeutet das, dass der andere Spieler gerade die schlechteste aller möglichen Strategien wählt, da er jeweils nur -1 bekommt. Daher kann es kein Profil von Strategien geben, die gegenseitig beste Antworten sind, und somit auch kein Nash-Gleichgewicht.

Ein Spiel ohne Gleichgewicht ist höchst unbefriedigend, weil es keine Prognose über das Verhalten in dem Spiel erlaubt, was ja einer der Hauptgründe für die Entwicklung der Spieltheorie gewesen ist. Daher hat man nach einem Ausweg aus dem Dilemma gesucht und einen solchen im Konzept der *Gemischten Strategien* gefunden. Die Idee ist einfach: Wenn Sie sich in die Lage eines Spielers im Spiel SSP versetzen, dann wird klar, dass Sie unbedingt vermeiden wollen, dass der andere Spieler weiss, welche Strategie sie wählen werden, denn dann kann er immer gegen Sie gewinnen. Wie können Sie das erreichen? Eine Möglichkeit besteht darin, dass Sie die gewählte Strategie von einem Zufallsgenerator bestimmen lassen, der mit einer gewissen Wahrscheinlichkeit eine Strategie bestimmt. Dies ist genau die Idee der gemischten Strategie, sie bezeichnet eine Wahrscheinlichkeitsverteilung über die (ab jetzt so genannten) *reinen* Strategien, die Ihnen zur Verfügung stehen. Wenn man zulässt, dass die Spieler es dem Zufall überlassen können, welche reine Strategie sie wählen, vergrössern sich die Handlungsoptionen, denn ein Spieler kann nun aus einer Menge von

(Fortsetzung)

Wahrscheinlichkeitsverteilungen auf seinen reinen Strategien wählen, wobei diese selbst ein Spezialfall einer gemischten Strategie sind, bei der die reine Strategie mit Wahrscheinlichkeit eins gewählt wird. Ein Nash-Gleichgewicht, in welchem zumindest ein Spieler eine gemischte Strategie wählt, wird Nash-Gleichgewicht in gemischten Strategien genannt.

Aber was bringt das für unser Ziel, Prognosen zu machen? Im Beispiel SSP gibt es kein Gleichgewicht in reinen, aber eines in gemischten Strategien. Dies ist einfach zu finden und beinhaltet, dass jeder Spieler jede reine Strategie mit einer Wahrscheinlichkeit von $1/3$ wählt. Wählt zum Beispiel Spieler 1 jede reine Strategie mit dieser Wahrscheinlichkeit, hat Spieler 2 folgenden erwarteten Nutzen aus jeder Strategie:

$$u_2\left(R, (\tfrac{1}{3}, \tfrac{1}{3}, \tfrac{1}{3})\right) = \tfrac{1}{3} \cdot 0 + \tfrac{1}{3} \cdot (-1) + \tfrac{1}{3} \cdot 1 = 0,$$
$$u_2\left(P, (\tfrac{1}{3}, \tfrac{1}{3}, \tfrac{1}{3})\right) = \tfrac{1}{3} \cdot 1 + \tfrac{1}{3} \cdot 0 + \tfrac{1}{3} \cdot (-1) = 0,$$
$$u_2\left(S, (\tfrac{1}{3}, \tfrac{1}{3}, \tfrac{1}{3})\right) = \tfrac{1}{3} \cdot (-1) + \tfrac{1}{3} \cdot 1 + \tfrac{1}{3} \cdot 0 = 0.$$

Die gemischte Strategie von Spieler 1 macht Spieler 2 indifferent zwischen allen reinen Strategien, und somit ist jede reine Strategie für ihn eine beste Antwort, was die Voraussetzung dafür ist, dass er umgekehrt auch bereit ist, zwischen seinen reinen Strategien zufällig auszuwählen. Dasselbe gilt im Umkehrschluss für Spieler 1, und somit ist es ein Nash-Gleichgewicht (in gemischten Strategien), wenn beide Spieler randomisieren und jede reine Strategie mit Wahrscheinlichkeit $1/3$ wählen.

Wie das Beispiel zeigt, ergibt sich mit Hilfe dieses erweiterten Strategieraums nun eine eindeutige Prognose für das Spiel. Es ist eine der zentralen Leistungen von John Nash, gezeigt zu haben, dass ein solches Gleichgewicht in gemischten Strategien unter sehr allgemeinen Bedingungen existiert.

Existenzsatz von Nash Jedes Spiel mit einer endlichen Anzahl von Spielern und einer endlichen Anzahl von reinen Strategien besitzt mindestens ein Nash-Gleichgewicht in Gemischten Strategien.

Das Theorem von Nash ist ein zentrales Ergebnis, da es gewährleistet, dass eine Vorhersage über den Spielausgang, basierend auf dem Konzept des Nash-Gleichgewichts, prinzipiell möglich ist. Wir lassen den Beweis des Ergebnisses aus, da er auf fortgeschrittenen mathematischen Konzepten basiert.

Ein weiteres Spiel, bei dem kein Nash-Gleichgewicht in reinen Strategien existiert, ist das Elfmeterschiessen im Fussball. Der Torhüter entscheidet, welchen Bereich des Tores er verteidigt, während der Schütze simultan die Entscheidung trifft, wohin er schiesst. Mutmasst der Torhüter korrekt, für

(Fortsetzung)

welche Strategie sich der Schütze entscheidet, hält er den Ball, anderenfalls kann er den Ball nicht halten, und der Schütze ist erfolgreich. Leicht vereinfacht kann man die Strategien beider Spieler als ‚Links', ‚Mitte' und ‚Rechts' beschreiben. Das Spiel hat ein Gleichgewicht in gemischten Strategien, bei dem jeder Spieler jede reine Strategie mit einer Wahrscheinlichkeit von 1 / 3 wählt. Man hat das Verhalten von Torhütern und Schützen mit Daten aus der italienischen und der französischen Profiliga untersucht. Dabei fand man, dass das beobachtete Verhalten der Spieler konsistent mit der spieltheoretischen Vorhersage ist.

9.4.1 Multiple Gleichgewichte

Wir haben im in Tab. 9.3 dargestellten Spiel gesehen, dass es multiple Nash-Gleichgewichte geben kann. Das Problem mit multiplen Gleichgewichten besteht darin, dass sie den Vorhersagegehalt reduzieren und unklar ist, welche Handlungsempfehlungen für die einzelnen Spieler abgeleitet werden können. Nur Strategien, die nicht Teil eines Nash-Gleichgewichts sind, können ausgeschlossen werden. Das Problem besitzt im angesprochenen Spiel eine grosse Relevanz, da *jede* Strategie eines Spielers rationalisiert werden kann, auch wenn es nur zwei Gleichgewichte gibt. Die Spieler müssen ihre Erwartungen irgendwie auf eines der beiden Gleichgewichte koordinieren, damit wir Verhaltensweisen als irrational ausschliessen können. Ohne einen solchen Koordinationsmechanismus ist die formale Analyse des Spiels aus der Perspektive der Vorhersage oder auch der Beratung bezüglich einer guten Strategie sinnlos.

Eine Möglichkeit, das Problem zu lösen, besteht darin, ein strengeres Gleichgewichtskonzept anzuwenden, wie zum Beispiel das Gleichgewicht in dominanten Strategien. Oftmals ist dies aber nicht hilfreich, denn in vielen Spielen existieren keine dominanten Strategien, und es kann auch multiple Gleichgewichte in dominanten Strategien geben.

Eine andere Möglichkeit, mit dem Problem der multiplen Gleichgewichte umzugehen, ist, von der Hypothese auszugehen, dass Individuen sich auf sogenannte ‚fokale' Strategien koordinieren. Der Begriff wurde von Thomas Schelling (1960) geprägt und impliziert, dass manche Gleichgewichte aus der Menge aller Gleichgewichte in gewisser Weise hervorstechen. In Schellings Worten (S. 57): „People can often concert their intentions or expectations with others if each knows that the other is trying to do the same. Most situations – perhaps every situation for people who are practiced at this kind of game – provide some clue for coordinating behavior, some focal point for each person's expectation of what the other expects him to expect to be expected to do. Finding the key, or rather finding *a* key – any key that is mutually recognized as the key becomes *the* key – may depend on imagination more than on logic; it may depend on analogy, precedent, accidental arrangement, symmetry, aesthetic or geometric configuration, casuistic reasoning, and who the parties are and what they know about each other." Was ein Gleichgewicht fokal macht, ist jedoch nicht eindeutig definiert und liegt am jeweiligen Spiel und Kontext. Daher handelt es sich nicht um ein formales Konzept, sondern um eine Denkheuristik, mit deren Hilfe man versuchen kann zu verstehen, wie Spieler in bestimmten Situationen handeln. Hier ist ein Beispiel, welches die Idee veranschaulichen soll. Nehmen Sie an, Sie und ihre Mitspielerin können eine aus drei Zahlen wählen. Wenn Sie dieselbe Zahl wählen, gewinnt jeder von Ihnen CHF 10, ansonsten gehen Sie leer aus. Dann ist jedes Paar gleicher Zahlen ein Nash-Gleichgewicht. Nehmen Sie nun an, die Zahlen, aus denen Sie wählen können, sind 0,73285, 1 und 1,3857. In diesem Fall würden sich viele Leute intuitiv für die ‚runde' Zahl und nicht für die ‚krummen' Zahlen entscheiden. Alle Paare $\{0,73285, 0,73285\}$, $\{1, 1\}$, $\{1,3857, 1,3857\}$ sind daher Nash-Gleichgewichte, aber nur das Paar $\{1, 1\}$ ist fokal, auch wenn man nicht genau erklären kann, warum.

In manchen Spielen lassen sich die Gleichgewichte nach den Auszahlungen oder Nutzenwerten ordnen, die die Spieler erhalten. Wenn es ein Gleichgewicht gibt, bei dem sich alle Spieler besser stellen als in den anderen Gleichgewichten, ist dies ein aussichtsreicher Kandidat für einen Fokalpunkt.

▶ **Definition 9.5 Pareto-Dominanz** Ein Nash-Gleichgewicht ist Pareto-dominant, falls jeder Spieler in ihm einen Nutzen erreicht, der strikt grösser als der Nutzen in allen anderen Nash-Gleichgewichten ist.

Ein Beispiel, das zeigt, wie die Idee der Pareto-Dominanz ein Gleichgewicht fokal machen kann, ist das sogenannte ‚Treffen in New York'. Zwei Geschäftsfrauen verabreden sich zu einem Treffen um Punkt 12:00 mittags in New York. Unglück-licherweise haben sie keinen Treffpunkt abgemacht. Die möglichen Treffpunkte sind Grand Central Terminal (GCT), Empire State Building (ESB) und Wall Street (WS). Treffen sie sich nicht, bewerten beide das nutzenmässig mit 0. Treffen sie sich am ESB oder in der WS, bewerten beide das mit 1. Da nahe des GCT jedoch das Lieblingscafé der beiden Frauen ist, bewerten sie ein Treffen dort mit 3. Eine Darstellung des Spiels in Matrixform findet sich in Tab. 9.5.

Das Spiel hat drei Nash-Gleichgewichte, nämlich alle Strategieprofile, bei denen sich die Geschäftsfrauen treffen. Da es multiple Gleichgewichte gibt, kann auf Basis der Idee des Nash-Gleichgewichts allein keine Vorhersage über das Verhalten der Spieler gemacht werden. Darüber hinaus gibt es auch kein Gleichgewicht in dominanten Strategien. Das Gleichgewicht (GCT, GCT) ist jedoch Pareto-dominant und somit unter Umständen fokal. Basierend auf dem Konzept der Pareto-Dominanz

Tab. 9.5 Treffen in New York

	GCT	ESB	WS
GCT	3,3	0,0	0,0
ESB	0,0	1,1	0,0
WS	0,0	0,0	1,1

können daher zwei Nash-Gleichgewichte als unwahrscheinlich erachtet werden, und eine Vorhersage über den Ausgang des Spiels wird ermöglicht.

Allerdings muss beachtet werden, dass die Idee der Pareto-Dominanz zwar oft hilfreich ist, das Ergebnis eines Spiels vorherzusagen, dies jedoch nicht immer der Fall ist. Zum einen kann es sein, dass die Gleichgewichte nicht nach dem Kriterium der Pareto-Dominanz gereiht werden können, so dass das Konzept in diesen Spielen nicht anwendbar ist. Zum anderen kann es mehrere Pareto-dominante Nash-Gleichgewichte geben. In diesen Spielen kann das Problem multipler Gleichgewichte vielleicht verringert, aber nicht eliminiert werden. Wenn etwa beim Treffen in New York die Nutzenbewertung des Strategieprofils (ESB, ESB) für jeden Spieler 3 ist, dann kann mit Hilfe der Pareto-Dominanz zwar das Gleichgewicht (WS, WS) ausgeschlossen werden, eine Aussage über den Ausgang des Spiels ist jedoch nach wie vor nicht möglich, da sowohl (GCT, GCT) als auch (ESB, ESB) Pareto-dominant sind.

Schliesslich kann auch der Fall auftreten, dass sich die Spieler auf ein dominiertes Gleichgewicht einigen, obwohl es ein für alle Spieler besseres gäbe, denn auch die dominierten Gleichgewichte sind Gleichgewichte, so dass sich niemand durch ein isoliertes Abweichen verbessern kann. Ein Beispiel für eine solche Situation sind ineffiziente Produktstandards wie die sogenannte qwerty-Tastaturbelegung, die ihren Namen aufgrund der Belegung der Tasten auf der US-amerikanischen Schreibmaschinentastatur hat, die in der oberen Zeile von links mit q,w,e,r,t,y beginnt. Die Lage der Buchstaben auf Tastaturen wurde bei ihrer Entwicklung so festgelegt, dass man eine maximale *effektive* Schreibgeschwindigkeit erreichen konnte. Da man zu dieser Zeit noch mit mechanischen Schreibmaschinen schrieb, bedeutete dies, dass man die *potenzielle* Schreibgeschwindigkeit künstlich reduzieren musste, um ein Verhaken der Typenhebel zu verhindern. Daher sind die Tasten auf der qwerty-Tastatur nicht so angeordnet, dass aus heutiger Sicht die effektive Schreibgeschwindigkeit maximiert wird. Das mechanische Problem des Verhakens der Typenhebel wurde mit der Entwicklung der Kugelkopfschreibmaschine gelöst, man hat es aber nie geschafft, auch die Tastaturbelegung so zu ändern, dass die effektive Schreibgeschwindigkeit erhöht werden konnte. Wir arbeiten heute mit Tastaturbelegungen, die ineffizient, aber ein Gleichgewicht sind. In diesem Beispiel liegt der Grund für die Persistenz eines ineffizienten Standards darin, dass die Erwartungen der Spieler durch die Geschichte beeinflusst werden. Eine neue, effizientere Tastaturbelegung ist kontrafaktisch, sie existiert nur in der Vorstellung, wohingegen die andere, ineffiziente Tastaturbelegung seit Jahren und Jahrzehnten existiert. Geschichte kann daher ein mächtigerer Fokalmechanismus als Pareto-Dominanz sein.

Ein weiteres wichtiges Beispiel für multiple Gleichgewichte ist der öffentliche Verkehr. Nehmen wir an, dass die Schaffung und der Unterhalt eines öffentlichen Verkehrsnetzes fixe sowie variable Kosten je Nutzer hat. Um die Fixkosten zu decken, müssen die Nutzer Steuern zahlen, und für die variablen Kosten kommen sie mit dem Kauf von Fahrscheinen auf. Wenn die Anzahl privater Nutzer klein ist, so sind die Kosten je Nutzer hoch, und es ist rational, stattdessen auf den Individualverkehr auszuweichen. Wenn die Anzahl der Nutzer gross ist, sind die Kosten je Nutzer niedrig, so dass ein Gleichgewicht existiert, in dem ein gut ausgebautes Netz öffentlichen Verkehrs existiert, welches von vielen Nutzern angenommen wird. Die Schweiz ist ein Beispiel für ein Land mit einem dichten, verlässlichen und preiswerten öffentlichen Transportwesen, wohingegen die meisten Metropolen der USA hauptsächlich auf privaten Verkehr angewiesen sind.

Exkurs 9.3. Die Ökonomik der Sozialen Medien

Die qwerty-Tastatur mag als ein niedliches Beispiel für ineffiziente Standards ohne grosse ökonomische Relevanz erscheinen. Daraus den Schluss zu ziehen, dass Koordinationsprobleme nur von sekundärer Wichtigkeit für die Funktionsweise einer Ökonomie sind, wäre allerdings verfrüht, da Probleme multipler Gleichgewichte im Zentrum zahlreicher digitaler Technologien stehen. Nehmen wir Soziale Medien als Beispiel. Die Attraktivität von Apps wie Facebook oder Airbnb hängt an der Zahl der Nutzer. Je mehr Nutzer eine Website hat, desto attraktiver ist sie für sie. Dieses Phänomen bezeichnet man als *Netzwerkexternalität*. Netzwerkexternalitäten können ohne Probleme Qualitätsunterschiede zwischen den Websites dominieren. Auch wenn eine Seite nutzerfreundlicher, transparenter oder sicherer ist, kann sich die in dieser Hinsicht schlechtere Seite durchsetzen, und das nur aufgrund der Tatsache, dass sie zufällig mehr Nutzer hat.

Wenn man sich solche Industrien genauer anschaut, erkennt man ein Muster. In einem frühen Stadium der Markteinführung beobachtet man oft Wettbewerb zwischen Plattformen, also zum Beispiel zwischen Facebook, Friendster, MySpace, oder Xanga, und es ist *ex ante* nicht offensichtlich, welche Plattform sich am Ende durchsetzen wird. Spieltheoretisch ausgedrückt existiert ein Spiel mit multiplen Gleichgewichten, eines, bei dem die Mehrheit der Nutzer Facebook, und eines, bei dem die Mehrheit der Nutzer eine andere Plattform nutzt. Objektive Qualitätsunterschiede zwischen den Plattformen sind dabei ein schlechter Indikator für das sich durchsetzende Gleichgewicht. Die Anzahl der Nutzer hingegen ist ein guter Indikator. Die am schnellsten wachsende Plattform wird am Ende die anderen dominieren oder vom Markt verdrängen, und wenn erst einmal eine dominante Stellung erreicht ist, ist es für neueintretende Unternehmen schwierig, erfolgreich zu sein, selbst wenn sie technologisch eine deutlich bessere Qualität bieten. Die grosse Anzahl der Nutzer schützt das existierende Unternehmen vor Markteintritten.

9.4.2 Kollektiv und individuell rationales Verhalten

Ein wichtiges Thema, zu dessen Verständnis die Spieltheorie beigetragen hat und weiterhin beiträgt, ist die Klärung der Frage, inwieweit davon ausgegangen werden kann, dass individuelles, am Eigeninteresse orientiertes Verhalten dazu beiträgt, dass am Ende auch die Wohlfahrt einer Gruppe befördert wird. Die Spieltheorie kann zur Klärung dieser Frage insofern beitragen, als dass sie typische Problemstrukturen mathematisch aufzeigt, die dann zu bestimmten Gleichgewichtskonstellationen führen. Die strukturellen Eigenschaften eines Spiels, die dann zu bestimmten Typen von Gleichgewichten führen, können Sozialwissenschaftlern dazu dienen, über Interpretationsmuster für bestimmte Situationen in der Wirklichkeit zu verfügen, mit deren Hilfe sie besser die strukturellen Eigenschaften der Situation erfassen und interpretieren können.

Um deutlicher zu machen, was damit gemeint ist, stellen wir eines der berühmtesten Spiele vor, das Gefangenendilemma. Was ist der Hintergrund dieses Spiels?

Im Kap. 5 wurden die beiden Hauptsätze der Wohlfahrtsökonomik besprochen, die besagen, dass unter bestimmten Bedingungen ein Marktgleichgewicht Pareto-effizient ist. Das Coase-Irrelevanz-Theorem hat diese Intuition verallgemeinert und gezeigt, welche Bedingungen hinreichend dafür sind, dass dezentrale Verhandlungen zu einer Ausschöpfung der Handelsgewinne führen. Bis weit ins 20. Jahrhundert waren daher viele Ökonominnen und Ökonomen davon überzeugt, dass die von Adam Smith formulierte Idee der ‚unsichtbaren Hand des Marktes' die gesellschaftliche Wirklichkeit weitgehend zutreffend beschreibt: Wenn jeder an sich selber denkt, ist an alle gedacht, und es gibt keinen Konflikt zwischen Eigeninteresse und gesellschaftlicher Wohlfahrt.

Diese Vorstellung einer reibungslosen Gesellschaft kann durch das ‚Unsichtbare-Hand-Spiel' illustriert werden (Tab. 9.6). In diesem Spiel haben die beiden Spieler jeweils zwei Strategien, M und F, und F ist eine dominante Strategie für beide Spieler. Daher ist (F, F) ein eindeutiges Nash-Gleichgewicht und auch ein Gleichgewicht in dominanten Strategien. Es ist darüber hinaus Pareto-effizient.

Das ‚Unsichtbare-Hand-Spiel' offenbart keine tiefere Wahrheit über die gesellschaftliche Wirklichkeit. Es sollte nicht überraschen, dass man mit Nutzenbewertungen von Strategien so lange herumspielen kann, bis ein eindeutiges und Pareto-effizientes Gleichgewicht existiert. Die eigentlich relevante Frage ist, ob dieses Spiel die gesellschaftliche Wirklichkeit (oder bestimmte Aspekte derselben) gut beschreibt.

Da wir schon mal angefangen haben, mit den Nutzenbewertungen herumzuspielen, können wir auch ein Spiel erzeugen, welches in Tab. 9.7 dargestellt wird. Zusammen mit dem ‚Unsichtbare-Hand-Spiel' wurde dieses Spiel zur bedeutendsten Metapher für die Logik gesellschaftlicher Interaktionen. Es wurde

Tab. 9.6 Unsichtbare-Hand-Spiel

	M	F
M	3,3	5,5
F	5,5	10,10

Tab. 9.7 Gefangenendilemma

	V	W
V	3,3	10,1
W	1,10	7,7

von den Mathematikern Merrill Flood und Melvin Dresher entwickelt. (Der Name Gefangenendilemma geht auf Albert W. Tucker zurück, der das Spiel von Flood und Dresher übernahm aber in einem anderen interpretatorischen Kontext anwendete. Die Geschichte, die er erzählte, handelt von zwei Individuen, die ein Verbrechen begangen haben, und die entweder gestehen können oder nicht. Beide sind kollektiv besser gestellt, wenn sie nicht gestehen, aber jedes Individuum hat individuell den Anreiz zu gestehen. Daher der Name Gefangenendilemma.)

Das Spiel ist eine Parabel, die auf viele ökonomisch relevante Situationen angewendet werden kann, zum Beispiel auf das Gemeinschaftsgutproblem, welches wir in Kap. 6 besprochen haben. Tab. 9.7 zeigt ein Gefangenendilemma in Matrixform. Zwei Spieler besitzen je zwei Strategien, V und W. Das wesentliche Merkmal des Spiels ist, dass es aus Sicht jedes Einzelnen optimal ist, Strategie V zu wählen, (V, V) ist ein Gleichgewicht in dominanten Strategien. Beide Spieler können sich aber durch die gemeinsame Wahl von W verbessern. Auf das Gemeinschaftsgutproblem angewendet, kann das Spiel wie folgt interpretiert werden: An einem See wohnen zwei Fischer, die, um ihren Lebensunterhalt zu verdienen, mit dem Boot ausfahren, um Fische zu fangen. Sie haben dabei die Möglichkeit, viel (V) oder wenig (W) zu fangen. Entscheiden sich beide für W, können sie auch nur wenig verkaufen, aber die Fischbestände bleiben intakt, was zukünftiges Einkommen garantiert, und beide bekommen einen Nutzen von 7. Entscheiden sich beide für V, können beide viel verkaufen, die Fischgründe werden allerdings übernutzt und die Fischpopulation sinkt unter ein kritisches Niveau, was zu einem Nutzenniveau von 3 führt. Entscheidet sich ein Fischer für V, der andere aber für W, sinkt die Fischpopulation ebenso unter ein kritisches Niveau. Der Fischer, der V wählt, kann aber viel verkaufen, was ihm einen Nutzen von 10 bringt, während der andere Fischer, welcher W wählt, lediglich einen Nutzen von 1 bekommt.

Dadurch, dass jeder Spieler eine dominante Strategie V besitzt, scheint es naheliegend zu glauben, dass das Gleichgewicht auch aus Wohlfahrtsgesichtspunkten aus Sicht der Spieler gut ist, bzw. dass das Ergebnis Pareto-effizient ist. Dem ist allerdings nicht so, denn koordinierten beide Spieler sich auf W, stellten sie sich dadurch besser. Die dezentral getroffenen Entscheidungen der Spieler sind zwar individuell rational, das Ergebnis ist jedoch kollektiv nicht optimal.

9.4.3 Einfache Spiele als strukturelle Metaphern

Wenn wir nun auf den Ausgangspunkt der Überlegungen dieses Abschnitts zurückkehren, kann man sich mit Hilfe von Zwei-Personen-, Zwei-Strategien-Spielen leicht klarmachen, welche Typen von Problemen *prinzipiell* im Zusammenwirken individueller Entscheidungen auftreten können.

- Es kann ein eindeutiges Gleichgewicht geben, welches auch effizient ist. In einer solchen Situation gibt es keinen Konflikt zwischen individueller Rationalität und dem kollektiven Ergebnis.

- Es kann ein eindeutiges Gleichgewicht geben, welches nicht effizient ist. In einer solchen Situation gibt es einen Konflikt zwischen individueller Rationalität und dem kollektiven Ergebnis, man nennt diese Problemstruktur auch ein ‚Kooperationsproblem', weil die Anreize des Spiels es nicht erlauben, dass wünschenswerte Kooperation stattfindet.
- Es kann multiple Gleichgewichte geben. Man nennt diese Problemstruktur auch ein ‚Koordinationsproblem', weil die zentrale Herausforderung darin besteht, dass sich die Individuen auf eines der möglichen Gleichgewichte einigen.

Die obige Klassifikation möglicher Strukturen ist nützlich, weil sie einen Rahmen möglicher Interpretationsmuster von gesellschaftlichen Problemen aufspannt. Wir haben bereits gesehen, dass sich ein Gemeinschaftsgutproblem wie die Überfischung als Kooperationsproblem interpretieren lässt, und es kann ebenfalls argumentiert werden, dass die gesellschaftlichen und ökonomischen Ursachen des anthropogenen Klimawandels in einem ungelösten Kooperationsproblem zu finden sind.

Exkurs 9.4. Kooperationsprobleme und Externe Effekte
Dies ist eine gute Stelle, um auf einen wichtigen Zusammenhang zwischen den unterschiedlichen Konzepten und inhaltlichen Anwendungen, die wir in diesem Buch diskutieren, hinzuweisen. Wir haben das Konzept der Externen Effekte in Kap. 6 eingeführt. Eine Externalität existiert, wenn die Handlungen eines Individuums A das Wohlergehen eines anderen Individuums B beeinflussen, ohne dass A dies berücksichtigt; es handelt sich um eine nicht internalisierte Interdependenz. Wenn wir uns Kooperationsprobleme wie das Gefangenendilemma anschauen, so erkennen wir, dass eine Externalität im Zentrum des Problems steht: Das rationale Verhalten eines Individuums stellt das andere Individuum schlechter, aber die beiden finden keine Möglichkeit, diesen Effekt zu internalisieren. Daher handelt es sich bei Kooperationsproblemen um Metaphern für Situationen, in denen gegenseitig Externe Effekte bestehen.

Wir haben ebenfalls die Ontologie eines Phänomens wie Geld diskutiert (Kap. 3), und wir können nun Geld im Kontext eines einfachen Spiels interpretieren. Geld (zumindest seine modernen Formen) besitzt keinen intrinsischen Wert, vielmehr basiert der Wert von Geld auf einer Übereinkunft zwischen den Menschen, es als Zahlungsmittel zu akzeptieren. Wenn dies alle Menschen tun, so hat dies positive Folgen für die Wirtschaft, weil Tauschvorgänge erleichtert werden. Dies ist auch ein Gleichgewicht: Wenn ein einzelnes Wirtschaftssubjekt Geld nicht mehr akzeptiert, passiert nichts Schlimmes für den Rest der Gesellschaft, aber das Individuum stellt sich schlechter. Wenn aber niemand Geld akzeptieren will, so ist es für den Einzelnen rational, ebenfalls kein Geld zu akzeptieren, und somit kann auch keine Geldwirtschaft entstehen. Damit ist eine Situation ohne Geldwirtschaft ebenfalls ein Gleichgewicht. Aufgrund der multiplen Gleichgewichte besteht daher eine der zentralen Herausforderungen einer Geldwirtschaft darin, die Erwartungen der Menschen so zu stabilisieren, dass sie bereit sind, Geld zu akzeptieren. Das dies nicht immer einfach ist, sieht man in Zeiten von Wirtschaftskrisen, in denen ein sogenannter ‚Bank Run' droht, also eine Situation, in der alle Menschen ihr Vertrauen in den Wert des Gelds verlieren, was gerade dazu führt, dass Geld tatsächlich seinen Wert verliert. Es handelt sich um eine selbsterfüllende Prophezeiung. Viele Phänomene auf Finanzmärkten haben eine ähnliche Struktur und können mit dem Erklärungsmodell ‚Koordinationsproblem' besser verstanden werden. Spieltheorie ist daher auch für die Makroökonomik ein wichtiges Analyseinstrument und kam im Nachgang der Finanzkrise 2008, 2009 zu neuem Ruhm.

Die drei oben beschriebenen Spielstrukturen sind Prototypen für die meisten Probleme, denen Sie in ihrem Studium der Ökonomik begegnen werden, auch wenn sie mathematisch deutlich komplexer und mit viel mehr empirischem Material angereichert sind. Wenn Sie die Grundstrukturen in Erinnerung behalten, wird es Ihnen leichter fallen, die fundamentale Struktur der Argumente zu verstehen, die den unterschiedlichen Theorien hinterlegt sind.

Exkurs 9.5. Der Kalte Krieg als Spiel

Deterrence is the art of producing in the mind of the enemy the fear to attack.
(Stanley Kubrick, Dr. Strangelove)

Während des Kalten Kriegs bestand eine nukleare Pattsituation zwischen den USA und der UDSSR. Daher beschäftigte die RAND-Corporation (ein wichtiger US-amerikanischer *Think Tank*) einige der besten Spieltheoretiker, um die Situation besser zu verstehen. Zu diesem Zeitpunkt gingen beide Staaten von derselben Politik aus: „If one side launched a first strike, the other threatened to answer with a devastating counter-strike." Diese Doktrin wurde als *Mutually Assured Destruction*, oder auch MAD bekannt. Spieltheoretiker sorgten sich um die Rationalität und daher auch der Glaubwürdigkeit von MAD. Ihr Argument war wie folgt: „Suppose the USSR launches a first strike against the USA. At that point, the American President finds his country already destroyed. He doesn't bring it back to life by now blowing up the world, so he has no incentive to carry out his original threat to retaliate, which has now manifestly failed to achieve its point. Since the Russians can anticipate this, they should ignore the threat to retaliate and strike first. Of course, the Americans are in an exactly symmetric position, so they too should strike first. Each power will recognize this incentive on the part of the other, and so will anticipate an attack if they don't rush to preempt it. What we should therefore expect is a race between the two powers to be the first to attack." (Don Ross, 2019)

(Fortsetzung)

Diese Analyse der Situation veranlasste die RAND Corporation dazu, der Regierung der USA zu empfehlen, die Glaubwürdigkeit eines Festhaltens an MAD durch geeignete Massnahmen zu sichern. Eine Strategieoption bestand darin sicherzustellen, dass eine ‚Second-Strike Capability' existierte. Eine zweite Strategie bestand darin, die politischen Entscheider als irrational erscheinen zu lassen. Der CIA portraitierte zum Beispiel den US-amerikanischen Präsidenten Nixon als verrückt bzw. alkoholkrank. Der KGB, der anscheinend zum selben Schluss gekommen war, streute gefälschte medizinische Berichte, die beweisen sollten, dass der Generalsekretär Breshniew senil und altersschwach war.

Eine weitere Strategie bestand darin, Unsicherheit hinsichtlich der Möglichkeit, einen Gegenangriff stoppen zu können, zu schaffen. Dabei wurden nukleare Überkapazitäten geschaffen und an verschiedenen Orten aufbewahrt (was es schwieriger machte, den Abschuss aller Raketen im Fall eines sowjetischen oder US-amerikanischen Angriffs zu verhindern). Ein weiterer Versuch, MAD glaubwürdig zu machen, bestand in der Schaffung sogenannter *Doomsday Machines*, also von Technologien, die den Gegenschlag automatisch ausführen, ohne dass Menschen noch die Möglichkeit haben zu intervenieren. Die UDSSR ging so weit, ein System namens Perimeter, auch Dead Head genannt, zu schaffen, welches einer Doomsday-Machine so nah wie nur möglich kam. Das System konnte den Abschuss von nuklearen Interkontinentalraketen automatisch auslösen, sobald es Hinweise auf einen nuklearen Erstschlag der USA auf Basis von seismischen Daten, Lichtdaten, Radioaktivitätsdaten und Daten über Druckverhältnisse bekam.

Es ist ein Gemeinplatz zu glauben, dass die strategische Situation des Kalten Krieges einem Gefangenendilemma entsprach. Es ist allerdings alles andere als klar, ob man dies so ohne Weiteres vermuten kann, dass also die entscheidenden Politiker zu dieser Zeit Nutzenbewertungen der Strategien besassen, die eine Auslöschung der gesamten einer Auslöschung der eigenen Bevölkerung vorzog. Dies ist aber notwendig, damit es sich um ein Gefangenendilemma handelt. Und dann wissen wir ja: Ein solches Spiel hat ein eindeutiges Gleichgewicht in dominanten Strategien, so dass es uns nicht mehr geben dürfte.

9.5   Spiele in extensiver Form

Bisher spielte die zeitliche Dimension eines Spiels keine Rolle. Diese Annahme ist auch gerechtfertigt, falls alle Spieler zum selben Zeitpunkt handeln oder vor Beginn des Spiels ihre Strategien simultan bestimmen und dann im Verlauf des Spiels nur noch ausführen. In vielen Spielen ist dies aber anders, und die zeitliche Dimension muss berücksichtigt werden, will man eine Vorhersage über den Ausgang treffen.

Wenn die Zugreihenfolge wichtig ist, werden Spiele gewöhnlich nicht in Matrixform dargestellt, sondern mittels eines *Spielbaums*. Ein Spielbaum beschreibt, welche Aktionen jeder Spieler zu jedem möglichen Zeitpunkt wählen kann, und wie die Aktionen eines Spielers im weiteren Spielverlauf die Handlungsmöglichkeiten aller anderen Spieler beeinflussen. Dabei ist es möglich, dass Spieler zu verschiedenen Zeitpunkten im Spielablauf zu entscheiden haben, welche Aktion sie wählen. Etwas formaler ausgedrückt handelt es sich bei einem Spielbaum um einen gerichteten Graphen, bei dem die Knoten die Positionen im Spiel symbolisieren, an denen einer der Spieler eine Entscheidung treffen muss. Die Kanten symbolisieren die unterschiedlichen Entscheidungen. Die Knoten heissen auch *Entscheidungsknoten*.

Als Beispiel diene Abb. 9.1. Das dargestellte Spiel ist eine Variante des sogenannten Tausendfüsslerspiels (das Spiel hat seinen Namen, weil der Spielbaum, wenn man genug Entscheidungsknoten einfügt, ein bisschen wie ein Tausendfüssler aussieht). Es gibt zwei Spieler $i = 1,2$ und drei Entscheidungsknoten, $T = \{1.1; 2; 1.2\}$. Spieler 1 entscheidet an den Entscheidungsknoten 1,1 und 1,2, während Spieler 2 an Knoten 2 am Zug ist. Beide Spieler besitzen, wenn sie am Zug sind, dieselben möglichen Aktionen $A_i^t = \{a, f\}$.

Der Begriff der Strategie ist nun etwas komplexer als zuvor, da eine Strategie eine Handlungsanweisung für jeden *möglichen* Entscheidungsknoten ist, der im Spiel auftauchen kann. Spieler 1 ist im Tausendfüsslerspiel an zwei möglichen Entscheidungsknoten am Zug, so dass eine Strategie seine Handlung an beiden Knoten festlegt, unabhängig davon, ob er die Knoten im Verlauf des Spiels erreicht oder auch nur erreichen kann. Wir nennen im Unterschied zu einer Strategie die Entscheidung eines Spielers an einem Entscheidungsknoten eine *Aktion*. Eine Strategie legt dann eine Aktion für jeden der Knoten fest, an denen ein Spieler eine Entscheidung trifft. Dies nennt man auch ein *Aktionsprofil*.

Jeder Spieler muss einen vollständigen Plan als Strategie festlegen, da es sonst nicht möglich ist, das Spiel zu lösen. Wenn ein Spieler die für ihn optimale Strategie bestimmen möchte, muss er bestimmen können, welche Nutzenkonsequenzen das für ihn hat, und daher muss er wissen, welchen Ausgang das Spiel nehmen wird, wenn er sich für die eine oder andere Strategie entscheidet. Das ist aber nur möglich, wenn alle Spieler festlegen, was sie an jedem möglichen Entscheidungsknoten tun werden.

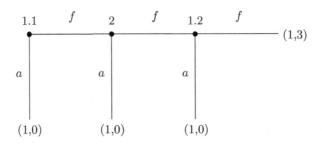

Abb. 9.1 Tausendfüsslerspiel

Konzeptionell geht es darum, dass jeder Spieler auch die optimalen Pläne aller anderen Spieler ermitteln muss, um seinen eigenen optimalen Plan bestimmen zu können. Der vollständige Plan existiert also in den Köpfen der einzelnen Spieler, weil sie sonst nicht in der Lage sind herauszufinden, was sie tun sollen. Dies ist auch der Moment, in dem die Annahme des *Common Knowledge* eine Rolle spielt, denn alle Spieler müssen sich einig sein, dass sie dasselbe Spiel spielen und dasselbe Lösungskonzept verwenden.

Die Menge der möglichen Strategien für Spieler 1 entspricht der Menge der möglichen Aktionsprofile, im Beispiel $S_1 = \{aa, af, fa, ff\}$, wobei zum Beispiel $s_1 = af$ bedeutet, dass Spieler 1 an Entscheidungsknoten 1.1 die Aktion ‚a' wählt und an Knoten 1.2 die Aktion ‚f'. Spieler 2 hingegen entscheidet im Spielverlauf nur an Entscheidungsknoten 2, und somit ist in diesem Fall die Strategiemenge gleich der Aktionsmenge zu diesem Zeitpunkt, $S_2 = A_2^2 = \{a, f\}$.

Wie in Normalformspielen ist jedem Strategieprofil ein Spielergebnis samt Nutzenbewertungen zugeordnet. Zum Beispiel führt das Strategieprofil (af, f) zum sofortigen Ende des Spiels, und die Nutzenbewertung von Spieler 1 ist $u_1(af, f) = 1$, während die von Spieler 2 $u_2(af, f) = 0$ ist.

Die Lösungskonzepte für Spiele in Extensiver Form sind analog zu denen von Normalformspielen definiert, so dass sie auf dieselbe Art gelöst werden können wie Normalformspiele. Aufgrund der veränderten Struktur ergeben sich aber möglicherweise interpretatorische Besonderheiten mit einigen der Nash-Gleichgewichte, die es in Spielen in Normalform so nicht gibt: Nash-Gleichgewichte können sogenannte ‚unglaubwürdige Drohungen' beinhalten. Was dies bedeutet, lässt sich gut am Spiel in Abb. 9.2 verdeutlichen, dem sogenannten Markteintrittsspiel. Zwei Unternehmen, $i = 1,2$, stehen potenziell miteinander im Wettbewerb. Falls Unternehmen 1 nicht in den Markt eintritt, ist Unternehmen 2 Monopolist. Tritt Unternehmen 1 in den Markt ein, hat Unternehmen 2 zwei Optionen: Preiskampf (*PW*) oder kein Preiskampf (*A*). Das Spiel hat zwei Nash-Gleichgewichte in reinen Strategien, (*NE, PW*) und

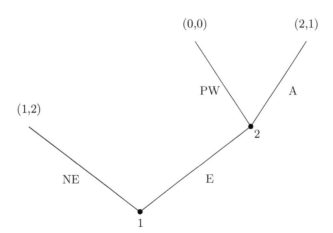

Abb. 9.2 *Chainstore* oder Markteintrittsspiel

(E, A). Da kein Spieler eine dominante Strategie besitzt und es auch kein Pareto-dominantes Gleichgewicht gibt, kann man mit den bisher besprochenen Konzepten die Vorhersage über den Spielausgang nicht verbessern.

Die zeitliche Struktur erlaubt es allerdings, einen interpretatorischen Unterschied zwischen den Gleichgewichten auszumachen. Da Unternehmen 1 *vor* Unternehmen 2 zieht, ist die Strategie *PW* von Unternehmen 2 nicht glaubwürdig, denn träte Unternehmen 1 in den Markt ein, würde Unternehmen 2 niemals *PW* wählen, da dann *A* die beste Antwort wäre. Die ‚Drohung', im Falle des Markteintritts *PW* zu wählen, ist unglaubwürdig, da sie darauf beruht, dass Unternehmen 1 nicht eintritt. Trotzdem ist (*NE, PW*) ein Nash-Gleichgewicht, da sich kein Spieler durch unilaterale Abweichung zu einer anderen Strategie verbessern kann.

Ein Konzept, mit Hilfe dessen unglaubwürdige Drohungen als Teil eines Gleichgewichts identifiziert und ausgeschlossen werden können, heisst Rückwärtsinduktion. Rückwärtsinduktion bedeutet intuitiv, dass man das Spiel vom Ende her löst: Zunächst zerlegt man das Spiel in seine unterschiedlichen ‚Teilspiele', das heisst, alle Teile des Spielbaums, die als einzelnes, isoliertes Spiel gespielt werden könnten. Das Markteintrittsspiel hat beispielsweise zwei Teilspiele, einmal der Entscheidungsknoten von Spieler 2 und dann das ganze Spiel.

Hat man die Teilspiele identifiziert, so betrachtet man in einem nächsten Schritt zunächst die *terminalen* Teilspiele. Ein Teilspiel heisst terminal, wenn das Spiel mit der nächsten Aktion endet, unabhängig davon, welche Aktion der am Zug befindliche Spieler wählt. Im Markteintrittsspiel ist das Teilspiel, welches im Entscheidungsknoten von Spieler 2 beginnt, ein terminales Teilspiel. Das Gesamtspiel ist nicht terminal, da im Falle eines Markteintritts von Spieler 1 das Spiel noch mit einer Entscheidung von Spieler 2 weitergespielt wird.

Hat man die besten Antworten der Spieler an den letzten Entscheidungsknoten bestimmt, ersetzt man im nächsten Schritt die terminalen Teilspiele durch die Nutzenbewertungen, welche die Spieler durch die dort gewählten Aktionen erhalten. Im Markteintrittsspiel ist es optimal, *A* zu wählen, was zu Nutzenbewertungen (2, 1) führt. Dadurch wird der Spielbaum ‚kürzer', und es gibt neue terminale Teilspiele dieses verkürzten Spielbaums. Diese Prozedur wiederholt man, bis man am Beginn des Spiels angekommen ist und die optimale Aktion des Spielers, der dann am Zug ist, bestimmen kann. Im Markteintrittsspiel ist dies bereits der Fall, nachdem man Entscheidungsknoten 2 eliminiert hat, und die optimale Aktion von Spieler 1 ist nun *E*. Es gibt somit nur ein Nash-Gleichgewicht, welches durch den Prozess der Rückwärtsinduktion bestimmt wird, (*E, A*), wohingegen (*NE, PW*) durch Rückwärtsinduktion ausgeschlossen werden kann. In diesem Sinn kann man davon sprechen, dass (*NE, PW*) auf einer unglaubwürdigen Drohung basiert, weil der Spieler nicht bereit ist, die Aktion auch auszuführen, wenn er die Entscheidung tatsächlich treffen muss.

Dadurch, dass man das Spiel ‚vom Ende her' löst, reduziert man Schritt für Schritt die Komplexität des Spiels aus Sicht der Spieler, die an früheren Entscheidungsknoten bestimmen müssen, welche Aktionen sie wählen. Denn diese müssen nicht mehr mutmassen, wie sich die ihnen folgenden Spieler verhalten werden, falls diese nie indifferent zwischen mehreren Aktionen sind, da durch Rückwärtsinduktion ein Spieler an jedem Entscheidungsknoten die Handlungen der ihm folgenden Spieler als deterministisch annimmt, und daher mit seinen verfügbaren Aktionen direkt Nutzenbewertungen verbindet. Rückwärtsinduktion führt dann dazu, dass sich an jedem Entscheidungsknoten, der kein letzter Entscheidungsknoten des ursprünglichen Spiels ist, die Komplexität reduziert.

Man nennt ein solches durch Rückwärtsinduktion bestimmtes Nash-Gleichgewicht auch *teilspielperfekt*, weil es ein Nash-Gleichgewicht in jedem Teilspiel ist.

Exkurs 9.6. Schach und die Existenz von Gleichgewichten mit Rückwärtsinduktion

Eine der ersten formalen spieltheoretischen Analysen war Ernst Zermelos Analyse des Spiels Schach. Schach kann als ein Spiel in extensiver Form mit zwei Spielern analysiert werden. Aufgrund der Komplexität von Schach ist es allerdings nicht möglich, die Strategien eines Spielers aufzuschreiben bzw. das Spiel durch einen Spielbaum darzustellen oder es gar zu lösen. Zermelo konnte jedoch zeigen, dass Schach durch Rückwärtsinduktion lösbar ist (Zermelos Theorem). Dieses Ergebnis illustriert, warum ein Gleichgewicht mit Rückwärtsinduktion immer existieren muss, solange jeder Spieler nur endlich viele Strategien besitzt.

Da es im Schach gewisse Abbruchregeln gibt, die eine unendliche Fortführung des Spieles verhindern (siehe Artikel 5.2 der offiziellen Fide Schachregeln), hat jeder Spieler endlich viele Strategien, und somit sind die Bedingungen des Theorems erfüllt. Damit ist bewiesen, dass entweder eine der beiden Partien eine Gewinnstrategie besitzt, oder dass beide zumindest ein Remis erzwingen können.

Allerdings ist es bis heute nicht gelungen herauszufinden, ob Weiss oder Schwarz eine Gewinnstrategie besitzt, oder ob bei rationalem Spiel immer ein Remis folgt. Daher hat man natürlich auch noch nicht herausgefunden, wie die optimale Strategie aussieht. Das Theorem von Zermelo ist daher ein merkwürdiges mathematisches Ergebnis: Wir wissen zwar, dass es eine optimale Strategie gibt, Schach zu spielen, aber wir wissen nicht, welche dies ist. Glücklicherweise, könnte man sagen, da somit das Schachspiel weiterhin interessant bleibt.

Das Resultat von Zermelo ist natürlich auch für andere Spiele als Schach von grosser Bedeutung. Zunächst besagt es, dass in jedem Spiel in extensiver Form mit abwechselnden Zügen und endlichen Strategiemengen ein Gleichgewicht in *reinen* Strategien existiert. Darüber hinaus besagt es, dass dieses Gleichgewicht keine unglaubwürdigen Drohungen beinhaltet. Diese beiden Punkte sind sehr wichtig für die Vorhersehbarkeit des Ausgangs eines Spiels.

9.6   Zusammenfassung

Wir haben gesehen, dass die Spieltheorie ein analytisches Werkzeug ist, mit dessen Hilfe man in die Lage versetzt wird, Situationen mit strategischer Interdependenz zu untersuchen. Dieses Instrument hat sich als extrem flexibel erwiesen und zu interessanten Erkenntnissen weit über den engen Bereich der Ökonomik hinaus geführt, zum Beispiel in der Politikwissenschaft, Rechtswissenschaft, Betriebswirtschaftslehre bis zur Evolutionsbiologie. Ein Thema, mit dem wir uns in diesem Kapitel nicht beschäftigt haben, ist, dass die Spieltheorie auch den Weg für die Verhaltens- und Neuroökonomik geebnet hat. Selbst in einfachen Spielen sind die kognitiven Anforderungen der Spieler, die die klassische Spieltheorie voraussetzt, so hoch, dass Modelle der rationalen Entscheidungsfindung oft eine schlechte Vorhersagekraft haben. Darüber hinaus haben Spiele wie das Gefangenendilemma zur Weiterentwicklung von Forschungsrichtungen beigetragen, die nach den genetischen und kulturellen Wurzeln kooperativen Verhaltens suchen. Diese Literaturen führten und führen weiterhin zu faszinierenden Einsichten in die Kräfte, die unsere Gehirne und unsere Wahrnehmung gestaltet haben und weiterhin gestalten.

Exkurs 9.7. Spiele als strukturelle Metaphern: weitere Beispiele
Wir haben bereits diskutiert, dass die Spieltheorie eine Methode ist, und dass Spiele mit bestimmten Zugreihenfolgen, Strategien und Nutzenbewertungen abstrakte Problemstrukturen darstellen, die nicht an eine bestimmte gesellschaftswissenschaftliche Interpretation gebunden sind, sondern als Metaphern in einem weiteren Anwendungsbereich verwendet werden können. Diese Flexibilität ist eine der Stärken der Spieltheorie, da sie es erlaubt, strategische Ähnlichkeiten in Situationen zu erkennen, die anscheinend nichts miteinander zu tun haben. Im Folgenden benutzen wir das Markteintrittspiel, um dies zu illustrieren.

- **Militärische Konflikte:** Situationen, die dem Problem des Markteintrittes ähneln, finden sich in militärischen Konflikten. Dort sieht man oft Konstellationen, in denen eine Konfliktpartei mit einer militärischen Intervention droht, wenn die andere Partei eine bestimmte Provokation fortsetzt. Allerdings würden sich beide Seiten durch die militärische Intervention schlechter stellen.
- **Rettungsaktionen (*Bailouts*):** Der Staat hat ein Interesse daran, dass Grossbanken ein Geschäftsmodell haben, welches Insolvenzen unwahrscheinlich macht. Wenn eine Grossbank in Schwierigkeiten gerät, sind die ökonomischen Folgen für den Rest des Landes so gross, dass der Staat die Bank retten wird (einen sogenannten Bailout durchführt). Wenn Banken diesen Anreiz des Staats antizipieren, werden sie ein riskanteres Geschäfts-

(Fortsetzung)

modell wählen, da sie zumindest partiell gegen Misserfolge versichert sind. Dies erhöht aber die Wahrscheinlichkeit dafür, dass ein Bailout nötig wird. Daher besteht eine zentrale Herausforderung für Staaten darin, glaubwürdig zu machen, dass sie im Fall finanzieller Schwierigkeiten keinen Bailout durchführen. Dies war genau die Situation, in der sich Länder wie die Schweiz, die USA und andere Europäische Länder während der 2007 begonnenen Finanzkrise befanden, und das Bailoutproblem illustriert auch einige der Probleme, die die Europäische Union mit institutionellen Reformen der Mitgliedsländer hat.

- **Einbürgerung illegaler Einwanderer:** Länder wollen die illegale Einwanderung kontrollieren und begrenzen. Daher haben sie einen Anreiz, eine harte Politik gegenüber illegalen Zuwanderern zu signalisieren, um diese damit von der Zuwanderung abzuschrecken. Im Lichte dieser Beobachtung kann man die Debatte über die Legalisierung illegaler Einwanderer, die immer wieder in den USA geführt wird, besser verstehen. Der damalige Präsident Barack Obama sagte in einer Pressekonferenz vom 06.09.2014, dass er eine Präferenz dafür habe, eine Legalisierung unter Einbeziehung des Kongresses zu erreichen, er aber auch bereit sei, unilateral zu handeln, um den illegalen Ausländern einen Weg in die Legalität zu ebnen. Anhänger einer Politik der Legalisierung führen oft zwei Argumente zur Begründung ihrer Position heran, humanitäre und ökonomische (zum Beispiel beschäftigt die kalifornische Agrarindustrie in grossem Ausmass illegale Zuwanderer). Gegner argumentieren oft, dass eine liberale Legalisierungspraxis illegale Immigration erst verursacht.

- **Zickigkeit kann sich lohnen:** Nun ist es an der Zeit, sich mit den wirklich wichtigen Dingen zu beschäftigen. Stellen Sie sich eine typische Situation in einer Beziehung vor. Sie können den Abend zu Hause mit ihrem Partner oder ihrer Partnerin vor dem Fernseher mit Chips und Bier verbringen (ihre Partnerschaft hat bereits ein reifes Stadium erreicht), oder Sie können mit Freundinnen oder Freunden ‚einen drauf machen‘. Sie denken, dass die zweite Alternative deutlich lustiger wäre, wollen aber vermeiden, dass die Person an ihrer Seite am nächsten Morgen eine Szene macht. Ihr Partner oder Partnerin wäre eifersüchtig, wenn Sie allein weggingen, möchte aber auch keine Szene machen, wenn Sie zurück sind. Daher wird er oder sie klein beigeben und das Beste aus dem Abend machen, wenn Sie weggehen. Allerdings profitiert er oder sie von dem Ruf, zickig zu sein, da Sie dann zu Hause bleiben.

Die Kunst des Sozialwissenschaftlers besteht darin, komplexe gesellschaftliche Situationen auf ihre zentrale strategische Struktur zu reduzieren. Das ist nicht immer einfach und eindeutig möglich, wie unsere Diskussion des Kalten Kriegs als Gefangenendilemma gezeigt hat, und auch die obige Re-

(Fortsetzung)

konstruktion sehr unterschiedlicher Situationen als Markteintrittspiele kann in einer spezifischen Situation falsch oder irreführend sein. Wir wissen alle, dass dem, der einen Hammer hat, alles zum Nagel wird, und dasselbe gilt für die Spieltheorie: Wenn man mit dem Gefangenendilemma als ‚Sinnrekonstruktionsgerät' durch die Welt läuft, sieht alles plötzlich wie ein Kooperationsspiel aus.

Es ist nun an der Zeit, zur Analyse protopypischer Marktformen zurückzukehren, denn aus diesem Grund hatten wir uns ja ursprünglich überhaupt mit der Spieltheorie beschäftigt. Nicht alle Märkte lassen sich gut mit den Methoden der Modelle Vollständiger Konkurrenz oder der Monopolmodelle beschreiben, weshalb wir die Methoden der Spieltheorie einsetzten werden, um die Funktionsweise von Oligopolmärkten zu untersuchen. Oft besitzen Unternehmen bis zu einem gewissen Grad Kontrolle über ihre Preise, dieser Grad wird aber durch das Verhalten ihrer Wettbewerber bestimmt. Daher gibt es wichtige strategische Interdependenzen, die wir berücksichtigen müssen, wenn wir die Funktionslogik dieser Märkte verstehen wollen. Mit der Spieltheorie besitzen wir nun das Werkzeug, welches es uns erlaubt, dies zu tun.

Literatur

Homer. (1997). *The Odyseey*. Penguin Classics.
Kafka, F. (1976). *The Silence of the Sirens*. The Denver Quarterly.
Maugham, W. S. (1949). *A Writer's Notebook*. Arno Press.
von Neumann, J. (1928). *On the Theory of Parlor Games*. Princeton University Press.
Ross, D. (2019). Game theory. In E. N. Zelta (Hrsg.), *The Stanford Encyclopedia of Philosophy* (Winter 2019 Edition). https://plato.stanford.edu/archives/win2019/entries/game-theory/
Schelling, T. C. (1960). *The Strategy of Conflict*. Harvard University Press.
Zermelo, E., & Borel, E. (1913). *On an Application of Set Theory to the Theory of the Game of Chess*. Wiley Blackwell.

Weiterführende Literatur

Binmore, K. (1994). *Game Theory and the Social Contract, Volume 1: Playing Fair*. MIT Press.
Binmore, K. (1998). *Game Theory and the Social Contract, Volume 2: Just Playing*. MIT Press.
Gibbons, R. D. (1992). *Game Theory for Applied Economists*. Princeton University Press.
Gintis, H. (2000). *Game Theory Evolving: A Problem-Centered Introduction to Modeling Strategic Behavior*. Princeton University Press.
Osborne, M. J. (2004). *An Introduction to Game Theory*. Oxford University Press.

Verhaltensökonomik

10

In diesem Kapitel lernen Sie ...

- die grundlegenden Ideen der Verhaltensökonomik.
- was ein Bias ist und wie man ihn bewerten kann.
- wichtige Biases.
- wie man zwischen nicht rationalem und nicht egoistischem Verhalten unterscheiden kann.
- Modelle zur Erklärung kooperativen Verhaltens.
- Modelle beschränkt-rationalen Verhaltens.

10.1 Einleitung

Wouldn't economics make a lot more sense if it were based on how people actually behave, instead of how they should behave? (Dan Ariely, 2008)

The world is better served by syncretic economists and policymakers who can hold multiple ideas in their heads than by 'one-handed' economists who promote one big idea regardless of context. (Dani Rodrik, 2011)

Das Forschungsfeld der *Verhaltensökonomik* nutzt Erkenntnisse der Psychologie, um ökonomische Entscheidungen besser zu verstehen. Viele dieser Einsichten gehen über das Modell rationalen Verhaltens, welches in den Kap. 7 und 8 eingeführt wurde, hinaus und widersprechen ihm in einzelnen Aspekten. Dabei geht es um Fragen der Rationalität und der gesellschaftlichen Einbettung von Entscheidungen. Die Ergebnisse dieser Forschung haben nicht nur Folgen für das Verständnis von Entscheidungssituationen oder die Gestaltung von Institutionen und der Wirtschaftspolitik, sondern auch für die Logik, die vielen Entscheidungen unterliegt. Vielfach werden die Ergebnisse als Mittel zum Verständnis von Entscheidungsverhalten genutzt. Das zugehörige Forschungsfeld heisst *Experimentalökonomik*.

© Der/die Autor(en), exklusiv lizenziert durch Springer-Verlag GmbH, DE, ein Teil von Springer Nature 2021
M. Kolmar, *Grundlagen der Mikroökonomik*,
https://doi.org/10.1007/978-3-662-63362-5_10

Die Integration psychologischer Erkenntnisse in die Ökonomik ist nicht neu. Man kann sagen, dass dieses Forschungsfeld zu den Anfängen der Ökonomik und zur klassischen Nutzentheorie des späten 19. Jahrhunderts zurückkehrt. Adam Smith argumentierte oftmals psychologisch, und man findet in seinen Schriften viele der heute diskutierten Erkenntnisse zur Motivation von Verhalten vorweggenommen. Ein Beispiel: „[W]elches sind die Vorteile, die wir bei jedem grossen Endziel menschlichen Lebens, das wir ‚Verbesserung unserer Verhältnisse' nennen, im Sinne haben? Dass man uns bemerkt, dass man auf uns Acht hat, dass man mit Sympathie, Wohlgefallen und Billigung von uns Kenntnis nimmt [...]. Es ist die Eitelkeit, nicht das Wohlbefinden oder das Vergnügen, was uns daran anzieht." (Adam Smith, Theorie der Ethischen Gefühle). Hier wird die gesellschaftliche Eingebundenheit des Individuums und eine bestimmte Handlungsmotivation betont.

Zum Ende des 19. Jahrhunderts gab es eine grosse Nähe zwischen der psychologischen und der ökonomischen Forschung. Durch eine Verschiebung der wissenschaftstheoretischen Prinzipien, nach denen eine gute Theorie ausschliesslich auf beobachtbaren Grössen aufbauen solle und daher mentale Prozesse (die nicht beobachtbar sind) in guten Theorien nichts verloren hätten, kam es zu einer behavioristischen Wende, die den Weg für die Entscheidungstheorie des ökonomischen Mainstreams legte. Pareto war ein führender Vertreter dieser dann zum Mainstream gewordenen Richtung. Er begründete die Eliminierung psychologischer Elemente in ökonomischen Theorien in einem Brief von 1897 wie folgt: „It is an empirical fact that the natural sciences have progressed only when they have taken secondary principles as their point of departure, instead of trying to discover the essence of things. [...] Pure political economy has therefore a great interest in relying as little as possible on the domain of psychology."

Der Startschuss für eine Neubewertung psychologischer Forschung fiel 1979 mit der später noch im Detail diskutierten *Prospect Theory* von Kahneman und Tversky, die sich mit individuellem Risikoverhalten auseinandergesetzt hatten und zeigen konnten, dass die von Neumann-Morgenstern-Theorie (siehe Kap. 8) Verhalten in vielen Situationen nicht gut erklären kann und durch eine andere Theorie ersetzt werden sollte.

Ziel dieses Kapitels ist es, ein grundlegendes Verständnis der Verhaltensökonomik zu vermitteln, einige der wichtigen Ergebnisse im Detail darzustellen und zu zeigen, welche Folgen daraus für unser Verständnis von Entscheidungen und der Funktionslogik von Institutionen ableitbar sind. Wir werden aber auch darüber hinausgehen und in einer methodischen Reflexion der Verhaltensökonomik fragen, wie wir die Ergebnisse dieser Forschungsrichtung einordnen können. Dazu beginnen wir zunächst mit einer Definition.

▶ **Definition 10.1 Verhaltensökonomik** Die Verhaltensökonomik nutzt Variationen traditioneller ökonomischer Annahmen zusammen mit psychologischen Erkenntnissen, um Verhalten zu erklären und vorherzusagen (positive Ökonomik) sowie um Politikempfehlungen zu geben (normative Ökonomik).

Traditionelle und Verhaltensökonominnen und -ökonomen teilen grundlegende Prinzipien. Sie sind überzeugt davon, dass Menschen versuchen, die für sie bestmögliche Handlungsoption in einer Situation zu wählen (Optimierung) und dass die Vorhersagen der Theorien empirisch falsifizierbar sein müssen. Allerdings unterscheiden sie sich deutlich hinsichtlich der Frage, was die bestmögliche Handlungsoption ist und was es bedeutet, dass Menschen versuchen, diese zu wählen. Laibson und List (2015) formulieren sechs Prinzipien , die den Stand der Forschung zusammenfassen.

▶ **Prinzip 1** Menschen versuchen, die beste Handlungsoption zu wählen, aber manchmal schaffen sie es nicht.

Es mag nicht weiter überraschen, dass ein wichtiges Ergebnis der Forschung darin besteht, dass Menschen immer wieder Fehler machen. Interessant ist aber, dass diese Fehler oftmals eine vorhersehbare Struktur aufweisen. Kennt man die Fehlerstruktur, kann man das Verhalten grundsätzlich beeinflussen. Interessant ist weiterhin, dass Fehler etwas mit Unerfahrenheit zu tun haben. Diese Feststellung hat zwei Dimensionen. Zum einen beobachtet man, dass die Fehlerhäufigkeit mit zunehmender Erfahrung sinkt. Und zum anderen beobachtet man, dass Verhalten auf bestimmte Umwelten ausgerichtet ist und in diesen auch gut funktioniert. Ändert sich die Umwelt, so ist das Verhalten nicht mehr angemessen und muss neu erlernt werden. Hier kommen Verhaltensheuristiken, also einfache Daumenregeln und keine Optimierung, zur Anwendung, die situativ sind und daher angepasst werden müssen.

▶ **Prinzip 2** Menschen vergleichen und bewerten ihre Situation (zum Teil) mit einem Referenzpunkt.

Es zeigt sich, dass Menschen oftmals keinen absoluten Massstab für ihre Bewertung von Alternativen anwenden, sondern sich relativ zu einem Referenzpunkt orientieren. Dieser Referenzpunkt kann eine bestimmte Güterausstattung sein, von der ausgehend dann Gewinne und Verluste bewertet werden. So unterscheidet sich in einem Experiment die maximale Zahlungsbereitschaft für eine Tasse, die man nicht besitzt, von der minimalen Verkaufsbereitschaft derselben Tasse, wenn man sie besitzt. Dieses Phänomen sollte gemäss der Standardtheorie nicht auftreten. Abhängigkeit von Referenzpunkten kann aber auch z. B. hinsichtlich der Güterausstattung oder der Verhaltensweisen einer Referenzgruppe anderer Menschen beobachtet werden. Man möchte sich z. B. konform mit bestimmten Gruppennormen verhalten.

▶ **Prinzip 3** Menschen haben Probleme mit ihrer Selbstkontrolle.

Ein wichtiges Prinzip der Standardtheorie ist, dass Menschen gemäss ihren Präferenzen handeln. Dies setzt aber voraus, dass es ein einheitliches Interesse gibt, welches den Präferenzen entspricht. Vielmehr scheint es aber so zu sein, als ob unterschiedliche, auch widersprüchliche Interessen nebeneinander bestehen können und im Wettbewerb darum stehen, handlungsleitend zu werden. Wir hatten in Kap. 7 mit dem Phänomen der Prokrastination schon ein Beispiel für ein Problem zeitlich nicht konsistenter Entscheidungen gegeben, und wir hatten in Kap. 9 unter dem Stichwort der Selbstbindung das Prinzip verallgemeinert. Aber auch zu einem gegebenen Zeitpunkt können diese Phänomene beobachtet werden. So konnte gezeigt werden, dass Teilnehmende an einer Studie häufiger einen ungesunden, aber süssen Snack wählten, wenn sie zuvor eine mental anstrengende Aufgabe lösen mussten als eine Kontrollgruppe. Diese musste eine nicht so anspruchsvolle Aufgabe lösen und entschied sich für häufiger für den angebotenen gesunden Snack.

▶ **Prinzip 4**   Obwohl Verhalten oftmals egoistisch ist, wird manchmal die Situation anderer Menschen, ihre Handlungen oder ihre Intentionen bei der Bestimmung von Verhalten mit einbezogen.

Egoistisches Verhalten kann oftmals beobachtet werden, wenn dem Individuum in der Entscheidungssituation Informationen über andere Menschen fehlen. Dies ist z. B. in abstrakten Marktkontexten der Fall, in denen man nicht mehr als den Preis kennt. In Situationen, die gesellschaftlich reicher eingebettet sind, beobachtet man durchaus auch egoistisches Verhalten, daneben aber eine ganze Reihe anderer Verhaltensweisen. Dazu gehören Altruismus (ich teile, obwohl ich nicht muss), Missgunst (ich schade anderen Personen, auch wenn es für mich Kosten hat), Reziprozität (ich kooperiere, wenn andere Personen auch kooperieren, andernfalls nicht), sozialer Druck (ich orientiere mich in meinem Verhalten an den sozialen Normen meines Umfelds) und Intentionen (ich versuche herauszufinden, ob eine andere Person mir gegenüber wohlwollend eingestellt ist oder nicht und bestimme danach mein Verhalten ihr gegenüber).

▶ **Prinzip 5**   Manchmal führt ein Marktkontext dazu, dass psychologische Faktoren keine Rolle für das Verhalten spielen. Es gibt aber auch Situationen, in denen psychologische Faktoren auf Märkten wirken.

Wie schon zu Prinzip 4 erwähnt, können abstrakte Marktkontexte manchmal egoistisches Verhalten erzwingen, weil weder die Informationen noch die Möglichkeiten bestehen, sich anders zu verhalten (z. B. ist man Preisnehmer oder kennt nur den Preis). In Marktkontexten, die es erlauben, finden wir aber alle bisher genannten Phänomene wieder. Daher sind die Ergebnisse der Verhaltensökonomik für ein Verständnis der Funktionslogik von Märkten relevant.

▶ **Prinzip 6**   In der Theorie können paternalistische Eingriffe in das Verhalten Fehlverhalten korrigieren und das Wohlergehen verbessern.

Die ersten drei Prinzipien werden oftmals als Indiz für beschränkt rationales Verhalten gesehen. Da dieses aber nicht einfach zufällig ist, lässt es sich durch

Anreize steuern. Das Wissen um die Struktur beschränkt-rationalen Verhaltens kann zum einen von Unternehmen und anderen Organisationen genutzt werden, um Verhalten in ihrem Sinne zu beeinflussen. Es kann aber auch vom Staat genutzt werden. Wenn dieser prinzipiell am Wohlergehen der Individuen Interesse hat, nennt man dies Paternalismus. *Harter Paternalismus* ist dabei ein Agieren durch Verbote, Gebote oder finanzielle Anreize, die ein Verhalten erzeugen, welches das Individuum ohne diese nicht an den Tag legen würde, ihm aber am Ende nützt. Im Gegensatz hierzu arbeitet der sogenannte *libertäre Paternalismus* nicht mit Zwang, sondern nutzt das Wissen um das Verhalten von Menschen, um es in ihrem Sinne zu beeinflussen, ohne ihre Freiheit zu beschränken. Ein Beispiel für einen solchen sogenannten *Nudge* ist die Auswahl einer Alternative als *Status-Quo*. (Die deutsche Übersetzung *Schubs* macht kenntlich, dass es sich nicht um die Ausübung staatlicher Zwangsgewalt im traditionellen Sinn handeln soll, sondern lediglich darum, ein wenig bei der richtigen Entscheidung nachzuhelfen.) Wann immer man die Wahl zwischen zum Beispiel zwei Alternativen hat, kann man eine von ihnen zur ‚Rückfallalternative‘ machen, die gewählt wird, wenn sonst nichts passiert. Es hat sich gezeigt, dass es eine gewisse Trägheit gibt, die die Wahl des *Status Quo* wahrscheinlicher macht als die Wahl der Alternative. Ein konkretes Beispiel ist die Frage, ob man im Bereich der Organspende eine Zustimmungs- oder eine Widerspruchslösung juristisch verankert. Bei der Zustimmungslösung dürfen nach dem Tod nur dann Organe entnommen werden, wenn die Person dies zuvor explizit erlaubt hat. Bei der Widerspruchslösung dürfen immer Organe entnommen werden, wenn die Person zuvor nicht explizit widersprochen hat. Es zeigt sich, dass bei der Widerspruchslösung die Verfügbarkeit von Organen steigt.

Exkurs 10.1. Macht das Studium der Ökonomik egoistischer?
Wir hatten in Prinzip 1 und 3 gesehen, dass Menschen angemessenes Verhalten lernen (und daher über die Zeit weniger Fehler machen) und dass sie sich an den Erwartungen einer Gruppe orientieren. Da im Studium der Ökonomik ein bestimmtes Verständnis von Rationalität vermittelt wird, liegt es nahe zu testen, ob man beobachten kann, dass dieser Effekt eintritt.

Ein Team von Ökonomen (Frank et al., 1993) fassten Studien zusammen, die sich mit der Frage beschäftigten, in welchem Masse sich Studierende der Ökonomik egoistischer verhalten als andere Studierende oder Menschen. Die Ironie dieser Studie ist dabei, dass die Annahme des Egoismus gar nicht den Stellenwert eines Rationalitätspostulats in der ökonomischen Theorie besitzt, sondern in angewandten Modellen oftmals aus Bequemlichkeit getroffen wird. Gleichwohl gehen viele Menschen und auch Studierende der Ökonomik davon aus, dass ein rationaler Homo Oeconomicus auch egoistisch sein muss.

Situation 1: Zunächst wurde dieser Frage in einem sogenannten Trittbrettfahrer- oder Öffentliches-Gut-Spiel mit Studierenden nachgegangen.

(Fortsetzung)

Bei diesem Spiel bekommt jede Teilnehmerin und jeder Teilnehmer zu Beginn eine Ausstattung an Geld X. Sie können es entweder auf einem privaten Konto sparen und erhalten dann am Ende genau diesen Betrag ausgezahlt. Oder sie können es auf einem Gemeinschaftskonto anlegen, wo es einen höheren Ertrag erzielt, aber am Ende zwischen allen Anlegerinnen und Anlegern aufgeteilt wird.

Sagen wir, dass es sechs Teilnehmende gibt und dass sich der auf das Gemeinschaftskonto eingezahlte Betrag verdreifacht. Was würde ein egoistischer Homo Oeconomicus in diesem Fall tun? Sie oder er würde nichts auf das Gemeinschaftskonto einzahlen, denn x Geldeinheiten dort ergeben einen Ertrag von $3 \cdot x/6 = 0.5 \cdot x$, was kleiner ist als $1 \cdot x$, der Ertrag auf dem privaten Konto. Damit geht man mit X Geldeinheiten nach Hause. Eine vollständig kooperative Anlage aller Teilnehmenden würde hingehen für alle Teilnehmenden individuell einen Geldbetrag von $6 \cdot 3 \cdot X/6 = 3 \cdot X$ ergeben. Was beobachtete man im Experiment? „[Researchers] found that economics students contributed an average of only 20 percent of their endowments to the public account, significantly less than the 49 percent average for all other subjects."

Situation 2: Im Ultimatum Spiel gibt es zwei Teilnehmende. Eine von ihnen bekommt einen bestimmten Geldbetrag X, der dann mit dem anderen geteilt werden kann, $(X - y, y)$. Die zweite Person kann das Angebot annehmen oder nicht. Nimmt sie an, so wird das Geld $(X - y, y)$ aufgeteilt, lehnt sie ab, so bekommen beide nichts. Rationalverhalten bedeutet, dass die erste Person der zweiten Person ein minimales Angebot macht, welches diese zweite Person annimmt (ein bisschen Geld ist besser als gar kein Geld; wir werden das Argument später präziser machen). Im Experiment kam heraus, dass diese Strategien am häufigsten von Studierenden der Ökonomik gewählt wurden. Mit einem durchschnittlichen Feld von Teilnehmenden findet man Angebote von ca. 40 % des Geldbetrags und Ablehnungsquoten von ungefähr 16 %.

Situation 3: In einer weiteren Studie verglichen die Autoren das Spendenverhalten von Professorinnen und Professoren der Ökonomik mit Kolleginnen und Kollegen anderer Disziplinen. Spenden wird als zumindest kurzfristig irrational angesehen, wenn man egoistische Präferenzen unterstellt, auch wenn Einigkeit darüber besteht, dass der Zweck ein wichtiger ist. Daher wäre die Prognose des Modells rationalen Verhaltens, dass nicht gespendet, also Trittbrett gefahren wird. Was waren die Ergebnisse? „Members of every discipline, even economics, fell far short of the prediction of the [...] free rider hypothesis. But the proportion of pure free riders among economists (that is, those who reported giving no money to any charity) was more than double that of any of the other six areas included in the survey."

(Fortsetzung)

Situation 4: Weiterhin wurde untersucht, ob es hinsichtlich der Ehrlichkeit von Personen einen Unterschied hinsichtlich des Studienfaches gibt. Dazu wurde eine Befragung durchgeführt, in der die Studienteilnehmenden zu ihrem Verhalten in ethischen Dilemma-Situationen befragt wurden (z. B. ob man eine verlorene Geldbörse zurücksenden oder auf einen Fehler in einer Rechnung aufmerksam machen würde, auch wenn der Fehler einen begünstigt). Die Ergebnisse waren, dass Studierende der Ökonomik weniger oft ehrliches Verhalten an den Tag legten als Studierende der Astronomie (die ebenfalls ein mathematisches Studium gewählt haben, in dem aber Eigeninteresse als Studieninhalt keine Rolle spielt).

Es existieren also systematische Unterschiede, Studierende der Ökonomik verhalten sich im Durchschnitt egoistischer als andere Studierende. Was in diesen Studien allerdings nicht endgültig geklärt werden konnte, ist, ob es sich um einen Lerneffekt handelt, oder ob das Studium der Ökonomik tendenziell egoistischere Studierende anzieht.

10.2 Grundlegende Begriffe

Die Anpassungsfähigkeit des Homo-Oeconomicus-Modells macht es schwierig, die Ergebnisse der Verhaltensökonomik in ihrem Verhältnis zum Referenzfall rationalen Verhaltens präzise zu verankern. Zwei Interpretationen bestehen nebeneinander.

- *Anpassung der Struktur der Präferenzen:* Diese Richtung versucht, empirische Daten über Verhalten zu nutzen, um die Struktur der Präferenzen den empirischen Daten anzupassen. Dabei wird am Maximierungsparadigma und der Annahme, dass sich Verhalten durch eine Maximierung einer Präferenzrelation erklären lässt, festgehalten. Prinzip 4 fasst diese Richtung zusammen.
- *Beschränkte Rationalität:* Diese Richtung versucht, beobachtetes Verhalten, welches in Konflikt mit dem Präferenzmaximierungsmodell steht, als Abweichung vom Rationalitätspostulat zu erklären. Darüber hinaus wird versucht, empirisches Verhalten durch die Befolgung bestimmter Heuristiken zu erklären und diese zu entdecken. *Heuristiken* sind einfache Verfahren der Problemlösung in Situationen begrenzten Wissens über die Entscheidungsumwelt, mit denen Entscheidungen getroffen werden, die oftmals von der optimalen Lösung abweichen. Die Verwendung von Stereotypen zur Einschätzung anderer Menschen ist hierfür ein Beispiel. Prinzipien 1, 2, 3 fassen diese Richtung zusammen.

Wie wir noch sehen werden, umfasst eine wichtige Theorie der Verhaltensökonomik, die *Prospect*-Theorie, beide Ansätze. Mit diesen Ansätzen verabschieden wir uns von der strikten *Revealed-Preference*-Sichtweise auf Präferenzen (siehe Kap. 7), weil sie Annahmen an die Struktur dieser Präferenzen treffen müssen, die über die ansonsten üblichen hinausgehen. Ein einfaches Beispiel zur Verdeutlichung des Problems: Angenommen, zwei Personen A und B spielen ein sogenanntes *Diktatorspiel*, bei dem eine Person (A) von der Versuchsleitung einen Geldbetrag erhält, die sie mit Person B teilen kann. Der Vorschlag von A muss angenommen werden, und das Spiel endet. Angenommen, A gibt 40 % des Geldes an B ab. Was kann man daraus lernen? Ohne weitere Annahmen an die Struktur der Präferenzen und die Erfüllung der Rationalitätsannahmen lautet die Antwort: nichts. Warum ist das so? Nehmen wir an, dass man davon ausgeht, A sei rational. Dann verweist das Verhalten darauf, dass A irgendeine Form von altruistischen Präferenzen haben muss, sonst würde A das Geld nicht teilen. Nehmen wir umgekehrt an, dass A egoistisch in dem Sinne ist, dass mehr eigenes Geld besser als weniger Geld ist. In diesem Fall würden wir das Verhalten als irrational bewerten. Das Beispiel zeigt daher, dass wir nicht ohne Weiteres aus dem Verhalten einer Person etwas darüber lernen können, ob sie z. B. gegen Rationalitätspostulate verstösst oder über spezifische Präferenzen verfügt. Das ist ein generelles methodisches Problem der Verhaltensökonomik und jeder Wissenschaft, die aus Verhalten Rückschlüsse auf mentale Prozesse ableiten möchte. Da zur Interpretation sogenannte *Hilfsannahmen* benötigt werden, nennt man das daraus entstehende Problem auch das *Problem der Hilfsannahmen.*

Der Vergleich der beiden Lesarten zeigt, dass es sich nicht um in einem empirischen Sinne richtige oder falsche Herangehensweisen handelt, Daten über Verhalten zu einem theoretischen Verhaltensmodell zu verdichten, sondern um unterschiedliche paradigmatische Herangehensweisen. Auch Heuristiken lassen sich stets als Präferenzmaximierungsprobleme rekonstruieren, wenn man die Menge und die Merkmale der Alternativen, aus denen ausgewählt wird, nur hinreichend komplex gestaltet und Phänomene wie kognitive Begrenztheit über Transaktionskosten modelliert.

Nehmen wir die Verwendung von Stereotypen als Beispiel. Angenommen, es gebe zwei Gruppen A und B. Mitglieder jeder Gruppe können diesen immer präzise zugeordnet werden. Im Durchschnitt existiere ein Merkmal m in Gruppe A häufiger als in Gruppe B, $p(m|A) > p(m|B)$, und das Vorliegen des Merkmals m habe positive Konsequenzen für einen Entscheider E. Die Heuristik ‚wähle immer ein Mitglied der Gruppe A' entspricht dann dem Ergebnis eines Optimierungsproblems, bei dem E keine Informationen über individuelle Mitglieder der Gruppen besitzt, aber weiss, dass $p(m|A) > p(m|B)$ gilt.

Das Beispiel zeigt, dass die Klassifikation von Verhalten, wie es in den obigen Prinzipien und Annahmen versucht wird, in Abhängigkeit vom Experiment nicht immer so eindeutig ist, wie man hoffen würde. Daher ist auch das oben benannte Prinzip der empirischen Überprüfbarkeit mit der gehörigen Vorsicht zu verstehen. Wie wir bereits in Kap. 1 gesehen haben, basiert jede Theorie auf einem nicht empirisch testbaren Theoriekern, und hier besteht er aus den Hilfsannahmen. Eine naive Vorstellung empirischen Testens, die diesen Umstand nicht berücksichtigt, geht das Risiko von Fehlschlüssen ein.

Wichtige Teile der Forschung haben sich auf die Identifikation von sogenannten *Biases* sowie ihrer Bedeutung zur Erklärung von Verhalten (positiv) und Gestaltung von Anreizen (normativ) konzentriert. Daher ist es erforderlich, den Begriff *Bias* zu definieren.

▶ **Definition 10.2 Bias** Ein Verhalten weist einen *Bias* auf, wenn es in systematischer Weise von einem Referenzverhalten abweicht.

Dem Referenzverhalten kommt dabei sowohl in der positiven, aber mehr noch in der normativen Theorie eine wichtige Rolle zu. Ein wichtiges Beispiel ist die Literatur zum sogenannten *Nudging* (siehe Prinzip 6). Hier wird auf Basis bestimmter Biases argumentiert, dass das tatsächliche Verhalten in systematischer Weise von einem als normativ wünschenswert (rational?) erachteten Verhalten abweicht, und dass sich daraus ein wirtschaftspolitischer Handlungsbedarf ableiten lässt, der über die übliche Internalisierung Externer Effekte und Umverteilung hinausgeht. Aber an dieser Stelle erkennt man sofort, dass die Rechtfertigung von *Nudges* auf die Rechtfertigbarkeit des Referenzzustands zurückgeführt werden muss. Denn dieser entscheidet darüber, ob Verhalten einen Bias aufweist oder nicht.

In der Ökonomik ist es üblich, das Verhalten eines sich rational im Sinne der Maximierung einer transitiven Präferenzordnung verhaltenden Individuums als Referenzverhalten zu definieren. Das genügt, wie das Problem der Hilfsannahmen gezeigt hat, oftmals aber nicht, sondern Annahmen an die Handlungsmotive wie egoistisches Verhalten müssen hinzutreten. Innerhalb einer positiven Theorie ist ein solcher Referenzmassstab in dem Sinne unproblematisch, dass er keine Implikationen für die *Bewertung* von Verhalten mit sich bringt. Er spielt die Rolle des reibungsfreien Pendels in der Physik: Auch wenn ein solcher Zustand nicht erreichbar ist, erlaubt er als Vergleichspunkt, das Phänomen der Reibung (also in diesem Fall die systematischen Verhaltensabweichungen vom Referenzpunkt) besser zu verstehen. Innerhalb einer normativen Theorie wie dem *Nudging* wird das Referenzverhalten aber zentral, da es dann als *normativer* Referenzpunkt dient. Durch ihn definiert sich z.B. rationales Verhalten als normative Erwartung *richtigen* Verhaltens. Abweichungen hiervon sind Fehler, die ggf. durch staatliche Eingriffe korrigiert werden sollten. Die Frage nach der Rechtfertigbarkeit des Referenzzustands werden wir in der dieses Kapitel abschliessenden methodischen Einordnung wieder aufgreifen.

10.3 Soziale Präferenzen

Die Forschungsrichtung zu sozialen Präferenzen versucht, ein besseres Verständnis der Handlungsmotive von Individuen zu erlangen. Wir hatten in Prinzip 4 schon gesehen, dass dies sehr unterschiedliche Ausprägungen annehmen kann. Altruismus, Missgunst, Reziprozität, sozialer Druck und intentionsbasiertes Verhalten sind alles Ausdrucksformen von Verhalten, das in irgendeinem Sinne ‚sozial' ist. Abweichend vom umgangssprachlichen Verständnis bedeutet sozial daher nicht notwendig moralisch oder freundlich.

Um die Ergebnisse zu sozialem Verhalten zu verstehen, ist es zunächst aber erforderlich, dies genauer zu definieren. Um dies leisten zu können, haben sich die folgenden Definitionen zur Abgrenzung der Begriffe Egoismus und eigennütziges Verhalten als hilfreich erwiesen.

▶ **Definition 10.3 Eigennutz** Das Verhalten einer Person heisst *eigennützig*, wenn es ihre Präferenzen maximiert, unabhängig davon, welche Struktur diese Präferenzen aufweisen.

▶ **Definition 10.4 Egoismus** Ein Verhalten einer Person heisst *egoistisch*, wenn es auf eine bestimmte Struktur der Präferenzen zurückgeführt werden kann, welche man mit dem Begriff des *gegenseitigen Desinteresses* fassen kann. Gegenseitiges Desinteresse liegt vor, wenn einer Person die Folgen ihres Verhaltens für andere gleichgültig sind und sie umgekehrt auch desinteressiert am Verhalten anderer ist.

Z. B. Altruismus kann daher eigennützig, aber nicht egoistisch sein. Um auf beobachtetem Verhalten Rückschlüsse auf die Existenz und die Struktur sozialer Präferenzen ableiten zu können, nimmt man in der Regel die Annahme der Rationalität als Hilfsannahme hinzu.

Um soziale Präferenzen widerspruchsfrei definieren und empirisch untersuchen zu können, definieren wir sie daher als systematische Abweichungen von egoistischem Verhalten. Wir nennen ein solches Verhalten *kooperativ*.

Forschung zu sozialen Präferenzen bekam insbesondere auch dadurch Auftrieb, dass die Experimentalökonomik in vielen empirischen Studien Verhalten beobachtete, welches gegen die Annahme egoistischer Präferenzen verstiess, man nennt solche Verstösse auch *Anomalien*. Daher drängte sich die Frage auf, wie man solches Verhalten interpretieren kann. Die Anomalien, auf die wir uns konzentrieren werden, lassen sich aus den sogenannten Diktator-, Ultimatum- und Gefangenendilemma-Spielen ableiten.

Diktatorspiel: Ein Diktatorspiel ist kein Spiel im eigentlichen Sinne, denn es findet keine strategische Interaktion statt: Individuum 1 erhält einen Geldbetrag x von der Spielleitung, von dem es einen Betrag x_2 an Individuum 2 geben und x_1 behalten kann, $x_1 + x_2 = x$. Individuum 2 muss dieses Angebot annehmen, und damit endet das Spiel. Abb. 10.1 stellt die extensive Form dieses Spiels dar (beachten Sie, dass die Ergebnisse in Geldeinheiten angegeben sind, nicht in Nutzen, denn dieser kann ja nicht beobachtet werden).

Das Spiel ist einfach zu analysieren: Ein egoistisches Individuum 1 hat die dominante Strategie, das ganze Geld zu behalten, so dass $x_2 = 0$ die einzige Gleichgewichthypothese für dieses Spiel ist, welche dann auch empirisch getestet werden kann.

Das Diktatorspiel wurde ausgiebig im Labor getestet, und die überwältigende Evidenz ist, dass das empirische Verhalten nicht mit der theoretischen Vorhersage übereinstimmt. Ein erheblicher Anteil der Individuen 1 teilt sich das Geld, und die abgegebenen Beträge liegen typischerweise im Durchschnitt zwischen 10 % und 25 % von x. Allerdings ist die Varianz zwischen den Vorschlägen relativ gross, was darauf hindeutet, dass die Teilnehmenden in diesen Experimenten heterogen

Abb. 10.1 Diktatorspiel

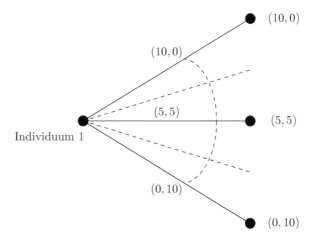

hinsichtlich ihrer Bereitschaft zum Teilen sind. Die häufigsten Werte sind dabei 0 % und 50 %. Darüber hinaus gibt es auch Hinweise darauf, dass die absolute Höhe des Betrags x für die Bereitschaft zu teilen wichtig ist. In einer Meta-Analyse, die die Grösse der monetären Ausstattung der Teilnehmenden manipulierte, fanden Larney et al. (2019) heraus, dass Menschen bei Diktator-Spielen mit hohem Einsatz weniger geben, und der Effekt nimmt zu, wenn die Einsätze steigen.

Weiterhin zeigte sich, dass die Ergebnisse des Diktator-Spiels davon abhängen, ob die Individuen glauben, dass sie einen legitimen Anspruch auf das Geld haben oder nicht. Dies zeigte sich in einem Experiment, in dem Individuum 1 das Geld x in einer vorgelagerten Spielstufe verdienen musste. In diesem Fall war die Wahrscheinlichkeit für ein Angebot von $x = 0$ bei 80 %, während dieser Wert nur in 17 % der Fälle auftritt, wenn das Geld von der Spielleitung ohne weitere Leistung gegeben wird. Diese Art von Verhalten deutet auf kooperatives aber zugleich kontextabhängiges Verhalten hin, und es ist interessant zu verstehen, was das genau bedeutet. Dies schauen wir uns im Folgenden genauer an.

Ultimatumspiel: Das Ultimatumspiel ähnelt dem Diktatorspiel mit dem Unterschied, dass Individuum 2 die Möglichkeit hat, den Vorschlag entweder anzunehmen oder abzulehnen. Nimmt es an, wird das Geld gemäss dem Vorschlag zugeteilt, lehnt es ab, erhalten beide null. In beiden Fällen endet das Spiel nach der Entscheidung von Individuum 2. Abb. 10.2 stellt die extensive Form dieses Spiels dar (auch hier sind die Ergebnisse Geld, nicht Nutzen).

Wir gehen im Folgenden davon aus, dass die Individuen ein teilspielperfektes Gleichgewicht spielen, siehe hierzu Kap. 9. Die im Vergleich zum Diktatorspiel zusätzliche Handlungsfähigkeit des zweiten Individuums ist bei egoistischem Rationalverhalten von geringem Nutzen: Individuum 2 hat einen Anreiz, jedes Angebot grösser oder gleich null anzunehmen. Dies wird von 1 antizipiert, so dass das Angebot x_2 gleich null ist. Die empirisch testbare Hypothese, die man daher ableiten kann, entspricht der des Diktatorspiels.

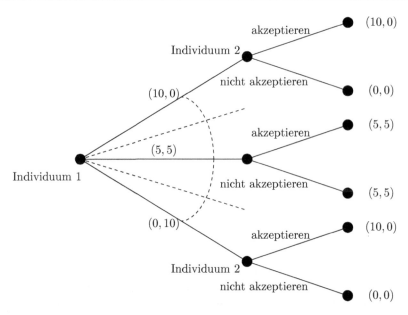

Abb. 10.2 Ultimatumspiel

Auch diese Hypothese wird durch die empirische Evidenz nicht gestützt: Individuen 2 sind bereit, positive Angebote abzulehnen, wenn sie sie für unangemessen halten, und Individuen 1 machen substanzielle Angebote. Im Durchschnitt sind die Angebote höher als in vergleichbaren Diktatorspielen:

1. Individuen 1 bieten im Durchschnitt zwischen 40 % und 50 % von x an.
2. Individuen 2 lehnen Angebote, welche weniger als 20 % von x betragen, in 40 % bis 60 % der Fälle ab.
3. Die Wahrscheinlichkeit einer Ablehnung sinkt mit der Höhe des Angebots.

In einem Experiment in der Slowakischen Republik, wurde x zwischen 4 % und 100 % eines durchschnittlichen Wochenlohns variiert. In einem ähnlichen Experiment in Indonesien variierte x zwischen 2.5 % und dem 300 % des (lokalen) wöchentlichen Durchschnittseinkommens. Beide Experimente kommen qualitativ zum selben Ergebnis: Der Einfluss der Höhe des Anfangsbetrags x auf die (relative) Höhe des Vorschlags x_2 sowie die Ablehnungsrate ist vernachlässigbar. Darüber hinaus waren die Angebote von Individuum 1 immer weit von der Vorhersage des teilspielperfekten Nash-Gleichgewichts entfernt. Dieses Ergebnis kann verallgemeinert werden. In der oben erwähnten Meta-Analyse fanden Larney et. al. (2019) heraus, dass die Höhe der Einsätze keinen Effekt auf die Angebote im Ultimatumspiel haben. Allerdings steigt die Bereitschaft, schlechte Angebote zu akzeptieren, geringfügig.

Aus der Sicht des Empfängers ist das Ablehnen positiver Angebote eine Verschwendung von Ressourcen. Um diese Art von Verhalten erklären zu können, muss

Tab. 10.1 Gefange-
nendilemma

	Koop.	keine Koop.
Koop.	2+a,2+a	1,11
keine Koop.	11,1	2,2

man beide Individuen getrennt anschauen. Zum einen muss erklärt werden, warum Individuum 2 bereit sein sollte, Geld zu opfern. Hierzu können die Ergebnisse eines Experiments herangezogen werden, die zeigen, dass ähnlich zu den Ergebnissen des Diktatorspiels Kontextvariablen für das Verhalten im Ultimatumspiel eine Rolle spielen. In diesem Experiment wurde das Angebot von Individuum 1 nicht von ihm selbst bestimmt, sondern von einem Zufallsgenerator, worüber Individuum 2 informiert war. Dieser Versuchsaufbau ermöglicht es zu untersuchen, inwieweit die Ablehnung eines Angebots durch Spieler 2 darauf zurückzuführen ist, dass dieser mit der Höhe des Angebots x_2 (relativ zu x oder x_1) unzufrieden ist (dann sollte die Frage, ob das Angebot vom Spieler oder einem Zufallsgenerator bestimmt wird, irrelevant sein), oder ob dieser irgendetwas am Verhalten des Spielers 1 bestrafen möchte. Es zeigte sich, dass signifikante Unterschiede im Verhalten feststellbar waren.

Und zum anderen muss man die Motive von Individuum 1 verstehen. Dessen Kalkül ist allerdings komplex. Positive Angebote können wie im Diktatorspiel Ergebnis nichtegoistischer Präferenzen sein, aber sie können auch mit egoistischen Präferenzen erklärt werden, wenn man davon ausgeht, Individuum 1 befürchte, dass zu geringe Angebote abgelehnt werden.

Gefangenendilemmaspiel: In einem Gefangenendilemmaspiel können zwei Individuen 1 und 2 entweder kooperieren oder nicht. Die zugehörigen (monetären) Auszahlungen sind in dem folgenden Normalformspiel zusammengefasst, wobei Individuum 1 der Reihen- und Individuum 2 Spaltenspieler ist ($0 < a < 9$):

Dabei steht ‚Koop' und ‚keine Koop.' für die beiden Strategien *Kooperation* und *keine Kooperation*. Da a zwischen 0 und 9 liegt, ist es für beide Spieler eine dominante Strategie, nicht zu kooperieren. Dieses Ergebnis ist mit erheblichen sozialen Kosten verbunden: Beide Spieler verlieren a Geldeinheiten im Vergleich zu einer Situation, in der sie beide kooperieren.

In Experimenten wird die Verhaltenshypothese regelmässig verworfen. Die Individuen kooperieren viel häufiger als theoretisch vorhergesagt, aber die Kooperation scheint ziemlich brüchig zu sein; wenn das Spiel mehrmals wiederholt wird, wechseln sich Perioden der Kooperation mit Perioden der Nicht-Kooperation ab. Auch dieses Verhalten ist erklärungsbedürftig.

Im Folgenden werden wir einige der wichtigsten Modelle aus der Literatur über soziale Präferenzen vorstellen und diskutieren, inwieweit sie in der Lage sind, die hier beschriebenen Verhaltensweisen zu erklären.

10.3.1 Verwandtschaftsselektion

Kooperatives Verhalten kann evolutionär sinnvoll sein, wenn es das Überleben und die Verbreitung von Genen befördert. Aus Sicht der genetischen Selektion ist ein Mensch ein Mechanismus, der eben dies sicherstellen soll. Daraus kann man die Hypothese ableiten, dass kooperatives Verhalten vom Verwandtschaftsgrad abhängen sollte. Je enger der Verwandtschaftsgrad, desto mehr Gene werden geteilt und desto eher sollte man ein solches Verhalten beobachten. Wenn man z. B. seiner Schwester bei der Erziehung ihrer Kinder hilft, fördert dies indirekt die zukünftige Verbreitung der eigenen Erbinformation. Der Evolutionsbiologe Alexander Hamilton hat aus dieser Hypothese die Theorie der *Verwandtschaftsselektion* abgeleitet und anhand vieler verschiedener Tierarten empirisch getestet. Seine These ist, dass sich kooperatives Verhalten genau dann ausbreiten kann, wenn die Kosten für die Genweitergabe kleiner als der Nutzen für die Genweitergabe sind.

Formal kann man diesen Zusammenhang wie folgt darstellen: Wenn B der Nutzen und C die Kosten einer bestimmten Verhaltensweise für die Genweitergabe sind, dann würde man bei einer Verhaltensweise, die nur für die Person selbst Konsequenzen hat, erwarten, dass diese durchgeführt wird, wenn $B > C$ ist. In dieser Situation ist der sogenannte *Verwandtschaftsgrad r* gerade gleich 1. Dieser misst den Anteil der Gene, die zwei Organismen teilen. Wenn die Verhaltensweise Kosten bei der eigenen Person erzeugt und Nutzen bei einer anderen, dann kann man den Nutzen für die Genweitergabe bestimmen, indem man den Nutzen mit dem Verwandtschaftsgrad multipliziert. Man erhält dann die Hypothese, dass die Verhaltensweise beobachtet werden sollte, wenn $r \cdot B > C$ ist. Dies ist eine vereinfachte Form von *Hamiltons Regel*, die in der Evolutionsbiologie eine zentrale Rolle spielt und kooperatives Verhalten auf den Verwandtschaftsgrad zurückführt. Hier ist ein Beispiel: Der Verwandtschaftsgrad bei Geschwistern ist $r = 0.5$. Dann besagt die Regel, dass kooperatives Verhalten zwischen Geschwistern beobachtet werden sollte, wenn der evolutionäre Nutzen B mindestens doppelt so hoch ist wie die evolutionären Kosten C.

In Bezug auf die zuvor diskutierten Experimente leistet die Theorie keinen Erklärungsbeitrag, da Verwandtschaftsbeziehungen dort keine Rolle spielten. Hamiltons Theorie hat aber gleichwohl grosse empirische Bestätigung gefunden, und sie erklärt nichtegoistisches Verhalten unter genetisch verwandten Mitgliedern einer Art. Die offene Frage ist, ob wir ein solches Verhalten auch beobachten und erklären können, wenn der Verwandtschaftsgrad so klein ist, dass er für das Verhalten kaum eine Rolle spielen sollte.

10.3.2 Reziprozität

Eine Erklärung hierfür ist *Reziprozität*. Es ist eine soziale Norm, die erfordert, auf kooperatives Verhalten anderer ebenfalls kooperativ zu reagieren. Dies nennt man *positive Reziprozität*. Umgekehrt gilt auch, dass auf unkooperatives Verhalten unkooperativ reagiert wird. Dies nennt man *negative Reziprozität*.

Eine einfache Form der Reziprozität ist die Verhaltensheuristik *Tit for Tat*, die in wiederholten Beziehungen zweier Personen zur Anwendung kommen kann. Dabei wird das eigene Verhalten in einer Periode t davon abhängig gemacht, wie sich die andere Person in Periode $t - 1$ verhalten hat. Hat sie kooperiert, kooperiert man auch. Hat sie nicht kooperiert, kooperiert man ebenfalls nicht.

Aus einer evolutionären Sicht scheint Reziprozität gegenüber einer unbedingten Bereitschaft zur Kooperation Vorteile zu haben. Eine Person, die z. B. immer teilt, unabhängig davon, wie sie von anderen Personen behandelt wird, kann langfristig ausgebeutet werden, was dann die Verbreitung dieser Verhaltensweisen behindert. Kontingent-kooperatives Verhalten macht diese Form der Ausbeutung schwieriger.

Bis zu dieser Stelle ist unklar, ob Reziprozität eine egoistische Verhaltensweise ist, oder ob ein solches Verhalten auf eine tiefere, nichtegoistische Verhaltens-disposition zurückzuführen ist. In einer stabilen, wiederholten Beziehung, in der kooperatives Verhalten prinzipielle Vorteile hat, kann Reziprozität durchaus als egoistisches Verhalten rekonstruiert werden, wenn die Individuen einen hinreichend langen Zeithorizont haben. Wenn Reziprozität hingegen auch in anderen sozialen Interaktionen festgestellt werden kann, verweist das auf eine nichtegoistische Verhaltensdisposition. Wir werden später auf diesen Punkt zurückkommen.

Wichtig für das Zustandekommen von Kooperation auf Grundlage von Rezi-prozität sind wiederholte Interaktionen in stabilen Gruppen. Auf einem anonymen Markt, in dem sich Handelspartner nur einmal treffen, sind die Voraussetzungen dafür gar nicht gegeben, dass reziprokes Verhalten entstehen kann. Daher kann es z. B. das Verhalten im wiederholten Gefangenendilemmaspiel erklären. Wenn sich dort Phasen der Kooperation mit Phasen mangelnder Kooperation abwechseln, kann das darauf hindeuten, dass immer wieder versucht wird, kooperatives Verhalten durch die Etablierung von Reziprozitätsnormen zu stützen, was aber nicht immer gelingt. Negative Reziprozität kann auch erklären, warum im Ultimatum-Spiel schlechte Angebote abgelehnt werden. Wenn es in einer Gruppe eine bestimmte Fairnesserwartung gibt, der das Angebot nicht entspricht, wird ein solches als Bruch der Kooperationsnorm verstanden, worauf ebenfalls die Kooperationsnorm gebrochen wird, indem man Geld ‚verschwendet'. Die anderen oben beschriebenen Verhaltensweisen bezogen sich auf nur einmal durchgeführte Spiele, so dass man hierfür andere Erklärungsansätze benötigt.

10.3.3 Altruismus und Missgunst

Eine weitere mögliche Erklärung für kooperatives Verhalten ist *Altruismus*. Dabei handelt es sich um ein Verhalten, bei dem man kooperativ ist, unabhängig davon, wie die andere Person handelt.

Altruismus wird typischerweise wie folgt definiert. Wir nehmen an, dass es zwei Individuen i und j gibt, deren Nutzen von einem Gut x abhängt. Dies kann im einfachsten Fall Geld sein. (x_1, x_2) ist eine Verteilung des Guts auf die beiden

Individuen. Der Nutzen von Individuum i kann nun sowohl von der Menge x_i abhängen, die es selbst erhält, als auch von der Menge x_j, die das andere Individuen erhält:

$$u_i(x_i, x_j),$$

Wenn das Gut Geld ist, dann handelt es sich um eine indirekte Nutzenfunktion, wie sie in Kap. 7 eingeführt wurde. Mit diesem Modell lässt sich Altruismus wie folgt definieren:

▶ **Definition 10.5 Altruismus** Ein Individuum i heisst *altruistisch*, wenn die erste Ableitung der Nutzenfunktion $u_i(x_i, x_j)$ nach x_j immer positiv ist:

$$\frac{\partial u_i(x_i, x_j)}{\partial x_j} > 0.$$

Ein altruistisches Individuum i ist daher je nach Verteilung des Guts bereit, etwas von seinem eigenen Gut abzugeben, um das andere Individuum besserzustellen. Wenn man etwa annimmt, dass die Nutzenfunktionen $u_i(x_i, x_2) = \ln x_i + a \cdot \ln x_j$, $a \geq 0$, lauten, und wenn man weiter annimmt, dass Individuum 1 einen Geldbetrag von 10 aufteilen soll, dann ergibt sich als Bedingung erster Ordnung die Gleichung $1/x_1 - a/(10 - x_1) = 0$. Löst man diese Gleichung nach x_1 auf, so erhält man $x_1 = 10/(1 + a)$. Wenn $a = 0$ ist, sind die Individuen egoistisch, und daher wird nicht geteilt. Mit steigendem a nimmt aber der Altruismus zu, und damit steigt auch der Geldbetrag, den 1 abgibt.

Es gibt eine weitere Form des Altruismus, die man als *parochialen* Altruismus bezeichnet. In diesem Fall macht das Individuum einen Unterschied zwischen verschiedenen Individuen; es teilt sie in Gruppen ein und beschränkt den Altruismus auf Mitglieder bestimmter Gruppen (z. B. nach Nationalität, Ethnie, Religion, Beruf, Fussballclub, ...). Gegenüber Mitgliedern anderer Gruppen verhält es sich hingegen neutral (also egoistisch) oder sogar missgünstig. Es gibt viel empirische Evidenz für eine solche Form des Gruppenaltruismus, und wir werden hierauf ausführlich in Kap. 11 zurückkommen.

Wir können unabhängig von der obigen Unterscheidung weiterhin zwischen zwei Formen des Altruismus unterscheiden. Im ersten Fall geht es Individuum i nur darum, dass andere Individuen eine bestimmte Menge des Guts erhalten, unabhängig davon, wie dies zustande kommt. Im zweiten Fall geht es Individuum i darum, dass es *selbst* Hilfe leistet, sich kooperativ verhält, etc. Dieser zweite Fall ist in der Literatur unter dem Namen *Warm-Glow-Giving* bekannt. Der Begriff erklärt sich daher, dass der altruistische Akt im Individuum ein ‚warmes Gefühl' erzeugt. Nehmen wir ein Beispiel mit drei Individuen, bei dem Individuum 3 Hilfe benötigt (z. B. ohne Hilfe eine Menge 0 des Guts besitzt), die von Individuum 1 und 2 erfolgen kann (weil sie z. B. über positive Mengen des Guts verfügen). *Warm-Glow-Giving* bedeutet dann, dass es z. B. Individuum 1 wichtig ist, dass es selbst hilft. Es ergibt aus Sicht von Individuum 1 daher einen Unterschied, ob es selbst Individuum

3 hilft, oder ob ihm durch Individuum 2 geholfen wird, auch wenn Individuum 3 nach der Hilfe jeweils über gleich viel des Guts verfügt. Empirische Studien zeigen, dass ein solcher *Warm-Glow*-Effekt nachweisbar ist. Diese Unterscheidung liesse sich formal modellieren, wir verzichten hier aber darauf.

Für die hier präsentierten empirischen Befunde ist diese Unterscheidung auch irrelevant. Altruismus kann sowohl positive Angebote im Diktatorspiel als auch im Ultimatumspiel erklären, nicht jedoch das sich verändernde Verhalten im Gefangenendilemmaspiel, und auch nicht die Ablehnung positiver Angebote im Ultimatumspiel (Individuum 2 schadet beiden). Dieses wird aber mit dem folgenden Modell erklärbar.

Soziale Präferenzen können auch den Fall antisozialen Verhaltens umfassen. Das Gegenteil von Altruismus wird als Missgunst bezeichnet und lässt sich wie folgt definieren:

▶ **Definition 10.6 Missgunst** Ein Individuum i heisst *missgünstig*, wenn die erste Ableitung der Nutzenfunktion u_i nach x_j immer negativ ist:

$$\frac{\partial u_i(x_i, x_j)}{\partial x_j} < 0.$$

Ein missgünstiges Individuum steigert seinen Nutzen, wenn die Gütermengen anderer Individuen sinken. Wir haben damit sozusagen das Gegenteil von Altruismus erfasst. Auch hier liesse sich im Prinzip danach unterscheiden, ob es dem Individuum darum geht, selbst das andere Individuum schlechter zu stellen (was man als *Warm-Glow-Taking* bezeichnen könnte), oder ob es genügt, dass dem anderen Individuum aus irgendeinem Grund geschadet wird.

Wie kann Missgunst die Ablehnung positiver Angebote im Ultimatumspiel erklären? Nehmen wir wiederum eine Beispielfunktion und eine Situation, in der Individuum 1 ein Angebot $(x_1, 10 - x_1)$ gemacht hat. Wenn Individuum 2 eine Nutzenfunktion $u_2(x_1, x_2) = x_2 - a \cdot x_1$ besitzt, dann ist der Nutzen der Ablehnung eines Angebots gleich $u_2(0, 0) = 0$. Der Nutzen einer Annahme des Angebots ist hingegen $u_2(x_1, 10 - x_1) = 10 - (1 + a) \cdot x_1$. Dieser Nutzen ist genau dann kleiner oder gleich als null, wenn $x_1 \geq 10/(1+a)$ ist. Für $a = 0$ ist Individuum 2 egoistisch, und dementsprechend wird es alle Angebote bis 10 annehmen. Mit steigendem a wird es aber zunehmend missgünstig und lehnt daher immer bessere Angebote ab. Wenn Individuum 1 dies weiss, wird es auch, wenn es egoistisch ist, immer ein Angebot $x_2 = (10 \cdot a)/(1 + a)$ machen. Das Verhalten sieht altruistisch aus, ist es aber nicht.

Wenn Individuum 1 altruistisch ist, dann wird es je nach Stärke des Altruismus entweder auch $x_2 = (10 \cdot a)/(1 + a)$ anbieten (schwacher Altruismus) oder sogar mehr (starker Altruismus).

Wenn 1 missgünstig ist, würde es gern $x_2 = 0$ anbieten. Hier droht aber eine Ablehnung. In Fall zweier missgünstiger Individuen kann daher eine interessante Situation resultieren. Nehmen wir an, die Nutzenfunktion von 1 sei $u_1(x_1, 10 - x_1) = x_1 - b(10 - x_1)$. Individuum 1 muss mindestens $x_2 = (10 \cdot a)/(1+a)$ anbieten.

Damit ist der Nutzen für dieses Angebot gleich $10/(1 + a) - b \cdot (10 \cdot a)/(1 + a)$, und dieser Ausdruck ist grösser oder gleich null, wenn $1 - a \cdot b \geq 0$ ist. Wenn die gegenseitige Missgunst schwach ist ($a \cdot b \leq 1$), beobachten wir, dass das Mindestangebot gemacht und angenommen wird. Ist die gegenseitige Missgunst jedoch stark ($a \cdot b > 1$), so existiert nur ein Gleichgewicht, bei dem das Angebot abgelehnt wird, so dass beide Individuen mit null nach Hause gehen. Zusammenfassend kann daher gegenseitige Missgunst das Verhalten im Ultimatumspiel insgesamt besser erklären als Altruismus. Altruismus erklärt wiederum das Verhalten im Diktatorspiel besser als Missgunst. Daher haben wir bisher noch kein Modell kennengelernt, welches die obigen experimentellen Ergebnisse vollständig erklären kann.

10.3.4 Ungleichheitsaversion

Die Definition von Altruismus und Missgunst ging davon aus, dass der Grenznutzen eines Individuums i aus der Güterausstattung der anderen Individuen j immer positiv oder negativ ist. Man kann sich aber auch vorstellen, dass dies nicht global der Fall ist. Und es gibt eine Klasse von Modellen, die kooperatives und unkooperatives Verhalten durch sogenannte *Ungleichheitsaversion* erklären. Dabei hängt der Nutzen aus einer Güterverteilung davon ab, wie die Gütermengen relativ zu anderen Individuen sind. Das Verhaltensmotiv ist dabei nicht wie z. B. im Falle des Altruismus, dem anderen Individuum zu helfen, sondern bestimmte Formen der Ungleichheit zu vermeiden, was z. B. dazu führen kann, dass lokal altruistisches (das andere Individuum hat weniger als ich) oder lokal missgünstiges (das andere Individuum hat mehr als ich) Verhalten resultieren kann.

Wir stellen zwei Modelle mit Ungleichheitsaversion vor. In beiden Fällen interessieren sich die Individuen nicht nur für die absolute Menge an Gütern, die sie bekommen, sondern auch für ihre Gütermenge relativ zu anderen Individuen. Wir gehen von zwei Individuen i und j aus. Dies wird einmal erreicht, indem man die eigene Gütermenge ins Verhältnis zur *durchschnittlichen* Güterversorgung setzt:

$$u_i(x_i, \sigma_i),$$

wobei $\sigma_i = x_i/(x_i + x_j)$ die relative Gütermenge von Spieler i ist und $\partial u_i/\partial \sigma_i \gtrless 0$ gelten kann. Für den Fall einer additiven Nutzenfunktion $u_i(x_i, \sigma_i) = v_i(x_i) + w_i(\sigma_i)$ wäre eine natürliche Spezifikation zum Beispiel die Annahme $\partial w_i/\partial \sigma_i \gtrless 0 \Leftrightarrow \sigma_i \lesseqgtr 1/2$. Der erste Term erfasste dann die bekannte egoistische Motivation, und der zweite würde die Ungleichheitsaversion ausdrücken. Eine funktionale Spezifikation ist $u_i(x_i, \sigma_i) = x_i - 2 \cdot (\sigma - 0.5)^2$.

Wenn wir annehmen, dass Individuum 1 eine Einheit des Guts auf beide Individuen verteilen darf, so gilt $x_1 + x_2 = 1$, und der Nutzen vereinfacht sich zu $x_1 - 2 \cdot (x_1 - 0.5)^2$. Bestimmt man die für 1 optimale Aufteilung, so erhält man $x_1 = 0.75$: Individuum 1 beansprucht mehr als die Hälfte für sich, nimmt sich aber anders als bei egoistischen Präferenzen nicht die ganze Menge des Guts.

Damit können wir sowohl das Verhalten im Diktator- als auch die Angebote im Ultimatumspiel erklären. Wie verhält es sich aber mit der Ablehnung positiver Angebote im Ultimatumspiel? Der Nutzen bei Ablehnung ist null. Damit ein Angebot von 2 angenommen wird, muss daher gelten, dass $10 - x_1 - 2 \cdot ((10 - x_1)/10 - 0.5)^2 \geq 0$ ist. Wir bezeichnen den kritischen Wert, bei dem die linke Seite der Ungleichung gerade gleich null ist, mit $\hat{x}_1$. Individuum 2 wird daher ein Angebot ablehnen, wenn $x_1 > \hat{x}_1$ ist. Der Term auf der linken Seite bildet eine quadratische Gleichung, deren positive Lösung $\hat{x}_1 \approx 9.58$ ist. Das heisst, dass Individuum 2 ein Angebot, welches kleiner als 0.42 ist, ablehnen wird, weil ihm die Ungleichheit zu gross ist. Damit ist das Modell in der Lage, prinzipiell das Verhalten beider Individuen im Ultimatumspiel zu erklären.

Das alternative Modell funktioniert ähnlich. Dort wird davon ausgegangen, dass Präferenzen durch eine Nutzenfunktion

$$u_i(x_i, x_j) = x_i - \alpha_i \cdot \max\{x_j - x_i, 0\} - \beta_i \cdot \max\{x_i - x_j, 0\}$$

beschrieben werden können. Der erste Term fasst die egoistische Motivation, und die beiden folgenden Terme die Ungleichheitsaversion. Dabei wird unterschieden, ob man weniger oder mehr als das andere Individuum hat. α_i und β_i sind Parameter, die die Intensität der Ungleichheitsaversion zum Ausdruck bringen, wenn i weniger bzw. mehr von dem Gut hat als j. Es es wird üblicherweise angenommen, dass $\beta_i \leq \alpha_i$ gilt: Individuen kümmern sich weniger um Ungleichheit, wenn sie auf der Sonnenseite der Strasse stehen. Um die Struktur der Nutzenfunktion besser zu verstehen, nehmen wir an, dass $x_i > x_j$ ist. In diesem Fall ist der zweite Term der Nutzenfunktion null, und der Grenznutzen des Einkommens von i ist $(1 - \beta_i) < 1$: Vorteilhafte Ungleichheit ,dämpft' den Grenznutzen des Guts um den Faktor β_i im Vergleich zu Egoismus. Im umgekehrten Fall $x_j > x_i$ ist der dritte Term gleich null, und der Grenznutzen des Guts des Individuums i ist $(1 + \alpha_i) > 1$: Nachteilige Ungleichheit macht zusätzliche Mengen des Guts wertvoller als bei Egoismus, weil es dem Individuum dabei hilft, zum anderen Individuum aufzuschliessen.

Für zwei Individuen unterscheiden sich die beiden Modelle in ihren qualitativen Vorhersagemöglichkeiten nicht. Daher ist auch dieses Modell in der Lage, durch eine geeignete Wahl der Parameter α und β das Verhalten im Diktator- und im Ultimatumspiel zu erklären.

Wir sehen damit, dass es problematisch sein kann, beobachtetem Verhalten durch die geeignete Wahl einer unterstellten Handlungsmotivation mit zugehöriger Nutzenfunktion eine Erklärung zu geben. Das, was im Altruismus-Missgunst-Modell als Missgunst rekonstruiert werden kann, erscheint hier als Ungleichheitsaversion. Wir könnten hier noch viele weitere Ergebnisse von Experimenten anführen, die in die eine, die andere oder eine ganz andere Richtung zeigen, und es zeichnet sich kein Konsens hinsichtlich des richtigen, umfassenden Modells sozialer Präferenzen ab. Paretos zu Beginn des Kapitels benannte Skepsis hinsichtlich der Integration ,psychologischer' Elemente in die Ökonomik erscheint daher nicht ganz unberechtigt zu sein, denn sobald wir einmal damit beginnen, an der Nutzenfunktion herumzubasteln, können gegebenenfalls sehr viele Erklärungen für dasselbe Verhalten gegeben werden, ohne jemals wissen zu können, ob wir die richtige Erklärung gefunden haben. Und vielleicht ist es auch so, dass es nicht die eine richtige Erklärung gibt, sondern dass je nach Kontext mal Reziprozität, mal Altruismus, mal Missgunst, mal Ungleichheitsaversion und mal etwas ganz anderes handlungsleitend ist.

10.3.5 Intentionsbasierte Präferenzen

Abschließend wollen wir uns mit einem Beispiel für kooperatives Verhalten beschäftigen, das nicht durch konsequentialistische, sondern durch deontologische Handlungsmotive erklärt werden kann. Wir hatten in Kap. 5 unterschiedliche Ethiken eingeführt und gezeigt, dass der Mainstream der normativen Ökonomik ein Spezialfall einer *konsequentialistischen* Ethik ist. Daher ist es nicht verwunderlich, dass in der Verhaltensökonomik kooperatives Verhalten intuitiv konsequentialistisch begründet wird. Und sowohl die Modelle des Altruismus, der Missgunst und der Ungleichheitsaversion sind konsequentialistisch, da die unterstellten Nutzenfunktionen die Verteilung von Geld oder Gütern bewerten.

Dies muss aber nicht die einzige Motivation von Individuen zur Kooperation mit anderen Menschen sein, und es gibt eine Literatur, die die unterstellten *Intentionen* einer anderen Person ins Zentrum stellt. Die Idee ist, dass man bereit ist, Menschen zu helfen, die eine gute Absichten haben, unabhängig davon, ob die Konsequenzen ihres Handelns gut oder schlecht sind. Es handelt sich dabei um eine *deontologische* Begründung von Kooperation, wie wir sie z. B. bei Immanuel Kant finden, der den *guten Willen* ins Zentrum stellt.

Hier ist ein Beispiel: Nehmen Sie an, ein Bekannter von Ihnen spendet sein Geld für die Unterstützung eines gewalttätigen Staatsstreichs, der allgemein aus moralischen Gründen verurteilt wird. Irgendwie landet das Geld aber bei einer wohltätigen Organisation, die damit Kinderleben rettet. Die Konsequenzen der Spende sind also gut, was bedeutet, dass man das Verhalten des Bekannten aus konsequentialistischen Gründen begrüssen müsste. Die meisten Menschen würden jedoch zustimmen, dass dies nicht der richtige Ansatz ist. Sie würden argumentieren, dass es in diesem Fall die Intentionen des Bekannten ist, die bei der Beurteilung des Verhaltens zählen sollte, und dass Ihr Bekannter schlechte Intentionen hatte.

Wenn ein Individuum die Bereitschaft hat, sich anderen Menschen gegenüber kooperativ zu verhalten, auch wenn dies nicht mit egoistischem Verhalten vereinbar ist, nennt man dies *intentionsbasierte Fairness*. Leider ist es nicht ganz einfach, diese in einem mikroökonomisches Verhaltensmodell zu modellieren, weil man die Prozesse der Erwartungsbildung ins Zentrum der Aufmerksamkeit rücken muss.

10.3.6 Abschliessende Bemerkungen

In diesem abschliessenden Abschnitt werden wir noch auf zwei weitere methodische Aspekte eingehen, die wichtig sind, um die Relevanz der obigen Theorien besser zu verstehen.

Externe Validität: Der grösste Teil der empirischen Evidenz, die die Entwicklung der zuvor vorgestellten Modelle der individuellen Entscheidungsfindung motiviert hat, stammt aus dem Labor. Es ist daher wichtig zu verstehen, ob das Verhalten der Individuen im Labor repräsentativ für ihr Verhalten im realen Lebenskontexten ist. Es hat sich gezeigt, dass für diese sogenannte *externe Validität* drei Faktoren wichtig sind: (1) die Geldbeträge, die eingesetzt werden, (2) die Tatsache, dass sich die Studienteilnehmenden der Tatsache bewusst sind, dass sie an einer Studie teilnehmen und dass ihr Verhalten von anderen beobachtet wird und (3) die kontextuelle Rahmung, in die der Entscheidungsprozess eingebettet ist.

Zu Punkt (1) hatten wir schon etwas gesagt. (2) Die Tatsache, dass sich die Versuchspersonen der Tatsache bewusst sind, dass sie an einem Experiment teilnehmen, ist ein Problem, das die Sozial- von den Naturwissenschaften unterscheidet. Teilchen im Labor sind sich der Tatsache, dass sie an einem Experiment teilnehmen, soweit wir wissen, nicht bewusst. In den Sozialwissenschaften ist das aber anders. Der Philosoph Charles Sanders Pierce (1908) schrieb zu diesem Problem: „It is to the highest degree probable that the subject['s] [...] general attitude of mind is that of ready complacency and cheerful willingness to assist the investigator in every possible way by reporting to him those very things which he is most eager to find, and that the very questions of the experimenter ... suggest the shade of reply expected .... Indeed ... it seems too often as if the subject were now regarded as a stupid automaton." Und tatsächlich findet sich Evidenz, dass die Kooperation deutlich abnimmt, wenn sich die Versuchsteilnehmenden unbeobachtet fühlen. In einer weiteren Studie verglich man die Spendenbereitschaft derselben Personen im Labor mit ihrer Spendenbereitschaft im realen Leben. Es stellte sich heraus, dass Personen, die in der Vergangenheit noch nie für wohltätige Zwecke gespendet hatten, bereit waren, 60 % ihrer Geldausstattung im Labor zu verschenken. Und Personen, die in den zwei Jahren nach dem Experiment nicht für wohltätige Zwecke spendeten, verschenkten mehr als 50 % ihrer Geldausstattung im Labor. Solche Ergebnisse stellen wichtige Fragen, denn das beobachtbare Spendenverhalten basiert offensichtlich nicht auf einer tief verankerten und kontextinvarianten Struktur der Präferenzen. Was, wenn nicht soziale Präferenzen, messen wir im Labor? Und welche normativen Konsequenzen folgen aus dem Umstand, dass wir Verhalten im Labor zwar als Maximierungsproblem einer bestimmten Nutzenfunktion rekonstruieren können, diese Nutzenfunktion aber nicht eindeutig bestimmt ist? Jedes Spiel im Labor ist eingebettet in das ‚Spiel des Lebens', welches die Versuchspersonen spielen. Daher gilt zu (3), dass selbst, wenn der Experimentator versucht, so viele Aspekte des Spiels im Labor wie möglich zu kontrollieren, er niemals die soziale Einbettung der Entscheidungssituation aus Sicht der Versuchspersonen kontrollieren kann. Sie bringen ihr eigenes Leben und ihre eigenen Erfahrungen mit ins Labor, und das kann ein Problem darstellen, wenn es um die Interpretation der Ergebnisse geht.

Menschliches Verhalten ist viel komplexer, als es das *Rational-Choice*-Modell mit egoistischem Verhalten nahelegt. Zum jetzigen Zeitpunkt wäre es jedoch verfrüht, das traditionelle Modell des *Homo Oeconomicus* durch ein komplexeres Modell mit andersartigen Präferenzen zu ersetzen und es auf alle Arten von

Entscheidungsproblemen anzuwenden. Es ist noch zu wenig klar, in welchen Kontexten welche Form von kooperativen Verhaltensmotiven handlungsleitend ist.

Normative Implikationen: Die normativen Implikationen unserer Diskussion über soziale Präferenzen hängen von der Frage ab, ob die individuellen Präferenzen durch eines der obigen Modelle korrekt beschrieben werden, denn in der Ökonomik wird Effizienz und Wohlergehen anhand dieser Präferenzen gemessen. Wie wir zuvor gesehen haben, können verschiedene Modelle von sozialen Präferenzen dasselbe Verhalten erklären. Der Ansatz, aus Verhalten auf Präferenzen zu schliessen, führt zu hinreichenden, nicht aber notwendigen Bedingungen für eine Präferenzordnung. Daher stellt sich die Frage, mit welcher Legitimität man eine bestimmte solche Präferenzordnung zur Messung von Effizienz und Wohlergehen heranziehen kann. Dies gilt aber auch für die Präferenzen, die in der traditionellen Theorie verwendet werden.

Selbst wenn dieses Problem der Unterbestimmtheit nicht existierte und wir genau eine Präferenzordnung angeben könnten, die das beobachtete Verhalten erklärten, stellte sich ein weitergehendes normatives Problem. Wie wir für den Fall missgünstiger Präferenzen gesehen haben, kann es Handlungsmotive geben, die ethisch problematisch sind. Wenn dem aber so ist, stellt sich die Frage, ob man diese zur Bewertung gesellschaftlicher Zustände heranziehen sollte. Wir hatten gesehen, dass bei starker Missgunst es aus Sicht eines Individuums besser sein kann, wenn beide Individuen nichts haben, als wenn beide etwas haben. Sind solche Motive legitim? Der ökonomische Mainstream musste sich der Frage nach moralisch legitimen und illegitimen Präferenzen nicht stellen, weil entweder Handlungsmotive ignoriert wurden oder weil man von egoistischen Präferenzen ausgegangen ist. Wie sich gezeigt hat, ist dies aber empirisch nicht richtig. Der Ökonom Kenneth Arrow (1983) brachte das Spannungsverhältnis, welches sich hier ergibt, auf den Punkt: „[A] standard liberal point of view in political philosophy [...] asserts that an individual's preferences are or ought to be [...] concerned only with the effects of social action on him. But there is no logical way to distinguish a particular class of concerns which pertain to a given individual. If I feel that my satisfaction is reduced by somebody else's poverty [...], then I am injured in precisely the same sense as if my purchasing power were reduced. [...] The only rational defense of what may be termed a liberal position, or perhaps more precisely a principle of limited social preference, is that it is itself a value judgment. In other words, an individual may have as part of his value structure precisely that he does not think it proper to influence consequences outside a limited realm."

10.4   Abweichung vom Rationalverhalten

Um Abweichungen vom Rationalverhalten zu verstehen, soll zunächst zusammengetragen werden, was wir bisher unter Rationalität verstanden haben. Die der Präferenzmaximierungstheorie hinterlegten Rationalitätsannahmen sind

a. *Transitivität* der Präferenzordnung,
b. *Maximierung* der Präferenzordnung,
c. *Konsistenz* von Interesse und Verhalten

bei allgemeinen Entscheidungsproblemen (siehe Kap. 7), und

d. *Unabhängigkeit* der Präferenzordnung,
e. *Stetigkeit* der Präferenzordnung

in der von Neumann-Morgenstern-Entscheidungstheorie (siehe Kap. 8). Eine weitere Annahme wird allgemein vorausgesetzt, die so selbstverständlich zu sein scheint, dass sie nirgendwo explizit aufscheint. Sie wird mit dem Begriff

f. *Invarianz* der Präferenzordnung

bezeichnet. Invarianz bedeutet, dass die konkrete Formulierung eines Auswahlproblems keinen Einfluss auf die Entscheidungen nehmen sollten, wenn die realen Konsequenzen von der Formulierung unbeeinflusst sind. So sollte es beispielsweise irrelevant für die Wahlentscheidung sein, ob man einer Person zunächst die Wahl zwischen A und B gibt, um dann noch eine Entscheidung zwischen der gewählten Alternative und C zu ermöglichen, oder ob man zunächst über B und C entscheiden lässt, um dann noch eine Entscheidung zwischen der gewählten Alternative und A zu ermöglichen.

Um Abweichungen vom Rationalverhalten nachweisen und in ihrer Struktur verstehen zu können, geht die Literatur in der Regel zusätzlich davon aus, dass die Individuen in den relevanten Entscheidungssituationen egoistische Präferenzen haben. Dies tritt als Hilfsannahme hinzu, ist selbst aber nicht Teil des Konzepts der Rationalität. In Experimenten kann man diese Hilfsannahme z. B. dadurch kontrollieren, dass in den Entscheidungssituationen gar kein Bezug zu anderen Personen existiert, so dass dieser Faktor keine Rolle spielen kann.

10.4.1 Prospect Theorie

Mit und nach der Entwicklung der in Kap. 8 vorgestellten Erwartungsnutzentheorie sah man sie sowohl als normativen Referenzpunkt rationalen Verhaltens als auch als positive Theorie menschlichen Verhaltens unter Risiko und ggf. Unsicherheit (wenn man das Prinzip des unzureichenden Grundes von Laplace akzeptiert, siehe Kap. 8). Wie wir bereits mit dem Allais-Paradox gesehen haben, wurde aber recht schnell klar, dass ihr positiver Erklärungsgehalt nicht so gross ist wie erhofft. Insbesondere durch Arbeiten von Daniel Kahneman und Amos Tversky (neben vielen anderen) wurde über die Jahre klar, dass Menschen nicht nur manchmal und unsystematisch, sondern regelmässig und systematisch von den Verhaltenshypothesen der Erwartungsnutzentheorie abweichen. Mit dem Wissen um die Systematik der Verstösse wurde eine ganze Klasse von alternativen positiven Verhaltenstheorien entwickelt.

Diejenige, die am umfassendsten die empirische Evidenz integrieren kann und weit akzeptiert wurde, ist die von Kahneman und Tversky entwickelte *Prospect-Theorie*. Eine ausführlichere Darstellung der Theorie ist nicht nur aufgrund ihrer Wichtigkeit gerechtfertigt, sondern auch aus methodischen Gründen, weil man daran erkennen kann, wie empirische Erkenntnisse zur Entwicklung einer Verhaltenstheorie benutzt werden können.

Zur formalen Darstellung der Theorie knüpfen wir an Kap. 8 an und gehen vereinfachend davon aus, dass es nur drei mögliche Ergebnisse c_1, c_2, c_3 gibt, die bei den möglichen Strategien $s_i \in S$ mit Wahrscheinlichkeiten p_{i1}, p_{i2}, p_{i3} auftreten. Und wenn nichts anderes gesagt wird, sind die Ergebnisse Geldauszahlungen. Die Prospect-Theorie basiert auf fünf zentralen Erkenntnissen.

- Menschen bewerten Ergebnisse nicht absolut, sondern im Verhältnis zu einem *Referenzpunkt*. Dieser Referenzpunkt bringt zum Ausdruck, was eine Person in einer Situation für normal erachtet. Abweichungen von diesem Zustand der Normalität werden dann als Gewinne oder Verluste interpretiert. Wenn also z. B. das Ergebnis c_2 als Referenzpunkt wahrgenommen wird (z. B. ein erwartetes Lohnniveau für eine Anstellung), und es gilt $c_1 < c_2 < c_3$, dann wäre die Realisierung des Ergebnisses c_1 ein Verlust ($c_1 - c_2 < 0$) und die Realisierung des Ergebnisses c_3 ein Gewinn ($c_3 - c_2 > 0$) bezogen auf Referenzpunkt c_2. (Im ersten Fall wird ein geringerer und im zweiten Fall ein höherer Lohn als erwartet geboten.) Daraus folgt, dass man keinen Nutzen der Auszahlung zur Bewertung heranzieht. Vielmehr bewertet man die Differenz zwischen dem tatsächlichen Ergebnis und dem Referenzpunkt. Diese relativen Bewertungen werden durch *subjektive Werte* v angegeben. Diese sind auf den Differenzen $c_1 - c_2, c_2 - c_2,$ $c_3 - c_2$ definiert, so dass $v(c_1 - c_2) < v(c_2 - c_2) = v(0) \equiv 0 < v(c_3 - c_2)$ gilt. Diese subjektiven Werte übernehmen die Rolle der Bernoulli-Nutzenfunktion der Erwartungsnutzentheorie.

  Kahneman und Tversky (1979, S. 277) sehen in dieser relativen Bewertung ein Beispiel für ein evolutionäres Grundprinzip menschlicher Wahrnehmung und Bewertung: „An essential feature of the present theory is that the carriers of value are changes in wealth or welfare, rather than final states. This assumption is compatible with basic principles of perception and judgment. Our perceptual apparatus is attuned to the evaluation of changes or differences rather than to the evaluation of absolute magnitudes. When we respond to attributes such as brightness, loudness, or temperature, the past and present context of experience defines an adaptation level, or reference point, and stimuli are perceived in relation to this reference point. Thus, an object at a given temperature may be experienced as hot or cold to the touch depending on the temperature to which one has adapted. The same principle applies to non-sensory attributes such as health, prestige, and wealth. The same level of wealth, for example, may imply abject poverty for one person and great riches for another - depending on their current assets." Wir werden in Kap. 11 anhand des Dopaminsystems ein Beispiel kennenlernen, welches verdeutlicht, wie eine solche relative Bewertung im Gehirn kodiert sein kann.

- Der Referenzpunkt bildet sich sowohl durch einen Prozess von kulturellen Erwartungen, Normen, äusseren Vorgaben, vergangenen Erfahrungen etc., als auch durch eine erste Beschäftigung mit dem konkreten Entscheidungsproblem, so dass ein *mentales Modell* der Entscheidungssituation entsteht. Im Allgemeinen existiert ein Unterschied zwischen einem tatsächlichen Entscheidungsproblem und der Wahrnehmung dieses Entscheidungsproblems durch eine Person. Dieser Unterschied wird in der traditionellen Vorstellung ignoriert. Es zeigt sich aber, dass diese Vernachlässigung den Blick für die Konstruktions- und Vereinfachungsregeln versperrt, die Menschen anwenden, um ein Problem zu verstehen. Und diese Vereinfachungen sind zur Erklärung von Verhalten relevant.

  Die Entstehung eines solchen mentalen Modells erfolgt teilweise reflektiert und bewusst, teilweise automatisch und unbewusst. Der Referenzpunkt ist daher Teil des mentalen Modells. Dieses Modell ist nicht objektiv oder auch nur intersubjektiv identisch, sondern kann für jeden Menschen anders sein. Dabei geht es auch um Komplexitätsreduktion, die notwendig ist, um ein Entscheidungsproblem handhabbar zu machen. Daher gibt es auch keinen objektiven, für alle Personen identischen Referenzpunkt in einer Entscheidungssituation. Vielmehr wird dieser von persönlichen Erfahrungen etc. abhängen.

  Wenn eine Person eine für sie akzeptable Konstruktion des mentalen Modells gefunden hat, wird dieses in der Regel akzeptiert und beibehalten und auch bei Auftreten neuer Informationen nicht unmittelbar angepasst. Man nennt dies *Akzeptanz*.
- Treten im Vergleich zum Referenzpunkt Verluste oder Gewinne auf, so werden sie asymmetrisch bewertet. Menschen sind risikoavers gegenüber Gewinnen und risikofreudig gegenüber Verlusten. Darüber hinaus bewerten sie Verluste in der Regel stärker als Gewinne. Man nennt dies *Verlustaversion*.
- Zur Gewichtung der möglichen Ergebnisse ziehen Menschen auch in Situationen, in denen es solche gibt, keine objektiven Wahrscheinlichkeiten heran. Vielmehr verhalten sie sich, als würden sie diese systematisch verzerrt wahrnehmen. Man nennt dieses Phänomen auch *Entscheidungsgewichtung*. Wenn im obigen Beispiel also zu einer Strategie s_i die Wahrscheinlichkeiten p_{i1}, p_{i2}, p_{i3} gehören, so existiert eine Abbildung π von Entscheidungsgewichten $\pi(p_{i1})$, $\pi(p_{i2})$, $\pi(p_{i3})$, die handlungsleitend sind und die sich bis auf wenige Ausnahmen von den Wahrscheinlichkeiten unterscheiden, $\pi(p_{ij}) \neq p_{ij}$. Diese Entscheidungsgewichte sind wie alle anderen Elemente der Theorie Teil des mentalen Modells.
- Eine Entscheidung wird als zweistufiger Prozess verstanden, bei dem in einer ersten Phase das mentale Modell erstellt (*Bearbeitungsphase*) und in einer zweiten Phase auf Grundlage dieses Modells entschieden wird (*Entscheidungsphase*). Dieser zweistufige Prozess ist aber nicht deskriptiv (als Beschreibung tatsächlicher Problemlösungsprozesse), sondern methodisch zu verstehen.

Wenn in der Bearbeitungsphase ein mentales Modell erstellt wurde, so resultiert aus ihm eine sogenannte *Wertfunktion* für jede mögliche Lotterie, aus der ein Individuum auswählen kann. Sei in unserem Beispiel mit drei Ergebnissen $c_1 < c_2 < c_3$ das Ergebnis c_2 der Referenzpunkt, dann ergibt sich die folgende Wertfunktion:

$$V(p_{i1}, p_{i3}, c_1, c_2, c_3) = \pi(p_{i1}) \cdot v(c_1 - c_2) + \pi(p_{i3}) \cdot v(c_3 - c_2).$$

Diese Wertfunktion übernimmt die Rolle der Erwartungsnutzenfunktion. Mit ihr werden in der Entscheidungsphase die Alternativen bzw. Lotterien bewertet. Die Verhaltenshypothese ist nun, dass ein Individuum diejenige Alternative oder Lotterie aus der Menge aller möglichen Alternativen oder Lotterien wählt, die die Wertfunktion maximiert.

Wenn man all diese Punkte zusammennimmt, erstaunt es nicht, dass daraus ein Verhalten ableitbar ist, welches dem der Erwartungsnutzentheorie systematisch widersprechen kann. Wie aber kommt man darauf, ein solches Modell zu konstruieren? Bei der Erwartungsnutzentheorie war der Ansatz einfach: Man postuliert ‚plausible' Annahmen über das Verhalten bei Risiko und schaut, was diese Annahmen implizieren. Das Vorgehen bei der Prospect-Theorie war anders. Dort hat man versucht, möglichst viele empirische Verhaltensweisen so in das Modell zu integrieren, dass es diese erklären kann. Bei dieser Entwicklung spielte die Erwartungsnutzentheorie eine wichtige Rolle als Referenzpunkt, von dem ausgehend empirisch beobachtbares Verhalten besser interpretiert und eingeordnet werden kann.

Viele der Abweichungen vom Modell des Rationalverhaltens werden sichtbar, wenn man sich anschaut, wie in der Bearbeitungsphase ein mentales Modell der Entscheidungssituation entsteht. Wir werden uns zunächst mit dieser Phase beschäftigen. Eine der zentralen empirischen Erkenntnisse ist dabei, dass zahlreiche und auf den ersten Blick irrelevante Phänomene auf das mentale Modell entscheidenden Einfluss nehmen. Die klassische Entscheidungstheorie startet mit einem vorgegebenen mentalen Modell, welches für alle identisch ist und der wirklichen Entscheidungssituation entspricht. Daher ist sie blind für die Konstruktionsbedingungen desselben. Dies teilt sie mit den meisten Menschen, die sich der Konstruktion ihres mentalen Modells (oder schon der Tatsache, dass sie die Wirklichkeit durch den Filter eines solchen Modells wahrnehmen) nicht bewusst sind. Man nennt dies *naiven Realismus*.

Ein Beispiel, welches zeigt, dass Menschen regelmässig gegen die Annahme der Invarianz verstossen: In einem Experiment wurden die Teilnehmenden gebeten sich vorzustellen, Vorbereitungen für den Ausbruch einer ungewöhnlichen Krankheit zu treffen, die ohne weitere Massnahmen voraussichtlich 600 Menschen töten würde. Zwei alternative Programme zur Bekämpfung der Krankheit wurden vorgeschlagen.

Problem 1
A Mit Wahrscheinlichkeit (WS) 100 % werden 200 Menschen gerettet.
B Mit WS 33.3 % werden 600 Menschen gerettet, und mit WS 66.7 % wird kein Mensch gerettet.

Die Teilnehmenden wurden dann gebeten, sich für eine der beiden Alternativen zu entscheiden. Die überwiegende Mehrheit (72 %) entschied sich für Programm A. Einer anderen Gruppe wurde folgende Alternativen angeboten:

Problem 2

C Mit WS 100 % werden 400 Menschen sterben.

D Mit WS 33.3 % wird niemand, und mit WS 66.7 % werden alle Menschen sterben.

Die überwiegende Mehrheit (76 %) entschied sich für Programm D. Die Paare *A* und *C* sowie *B* und *D* sind aber hinsichtlich ihrer Konsequenzen identisch. Sie unterscheiden sich nur in der Sprache, die einmal das Überleben und einmal das Sterben akzentuiert. Wenn unterschiedliche Darstellungsweisen von ansonsten identischen Alternativen zu Verhaltensänderungen führen, nennt man das einen *Framing*-Effekt.

In einer anderen Studie wurden Ärzte befragt, ob sie ein Karzinom mit Strahlentherapie oder einem chirurgischen Eingriff therapieren würden. In der ersten Variante des Auswahlproblems waren die Alternativen:

Problem 3

A Ein chirurgischer Eingriff hat eine unmittelbare Überlebenswahrscheinlichkeit von 90 %, eine 1-Jahres-Überlebenswahrscheinlichkeit von 68 % und eine 5-Jahres-überlebenswahrscheinlichkeit von 34 %.

B Eine Strahlentherapie hat eine unmittelbare Überlebenswahrscheinlichkeit von 100 %, eine 1-Jahres-Überlebenswahrscheinlichkeit von 77 % und eine 5-Jahres-überlebenswahrscheinlichkeit von 22 %.

In einer zweiten Variante waren die Alternativen:

Problem 4

C Bei einem chirurgischen Eingriff sterben 10 %. 32 % sind nach einem Jahr, und 66 % sind nach 5 Jahren verstorben.

D Bei der Strahlentherapie stirbt niemand während der Behandlung. 23 % sind nach einem Jahr, und 78 % sind nach 5 Jahren verstorben.

Wiederum sind beide Auswahlprobleme hinsichtlich ihrer Konsequenzen identisch, aber das Wahlverhalten unterschied sich deutlich. Bei Problem 3 entschieden sich 18 % und bei Problem 4 entschieden sich 44 % der Teilnehmenden Ärzte für die Strahlentherapie.

Auch bei Entscheidungen über Geld tritt der Effekt auf. In einem weiteren Experiment wurden den Teilnehmenden gleichzeitig zwei Paare von Lotterien vorgelegt, und sie mussten ihre jeweils präferierten wählen. Das erste Paar lautete:

Problem 5

A Ein Gewinn von $240 mit WS 100 %.

B Ein Gewinn von $1'000 mit WS 25 % oder ein Gewinn von $0 mit WS 75 %.

84 % der Teilnehmenden entschieden sich für Alternative A. Da der Erwartungswert von B $250 ist, liegt hier Risikoaversion vor. Das zweite Paar lautete:

Problem 6

C Ein Verlust von $760 mit WS 100 %.

D Ein Verlust von $1'000 mit WS 75 % oder ein Verlust von $0 mit WS 25 %.

87 % der Teilnehmenden entschieden sich für D. Da der Erwartungswert $750 beträgt, liegt hier Risikofreude vor.

Dieses Verhalten allein ist kein Verstoss gegen die Erwartungsnutzentheorie, da die Risikoeinstellung lokal und nicht global definiert ist. Da die vier Lotterien aber *simultan* präsentiert wurden, kann man eine Präferenz von A und C über B und D ableiten. Aufgrund der Simultanität folgt aus dem Unabhängigkeitsaxiom, dass die Auswahl zwischen A,C und B,D äquivalent sein muss zur Wahl zwischen den kombinierten Lotterien AC und BD, die wie folgt aussehen:

Problem 7

AC Ein Gewinn in Höhe von $240 mit WS 25 % oder ein Verlust von $760 mit WS 75 %.

BD Ein Gewinn in Höhe von $250 mit WS 25 % oder ein Verlust von $750 mit WS 75 %.

Aber BD dominiert AC, so dass es rational ist, gemeinsam B und D zu wählen und nicht A und C. Entweder wird hier also gegen Unabhängigkeit oder gegen Invarianz verstossen. Offenbar wird des Teilnehmenden erst in der aggregierten Darstellung klar, was die Gesamtkonsequenzen ihres Verhaltens sind.

Hier erkennt man eine allgemeine Eigenschaft der Erstellung mentaler Modelle: Die Teilnehmenden betrachteten beide Probleme getrennt, wodurch in Problem 6 ein Gewinnframe mit entsprechendem Verhalten und in Problem 7 ein Verlustframe mit entsprechendem Verhalten aktiviert wurde, was zu entsprechendem Verhalten führte. Dabei wurden die Gesamtkonsequenzen der beiden Wahlentscheidungen aber ignoriert. Dieses Phänomen nennt man auch *Segregation*. Die dem Unabhängigkeitsaxiom unterstellte Annahme ist hingegen, dass eine Aggregation aller Auswahlprobleme in eine Gesamtdarstellung erfolgt. Menschen können dies im Prinzip leisten, tun dies aber offenbar nicht intuitiv.

10.4.1.1 Die Struktur der subjektiven Wertfunktion

Die Annahme, dass sich Individuen risikoavers für Gewinne und risikofreudig für Verluste verhalten, hat zur Folge, dass die Wertfunktion v s-förmig ist und einen Wendepunkt an der Stelle 0 hat. Verlustaversion bedeutet darüber hinaus, dass sie *ceteris paribus* steiler für Verluste als für Gewinne ist. Abb. 10.3 zeigt ein Beispiel.

Diese Struktur wurde aus zahlreichen empirischen Studien abgeleitet. Ein Beispiel für eine solche Funktion ist

$$v(x, r) = \begin{cases} (x - r)^\alpha & \text{für } x \geq r, \\ -\lambda \cdot (r - x)^\alpha & \text{für } x < r. \end{cases}$$

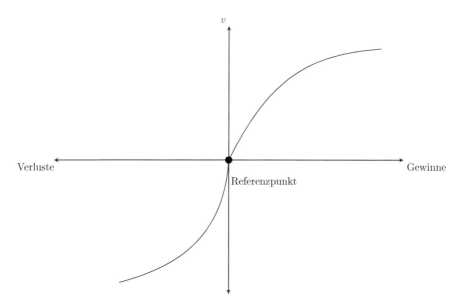

Abb. 10.3 Subjektive Wertfunktion

r ist ein angenommener Referenzpunkt, zu dem eine Auszahlung x in Beziehung gesetzt wird. Falls $x \geq r$ gilt, ist der subjektive Wert von x gleich $(x - r)^{\alpha}$, wobei $0 < \alpha < 1$ sicherstellt, dass die Funktion Risikoaversion repräsentiert. Für $x < r$ ist der subjektive Wert von x gleich $-\lambda (x - r)^{\alpha}$, wobei die Beschränkung von α nun sicherstellt, dass die Funktion Risikofreude repräsentiert. Der Parameter $\lambda > 1$ misst die Verlustaversion. Um dies zu sehen, gehen wir von einem identischen Gewinn $(x - r)$ und Verlust $(r - x)$ aus. Wenn λ gleich eins wäre, so folgte $-v(x - r) = v(r - x)$. Durch Multiplikation mit einem Term grösser 1 wird sichergestellt, dass $-v(x - r) > v(r - x)$ gilt, wodurch Verlustaversion definiert ist.

Wir hatten den s-förmigen Verlauf schon in der Analyse von Problem 5 und 6 kennengelernt. Das folgende Experiment zeigt den Effekt nochmals auf und macht auch deutlich, wie sich durch *Framing* ein Referenzpunkt verschiebt. Man hatte wiederum die Wahl zwischen zwei Paaren von Lotterien. Das erste Paar lautete:

Problem 8
Nehmen Sie an, Sie seien $300 reicher als Sie tatsächlich sind. Wählen Sie aus den folgenden beiden Alternativen:

A Ein Gewinn von $100 mit WS 100 %.
B Ein Gewinn von $200 mit WS 50 % oder ein Gewinn von $0 mit WS 50 %.

72 % der Teilnehmenden entschieden sich für Alternative A. Das zweite Paar lautete:

Problem 9
Nehmen sie an, sie seien $500 reicher als sie tatsächlich sind. Wählen sie aus den folgenden beiden Alternativen:

C Ein Verlust in Höhe von $100 mit WS 100 %.
D Ein Gewinn von $0 mit WS 50 % oder ein Verlust von $200 mit WS 50 %.

64 % der Teilnehmenden entschieden sich für Alternative D. Man sieht sehr einfach, dass Alternativen A und C und B und D bezüglich ihrer letztendlichen Auszahlungen identisch sind. Damit sollte jemand, der den Erwartungsnutzen maximiert, indifferent zwischen beiden sein. Der Unterschied im Verhalten wird so erklärt, dass man mit Problem 8 einen anderen Referenzpunkt aktiviert als mit Problem 9, was zu unterschiedlichen Wahrnehmungen von Gewinnen und Verlusten und damit unterschiedlichem Verhalten führt.

Exkurs 10.2. Framing und Narrative
Für die Festlegung des Referenzpunkts spielen Narrative, also Geschichten, die erzählt werden, eine grosse Rolle. So konnte beispielsweise gezeigt werden, dass es einen Unterschied ergibt, ob man eine Preisänderung als Discount oder als Aufschlag benennt. Es fällt Menschen in einer ansonsten gleichen Situation leichter, einen Discount auszuschlagen als einen Preisaufschlag zu akzeptieren, weil die Preisdifferenz in der ersten Situation als Gewinn und in der zweiten als Verlust wahrgenommen wird. Wir sehen denselben Mechanismus auch im Bereich der Lohnanpassung bei Inflation. Arbeitnehmerinnen und Arbeitnehmer sind deutlich eher bereit, in Phasen hoher Inflation Nominallohnsteigerungen unterhalb der Inflationsrate (und somit Reallohnkürzungen) zu akzeptieren als in Phasen niedriger Inflation Nominallohnkürzungen, die zum selben Reallohnverlust führen. Im ersten Fall wird die Nominallohnsteigerung anscheinend als Gewinn, im zweiten Fall wird die Nominallohnkürzung anscheinend als Verlust wahrgenommen, obwohl der Effekt auf den Reallohn identisch ist.

10.4.1.2 Die Struktur der Entscheidungsgewichte
Wie bereits gesagt, verwenden Individuen bei ihren Entscheidungen in der Regel keine Wahrscheinlichkeiten p, sondern ersetzen sie durch Entscheidungsgewichte $\pi(p)$, selbst wenn die Wahrscheinlichkeiten objektiv sind und im Experiment vorgegeben werden. Empirische Studien zeigen, dass die Funktion $\pi(p)$ die folgenden Eigenschaften hat.

1. $\pi(0) = 0$ und $\pi(1) = 1$: Unmögliche Ergebnisse werden nicht gewichtet und sichere Ergebnisse werden auch als sicher angesehen.

2. Für kleine Wahrscheinlichkeiten (grösser Null) sind die Wahrscheinlichkeitsgewichte grösser als die Wahrscheinlichkeiten, $\pi(p) > p$. Der umgekehrte Fall gilt für grosse Wahrscheinlichkeiten (kleiner Eins), diese werden unterbewertet.
3. Es gilt *Subadditivität*: $\pi(p) + \pi(1 - p) < 1$. Das heisst auch, dass sich Entscheidungsgewichte anders als Wahrscheinlichkeiten nicht notwendig zu Eins summieren müssen.
4. Es gilt *Subproportionalität*: $\pi(p \cdot r)/\pi(p) < \pi(p \cdot q \cdot r)/\pi(p \cdot q)$. Diese Eigenschaft besagt, dass für ein beliebiges Verhältnis von Wahrscheinlichkeiten r bei kleinen Wahrscheinlichkeiten das Verhältnis der Entscheidungsgewichte nach oben und bei grossen Wahrscheinlichkeiten das Verhältnis der Entscheidungsgewichte nach unten verzerrt ist.

Abb. 10.4 zeigt eine Gewichtungsfunktion, die diese Annahmen erfüllt.
Wie kommt man auf diese Eigenschaften? Hier sind zwei Experimente, die dies zeigen.

Problem 10
Nehmen Sie an, in einer Box seien Murmeln mit unterschiedlichen Farben. Je nachdem, welche Farbe Sie ziehen, gewinnen oder verlieren Sie Geld. Sie haben die Wahl zwischen den beiden folgenden Boxen:

A (90 % weiss, Gewinn $0); (6 % rot, Gewinn $45); (1 % grün, Gewinn $30); (1 % blau, Verlust $15), (2 % gelb, Verlust $15).
B (90 % weiss), Gewinn $0); (6 % rot, Gewinn $45); (1 % grün, Gewinn $45); (1 % blau, Verlust $10), (2 % gelb, Verlust $15).

Die erwartete Auszahlung für Box B ist höher als die erwartete Auszahlung für Box A, und beide Mal sind die Wahrscheinlichkeiten für die unterschiedlichen Farben identisch. Daher dominiert Box B Box A. Und 100 % der Teilnehmenden entschieden sich auch für Box B.

Abb. 10.4 Beispiel einer Gewichtungsfunktion

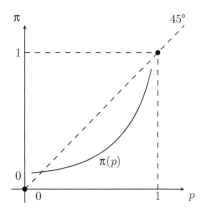

Hier kommt nun eine Variation der Situation, in der Farben, die zu identischen Auszahlungen führen, zusammengefasst werden (für A sind dies blau und gelb, für B sind dies rot und grün), sich aber ansonsten nichts ändert.

Problem 11

C (90 % weiss, Gewinn $0); (6 % rot, Gewinn $45); (1 % grün, Gewinn $30); (3 % gelb, Verlust $15).

D (90 % weiss, Gewinn $0); (7 % rot, Gewinn $45); (1 % grün, Verlust $10), (2 % gelb, Verlust $15).

In dieser Darstellung existieren weniger Optionen, man erkennt aber nicht mehr ohne Weiteres die Dominanzbeziehung. 58 % der Teilnehmenden wählten diesmal Box C. Vergleicht man die Entscheidung zwischen A und B und C und D, stellt man wieder einen Verstoss gegen Invarianz fest. Damit dies erklärt werden kann, muss man eine Verzerrung in den Entscheidungsgewichten unterstellen.

Die in Abb. 10.4 unterstellte Struktur der Entscheidungsgewichte verweist auf eine Unstetigkeit an den Rändern $p = 0$ und $p = 1$. Der Übergang von Sicherheit zu Unsicherheit führt zu kleinen Veränderungen in den Wahrscheinlichkeiten, aber zu grossen Veränderungen der Entscheidungsgewichte. Auch dies ist experimentell begründbar. In dem folgenden Experiment sollten die Teilnehmenden die drei folgenden Auswahlprobleme in der hier vorgegebenen Reihenfolge lösen:

Problem 12

Wählen Sie eine der beiden Alternativen:

A Ein Gewinn von $30 mit WS 100 %.
B Ein Gewinn von $45 mit WS 80 % und ein Gewinn von $0 mit WS 20 %.

78 % wählten Alternative A, 22 % wählten Alternative B.

Problem 13

Wählen Sie eine der beiden Alternativen:

C Ein Gewinn von $30 mit WS 25 % und ein Gewinn von $0 mit WS 75 %.
D Ein Gewinn von $45 mit WS 20 % und ein Gewinn von $0 mit WS 80 %.

58 % wählten Alternative D, 42 % wählten Alternative C.

Problem 13 wird aus Problem 12 erzeugt, indem man die Wahrscheinlichkeit, einen positiven Preis zu gewinnen, um den Faktor 4 reduziert. Da dies für beide Alternativen gemacht wird, folgt aus dem Unabhängigkeitsaxiom der Erwartungsnutzentheorie, dass eine Präferenz für A eine Präferenz für C und dass eine Präferenz für B eine Präferenz für D implizieren muss. Dies findet sich im Experiment nicht bestätigt.

Wie kann man erkennen, dass das Unabhängigkeitsaxiom verletzt ist? Wenn wir annehmen, dass $u(0) = 0$ gilt, dann folgt aus Problem 12, dass A genau dann B vorgezogen wird, wenn $0.8 \cdot u(45) < 1 \cdot u(30)$ gilt. Und aus Problem 13 folgt, dass D genau dann C vorgezogen wird, wenn $0.2 \cdot u(45) > 0.25 \cdot u(30)$ gilt. Man erhält die zweite Ungleichung, indem man die erste Ungleichung durch 4 dividiert, so dass ein Widerspruch zum Unabhängigkeitsaxiom resultiert.

Diese Inkonsistenz wird *Sicherheitseffekt* genannt, da der Übergang von einer Situation der Sicherheit (also 100 %) zu 25 % einen grösseren Effekt hat als der Übergang von 80 % auf 20 %. Die Unstetigkeit und Subproportionalität der Entscheidungsgewichte führen dazu, dass dieses Verhalten erklärt werden kann. Auf diesen Sicherheitseffekt wird auch das Allais-Paradox zurückgeführt, welches wir in Kap. 8 behandelt haben.

Das nächste Experiment legt noch eine weitere Facette offen.

Problem 14
Betrachten Sie das folgende zweistufige Spiel. In der ersten Stufe endet das Spiel mit WS 75 %, und Sie gewinnen $0. Mit WS 25 % erreichen Sie die zweite Stufe. Dort haben Sie die folgende Wahl zwischen zwei Alternativen:

E Ein Gewinn von $30 mit WS 100 %.
F Ein Gewinn von $45 mit WS 80 % und ein Gewinn von $0 mit WS 20 %.

Sie müssen Ihre Entscheidung vor Beginn der Stufe 1 treffen.

74 % wählten Alternative E und 26 % wählten Alternative F. Da die Entscheidung vor Stufe 1 getroffen werden muss, folgt wiederum aus dem Unabhängigkeitsaxiom, dass man indifferent zwischen C und E sowie zwischen D und F sein muss, denn die sequenzielle Struktur von Problem 14 hat keinen Einfluss auf den erwarteten Nutzen. Wie man an den Ergebnissen sieht, wird das von den Teilnehmenden anders wahrgenommen. Ihr Verhalten ähnelt vielmehr dem in Problem 12, welches der zweiten Stufe des Spiels in Problem 14 entspricht. Es sieht so aus, als würden sie sich bei der Bewertung nur auf diese zweite Stufe des Spiels beziehen und die Einbettung in eine erste Stufe ignorieren. Und in Stufe 2 gibt es eine sichere Alternative. Dieses Verhalten wird auch *Pseudosicherheitseffekt* genannt, weil durch die Wahrnehmung des Problems (man ignoriert Stufe 1) ein Gefühl der Existenz einer sicheren Alternative entsteht, was aber zum Zeitpunkt der Entscheidung gar nicht der Fall ist.

Man bekommt beim Vergleich der Probleme 12, 13 und 14 eine Vorstellung, wie mentale Modelle entstehen können: In diesem Beispiel wird ein aus Sicht der Erwartungsnutzentheorie relevanter Aspekt der Wirklichkeit ausgeblendet und damit ein einfacheres, aber falsches (im Sinne der Erwartungsnutzentheorie) Entscheidungsproblem gelöst. Wir hatten bei der Diskussion von Problem 7 unter dem Begriff der Segregation schon ein verwandtes Phänomen kennengelernt. Da in Problem 14 das Gesamtproblem aber nicht in Teilprobleme zerlegt wird, sondern die Einbettung eines Teilproblems vernachlässigt wird, nennt man diesen Effekt *Streichung*.

In formalen Modellierungen der Prospect-Theorie wird oftmals auf die folgende Gewichtungsfunktion zurückgegriffen:

$$\pi(p) = \frac{p^\gamma}{\left(p^\gamma + (1-p)^\gamma\right)^{\frac{1}{\gamma}}},$$

Diese Funktion entspricht bis auf die Unstetigkeit um die extremen Punkte $p = 0$ und $p = 1$ allen oben getroffenen Annahmen. Mit dem Parameter γ kann festgelegt werden, wie stark sich die Gewichtungsfunktion von den Wahrscheinlichkeiten unterscheidet. Er wurde von Kahneman und Tversky (1992) auf 0.61 bis 0.69 geschätzt. Diese Gewichtungsfunktion stimmt an drei Stellen mit den Wahrscheinlichkeiten überein: bei $p = 0$, $p = 1$ und (aufgrund ihrer Stetigkeit) $\hat{p}$. Für $p \in (0, \hat{p})$ ist sie grösser und für $p \in (\hat{p}, 1)$ ist sie kleiner als p. Für den geschätzten Wert von $\gamma = 0.61$ gilt $\hat{p} = 0.34$. Abb. 10.5 illustriert den Verlauf dieser Funktion.

10.4.1.3 Anwendungsbeispiele

Ein einfaches Anlageproblem Um zu zeigen, welche Verhaltensimplikationen die Prospect-Theorie haben kann, schauen wir uns das folgende Anlageproblem an.

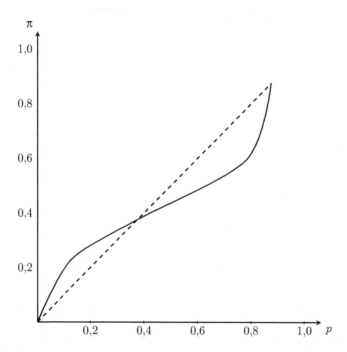

Abb. 10.5 Gewichtungsfunktion

Nehmen wir an, dass ein Individuum mit einem Vermögen von $m = 1'000'000$ vor der Entscheidung steht, für einen Betrag $a = 100'000$ Aktien zu kaufen. Mit Wahrscheinlichkeit $p = 0.6$ ist der Wert der Aktien in einer Periode gleich $150'000$ und mit Wahrscheinlichkeit $p = 0.4$ ist der Wert der Aktien in einer Periode gleich $50'000$. Alternativ kann das Individuum denselben Betrag zu einem Zinssatz von 0 in eine sichere Anlage investieren, so dass es am Ende der Periode mit $p = 1$ den Betrag $a = 100'000$ zurückerhält. Man kann nun zu beiden Handlungsoptionen die Lotterien bestimmen: $\mathcal{L}_1 = \{(1'050'000, 0.6); (950'000, 0.4)\}$. Bei der sicheren Anlage resultiert die (degenerierte) Lotterie $\mathcal{L}_2 = \{(1'000'000, 1)\}$.

Nehmen wir zunächst an, das Individuum maximiere seinen erwarteten Nutzen mit Bernoulli-Nutzenfunktion $u(x) = x^{0.5}$. Dann folgt, dass es sich genau dann für die Aktienanlage entscheiden wird, wenn

$$0.6 \cdot (1'050'000)^{0.5} + 0.4 \cdot (950'000)^{0.5} \geq (1'000'000)^{0.5} \Leftrightarrow 1'004.7 \geq 1000.$$

erfüllt ist. Dies ist im Beispiel gegeben. Das Individuum ist zwar risikoavers, aber aufgrund des hohen Vermögens (und der damit einhergehenden schwachen Krümmung von u) und der höheren Wahrscheinlichkeit eines Gewinns ist es gleichwohl attraktiv, in die riskante Anlage zu investieren.

Nehmen wir nun an, dass das Individuum einen (aus hier unerklärten Gründen) Referenzpunkt $r = m = 1'000'000$ besitzt, so dass alle Vermögen kleiner m als Verluste und alle Vermögen grösser m als Gewinne wahrgenommen werden. Die subjektiven Werte der drei möglichen Vermögenspositionen sind dann $v(1'050'000 - 1'000'000) = v(50'000)$, $v(1'000'000 - 1'000'000) = v(0) = 0$ und $v(95'000 - 1'000'000) = v(-50'000)$.

Damit entspricht die Wertfunktion bei einer Anlage in Aktien

$$V_1 = \pi(0.5) \cdot v(50'000) + \pi(0.5) \cdot v(-50'000).$$

Bei einer sicheren Anlage gilt

$$V_2 = \pi(1) \cdot v(0) = 0.$$

Damit wird das Individuum in Aktien anlegen, wenn

$$\pi(0.5) \cdot v(50'000) + \pi(0.5) \cdot v(-50'000) \geq 0$$

erfüllt ist. Betrachten wir den Wert auf der linken Seite der Ungleichung für die zuvor eingeführte funktionale Spezifikation einer subjektiven Wertfunktion. Dann gilt

$$\pi(0.6) \cdot (50'000)^{\alpha} - \pi(0.4) \cdot \lambda \cdot (50'000)^{\alpha} = (\pi(0.6) - \lambda \cdot \pi(0.4)) (50'000)^{0.5}.$$

Dieser Ausdruck ist grösser oder gleich null, wenn $\pi(0.6) - \lambda \cdot \pi(0.4) \geq 0$ oder

$$\lambda \leq \frac{\pi(0.6)}{\pi(0.4)}$$

erfüllt ist. Nehmen wir für den Moment an, dass die Entscheidungsgewichte den Wahrscheinlichkeiten entsprechen, dann gilt $\lambda \leq 1.5$. Diese Bedingung gibt einen kritischen Wert für die Verlustaversion an. Wenn das Individuum eine relativ schwache Verlustaversion hat ($\lambda \leq 1.5$), dann lohnt sich die riskante Anlage in Aktien. Wenn die Verlustaversion hingegen ausgeprägter ist ($\lambda > 1.5$), werden die möglichen Verluste der riskanten Anlage so hoch bewertet, dass es die sichere Anlage vorzieht. Das Verhältnis $\pi(0.6)/\pi(0.4)$ verändert in diesem Beispiel den kritischen Wert für λ, ansonsten bleibt die Intuition aber dieselbe.

Der Dispositionseffekt Die Theorie kann auch genutzt werden, um den sogenannten *Dispositionseffekt* zu erklären. Dieser bezeichnet die Tendenz, Vermögenswerte zu verkaufen, die an Wert gewonnen haben, und Vermögenswerte zu behalten, die an Wert verloren haben. Gemäss der Erwartungsnutzentheorie ist nur der prognostizierte zukünftige Nutzen für diese Entscheidung relevant, nicht aber die vergangene Kursentwicklung, es sei denn, dass man aus ihr Informationen über die zukünftige Kursentwicklung ableiten kann. Dass hiesse dann aber, dass vergangene Kursgewinne die Wahrscheinlichkeit zukünftiger Kursverluste erhöhen müsste und umgekehrt. Somit ist der Dispositionseffekt nur unter sehr speziellen Annahmen mit der Erwartungsnutzentheorie vereinbar.

Nehmen wir folgendes Beispiel, in dem wir voraussetzen, dass die vergangene Kursentwicklung keinen Einfluss auf die zukünftige Kursentwicklung hat (man nennt einen solchen Kursverlauf auch einen *random walk*): Eine Aktie steigt oder sinkt in jeder Periode mit Wahrscheinlichkeit 50 % um einen Betrag L. Ein Individuum hat in einer Periode $t - 1$ die Aktie zum Preis von P gekauft. In Periode t können nun zwei Fälle auftreten.

- Der Wert sinkt auf $P - L$. Wir nennen die Aktie bei diesem Verlauf *Verlierer*. Das Individuum hat nun zwei Möglichkeiten: Es kann die Aktie zum Preis von $P - L$ verkaufen, oder es kann die Aktie behalten. Wenn die Aktie behalten wird, sinkt bzw. steigt der Wert in Periode $t + 1$ dann nach der obigen Regel mit einer Wahrscheinlichkeit von 50 % auf $P - 2 \cdot L$ bzw. P.
- Der Wert steigt auf $P + L$. Wir nennen die Aktie bei diesem Verlauf *Gewinner*. Das Individuum hat nun ebenfalls zwei Möglichkeiten: Es kann die Aktie zum Preis von $P + L$ verkaufen, oder es kann die Aktie behalten. Wenn die Aktie behalten wird, sinkt bzw. steigt der Wert in Periode $t + 1$ wiederum nach der obigen Regel mit einer Wahrscheinlichkeit von 50 % auf P bzw. $P + 2 \cdot L$.

Wir gehen davon aus, dass der Wert der vergangenen Periode den Referenzpunkt für das Individuum bildet, von dem ausgehend Gewinne und Verluste bestimmt werden. Wir betrachten das Entscheidungsproblem zu Beginn von Periode t für die beiden möglichen Fälle *Verlierer* und *Gewinner*. Dabei gehen wir davon aus, dass der Kaufpreis der Aktie P den Referenzpunkt für das Individuum bildet.

- Für den Fall *Verlierer* gilt dann, dass der Verkauf als Verlust in Höhe von L wahrgenommen wird, der einen subjektiven Wert $v(-L)$ hat. Behält das Individuum die Aktie, so ist im Fall einer Wertsteigerung in $t + 1$ die Differenz zwischen Kaufpreis und Wert gerade null, so dass diesem Zustand ein subjektiver Wert $v(0) = 0$ zugeschrieben wird. Im Fall des erneuten Wertverlusts in $t + 1$ ist die Differenz zwischen Kaufpreis und Wert $-2 \cdot L$, so dass diesem Zustand ein subjektiver Wert $v(-2 \cdot L)$ zugeschrieben wird. Damit wird das Individuum die Aktie behalten, wenn

$$\pi(0.5) \cdot v(-2 \cdot L) + \pi(0.5) \cdot v(0) = \pi(0.5) \cdot v(-2 \cdot L) \geq v(-L)$$

  erfüllt ist. Nehmen wir an, dass $\pi(0.5) = 0.5$ ist. Da $-L = 0.5 \cdot (-2 \cdot L) + 0.5 \cdot 0$ gerade dem erwarteten Verlust entspricht, ist für $\pi(0.5) = 0.5$ der Ausdruck auf der linken Seite gleich dem erwarteten subjektiven Wert und der Ausdruck auf der rechten Seite gerade gleich dem Wert des erwarteten Verlusts. Aufgrund der Definition von Risikofreude (wir sind im Bereich von Verlusten), muss die Ungleichung erfüllt sein, so dass das Individuum die Aktie behält. Nun ist aber $\pi(0.5) = 0.5$ nicht allgemein gegeben. So lange aber $\pi(0.5) < 0.5$ gilt, ändert sich die Entscheidung nicht.
- Für den Fall *Gewinner* gilt, dass der Verkauf als Gewinn in Höhe von L wahrgenommen wird, der einen subjektiven Wert $v(L)$ hat. Behält das Individuum die Aktie, so ist im Fall einer Wertsteigerung in $t + 1$ die Differenz zwischen Kaufpreis und Wert $2 \cdot L$, dem ein subjektiver Wert $v(2 \cdot L)$ zugeschrieben wird. Im Fall des Wertverlusts in $t + 1$ ist die Differenz zwischen Kaufpreis und Wert 0, so dass diesem Zustand ein subjektiver Wert $v(0)$ zugeschrieben wird. Damit wird das Individuum die Aktie verkaufen, wenn

$$\pi(0.5) \cdot v(2 \cdot L) \leq v(L)$$

  erfüllt ist. Nehmen wir wie zuvor an, dass $\pi(0.5) = 0.5$ ist. Da $L = 0.5 \cdot (2 \cdot L) + 0.5 \cdot 0$ gerade dem erwarteten Gewinn entspricht, ist für $\pi(0.5) = 0.5$ der Ausdruck auf der linken Seite gleich dem erwarteten subjektiven Wert und der Ausdruck auf der rechten Seite gerade gleich dem Wert des erwarteten Gewinns. Aufgrund der Definition von Risikoaversion (wir sind im Bereich von Gewinnen), muss die Ungleichung erfüllt sein, so dass das Individuum die Aktie verkauft. Auch hier gilt wieder, dass sich die Entscheidung nicht ändert, so lange $\pi(0.5) < 0.5$ gilt.

Damit haben wir eine Erklärung für den Dispositionseffekt abgeleitet: Der Referenzpunkt schafft eine bestimmte Wahrnehmung von Gewinnen und Verlusten, die dazu führt, dass Entscheidungen anders als in der Erwartungsnutzentheorie nicht nur von Erwartungen an die Zukunft, sondern auch von der den Referenzpunkt beeinflussenden Vergangenheit bestimmt werden.

Wir hatten argumentiert, dass der Referenzpunkt nicht objektiv ist, sondern davon abhängt, was ein Individuum für ‚normal' erachtet. Daher modifizieren wir das obige Beispiel, um zu schauen, welchen Effekt der Referenzpunkt auf das Verhalten haben kann. Bisher diente der Kaufpreis P als Referenzpunkt. Nun nehmen wir stattdessen an, dass der Preis zum Zeitpunkt des Verkaufs als Referenzpunkt zur Bewertung herangezogen wird. Das bedeutet auch, dass der Referenzpunkt davon abhängt, ob man es mit einer Gewinner- oder einer Verliereraktie zu tun hat. Für eine Gewinneraktie ist $r_g = P + L$ und für eine Verliereraktie ist $r_v = P - L$. Was bedeutet dies für die Wahrnehmung von Gewinnen und Verlusten?

- Beginnen wir mit dem *Gewinner*-Fall. Es können drei Finanzpositionen auftreten, $P + 2 \cdot L$ (die Aktie wird gehalten und steigt in $t + 1$), P (die Aktie wird gehalten und sinkt in $t + 1$) und $P + L$ (die Aktie wird in t verkauft). Zusammen mit dem Referenzpunkt r_g ergeben sich die folgenden subjektiven Werte: $v(P + 2 \cdot L - (P + L)) = v(L)$, $v(P - (P + L)) = v(-L)$ und $v(P + L - (P + L)) = v(0) = 0$.
- Kommen wir nun zum *Verlierer*-Fall. Es können auch hier drei Finanzpositionen auftreten, P (die Aktie wird gehalten und steigt in $t + 1$), $P - 2 \cdot L$ (die Aktie wird gehalten und sinkt in $t + 1$) und $P - L$ (die Aktie wird in t verkauft). Zusammen mit dem Referenzpunkt r_v ergeben sich die folgenden subjektiven Werte: $v(P - (P - L)) = v(L)$, $v(P - 2 \cdot L - (P - L)) = v(-L)$ und $v(P - L - (P - L)) = v(0) = 0$.

Wenn wir die beiden Fälle vergleichen, erkennen wir, dass die neuen, kontingenten Referenzpunkte dazu führen, dass die möglichen subjektiven Werte gleich sind. Daher ist auch das Entscheidungsproblem in beiden Fällen gleich. Das Individuum sollte die Aktie verkaufen, wenn

$$\pi(0.5) \cdot v(L) + \pi(0.5) \cdot v(-L) \leq v(0) = 0 \Leftrightarrow \pi(0.5) \cdot (v(L) + v(-L)) \leq 0$$

gilt. Daher hängt die Entscheidung nur vom Vorzeichen $v(L) + v(-L)$ ab. Dieses ist aber aufgrund der angenommenen Verlustaversion immer negativ. Daher würde das Individuum in diesem Fall die Aktie immer verkaufen.

10.4.1.4 Zusammenfassung

Mit dem Festhalten an der Annahme der Maximierung ist für die Prospect-Theorie der systematische Ort der Identifikation beschränkt rationalen Verhaltens die Bearbeitungsphase, in der ein mentales Modell erstellt wird, bei dem – wie wir gesehen haben – Verstösse gegen die anderen Rationalitätsannahmen vorkommen können. Wir haben dabei Verstösse gegen Invarianz, Stetigkeit und Unabhängigkeit identifiziert. Das bedeutet aber nicht, dass die anderen Rationalitätsannahmen nicht betroffen sind. Vielmehr ist es so, dass bei diesen Verstössen nicht ausgeschlossen werden kann, dass z. B. intransitive Entscheidungen resultieren. Probleme 10 und 11 haben sogar gezeigt, dass Individuen gegen das Dominanzprinzip verstossen, wenn das Problem nicht so dargestellt ist, dass Dominanz direkt ins Auge springt.

In der Bearbeitungsphase kommen Vereinfachungen wie die oben genannte Segregation oder die Streichung zur Anwendung. Allerdings kann kein für alle Personen gleiches Verfahren der Erstellung eines mentalen Modells angegeben werden. Es gibt zwar Muster (wie die eben benannten), aber Menschen unterscheiden sich; der Prozess des *Framing* bei der Erstellung eines mentalen Modells ist komplex und individuell. Daher existiert auch keine formale und vollständige Theorie der Bearbeitungsphase, sondern es gibt nur konzeptionelle Ideen gepaart mit konkreten Modellierungen. Diese Unterbestimmtheit führt zum Problem, dass die Theorie möglicherweise *zu viel* erklärt, da man für jede Verhaltensweise ein mentales Modell entwickeln kann, aus welchem sie ableitbar ist. Damit wäre die Theorie ohne weitere Beschränkungen nicht mehr falsifizierbar. Gleichzeitig muss aber akzeptiert werden, dass Menschen bei der Erstellung mentaler Modelle unterschiedlich sind, so dass eine Erforschung der Regeln und Muster dieser Modellierungen ins Zentrum der Aufmerksamkeit rückt.

Wir wollen im Folgenden auf zwei Aspekte genauer eingehen, die Implikationen der Theorie für unser Verständnis der Funktionsweise von Märkten und die Implikationen für unser normatives Verständnis von Rationalität sowie der Effizienz von Märkten.

Kommen wir zuerst zur Funktionsweise von Märkten. Wie wir an den beiden Beispielen zu Anlageproblemen gesehen haben, kann sich die Prospect-Theorie von der Erwartungsnutzentheorie hinsichtlich des prognostizierten Marktverhaltens unterscheiden. Das mag nicht überraschen, weil sie ja so konstruiert wurde, dass sie Verhaltensanomalien der Standardtheorie aufnimmt. Aber gleichwohl stammte die empirische Evidenz, auf der sie aufbaut, nicht aus realen Marktkontexten, so dass zunächst unklar ist, ob sie ausserhalb des Labors relevant ist. Daher geben die beiden einfachen theoretischen Beispiele von Anlageproblemen einen Hinweis darauf, dass sich beide Theorien auch hinsichtlich ihrer Prognosen bezüglich der Funktionsweise von Märkten unterscheiden. Allerdings sind echte empirische Studien schwierig, da man von Heterogenität zwischen Marktteilnehmenden ausgehen muss und an Börsen individuelles Verhalten nicht gut beobachtet werden kann. Daher besteht immer die Möglichkeit, dass *individuelle* Effekte nicht bis auf die *aggregierten* Angebots- und Nachfrageentscheidungen durchscheinen. Gleichwohl existiert empirische Evidenz für das Vorliegen des Dispositionseffekts (siehe Weber und Camerer 1998 für eine Übersicht). In einer Studie konnten 10'000 individuelle Datensätze von *Discount Brokern* analysiert werden. Weber und Camerer (1998, S. 169) fassen sie wie folgt zusammen: „Several different tests all show disposition effects, and all the effects are hugely significant because of the large samples and independence across investors. Investors hold losers longer (a median of 124 days) than they hold winners (104 days). Across the entire year, investors realize about 24 % of the gains they could realize by selling, but they realize only 15 % of their losses." Sie selbst führen eine experimentelle Studie durch, die zu demselben Ergebnis kommt. Diese und weitere Evidenz führen daher zu dem Schluss, dass die

Prospect-Theorie bei der Analyse und Prognose von Märkten eine eigenständige Rolle spielen muss.

Daraus folgt aber nicht, dass das Standardmodell auf allen Märkten und bei allen Gelegenheiten in seinem Prognosegehalt versagt. Wir hatten gesehen, dass die Komplexität der Situation eine wichtige Rolle zur Erklärung rationalen Verhaltens spielt (siehe Probleme 10 und 11). Daher kann man erwarten, dass in einfachen und wiederholten Situationen, in denen Lernen möglich ist, das mentale Modell ziemlich akkurat ist. Kahneman und Tversky (1986, S. 274) fassen wie folgt zusammen: „The assumption of the rationality of decision making is often defended by the argument that people will learn to make correct decisions and sometimes by the evolutionary argument that irrational decision makers will be driven out by rational ones. There is no doubt that learning and selection do take place and tend to improve efficiency. [...] Effective learning takes place only under certain conditions: it requires accurate and immediate feedback about the relation between the situational conditions and the appropriate response. The necessary feedback is often lacking for the decisions made by managers, entrepreneurs, and politicians because (i) outcomes are commonly delayed and not easily attributable to a particular action; (ii) variability in the environment degrades the reliability of the feedback, especially where outcomes of low probability are involved; (iii) there is often no information about what the outcome would have been if another decision had been taken; and (iv) most important decisions are unique and therefore provide little opportunity for learning [...].The conditions for organizational learning are hardly better." Wir hatten dies zu Beginn in Prinzip 5 zum Ausdruck gebracht.

Kommen wir nun zum Verständnis von Rationalität sowie der Effizienz von Märkten. Die Erwartungsnutzentheorie hat von Beginn an eine doppelte und nicht immer klare Rolle als sowohl positive und zugleich normative Theorie rationalen und damit anzustrebenden Verhaltens gespielt. Die Tatsache, dass Menschen sich in realen Situationen nicht so verhalten, nimmt ihr daher noch nicht ihre Rolle als normativer Massstab. Wenn wir an ihm festhalten, so spielt die Prospect-Theorie eine wichtige Rolle bei der Identifikation von Verhaltensweisen, die man gern vermeiden würde, und ihren Ursachen. So kann man sich beispielsweise vorstellen, dass Probleme, die aus der Verwendung von Entscheidungsgewichten $\pi(p)$ resultieren, in manchen Bereichen dadurch gelöst werden können, dass Entscheidungen zum Teil durch Algorithmen vorbereitet oder sogar ausgeführt werden, die so programmiert sind, dass sie die richtigen Wahrscheinlichkeiten p verwenden. Und man kann, wie wir dies in Prinzip 6 angesprochen haben, aus der Diskrepanz zwischen rationalem und tatsächlichem Verhalten einen staatlichen Handlungsbedarf ableiten, indem den Menschen durch Anreize, *Nudges* und *Frames* rationales Verhalten einfacher gemacht wird. Die Probleme mit dieser Legitimation staatlichen Handelns hatten wir ebenfalls schon angesprochen. (Aber umgekehrt können auch Individuen, Unternehmen oder andere Akteure, die die Struktur mentaler Modelle verstehen, durch die Vorgabe von Anreizen, *Nudges* und *Frames* individuelle Entscheidungen beeinflussen.)

Wie die wirtschaftspolitische Debatte über das *Nudging* zeigt, ist uns mit den hier aufgezeigten Verstössen gegen die Annahmen der Rationalität individuellen

Verhaltens das zentrale Ergebnis der normativen Ökonomik abhandengekommen. Der Erste Hauptsatz der Wohlfahrtsökonomik (siehe Kap. 5) besagt, dass Märkte bei vollständigem Wettbewerb Pareto-effizient sind. Grundlegend hierfür ist die *Konsistenz* genannte Annahme des Zusammenfallens von Verhalten und Interesse. Die Prospect-Theorie bringt diese Annahme in ernste Bedrängnis. Wenn Menschen beispielsweise gegen das Dominanzprinzip verstossen, kann man dann noch davon sprechen, dass sie sich in ihrem Interesse verhalten? Will man die Konsistenz-annahme mit den Ergebnissen der Prospect-Theorie vereinbaren, kommt man zur Notwendigkeit, das mentale Modell, welches eine Person bei Marktentscheidungen (implizit) zugrunde legt, als sinnvollem Massstab für ihr Wohlergehen zu akzeptieren. Die Konstruktionsbedingungen dieses Modells, die wir kennengelernt haben, lassen diesen Schluss aber als nicht sehr plausibel erscheinen. Schliesst man sich dem an, so kann man nicht mehr davon ausgehen, dass selbst kompetitive Märkte immer und überall Pareto-effizient sind.

Es stellt sich aber noch eine weitergehende Frage: Wenn die Rationalitätsan-nahmen im Allgemeinen nicht vereinbar sind mit dem Verhalten von Menschen, müssen wir dann nicht auch nochmal ganz grundlegend über die Frage nachdenken, in welchem Sinne diese Annahmen normativ gerechtfertigt sind? Mit dieser Frage werden wir uns am Ende dieses Kapitels beschäftigen. Zuvor schauen wir aber noch kurz zwei Biases an.

10.4.2 Anchoring

Der *Anchoring*-Effekt ist eine kognitive Verzerrung, die die Tendenz beschreibt, sich bei der Entscheidungsfindung zu stark auf das erste zu Bewusstsein kommende Phänomen (den ‚Anker') zu verlassen. Bei der Entscheidungsfindung kommt es zu einer Verankerung, wenn Individuen ein anfängliches Phänomen verwenden, um nachfolgende Urteile zu treffen. Diese Anker können kausal völlig unabhängig vom Entscheidungsproblem sein, so dass sie keine relevanten Informationen bieten. Daher sollten sie bei einer rationalen Entscheidungsfindung keine Rolle spielen. Sobald ein Anker gesetzt ist, werden, andere Phänomene um den Anker herum interpretiert. Zum Beispiel kann der anfänglich angebotene Preis für ein Auto den am Ende bezahlten Preis beeinflussen. Die Tendenz zur Verankerung scheint eine Struktureigenschaft bei der Entstehung mentaler Modelle zu sein.

Hier ist ein Beispiel, wie die Art, eine Frage zu stellen, die Antwort beeinflusst. Wenn man zuerst die Frage stellt, ob Gandhi älter als 114 Jahre war, als er starb, und dann nach seinem genauen Todesalter fragt, erhält man höhere Einschätzungen, als wenn man zuerst fragt, ob er älter als 35 Jahre war, als er starb. Dies lässt sich als eine Heuristik beschreiben, die die Tendenz abbildet, sich in Situationen mit Unsicherheit von dem ersten zur Verfügung gestellten Phänomen beeinflussen zu lassen, wenn man Einschätzungen trifft. Der Anker wirkt wie ein Referenzpunkt der Prospect-Theorie, von dem ausgehend vermessen wird.

Hat diese Tendenz zur Verankerung auch Einfluss auf ökonomische Entscheidungen? In einem Experiment konnte gezeigt werden, dass diese Heuristik auch Zahlungsbereitschaften beeinflussen kann. MBA-Studierende konnten eine Flasche Wein kaufen. In einem ersten Schritt fragte man sie, ob sie einen Preis zu zahlen bereit wären, der den letzten zwei Stellen ihrer Sozialversicherungsnummer entspricht. In einem zweiten Schritt fragte man sie dann nach ihrer tatsächlichen Zahlungsbereitschaft. Nach dem klassischen Rationalitätsverständnis sollte die Sozialversicherungsnummer keinen Einfluss auf die Zahlungsbereitschaft haben. In dem Experiment erwies sich dies allerdings als falsch. Es stellte sich heraus, dass Studierende, deren Sozialversicherungsnummer mit einer Zahl kleiner als 50 endete, signifikant weniger zu zahlen bereit waren als Studierende, deren Nummer mit einer Zahl grösser als 50 endete. Die durchschnittliche Zahlungsbereitschaft der ersten Gruppe betrug €11.62, wohingegen die zweite Gruppe im Durchschnitt €19.95 zu zahlen bereit war. Anscheinend genügt es, die Sozialversicherungsnummer ins Gedächtnis zu rufen, um die Zahlungsbereitschaft zu verändern.

Da wir es bei diesem Experiment mit einem Entscheidungsproblem unter Sicherheit zu tun haben (die mögliche Unsicherheit über die Qualität des Weins wird als vernachlässigbar angenommen), können wir es hier mit einem Verstoss gegen Transitivität, Maximierung, Invarianz und/oder Konsistenz zu tun haben, wenn wir nicht annehmen wollen, dass die Teilnehmenden die Wertschätzung tatsächlich an ihre Sozialversicherungsnummer binden wollen (und damit ihre unterschiedlichen Zahlungsbereitschaften darauf hinweisen, dass ihre Präferenzen bedingt auf diese Nummer und daher rational sind). Mit nur zwei Alternativen kann man nicht direkt auf Transitivität testen. Mit dem methodischen Vorgehen der Prospect-Theorie würde man daher einen Verstoss gegen Konsistenz oder Invarianz vermuten, und Invarianz ist hier wohl der richtige Kandidat. Damit würde auch der Anchoring-Effekt dazu beitragen, die Pareto-Effizienz von Märkten in Frage zu stellen.

Der Anchoring-Effekt tritt auch bei finanziellen Entscheidungen auf, spielt aber wie wir gesehen haben auch bei Alltagskäufen eine wichtige Rolle. Daher kann man mit ihm eine Reihe von Marketingstrategien von Unternehmen wie zum Beispiel beliebige Rationierung erklären: Kunden kaufen im Durchschnitt mehr Einheiten eines Guts, wenn der Händler eine (hohe) maximale Verkaufsmenge vorgibt, als wenn er dies lässt.

10.4.3 Confirmation Bias

Der *Confirmation Bias* beschreibt das Verhalten, selektiv diejenigen Informationen zu suchen, zu interpretieren und zu bevorzugen, welche die eigenen Überzeugungen oder Werte bestätigen und unterstützen. Wir können ihn ebenfalls als eine Eigenschaft mentaler Modelle sehen. Ein Verständnis dieses Bias erlaubt es, eine ganze Reihe von gesellschaftlichen Phänomenen besser zu verstehen. Er entsteht unbewusst und kann nicht völlig vermieden werden. Er kann aber durch ein Bewusstsein seiner Existenz und kritischer Reflexion kontrolliert werden. Dazu ist es aber erforderlich, dass Menschen ihren naiven Realismus überwinden und bereit sind, ihr mentales Modell als eine kritisch zu hinterfragende Konstruktion zu sehen.

Wir finden einen der ersten Hinweise auf den Confirmation Bias beim englischen Philosophen Francis Bacon (1620 [1939], S. 36): „The human understanding when it has once adopted an opinion [...] draws all things else to support and agree with it. And though there be a greater number and weight of instances to be found on the other side, yet these it either neglects and despises [...]; in order that by this great and pernicious predetermination the authority of its former conclusions may remain inviolate."

Ein Beispiel für die Tendenz, Informationen zu interpretieren, welche eine ursprüngliche Meinung stützen, stammt von Lord et al. (1979). In einem Experiment wurden Teilnehmende, die entweder Befürworter oder Gegner der Todesstrafe waren, mit zwei konstruierten, aber echt aussehenden Studien konfrontiert. Die eine Studie schien die abschreckende Wirkung der Todesstrafe zu bestätigen, die andere schien diese zu widerlegen. Es zeigte sich, dass die Teilnehmenden jeweils diejenige Studie überzeugender fanden, die ihre ursprüngliche Meinung bestärkte. Man fand auch, dass die Teilnehmenden höhere Nachweisstandards bei der Studie anlegten, die ihrer Meinung widersprach.

Eine andere Studie (Westen et al., 2006) wurde während der US-amerikanischen Präsidentschaftswahlen 2004 durchgeführt. Den Teilnehmenden (die zuvor eine klare Einstellung zu den Kandidaten George W. Bush (Republikaner) und John Kerry (Demokraten) geäussert hatten) wurde als Aufgabe gegeben, die Konsistenz von Aussagen der beiden Kandidaten oder einer neutralen Figur zu beurteilen. Diese Aussagen waren potenziell widersprüchlich und für die Kandidaten bedrohlich. Es zeigte sich, dass die Teilnehmenden die Äusserungen des politischen Gegners viel häufiger als widersprüchlich einstuften als die Äusserungen des eigenen Kandidaten. Dieser Effekt trat bei der neutralen Kontrollperson nicht auf. Dessen Äusserungen wurden von Demokraten und Republikanern gleich bewertet. Diese Variante des Confirmation Bias heisst *Motivated Reasoning*.

Während der Aufgabe wurde dabei die Gehirnaktivität in einem MRI-Scanner aufgezeichnet. Hier ergab sich neben vielen anderen Ergebnissen ein typisches Bild, wenn die Teilnehmenden mit den Widersprüchen des eigenen Kandidaten konfrontiert wurden: Es kam zu einer Aktivierung von Gehirnregionen, die mit negativen Emotionen korreliert sind (z. B. die Amygdala) und von Gehirnregionen, die bei der Emotionsregulierung (z. B. dem ventromedialen präfrontalen Kortex) eine wichtige Rolle spielen: Die Widersprüche erzeugen offenbar eine Art emotionaler Angst- oder Schmerzreaktion, die durch Affektkontrolle eingedämmt wird.

Der Confirmation Bias kann einen Beitrag zur Erklärung einiger der gesellschaftlichen Polarisierungsprozesse leisten, die wir derzeit beobachten. Menschen legen sich Fakten, Theorien und Evidenz so zurecht, dass sie ihren Meinungen entsprechen. Sie neigen dazu, bestätigende Evidenz für bare Münze zu nehmen und bei konfligierender Evidenz das Haar in der Suppe zu suchen. Zusammen mit Gruppenverhalten (siehe der Begriff parochialer Altruismus in diesem Kapitel und Kap. 11) und verstärkt durch die Logik der Algorithmen Sozialer Medien können daraus schnell Polarisierungen in einer Gesellschaft resultieren. Aber auch in Marktkontexten kann er eine Rolle spielen: Wenn man sich für eines von zwei Produkten intuitiv entschieden hat, wird man weitere Evidenz, die für oder gegen den Kauf spricht, asymmetrisch bewerten.

Dabei ist keine Bevölkerungsgruppe vor dem Confirmation Bias gefeit, und man findet ihn auch in der Wissenschaft. In zwei Studien zu wissenschaftlichen Begutachtungsverfahren fand man, dass Wissenschaftlerinnen und Wissenschaftler Studien positiver bewerteten, die mit ihren ursprünglichen Überzeugungen konsistent waren, als Studien, die diesen widersprachen (Koehler, 1993; Mahoney, 1977). Gleichwohl ist die Wissenschaft der Gesellschaftsbereich, der durch seine Methoden und Verfahren den wohl grössten Schutz vor dem Confirmation Bias bietet.

Man könnte meinen, dass der Confirmation Bias eine ineffiziente Lernstrategie ist, die mit einer Reihe von Nachteilen verbunden ist, da sich das eigene Weltbild immer weiter von der Wirklichkeit entfernt, so dass man zunehmend Gefahr läuft, falsche Entscheidungen zu treffen. Und es gibt in der Tat mögliche Hinweise auf die intuitive Nutzung ineffizienter Lernstrategien. Wason (1960) bat in einem Experiment Teilnehmende, die mathematische Regel hinter einer vorgegebenen Zahlenfolge zu finden. Der Versuchsleiter wählte hierzu eine Folge mit drei Zahlen (zum Beispiel (2, 4, 8)). Anschliessend mussten die Teilnehmenden eine Hypothese bzgl. der verwendeten Regel bilden und auf Grundlage dieser Regel weitere Folgen mit drei Elementen bilden. Diese wurden dem Versuchsleiter präsentiert, der daraufhin die Konsistenz oder Nicht-Konsistenz dieser neuen Folge mit der von ihm angewandten Regel bestätigte. Dabei benutzte der Versuchsleiter die Regel *jede ansteigende Zahlenfolge.*

Wie sich herausstellte, entwickelten die meisten Teilnehmenden weitere Zahlenfolgen, die mit ihrer ersten Hypothese übereinstimmten, und die meist so etwas wie *Verdopplung der vorhergehenden Zahl* lautete. Sie experimentierten nicht mit weiteren Hypothesen, die die bisherigen Zahlenfolgen ebenfalls hätten erklären können und eine aktive Falsifikation der ersten Hypothese erlaubt hätten. Da jede Folge von drei Zahlen konsistent mit einer sehr grossen Menge von Regeln sein kann, machten sie es sich durch das Festhalten an der ursprünglichen Hypothese unmöglich, die richtige Regel zu finden. Jede Zahlenfolge der Art $(x, 2 \cdot x, 4 \cdot x)$ bestätigt die ursprüngliche Hypothese, und gleichwohl kann die wahre Regel so nicht aufgefunden werden.

Ob die Strategie, mehr Zahlenfolgen zu bilden, die der ursprünglichen Hypothese entsprechen, vernünftig ist, kann man aber nicht ohne Weiteres beantworten. Es ist eine einfache Heuristik neben anderen, die in Abhängigkeit von dem Problem, auf das sie angewendet werden, effektiv sein können oder nicht. Man nennt die im Experiment angewendete Heuristik auch *positive Bestätigung.* Die Schwierigkeit von *positiver Bestätigung* liegt im Beispiel darin, dass die zu findende Regel so allgemein ist. Im Sinne einer optimalen Lerntheorie würde man gern eine Lernheuristik verwenden, die den Informationsgehalt der Antwort maximiert. Wie hoch dieser ist, hängt von den genauen Umständen ab. Nehmen wir an, es gebe eine Menge möglicher Regeln R und eine Menge möglicher Zahlenfolgen Z. In der Studie von Wason war die Teilmenge der Zahlenfolgen Z^r, die der zu findenden

Regel entsprachen, relativ gross. Daher hat *positive Bestätigung* keinen hohen Informationsgehalt, da sie nicht einfach falsifiziert werden kann (siehe Kap. 1). Diese Heuristik kann aber durchaus einen hohen Informationsgehalt haben, wenn die Teilmenge der Zahlenfolgen Z^r, die der zu findenden Regel entspricht, klein ist. In diesem Fall wäre die umgekehrte Heuristik, nicht nach positiver, sondern nach *negativer Bestätigung* zu suchen, wenig zielführend, weil es so viele mögliche negative Bestätigungen gibt, so dass nun diese Heuristik nicht einfach falsifizierbar ist.

Mit dieser Beobachtung öffnet sich eine neue Perspektive auf den Confirmation Bias, Biases und mentaler Modelle ganz generell: Ob sie funktional oder dysfunktional sind, hängt von dem Problemumfeld ab, in dem sie zur Anwendung kommen. Es drängt sich daher auf, die Frage der Rationalität oder Irrationalität zu öffnen in Richtung des Kontextes, in dem Entscheidungen getroffen werden. Die klassische Entscheidungstheorie geht davon aus, dass es universelle Standards rationalen oder irrationalen Verhaltens gibt. Wir sehen an diesem Beispiel aber, dass ein solcher Universalismus vielleicht nicht angemessen ist. Hiermit beschäftigen wir uns im folgenden Abschnitt.

10.5 Eine evolutionsbiologische Perspektive auf Biases

Die Ergebnisse der Verhaltensökonomik stellen tiefgreifende Fragen nach der Motivation und Rationalität von Verhalten. In diesem Abschnitt wollen wir zur besseren Einordnung der Ergebnisse der zuvor aufgeworfenen Frage nachgehen, wie genau man den zur Definition eines Bias notwendigen Referenzzustand begründen kann.

Wie bereits gesagt, wird dieser Referenzzustand regelmässig mit Rationalität und oftmals auch mit Egoismus gleichgesetzt. Rationalität wurde bisher theoretisch durch die Plausibilität der sie definierenden Annahmen gerechtfertigt und beschränkte Rationalität als eine Abweichung von ihr als Bias definiert. Wir nähern uns der Frage nach der Begründetheit des Referenzzustands nun aus einer anderen Perspektive und entwickeln ein evolutionsbiologisches Argument, mit Hilfe dessen wir fragen, welche Verhaltensweisen zu erwarten sind, wenn diese in einem Prozess der Selektion entstehen.

Hierzu müssen zwei Begriffe aus der Evolutionsbiologie eingeführt werden. Aus einer evolutionären Perspektive lassen sich Menschen als Impuls-Antwort-Mechanismen verstehen, die durch Anpassung an eine Umwelt entstanden sind. Die *ultimative Erklärungsebene* ist dabei die genetische Angepasstheit und die *proximative Erklärungsebene* sind die Verhaltensmuster (*Traits*) eines Individuums (die Präferenzen). Die folgende Argumentation geht wie in der Literatur üblich davon aus, dass die untersuchten Traits lange genug selektiert wurden, so dass sie über eine gewisse Angepasstheit an ihre Umwelt verfügen.

Diese Vorgehensweise hat den Vorteil, dass sie Verhaltensweisen ganz allgemein hinsichtlich ihrer Angepasstheit beurteilen kann. Somit ist es theoretisch nicht ausgeschlossen, dass das ökonomische Rationalverhalten als nichtadaptiv und ein als Bias angesehenes Verhaltensmuster als adaptiv klassifiziert wird. Und tatsächlich kommt man in dieser Literatur zu dem Ergebnis, dass viele der in der Verhaltensökonomik als Bias angesehenen Verhaltensweisen innerhalb ihrer evolutionären Kontexte vernünftige Adaptionen darstellen. Dies streicht zum einen die Bedeutung des Referenzpunkts bei der Definition eines Bias heraus und stellt das Vorgehen, diesen ohne weitere Rechtfertigung mit einem bestimmten Ideal der Rationalität zu identifizieren, ganz generell in Frage.

Man kann drei unterschiedliche Perspektiven auf Biases unterscheiden.

- *Heuristiken:* Hierbei entsteht ein *Bias* aufgrund von evolutionären Beschränkungen der Informationsverarbeitung, die aufgrund knapper Ressourcen unabwendbar sind. Die entstanden Heuristiken funktionieren hinsichtlich ihres ultimativen ‚Zwecks' (Weitergabe der genetischen Information) vernünftig in Kontexten, für die sie selektiert wurden. Kommen sie ausserhalb dieser Kontexte zum Einsatz, so können sie systematisch maladaptiv sein.
- *Artefakte:* Mit der Kontextabhängigkeit der Angepasstheit von Heuristiken entsteht ein Problem für die Einordnung von Forschungsergebnissen. Anscheinende *Biases* können Artefakte der Forschungsstrategien in dem Sinne sein, dass das Experiment einen Kontext darstellt, der von dem natürlichen Kontext, in dem ein Mensch Entscheidungen trifft, abweicht. Dazu zählen Formate (z. B. an einem Computer in einem Labor anstatt im täglichen Leben) als auch Inhalte (z. B. abstrakte Schilderungen anstelle des konkreten Erlebens einer Situation) der Experimente. Eine solche bewusste Abweichung vom Lebenskontext kann wichtig oder unumgänglich zur Identifikation von Heuristiken sein. Es stellt sich aber dann immer die Frage, ob in realen Lebenskontexten ein Problem z. B. mangelnder Rationalität vorliegt. Die Frage, inwieweit experimentell gewonnene Erkenntnisse Gültigkeit ausserhalb des experimentellen Kontextes aufweisen, hatten wir das Problem der *externen Validität* genannt.
- *Fehlermanagement Bias:* Wenn Fehler hinsichtlich ihrer ultimativen Konsequenzen unterschiedlich kostspielig sind, existiert ein selektiver Anreiz, Wahrnehmung und Verhalten in Richtung der weniger kostspieligen Fehler zu verzerren. Damit nimmt zwar die Fehlerwahrscheinlichkeit zu, aber die Nettokosten sinken. Haselton und Nettle (2006) schreiben dazu: „We have reviewed a large number of cases where apparently irrational biases in cognition are explained by the existence of asymmetric error costs and significant uncertainty. Thus, bias in cognition is no longer a shortcoming in rational behavior, but an adaptation of behavior to a complex, uncertain world. Biased mechanisms are not design defects of the human mind, but rather design features. [...] [I]t seems likely that the mind is equipped with multiple, domain-specific cognitive mechanisms, with specific biases appropriate to the content of the task and the particular pattern of costs, benefits, and likelihoods." Diesen Gedanken werden wir formal präzise formulieren. Solche *Biases* sind daher für die zugrundeliegenden Fehlerkosten adaptiv, doch werden sie dysfunktional, wenn sich die Fehlerkosten verschieben.

Wir werden uns im Folgenden genauer mit Fehlermanagement Biases auseinandersetzen und davon ausgehen, dass das der Verhaltensökonomik unterlegte Referenzverhalten Präferenzmaximierung mit den zuvor getroffenen Annahmen a-f ist, so dass ein Bias eine systematische Abweichung hiervon beschreibt.

An dieser Stelle ist ein Hinweis notwendig. Die Vermutung der ultimativen Angepasstheit bestimmter Traits bedeutet nicht, dass diese damit normativ gerechtfertigt sind. Eine solche Position wird manchmal als *Sozialdarwinismus* bezeichnet und in der Ethik als legitime Begründung für Verhalten abgelehnt. Wir werden darauf noch zurückkommen.

Aus der ultimativen Ebene stellt sich für jeden Trait die Frage, inwieweit er adaptiv ist, also auch für so etwas wie Rationalität im Sinne der Präferenzmaximierung. Wir können daher die folgende Klassifikation vornehmen.

1. Der Trait ‚Präferenzmaximierung' kann sich als ultimativ adaptiv herausstellen. In diesem Fall ist ein *Bias* maladaptiv auf der ultimativen und irrational auf der proximativen Ebene.
2. Präferenzmaximierung kann ultimativ maladaptiv sein. In diesem Fall könnte ein *Bias* adaptiv auf der ultimativen Ebene sein und gleichwohl als irrational auf der proximativen Ebene klassifiziert werden. In diesem Fall stellt sich grundsätzlich die Frage nach der Geeignetheit des Referenzmassstabs.
3. Präferenzmaximierung und *Bias* können ultimativ maladaptiv sein. Wie zuvor stellt sich auch hier die Frage nach der Geeignetheit der Klassifikation als Bias und dem Massstab für ökonomische Rationalität.

Wenn man bis zu diesem Punkt gekommen ist, stellt sich die Frage nach Rationalität insgesamt neu. Es wird nämlich schärfer als zuvor erkennbar, dass Rationalität keine abstrakte Eigenschaft ist, sondern vor dem Hintergrund eines (impliziten) Ziels, welches ein Mensch erreichen möchte, definiert ist. Die mögliche Fehlanpassung der Präferenzmaximierung zeigt, dass ohne eine klare Rückbindung an ein solches Ziel (in diesem Fall die ultimative Angepasstheit) gar nicht beurteilt werden kann, ob ein Konzept von Rationalität überzeugend ist.

Um die Frage nach der möglichen Angepasstheit eines Bias zu beantworten, kann man ein sogenanntes *Signalauswertungsmodell* heranziehen. Ausgangspunkt ist eine sogenannte Nullhypothese über einen Zustand der Welt. Vor dem Hintergrund dieser Nullhypothese sind die folgenden vier Fälle denkbar:

• Eine Hypothese ist wahr und wird akzeptiert (TP, *true positive*),
• Eine Hypothese ist falsch und wird nicht akzeptiert (TN, *true negative*),
• Eine Hypothese ist wahr und wird nicht akzeptiert (FP, *false positive*, Fehler erster Art),
• Eine Hypothese ist falsch und wird akzeptiert (FN, *false negative*, Fehler zweiter Art).

Die Idee ist, dass an die Einschätzung der Situation ein bestimmtes Verhalten geknüpft ist. Ein Beispiel: Eine hungrige Person sieht eine Speise vor sich, die sie essen kann oder nicht. Dann sind diese vier Fälle denkbar: TP: Die Speise ist gesund und wird als gesund eingeschätzt. TN: Die Speise ist nicht gesund und wird als nicht gesund eingeschätzt. FP: Die Speise ist gesund und wird als nicht gesund eingeschätzt. FN: Die Speise ist nicht gesund und wird als gesund eingeschätzt. Die (evolutionären) Kosten und Nutzen der vier möglichen Fälle können sich unterscheiden. Man fasst diese als Netto-Fitnesseffekte zusammen:

- Fitnesseffekt von TP: v_{TP},
- Fitnesseffekt von TN: v_{TN},
- Fitnesseffekt von FP: v_{FP},
- Fitnesseffekt von FN: v_{FN}.

Die Netto-Fitnesseffekte sollten umfassend betrachtet werden, einschliesslich aller Arten von Verhaltensweisen im Umgang mit einer Situation (Essen der Speise oder nicht) und deren Wirkungen (Sättigung und Vergiftung, Sättigung und Gesundheit, Hunger und Gesundheit). Im Beispiel könnte man beispielsweise die folgenden Werte als plausibel nehmen (der Wert v_{TP} wird auf 100 normiert, nur die relativen Bewertungen zueinander sind relevant): $v_{TN} = 50$ (Die Person bleibt gesund, aber hungrig.), $v_{FP} = 50$ (Die Person bleibt gesund, aber hungrig.), $v_{FN} = -50$ (Die Person wird krank.).

In vielen alltäglichen Situationen ist eine verzerrte Signalauswertung üblich und eine optimale Verzerrung (Bias) ein zentrales Thema beim Test von Hypothesen. Bei sogenannten *Hazard-Detection*-Systemen werden Fehler zweiter Art (keine Warnung, obwohl Gefahr existiert) typischerweise als kostspieliger als Fehler erster Art ('falscher Alarm') wahrgenommen. Ein Beispiel ist ein Feuermelder, wenn die Nullhypothese lautet, dass es nicht brennt. In diesem Fall ist der Fehler zweiter Art 'keine Feuermeldung, es brennt' und der Fehler erster Art 'Feuermeldung, es brennt nicht'. Daher würde man ein solches System in Richtung Fehlern erster Art verzerren, es würde so ausgelegt, dass es wahrscheinlicher ist, ein Feuer zu melden, obwohl es nicht brennt, als kein Feuer zu melden, obwohl es brennt.

Wie man sieht, ist diese 'Einstellung' der Fehler zueinander von Menschen gestaltbar. Übertragen auf evolutionäre Prozesse würde man dann als Analogie verwenden, dass die Einstellung der Fehler zueinander durch Selektion bestimmt wird. Beispiele sind Husten (man hustet, auch wenn nichts in die Luftröhre geraten ist, um zu vermeiden, dass ein Partikelübersehen wird, der den Bronchien oder der Lunge schaden kann) oder Angst (man hat Angst (inklusive der daran geknüpften Verhaltensweisen wie Vorsicht) auch ohne Ursache, um zu vermeiden, eine lebensbedrohliche Situation zu übersehen). Daher würde die allgemeine Hypothese lauten, dass bei asymmetrischen Netto-Fitnesseffekten zu erwarten ist, dass ein System in Richtung des weniger kostspieligen Fehlers verzerrt ist.

Um diesen Gedanken formal präzise zu machen, sei s ein wahrer Zustand der Welt und S die Hypothese, dass s der wahre Zustand der Welt ist. Dann gelten für die vier obigen Fälle $TP : S \wedge s$, $TN : \neg S \wedge \neg s$, $FP : S \wedge \neg s$, $FN : \neg S \wedge s$. Das Problem lautet nun, wieviel Evidenz man voraussetzen sollte, um die Hypothese S zu formulieren. Sei e ein Mass für die Evidenz von s und $p(e|s)$ die Wahrscheinlichkeit, dass e beobachtet wird, wenn s der wahre Zustand der Welt ist, und $p(e|\neg s)$ die Wahrscheinlichkeit, dass e beobachtet wird, wenn $\neg s$ der wahre Zustand der Welt ist. Unsicherheit bedeutet dann, dass $p(e|s) > 0 \wedge p(e|\neg s) > 0$.

Bevor die optimale Regel, wann S akzeptiert wird, abgeleitet wird, müssen wir definieren, was in dieser Situation eine Verzerrung ist.

▶ **Definition 10.7 Unverzerrte Entscheidungsregel** Eine Entscheidungsregel heisst *unverzerrt*, wenn sie den Anteil der wahren Hypothesen maximiert.

Nehmen wir an, dass die ursprünglich zugrunde gelegten a-priori Wahrscheinlichkeiten für s und $\neg s$ gleich sind. Dann folgt, dass S genau dann akzeptiert wird, wenn $p(e|s) > p(e|\neg s)$ resp. $p(e|s)/p(e|\neg s) > 1$ gilt (die sogenannte *Likelihood-Ratio* grösser eins ist). Für allgemeine a-priori Wahrscheinlichkeiten für s und $\neg s$ gilt $p(e|s)/p(e|\neg s) > p(\neg s)/p(s)$.

Wie schon gesagt, muss eine solche Regel nicht optimal sein. Die allgemeine Fitnessfunktion lautet

$$E[V] = p(s) \cdot (p(S|s) \cdot v_{TP} + p(\neg S|s) \cdot v_{FN})$$
$$+ p(\neg s) \cdot (p(\neg S|\neg s) \cdot v_{TN} + p(S|\neg s) \cdot v_{FP}) \, .$$

Die Entscheidungsregel, die diese Zielfunktion maximiert, wurde von Green and Swets (1966, S. 21–23) bestimmt und lautet: Akzeptiere S, genau dann, wenn

$$\frac{p(e|s)}{p(e|\neg s)} > \frac{p(\neg s) \cdot (v_{TN} + v_{FP})}{p(s) \cdot (v_{TP} + v_{FN})}$$

erfüllt ist. Die optimale Entscheidungsregel ist verzerrt, wenn die rechte Seite der obigen Ungleichung von 1 verschieden ist. Was kann man darüber sagen? Die optimale Entscheidungsregel wird genau dann von der unverzerrten Entscheidungsregel nach oben (unten) abweichen, wenn $(v_{TN} + v_{FP}) > (<)(v_{TP} + v_{FN})$ ist.

Eine Reihe von Verzerrungen haben mit der Vermeidung von Risiken zu tun. Sie variieren ein von Lima und Dill (1990) knapp zusammengefasstes Thema: „Few failures are as unforgiving as failure to avoid a predator": Oftmals ist es weniger schädlich, eine ungefährliche Situation als gefährlich wahrzunehmen, als eine gefährliche als ungefährlich. Hier sind einige Beispiele:

- Schnell auslösbare Angstreaktionen aufgrund potenziell gefährlicher Situationen. Die Kosten von *FP* (Angst, obwohl Situation harmlos ist) sind niedriger als die Kosten von *FN* (keine Angst, obwohl Situation gefährlich ist).
- Nahrungsmittelaversionen. Die Kosten von *FP* (Vermeidung gesunder Nahrung) sind niedriger als die Kosten von *FN* (Krankheit aufgrund giftiger Nahrung).
- Überattribution von Kausalität. Die Kosten von *FP* (Vermutung eines kausalen Zusammenhangs zwischen zwei faktisch unverbundenen Geschehnissen) sind

oft niedriger als die Kosten von FN (Vermutung, dass zwei kausal verbundene Geschehnisse unverbunden sind).

- Vermutung negativer Einstellungen Dritter gegen die eigene Person. Die Kosten von FP (Vermutung, dass Dritte negative Einstellung haben, obwohl dies nicht stimmt) sind oft niedriger als die Kosten von FN (Vermutung, dass Dritte neutral oder freundlich gesinnt sind, obwohl dies nicht stimmt).
- Illusion der Kontrolle und Selbstwirksamkeit. Die Kosten von FP (Vermutung, dass man in einer Situation Handlungsoptionen besitzt, obwohl das nicht stimmt) sind oft niedriger als die Kosten von FN (Vermutung, dass man in einer Situation keine Handlungsoptionen besitzt, obwohl man welche hat).
- Positive Illusionen hinsichtlich der eigenen Zukunft. Die Kosten von FP (Optimismus bezüglich z. B. der eigenen zukünftigen Gesundheit, obwohl dies unbegründet ist) sind oft niedriger als die Kosten von FN (Pessimismus bezüglich z. B. der eigenen zukünftigen Gesundheit, obwohl dies unbegründet ist).

An dieser Stelle mag es erscheinen, als hätten wir es mit einem Paradox zu tun, da zugleich verzerrte Vorsicht und Pessimismus sowie verzerrter Optimismus vorzuliegen scheint. Haselton und Nettle (2006) sehen in dieser anscheinenden Paradoxie aber den Kern adaptiven Verhaltens: „The two different smoke detector biases predicted by [the theory] – excessive sensitivity to potential harms coming from outside and excessive optimism about benefits that can be obtained by the self – predict that reasoning in domains controlled by the self may display different biases to reasoning in domains beyond the self's control. This is the essence of the paranoid optimism phenomenon, predicting paranoia about the environment but optimism about the self."

Was folgt aus all dem für die Frage, welches Verhältnis zwischen Rationalität, Adaption und Bias besteht? Ökonomische Standards von Rationalität sind Eigenschaften auf der proximativen Ebene der Erklärung. Es ist unklar, ob diese aus Sicht ultimativer Erklärungen adaptiv sind. Viele vor dem Referenzpunkt dieses Rationalitätskriteriums als Bias erscheinende Verhaltensweisen könnten aus ultimativer Sicht adaptiv sein. Das obige Argument lässt vielmehr erwarten, dass Biases in diesem Sinne die Regel und nicht die Ausnahme sind. Cosmides und Tooby (1994) fassen diesen Gedanken zusammen: „‚Rational' decision-making methods [...] logic, mathematics, probability theory [...] are computationally weak: incapable of solving the natural adaptive problems our ancestors had to solve reliably in order to reproduce. [...] This poor performance on most natural problems is the primary reason why problem-solving specializations were favored by natural selection over general-purpose problem-solvers. Despite widespread claims to the contrary, the human mind is not worse than rational [...] but may often be better than rational."

Ein Beispiel: Die Erwartungsnutzentheorie setzt eine scharfe Trennung zwischen kognitiven und affektiven Mechanismen des Gehirns voraus. Der Bernoulli-Nutzen ist ein Proxi für Erfahrungsphänomene wie Gefühle, deren Korrelation mit Konsum oder anderen Aktivitäten vorausgesetzt wird. Darüber liegen Wahrscheinlichkeiten, die als kognitive Prozesse wie z. B. die Berechnung von Häufigkeiten konzeptualisiert werden. Diese Zweiteilung wird in der Prospect-Theorie teilweise beibehalten, da die Wertfunktion die Grundstruktur des Erwartungsnutzens übernimmt und lediglich die Bernoulli-Nutzen durch subjektive Werte und die Wahrscheinlichkeiten durch Entscheidungsgewichte ersetzt werden. Es gibt empirische Hinweise darauf, dass die Dichotomie zwischen Wahrscheinlichkeiten/Entscheidungsgewichten und Bernoulli-Nutzen/subjektiven Werten falsch ist, und diese Hinweise sagen uns etwas über ökonomische Rationalität. Der Optimismus-Bias sagt uns, dass Menschen im Durchschnitt eine zu rosige Vorstellung von der Zukunft haben, die sich in den Theorien in Wahrscheinlichkeiten oder Entscheidungsgewichten widerspiegeln muss. Diese Verzerrung ist eine Verletzung der ökonomischen Rationalität. Alloy und Abrahamson (1979) haben argumentiert, dass Menschen, die an leichten Formen der Depression (Dysphorie) leiden, realistischere Schlüsse (in Bezug auf Wahrscheinlichkeiten/Entscheidungsgewichte) über die Zukunft ziehen als nicht-depressive (nicht-dysphorische) Personen, was eine Verbindung zwischen dem affektiven (Bernoulli-Nutzen/subjektive Werte) und dem kognitiven Erleben der Realität darstellt. In Experimenten waren dysphorische Personen besser in der Lage, den Grad ihrer Kontrolle über eine Aufgabe einzuschätzen, während nicht-dysphorische Personen unter einer Illusion von Kontrolle litten. Sie gaben genauere Selbsteinschätzungen über ihre Leistung bei der Bewältigung einer Aufgabe ab, und sie konnten genauer die Attributionsmuster bei sozialen Ereignissen erschließen. In der letztgenannten Studie wurden die Teilnehmenden mit 80 Sätzen konfrontiert, die 40 positive (z. B. ‚Ein Freund hat Ihnen eine Postkarte geschickt.') und 40 negative (z. B. ‚Ein Freund hat Sie ignoriert.') soziale Ereignisse beschrieben. Die Teilnehmenden wurden gebeten, sich das Ereignis vorzustellen und die wahrscheinlichste Ursache (man selbst (intern), eine andere Person/Situation (extern)) auszuwählen. Nicht-dysphorische Teilnehmende wiesen den *Self-Serving Bias* auf und bezogen zu viele Ereignisse auf sich, während dysphorische Teilnehmende ein ausgeglichenes Attributionsmuster an den Tag legten. Angesichts der Tatsache, dass die durchschnittliche Person nicht dysphorisch ist, scheint es, als ob die Evolution die Selektion eines Bias begünstigt hätte, bei dem Menschen eine gewisse Irrationalität aufweisen, aber sich positiv gestimmt fühlen. Und die meisten Menschen würden wahrscheinlich zustimmen, dass, wenn es einen Kompromiss zwischen Rationalität und hedonischem Wohlbefinden gibt, ihnen ein nicht-dysphorisches Mindset mit verzerrter Wahrnehmung besser dient als ein dysphorisches mit korrekterer Sicht auf die Welt.

Ein wichtiger Teil von dem, was wir Fortschritt nennen, besteht darin, die Umwelten, in denen wir leben, zu verändern, so dass die Adaptivität unserer Verhaltens- und Wahrnehmungsdispositionen nicht ohne Weiteres gefolgert werden kann. Die generelle These muss vielmehr lauten, dass Wahrnehmungs- und Verhaltensdispositionen immer dann adaptiv sind, wenn sie auf Umwelten treffen, die denen ähnlich sind, in denen sie selektiert wurden. Aus dieser Perspektive wird eine Hypothese über die Identifikation und Struktur vieler in der Literatur diskutierter Biases formulierbar:

Ein Bias ist das Ergebnis eines Mismatches zwischen dem Verhaltens- und Wahrnehmungsrepertoire einer Person und der Umgebung, in der sie agiert. Fehler werden wahrscheinlicher, wenn eine Person mit einer für sie ungewohnten Umwelt konfrontiert ist. In dieser Umwelt wirken Wahrnehmungs- und Verhaltensdispositionen fort, die in ihr nicht mehr angepasst sind: „We occupy a world that is governed by novel economic rules, and knowledge of the ways in which our evolved psychology causes us to behave in ways that contrast with our self-interest in light of these rules should prove substantively important to human happiness." (Haselton und Nettle, 2006).

Angenommen, wir hätten für einen Trait, der in Konflikt mit den verhaltenstheoretischen Standards der Rationalität steht, eindeutig nachgewiesen, dass er adaptiv ist. Spätestens dann würde sich die grundsätzliche Frage stellen, welche Kriterien man für die Begründung eines solchen Standards anlegt. Wir dürfen in einer normativen Theorie den Begriff der *Begründung* aber nicht im Sinne einer wissenschaftlichen *Erklärung* benutzen, sondern im Sinne einer *normativen Begründetheit*. Diese Ebenen müssen schon allein zur Vermeidung naturalistischer Fehlschlüsse (siehe Kap. 1) sauber getrennt werden. Darüber hinaus gilt, dass Menschen bis auf Ausnahmefälle nicht bereit sein dürften, genetische Adaptivität als normatives Ziel zu akzeptieren, auf Basis dessen – wenn dies denn möglich wäre – Biases erklärt und im Sinne einer Wirtschaftspolitik des Nudging korrigiert werden können.

Was dann aber aus dem Gesagten folgt, ist die Notwendigkeit, ganz grundsätzlich über die Frage der Rationalität in Bezug auf ein Ziel nachzudenken, auf welches diese bezogen ist. Und dies kann dann keine Zweck-Mittel-Rationalität (Maximierung) allein sein, sondern bezieht sich auf Fragen der *Struktur* der unterstellten Präferenzordnungen bzw. noch grundsätzlicher auf die Frage, welche Gründe wir haben, diese als Zusammenfassung menschlicher Entscheidungsprozesse und als normativen Zweck anzunehmen. Hier muss für ein überzeugendes Konzept der Rationalität eine Vorstellung des guten Lebens zugrunde gelegt werden.

Die Verhaltensökonomik hat eine wichtige Tür zu einem besseren Verständnis menschlichen Verhaltens aufgestossen. Viele der identifizierten Eigenheiten menschlichen Verhaltens – seien sie nun als beschränkt rationales Verhalten oder als soziale Präferenzen klassifiziert – erlauben es, die komplexen Hintergründe menschlichen Verhaltens deutlich besser zu verstehen als das Modell des Homo Oeconomicus.

Dabei ist nach Ockhams Rasiermesser (siehe Kap. 1) der ultimative Test der Verhaltensökonomik als positiver Theorie, inwieweit sie in der Lage ist, präzisere Voraussagen über Verhalten und die Funktionsweise von Märkten und anderen Institutionen zu machen als Theorien, in denen das einfachere Modell des Homo Oeconomicus zur Erklärung herangezogen wird. Dies ist, wie wir gesehen haben, immer wieder gelungen.

Integriert man verhaltensökonomische Erkenntnisse allerdings in eine normative Theorie, so stellen sich grundlegende Fragen danach, wie wir den Referenzmassstab, anhand dessen wir Biases messen, begründen. An dieser Stelle kann die Verhaltensökonomik, wie wir gesehen haben, bisher nicht überzeugen, da sie in der Regel ohne weitere Begründung den Standard rationalen Verhaltens des Homo-Oeconomicus-Modells heranzieht.

Die durch die Verhaltensökonomik aufgestossene Tür erlaubt faszinierende und wichtige Einsichten über das menschliche Verhalten. Gleichzeitig sieht man im Raum der Verhaltensökonomik weitere Türen, die nicht zurück in das Zimmer des Homo Oeconomicus führen, sondern in Räume, in denen z. B. Ergebnisse aus der Neurowissenschaft oder der Narrationspsychologie noch fundamentalere Einsichten in menschliches Verhalten, Wahrnehmung und Wohlergehen erlauben. Die reiche Belohnung, die wir durch das Betreten des Raums der Verhaltensökonomik bekommen haben, sollte ermutigen, auch durch diese Türen hindurchzugehen und zu schauen, was wir in den nächsten Zimmern noch lernen können. Wir kommen damit zu dem einführenden Zitat von Dan Ariely zurück: ‚Wouldn't economics make a lot more sense if it were based on how people actually behave, instead of how they should behave?' Hiermit werden wir uns im folgenden Kap. 11 beschäftigen.

Literatur

Alloy, L. B., & Abrahamson, L. Y. (1979). Judgment of contingency in depressed and nondepressed students: sadder but wiser? *Journal of Experimental Psychology: General, 108*(4), 441–485.

Ariely, D. (2008). *Predictably Irrational*, New York: Harper Collins.

Arrow, K. J. (1983). *Collected papers of Kenneth J. Arrow*. Cambridge, MA: Belknap Press.

Bacon, F. (1620 [1939]). *The New Organon*. New York: Liberal Arts Press.

Cosmides, L., & Tooby, J. (1994). Better than rational: Evolutionary psychology and the invisible hand. *American Economic Review, 84*(2), 327–332.

Frank, R. H., Gilovich, T., & Regan, D. T. (1993). Does studying economics inhibit cooperation? *The Journal of Economic Perspectives, 7*(2), 159–171.

Haselton, M. G., & Nettle, D. (2006). The paranoid optimist: An integrative evolutionary model of cognitive biases. *Personality and Social Psychology Review, 10*(1), 47–66.

Kahneman, D., & Tversky, A. (1979). Prospect theory: An analysis of decision under risk. *Econometrica, 47*(2), 263–291.

Kahneman, D., & Tversky, A. (1984). Choices, values, and frames. *The American Psychologist, 39*(4), 341–350.

Kahneman, D., & Tversky, A. (1986). Rational choice and the framing of decisions. *The Journal of Business, 59*(4), 251–278.

Kahneman, D., & Tversky, A. (1992). Advances in prospect theory: Cumulative representation of uncertainty. *Journal of Risk and Uncertainty, 5*(4), 297–324.

Koehler, J. J. (1993). The influence of prior beliefs on scientific judgments of evidence quality. *Organizational Behavior and Human Decision Processes, 56*, 28–55.

Larney, A., Rotella, A, & Barclay, P. (2019). Stake size effects in ultimatum game and dictator game offers: A meta-analysis. *Organizational Behavior and Human Decision Processes, 151*, 61–72.

Lima, S. L., & Dill, L. M. (1990). Behavioral decisions made under the risk of predation: a review and prospectus. *Canadian Journal of Zoology, 68*, 619–640.

Lord, C. G., Ross, L., & Lepper, M. R. (1979). Biased assimilation and attitude polarization: The effects of prior theories on subsequently considered evidence. *Journal of Personality and Social Psychology, 37*(11), 2098–2109.

Mahoney, M. J. (1977). Publication prejudices: An experimental study of confirmatory bias in the peer review system. *Cognitive Therapy and Research, 1*(2), 161–175.

Pierce, A. H. (1908). The subconscious again. *Journal of Psychology and Psychological Scientific Method, 5*, 264–271.

Rodrik, D. (2011). *The Globalization Paradox: Democracy and the Future of the World Economy*. New York/London: W.W. Norton.

Wason, P. C. (1960). On the failure to eliminate hypotheses in a conceptual task. *Quarterly Journal of Experimental Psychology 12*(3), 129–140.

Weber, M., & Camerer, C. (1998). The disposition effect in securities trading: An experimental analysis. *Journal of Economic Behavior and Organization, 33*, 167–184.

Westen, D., Blagov, P. S., Harenski, K., Kilts, C., & Hamann, S. (2006). Neural bases of motivated reasoning: An fMRI study of emotional constraints on partisan political judgment in the 2004 U.S. Presidential election. *Journal of Cognitive Neuroscience, 18*(11), 1947–1958.

Weiterführende Literatur

Ariely, D. (2008). *Predictably Irrational: The Hidden Forces That Shape Our Decisions*. Harper Collins.

Bernheim, B. D. (2009). Behavioral welfare economics. *Journal of the European Economic Association, MIT Press, 7*(2–3), 267–319.

Bernheim, D., & Rangel, A. (2008). Choice-theoretic foundations for behavioral welfare economics. In A. Caplin & A. Schotter (Hrsg.), *The Foundations of Positive and Normative Economics*. Oxford University Press.

Cooper, D., & Kagel, J. (2016). Other-regarding preferences – Selective survey of experimental results. In J. Kagel & A. Roth (Hrsg.), *The Handbook of Experimental Economics* (Bd. 2, Kap. 4). Princeton University Press.

Fehr, E., & Schmidt, K. (2006). The economics of fairness, reciprocity and Altruism – Experimental evidence and new theories. In S.-C. Kolm & J. M. Ythier (Hrsg.), *Handbook on the Economics of Giving, Reciprocity and Altruisn* (Kap. 8). Elsevier.

Laibson, D., & List, J. A. (2015). Principles of (behavioral) economics. *American Economic Review: Papers and Proceedings, 105*(5), 385–390.

Grundlagen des Verhaltens und der Wahrnehmung

11

In diesem Kapitel lernen Sie ...

- Erkenntnisse aus der Evolutionsbiologie, den Neurowissenschaften und der Psychologie über das Verhalten, die Wahrnehmung und die Adaption von Menschen.
- ein mehrstufiges Modell der Anpassung.
- wie das menschliche Gehirn lernt und sich an seine Umwelt anpasst.
- wichtige affektive Mechanismen.
- wie das Selbst als ein Prozess der Narration geschaffen wird.
- Implikationen dieser Erkenntnisse für das Standardmodell des Homo Oeconomicus.
- Implikationen dieser Erkenntnisse für ein glückliches und erfülltes Leben und eine Wirtschaft, die ein solches unterstützt.

11.1 Einleitung

[T]he horrific struggle to establish a human self results in a self whose humanity is inseparable from that horrific struggle. [...] [O]ur endless and impossible journey toward home is in fact our home.
David Foster Wallace (2011)

To put it bluntly, the discipline of economics has yet to get over its childish passion for mathematics and for purely theoretical and often highly ideological speculation, at the expense of historical research and collaboration with the other social sciences. [...] [Economists] must set aside their contempt for other disciplines and their absurd claim to greater scientific legitimacy, despite the fact that they know almost nothing about anything.
Thomas Piketty (2014)

Das der Ökonomik zugrundeliegende Menschenbild, welches wir in Kap. 7 vorgestellt haben, ist sparsam: Sowohl Verhalten als auch Wohlbefinden lassen sich aus einer Präferenzordnung ableiten, die der Einfachheit halber durch eine Nut-

© Der/die Autor(en), exklusiv lizenziert durch Springer-Verlag GmbH, DE, ein Teil von Springer Nature 2021
M. Kolmar, *Grundlagen der Mikroökonomik*,
https://doi.org/10.1007/978-3-662-63362-5_11

zenfunktion dargestellt werden kann. Und in der *Revealed-Preference*-Tradition wird nicht einmal diese Präferenzordnung als gegeben vorausgesetzt, sondern es wird lediglich angenommen, dass sie aus dem beobachteten Verhalten ableitbar ist. Der Grund für diese Sparsamkeit hat mit der wissenschaftlichen Methodik zu tun. Wie wir in Exkurs 7.1 argumentiert haben, beruhten traditionelle Konzepte des Nutzens auf unbeobachtbaren Spekulationen über Gehirn- oder Bewusstseinsprozesse. Da die meisten dieser angenommenen Prozesse zur damaligen Zeit nicht beobachtbar waren, versuchte die Ökonomik ihr Bestes, um die ihr zugrunde liegende Entscheidungstheorie von diesen Spekulationen zu befreien. Die Zeit ist jedoch weitergegangen, und die beeindruckenden Fortschritte, die in den letzten Jahrzehnten in der Psychologie, der Neurowissenschaft und der Evolutionsbiologie gemacht wurden, erfordern eine Neubewertung der Grundlagen, auf denen die ökonomische Entscheidungstheorie ruht.

Diese Neubewertung schliesst auch die Verhaltensökonomik ein (siehe Kap. 10). Wie wir gesehen haben, stellt die Verhaltensökonomik z. B. die Rolle von Rationalität und Egoismus bei der Erklärung von Verhalten in Frage und identifiziert spezifische Eigenschaften von Präferenzen (wie Verlustaversion oder soziale Präferenzen), die anscheinend in der Lage sind, Verhalten besser zu erklären. Was der Grossteil der Literatur jedoch beibehält, ist die Annahme, dass es so etwas wie eine stabile Präferenzordnung gibt, die aus Beobachtungen abgeleitet werden kann, und dass sich diese Präferenzordnung im Laufe der Zeit nicht systematisch ändert. Diese Annahmen verlieren einen Teil ihrer Plausibilität, wenn man sich wichtige Erkenntnisse aus der Neurowissenschaft und der Evolutions- sowie der Narrationspsychologie ansieht.

Die Befunde, die wir in diesem Kapitel vorstellen werden, stellen jedoch vor allem die normative Ökonomik in Frage. Wenn man argumentiert, dass der Hauptzweck der positiven Ökonomik darin besteht, korrekte Vorhersagen über Verhalten zu treffen, auch wenn die verwendeten Modelle deskriptiv falsch sind (was sie notwendigerweise immer sind, siehe Kap. 1), kann das Standardmodell des Homo Oeconomicus eine gute Wahl sein, weil es ein relativ einfacher und unkomplizierter Bestandteil einer Theorie ist, um Vorhersagen zu treffen. Der Prüfstein einer solchen Theorie ist ihr empirischer Test, nicht die Richtigkeit ihrer Annahmen. Nach Ockhams Rasiermesser ist es nur dann gerechtfertigt, zu einem komplexeren Modell zu wechseln, wenn die Vorhersagegenauigkeit alternativer Modelle der Entscheidungsfindung die Vorhersagegenauigkeit des Homo-Oeconomicus-Modells übersteigt. Aus normativer Sicht ist das Modell des Menschen jedoch wichtig, solange wir es zur Messung des Wohlbefindens in der Gesellschaft verwenden.

Der Zweck dieses Kapitels ist hauptsächlich methodisch: Es stellt das Modell des Menschen in Frage, das wir in Kap. 7 und 8 kennengelernt haben. Aber der Zweck ist nicht nur methodologisch. Wie Sie sehen werden, sind die Erkenntnisse und Muster, die wir präsentieren, an sich schon interessant und erlauben es, besser zu verstehen, wer wir sind und warum wir die Dinge tun, die wir tun. Das Modell des Menschen, das am Ende sichtbar wird, wird wahrscheinlich wichtige Implikationen dafür haben, wie wir über die Wirtschaft denken, auch wenn eine alternative normative Theorie noch nicht vollständig ausgearbeitet ist.

Das Menschenbild, das wir entwickeln werden, hat die folgenden charakteristischen Eigenschaften:

- Das Gehirn und der Körper lernen ständig und passen sich an die jeweilige Umgebung an, und die Anpassung findet auf vielen verschiedenen Ebenen statt. Dies stellt die Vorstellung in Frage, dass Präferenzen exogen und über die Zeit stabil sind.
- Verhalten kann durch viele verschiedene, miteinander verknüpfte und nebeneinander bestehende Prozesse ausgelöst werden. Daher ist das Verhalten wahrscheinlich weniger stabil, als es die Annahme einer stabilen Präferenzordnung impliziert, insbesondere in neuen und instabilen Umgebungen.
- Der grösste Teil unseres täglichen Verhaltens resultiert aus un- oder halbbewussten Prozessen. Wir werden uns einer Situation nur dann bewusst, wenn sie neu oder überraschend und wichtig ist. Dies stellt die Vorstellung von Rationalität als bewusste, absichtliche Wahl zwischen Alternativen in Frage.
- Selbst wenn wir uns einer Situation bewusst werden, folgt unser narratives Verständnis einer Situation oft aus
- Konfabulation, einer Rationalisierung von Gefühlen und Verhaltensweisen in Form von Geschichten. Konfabulation stellt ebenfalls die Idee der Rationalität in Frage.

11.2 Ein Mehrebenenmodell der Anpassung

Aus evolutionärer Sicht ist eine Art sowie jedes ihrer Mitglieder das Ergebnis eines fortlaufenden Prozesses der Anpassung an die Umwelt, die sich selbst wiederum anpasst (das heisst, andere Lebewesen sind Teil dieser Umwelt). Evolution ist das Ergebnis von drei Grundprinzipien: (1) Es gibt Merkmale, die vererbbar sind. (2) Es gibt Variabilität in den Merkmalen. (3) Einige Merkmale sind an ihre Umwelt angepasster als andere. Dies impliziert, dass die Mitglieder einer Art, die diese Merkmale teilen, mehr Kopien an die nächste Generation weitergeben können.

Für unsere Zwecke ist es sinnvoll, zwischen fünf Ebenen der Anpassung zu unterscheiden, *genetisch*, *epigenetisch*, *affektiv*, *kognitiv* und *metakognitiv*, siehe Abb. 11.1. Das menschliche Verhalten, die Wahrnehmung und das Wohlbefinden werden von allen fünf Ebenen bestimmt.

Dieses System von verschiedenen, interagierenden Ebenen ist nicht statisch. Der Mensch hat eine bemerkenswerte Fähigkeit entwickelt, sich an seine Umgebung anzupassen, um zu überleben und sich fortzupflanzen. Die grundlegenden Mechanismen der Anpassung und des Lernens, die innerhalb der Lebensspanne eines Individuums ablaufen, sind bei vielen Tieren zu finden, aber beim Menschen sind sie besonders ausgeprägt. Wir passen uns ständig an, indem wir neue Erinnerungen schaffen, sie mit Emotionen oder Gefühlen verbinden und sie nutzen, um zu handeln oder zu planen. Anpassung und Lernen sind möglich, weil das Gehirn plastisch ist, was eine Voraussetzung für die Fähigkeit ist, Verhalten durch Anpassung zu verändern. Aber Anpassung ist nicht beliebig versatil. Auch wenn das Gehirn

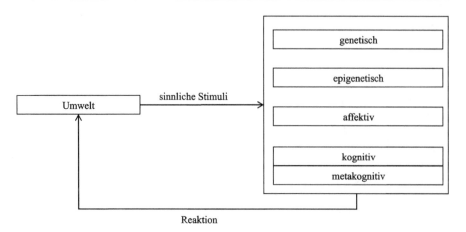

Abb. 11.1 Ebenen der Anpassung

bis ins hohe Alter plastisch bleibt, bauen neue Erfahrungen auf älteren auf. Und es gibt verschiedene Mechanismen, auf die sich die Anpassung stützen muss: nicht-assoziative Lernmechanismen, wie Habitualisierung und Sensibilisierung, und assoziative Lernmechanismen, wie klassische und operante Konditionierung. Beim nicht-assoziativen Lernen handelt es sich um eine relativ dauerhafte Veränderung der Stärke der Reaktion auf einen Reiz aufgrund wiederholter Exposition. Im Fall der Habitualisierung beispielsweise nimmt die Stärke der Reaktion bei Wiederholung ab. Assoziatives Lernen hingegen ist ein Prozess, bei dem eine Assoziation zwischen zwei Stimuli oder einer Art von Verhalten und einem Stimulus hergestellt wird.

Der Begriff „Gewohnheit" oder *Habit* bezieht sich auf ein stabiles Verhaltensmuster, das durch einen Auslöser (*Trigger*) hervorgerufen wird. Normalerweise beruht der Prozess der Entstehung von Gewohnheiten sowohl auf assoziativem Lernen wie der klassischen Konditionierung (das Klingeln einer Glocke signalisiert eine Kaffeepause) als auch auf nicht-assoziativem Lernen wie der Habitualisierung (man geht mehr oder weniger automatisch zur Kaffeemaschine und trinkt einen Kaffee).

Gewohnheiten sind allgegenwärtig. Es ist die Art des Körpers und des Gehirns, mit Komplexität umzugehen, wenn es im Laufe der Zeit Muster erkennt. Der Prozess der Konditionierung und Habitualisierung reduziert die kognitive Last der Entscheidungsfindung und setzt Ressourcen frei, um sich auf andere Dinge zu konzentrieren. Manchmal ist die Bildung neuer Gewohnheiten das Ergebnis einer bewussten Entscheidung (‚Ich möchte lernen, wie man Gitarre spielt'), aber die meiste Zeit bilden sich neue Gewohnheiten ohne unser Wissen und ohne eine bewusste Entscheidung. Gewohnheitsbildung ist ein Standardmodus des Gehirns. Gewohnheiten beeinflussen das Verhalten unabhängig davon, ob wir uns der Erfahrungen bewusst sind, die diese Gewohnheiten geformt haben, oder ob wir wissen, dass Gewohnheiten überhaupt existieren. Diese Mechanismen der

Gewohnheitsbildung sind automatisch, wir können diese Art des Lernens nicht verhindern. Was wir jedoch tun können, ist, die Gewohnheiten zu beeinflussen, die wir im Laufe der Zeit entwickeln, indem wir bestimmte Erfahrungen entweder bewusst suchen oder vermeiden.

Nicht nur, dass der Prozess der Gewohnheitsbildung einer der Standardmodi des Gehirns ist, um mit Komplexität umzugehen, Gewohnheiten des Fühlens und Denkens beeinflussen auch unser bewusstes Erleben bzw. die Realität und unsere Vorlieben, wie später noch deutlich werden wird. Nur wenige Menschen sind sich der Tatsache bewusst, dass die Art und Weise, wie man die Realität erlebt, der mehr oder weniger willkürliche und vorläufige Endpunkt eines Prozesses der Gewohnheitsbildung ist. Selbst wenn man sich dieser Tatsache bewusst ist, kann es schwierig sein, Gewohnheiten zu ändern, wenn sie problematisch oder dysfunktional sind.

Was auch auffällt, ist unsere Fähigkeit, nicht nur (in diesem weiten Sinne) aus guten oder schlechten Erfahrungen zu lernen. Wir können auch aus der kulturellen Übertragung lernen. Und dieser Prozess der kulturellen Übertragung ist nicht unbedingt kognitiv und bewusst (wie das Erlernen der Relativitätstheorie). Das Hören von Geschichten oder das Anschauen eines Films kann z. B. das affektive Erleben der Realität nicht nur vorübergehend, sondern auch dauerhaft verändern, auch wenn man sich nicht bewusst ist, dass diese Art des Lernens stattfindet. Dieser Mechanismus hat aus evolutionärer Sicht eine Menge potenzieller Vorteile, da es möglich wird, von den Erfahrungen anderer Menschen zu lernen. Der potenzielle Nachteil ist jedoch, dass das affektive Gedächtnis zum Beispiel auch auf erfundene Geschichten reagiert und Affekte mit imaginierten Bedrohungen assoziiert, die in der Realität nicht existieren. Denn affektive Erinnerungen können lang anhaltend sein, und die ‚affektive Landkarte der Realität‘, die aus diesem Prozess hervorgeht, kann mit der Realität nicht übereinstimmen.

Ein weiterer Aspekt des Prozesses des Lernens durch das Erzeugen von Gewohnheiten ist, dass sie mit der Zeit immer automatischer und unbewusster werden. Auf beide Aspekte des Prozesses der Gewohnheitsbildung werden wir später noch eingehen. Unser Gehirn versucht ständig, die kognitive Last der Entscheidungsfindung zu reduzieren, indem es Routinen entwickelt, die mit der Zeit ins Unbewusste ‚einsinken‘. Der theoretische Physiker Erwin Schrödinger (2015 [1967]) hat in Form einer Vermutung und im Vorgriff auf spätere Erkenntnisse der Neurowissenschaft die Eigenschaften dieses Prozesses sehr präzise formuliert: „Any succession of events in which we take part with sensations, perceptions and possibly with actions gradually drops out of the domain of consciousness when the same string of events repeats itself in the same way very often. [...] The gradual fading from consciousness is of outstanding importance to the entire structure of our mental life, which is wholly based on the process of acquiring practice by repetition. [...] [C]onsciousness is associated with the *learning* of the living substance; its *knowing how* (Können) is unconscious.“

Wenn der Mensch sich ständig an seine Umwelt anpasst, ist eine wichtige normative Frage: Sind alle Anpassungen gleichermassen förderlich für ein gutes Leben, oder ist es sinnvoll, zwischen guten und schlechten Anpassungen und Gewohnheiten zu unterscheiden? Und diese Frage wirft die weitergehende Frage auf, wie man einen Massstab für eine gut angepasste Persönlichkeit definieren könnte. Fragen wie diese sind in der Evolutionsbiologie und auch in der Medizin Standard, aber der Mainstream-Ökonomik fremd. Dies folgt aufgrund des Konzepts der exogenen Präferenzen, die *per definitionem* Ausdruck von Interesse und Wohlergehen sind. In der Evolutionsbiologie ist der Bezugspunkt die Anpassung: Merkmale und Verhaltensweisen sind adaptiv, wenn sie das Überleben und die Reproduktion fördern. In der Medizin ist der Bezugspunkt die Gesundheit: Ein Trauma wird z. B. als Krankheit angesehen, weil es den Betroffenen ein normales, glückliches Leben erschwert. Einen Bezugspunkt für eine gut angepasste Persönlichkeit in der Ökonomik zu definieren, ist jedoch viel schwieriger, und es ist nicht der Zweck dieses Kapitels, diese Frage zu klären. Wir werden jedoch darauf zurückkommen, wenn wir später die Tugendethik diskutieren.

Auch wenn wir nicht spezifizieren, was ein gutes Leben eigentlich ist oder sein könnte, und es dem Einzelnen überlassen, es herauszufinden, können wir drei mögliche Gründe für die Entstehung von Gewohnheiten festhalten, die Menschen als problematisch empfinden könnten:

- Wenn die individuellen Erfahrungen, die den Lernprozess prägen, nicht repräsentativ für die Umwelt sind, in der man lebt, können die daraus resultierenden Gewohnheiten zu Fehlern, einem erhöhten Bedarf an kognitiver Kontrolle und reduziertem Wohlbefinden führen.
- Die Langsamkeit und Dauerhaftigkeit des Lernprozesses kann in einer Welt mit einer sich schnell verändernden Umwelt zu Fehlanpassungen führen. In diesem Fall hinkt der Lernprozess immer hinterher, und wenn er langsamer ist als die Veränderungen in der Umgebung, nehmen mögliche Probleme mit der Zeit zu.
- Ein Mangel an Wissen über die langfristigen Folgen eines Verhaltens für Gesundheit und Wohlbefinden kann zu Gewohnheiten führen, die sich als nachteilig für ein gutes Leben erweisen.

Exkurs 11.1 Positive Psychologie
Ein Beispiel dafür, wie ein Konzept des Wohlergehens und der menschlichen Entwicklung operationalisiert und verwendet werden kann, ist die *Positive Psychologie*. Der Kern des theoretischen Verständnisses von Glück, Gedeihen und dem guten Leben ist das Fünf-Faktoren-Modell *PERMA*. PERMA ist ein Akronym für die fünf für ein gutes Leben existenziellen Faktoren. Das Modell besagt, dass (1) positive Gefühle, (2) die Beschäftigung (*engagement*) mit erfüllenden Aktivitäten, (3) Beziehungen (*relationships*) zu anderen Menschen, (4) Sinn und Zweck (*meaning*) und (5) Erfolge (*achievements*) und Meisterschaft die Schlüsseldimensionen für ein gutes Leben sind. Wenn man dieses Modell verwendet, ist es möglich, die oben erwähnte potenzielle Fehlanpassung konzeptionell zu verstehen und auch zu messen. Die Positive

(Fortsetzung)

Psychologie ist inspiriert von der Tugendethik (siehe Kap. 5), auf die wir am Ende dieses Kapitels zurückkommen werden. Einer der wichtigsten Punkte tugendethischer Konzepte des guten Lebens ist, dass menschliches Gedeihen erfordert, dass man versucht, den Prozess der Gewohnheitsbildung aktiv zu beeinflussen. Aus der Sicht des menschlichen Gedeihens und Glücks liegen die Risiken und Chancen dieses Prozesses der Konditionierung und Gewöhnung auf der Hand: Wir könnten Gewohnheiten entwickeln, die uns binden, wenn sie einmal fest verankert sind. Wenn diese Gewohnheiten gut an die Umwelt angepasst sind, spielen sie eine positive Rolle für ein gutes Leben. Wenn sie jedoch dysfunktional sind, behindern sie es. Wir werden auf diesen Punkt am Ende des Kapitels zurückkommen.

11.2.1 Genetische Anpassung

Die Anpassung auf der *genetischen Ebene* ist ein Prozess, der zwischen den Generationen durch sexuelle Reproduktion und Mutation stattfindet. Genetische Mutationen innerhalb der Lebensspanne eines einzelnen Individuums sind in der Regel maladaptiv. Im Folgenden konzentrieren wir uns auf einen gegebenen Menschen und nehmen die in der DNA kodierte genetische Ausstattung als gegeben an. Wenn genetische Anpassung der einzige Mechanismus wäre, durch den eine Anpassung an eine Umwelt erfolgen könnte, liesse sich Verhalten durch ein festes Reiz-Reaktions-Schema beschreiben, welches Variation höchstens durch stochastische Elemente enthielte. Die Annahme von exogenen Präferenzen passt in dieses Modell.

Aus Sicht der Evolutionsbiologie muss es Anpassungsvorteile für Organismen geben, die die Möglichkeit haben, ihre Reiz-Reaktions-Schemata innerhalb der Lebenszeit zu modifizieren. Die daraus resultierende Flexibilität kann in einer instabilen Umwelt von Vorteil sein. Wäre die Umwelt stabil, würde die genetische Anpassung auf Dauer zu einem optimal angepassten Organismus führen. Sobald sich die Umwelt jedoch ständig verändert, können schnellere Anpassungsprozesse von Vorteil sein und Raum für Verhaltensänderungen innerhalb der Lebensspanne eines einzelnen Organismus schaffen.

11.2.2 Epigenetische Anpassung

Ein sehr grundlegender Mechanismus ist die *epigenetische Anpassung*. Nicht alle Gene der DNA sind aktiv, einige von ihnen werden ‚angeschaltet', andere ‚abgeschaltet' (was als *Genexpression* bezeichnet wird). Dieser Mechanismus verändert nicht die DNA selbst, sondern bestimmt ihre aktiven und passiven Teile. Die Position dieser Genschalter wird teilweise durch Umweltfaktoren bestimmt, was bedeutet, dass es sich hierbei um einen Lern- oder Kalibrierungsmechanismus handelt, der es einem Organismus ermöglicht, die Art und Weise zu modulieren, wie er mit seiner Umwelt interagiert. Die Ernährung, die Exposition mit bestimmten chemischen Elementen und andere Faktoren beeinflussen die Position der Genschalter, was wiederum den Metabolismus, das Verhalten und auch das bewusste Erleben beeinflusst. Im Folgenden werden wir einige wichtige Beispiele nennen.

Eine Vielzahl von Umwelteinflüssen wirkt sich auf die Genexpression aus, angefangen die Exposition gegenüber In-utero-Stress bis hin zum mütterlichen wie auch väterlichen Alter. Darüber hinaus zeigen neuere Forschungen, dass die Position zumindest einiger Genschalter vererbbar ist. Das bedeutet, dass die Umgebung der Mutter einen Einfluss auf die Gesundheit, das Verhalten und die Wahrnehmung des Kindes haben kann.

Der Mechanismus der umweltabhängigen Genexpression kann sowohl positive als auch negative Auswirkungen auf das Wohlbefinden eines Individuums haben. Der grösste Teil der aktuellen Forschung konzentriert sich auf negative Auswirkungen auf die körperliche und geistige Gesundheit, wie z. B. die Beziehung zwischen bestimmten Genen und der Entwicklung von Depressionen im Erwachsenenalter, nachdem man z. B. in der Kindheit Misshandlungen ausgesetzt war. Die Auswirkungen auf die körperliche und geistige Gesundheit reichen von einer erhöhten Neigung zu Sucht, Angststörungen, einer erhöhten Wahrscheinlichkeit, an Depression zu erkranken, bis hin zur Angstkonditionierung.

Die Bedeutung dieses Anpassungsmechanismus liegt darin, dass er zeigt, dass Umweltfaktoren wichtige und weitreichende Konsequenzen für die körperliche und psychische Gesundheit sowie für die Wahrnehmung (z. B. ängstlich oder optimistisch) haben. Allein die epigenetischen Effekte der Umwelt auf die menschliche Gesundheit rechtfertigen eine Einbeziehung dieser Effekte in wirtschaftspolitische Überlegungen. Aber noch wichtiger aus Sicht der Präferenz- oder Nutzentheorie ist, dass die epigenetischen Effekte von Verhalten und Wahrnehmung zeigen, dass das, was als Präferenzen bezeichnet wird, grundsätzlich endogen und auf der epigenetischen Ebene formbar ist. Die Art und Weise, wie wir denken, fühlen und uns verhalten, wird nicht nur durch unser genetisches Erbe beeinflusst, sondern auch durch die epigenetischen Effekte unserer Geschichte und der Geschichte unserer Vorfahren. Wenn wir die Verhaltens- und Wahrnehmungsfolgen unserer epigenetisch kalibrierten DNA mit Präferenzordnungen identifizieren wollen, sehen wir, dass sie auf einer sehr fundamentalen Ebene endogen sind. Die Art und Weise, wie die Realität wahrgenommen wird (z. B. als bedrohlich oder nicht), die Art und Weise, wie wir uns verhalten, und das damit verbundene Wohlbefinden sind in einem Ausmass, das mit dem gegebenen Stand der Forschung nur schwer abzuschätzen ist, Folgen der Zufälligkeiten unserer Vergangenheit. Wenn wir Verhalten mit Interesse identifizieren, gehen wir implizit davon aus, dass diese Zufälligkeiten normativ irrelevant sind.

Eine solche Position ist aber höchst unintuitiv. Nehmen Sie psychische Phänomene wie Depression oder posttraumatische Belastungsstörung als (extreme) Beispiele. Die meisten Menschen würden zustimmen, dass die Wahrnehmung der Betroffenen sowie einige Aspekte ihres Verhaltens nicht Ausdruck ihres wahren Eigeninteresses sind, sondern Teil eines zugrunde liegenden Problems. Und selbst wenn man sich auf weniger extreme Beispiele konzentriert, stellt die Epigenetik die Idee in Frage, dass Wohlbefinden einfach mit Präferenzerfüllung identifiziert werden kann. Vielmehr gerät der Prozess der Präferenzbildung als eigenständiges normatives Problem in den Blick.

11.2.3 Affektive Anpassung

Die nächste Ebene ist die *affektive Anpassung*. Wir unterscheiden zwischen *Emotionen*, *Gefühlen* und *Affekten*. Emotionen sind physiologische (inklusive des Gehirns) Reaktionsmechanismen auf äussere (z. B. Nahrung) oder innere (z. B. Gedanken an Nahrung) Reize. Physiologische Veränderungen können z. B. Muskeltonus, Herzfrequenz, Körperhaltung, Blutdruck usw. sein. Sie sind Teil des körpereigenen Regulationssystems, das einem Organismus hilft, zu überleben und sich fortzupflanzen. Diese Reaktionsmuster sind teils autonom und gegeben, teils lernt das Gehirn, bestimmte Reize mit bestimmten Emotionen zu verknüpfen und sich damit der jeweiligen Umwelt anzupassen.

Emotionen als adaptive Reaktionsmechanismen sind *per definitionem* nicht bewusst. Gefühle hingegen schon. Gefühle sind die Namen, die wir bestimmten körpereigenen Reaktionsmustern geben, wenn sie die Schwelle des Bewusstseins überschreiten. Daher erleben wir Gefühle als bewusste, mentale Konzepte. Und damit haben sie eine narrative Form (z. B. verwenden wir das Wort ‚Liebe' für eine bestimmte Gruppe von Körperreaktionen auf einen Reiz). Folglich können wir Sprache und Kultur nicht von Gefühlen trennen, und damit auch nicht die sozialen Konventionen, die die Sprache und die subtilen Bedeutungsschichten, die mit Wörtern, Konzepten usw. verbunden sind, formen. Die Konsequenz ist, dass Gefühle von der Kultur abhängen.

Der Begriff Affekt umfasst beides, Emotion und Gefühl. Affekte gehören zu dem, was man grob als Annäherungs- und Vermeidungsmechanismen (*approach-* und *avoid-mechanisms*) bezeichnen kann. Ein Organismus muss sich Dingen wie Nahrung und Wasser nähern, und ein Organismus muss Dinge wie Giftstoffe, Krankheitserreger und Raubtiere vermeiden, um zu überleben und zu gedeihen. Ausserdem muss er, um sich fortpflanzen zu können, Mitglieder des anderen Geschlechts anziehen und von ihnen angezogen werden. Und er muss Gruppenstatus anstreben und aufrechterhalten.

Emotionen sind ein wichtiger Mechanismus, um das Verhalten eines Organismus zu steuern. Und ohne die Fähigkeit des emotionalen Systems, sich an die spezifische Umgebung anzupassen, wäre es weit weniger effektiv. Gut angepasste Emotionen sind ein sehr effektiver Weg, um mit der Umwelt zu interagieren. Der Organismen tut die richtigen Dinge (unter dem Gesichtspunkt des Überlebens oder der Fortpflanzung) automatisch, meist unbewusst und fast mühelos.

Viele verschiedene Emotionen tragen zum Verhalten und zur Wahrnehmung bei. Wir werden eine Auswahl von gut untersuchten Emotionen besprechen, die es uns ermöglichen, ein tieferes – wenngleich unvollständiges – Verständnis der Komplexität der Faktoren zu bekommen, die beides erklären.

11.2.3.1 Dopamin

Dopamin steht in Beziehung zu erwarteten und tatsächlichen Belohnungen. Es ist ein wichtiger Teil der Annäherungsmechanismen. Das Gehirn schüttet Dopamin u. a. beim Sex, beim Essen, bei ästhetisch angenehmen Erfahrungen, bei der Beobachtung von kooperativem Verhalten und bei der Bestrafung von normabweichendem Verhalten aus. Es wird auch freigesetzt, wenn man über diese Aktivitäten nachdenkt. Darüber hinaus spielt es eine wichtige Rolle bei Aktivitäten, die den sozialen Rang und Status betreffen. Es gibt zum Beispiel einen wichtigen Unterschied in der Reaktion des Dopaminsystems auf das Verlieren einer Lotterie (was tendenziell als zufällig angesehen wird) im Vergleich zum Verlieren bei Auktionen (was tendenziell als Verlieren gegen andere Menschen wahrgenommen wird). Wenn in einem Experiment die Teilnehmer bei der Lotterie verloren haben, gab es keinen messbaren Effekt im Belohnungssystem. Verloren sie jedoch die Auktion, wurde die Dopaminausschüttung aktiv gehemmt: Gegen andere Menschen zu verlieren, wird als Bedrohung des eigenen sozialen Status wahrgenommen, gegen die ‚Natur' zu verlieren hingegen nicht. Eine ähnliche Reaktion ist zu beobachten, wenn eine Person eine andere Person beneidet: Das Gefühl von Neid korreliert mit Aktivierungen im Gehirn, die mit Schmerz assoziiert sind. Wenn nun die beneidete Person ein Unglück erleidet, kommt es im Gehirn der beneideten Person zu einer Ausschüttung von Dopamin. Diese Ausschüttung ist umso grösser, je neidischer die Person gewesen ist.

Betrachtet man dieses Muster, so wird deutlich, dass Dopamin eine zentrale Rolle bei der Sicherung des evolutionären Überlebens spielt. Dazu gehört Nahrungsaufnahme, Sex und die hohe Positionen in einer sozialen Hierarchie.

Allerdings kodiert Dopamin nicht einfach nur Belohnung. Das System hat drei charakteristische Eigenschaften: (1) es kodiert relative Belohnung, (2) es kodiert positive Überraschungen und (3) es ist beteiligt, wenn der Zusammenhang zwischen Umweltreizen und Belohnungen gelernt wird (der der Entwicklung von Gewohnheiten).

- Trotz der Tatsache, dass sich Dopamin auf der Bewusstseinsebene gut anfühlt, besteht die evolutionäre Aufgabe dieses Mechanismus nicht darin, eine Person glücklich zu machen, sondern Verhaltensweisen auszulösen, die zum Überleben und zur Fortpflanzung beitragen. Daher besteht die Aufgabe darin, verschiedene Alternativen *relativ* zueinander zu bewerten.
- In den frühen Stadien der Forschung dachten die meisten Forscherinnen und Forscher, dass Dopamin direkt als Belohnung kodiert wird, was zu einer *hedonischen* Interpretation des Dopamin-Belohnungssystems führte (wie der Begriff Nutzen in der traditionellen Interpretation als *pleasure minus pain*). Diese Ansicht wurde jedoch widerlegt. Die Dopaminausschüttung ist mit einer bestimmten Art von Belohnungsfehler verbunden: Zu jedem Zeitpunkt scheint das Gehirn einen ‚normalen' Verlauf der Ereignisse zu erwarten. Wenn sich diese Erwartung als falsch herausstellt und die Zukunft besser ausfällt als erwartet, wird Dopamin ausgeschüttet. Dies ist die *Reward-Prediction-Error-Hypothesis*: „[D]opamine

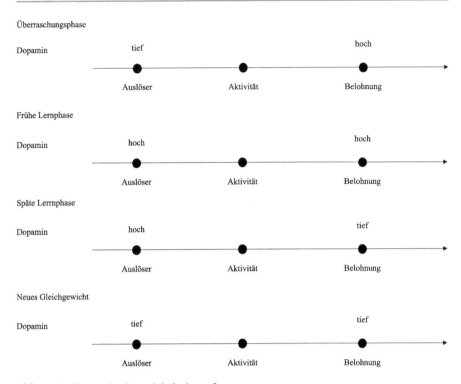

Überraschungsphase

Dopamin   tief   hoch

Auslöser   Aktivität   Belohnung

Frühe Lernphase

Dopamin   hoch   hoch

Auslöser   Aktivität   Belohnung

Späte Lernphase

Dopamin   hoch   tief

Auslöser   Aktivität   Belohnung

Neues Gleichgewicht

Dopamin   tief   tief

Auslöser   Aktivität   Belohnung

Abb. 11.2 Phasen des dopamininduzierten Lernens

responds to the difference between how ‚rewarding' an event is and how rewarding it was expected to be. One reason that this theory has generated so much interest is that a reward prediction error of this type is a key algorithmic component of reinforcement models of learning: such a signal is used to update the value attached to different actions. This has led to the further hypothesis that dopamine forms part of a reinforcement learning system that drives behavior. The so-called reward-prediction error hypothesis (RPEH) is considered one of the great success stories of cognitive neuroscience." (Colombo, 2014)

- Übereinstimmend mit der *Reward-Prediction-Error-Hypothesis* spielt Dopamin eine besondere Rolle beim Lernen bzw. bei der Gewohnheitsbildung, da die Dopaminausschüttung mit der Zeit abnimmt, wenn die Belohnung gleich bleibt (Gewöhnung). Abb. 11.2, die Erkenntnisse aus Experimenten mit Affen zusammenfasst, veranschaulicht das Muster.

Die Experimente waren wie folgt aufgebaut: Der Affe erhält ein Signal (blinkendes Licht) und kann einen Hebel ziehen. Wenn er den Hebel nach dem Signal zieht, bekommt er eine Belohnung (Fruchtsaft). In der Überraschungsphase hat der Affe keine Ahnung, was vor sich geht und beginnt zu experimentieren. Zieht er den Hebel im richtigen Moment, wird die Belohnung ausgelöst, und man kann eine Dopaminausschüttung im Gehirn des Affen beobachten.

Wenn das Experiment wiederholt wird, lernt der Affe die kausale Struktur der Ereignisse und was er tun muss, um die Belohnung zu erhalten. An einem frühen Punkt dieses Lernprozesses wird ebenfalls Dopamin ausgeschüttet, wenn das Signal gegeben wird. Dies wird als antizipatorische Dopamin-Belohnung bezeichnet und motiviert den Affen, konzentriert zu bleiben und alles zu tun, was nötig ist, um die Belohnung zu erhalten. Und man beobachtet eine zweite Ausschüttung, wenn er die Belohnung tatsächlich erhält. Wird das Experiment weiter wiederholt, so kann man später im Lernprozess weiterhin die antizipatorische Dopaminbelohnung beobachten, aber es gibt keine Dopaminausschüttung mehr, wenn der Fruchtsaft tatsächlich freigesetzt wird. Wenn man das Experiment noch länger fortsetzt, verschwindet sogar die antizipatorische Belohnung. Das neue Verhalten ist vollständig habituiert, eine neue Gewohnheit hat sich gebildet.

Dieses Muster ergibt aus evolutionärer Sicht Sinn: Der Zweck der Dopamin-Belohnung ist es, die richtige Art von Verhalten auszulösen und die Aufmerksamkeit aufrechtzuerhalten, während man lernt, was zu tun ist, um eine Belohnung zu erhalten. Die Kodierung von positiver Überraschung ist ein effizienter Weg, um dieses Ziel zu erreichen, weil es mit der knappen Ressource Dopamin sparsam umgeht. Wenn der Affe (oder ein Mensch) in einer stabilen Umgebung lebt, gibt es keine Notwendigkeit, wertvolles Dopamin zu verschwenden, nachdem das Verhalten, das für das Überleben förderlich ist, vollständig habituiert wurde.

Es gibt eine weitere interessante Erkenntnis über die Funktionsweise des Dopamin-Belohnungssystems: Die Höhe der antizipierten Belohnung hängt von zwei Faktoren ab. Der eine ist die Attraktivität der erwarteten Belohnung (positive Korrelation). Und der zweite ist die Wahrscheinlichkeit, mit der die Belohnung tatsächlich eintrifft: Besteht eine gewisse Unsicherheit darüber, ob die Belohnung ausgelöst wird oder nicht, reagiert das Dopaminsystem stärker auf den konditionierenden Reiz als wenn sie sicher ist. Und diese Belohnung der Ungewissheit hat ein typisches zeitliches Profil: Wenn die Belohnung z. B. mit 50 % Wahrscheinlichkeit kommt, ist der Konditionierungsreiz mit der üblichen Dopaminausschüttung während der Lernphase verbunden. In der Zeit zwischen der Erledigung der Aufgabe (Ziehen des Hebels) und der Aushändigung der Belohnung kommt es jedoch zu einer weiteren Dopaminausschüttung, die nicht zu beobachten ist, wenn die Belohnung zu 100 % sicher ist. Die Ungewissheit ‚nach Erledigung der Aufgabe‘, aber vor Auflösung der Ungewissheit, wird mit zusätzlichem Dopamin ‚belohnt‘. Es wurde gezeigt, dass diese zusätzliche Dopaminausschüttung bei maximaler Ungewissheit (Wahrscheinlichkeit der Belohnung ist 50 %) am grössten ist. Interessant ist auch, dass der konditionierende Stimulus (der Auslöser) selbst zu einer Belohnung werden kann: Das Signal wird zum Fetisch. Dies ist z. B. beim Menschen der Fall, wenn das Dopaminsystem auf Geld als Symbol für Belohnungen reagiert, die direkt für das Überleben nützlich sind (wie Nahrung).

Diese Erkenntnisse haben drei mögliche Implikationen für die ökonomische Entscheidungstheorie:

- Wenn Verhalten ausschliesslich durch das Dopaminsystem ausgelöst würde (was nicht der Fall ist), impliziert die *Reward-Prediction-Error-Hypothesis*, dass Menschen in einer hedonischen Tretmühle enden können, weil Dopamin mit Neuheit korreliert ist. Sobald man sich an Neues gewöhnt hat, sinkt die Dopamin-Belohnung, und es fühlt sich nicht mehr gut an. Dies kann zum Teil erklären, warum Menschen ständig Dinge kaufen, obwohl sie sie aus rein funktionaler oder utilitaristischer (im umgangssprachlichen Sinne des Wortes) Sicht nicht brauchen. Diese Erkenntnis erklärt auch, warum Partnerschaften dazu neigen, im Laufe der Zeit ein wenig abzukühlen. Menschen brauchen ständig Neues, damit das Dopamin weiter fliesst. In Anbetracht der Tatsache, dass das Dopaminsystem ein so starker Motivator für Verhalten ist, weisen diese Befunde auf tiefere normative Herausforderungen hin: Wenn beobachtetes Verhalten teilweise durch den (unbewussten) Wunsch nach Dopamin-Belohnungen motiviert ist, ist Dopamin dann ein vernünftiger Proxi für menschliches Wohlbefinden oder Glück? Diese Frage wird besonders drängend, wenn man die hedonische Tretmühle versteht, die sich ergibt, wenn man diese Frage bejaht.
- Ein zweiter Aspekt, auf den wir zurückkommen werden, ist die implizite Einstellung zu Risiko und Ungewissheit: Das Muster der Dopamin-Belohnungen würde zu einem Verhalten führen, das wir in Kap. 8 als risikofreudig eingestuft haben.
- Drittens besteht der Zweck des Dopaminsystems darin, einer Person eine effektive Anpassung an ihre Umgebung zu ermöglichen. Kurzfristig oder in einer Umgebung, der es an langfristiger Stabilität mangelt, oder wenn eine Person ständig von der Dopamin-Tretmühle motiviert wird und nach Neuem sucht, schafft das Gehirn daher neue Gewohnheiten. Infolgedessen können wir nicht die Verhaltensstabilität erwarten, die im Konzept der Präferenzen als selbstverständlich vorausgesetzt wird. Das Verhalten entwickelt sich ständig weiter, was bedeutet, dass sich auch die Präferenzen ständig ändern. Stabile Präferenzen sind nach diesem Mechanismus der Gewöhnung erst in einem langfristigen Gleichgewicht zu erwarten, wenn alle Gewohnheiten fest verankert sind und sich die Umwelt nicht mehr verändert. Zu diesem Zeitpunkt gibt es jedoch keine Dopamin-Belohnung mehr für das Individuum.

Wir werden auf diese Punkte am Ende dieses Kapitels zurückkommen, wenn wir alle verschiedenen Erkenntnisse zusammenführen.

11.2.3.2 Furcht und Angst

Furcht und Angst sind ein wichtiger Bestandteil der körpereigenen *Avoid*-Mechanismen, die beim Risikoverhalten eine wichtige Rolle spielen. Sie ermöglichen es, gesund und am Leben zu bleiben, indem wir Ereignissen aus dem Weg gehen, die unser Überleben oder unsere körperliche Integrität bedrohen.

Sowohl Furcht als auch Angst sind gut erforscht. Während die Forschung zu anderen Affekten nicht so weit fortgeschritten ist, scheint der Konsens zu sein, dass bei ihnen die grundlegenden Mechanismen wahrscheinlich ähnlich sind. Das *High-Road-Low-Road-Modell* besagt, dass es im Gehirn zwei Wege für visuelle Reize

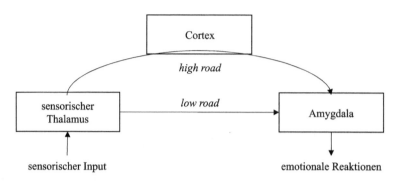

Abb. 11.3 *High-Road-Low-Road*-Modell

gibt. Nehmen wir als Beispiel ein visuelles Signal eines dunklen, langgestreckten Objekts, ähnlich einer Schlange. Dieses Signal geht von der Netzhaut des Auges zum sensorischen Thalamus (unbewusstes Erkennen des Objekts) und dann direkt zur Amygdala (*low road*), die eine erste, grobe Einschätzung der Relevanz des Objekts vornimmt (noch ohne bewusstes Erkennen). Das Signal geht auch an den sensorischen Kortex, der für das bewusste Erkennen des Objekts zuständig ist (*high road*). Abb. 11.3 fasst das Modell zusammen.

Die schlangenartige Form kann zu einer *Freeze*-Reaktion und einer Aktivierung der Kampf-oder-Flucht-Reaktion des Körpers (Anstieg der Herzfrequenz, des Muskeltonus, ...) führen, die von der Amygdala initiiert wird. Dies ist eine emotionale Reaktion. Ein Signal kann dann vom sensorischen Kortex zur Amygdala und umgekehrt gesendet werden. Das Signal vom sensorischen Thalamus zum sensorischen Kortex dauert immer länger als das Signal vom sensorischen Thalamus zur Amygdala, was bedeutet, dass die erste körperliche Reaktion notwendigerweise stattfindet, ohne dass man sich dessen bewusst ist. Erst jetzt und nur wenn die emotionale Reaktion als ausreichend wichtig bewertet wird, wird man sich der Situation bewusst und sammelt mehr Informationen, um eine bessere Hypothese über das schlangenartige Objekt zu bilden.

Wenn das Ereignis die Bewusstseinsschwelle überschreitet, werden zwei Signale repräsentiert, die visuelle Information über das schlangenartige Objekt (*Exterozeption* genannt) und eine Repräsentation der von der Amygdala ausgelösten körperlichen Reaktionen (*Interozeption* genannt) in Form des Gefühls der Angst. Die resultierende bewusste Repräsentation hat zwei Teile, sie kann bestätigen oder verwerfen, dass es sich um eine Schlange handelt, und sie wird sich der emotionalen Reaktion in Form des Angstgefühls bewusst. Wenn die Interpretationen des schlangenartigen Objekts konsistent sind, gibt es keinen Konflikt zwischen der emotionalen Reaktion und der bewussten Interpretation. Wenn sie inkonsistent sind, kann entweder das bewusste Wissen, dass es kein gefährliches Objekt gibt, oder die emotionale Reaktion, die als Angst dargestellt wird, dominant werden. Dieser Interessenkonflikt wird zugunsten der emotionalen Reaktion verzerrt, weil es mehr neurale Bahnen gibt, die von der Amygdala zum sensorischen Kortex gehen als umgekehrt. Dies impliziert, dass es schwierig ist, sich zu beruhigen, wenn der emotionale Kreislauf in vollem Gange ist, selbst wenn man bewusst weiss, dass keine Gefahr besteht.

Es ist wichtig zu erwähnen, dass diese schnelle und unbewusste Reaktion ein intuitives Verständnis der Rolle von Emotionen bei der Entscheidungsfindung herausfordert: Es ist nicht so, dass man auf eine Bedrohung reagiert, weil man sich bedroht fühlt. Im Gegenteil, unser Bewusstsein interpretiert Informationen über die Aussenwelt (Schlange) und Informationen über Körperreaktionen (kontrahierte Muskeln, erhöhte Herzfrequenz, ...) als Angst.

Was sind die möglichen Implikationen dieser Erkenntnisse für die ökonomische Entscheidungstheorie?

- Das *High-Road-Low-Road*-Modell macht die Rolle des Bewusstseins bei der Entscheidungsfindung deutlicher. Die meisten unserer täglichen Aktivitäten finden auf einer meist unbewussten Ebene statt, und die ersten Reaktionen auf Bedrohungen werden *notwendigerweise* durch unbewusste Prozesse ausgelöst. Wenn also Präferenzordnungen oder Nutzenfunktionen diesen Befund zutreffend zusammenfassen sollen, können sie keine Proxies für bewusste Entscheidungsprozesse sein. Dies bedeutet aber wiederum, dass eine normative Interpretation von Präferenzen als Proxi für Wohlbefinden in Frage gestellt wird, weil das intuitive Verständnis wäre, dass sich eine Steigerung des Wohlbefindens nach etwas anfühlen muss, was nicht der Fall ist, wenn das Verhalten unbewusst ausgelöst wird und bleibt.
- Ein zweiter Aspekt hängt mit der Risikoeinstellung zusammen: Die Amygdala reagiert auf wahrgenommene Bedrohungen mit der Aktivierung der Kampf-oder-Flucht-Reaktion. Daher ist sie sowohl mit risikoaversem als auch mit risikofreudigem Verhalten vereinbar (siehe Kap. 8).

11.2.3.3 Ekel

Ekel ist ein zweites wichtiges Beispiel für einen *Avoid*-Mechanismus, der das Ziel hat, den Menschen am Leben und gesund zu erhalten. Zunächst führt er dazu, einen Organismus von Krankheitserregern und Giftstoffen fernzuhalten. Zum Beispiel verdorbenes Essen oder Krankheiten lösen diesen Mechanismus aus. Ein Hirnareal namens Insula spielt eine wichtige Rolle bei der Auslösung einer Reihe von autonomen (emotionalen) Reaktionen, wie z. B. der Senkung der Herzfrequenz, der Schutz von Augen, Nase und Mund durch Aktivierung bestimmter Gesichtsmuskeln, dem Würgereflex usw. Umgekehrt sind die wahrgenommene Reinheit von Nahrung und Wasser sowie die Gesundheit von Menschen wichtige positive Signale für das Sicherheitsgefühl. Reaktionen der Insula können aber nicht nur durch direkten Kontakt mit ekelerregenden Objekten ausgelöst werden, sondern auch indirekt durch das Betrachten von Menschen, die Anzeichen von Ekel zeigen, durch das Hören von ekelerregenden Geschichten oder durch das Nachdenken über ekelerregende Szenarien. Dies alles wird als ‚physischer Ekel' bezeichnet.

Darüber hinaus spielt die Insula auch eine wichtige Rolle, wenn Ekel symbolisch auf andere Lebensbereiche übertragen wird, insbesondere bei ‚moralisch ekelhaftem' oder abstossendem Verhalten. Das Verhalten und Aussehen anderer Menschen kann Ekelreaktionen auslösen, die zu einem moralischen ‚Bauchgefühl' über die Richtigkeit und Falschheit von Verhalten beitragen. Moralischer Ekel kann wie physischer Ekel eine biologische Grundlage haben (weil das Verhalten tatsächlich die Gesundheit bedroht), er kann darüber hinaus aber auch rein symbolisch und kulturell bedingt sein. Die Evolution ist ein Klempner und kein Designer, und es scheint, als ob das Netzwerk von Gehirnarealen (einschliesslich der Insula), das für den Affekt des physischen Ekels verantwortlich ist, kooptiert wurde, um auch mit Situationen umzugehen, die im direkten Sinne nichts mit Risiken durch Krankheitserreger oder Toxine zu tun haben. Wenn es um moralischen Ekel geht, haben die Narrative, die wir verwenden, um unserem Gefühl einen Sinn zu geben, den Zweck, unsere Gefühle mit den Verhaltensweisen in Einklang zu bringen, mit denen wir konfrontiert werden. Begriffe wie Reinheit oder Sauberkeit erhalten daher eine symbolische Bedeutung, die völlig losgelöst von jeglicher biologischen Bedrohung sein kann. Diese symbolische Dimension des Ekels erweist sich als sehr relevant für ein Verständnis von Wahrnehmung und Verhalten.

- Menschen neigen dazu, andere Menschen abzulehnen oder abzuwerten, wenn deren Verhalten wichtige moralische Grenzen überschreitet. Ekel spielt hier eine Schlüsselrolle, und Begriffe wie Reinheit/Unreinheit, sauber/schmutzig usw. sind Schlüsselbegriffe, mit denen Menschen moralisch relevante Verhaltensweisen oder Eigenschaften beschreiben (wobei moralische Reinheit das metaphorische Äquivalent von z. B. reinen, d. h. nicht infizierten Lebensmitteln oder einem reinen, d. h. nicht infizierten Körper ist). Diese Tendenz erklärt viele der Einstellungen und Verhaltensweisen in Kontexten, die nicht direkt mit Krankheit zu tun haben.
- Menschen unterscheiden sich in ihrer Ekelsensitivität. Im Allgemeinen ist eine hohe Sensitivität positiv mit der Tendenz korreliert, strengere moralische Urteile zu fällen (daher moralischer Ekel). Die Ekelempfindlichkeit ist auch ein guter Prädiktor für Vorurteile und Diskriminierung, z. B. in einer Studie aus den USA gegen Farbige oder adipöse Menschen (die Amygdala ist auch bei Rassenvorurteilen aktiv, und ihre Rolle bei Furcht und Angst wurde bereits diskutiert). Man findet auch eine positive Korrelation zwischen physischen und moralischen Ekelschwellen: Menschen, die sich z. B. vor Essen leicht ekeln, haben auch eine geringe Toleranz gegenüber moralischen Verfehlungen, wobei sich dieser Begriff hier auf ihr sozial vermitteltes Bauchgefühl bezieht.
- Moralischer Ekel kann durch nicht kausal zusammenhängende Anzeichen von physischem Ekel ausgelöst werden. In einer Studie aus den USA mussten die Teilnehmer die Moral eines Verhaltens bewerten. Dazu wurden verschiedene Gruppen in unterschiedlichen Umgebungen positioniert (sauberer oder schmutziger Schreibtisch, neutraler oder übelriechender Raum usw.). Teilnehmer in einer schmutzigen Umgebung bewerteten das individuelle Verhalten strenger. Das gleiche Muster wurde in vielen anderen Studien gefunden: Teilnehmende, die in einer ekelerregenden Umgebung (Geruch von Erbrochenem oder Fäkalien usw.) platziert wurden, bewerteten Verhaltensweisen wie vorehelichen Sex, Diebstahl,

Pornografie usw. negativer als Teilnehmende, die in einer neutralen Umgebung Entscheidungen treffen konnten. Und die Teilnehmenden sind sich in der Regel nicht bewusst, dass ihre moralischen Bewertungen durch das Auslösen von körperlichem Ekel verursacht wurden. Fragte man sie nach den Gründen für ihre Bewertung, konfabulierten sie eine Geschichte, waren aber nicht in der Lage, den wahren Grund zu nennen.

Ekel spielt auch eine wichtige Rolle bei der Erklärung politischer Neigungen von Individuen. In einer anderen Studie mussten die Teilnehmenden sich selbst auf einer Skala von konservativ bis liberal einstufen. Ausserdem wurden sie in Bezug auf ihre Ekelempfindlichkeit eingestuft (sie mussten ihre Zustimmung zu Aussagen wie „Ich lasse nie einen Teil meines Körpers den Toilettensitz in einer öffentlichen Toilette berühren" angeben). Es stellte sich heraus, dass Menschen mit höherer Ekelempfindlichkeit toleranter gegenüber Einkommens- und Vermögensungleichheit waren, eine negativere Einstellung gegenüber Homosexualität hatten, autoritäre Führungsstile mehr schätzten und der Einwanderung von Ausländern negativer gegenüberstanden. Mit anderen Worten: Sie hatten eine konservativere Denkweise. Die Autoren erklären diese Ergebnisse wie folgt: „[W]e found that contamination disgust was most strongly associated with political conservatism. These results are consistent with research linking contamination disgust to a more general ‚behavioral immune system,' that may have evolved in order to shield individuals from exposure to novel pathogens or parasites [...]. The emotion of disgust may thus serve to encourage avoidance of out–groups who are likely to expose individuals to novel pathogens–for example, out-groups who differ in their practices regarding cleanliness, food preparation, and sexual behavior. A particularly strong desire to avoid contamination–that is an especially active behavioral immune system–may be the basis for some of the attitudes that have been consistently noted to differ across conservatives and liberals (such as attitudes toward sexuality and immigration). This argument is also consistent with recent experimental work demonstrating that reminders of cleanliness promote a more conservative political orientation[...]." (Inbar et al., 2012). Diese Unterschiede in der politischen Einstellung und Empfindlichkeit gegenüber Ekel sind nicht nur im Labor, sondern auch im tatsächlichen Wahlverhalten nachweisbar.

Die kulturelle Konstruktion von Reinheit und Abstossung/Ekel kann als ein dialektisches Paar gesehen werden, das in vielen Erzählungen und Geschichten gefunden werden kann. Wenn wir diesem Weg folgen, finden wir ein ganzes Feld von Metaphern in unseren Erzählungen. Hier sind ein paar Beispiele. (i) Das Dogma der katholischen Kirche von der Unbefleckten Empfängnis Mariens, die als vom Makel der Erbsünde befreit angesehen wird (der Zustand ohne Sünde ist rein, der Zustand mit Sünde ist unrein). (ii) Sogenannte ‚Rassenlehren' konzentrieren sich auf so etwas wie rassische oder ethnische Reinheit, wobei die ‚Kontamination' durch das Zusammenleben mit anderen ethnischen Gruppen erfolgt. Viele Strategien der Abwertung anderer Gruppen und Minderheiten verwenden Metaphern, die Mitglieder der anderen Gruppe mit ekelerregenden Bildern in Verbindung bringen; sie werden mit Schmutz, Würmern, Ratten usw. gleichgesetzt. Körperlicher Ekel dient dazu, die Wahrnehmung von Unterschieden zwischen Gruppen zu verstärken und die andere Gruppe abzuwerten. (iii) Das demonstrative Händewaschen des Pilatus nach dem Prozess gegen Jesus wird als Ausdruck seiner angeblichen Unschuld gewertet. Ein physischer Akt der Reinigung wird symbolisch zu einem moralischen Akt der Reinigung gemacht. Studien zeigen, dass ein solches Verhalten weit verbreitet ist. In einer Studie wurden die Teilnehmenden gebeten, über eine moralische oder unmoralische Handlung nachzudenken, die sie in der Vergangenheit begangen haben. Am Ende der Studie konnten sie sich ein Dankeschön-Geschenk aussuchen, entweder einen Bleistift oder eine Packung mit antiseptischen Tüchern. Die Gruppe, die an eine unmoralische Handlung denken musste, wählte signifikant häufiger die Tücher. In einer anderen Studie wurden die Teilnehmenden gebeten zu lügen. Eine Gruppe musste die Lügengeschichte erzählen und die andere musste sie aufschreiben. Am Ende stand eine Auswahl zwischen verschiedenen Hygieneprodukten als Geschenk zur Verfügung. Diejenigen, die eine Geschichte erzählen mussten, wählten signifikant häufiger eine Mundspülung, während diejenigen, die eine Geschichte aufschreiben mussten, signifikant häufiger eine Handseife wählten. ‚Moralische Verschmutzung' lässt sich offenbar mit erstaunlich konkreten körperlichen Massnahmen lindern, was für den engen neurologischen Zusammenhang von moralischem und körperlichem Ekel spricht.

Was sind die möglichen Implikationen dieser Erkenntnisse für die ökonomische Entscheidungstheorie?

- Ein erster erwähnenswerter Aspekt ist, dass die Befunde zum Zusammenhang zwischen körperlichem und moralischem Ekel jede Vorstellung von autonomer Entscheidungsfindung in Frage stellen. Wie wir gesehen haben, können Menschen durch das Auslösen von moralischem Ekel recht einfach manipuliert werden. Kontextvariablen wie der Geruch eines Raums haben das Potenzial, das individuelle Verhalten und die moralische Bewertung des Verhaltens anderer Menschen zu verändern, und die Menschen sind sich der wahren Gründe für ihre Bewertungen nicht bewusst. Diese Befunde stellen nicht die Idee der Rationalität als konsistentes Wahlverhalten in Frage, aber sie stellen die Idee in Frage, dass Präferenzen irgendwie die Folge eines konsistenten Prozesses der Meinungsbildung sind. Eine solche Annahme ist nicht Teil der Mainstream-Ökonomik, aber unsere Bereitschaft, die restriktivere Idee der instrumentellen Rationalität zu akzeptieren, hängt zumindest teilweise von der impliziten Annahme ab, dass sich Präferenzen auf eine vernünftige Weise bilden.
- Umgekehrt führen uns die Befunde zu Ekel und politischer Gesinnung zu einer Debatte über legitime und illegitime Handlungsmotive, die in traditionellen Rational-Choice-Entscheidungstheorien ausgeklammert wird. Einige der Verhaltensweisen, die mit moralischem Ekel verbunden sind, gelten aus einer übergeordneten ethischen Perspektive als nicht akzeptabel, wenn man sich Ideen wie universellen Menschenrechten und universellen Werten verpflichtet fühlt, weil sie diskriminierend sind. Besonders seit der europäischen Aufklärung gelten Prinzipien wie Universalismus und Unparteilichkeit als zentrale Werte. Was die Ekelforschung zeigt, ist, dass intuitive moralische Urteile aber nicht das Ergebnis

eines Prozesses rationaler Überlegungen sind, sondern manchmal das Ergebnis von Konfabulation, die Bauchgefühle rationalisiert.

11.2.3.4 Oxytocin

Dopamin war ein Beispiel für das *Approach-* und Ekel und Angst zwei Beispiele für das *Avoid*-System. Das nächste Beispiel spielt in dieser Hinsicht eine zweideutige Rolle. Es ist das Hormon/Neuropeptin Oxytocin. Die Wahrnehmung der Rolle von Oxytocin hat eine sehr interessante Geschichte. Zunächst deuteten Studien darauf hin, dass dieses Hormon die Kooperationsbereitschaft erhöht, Ängste abbaut und die Bindung z. B. zwischen Eltern und Kind oder Partnern stärkt. Darüber hinaus senkt es den Blutdruck und den Cortisolspiegel, wirkt beruhigend und kann zu einer verbesserten Wundheilung führen. Oxytocin gilt als geeignet, die Auswirkungen von negativem Stress zu lindern. Bei Müttern und Vätern erhöht es den Wunsch, sich um ihre Kinder zu kümmern. Die Effekte gelten aber auch für die Paarbindung. Ein höherer Oxytocinspiegel führt zu einer grösseren wahrgenommenen Attraktivität des Partners, zu synchronerem Verhalten und zu länger anhaltenden Bindungen. Eine künstliche Erhöhung des Oxytocinspiegels (durch die Verabreichung eines Nasensprays) führt zu einer positiveren Kommunikation und einer Reduktion von Stresshormonen bei Konflikten. Es spielt auch eine Rolle bei der Bindung zwischen Menschen und ihren Hunden. Oxytocin hat eine hemmende Wirkung auf die Amygdala, was Angst und Furcht reduziert, und aktiviert das parasympathische Nervensystem, das Körper und Geist beruhigt. Auf der Wahrnehmungsebene zeigt es sich als ein Gefühl der Sicherheit. In Experimenten mit Nagetieren wurde ein Abbau von Aggressionen nachgewiesen. Dies geht einher mit einer positiven Wirkung auf kooperatives und altruistisches Verhalten in ökonomischen Spielen.

Bis zu diesem Punkt könnte man den Eindruck gewinnen, dass Oxytocin eine Wunderwaffe sein könnte, um soziale Konflikte zu reduzieren und das individuelle Wohlbefinden zu steigern. Doch wie bei anderen Hormonen/Neurotransmittern ist die Wirkung kontextabhängig, und die Forschung zeigt, dass dies auch hier der Fall ist: Oxytocin erzeugt die beschriebenen Effekte auf kooperatives und prosoziales Verhalten nur in Interaktionen mit Mitgliedern der eigenen Gruppe, mit Menschen, die wichtige Aspekte der eigenen sozialen Identität teilen.

Die Forschung zu *Ingroup-Outgroup*-Verhalten hat ihren Ursprung in der Sozialpsychologie. Eine wichtige Erkenntnis aus der sogenannten *Social-Identity-Theory* ist, dass kooperatives Verhalten unter Teilnehmenden in Experimenten gesteigert werden kann, indem man eine (willkürliche) Gruppenidentität bei ihnen induziert. Der kooperationssteigernde Effekt zeigte sich jedoch nur, wenn es andere Teilnehmende des Experiments gab, die einer anderen, alternativen Gruppe angehörten. Wurde allen Individuen dieselbe soziale Identität zugewiesen, konnten keine Verhaltenseffekte gemessen werden. Und es ist nicht schwierig, ein Gefühl der Zugehörigkeit zu einer Gruppe zu erzeugen. Das *Minimal-Group*-Paradigma ist eine Methodik, die auf der robusten Erkenntnis beruht, dass selbst scheinbar willkürliche und flüchtige Gruppenidentitäten Auswirkungen auf das Verhalten haben. Selbst wenn Teilnehmenden in Experimenten willkürliche Marker der

Gruppenidentität wie die Farbe eines Hemdes zugewiesen werden, lösen diese Marker eine Tendenz aus, mit Mitgliedern der gleichen Gruppe auf Kosten anderer zu kooperieren.

Diese Art von Verhalten wird auch als *Parochialer Altruismus* bezeichnet: Menschen suchen automatisch nach Markern, die es erlauben, sich mit einer Gruppe zu identifizieren, und sie sind bereit, gegenüber anderen Gruppenmitgliedern uneigennützig zu handeln. Die andere Gruppe wird jedoch benötigt, um *Ingroup*-Kooperation zu aktivieren. Gruppenidentitäten helfen also, sowohl Koordinations- als auch Kooperationsprobleme (siehe Kap. 9) innerhalb einer Gruppe zu lösen. In Bezug auf Mitglieder anderer Gruppen sind die Ergebnisse jedoch gemischt. Einige Experimente haben gezeigt, dass explizit schädliches Verhalten gegenüber den Mitgliedern anderer Gruppen auftreten kann, auch wenn dies mit Kosten für das Individuum verbunden ist. Andere Experimente fanden eher neutrales Verhalten gegenüber Aussenseitern.

Hier sind ein paar Beispiele für die Auswirkungen von Parochialem Altruismus auf das Verhalten: In Studien mit weissen und schwarzen Teilnehmenden in den USA gehen weisse Personen regelmässig von einer niedrigeren Schmerzempfindlichkeit von Schwarzen im Vergleich zu Weissen aus. Diese Art der Diskriminierung ist auch in Messungen der Aktivität der entsprechenden Hirnregionen nachweisbar. Eine andere Studie konnte zeigen, dass Teilnehmende in Bilderkennungstests signifikant häufiger harmlose Gegenstände mit Waffen verwechseln oder Waffen sehen, wo keine sind, wenn sie zuvor unbewusst mit dem Bild eines schwarzen statt eines weissen Kinds konfrontiert wurden. Offensichtlich sind hier unbewusste Mechanismen der Diskriminierung am Werk. In einer Studie mit gemischten Gruppen (Schwarze und Weisse), die hinsichtlich der Ähnlichkeit der Gruppenmitglieder in Bezug auf Einstellungen und Überzeugungen zusammengestellt wurden, zeigte sich, dass die Teilnehmenden bewusst keine Präferenz für Mitglieder der eigenen Gruppe äusserten. Gleichzeitig war die Diskriminierung nach der Hautfarbe auf einer unbewussten, emotionalen Ebene messbar. Dies deutet auf einen Konflikt zwischen dem emotionalen und kognitiven Erleben einer Situation hin: Viele Menschen empfinden sich selbst nicht als diskriminierend, aber auf der emotionalen Ebene sind sie es.

Es ist plausibel, von der evolutionstheoretischen Annahme auszugehen, dass sich Parochialer Altruismus entwickelt hat, weil Menschen in Gruppen überlebten und sich weiterentwickelten, was eine komplexe Struktur von Inter- und Intra-Gruppenkonflikten schafft. In der Evolutionsbiologie werden Konflikte zwischen Gruppen typischerweise verwendet, um die Evolution von kooperativem Verhalten zu erklären, das über Verwandtschaftsbeziehungen (und damit genetischer Ähnlichkeit) hinausgeht, weil die Überwindung von egoistischem Verhalten für das Überleben entscheidend sein kann, wenn Gruppen um knappe Ressourcen konkurrieren. In Abwesenheit von intensiven Konflikten zwischen Gruppen werden jedoch gruppeninterne Konflikte um knappe Ressourcen und Status relativ wichtiger, was erklärt, warum die Existenz einer rivalisierenden Gruppe wesentlich ist, um gruppeninterne Kooperation auszulösen.

Was uns zu der Frage bringt, wie diese Art von kooperativem Verhalten in unserem Körper und Gehirn kodiert ist. Und Oxytocin scheint eine wichtige Rolle bei der Beantwortung dieser Frage zu spielen. In einer Reihe von Experimenten konnte gezeigt werden, dass parochial-altruistisches Verhalten mit der Menge an Oxytocin, das den Teilnehmenden verabreicht wurde, zunimmt. Die Oxytocin-Kette beginnt im Hypothalamus, der Teil des limbischen Systems des Gehirns ist, was impliziert, dass Oxytocin-induzierter Parochialer Altruismus eine autonome Reaktion ist. Die Fähigkeit zur Vernunft erlaubt es jedoch, die Tendenz zur Diskriminierung abzuschwächen. In einem wiederholten Gruppen-Gefangenendilemma-Experiment musste eine Gruppe von Teilnehmenden eine geistig anstrengende und die andere Gruppe eine einfache kognitive Aufgabe lösen. Parochial-altruistisches Verhalten war in der mental gestressten Gruppe, die offenbar nicht mehr in der Lage war, ihr Verhalten willentlich zu regulieren, stärker ausgeprägt.

Die Frage, ob und unter welchen Umständen parochialer Altruismus zu einem Verhalten führt, das aktiv Aussenstehenden schadet, ist noch ungeklärt. Es gibt aber mehrere Erkenntnisse. (1) Es scheint Heterogenität unter Individuen zu geben, einige sind eher geneigt, Aussenstehenden unnötig zu schaden, während andere zurückhaltender sind. Da die Einstellung gegenüber Mitgliedern einer *Outgroup* nicht nur durch Oxytocin beeinflusst wird, kann der Effekt jedoch nicht eindeutig auf individuelle Unterschiede in der Oxytocin-Sensitivität zurückgeführt werden. (2) Schädigendes Verhalten tritt auf, wenn es die einzige Möglichkeit ist, die Zugehörigkeit zu einer Gruppe zu signalisieren. (3) Die Bereitschaft, Aussenstehenden zu schaden, hängt davon ab, ob man in einem Konflikt der Aggressor oder der Verteidiger ist. Die defensive Gruppe handelt aggressiver gegen Mitglieder der Aggressor-Gruppe als umgekehrt.

Was sind die möglichen Implikationen dieser Befunde für die ökonomische Entscheidungstheorie?

- Ausgehend von den Befunden zu schädigendem Verhalten zeigen die Ergebnisse, dass der spezifische Kontext für das Verhalten entscheidend zu sein scheint. In der Regel hat dieser Kontext eine narrative Form (z. B. kann die Antwort auf die Frage „Wer ist der Aggressor?" heftig umstritten sein), und die entscheidenden, verhaltensrelevanten Variablen dieses Kontexts sind manchmal schwer vorherzusagen. Die Bedeutung des Kontexts wird sich als ein wiederkehrendes Thema erweisen, wenn wir am Ende dieses Kapitels die verschiedenen Mechanismen zusammenführen, um eine stärker integrierte Sichtweise zu erhalten. Aus der Sicht der Standard-Entscheidungstheorie stellt die Bedeutung des Kontexts die Vorstellung in Frage, dass Präferenzen fest und in diesem Sinne kontextunabhängig sind. Die Annahme der Kontextunabhängigkeit wird nirgends explizit gemacht, aber die Art und Weise, wie die Entscheidungstheorie angewandt wird, lässt vermuten, dass dies das gängige Verständnis ist.
- Die Rolle von Oxytocin erklärt (gruppen-) altruistisches Verhalten, wie es in Kap. 10 definiert wurde. Der Mensch hat sich in Gruppen entwickelt, und unsere Wahrnehmung und unser Verhalten spiegeln dies wider. Und gruppenaltruistisches Verhalten kann auch bedeuten, Aussenstehenden zu schaden.

- Diese Feststellung führt zurück zur Diskussion des vorherigen Abschnitts über legitime und illegitime Handlungsmotive. Parochialer Altruismus ist unvereinbar mit universalistischen Vorstellungen von Gerechtigkeit, Unparteilichkeit und Nicht-Diskriminierung. Unser moralisches Bauchgefühl hat sich aber anders entwickelt.
- In evolutionären Kontexten war die Gruppenzugehörigkeit weitgehend vorbestimmt und festgelegt. In modernen Gesellschaften hat jeder Mensch mehrere Identitäten, die je nach Kontext unterschiedliche Sichtbarkeit (Salienz) haben können. Geschlecht, Beruf, Ethnie, Nationalität, Fussballverein, die Liste ist lang. Hautfarbe und Geschlecht spielen aufgrund ihrer Salienz immer noch eine wichtige Rolle. Aber die soziale Bedeutung dieser möglichen Identitäten ist kulturell konstruiert. Diese Beobachtung hat zwei Implikationen. Erstens führt sie uns zurück zu dem oben erwähnten Problem der Kontextabhängigkeit, denn das Verhalten hängt von der spezifischen Identität ab, die zu einem bestimmten Zeitpunkt salient ist. Und zweitens sind diese Identitäten sozial konstruiert und daher Teil der grösseren Erzählung einer Kultur, auch wenn sich die Menschen dieser Tatsache vielleicht nicht bewusst sind. Das normative Problem, das mit dieser Beobachtung einhergeht, ist die Frage, warum Präferenzen, die ein Ergebnis solcher Konventionen sind, normative Ziele sein sollten. Nach Gruppennormen zu handeln, kann ein Ausdruck einer tieferen Form von Ungerechtigkeit und Unfreiheit sein, insbesondere für Mitglieder von Minderheitengruppen.

11.2.3.5 Testosteron

Das letzte Beispiel ist der Testosteron-Mechanismus. Die Forschung zu Testosteron ist interessant, weil sie unser Alltagsverständnis der Rolle dieses Hormons in Frage stellt und einige der allgemeineren Erkenntnisse, die wir bereits festgestellt haben, bestätigt.

Bei Männern wird Testosteron von den Testikeln ausgeschüttet, während es bei Frauen von den Ovarien ausgeschüttet wird (in geringerem Ausmass). Entgegen seinem öffentlichen Image spielt Testosteron keine direkte Rolle bei der Erklärung von (männlicher) Aggression (mehr Testosteron = aggressiveres Verhalten). Vielmehr spielt es eine zentrale Rolle bei der Bestimmung von Gruppenhierarchien. Die *Challenge*-Hypothese besagt, dass Testosteron Menschen nur dann aggressiver macht, wenn eine Bedrohung ihrer Position in der Statushierarchie der jeweiligen Peergruppe vorliegt. In diesem Fall reagiert der Körper mit der Ausschüttung von Testosteron zu zwei Zeitpunkten: vor der Herausforderung und nachdem sie gewonnen wurde. Dies gilt auch für symbolische Rangkämpfe wie im Sport und sogar ohne eigene Teilnahme am Wettkampf (z. B. als Fan).

Das wichtigste Ergebnis ist jedoch, dass Testosteron nicht per se aggressiver macht, sondern dass es jedes Verhalten auslöst, das notwendig ist, um Rang und Status in einer Situation zu verteidigen, zu erhöhen oder zu stabilisieren. Dieser Befund steht im Einklang mit der bereits erwähnten Kontextsensitivität des Verhaltens. In einem Experiment mussten Probanden ein ökonomisches Ultimatumspiel spielen, bei dem es sich auszahlte, nett zu sein. Nett zu sein war in dem Experiment eine Eigenschaft mit hohem Status. Im Einklang mit der *Challenge*-Hypothese führte eine künstliche Erhöhung des Testosteronspiegels der Teilnehmer dazu, dass sie grosszügigere Angebote machten. Die Auswirkungen von Testosteron sind also ein Ergebnis des sozialen Kontextes, in dem sich eine Person befindet. Auch andere Studien bestätigen die *Challenge*-Hypothese. In einer Studie wurde der Status der Teilnehmer mit der Ehrlichkeit des Verhaltens in Verbindung gebracht, und Testosteron führte zu einem Anstieg der Ehrlichkeit. In einer ähnlichen Studie konnten die Teilnehmer Geld in einen gemeinsamen Pool spenden, was den Status erhöhte, und Testosteron steigerte die Spenden bei den meisten Teilnehmern.

Der Gesamteffekt ist aber noch komplexer. In der erstgenannten Studie wurde einer Kontrollgruppe unwissentlich Kochsalzlösung anstelle von Testosteron injiziert. Diejenigen, die fälschlicherweise glaubten, dass sie einen erhöhten Testosteronspiegel hatten, verhielten sich ebenfalls weniger grosszügig. Was ist hier los? Wie bereits gesagt, hängen die meisten Menschen dem (falschen) Glauben an, dass Testosteron mit aggressivem, rücksichtslosem Verhalten verbunden ist. Eine wahrscheinliche Erklärung ist daher, dass der Glaube an die Wirkung des Hormons, kombiniert mit dem Glauben, dass man einen erhöhten Spiegel hat, das Verhalten so beeinflusst, dass es mit dem theoretischen Glauben übereinstimmt. Es ist plausibel anzunehmen, dass Menschen versuchen, in sozialen Kontexten das richtige Verhalten zu erkennen und dann an den Tag zu legen. Dazu gehört auch der Glaube an die Wirkung von Testosteron. Der Mensch ist nicht Sklave seiner Hormone, sondern kann aktiv eingreifen. Und diese Erkenntnis ist zweischneidig. In diesem Experiment stellte sich heraus, dass die theoretische Annahme über die Wirkung von Testosteron und nicht das Hormon selbst das Verhalten dominierte.

Doch wie kommt es zu der weit verbreiteten Vorstellung, dass Testosteron etwas mit Aggression zu tun hat? (Sapolsky, 2017, S. 107) fasst den Stand der Forschung wie folgt zusammen: „Testosterone makes us more willing to do what it takes to attain and maintain status. And the key point is what it takes. Engineer the right social circumstances and boosting testosterone levels during a challenge would make people compete like crazy to do the most acts of random kindness. In our world riddled with male violence, the problem isn't that testosterone can increase levels of aggression. The problem is the frequency with which we reward aggression."

Was sind die möglichen Implikationen dieser Erkenntnisse für die ökonomische Entscheidungstheorie?

- Sapolskys Zusammenfassung stellt die erste Herausforderung dar: Wie das Beispiel des Testosterons zeigt, werden Verhalten und Präferenzen durch ein komplexes Zusammenspiel von biochemischen Mechanismen, sozialen Konventionen, wahrgenommenen Realitäten etc. geprägt. Wenn man aus beobachteten Verhaltensweisen normativ relevante Präferenzen ableitet, macht man sich blind für die zugrunde liegenden gesellschaftlichen Prozesse, die diese Präferenzen hervorbringen. Wenn man den normativen Grundsatz teilt, dass Gewalt – symbolische, physische oder was auch immer – schlecht ist, sind die grundlegenden Konventionen und Narrative, die aggressives und gewalttätiges Verhalten mit Rang und Status verbinden, Teil des Problems, nicht Teil der Lösung. Das

Ziel wäre dann, die grundlegenden Regeln des Statusspiels zu ändern, um es gesellschaftlich akzeptabler und vielleicht sogar produktiver zu machen. Eine solche Perspektive ist unmöglich, wenn man Präferenzen methodisch als gegeben annimmt (wir haben Status in Kap. 6 behandelt).

- In diesem Zusammenhang zeigen die Ergebnisse, wie wichtig die grundlegenden Narrative, Werte und Normen einer Gesellschaft für Identitäten und Verhalten sind. Mit Normen und Narrativen, die Rang und Status an friedliche Konfliktlösung und kooperatives Verhalten binden, kann Testosteron in den Dienst einer friedlichen und effizienten Gesellschaft gestellt werden. Gleichzeitig ist es naiv zu glauben, dass Narrative, Werte und Normen problemlos gestaltbar sind. Präferenzen existieren nicht im luftleeren Raum, sie werden von den grundlegenden Ideen, Normen und Narrativen einer Gesellschaft geprägt. Die Rolle von Testosteron für das Verhalten ist nur ein Teil des Puzzles, das diese Sichtweise offenbart. Die moderne Entscheidungstheorie lässt keinen Raum für die Einbettung von Präferenzen in die Kultur und erklärt diese Zusammenhänge damit implizit für normativ irrelevant.

11.2.4 Kognitive und metakognitive Anpassung

Wie die Begriffe Emotion, Gefühl und Affekt wird auch der Begriff Kognition in der Literatur uneinheitlich verwendet. Wir verwenden den Begriff *Kognition*, um auf bewusste Prozesse zu verweisen, und der Begriff *Metakognition* bezieht sich auf Situationen, in denen man bewusst über Kognition nachdenkt. Kognition und Metakognition sind nicht unabhängig und autark. Sie sind vielmehr in andere Mechanismen wie emotionale Reaktionen eingebettet. Das Gehirn ist selektiv in der Auswahl der Phänomene, die bewusst werden. Und das Bewusstsein wird erst durch unbewusste Reaktionen auf die Umwelt und andere Vorgänge im Körper aktiviert. Viele Aktivitäten der Umwelt, des Körpers und des Gehirns bleiben unbewusst.

Die meisten Wissenschaftlerinnen und Wissenschaftler sind sich einig, dass wir die Realität bewusst in narrativer Form wahrnehmen: „We seem to have no other way of describing ‚lived time' save in the form of a narrative." (Bruner 2004). Und Narrative sind *per definitionem* sozialer Natur. Wir konstruieren Geschichten aus dem narrativen Material, das uns umgibt. Das bezieht sich sowohl auf die spezifische Sprache mit ihrer Syntax und Semantik als auch auf die bereits existierenden Geschichten, die eine Gesellschaft verwendet. Diese Narrative sind der Steinbruch, aus dem wir uns bedienen, wenn wir versuchen, der Welt und unserer Position in ihr einen Sinn zu geben. Es ist daher nicht verwunderlich, dass die Erfahrung der Realität bis zu einem gewissen Grad spezifisch für eine bestimmte Kultur ist.

11.2.4.1 Konfabulation
Die Art und Weise, wie wir Narrative entwickeln, ist komplex. Der Standardmodus scheint die Konfabulation zu sein, d. h. die Tendenz, Geschichten zu erzählen und Argumente so anzuordnen, dass sie unseren Interessen dienen und mit unserem Bauchgefühl, unserer affektiven Wahrnehmung einer Situation, übereinstimmen.

Der Begriff wurde ursprünglich in klinischen Kontexten verwendet, um Gedächtnisfehler von Menschen zu beschreiben, die z. B. an Demenz oder Hirnläsionen leiden und Geschichten über Aspekte ihrer Vergangenheit erfinden, die sie für wahr halten, aber krankheitsbedingt nicht erinnern können. In jüngerer Zeit beginnt man zu erkennen, dass Konfabulation der Standardmodus des menschlichen Geschichtenerzählens ist: „Rather than being merely an odd neurological phenomenon, the existence of confabulation may be telling us something important about the human mind and about human nature. [...] Once one forms a concept of confabulation from seeing it in the clinic or reading about it in the neuropsychological literature, one starts to see mild versions of it in people. We are all familiar with people who seem to be unable to say the words ‚I don't know,‘ and will quickly produce some sort of plausible-sounding response to whatever they are asked." (Hirstein, 2005).

Um bewusst handeln und planen zu können, braucht man kohärente Interpretationen der Realität, die eine narrative Form haben. Also denken wir uns Geschichten aus, selbst in Situationen, in denen wir keine Ahnung haben. Aus evolutionärer Sicht hat die ‚Wahrheit‘ nur dann einen adaptiven Vorteil, wenn sie dem Überleben dient. Trotz dieser Tatsache sind die meisten Menschen naive Realisten und denken, dass ihre Wahrnehmung der Realität und die Realität übereinstimmen, sie sind sich normalerweise nicht bewusst, dass sie konfabulieren.

Die Rolle der Rationalität im Prozess der Schaffung eines narrativen Bewusstseins ist umstritten. Einige Autoren argumentieren, dass es sich meist um eine mehr oder weniger willkürliche Form der Konfabulation handelt, während andere der Rationalität grössere Bedeutung beimessen. Metakognition ist die Fähigkeit, über kognitive Prozesse nachzudenken und sich diese dadurch bewusst zu machen und die Fähigkeit zu schaffen, nicht blindlings nach Affekten und konfabulierten Geschichten zu handeln. Allerdings bedarf es dazu einer bewussten Anstrengung, den naiven Realismus zu durchbrechen.

Exkurs 11.2. Konfabulation und die *Iowa-Gambling Task*
Die *Iowa-Gambling Task* ist ein gutes Beispiel für den Prozess der Konfabulation und die Beziehung zwischen bewussten und unbewussten Prozessen. In diesem Experiment mussten die Teilnehmenden Karten aus vier verschiedenen Stapeln auswählen. Die verschiedenen Stapel hatten unterschiedliche durchschnittliche Gewinnwahrscheinlichkeiten, die den Teilnehmenden zu Beginn unbekannt waren. Sie mussten 100 Mal hintereinander wählen, und ihre elektrische Hautleitfähigkeit wurde überwacht. Die Aufgabe wurde an verschiedenen Stellen unterbrochen, um zu überprüfen, ob die Teilnehmenden die Situation bewusst verstanden. Die Ergebnisse waren wie folgt:

- Die Hautleitfähigkeit der Teilnehmenden reagierte auf die Situation vor und nach der Kartenwahl, was bedeutet, dass ihre emotionalen Mechanismen auf die Situation reagierten.

(Fortsetzung)

- Nach etwa zehn Runden begannen die Teilnehmenden, im 5-Sekunden-Fenster vor der Auswahl einer Karte antizipatorische Veränderungen der Hautleitfähigkeit zu zeigen, die auf Stress bei schlechten Stapeln und positiven Emotionen bei guten Stapeln hinwiesen. Zu diesem Zeitpunkt hatten sie kein bewusstes Wissen darüber, was vor sich ging.
- Nach etwa 30 Runden begannen die Teilnehmenden, Verhaltenspräferenzen für die guten Decks zu entwickeln. Auch zu diesem Zeitpunkt hatten sie kein bewusstes Verständnis der Situation.
- Mit der Zeit entwickelten sie ein bewusstes Gefühl für gute und schlechte Stapel, ohne dies adäquat erklären zu können.
- Nach etwa 50–80 Runden hatten sie ein bewusstes Modell des Spiels entwickelt und verstanden, was vor sich ging.
- Als sie mit ihrer Verhaltensänderung in der Zeit, bevor sie ein bewusstes Verständnis der Situation entwickelt hatten, konfrontiert wurden, begannen die Teilnehmer zu konfabulieren. Einige von ihnen reagierten sogar aggressiv, als sie erfuhren, dass sich ihr Verhalten geändert hatte, obwohl sie sich nicht bewusst dafür entschieden hatten.

Die Ergebnisse haben eine Reihe von wichtigen Implikationen. Erstens ist das Verhalten nicht notwendigerweise das Ergebnis bewusster Überlegungen zur Frage, was die beste Art zu handeln ist. Zweitens können unbewusste, emotionale Reaktionen sehr effektive und adaptive Mechanismen sein, um Verhalten auszulösen. Sie führen das Verhalten in die richtige Richtung und sind schneller lernfähig als die bewussten Prozesse des Gehirns. Und drittens kommt emotionales vor bewusstem Lernen und narrativen Erklärungen. In der ersten Stufe des bewussten Verstehens konfabulieren Menschen, wenn sie gefragt werden, was sie tun und warum sie es tun. Einer der Autoren der Studie argumentiert sehr treffend, dass unser bewusstes Gehirn das Verhalten nicht auslöst, sondern sich die meiste Zeit mit nachträglicher Rationalisierung oder Konfabulation beschäftigt.

Wenn die Narrative, die wir konstruieren, sinnstiftende Hilfsmittel sind, die uns erlauben zu handeln und zu planen, können wir die Tendenz zur Konfabulation besser verstehen. Konfabulation bedeutet jedoch nicht, dass es keine Einschränkungen gibt, die den Geschichten, die wir erzählen, auferlegt werden. Wenn man z. B. glaubt, dass man auf Wasser gehen kann, gibt es einen enormen Selektionsdruck gegen diese Geschichte. Narrative können ebenso wie Organismen nur überleben, wenn sie adaptiv sind. Diese Beobachtung erlaubt es, eine Brücke zu kognitiven und affektiven Verzerrungen zu schlagen, die in Kap. 10 diskutiert wurden. Hier sind ein paar Beispiele.

- Der *Self-Serving Bias* ist die Tendenz, kognitive und Wahrnehmungsprozesse so zu verzerren, dass das Selbstwertgefühl erhalten und gesteigert wird.
- Der *Availability Bias* ist die Tendenz, die Wahrscheinlichkeit von Ereignissen zu überschätzen, die dem Gedächtnis besser zugänglich sind. Die Verfügbarkeit korreliert zum Beispiel mit der affektiven Aufladung des Ereignisses.
- Der *Confirmation Bias* ist die Tendenz, Informationen zu suchen und zu interpretieren, die mit den eigenen Vorurteilen übereinstimmen.
- *Illusion of Control* ist die Tendenz, den eigenen Einfluss auf Ereignisse zu überschätzen.
- Der *Stereotypical Bias* ist die Tendenz, Erinnerungen in Richtung von Stereotypen (wie Rasse und Geschlecht) zu verzerren.

Es liessen sich viele weitere Beispiele anführen, die verdeutlichen, dass Narrative nicht mit der Wirklichkeit übereinstimmen müssen. Wir betrachten und sprechen über die Welt nicht aus einer unparteiischen Perspektive, sondern in eigennütziger Weise. Diese Tendenz wird noch ausgeprägter, wenn eine oder mehrere der folgenden drei Bedingungen erfüllt sind.

- Wenn es eine lange zeitliche Verzögerung zwischen den Geschichten, die wir erzählen, und ihren Folgen gibt, hat man nicht sofort einen Nachteil aus Erzählungen, die mit wichtigen Aspekten der physischen Realität in Konflikt stehen. Wenn man die Existenz einer Giftschlange auf der Strasse vor sich leugnet, ist das genetische Experiment vielleicht bald vorbei. Aber wenn man den anthropogenen Klimawandel leugnet, passiert kurzfristig nichts Schlimmes. Es kann sogar kurzfristig negative Folgen haben, wenn man ihn akzeptiert, weil man möglicherweise sein Verhalten ändern muss.
- Der Mensch ist ein soziales Wesen, und sein Überleben hängt von der Zugehörigkeit zu und der Stellung in einer sozialen Gruppe ab. In evolutionären Zeiten kam es fast einem Todesurteil gleich, wenn jemand aus der Gruppe verstossen wurde, was die ausgeprägte Tendenz zur Konformität und zur Akzeptanz von Gruppennormen erklärt. Es besteht daher immer die Möglichkeit eines Zielkonflikts: Wenn eine Gruppennorm existiert, die die Existenz von Giftschlangen auf den Strassen leugnet, ist nicht klar, was schlimmer ist: sich der Gruppennorm zu unterwerfen und das Risiko einzugehen, von der Schlange gebissen zu werden, oder mit der Gruppennorm zu brechen, mit all den möglichen Konsequenzen für den Gruppenstatus und die Mitgliedschaft in der Gruppe. Und wenn die ‚Wahrheitsrente‘ nicht sofort, sondern mit langer Verzögerung ausgezahlt wird (wie beim Klimawandel), kippt das Gleichgewicht noch mehr in Richtung Konformität mit der Gruppennorm, selbst wenn diese auf lange Sicht dysfunktional ist.
- Drittens werden die Dinge noch unübersichtlicher, wenn wir uns soziale Konventionen anschauen. Nach Searle (2010) haben soziale Konventionen eine subjektive Ontologie; sie existieren, wenn die Menschen darin übereinstimmen, dass sie existieren, und sie existieren sonst nicht (siehe Kap. 2). Sie entstehen

durch die gegenseitige Akzeptanz der ihnen zugrunde liegenden Narrative. Die Wahrheit sozialer Konventionen schimmert von Anfang an durch, die Lüge von heute kann die Wahrheit von morgen sein und umgekehrt. Daher gibt es eine noch stärkere Tendenz, sich den Gruppennormen zu beugen.

Exkurs 11.3. Konfabulation und politische Gesinnung
Die Allgegenwart von Konfabulation wurde in einem Experiment von Hall et. al. (2013), die die Teilnehmer mit Aussagen konfrontierten wie: „Israels gewaltsame Aktionen im Konflikt mit der Hamas sind moralisch vertretbar, trotz der zivilen Todesopfer unter den Palästinensern." Eine gegenteilige Aussage erklärte das Handeln als moralisch nicht vertretbar. Die Teilnehmenden mussten eine Position annehmen und diese dann laut vorlesen. Danach folgten, wie in solchen Experimenten üblich, allerlei ablenkende Fragen. Ohne dass die Studienteilnehmer es bemerkten, wurden ihre Antworten ausgetauscht, und im weiteren Verlauf des Experiments mussten sie ihre (nun ausgetauschten) Antworten rechtfertigen. 69 % der Teilnehmenden bemerkten die Vertauschung nicht. Sie begründeten vielmehr eine Meinung, die sie anfangs nicht kommuniziert hatten. Interessanterweise hatte ihre begründete Meinung sogar längerfristige Persistenz, wie in einer Folgestudie festgestellt wurde, in der die Teilnehmenden überproportional die Meinung beibehielten, die sie begründen mussten (aber anfangs nicht kommuniziert hatten). Es ist plausibel, dass dieses Ergebnis darauf zurückzuführen ist, dass sie (Studierende einer schwedischen Universität) nicht von Anfang an eine starke und informierte Meinung zu diesen Aussagen hatten. Die gleiche Studie in Israel hätte wahrscheinlich ein anderes Ergebnis erbracht. Nichtsdestotrotz zeigen die Ergebnisse erstens, dass Konfabulation recht leicht induziert werden kann, und zweitens, dass Meinungen leicht verfälscht werden können, wenn Konfabulation eine Rolle spielt: Selbst wenn die Meinung zu Beginn völlig willkürlich war, kann sie durch geschickte Manipulation zu einer ‚wahren' Meinung werden.

11.2.4.2 Das erzählte Selbst

Da wir uns mit dem Homo-Oeconomicus-Modell beschäftigen, welches das Individuum ins Zentrum stellt, werden wir uns nun mit den Erzählungen beschäftigen, die das ‚Selbst' bilden. Wie entsteht dieses *erzählte Selbst*? Narration scheint die Form eines ‚inkongruenten Framing' anzunehmen, bei dem die unendliche Vielfalt der Sinneseindrücke in ein vereinfachtes Modell gebracht wird, das Bedeutung und Ordnung schafft. Dieses Modell nimmt die Form einer Geschichte an. Der Akt des Geschichtenerzählens ist also eine Möglichkeit, der Welt und der eigenen Existenz in ihr einen Sinn zu geben. Der Prozess des autobiografischen Erzählens ist selektiv in Bezug auf die in das Selbst integrierten Ereignisse und deren Bedeutung für das Individuum. Der Hauptzweck besteht darin, Bedeutung und letztlich Handlungsfähigkeit zu erzeugen. Und da Geschichten identitätsstiftend sind und Handelungen erzeugen, ergibt sich eine doppelte Bezogenheit: „Narrative imitates life, life imitates narrative." (Bruner, 2004).

Viele Selbst-Erzählungen, die in westlichen Gesellschaften üblich sind, haben entweder eine Erlösungs- oder eine Kontaminationsstruktur. Eine Geschichte, die einer Erlösungsstruktur folgt, beginnt schlecht und endet gut. Das Gegenteil gilt für eine Geschichte mit Kontaminationsstruktur. Und solche Lebensgeschichten haben einen systematischen Einfluss auf die Lebenszufriedenheit. Es hat sich gezeigt, dass Menschen, die dazu neigen, in Begriffen der Erlösung zu denken, eine bessere psychische Gesundheit haben als Menschen, die in Begriffen der Kontamination denken. Weiterhin sind Themen wie Handlungsfähigkeit und Gemeinschaft wichtig für die Lebenszufriedenheit. Menschen, die ihre Geschichte als autonome, aber sozial integrierte Personen mit Handlungsfähigkeit erzählen, sind zufriedener als andere. Es scheint auch eine positive Korrelation zwischen wahrgenommener Handlungsfähigkeit und Empathie zu geben. Menschen, deren Geschichten Handlungsfähigkeit und Autonomie betonen und die den Einfluss anderer Menschen, Institutionen und des Glücks auf den eigenen Erfolg herunterspielen, haben z. B. eine andere Sicht auf normative Fragen der Ungleichheit.

Das erzählte, narrative Selbst existiert jedoch nicht in Form einer klaren, möglicherweise sogar linearen Geschichte, in die alle Sinneseindrücke kongruent eingebettet sind. Das Selbst ist vielmehr eine Vielzahl von Geschichten und Erzählungen, die sich überschneiden, voneinander abweichen oder sich sogar widersprechen, auch wenn eine Person eine bestimmte Sicht auf sich selbst hat, die sie prinzipiell für gültig hält. Diese verschiedenen Geschichten korrespondieren oft mit unterschiedlichen Lebensbereichen wie Beruf, Familie oder Glaube. Sie sind im Laufe der Zeit instabil, was zu Veränderungen in der Lebensgeschichte führt, obwohl sie stabil zu sein scheinen. Die Gründe für die Instabilität und Inkongruenz sind vielfältig und reichen von fehlbaren Erinnerungen bis hin zu narrativen Fehlern in der Konstruktion von Narrativen. Kahneman (2011) schreibt: „Narrative fallacies inevitably arise from our continuous attempt to make sense of the world. The explanatory stories that people find compelling are simple; are concrete rather than abstract; assign a greater role to talent, stupidity, and intentions than to luck; and focus on a few striking events that happen rather than on the countless events that failed to happen." Um diesen Punkt zu verstehen, ist es wichtig, sich vor Augen zu halten, dass aus einer evolutionären Perspektive der Hauptzweck einer Lebensgeschichte nicht die faktische Genauigkeit ist, sondern die Schaffung eines Gefühls von Handlungsfähigkeit durch die Erzeugung von Bedeutung und Kausalität. In diesem Prozess entwickelt sich die Lebensgeschichte als eine dynamische Entfaltung von situativen Geschichten in verschiedenen Kontexten und vor verschiedenen Zuhörern.

Um eine Geschichte zu einer Lebensgeschichte zu machen und situative Erfahrungen einzubetten, bedarf es jedoch einer autobiographischen Komponente: Zentrale Erfahrungen müssen identifiziert und Lehren für das eigene Leben abgeleitet und in dieses integriert werden. Dieser Prozess bietet auch die Möglichkeit, negativen Erfahrungen eine positive Bedeutung zu geben, indem sie als wichtige oder sogar notwendige Impulse für das Wachstum der eigenen Persönlichkeit interpretiert werden. Es hat sich gezeigt, dass Menschen, die negative Ereignisse positiv in einen grösseren Zusammenhang einbetten können, eine komplexere Vorstellung vom Selbst besitzen und eine höhere Lebenszufriedenheit aufweisen.

Die individuelle Lebensgeschichte korrespondiert auf unterschiedliche Weise mit dem sozialen Umfeld: (1) Sie erzeugt einen wichtigen Teil der Erfahrungen, aus denen sich Lebensgeschichten zusammensetzen. (2) Lebensgeschichten werden an die Erwartungen des Publikums und den sozialen Kontext, in dem man sie erzählt, angepasst. (3) Sie werden geprobt, moduliert und umgestaltet, so dass sie allmählich die Erinnerungen ausser Kraft setzen und ersetzen. Dabei wird die (affektive) Bedeutung der in sie integrierten Ereignisse geschärft und normative Unschärfen eliminiert. (4) Sie werden aus einem kulturell vorgegebenen Fundus von Bausteinen zusammengesetzt. Dieser kulturelle Fundus wird in einem dynamischen Prozess generiert, der aus der Vergangenheit individuelle Geschichten der Gegenwart macht. Diese Bausteine sind vielfältig und mit individuellen Details angereichert. Sie beeinflussen die Art und Weise, wie man über mögliche Lebensentwürfe denkt. Auf dieser Ebene hat die Kultur ihren grössten Einfluss, denn sie ist die Quelle des narrativen Selbst. Einige Autoren argumentieren sogar, dass viele Erinnerungen, die in das Selbst integriert sind, in Wirklichkeit geteilte kulturelle Konventionen über mögliche und legitime Lebensweisen sind.

Exkurs 11.4. Selbstnarrative und Gesundheit
Werbung und Marketing sind gute Beispiele, um die Auswirkungen von Narrativen auf Gesundheit und Wohlbefinden zu illustrieren. Marketing-kampagnen für Produkte entwickeln Narrative, die Identitäten anbieten, die suggerieren, dass ein bestimmtes Idealbild vom Produkt auf die Person, die es konsumiert, übertragen werden kann. Levant et al. (2015) zeigen, dass es eine positive Korrelation zwischen dem Konsum von Energydrinks wie Monster oder Red Bull, einer bestimmten Vorstellung von Männlichkeit und Schlaf-störungen gibt. Diese Assoziation hatte eine negative Korrelation mit dem Alter und war auf weisse Männer beschränkt (es war eine US-Studie). Die Autoren interpretieren ihre Ergebnisse als weiterer Beleg für die möglichen negativen gesundheitlichen Auswirkungen von Marketingkampagnen, die an stereotype (narrative) Geschlechtsidentitäten appellieren, insbesondere in den prägenden Jahren der Adoleszenz.

Diese Studie, die sich auf die Beziehung zwischen männlichen narrativen Rollenmodellen und Gesundheit konzentriert, ist nur die Spitze des Eisbergs. Es gibt umfangreiche Belege für die Existenz einer stabilen Beziehung zwischen Werbung und Medienkonsum auf der einen Seite und subjektivem Wohlbefinden und Gesundheit auf der anderen Seite. In einer Metastudie zum Zusammenhang zwischen Essstörungen und Medienkonsum fanden Spettigue und Henderson (2004) heraus, dass die Medien ein Modell von Weiblichkeit entwickeln und kommunizieren, das zu unrealistischen und dysfunktionalen

---

(Fortsetzung)

normativen Idealen von Schönheit und Schlankheit führt, die Frauen leiden lassen und letztlich krank machen. Die generelle Herausforderung für solche Kampagnen besteht darin, die folgende Botschaft glaubwürdig zu vermitteln: (1) körperliche Erscheinung ist wichtig, (2) der einzelne Mensch ist entsprechend der Idealnorm mangelhaft, und (3) der Konsum bestimmter Produkte kann das Problem (teilweise und vorübergehend) lösen (Kilbourne, 1994; Thomsen et al., 2001). Aus der Sicht des affektiven Erlebens ist es entscheidend, einen Normalitätsstandard zu etablieren, den die meisten Menschen nicht erfüllen können. Die Narrative sind Narrative des Mangels, und der Konsum ist ein Ausweg daraus. Der Zustand der Normalität wird zu dem, was in der Psychologie *Normative Discontent* heisst: Leiden. Kilbourne (1994) befragte 11- bis 17-jährige Mädchen, was sie sich wünschen würden, wenn sie einen Wunsch frei hätten, und fand heraus, dass der häufigste Wunsch eine dauerhafte Gewichtsabnahme war. Die Frage ist natürlich, ob die Medien an etwas anknüpfen, was bereits vorhanden war, oder ob sie diese Selbstbilder erst schaffen. Ein sogenanntes natürliches Experiment, um diese Hypothesen zu testen, war die Einführung des Fernsehens auf den Fidschi-Inseln. Becker et al. (2002) konnten zeigen, dass jugendliche Mädchen nach der Einführung des Fernsehens signifikant höhere Raten von Essstörungen entwickelten, andere Studien zeigen ähnliche Effekte (Stice et al., 1994; Stice and Shaw, 1994; Utter et al., 2003).

Was sich hier zeigt, ist, dass die gesellschaftlich dominanten Selbstnarrative einen Einfluss auf individuelle Selbstnarrative haben, und dass diese Narrative einen Einfluss auf Verhalten, subjektives Wohlbefinden und Gesundheit haben. Dieser Zusammenhang verdeutlicht zwei Dinge. In dem Ausmass, in dem Selbstnarrative das Verhalten beeinflussen, beeinflussen sie auch die ‚Präferenzen'. Aber selbst wenn das Verhalten unverändert bliebe, können unterschiedliche Selbst-Erzählungen unterschiedliche Konsequenzen für das subjektive Wohlbefinden haben. Die Geschichten, denen wir zuhören, können nahrhaft oder giftig sein, genauso wie physische Nahrung nahrhaft oder giftig sein kann. Kommunikation ist viel mehr als nur ein Austausch von Informationen.

11.2.4.3 Selbstnarrative und Gesellschaft: Schlussbemerkungen und Implikationen für die Ökonomik

Wie wir gesehen haben, sind Narrative, aus denen man soziale Identitäten aufbaut, Teil der Kultur einer Gesellschaft. Die Konstruktion und die Implikationen dieser narrativen Rollenbilder bleiben für die meisten Menschen die meiste Zeit unsichtbar, solange ihre normative Legitimität nicht hinterfragt wird: Sie hat normative Kraft, weil Realität und wahrgenommene Realität als eins gesehen werden. Und die Tatsache, dass diese Geschichten mit der Zeit zu einem wichtigen Teil des eigenen Bewusstseins werden, wirkt sich stabilisierend auf die dominante Kultur aus: Das Hinterfragen und Kritisieren der Geschichten impliziert notwendigerweise, dass auch das bewusste Selbst kritisiert wird, und man riskiert zusätzlich den Statusverlust in oder den Ausschluss aus einer Gruppe. Das bewusste narrative Selbst kritisieren zu können, setzt aber voraus, dass man sich prinzipiell darüber im Klaren ist, dass es kulturabhängig und bis zu einem gewissen Grad willkürlich ist (dass es sich um eine Konvention handelt).

Deshalb spiegeln und stabilisieren die Rollenmodelle für das narrative Selbst die Macht innerhalb einer Gesellschaft. Das Konzept von Geschlecht ist ein Beispiel dafür, aber ,Nationalität', ,Rasse' oder ,Klasse' sind andere Beispiele für Elemente des übergreifenden Narrativs einer Gesellschaft. Die Auswirkungen der Verkörperung von Narrativen auf das Individuum sind in der Soziologie analysiert worden. Ein Schlüsselbegriff ist die *symbolische Macht*, um die gesellschaftlichen Auswirkungen narrativer Konventionen nachvollziehen zu können. Nach Pierre Bourdieu ist symbolische Macht „a gentle violence, imperceptible and invisible even to its victims, exerted for the most part through the purely symbolic channels of communication and cognition (more precisely, misrecognition), recognition, or even feeling." Diese Definition verweist auf die Tatsache, dass Narrative sich tief verankern und die affektiven Landschaften prägen, eine Vermutung, die in den letzten Jahren durch Erkenntnisse der affektiven Neurowissenschaften Unterstützung gefunden hat. Dieser Prozess ist zumeist ungeplant und selbstemergent: „[L]egitimation of the social world is not, as some believe, the product of a deliberate and purposive action of propaganda or symbolic imposition; it results, rather, from the fact that agents apply to the objective structures of the social world structures of perception and appreciation which are issued out of these very structures and which tend to picture the world as evident." (Bourdieu 1989).

Es wurden in diesem Abschnitt einige Muster sichtbar, die Konsequenzen für die normative Ökonomie haben:

- Zunächst einmal basieren wichtige Aspekte dessen, was wir ,das bewusste Selbst' nennen, auf einem mehr oder weniger unbewusst entstandenen Muster von Erzählungen, die in einer Kultur existieren. In diesem Sinne ist das narrative Selbst willkürlich; in einer anderen Kultur, in einer anderen Position innerhalb der Gesellschaft, hätte man andere Geschichten, aus denen man ein Selbst zusammensetzen könnte. Und diese Erzählungen sind weit weniger individuell, als man meinen könnte; sie sind Permutationen der kulturell dominanten Vorlagen, die in einem komplexen Hin und Her zwischen Gruppenerwartungen und individuellen Erfahrungen zu einem individuellen Selbst werden.
- Wenn das narrative Selbst das Ergebnis kultureller Prozesse ist, ist nicht klar, warum es plausibel ist, ein solches Selbst, das ,Individuum', als exklusives normatives Gravitationszentrum in der Ökonomik zu verwenden. Es besteht die Gefahr, dass man zu viele Aspekte der komplexen Beziehung zwischen Individuum und Gesellschaft ignoriert, die von potentieller normativer Relevanz sind. Wie insbesondere die *Gender*-Theorie, die auf Bourdieus Konzept der symbolischen Macht aufbaut, immer wieder argumentiert hat, kann es soziale Felder geben, in denen genau die Menge der zulässigen Narrative, aus denen wir unser Selbst aufbauen, normativ problematisch ist.

- Anknüpfend hieran ermöglicht die klare Unterscheidung der Mainstream-Ökonomik zwischen Zwecken (Präferenzbefriedigung) und Mitteln (Ressourcen, Informationen, Technologien, ...) auch eine klare Unterscheidung zwischen instrumenteller Rationalität (um die es in der Ökonomik geht) und Wertrationalität, die Präferenzen hinterfragt und in einen grösseren Zusammenhang stellt (was über die Ökonomik hinausgeht). Wenn aber Narrative das Verhalten beeinflussen und das Selbst etablieren, gibt es keine sinnvolle Mittel-Zweck-Unterscheidung mehr. Das narrative Selbst (als Zweck) wird zu einem Phänomen, von dem aus Narrative (als Mittel) bewertet werden und welches zugleich aus diesen Narrativen zusammengesetzt ist. Daraus entsteht eine Zirkularität, die die Zweck-Mittel-Unterscheidung in Frage stellt. Bruner (2004) hob die Probleme hervor, die sich aus dieser Reflexivität ergeben: „[T]he reflexivity of self-narrative poses problems of a deep and serious order – problems beyond those of verification, beyond the issue of indeterminacy (that the very telling of the self-story distorts what we have in mind to tell), beyond ‚rationalization.' [...] Given their constructed nature and their dependence upon the cultural conventions and language usage, life narratives obviously reflect the prevailing theories about ‚possible lives' that are part of one's culture. Indeed, one important way of characterizing a culture is by the narrative models it makes available for describing the course of a life. [...] I believe that the ways of telling and the ways of conceptualizing that go with them become so habitual that they finally become recipes for structuring experience itself, for laying down routes into memory, for not only guiding the life narrative up to the present but directing it into the future. [...] [E]ventually the culturally shaped cognitive and linguistic processes that guide the self-telling of life narratives achieve the power to structure perceptual experience, to organize memory, to segment and purpose-build the very ‚events' of a life. In the end, we become the autobiographical narratives by which we ‚tell about' our lives. And given the cultural shaping to which I referred, we also become variants of the cultures' canonical forms."

11.3 Wo stehen wir?

Es ist nun an der Zeit, innezuhalten und zurückzublicken, um zu sehen, ob sich ein Muster in Bezug auf ein empirisch fundiertes Menschenbild abzeichnet und wie es sich zu dem in den Wirtschaftswissenschaften verwendeten Menschenbild des Homo Oeconomicus verhält. Und das Muster, das sichtbar wird, ist komplexer, aber auch viel faszinierender, als der Homo Oeconomicus. Was sind die Kernelemente?

- Erstens: Der Mensch passt sein Verhaltensrepertoire und seine spezifischen Verhaltensweisen ständig an. Diese Art des Lernens findet auf verschiedenen Ebenen statt, von epigenetischen Effekten über emotionale Reaktionen bis hin zu kognitiven Narrativen, und dieses Lernen hat Auswirkungen auf die bewusste Wahrnehmung der Realität. Lernen findet automatisch und meist unbewusst statt, und es manifestiert sich in Form von Gewohnheiten und Persönlichkeiten (als

Bündel von Gewohnheiten). Aber auch wenn bereits Gewohnheiten vorhanden sind, geht die Anpassung weiter und modifiziert oder ersetzt auch ältere Gewohnheiten. Ausserdem kann der Mensch die Prozesse der Gewohnheitsbildung aktiv beeinflussen, indem er die Art von Erfahrungen wählt, die er immer wieder sucht. Diese Erkenntnisse stehen in Gegensatz zur Annahme exogener und zeitinvarianter Präferenzen, wie sie in der Ökonomik zu finden sind. Dies muss aus positiver Sicht nicht problematisch sein, solange die Vorhersagen, die mit dem einfachen Präferenzmaximierungsmodell gemacht werden können, empirisch korrekt sind. Weniger klar ist jedoch, was die Ergebnisse aus normativer Sicht implizieren, denn selbst wenn Individuen eine sich ändernde, aber zu jedem Zeitpunkt stabile Präferenzordnung hätten, ist die normative Bedeutung dieser Ordnung für die Messung des Wohlergehens fraglich. Wenn man ausserdem die Möglichkeit einer Fehlanpassung ernst nimmt, könnten diese kurzfristigen Präferenzen Ausdruck eines zugrundeliegenden Problems sein, mit dem sich das Individuum oder die Gesellschaft befassen sollte, und nicht Ausdruck eines echten Eigeninteresses. Diese Möglichkeit wird besonders drängend, wenn man bedenkt, dass unser Gehirn nicht nur aus direkten, sondern auch aus „vermittelten" Erfahrungen lernt, also z. B. durch Medien.

- Zweitens haben wir gesehen, dass Wahrnehmung und Verhalten von vielen emotionalen Mechanismen beeinflusst werden, und es ist *ex ante* unklar, welche von ihnen sich in einer bestimmten Situation als dominant erweisen. Hier liegt eine Quelle der *Framing-* und *Anchoring*-Effekte, die in Kap. 10 behandelt wurden. Wir illustrieren die Implikationen am Beispiel von Risikopräferenzen, einem Konzept, das in Kap. 8 und 10 besprochen wurde. Die Mainstream-Theorie (einschliesslich der Verhaltensökonomik, siehe das Konzept der *Prospect Theory* aus Kap. 8) konzeptualisiert Risikoverhalten als ein zumindest lokal stabiles Verhaltensmuster, das durch eine Erwartungsnutzenfunktion dargestellt und durch die Krümmung der Indifferenzkurven der (indirekten) Nutzenfunktion gemessen werden kann. Gibt es Belege für die Gültigkeit dieses Ansatzes? Wenn wir die Erkenntnisse aus diesem Kapitel zusammenfassen, wird das Bild bruchstückhafter, da wir gesehen haben, dass die Spezifika der Situation und die Art und Weise, wie sie wahrgenommen wird, für das Verhalten entscheidend sind. Das Risikoverhalten ist sensitiv gegenüber einer Reihe von Faktoren. Daher kann der traditionelle Ansatz auf eine falsche Fährte führen. Die *Avoid*-Systeme, die für Gefühle wie Furcht, Angst oder Ekel verantwortlich sind, neigen zu risikoaversem Verhalten, es sei denn, eine Kampf-Reaktion scheint die einzige Alternative zu sein. Dagegen fördert das Dopaminsystem risikofreudiges Verhalten. Um das Bild noch weiter zu verkomplizieren, reagiert Testosteron auf Statusbedrohungen. Ob dies risikoaverses oder risikofreudiges Verhalten impliziert, hängt von den spezifischen Statusnarrativen innerhalb einer Gesellschaft und damit auch von der narrativen Ebene des Selbst und der Gesellschaft ab. Da unser Gehirn ständig nach Hinweisen hinsichtlich der Sicherheit der Umwelt sucht, kann sich die Bewertung einer Situation schnell von einer Wahrnehmung der Sicherheit (*approach*) zu einer Bedrohung (*avoid*) ändern, und wir können daher erwarten, dass Risikoverhalten stark kontextabhängig ist. Der Interpretationskontext einer Situation ist entscheidend für das Verhalten. Daher sollten wir auch ohne Anpassung oder Lernen weniger Stabilität im Verhalten erwarten, als es der Standardansatz impliziert.

- Drittens macht es die spezifische Funktionsweise der verschiedenen emotionalen Mechanismen plausibel, die normative Position, Wohlergehen mit Präferenzbefriedigung zu identifizieren, zu überdenken. Das Dopaminsystem als ein sehr wichtiger *Approach*-Mechanismus belohnt positive Überraschungen und droht dadurch zu einer hedonischen Tretmühle zu führen, in der Menschen ständig nach Neuem suchen (solange es nicht bedrohlich oder ekelerregend ist), ohne jemals an einen Punkt zu gelangen, an dem sie zufrieden sind. Und sowohl das durch Oxytocin induzierte *Ingroup-Outgroup*-Verhalten als auch die komplexe Beziehung zwischen physischem und moralischem Ekel lassen es zumindest angemessen erscheinen darüber nachdenken, ob alle Arten von Verhalten und Handlungsmotiven in einer Gesellschaft gleichermassen akzeptabel sind. Die Rolle von Narrativen mit ihrem Einfluss auf Identitäten verkompliziert diese Fragen zusätzlich. Beide Mechanismen haben in evolutionärer Zeit das Überleben unserer Vorfahren unterstützt, aber diese Tatsache rechtfertigt das Verhalten nicht normativ. Und die rasante Veränderungsgeschwindigkeit moderner Gesellschaften macht es wahrscheinlich, dass einige dieser Eigenschaften keine adaptiven Anpassungen an die gegenwärtigen Herausforderungen mehr sind. Umgekehrt erfordert die Rolle von Testosteron in sozialen Statuswettbewerben eine Neubewertung der grundlegenden statusbezogenen Narrative, die wir in unseren Gesellschaften finden. Das traditionelle Präferenzmodell hinterfragt die normative Legitimität des Verhaltens nicht. Das klingt wie ein lobenswerter Ausdruck von Toleranz, entpuppt sich aber als selbst auferlegte Blindheit gegenüber moralisch problematischem Verhalten und den strukturellen Gründen für seine Existenz.

- Dieser letzte Punkt wird weiter gestärkt, wenn man viertens in Betracht zieht, dass die meisten Menschen mehr oder weniger unwissend über die zugrundeliegenden Faktoren sind, die ihre narrative Wahrnehmung der Realität und ihr Verhalten erklären. Eine Kultur, die Präferenzen als das ultimative und legitime Ziel des Verhaltens und die Erfüllung von Präferenzen als Glück ansieht, ist blind für die tieferen Gründe, die die Entstehung dieser Präferenzen erklären. Was wir heute über die Funktionsweise emotionaler Mechanismen (wie im *High-Road-Low-Road*-Modell), die Beziehung zwischen bewusster und unbewusster Entscheidungsfindung und die Tendenz zur Konfabulation wissen, stellt die Vorstellung autonomer Entscheidungsfindung in Frage. Gleichzeitig erlaubt es dieses Wissen, die Idee der Entscheidungsfreiheit neu zu bewerten. Die traditionelle Ökonomik geht davon aus, dass Freiheit bedeutet, zu bekommen, was man will, dass Lebenszufriedenheit mit den Umständen unseres Lebens zu tun hat. Die Erkenntnisse, die wir hier dargestellt haben, zeichnen ein ganz anderes Bild, nämlich dass Lebenszufriedenheit zu einem nicht geringen Teil aus der Art und Weise entsteht, wie wir unsere Gewohnheiten und unsere Persönlichkeit entwickeln, aus unserer Bereitschaft, unsere Art zu fühlen und zu denken zu hinterfragen und zu verändern.

- Fünftens weisen die die unhintergehbare Wichtigkeit von Sicherheit und Schutz und der Zugehörigkeit zu anderen, wohlgesinnten Menschen für ein gelingendes Leben darauf hin, dass diese beiden Bereiche eine zentrale Stellung in jeder Gesellschaft einnehmen sollten. Zugehörigkeit und Sicherheit sind existenzielle Bedürfnisse für Menschen.

11.3.1 Tugendethik und die Schaffung von guten Gewohnheiten

Das zuvor sichtbar gewordene Menschenbild hat auffallende Ähnlichkeit mit einer Klasse sehr alter Theorien aus der Ethik, der sogenannten *Tugendethik* (siehe Kap. 5). Wir werden die Grundelemente des Menschenbildes vorstellen, welches in diesen Traditionen verwendet wird. Einer der Kernpunkte der Tugendethik ist, dass ein gelingendes Leben einen aktiven Einfluss auf den Prozess der Gewohnheitsbildung erfordert. Die Risiken und Chancen dieses Prozesses der Gewohnheitsbildung liegen auf der Hand: Wenn Gewohnheiten notwendigerweise im Lauf des Lebens entstehen, können ohne ein Verständnis der Prozesse, die sie entstehen lassen, und ihrer Rolle im Leben, Gewohnheiten resultieren, die dysfunktional oder dem Glück abträglich sind. Tugendethiken sind Ethiken in einem weiten Sinn, sie fragen nicht nur, was das Individuum anderen Individuen schuldet, sondern vor allem auch, was es sich selbst schuldet. Es geht um die richtige Art, ein Leben zu führen. Die Bildung hilfreicher Gewohnheiten spielt dabei eine zentrale Rolle. Die Tugendethik als Konzept des guten Lebens betont zudem, dass beide Aspekte untrennbar miteinander verbunden sind: Das gute, gedeihliche Leben ist nur möglich, wenn man aktiv am Gemeinschaftsleben teilnimmt und Normen der Gerechtigkeit und Moral respektiert und verinnerlicht. Für Aristoteles zum Beispiel war die Gerechtigkeit die wichtigste Tugend. Ein gutes Leben ist nicht möglich in einer Gesellschaft, die unter Ungerechtigkeit leidet.

Tugendethiken muss man im Plural verwenden, weil viele Varianten in unterschiedlichen Kulturen entstanden sind. Sie gehen alle davon aus, dass Charakter, Persönlichkeit und Wahrnehmung eines Individuums durch vergangene Erfahrungen geprägt sind. Diese Erfahrungen können zum Teil vom Individuum beeinflusst werden, und nicht alle Charakter- und Persönlichkeitseigenschaften sowie Wahrnehmungsweisen sind gleichermassen förderlich für ein gutes Leben. Das gute oder, wie es auch genannt wird, *eudaimone* Leben ist ein Leben, in dem das Individuum eine bestimmte Art von Charakter entwickelt. Verschiedene Tugendethiken werden durch die folgenden zwei Kriterien vereinheitlicht:

- Die Theorie legt die sozialen Bedingungen und Umweltbedingungen fest, die das menschliche Gedeihen und das gute Leben unterstützen.
- Die Theorie gibt an, wie der menschliche Geist und/oder das Gehirn und/oder der Körper strukturiert sein müssen, um ein gutes Leben führen zu können.

Mit diesen Kriterien erhalten wir eine grosse Klasse von Theorien, die als tugendethisch zu betrachten sind, angefangen von aristotelischen und anderen altgriechischen Konzepten der Tugendethik bis hin zum Daoismus, Konfuzianismus, Buddhismus oder den yogischen Traditionen des Hinduismus. Man erkennt auch, warum Tugendethiken mit dem vorherigen Modell und den vorgestellten Ergebnissen in Resonanz stehen; sie bauen auf einem Menschenbild auf, das Entwicklung ins Zentrum stellt. Und die zu entwicklenden Charaktereigenschaften unterscheiden sich im Prinzip nicht von anderen Fähigkeiten: „The expert pianist plays in a way not dependent on conscious input, but the result is not mindless routine but rather playing infused with and expressing the pianist's thoughts about the piece. [...] The analogy [of virtue] with practical skill, then, enables us to see how virtue can be a disposition requiring habituation without becoming mere routine." (Annas, 2011, S. 13f.). Die modernen Erkenntnisse der Neurowissenschaft, der Psychologie und der Evolutionsbiologie können dazu beitragen, tugendethische Konzepte des guten Lebens zu modernisieren, indem sie empirisches Wissen über die Verhaltens- und Wahrnehmungseffekte von Erfahrungen und Gewohnheiten liefern. Das Verständnis des Dopaminsystems erlaubt es zum Beispiel, das eigene Verlangen nach Neuem besser zu verstehen. Das Verständnis der Rolle des Ekels erlaubt es, die eigene Wahrnehmung anderer Menschen zu hinterfragen, usw. Sie können auch Hinweise auf die langfristigen Konsequenzen von Verhalten geben und damit eine Einschätzung ermöglichen, ob man dieser Typ Mensch werden will.

Dieses Verständnis und Hinterfragen des eigenen Lebens ist ein wichtiger Schritt im Prozess des Erlangung von *Autonomie*, eine Form der Freiheit, mit der wir uns jetzt genauer beschäftigen werden. Denn der Schlüssel zu solchen Theorien des guten Lebens ist die Idee, dass Individuen Autonomie, innere Freiheit, entwickeln können und müssen. Wie wir in den vorhergehenden Abschnitten gesehen haben, sind affektive und kognitive Wahrnehmungen der Realität dynamische Prozesse, die vergangene Erfahrungen des Individuums, die Kultur, in der es lebt, usw. widerspiegeln. Daher ist die Art und Weise, wie das Individuum zu jedem Zeitpunkt Situationen wahrnimmt und auf sie reagiert, ein vorläufiger und mehr oder weniger guter Endpunkt dieses Anpassungsprozesses. Wir haben auch gesehen, dass Menschen die Tendenz har Konfabulation haben. In diesem Sinne sind Gefühle und Narrative real, weil sie das sind, was ein Individuum in einer gegebenen Situation erlebt, aber gleichzeitig willkürlich, weil das Individuum mit einer anderen Erfahrungsgeschichte anders kalibrierte Affekte aufgewiesen und andere Narrative verwendet hätte. Und dies gilt auch für die Narrative des Selbst. Das ist der Punkt, an dem die Idee der Autonomie ins Spiel kommt. Autonomie ist die Fähigkeit, zu den eigenen Gefühlen und Narrativen in Distanz zu gehen und unabhängig von den immanenten Impulsen kritisch zu reflektieren und zu handeln. Handlungen haben in dieser Hinsicht zwei Ziele. Der erste ist, das unmittelbare Problem zu lösen (wie bei Hunger den Kauf eines Apfels oder eines Schokoriegels), und der andere ist, die Gewohnheiten im Laufe der Zeit willentlich so zu gestalten, dass sie mit dem Modell des gelingenden Lebens so gut es geht in Einklang stehen. Man ist sich allgemein einig, dass ein Leben, in dem das Individuum ein ‚Sklave seiner Leidenschaften' ist, kein eudaimones Leben ist, und man findet Metaphern von überraschender Ähnlichkeit in verschiedenen Kulturen, die diesen Punkt illustrieren. Platon verwendete die Metapher des Wagenlenkers und der beiden Pferde. Der

Wagenlenker repräsentiert die Vernunft, ein Pferd repräsentiert den rationalen und moralischen Impuls (die positive Seite der affektiven Natur), während das andere die irrationalen Leidenschaften darstellt. Die Herausforderung besteht darin, die Pferde so zu erziehen, dass sie harmonisch in die von der Vernunft vorgegebene Richtung laufen. Im Daoismus gibt es die Metapher des Hirten (Vernunft) und des Ochsen (z. B. Affekte), die die Stufen des Fortschritts eines Praktizierenden zur Kultivierung der Tugenden veranschaulicht, und im Buddhismus gibt es die Metapher des Reiters (Vernunft) und des Elefanten (z. B. Affekte). Das harmonische, eudaimone und hinterfrage Leben ist dasjenige, in dem Affekt und Vernunft nicht nur in Harmonie sind, sondern in dem die Vernunft auch frei von falschen Wahrnehmungen ist.

Die obigen Argumente legen nah, dass es in tugendethischen Konzepten des guten Lebens keine Unterscheidung zwischen Gewohnheiten, Tugenden, Charakter und Eudaimonia gibt. Man entwickelt Tugenden letztlich nicht, um eudaimon zu werden, sie sind nicht Mittel zum Zweck. Eudaimonie drückt sich in einer spezifischen Einstellung zum Leben aus: „Possibly the most significant problem about virtue's relation to happiness imported by thinking of the latter in terms of pleasant feelings or satisfaction is that it leads us to confuse the circumstances of a life with the living of it. [...] Given that so much in contemporary work on happiness searches for happiness in the circumstances of our lives, it bears repeating that money, health, beauty, even relationships don't make us happy; our happiness comes in part from the way we do or don't actively live our lives, doing something with them or acting in relation to them." (Annas, 2011, S. 149f.). Eudaimonie ist also selbst eine Praxis, die mit der Bereitschaft beginnt, die affektive und narrative Realität als das zu sehen, was sie ist: ein willkürlicher und temporärer Endpunkt eines fortlaufenden Gewöhnungsprozesses im Rahmen unseres genetischen und epigenetischen Erbes.

Ein tugendethisches Konzept des Menschen und des guten Lebens steht in scharfem Gegensatz zum Homo Oeconomicus. (Stocker, 1976, S. 457) entwickelt diesen Punkt am Beispiel des Hedonismus: „Hedonistic egoists take their own pleasure to be the sole justification of acts, activities, ways of life; they should recognize that love, friendship, affection, fellow feeling, and community are among the greatest (sources of) personal pleasures. Thus, they have good reason, on their own grounds, to enter such relations. But they cannot act in the ways required to get those pleasures, those great goods, if they act on their motive of pleasure-for-self. They cannot act for the sake of the intended beloved, friend, and so on; thus, they cannot love, be or have a friend, and so on. To achieve these great personal goods, they have to abandon that egoistical motive. They cannot embody their reason in their motive. Their reasons and motives make their moral lives schizophrenic. [...] We mistake the effect for the cause and when the cause-seen-as-effect fails to result from the effect-seen-as-cause, we devalue the former, relegating it, at best, to good as a means and embrace the latter, wondering why our chosen goods are so hollow, bitter, and inhumane. [...] But what must also be looked at is what it does to us – taken individually and in groups as small as a couple and as large as society – to view and treat others externally, as essentially replaceable, as mere instruments or repositories of general and non-specific value; and what it does to us to be treated, or believe we are treated, in these ways. At the very least, these ways are dehumanizing."

11.3.2 Folgen für eine Ökonomie, die das Gute Leben fördert

Was sind die möglichen Konsequenzen dieser Erkenntnisse für die Wirtschaft? Um die Frage zu beantworten, kann dieser Abschnitt nicht auf einen Bestand an etablierter, mit der Mainstream-Ökonomik vergleichbarer Forschung aufbauen. Es gibt jedoch einige Muster, die mit einigen der so genannten heterodoxen Schulen der Wirtschaftswissenschaften übereinstimmen.

Im Allgemeinen geht eine tugendethische Theorie über die Beziehung zwischen dem Individuum und dem Staat, dessen Ziel es ist, Eudaimonie zu befördern, von der Beobachtung aus, dass die Entwicklung individueller Gewohnheiten und Charaktereigenschaften von den Regeln der Gesellschaft abhängt und mit ihr verflochten ist. Daher unterscheidet sich die normative Perspektive auf Regeln deutlich von derjenigen, die man in der Mainstream-Ökonomik findet. Dort sind Regeln *per definitionem* keine Mechanismen, die Präferenzen, Gewohnheiten oder den Charakter einer Person verändern können. Wenn Individuen exogene Präferenzen haben, besteht der Grund von Regeln darin, Anreize zu schaffen. Diese Methodik wurde in Kap. 4 und 7 beschrieben. Im Gegensatz dazu werden bei einem Menschenbild, das ein tugendethisches Konzept des guten Lebens zugrunde legt, erstens die Interdependenzen zwischen Regeln, Gewohnheiten und Persönlichkeiten zum Hauptbestandteil einer normativen Theorie der Ökonomie oder Gesellschaft. Diese Position wird beispielhaft von Aristoteles vertreten, der schrieb: „Lawgivers make the citizens good by training them in habits of right action. It is in this that a good constitution differs from a bad one." (Aristoteles 2002 [350 v. Chr.], zitiert in Bowles, 2014). Diese normative Grundlage etabliert den Staat nicht notwendigerweise als paternalistischen Agenten, sondern ist vielmehr eine Akzeptanz der Tatsache, dass Gewohnheitsbildung stattfinden wird, egal was passiert. Eine solche Perspektive auf den Staat unterscheidet sich von der Anreizsicht der modernen Ökonomik. Und wenn diese Position richtig ist, ist der nächste Schritt zweitens die Frage, ob man eine gemeinsame Basis hinsichtlich der Frage finden kann, wie man gute von schlechten Gewohnheiten und Narrativen unterscheidet und wie man die Entwicklung der guten fördert.

Wir haben gesehen, dass Sicherheit, Zugehörigkeit und eine positive persönliche Entwicklung und damit Freiheit Schlüsselelemente für das menschliche Gedeihen sind.

- Sicherheit hat zwei Dimensionen. Die erste ist wirtschaftlicher Natur: Ein gewisses Mass an materiellem Wohlstand und Versicherung gegen Risiken ist eine notwendige Voraussetzung für Sicherheit und Geborgenheit. Die Implikation ist eine Wirtschaft, die ein Mindesteinkommen und eine Versicherung elementarer Lebensrisiken garantiert, zum Beispiel durch ein Sozialversicherungssystem. Die andere Dimension bezieht sich auf die Abwesenheit von Gewalt und Kriminalität und auf die Entwicklung gesunder Formen des Wettbewerbs. Sicherheit ist auch mit der Dimension der Nachhaltigkeit verbunden.

- Ein Gefühl der Zugehörigkeit überschneidet sich teilweise mit Sicherheit, hat aber eine komplexere Bedeutung. Menschen, die kleine Rädchen in der ungeheuer komplexen Maschinerie des globalen Kapitalismus sind, sind nicht in der Lage, zwei wichtige Dimensionen ihres Potenzials als menschliche Wesen zu entwickeln. Wie bereits von Adam Smith erwähnt, ermöglicht die Spezialisierung zwar eine Steigerung der Produktion, hat aber potenziell negative Nebenwirkungen in Form von Entfremdung (siehe 2). Es ist schwierig, einen Sinn im Leben zu finden, wenn man seine Rolle in einem komplexen Prozess der Produktion und des Konsums nicht versteht und wenn man die meiste Zeit mit monotonen und langweiligen Tätigkeiten konfrontiert ist. Letzteres fördert auch die Entwicklung von Gewohnheiten, in denen Menschen hinter ihren Möglichkeiten zurückbleiben, weil sich Kreativität, Spontaneität etc. nicht ausreichend entfalten können. Darüber hinaus hängt ein Gefühl der Zugehörigkeit von der Kenntnis und Auseinandersetzung mit der eigenen Umgebung und stabilen Beziehungen zu anderen Menschen ab. Ein Nebeneffekt des Fehlens eines solchen Zugehörigkeitsgefühls ist, dass die Menschen ihren moralischen Kompass verlieren, weil die Konsequenzen des Verhaltens abstrakt bleiben. Diese moralische Blindheit wird nicht unbedingt durch Egoismus oder gar Böswilligkeit verursacht, sondern ist ein Ergebnis der Schaffung von Kontexten, in denen moralisches Verhalten unmöglich ist. Auf lange Sicht züchtet ein solches Umfeld jedoch Egoismus, da Empathie und Mitgefühl Charaktereigenschaften sind, die wie andere gelernt und trainiert werden müssen.
- Womit wir bei der positiven Persönlichkeitsentwicklung im Allgemeinen wären. Wir werden zwei Aspekte dieses komplexen Themas beleuchten.
  - Um eine eudaimonische Persönlichkeit entwickeln zu können, sind Freiheit und Autonomie unerlässlich. Im Modell des Homo Oeconomicus ist Freiheit die Freiheit der Wahl. Dies ist eine Form der äusseren Freiheit, die Fähigkeit, der äusseren Welt den eigenen Willen aufzuzwingen. In der Tugendethik hat Freiheit darüber hinaus eine weitere Bedeutung: Autonomie, die Fähigkeit, die eigenen Impulse zu verstehen und zu kontrollieren und die eigene Persönlichkeit zu entwickeln, indem man gute Gewohnheiten erwirbt. Dieser Freiheitsbegriff war der vorherrschende unter den frühneuzeitlichen Philosophen wie John Stuart Mill oder Adam Smith, die wichtige Aspekte unseres Verständnisses einer demokratischen, marktbasierten Gesellschaft und des Kapitalismus erfanden.

    Für Mill war die äussere Freiheit (politisch und wirtschaftlich) notwendig, aber nicht hinreichend für das eigentliche Ziel der Autonomie: Um autonom werden zu können, um Selbstbestimmung und gute Gewohnheiten zu entwickeln, braucht man ein gewisses Mass an äusserer Freiheit, aber das letztendliche Ziel ist die Autonomie. Daher ist ein Staat, der die äussere Freiheiten unnötig einschränkt, in zweierlei Hinsicht schädlich. Er schafft

Bürgerinnen und Bürger, die aus Angst vor Bestrafung oder anderen negativen Konsequenzen abweichenden Verhaltens handeln, was im Widerspruch zur Eudaimonie steht. Und die Einschränkungen erschweren es den Bürgerinnen und Bürgern, sich als Individuen mit Handlungsfähigkeit zu erleben, die ihr Schicksal selbst bestimmen können, indem sie autonom werden.

Smith hingegen unterscheidet zwischen zwei normativen Handlungsleitungen: Regeln und Tugenden. Regeln kontrollieren bestimmte schlechte Verhaltensweisen und schaffen einen Rahmen gemeinsamer Erwartungen in einer Gesellschaft. Sie schränken die äussere Freiheit insofern ein, als sie als soziale Normen oder Gesetze vorgeschrieben sind. Sie bringen Menschen, die nicht völlig tugendhaft sind, dazu, mit einem Minimum an Anstand zu handeln, und sie machen es für alle anderen schwieriger, das eigene egoistische Verhalten zu rechtfertigen, da sie als normative Anker wirken. Tugenden erfordern jedoch mehr als das Befolgen von Regeln; durch sie verinnerlichen wir richtiges Verhalten, indem wir die notwendigen Gewohnheiten entwickeln. Und wir entwickeln ein tieferes Verständnis für die Angemessenheit von Verhalten. Der tugendhafte Mensch braucht keine Regeln, weil er sie verinnerlicht hat und ihren Sinn versteht. Gute Regeln schränken also die Freiheit der tugendhaften Person nicht mehr ein, weil sie sie verinnerlicht hat. In der aristotelischen Tugendethik wird dies *phronesis* genannt, praktische Weisheit, die Fähigkeit, in Übereinstimmung mit den Bedürfnissen einer Situation zu handeln. Für Smith, aufbauend auf Aristoteles, ist Tugendhaftigkeit konstitutiv für ein erfülltes Leben. Der gute Staat bietet seinen Bürgerinnen und Bürgern daher ausreichend äussere Freiheit und schafft gleichzeitig die notwendigen Regeln in einer Weise, die die Entwicklung guter Gewohnheiten erleichtert.

– Womit wir beim zweiten Element der Persönlichkeitsentwicklung wären, der Bildung. Tugendethiken konzentrieren sich notwendigerweise auf Aspekte der Entwicklung des Menschen und damit auf die Rolle der Bildung. Bildung ist nach dieser Auffassung mehr als die Vermittlung von Fähigkeiten und Fertigkeiten oder die berufliche Ausbildung. Die Idee von Bildung ist die Entwicklung der Persönlichkeit in einem umfassenden Sinn. Ein Beispiel für dieses Ideal ist Wilhelm von Humboldts Modell der höheren Bildung. In einem Brief an den preussischen König legte er die Grundpfeiler seiner Vision dar: „Es gibt unleugbar gewisse Arten von Wissen, die allgemeiner Natur sein müssen, und, was noch wichtiger ist, eine gewisse Kultivierung des Geistes und des Charakters, ohne die sich niemand leisten kann zu sein. Die Menschen können natürlich keine guten Handwerker, Kaufleute, Soldaten oder Geschäftsleute sein, wenn sie nicht, unabhängig von ihrem Beruf, gute, aufrechte und – je nach ihren Verhältnissen – gut informierte Menschen und Bürger sind. Wird diese Grundlage durch die Schulbildung gelegt, so sind die beruflichen Fähigkeiten später leicht zu erwerben, und der Mensch ist immer frei, von einem Beruf zum anderen zu wechseln, wie es so oft im Leben geschieht." (Humboldt, zitiert in Günther, 1988, S. 132). Der Begriff

,Kultivierung des Geistes' verweist auf Humboldts tugendethische Position mit ihrem Ideal des autonomen Individuums, das durch die Entwicklung innerer Freiheit und guter Gewohnheiten mittels Wissen und Vernunft in einem umfassenden Sinn Selbstbestimmung erlangt.

Mindesteinkommen und Versicherungen, die sowohl Sicherheit als auch äussere Freiheit garantieren, umfassende Bildung als Form der Persönlichkeitsentwicklung, sinnstiftende Tätigkeiten als Beruf und nicht nur als Job; all diese Elemente weisen in die Richtung einer Gesellschaft mit stark egalitären Tendenzen, die dennoch auf den Prinzipien der äusseren Freiheit, der Handlungsfähigkeit und der individuellen Verantwortung beruht. Und Verantwortung und Zugehörigkeit weisen in Richtung einer Wirtschaft, die regional verankert, nachhaltig und dezentral organisiert ist.

Es gibt noch ein fehlendes Teil, das wir berücksichtigen müssen, um diese Wirtschafts- und Gesellschaftsskizze zu vervollständigen. Die Erkenntnisse aus diesem Kapitel zeigen auch, dass eudaimonisches Glück und Gedeihen nicht unbedingt mit Fortschritt im materialistischen Sinn verbunden sind. Materielles Wohlergehen ist solange wichtig, wie es zu den oben genannten Aspekten Sicherheit, Bildung etc. beiträgt, aber nicht darüber hinaus. Im Gegenteil, eine materialistische Gesellschaft basiert auf Erzählungen und Rollenmodellen von Erfolg und Wohlstand, die eudaimonisches Wachstum behindern können und ökologisch nicht nachhaltig sind. Darüber hinaus kann die Anhäufung von materiellem Besitz Zeit von der Entwicklung der Autonomie ablenken. Umgekehrt ist ein Leben, das nach Autonomie strebt, fast das Gegenteil eines Lebens, das nach Bequemlichkeit strebt und von Konsumdenken und einer naiven Vorstellung von Individualismus geprägt ist. Es versteht, dass das Infragestellen der eigenen Lebenseinstellung viel Arbeit macht, aber für ein gutes Leben unabdingbar ist.

Exkurs 11.5: Der Capabilities-Ansatz

Das prominenteste Beispiel für eine tugendethisch fundierbare Wirtschaftstheorie ist Amartya Sens *Capabilities*-Ansatz. Er wurde in der Praxis recht einflussreich, da der *Human Development Index*, der von den Vereinten Nationen seit 1990 als Alternative zur Messung der wirtschaftlichen Entwicklung durch das Konzept des *Sozialprodukts* veröffentlicht wird, auf ihm basiert.

Der *Capabilities*-Ansatz ist ein Beispiel für die Messung von Entwicklung auf der Grundlage eines Konzepts universalisierbarer menschlicher Bedürfnisse; Bedürfnisse, die jeder Mensch hat, unabhängig von seinen Präferenzen und seiner wirtschaftlichen Position im Leben. Ein anderes Beispiel ist John Rawls' Konzept der Primärgüter in seiner Theorie der Gerechtigkeit als Fairness (die allerdings nicht tugendethisch ist). Theorien wie diese werden als *perfektionistisch* bezeichnet, weil sie eine Vorstellung davon brauchen, was das Leben sinnvoll, erfüllend und gut macht: „[A perfectionist] moral theory starts from an account of the good life, or the intrinsically desirable life.

(Fortsetzung)

And it characterizes this life in a distinctive way. Certain properties, it says, constitute human nature or are definitive of humanity – they make humans human. The good life, it then says, develops these properties to a high degree or realizes what is central to human nature." (Hurka, 1993).

Die grundlegende Einsicht von Sen war, dass es eine Unterscheidung zwischen Gütern und dem, was Güter für Menschen tun können, gibt. Zum Beispiel hat Einkommen keinen Wert an sich. Es ist nach Sen insofern wertvoll, als es den Menschen ermöglicht

- gesund zu bleiben/zu werden,
- ausreichend ernährt zu sein,
- mobil zu sein,
- Selbstrespekt zu haben,
- am Gemeinschaftsleben teilzuhaben,
- und glücklich zu sein.

Sen nennt die verschiedenen Punkte auf der Liste *Functionings*, und sie stellen die spezifische objektive Liste menschlicher Bedürfnisse dar, auf die sich seine Theorie stützt. Darüber hinaus betont er die Bedeutung der Freiheit für das menschliche Gedeihen. Sein normatives Ideal ist, dass *ceteris paribus* z. B. das Einkommen so verteilt sein sollte, dass die *Functionings*, die Personen erreichen können, gleichmässig verteilt sind. Wenn man davon ausgeht, dass diese auf einer Ordinalskala gemessen werden können, kann jede Kombination von *Functionings* durch einen Vektor dargestellt werden. Menschen können z. B. Einkommen in Vektoren von *Functionings* umwandeln, und die Menge der *Functionings*, aus denen ein Individuum wählen kann, wird als *Capability Set* (Fähigkeitenmenge) bezeichnet. Er betont, dass die Möglichkeit, aus einem grossen *Capability Set* zu wählen, ein Wert an sich ist.

Wir diskutieren den *Capabilities*-Ansatz als ein Beispiel für eine ökonomische Theorie, die mit einem tugendethischen Menschenbild einhergeht. Er fokussiert auf die Voraussetzungen, damit eine positive Persönlichkeitsentwicklung möglich ist. Es gibt jedoch zwei Unterschiede, die erwähnenswert sind. Erstens liefern die in diesem Kapitel vorgestellten Ergebnisse aus der Neurowissenschaft, der Psychologie und der Evolutionsbiologie eine naturalistische Darstellung der menschlichen Entwicklung, indem sie wissenschaftliche Beweise zugunsten eines normativen Menschenbilds sammeln. Und es wird argumentiert, dass diese Erkenntnisse normative Konsequenzen dafür haben, wie man über individuelles Verhalten und die Rolle von Wirtschaft/Gesellschaft denken sollte. Der *Capabilities*-Ansatz verwendet *Functionings* als ein normatives Konzept, ohne psychologische oder neurowissenschaftliche Belege für die spezifische Rolle zu liefern, die diese

(Fortsetzung)

Functionings für die menschliche Entwicklung spielen. Zweitens erwähnt der *Capabilities*-Ansatz zwar menschliche Entwicklung, entwickelt aber keine detaillierte Darstellung der Charakterbildung und des Zusammenhangs zwischen individuellem Verhalten und wirtschaftlichen und gesellschaftlichen Regeln. Eine umfassende ökonomische Theorie, die auf einem naturalistischen Konzept der menschlichen Entwicklung aufbaut, würde daher tiefer gehen als der *Capabilities*-Ansatz.

Literatur

Annas, J. (2011). *Intelligent Virtue*. Oxford University Press.
Becker, A. E., Burwell, R. A., Gilman, S., Herzog, D. B., & Hamburg, P. (2002). Eating behaviours and attitudes following prolonged television exposure among ethnic Fijian adolescent girls. *British Journal of Psychiatry, 180*, 509–514.
Bowles, S. (2014). Nicoló Machiavelli and the origins of mechanism design. *Journal of Economic Issues, 48*(2), 1–11
Bruner, J. (2004). Life as narrative. *Social Research, 71*, 691–710
Colombo, M. (2014). Deep and beautiful. The reward prediction error hypothesis of dopamine. *Studies in History and Philosophy of Biological and Biomedical Sciences, 45*, 57–67.
Günther, K. H. (1988). Profiles of educators: Wilhelm von Humboldt (1767?1835). *Prospects, 18*, 127–136
Hall, L., Strandberg, T., Pärnamets, P., Lind, A., Tärning, B., & Johansson, P. (2013). How the polls can be both spot on and dead wrong: using choice blindness to shift political attitudes and voter intentions. *PloS one, 8*(4)
Hirstein, W. (2005). *Brain Fiction: Self-Deception and the Riddle of Confabulation*. Boston: MIT Press.
Hurka, T. (1993). *Perfectionism, Oxford Ethics Series*. New York: Oxford University Press
Inbar, Y., Pizarro, D. A., & Haidt, J. (2012). Disgust sensitivity, political conservatism, and voting. *Psychology Social Psychological and Personality Science, 3*, 537–544
Kahneman, D. (2011). Thinking Fast and Slow, New York: Farrar, Straus and Giroux.
Kilbourne, J. (1994). Still killing us softly: Advertising and the obsession with thinness. In P. Fallon, M. Katzman & S. Wooley (Hrsg.) *Feminist Perspectives on Eating Disorders* (S. 395–419). The Guilford Press
Levant, R., Parent, M., McCurdy, E., & Bradstreet, T. (2015). Moderated mediation of the relationships between masculinity ideology, outcome expectations, and energy drink use. *Health Psychology, 34*(11), 1100–1106.
Piketty, T. (2014). *Capital in the Twenty-First Century*. Cambridge, MA: Harvard University Press
Sapolsky. (2017). *Behave: The Biology of Humans at Our Best and Worst*. Penguin Press
Searle, J. (2010). Making the Social World: The Structure of Human Civilization. Oxford: Oxford University Press.
Spettigue, W., & Henderson, K. A. (2004). Eating disorders and the role of the media. *Canadian Child Adolescence Psychiatric Review, 13*(1), 16–19
Stice, E., Schupak-Neuberg, E., Shaw, H. E., & Stein, R. I. (1994). Relation of media exposure to eating disorder symptomatology: An examination of mediating mechanisms. *Journal of Abnormal Psychology, 103*(4), 836–840
Stice, E., & Shaw, H. (1994). Adverse effects of the media portrayed thin-ideal on women and linkages to bulimic symptomatology. *Journal of Social and Clinical Psychology, 13*(3), 288–308

Stocker. (1976). The schizophrenia of modern ethical theories. *The Journal of Philosophy, 73*(14), 453–466

Thomsen, S. R., McCoy, K, & Williams, M. (2001). Internalizing the impossible: Anorexic outpatients? Experiences with women's beauty and fashion magazines. *Eating Disorders, 9,* 49–64

Utter, J., Neumark-Sztainer, D., Wall, M., & Story, M. (2003). Reading magazine articles about dieting and associated weight control behaviours among adolescents. *Journal of Adolescent Health, 32*(1),78–82

Wallace, D. F. (2011). Laughing with kafka. *Log, 22,* 47–50

Weiterführende Literatur

Baron, J. (2007). *Thinking and deciding* (4. Aufl.). Cambridge University Press

Bourdieu, P. (1989). Social space and symbolic power. *Sociological Theory, 7*(1), 14–25

Damasio, A. (2010). *A Self comes to Mind: Constructing the Conscious Brain.* Pantheon Books

Dennett, D. (1991). *Consciousness Explained.* Back Bay Books

Graziano, M. S. A. (2013). *Consciousness and the Social Brain.* Oxford University Press

LeDoux, J. (2015). *Anxious: The Modern Mind in the Age of Anxiety.* Oneworld Publications

Lieberman, D. E. (2013). *The Story of the Human Body: Evolution, Health and Disease.* New York: Pantheon Press

McAdams, D. P. (2008). Personal narratives and the life story. In John, Robins, Pervin (Hrsg.) *Handbook of Personality: Theory and Research.* Wilford Press

Moore, D. S. (2015). *The Developing Genome.* Oxford University Press

Nisbett, R. E. (1991). *The Geography of Thought.* Nicolas Brealey Publishing

Pessoa, L. (2013). *The Cognitive-Emotional Brain.* MIT Press

Rolls, E. T. (2014). *Emotion and Decision-Making Explained.* Oxford University Press

Sen, A. (2004). Capability and well-being. In M. Nussbaum & A. Sen (Hrsg.) *The Quality of Life* (pp. 30–53). New York: Routledge

Sen, A. (1985). *Commodities and Capabilities.* North-Holland: Amsterdam

Schultz, W. (2006). Behavioral theories and the neurophysiology of reward. *Annual Review of Psychology, 57,* 87–115

Thompson, J. B. (1991). *Ideology and Modern Culture.* Stanford University Press

van der Kolk, B. (2014). *The Body Keeps the Score: Brain, Mind, and Body in the Healing of Trauma.* Viking Press

Teil IV
Unternehmensverhalten und Industrieökonomik

Kosten

12

In diesem Kapitel lernen Sie ...

- die Relevanz von Kostenfunktionen für unternehmerische Entscheidungen kennen.
- die Verbindung zwischen der Produktionstechnologie eines Unternehmens und seiner Kostenfunktion kennen.
- unterschiedliche Arten von Kosten und ihre Relevanz für unternehmerische Entscheidungen kennen.

12.1 Was sind Kosten, und warum sind sie wichtig?

Two roads diverged in a yellow wood,
And sorry I could not travel both
And be one traveler, long I stood
And looked down one as far as I could
To where it bent in the undergrowth.
(Robert Frost, The Road Not Taken)

Wenn Sie einkaufen gehen und ein Paar neue Schuhe kaufen, dann entsprechen die Kosten der Schuhe dem Preis, den Sie für sie bezahlen. Der monetäre Preis eines Guts ist aber nur ein Aspekt, auf den sich Ökonomen beziehen, wenn sie von Kosten sprechen. In Kap. 3 wurde erörtert, dass Knappheit Zielkonflikte zur Folge hat, dass die Entscheidung, den einen Weg zu gehen, impliziert, dass man den anderen Weg nicht gehen kann. Wir hatten den entgangenen Nutzen mit dem Begriff der Opportunitätskosten bezeichnet: Die Opportunitätskosten einer Alternative sind der Wert, den Sie der nächstbesten Alternative zuordnen. Die Konsequenz für das Schuhbeispiel ist, dass die Gesamtkosten der Schuhe üblicherweise höher als der Preis sind, den Sie bezahlen, da Sie Zeit und Mühe aufwenden müssen, um die Schuhe zu finden und zu kaufen. Wenn Sie mit Ihrer Zeit etwas anderes hätten anfangen können, müssen sie die Opportunitätskosten der Zeit zu dem Preis hinzufügen, um ein korrektes Mass für die Kosten zu erhalten, die Sie aufwenden müssen, um Ihre Füsse in neue Schuhe stecken zu können. Oder um ein anderes Beispiel zu nennen: Aufgrund der Opportunitätskosten kann es unsinnig sein, einen Umweg zu einer weiter entfernten Tankstelle in Kauf zu nehmen, nur weil sie das Benzin einen Rappen oder Cent billiger verkauft.

Allerdings sind die wahren Kosten der Schuhe nur *im Allgemeinen* höher als der Preis. Es kann sein, dass ihnen das Einkaufen Spass macht, so dass die Opportunitätskosten negativ sind und sie von den monetären Kosten abgezogen werden müssen. Und um das Problem noch komplizierter zu machen, können die wahren Kosten auch noch von Ihrer konkreten Lebenssituation und Ihren Erwartungen an die Zukunft abhängen. Wenn Sie erwarten, dass es morgen eine beträchtliche Inflation geben wird, die die Kaufkraft ihres monetären Vermögens drastisch reduziert, wird es Ihnen als gute Idee erscheinen, Ihr Geld heute noch los zu werden. Inflation erhöht die Opportunitätskosten der Geldhaltung. Am Ende sind alle Kosten Opportunitätskosten, und das Konzept der Opportunitätskosten basiert auf einem psychologischen und subjektiven Wertbegriff, der in Beziehung zu Marktpreisen steht, aber nicht mit ihnen identisch ist.

Die Tatsache, dass alle relevanten Kosten Opportunitätskosten sind, mag für sich genommen interessant sein. Die eigentliche Wichtigkeit dieser Feststellung ergibt sich aber erst, wenn man versteht, welche Bedeutung sie für die Entscheidungsfindung hat. Hier ist ein Beispiel. Nehmen Sie an, Sie wollen ein wenig Geld verdienen, indem Sie Nachhilfedienstleistungen für andere Studierende anbieten. Sie sind sich aber nicht sicher, ob das eine gute Idee ist, da Sie die Konsequenzen dieser Entscheidung nicht vollständig durchschauen. Um ein besseres Verständnis zu bekommen, entschliessen Sie sich, einen Businessplan zu schreiben, um die Kosten und Nutzen ihrer Entscheidung zu identifizieren. Um das Beispiel einfach zu halten, nehmen wir an, Sie könnten immer nur genau eine Person zu jedem Zeitpunkt unterrichten (Klassengrösse ist eins), und dass die einzigen Dinge, die Sie für Ihr Geschäft benötigen, Ihre Zeit und ein Zimmer sind. Dieses müssen Sie mieten. Wir gehen weiter davon aus, dass Sie bis zu 20 Stunden im Monat unterrichten können. Die Monatsmiete für das Zimmer beträgt CHF 500, und Sie können CHF 50 für eine Stunde Nachhilfe in Rechnung stellen. Eine erste Überschlagsrechnung zeigt, dass Sie mindestens zehn Stunden pro Monat unterrichten müssen, um Ihre monetären Kosten zu decken (man nennt dies auch den *Break-Even-Punkt*). Wenn Sie die ganzen 20 Stunden unterrichten, erzielen Sie einen monetären Gewinn von CHF 500. Ausgehend von diesen Zahlen stellt sich die Frage, ob Sie in den Nachhilfemarkt einsteigen sollten. Aufgrund dieser Rechnung sollten Sie dies tun, und zwar für die ganzen 20 Stunden, da Sie damit den maximalen monetären Gewinn erzielen.

Wenn Sie sich nicht recht wohl damit fühlen, Ihre Entscheidung auf Basis dieser Zahlen zu treffen, muss das daran liegen, dass Sie sie in einen anderen Kontext einbinden. Was könnte dies für ein Kontext sein? Es ist zum Beispiel möglich, dass

Ihre nächstbeste Alternative für einen Job die Arbeit als Barista in einem Café ist, womit Sie CHF 30 pro Stunde (inklusive Trinkgeld) verdienen würden. Wenn Sie dieser Beschäftigung 20 Stunden im Monat nachgehen, verdienen Sie also CHF 600. Obwohl der Stundenlohn deutlich niedriger als beim Nachhilfeunterricht ist, sind Ihre Gewinne höher, da Sie keine Miete bezahlen müssen. Daher *verlieren* Sie verglichen mit dem Job als Barista im Monat CHF 100, wenn Sie Nachhilfe geben. Man sollte diese Opportunitätskosten also in die Entscheidung einfliessen lassen, will man Fehler vermeiden.

Aber an dieser Stelle könnten Sie argumentieren, dass Nachhilfeunterricht eine erfüllendere Art ist, Zeit zu verwenden, als Kaffee zu kochen. Falls dem so ist, sollten Sie auch diese psychologischen Nutzen und Kosten in Ihre Berechnung mit einbeziehen. Bei der Arbeit geht es vielleicht nicht nur um Geld, sondern auch darum, etwas zu tun, was man für sinnvoll oder bedeutsam hält. Gehen wir also davon aus, dass Sie die intrinsische Befriedigung, die Sie sich aus dem Nachhilfeunterricht versprechen, mit CHF 30 pro Stunde bewerten, und die intrinsische Befriedigung, die Sie aus dem Job als Barista ziehen, mit CHF 20. In diesem Fall summieren sich die psychologischen Opportunitätskosten des Kaffeekochens zu $20 \cdot \text{CHF } 30 - 20 \cdot \text{CHF } 20 = \text{CHF } 200$, was die Entscheidung wieder zu Gunsten des Nachhilfeunterrichts ausfallen liesse.

Wir müssen uns noch einen weiteren Aspekt der richtigen Ermittlung des Businessplans anschauen, bevor wir zusammenfassen können. Nehmen wir an, die Alternative zur Nachhilfe sei nicht die Arbeit als Barista, sondern die Vorbereitung auf Prüfungen. In diesem Fall entstehen keine direkten monetären Opportunitätskosten, die man bei der Entscheidung heranziehen könnte. Sie müssen daher bestimmen, wie viel Ihnen die 20 zusätzlichen Stunden Prüfungsvorbereitung wert sind. Dieser Wert kann vollständig funktional sein und darin bestehen, dass Sie sich aufgrund der besseren Vorbereitung bessere Noten und damit eine Zulassung zu besseren Studienprogrammen oder einen besseren Beruf versprechen. Oder sie können auch rein intrinsisch sein und den Spass am Lernen neuer Dinge messen. Wie immer Sie ihre eigene Situation einschätzen, die Theorie legt nahe, dass Sie am Ende den Alternativen einen monetären Wert zuordnen sollten, damit Sie diese hinsichtlich ihrer Konsequenzen miteinander vergleichen können. Tab. 12.1 gibt einen Überblick über das Beispiel. Dabei wird angenommen, dass Sie dem intrinsischen Spass am Lernen und den besseren Berufsaussichten jeweils einen monetären Wert von CHF 500 respektive CHF 1'000 beimessen.

Tab. 12.1 Gute Entscheidungen hängen von Opportunitätskosten ab

	Lehrer	Barista	Prüfung
Miete	500	0	0
Löhne	1'000	600	0
Netto	500	**600**	0
intrinsischer Spass	600	400	500
Netto	**1'100**	1'000	500
zukünftiges Einkommen	0	0	1'000
Netto	1'100	1'000	**1'500**

Das obige Beispiel illustriert, dass Kosten ein Werkzeug darstellen, mit dem man bessere Entscheidungen treffen kann. Um rationale Entscheidungen zu unterstützen, muss man über Kosten als Opportunitätskosten nachdenken und diese richtig bestimmen. Wenn die Opportunitätskosten falsch sind, können die Entscheidungen nicht richtig sein.

Vielleicht stellen Sie sich die Frage, ob es immer sinnvoll möglich ist, psychologischen Opportunitätskosten einen Geldwert zuzuweisen. Zahlreiche psychologische Studien haben gezeigt, dass Menschen aus den unterschiedlichsten Gründen Probleme dabei haben, Alternativen auf sinnvolle Art zu bewerten. Wie belastbar ist die Zahl, die man der Alternative ‚20 zusätzliche Stunden Lernzeit' zuweist? Wird man die Zeit tatsächlich mit Lernen verbringen? Können wir uns wirklich vorstellen, wie viel Spass es machen wird, Studierenden etwas beizubringen (Menschen sind sehr schlecht bei sogenannten *affektualen Voraussagen*, das heisst bei der Antizipation zukünftiger Gefühle)? Und hängt die Wahrnehmung von psychologischen Kosten und Nutzen vom Kontext ab, in dem wir uns mit der Frage beschäftigen? Es gibt auch Evidenz dafür, dass Menschen eine Tendenz besitzen, ihr Bauchgefühl zu rationalisieren, indem sie sich Narrative ausdenken, die selektiv Aspekte des Problems hervorheben, welche ihr Bauchgefühl rational erscheinen lassen. Der Begriff *Narrative Fallacy* beschreibt, in welcher Weise fehlerhafte Geschichten unserer Vergangenheit die Wahrnehmung der Gegenwart und Zukunft beeinflussen. Wir besitzen ein inhärentes Bedürfnis danach, unser Leben in Form einer kohärenten Geschichte darzustellen, und dabei ist Kohärenz und Einfachheit oft wichtiger als empirische Richtigkeit. Unser Gehirn ist unter anderem ein Sinnerzeugungsorgan, und die Narrative, die es erzeugt, helfen dabei, sich in der Welt zurechtzufinden und die Furcht zu reduzieren, die sich aus der Komplexität und Unvorhersehbarkeit der Wirklichkeit ergibt. Das mag uns dabei helfen, unsere Leben zu leben, ist aber etwas anderes als deskriptive Präzision.

Aber wenn es genügend Gründe gibt, die Zahlen in Frage zu stellen, die wir psychologischen Opportunitätskosten zuweisen, wäre es dann nicht besser, auf das Konzept ganz zu verzichten? Dann würden wir aber das Kind mit dem Badewasser ausschütten, denn wir müssen ja in irgendeiner Weise entscheiden, und Entscheidungen, die auf einer korrekten Analyse von Opportunitätskosten basieren, sind im Durchschnitt besser als Entscheidungen, die auf einer Analyse basieren, die einige der entscheidenden Zielkonflikte vernachlässigt. Ein Bewusstsein der Fehler und Wahrnehmungsverzerrungen, die existieren, wenn wir psychologische Opportunitätskosten bestimmen, kann uns dabei helfen, das Konzept mit der nötigen Distanz zu betrachten und als das zu nehmen, was es ist: ein im Prinzip gutes, aber nicht perfektes Werkzeug.

Wir werden anhand von drei Beispielen illustrieren, wie man mit Hilfe des Konzepts der Opportunitätskosten Entscheidungen unterstützen kann. Dazu nehmen wir an, eine Firma produziere ein Gut mit Hilfe von Kapital und Arbeit. Gewinne sind definiert als Erlöse minus Kosten. Was sind die Kosten und Erlöse, die mit einer bestimmten Handlung einhergehen?

- **Fall 1, ausschliesslich monetäre Kosten und Erlöse:** Das Unternehmen leiht Kapital auf Kapitalmärkten, mietet Arbeit auf Arbeitsmärkten und verkauft das Gut auf Gütermärkten. In diesem Fall sind die Erlöse gleich der verkauften Menge multipliziert mit dem Marktpreis (nehmen wir an, sie seien CHF 1'000). Die Kosten des Unternehmens bestehen aus den Kapitalkosten und den Arbeitskosten. Diese bestehen aus den Zinszahlungen für das Kapital (sagen wir CHF 400) und den Lohnzahlungen für die Arbeit (sagen wir CHF 500). Alle relevanten Kosten und Erlöse sind monetär, da sie auf Markttransaktionen basieren. Ein Buchhaltungssystem, welches alle drei Arten von Erlösen und Kosten aufführt, lässt das Geschäft profitabel erscheinen (der Gewinn ist CHF 100).
- **Fall 2, das Gut wird nicht verkauft:** Das Unternehmen leiht Kapital auf Kapitalmärkten, mietet Arbeit auf Arbeitsmärkten, aber die Eigentümer konsumieren das Gut direkt. Die Kosten des Unternehmens sind wiederum gleich den Kapital- und den Arbeitskosten (CHF 400 und 500). Allerdings entstehen keine monetären Erlöse. Ein Buchhaltungssystem, welches ausschliesslich monetäre Zahlungen aufführt, würde einen Verlust von CHF 900 ausweisen. Es gibt kein direktes monetäres Äquivalent für den Nutzen, den die Eigentümer aus dem Konsum des Guts ziehen (sagen wir wiederum CHF 1000). Daher muss man, um ökonomisch sinnvolle Entscheidungen unterstützen zu können, diesem Nutzen einen Wert zuweisen und in das Buchhaltungssystem integrieren.
- **Fall 3, Eigentümer leisten selbst die Arbeit:** Das Unternehmen leiht sich Kapital auf Kapitalmärkten und verkauft das Gut auf Gütermärkten. Allerdings leisten die Eigentümer selbst die Arbeit. In diesem Fall entsprechen die Erlöse wiederum dem Geldwert der Verkäufe (sagen wir nun CHF 800), und die monetären Kosten entsprechen nun den Kapitalkosten (CHF 400). Ohne Hinzunahme von Arbeitskosten sieht das Unternehmen profitabel aus. Allerdings könnte diese Sichtweise in die falsche Richtung weisen. Nehmen wir an, die Eigentümer könnten alternativ für einen Lohn von CHF 500 anderswo arbeiten. Diese Opportunitätskosten sollten mit berücksichtigt werden, um die richtige Entscheidung zu treffen. Tut man dies und nimmt sie in die Buchhaltung auf, so weist das Geschäft einen Verlust aus, und dies unterstützt die richtige Entscheidung: Im Vergleich zur nächstbesten Alternative verlieren die Eigentümer CHF 100, wenn sie im Geschäft bleiben.

Welche Konsequenzen lassen sich aus der Beobachtung ableiten, dass Erlöse und Kosten auch nichtmonetäre Opportunitätskosten mitberücksichtigen sollten? Zunächst einmal dient sie als Richtschnur für unternehmerische Entscheidungen und die Gestaltung eines Buchhaltungssystems (*Controlling*). Einer der wesentlichen Gründe für die Existenz eines Controllings besteht darin, dass es unternehmerische Entscheidungen unterstützt. Wie wir aber gesehen haben, sind Entscheidungen immer nur im Hinblick auf ein Ziel gut oder schlecht (in diesem Fall Gewinne), und die ermittelten Zahlen und Kenngrössen müssen verlässlich Auskunft über die Zielerreichung geben. Die nicht monetären Opportunitätskosten werden manchmal auch kalkulatorische Kosten oder kalkulatorischer Unternehmerlohn genannt. Das unternehmensinterne Controlling muss dabei von der Bilanz- und Gewinn-und-Verlustrechnung abgegrenzt werden, deren primäre Aufgabe die Information der Aussenwelt über die finanzielle Situation des Unternehmens ist. Aus verschiedenen Gründen unterliegen diese Finanzberichte juristischen Regulierungen, die nicht immer mit der Idee der Opportunitätskosten in Einklang stehen. Kalkulatorische Kosten sind ein gutes Beispiel. Sie sind wichtig für das unternehmensinterne Controlling, dürfen aber in der Regel in Bilanzen nicht ausgewiesen werden. So darf man etwa Zinszahlungen auf Schulden aktivieren, nicht aber auf Eigenkapital. Dabei handelt es sich bei Zinszahlungen für Eigenkapital um relevante Opportunitätskosten, da sie die Erträge reflektieren, die das Unternehmen hätte erzielen können, wenn es das Kapital verliehen hätte.

Exkurs 12.1. Opportunitätskosten und Maximierung

Die Vorstellung, dass rationale Entscheidungen auf einer korrekten Identifikation und Bewertung sowie dem Vergleich von Opportunitätskosten basieren, ist eng mit der Idee der *Maximierung* verwandt. Ein Individuum ist ein Maximierer, wenn es konsistent die beste (nach seinem eigenen subjektiven Standard) unter den verfügbaren Alternativen wählt. Es gibt Evidenz dafür, dass sich Menschen nicht oft als Maximierer in diesem Sinn verhalten, da die Informationen, auf denen wir unsere Entscheidungen basieren können, oft zu beschränkt sind und kognitive Beschränkungen die Lösung komplexer Entscheidungsprobleme verhindern. Daher streben viele Menschen nicht nach der besten sondern nach einer zufriedenstellenden Alternative. Denken Sie an Ihre Entscheidung, welchen Freund Sie zum Essen einladen wollen. Die meisten Menschen werden bei dieser Entscheidung ihr Adressverzeichnis zur Hand nehmen und die erste Person anrufen, die hinreichend interessant erscheint, um mit ihr den Abend zu verbringen. Simon (1957) nannte diese Art des Verhaltens *Satisficing*. Die Idee ist, dass Menschen ein bestimmtes Anspruchsniveau haben und dann die erste Alternative wählen, die diesem genügt. Im Ergebnis ist die gewählte Alternative dann oft nicht optimal. Vielleicht gibt es noch interessantere Partner für den Abend in ihrem Verzeichnis.

Auf den ersten Blick erscheint die Idee des Satisficing in Konflikt mit der Idee der Maximierung zu stehen, und damit auch indirekt mit der Idee der korrekten Identifikation und Bewertung von Opportunitätskosten. Allerdings wird von Befürwortern der Idee der Optimierung manchmal das Argument vorgebracht, dass das Gegenteil der Fall ist: Satisficing ist Optimierung unter Einbeziehung aller Opportunitätskosten, inklusive den Kosten der Informationsverarbeitung und Optimierung selbst. Herauszufinden, wer die beste Begleitung für den Abend wäre, kann so kompliziert und zeitaufwändig sein, dass man am Ende allein zu Abend isst. Es ist allerdings umstritten, ob diese Verteidigung der Idee der Optimierung legitim ist, da sie das gesamte Konzept

(Fortsetzung)

an den Rande einer Tautologie bringt, womit das Risiko einhergeht, dass jedes Verhalten als Maximierung unter bestimmten, ziemlich beliebigen und nicht empirisch zugänglichen Opportunitätskosten ‚erklärt' werden kann.

Studien mit eineiigen und zweieiigen Zwillingen haben ergeben, dass die Disposition zur Optimierung oder zum Satisficing eine starke genetische Komponente zu haben scheint, so dass es wahrscheinlich ‚Optimierer' und ‚Satisficer' in diesem genetischen Sinn gibt. Die Studien haben auch ergeben, dass Optimierer im Durchschnitt tatsächlich die besseren Entscheidungen treffen, aber weniger zufrieden mit ihnen sind. Eine Erklärung für dieses anscheinende Paradox besteht darin, dass auch Optimierer in komplexen Situationen nicht in der Lage sind, die beste Alternative zu bestimmen, sie sich dessen aber stärker bewusst sind, so dass sie mit dem Wissen leben müssen, ihr Ziel nicht erreicht zu haben. Daher bereuen sie oft ihre Entscheidungen. Am Ende geht also der Satisficer mit einem annehmbaren Freund in das erstbeste Restaurant und hat einen tollen Abend, während der Optimierer sich ständig mit der Frage plagt, ob Sushi mit Sascha nicht doch besser gewesen wäre als Thai mit Kai.

12.2 Eine systematische Behandlung von Kosten

Man ist nun in der Lage, die Kosten auf systematische Weise zu definieren. Im einfachsten Fall von Faktorkosten, die linear in den Faktorinputs sind, sind die Kosten die Summe der Faktorinputs bewertet mit ihren Preisen (seien es monetäre oder Opportunitätskosten). Wenn es nur einen Input gibt, dessen Menge mit q bezeichnet wird und der zu einem Preis (pro Einheit) von r gekauft werden kann, sind die Kosten einfach $\mathcal{K}_{al}(q, r) = q \cdot r$ (der tiefgestellte Index weist darauf hin, dass er additiv und linear ist). Wenn es $i = 1, \dots, m$ verschiedene Inputs gibt, deren Mengen mit q_i und deren Preise mit r_i bezeichnet werden, kann die *Kostengleichung* definiert werden als:

$$\mathcal{K}_{al}(q_1, \dots, q_m, r_1, \dots r_m) = \sum_{i=1}^{m} q_i \cdot r_i.$$

Die Kostengleichung ist einfach zu spezifizieren, aber sie ist für die wirtschaftliche Entscheidungsfindung nicht besonders interessant. Was man verstehen möchte, ist die Beziehung zwischen *Output* und *Kosten*, oder, genauer gesagt, zwischen dem Output und den *minimalen Kosten*, die zur Produktion dieses Outputs notwendig sind. Diese Information wird durch die *Kostenfunktion* bereitgestellt.

▶ **Definition 12.1 Kostenfunktion** Eine Kostenfunktion $C(y_i)$ ordnet der Produktion von y_i Einheiten eines Guts i die minimalen, zur Herstellung notwendigen Kosten zu.

Faktorkosten, die linear in den Faktorinputs sind, sind ein natürlicher Ausgangspunkt, wenn die Faktormärkte perfekt kompetitiv sind und in der gleichen
Weise wie perfekt kompetitive Gütermärkte funktionieren. Diese Annahme stellt
eine enge Verbindung zwischen der Produktionstechnologie und der Struktur der
Kostenfunktion her. Sie vereinfacht jedoch die zugrundeliegende Struktur der
Verträge in einer Weise, die in einer Reihe von Fällen eine Übervereinfachung
darstellen kann. Nehmen wir zum Beispiel an, dass man Büroräume auf Tagesbasis
(man kommt morgens in das Bürogebäude und mietet für den Tag) oder auf
Monatsbasis (man unterschreibt einen Mietvertrag, der für den nächsten Monat
unkündbar ist) mieten kann. Der Unterschied zwischen diesen beiden Verträgen
sind die jeweiligen Opportunitätskosten (auch wenn die monatlichen Gesamtkosten
identisch sind, wenn Sie alle Tage mieten). Im ersten Fall entscheiden und bezahlen
Sie jeden einzelnen Tag, wodurch die täglichen Mietkosten Teil der relevanten
täglichen Opportunitätskosten sind. Im zweiten Fall entscheiden und bezahlen Sie
am Anfang des Monats, was bedeutet, dass die täglichen Opportunitätskosten der
Bürofläche gleich null sind, nachdem Sie den Vertrag unterzeichnet haben (Sie
können sie nicht vermeiden). Wie wir sehen werden, ergibt dieser Unterschied auch
einen Unterschied in Bezug auf die optimale wirtschaftliche Entscheidungsfindung.
Aus diesem Grund verwenden wir auch eine allgemeinere Definition der Kostengleichung, $\mathcal{K}(q_1, \ldots, q_m)$, die nicht additiv und linear in den Faktorinputs sein muss,
sondern lediglich als (schwach) steigend in den Faktorinputs angenommen wird:

$$\mathcal{K}(q_1, \ldots, \hat{q}_i, \ldots, q_m) \geq \mathcal{K}(q_1, \ldots, \bar{q}_i, \ldots, q_m) \quad \forall \quad \hat{q}_i \geq \bar{q}_i, i = 1, \ldots m.$$

Im Prinzip wäre es möglich, bestimmte Eigenschaften der Kostenfunktion zu
definieren und zu schauen, was sie für das Verhalten von Unternehmen in bestimmten Marktumfeldern bedeuten. Ökonomen gehen allerdings oft einen Umweg
und studieren zuerst den kausalen Zusammenhang zwischen der Kostengleichung,
der Produktionstechnologie und der Kostenfunktion, da es damit möglich ist zu
verstehen, wie sich die physischen Gesetzmässigkeiten der Produktion auf die Kostenfunktion auswirken. Dies ist wichtig, um zum Beispiel die Auswirkungen von
technologischem Wandel auf das Marktverhalten und die Marktstruktur verstehen
zu können.

Produktion ist zunächst einmal ein physischer Vorgang, welcher Materie von
einem in einen anderen, typischerweise aus Sicht des Produzenten besseren Zustand
versetzt. Die Regeln, mit denen Inputs in Outputs transformiert werden können,
werden durch die *Produktionstechnologie* zusammengefasst. Sie ist die Menge
aller technologisch möglichen Input-Output-Kombinationen. Die ,äussere Hülle'
dieser Menge ist die Teilmenge aller möglichen Input-Output-Kombinationen, die
produktionseffizient sind: Für jeden Punkt auf dieser äusseren Hülle gilt, dass bei
gegebenen Gesamtinputmengen die Produktion eines Guts nur vergrössert werden
kann, wenn man die Produktion eines anderen Guts verringert. Diese äussere Hülle
lässt sich durch die *Produktionsfunktion* beschreiben.

▶ **Definition 12.2 Produktionsfunktion** Eine Produktionsfunktion ordnet jeder Kombination von Inputs die maximale Menge an Output zu, welche bei gegebener Technologie produziert werden kann.

Exkurs 12.2. Unternehmen als Produktionsfunktionen oder Unternehmen als Organisationen. Wie effizient kann man überhaupt sein?
An dieser Stelle muss die Annahme hinterfragt werden, dass sich ein Punkt auf der Produktionsfunktion überhaupt erreichen lässt. Dieser Annahme unterliegt die Vorstellung, dass ein Unternehmen in der Lage ist, seine ökonomischen Aktivitäten auf produktionseffiziente Art zu organisieren. In der Vergangenheit waren Ökonomen nicht wirklich an der Frage interessiert, wie Unternehmen ihre Aktivitäten organisieren und welche Managementmodelle sie anwenden. Darum behandelten sie Unternehmen wie eine Black Box, in die Inputs hineingehen und aus der Outputs herauskommen. Die Produktionsfunktion steht stellvertretend für diese Black Box. Diese Vereinfachung kann ihre Berechtigung besitzen, wenn das Erklärungsziel primär das Zusammenspiel von Angebot und Nachfrage auf Märkten ist. Wie wir aus der kurzen Einführung in die Wissenschaftstheorie wissen, basiert jede wissenschaftliche Theorie auf Vereinfachungen; die Frage muss daher lauten, ob es gute Vereinfachungen sind.

Die Sichtweise auf Unternehmen als Produktionsfunktionen geriet zunehmend in die Kritik, als ins Bewusstsein rückte, dass man mit ihr nicht einmal die Existenz von Unternehmen als Teilmengen von Transaktionen, die in einer Ökonomie stattfinden und die den Kräften des Marktes entzogen werden, erklären kann. Wenn Märkte effizient sind, warum sollte man sie dann durch andere Formen der Organisation ersetzten (siehe Kap. 6.2 für eine Diskussion)? Seitdem ist eine ausführliche Literatur zur internen Organisation von Unternehmen und der Abgrenzung zwischen Unternehmen und Markt entstanden, welche es uns erlaubt, besser zu verstehen, unter welchen Voraussetzungen und mit welchen Organisationsformen Unternehmen auf oder zumindest nah an die Produktionsfunktion kommen. Das Problem reduziert sich auf die Frage, unter welchen Voraussetzungen Unternehmen in der Lage sind, unternehmensinterne Interdependenzen durch die zur Anwendung kommenden Anreizsysteme zu internalisieren (also eine Struktur zu schaffen, in der keine unternehmensinternen Externalitäten existieren). Die Bereiche der Literatur, die sich mit dieser Frage beschäftigen, heissen *Principal-Agent-Theorie*, *Vertragstheorie*, oder auch einfach nur *Theorie der Firma*. Der für uns wichtige Punkt ist, zu verstehen, dass man konzeptionell zwischen der Produktionsfunktion als physischer Abbildung von Inputs zu Outputs und der Produktionsfunktion als konzeptionelle Vereinfachung für ein Unternehmen unterscheiden muss (und dabei implizit unterstellt, dass keine Externen Effekte im Unternehmen existieren).

Ökonomen und Betriebswirte sind üblicherweise keine Experten bezüglich der physischen Gesetzmässigkeiten der Produktion. Sie müssen aber in der Lage sein, mit den Ingenieuren und Wissenschaftlern (die wiederum Experten für diese Gesetzmässigkeiten sind) so zu kommunizieren, dass sie verstehen, wie der Produktionsprozess die Kostenfunktion beeinflusst. Die dahinter stehende Idee ist relativ einfach und kann wie folgt dargestellt werden: Nehmen wir an, es gebe eine (hypothetische) Produktionstechnologie, mit deren Hilfe man Arbeitsinput (l) in Güteroutput (y) (Äpfel) transformieren kann. Der Inputpreis entspricht dem Marktlohn (w). Die Produktionsfunktion lässt sich dann als $y = Y(l)$ definieren, und die Struktur dieser Funktion $Y(.)$ fasst die ‚Gesetzmässigkeiten' zusammen, die die eingesetzte Arbeitszeit in die maximale Menge an gepflückten Äpfeln transformiert. Eine möglicherweise interessante Frage ist, wie sich die Anzahl der gepflückten Äpfel verändert, wenn man eine weitere Einheit Zeit Äpfel pflückt.

▶ **Definition 12.3 Grenzprodukt** Das Grenzprodukt einer Produktionsfunktion misst die Veränderung der Outputmenge y bei einer Veränderung der Inputmenge l um eine Einheit.

Um Zugang zum erklärungsmächtigen Werkzeug mit dem Namen *Analysis* zu bekommen, nimmt man an, dass infinitesimale Änderungen von Inputs und Outputs möglich sind und dass die Produktionsfunktion stetig differenzierbar ist. Man kann dann die partielle Ableitung der Produktionsfunktion als Approximation des Grenzprodukts verwenden. Formal lässt sich das so ausdrücken: Sei dl die Änderung des Inputs und dy die zugehörige Änderung des Outputs. Mit nur einem Input und einer infinitesimalen Änderung von l, $dl \to 0$, ist das Grenzprodukt gegeben durch

$$\frac{dy}{dl} = Y'(l),$$

wobei $Y'(.)$ die partielle Ableitung der Funktion $Y(.)$ darstellt. Wenn mehrere Inputs mit Mengen $q_1, \ldots, q_m$ zur Produktion benötigt werden, lässt sich die Produktionsfunktion als $Y(q_1, \ldots, q_m)$ schreiben, und das Grenzprodukt für eine infinitesimale Änderung eines Inputs i, dq_i, ist gegeben durch

$$\frac{dy}{dq_i} = \frac{\partial Y(q_1, \ldots, q_m)}{\partial q_i}.$$

Das Grenzprodukt wird später wichtig werden.

In Abb. 12.1 findet sich eine grafische Illustration einer Produktionsfunktion für den Fall, dass $Y(l) = \sqrt{l}$.

Der Faktoreinsatz l ist entlang der Abszisse und der Output y entlang der Ordinate abgetragen. Die Wurzelfunktion impliziert, dass eine weitere Einheit Arbeit den Output vergrössert, aber mit abnehmender Rate.

Kosten sind in diesem vereinfachten Fall $\mathcal{K}_{al}$ mit Preisen bewertete Inputs. Die Produktionsfunktion gibt den Zusammenhang zwischen Input und Output wieder. Wenn wir den umgekehrten Zusammenhang zwischen Output und Input

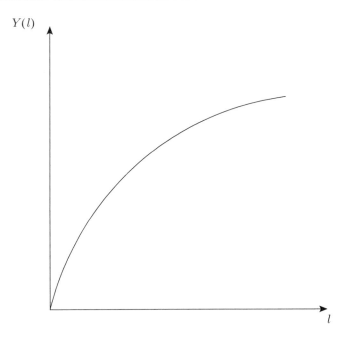

Abb. 12.1 Der Graph der Produktionsfunktion $Y(l) = \sqrt{l}$

hätten, wären wir der Lösung des Problems ziemlich nah: Wenn wir mit jeder Outputmenge eine eindeutige Menge an Inputs verbinden könnten, müsste man diese Inputmengen nur noch mit den zugehörigen Preisen multiplizieren, um die Kosten einer bestimmten Outputmenge zu erhalten. Dies wäre dann die gesuchte Kostenfunktion. Aber mit genau einem Input kann dieser Zusammenhang einfach hergestellt werden: Er wird durch die *Umkehrfunktion* der Produktionsfunktion definiert. Diese Funktion gibt eine Antwort auf die Frage, wie viel Input man für einen bestimmten Output benötigt. Multipliziert man diesen mit dem Faktorpreis, so hat man die Kostenfunktion. Dies lässt sich auch formal ausdrücken. Die Produktionsfunktion sei monoton steigend im Input (das heisst, dass mehr Input mehr Output schafft). Sei $\mathcal{L}$ die Menge möglicher Inputs und $\mathcal{Y}$ die Menge möglicher Outputs. Die Produktionsfunktion ist eine Abbildung von $\mathcal{L}$ nach $\mathcal{Y}$, $Y : \mathcal{L} \to \mathcal{Y}$. Sei $L(y)$ die Inverse der Produktionsfunktion, $L(y) = Y^{-1}(y)$. Sie ist eine Abbildung von $\mathcal{Y}$ nach $\mathcal{L}$, $L : \mathcal{Y} \to \mathcal{L}$. Abb. 12.2 illustriert den Zusammenhang.

Die Abbildung zeigt den Zusammenhang zwischen Arbeitsinput (l, entlang der Abszisse) und Apfeloutput (y, entlang der Ordinate). Wir sind an die Konvention gewöhnt, die an der Abszisse dargestellte Variable als erklärende und die an der Ordinate dargestellte Variable als erklärte zu interpretieren. Dies ist die Produktionsfunktion: Wie viel Output kann ich maximal mit l Einheiten Arbeit produzieren? In der Grafik schaut man von der Abszisse zum Graph der Funktion und von dort

a   **b**

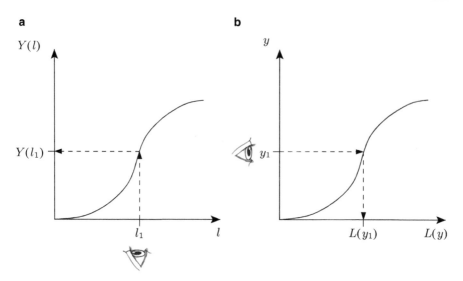

Abb. 12.2 Graphen kann man aus zwei Perspektiven anschauen, (**a**) Produktionsfunktion, (**b**) Kostenfunktion ($w = 1$)

zur Ordinate. Dies wird durch das stilisierte Auge in Abb. 12.2a dargestellt. Man kann den Zusammenhang aber auch aus einer anderen Perspektive anschauen. In Abb. 12.2b soll das stilisierte Auge andeuten, dass man y als erklärende und l als erklärte Variable interpretiert. Dann lautet die Frage, die man stellt: Wie viel Arbeit ist minimal erforderlich, um y Einheiten Output zu produzieren? Die Antwort auf diese Frage wird von der inversen Produktionsfunktion gegeben.

▶ **Definition 12.4 Kostenfunktion einer Ein-Input-Ein-Output-Technologie** Die zu einer Produktionsfunktion $y = Y(l)$ gehörige Kostenfunktion $C(y)$ ist gegeben durch $C(y) = L(y) \cdot w = Y^{-1}(y) \cdot w$.

Abb. 12.3 illustriert die inverse Produktionsfunktion $L(y) = y^2$ und die Kostenfunktion $C(y) = y^2 \cdot w$, die man erhält, wenn $Y(l) = \sqrt{l}$ angenommen wird und der Lohnsatz $w = 2$ ist.

In diesem Fall ist der Output y entlang der Abszisse und der Input l entlang der Ordinate abgetragen (unterer Graph). Die Kostenfunktion ist ein Vielfaches der inversen Produktionsfunktion und durch den oberen Graph gegeben.

Dieser Zusammenhang zwischen der Produktions- und der Kostenfunktion erlaubt es, für den linearen Fall $\mathcal{K}_{al}$ zu verstehen, wie die Kostenfunktionen mit den Produktionstechnologien zusammenhängen. Um die Ausführungen besser einordnen zu können, müssen zwei Anmerkungen gemacht werden.

Erstens bedeutet die Annahme eines fixen Faktorpreises, dass von der impliziten Annahme ausgegangen wird, dass das Unternehmen auf einem kompetitiven Arbeitsmarkt Arbeitsleistungen nachfragt. Wenn das Unternehmen Marktmacht auf

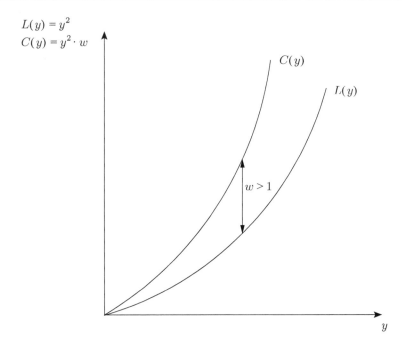

$L(y) = y^2$
$C(y) = y^2 \cdot w$

$C(y)$

$L(y)$

$w > 1$

y

Abb. 12.3 Inverse Produktionsfunktion und Kostenfunktion

dem Arbeitsmarkt hätte (weil es zum Beispiel das einzige grosse Unternehmen in einer Region ist), ist der Zusammenhang zwischen Kosten und Technologie weniger klar, da man noch verstehen muss, wie das Unternehmen Löhne in Abhängigkeit von der eingesetzten Arbeit setzten kann.

Zweitens ist es natürlich eine unrealistische Annahme, dass die Produktion nur einen Input benötigt. Und einige Produktionsprozesse führen zu Koproduktion, z. B. wenn Rohöl in seine verschiedenen marktfähigen Komponenten zerlegt wird. Multi-Input Produktion wirft die komplexere Frage auf, wie man den optimalen Mix der Inputs bestimmen kann. Dieser optimale Mix wird beeinflusst durch den technologisch bedingten Grad, in dem die verschiedenen Inputs gegeneinander ausgetauscht werden können, sowie von den Inputpreisen. Die Fertigung kann z. B. relativ kapitalintensiv oder relativ arbeitsintensiv sein, und das optimale Verhältnis zwischen Kapital und Arbeit hängt von den relativen Preisen für Kapital und Arbeit ab. Für die Bestimmung der Kostenfunktion muss man in diesem Fall ein sogenanntes *Kostenminimierungsproblem* lösen. Wir lösen dieses Problem für den Fall von zwei Faktoren 1 und 2 mit den Größen q_1 und q_2. In diesem Fall lautet die Kostengleichung $\mathcal{K}_{al}(q_1, q_2, r_1, r_2) = r_1 \cdot q_1 + r_2 \cdot q_2$, und die Produktionsfunktion ist $y = Y(q_1, q_2)$. Um den Output y mit den Kosten verknüpfen zu können, hält man y fest und sucht das Paar von Inputs q_1, q_2, das die Kosten bei gegebenen Inputpreisen r_1, r_2 minimiert. Daraus ergibt sich das folgende Minimierungsproblem:

$$\min_{q_1, q_2}(r_1 \cdot q_1 + r_2 \cdot q_2) \quad \text{u.d.B.d.} \quad Y(q_1, q_2) = y.$$

Sei λ der Lagrange-Multiplikator. Wir können die folgende Lagrange-Funktion aufstellen:

$$\mathcal{L}(q_1, q_2, \lambda) = (r_1 \cdot q_1 + r_2 \cdot q_2) - \lambda \cdot (Y(q_1, q_2) - y),$$

und wir erhalten die folgenden drei Bedingungen erster Ordnung:

$$\frac{\partial \mathcal{L}(q_1, q_2, \lambda)}{\partial q_1} = r_1 - \lambda \cdot \frac{\partial Y(q_1, q_2)}{\partial q_1} = 0,$$

$$\frac{\partial \mathcal{L}(q_1, q_2, \lambda)}{\partial q_2} = r_2 - \lambda \cdot \frac{\partial Y(q_1, q_2)}{\partial q_2} = 0,$$

$$\frac{\partial \mathcal{L}(q_1, q_2, \lambda)}{\partial \lambda} = Y(q_1, q_2) - y = 0.$$

Die dritte Bedingung garantiert, dass y tatsächlich produziert wird. Die erste und zweite Bedingung bestimmen die optimale Kombination von Faktorinputs und können miteinander kombiniert werden:

$$\frac{\partial Y(q_1, q_2)/\partial q_1}{\partial Y(q_1, q_2)/\partial q_2} = \frac{r_2}{r_1}.$$

Der Term auf der linken Seite wird als *Grenzrate der technischen Substitution* (*MRTS*) bezeichnet. Die Interpretation ist ähnlich wie die Interpretation der Grenzrate der Substitution (*MRS*) in Kap. 7. Sie ist wiederum ein Ausdruck der Idee der Opportunitätskosten im Kontext des Entscheidungsproblems einer Firma: Wenn man ein wenig von einem Input wegnimmt, wie viel des anderen Inputs muss man hinzufügen, um den gleichen Output zu erhalten? Die Bedingung auf der rechten Seite misst den relativen Preis der beiden Inputs, d. h. das Verhältnis, zu dem sie auf dem Markt ausgetauscht werden können. In einem Kostenminimum muss also das technologische Tauschverhältnis gleich dem Markttauschverhältnis sein. Warum ist diese Bedingung ökonomisch sinnvoll? Das folgende Beispiel soll dies illustrieren: Nehmen wir an, dass der relative Preis von Input 1 zu Input 2 zwei und dass die *MRTS* von Input 1 zu Input 2 vier ist. In einer solchen Situation könnte das Unternehmen vier Einheiten des Inputs 2 für eine zusätzliche Einheit des Inputs 1 weggeben und immer noch dieselbe Menge des Guts produzieren. Beim existieren Preisverhältnis muss das Unternehmen jedoch nur zwei Einheiten abgeben. Daher kann es die Kosten senken, indem es mehr Input 1 auf Kosten von Input 2 einsetzt. Diese Logik gilt für alle Inputbündel, bei denen der *MRTS* vom Marktwechselkurs (dem relativen Preis) abweicht. Folglich sind nur Inputbündel, für die die Grenzrate

der technischen Substitution gleich dem Relativpreis sind, mit der Annahme der
Kostenminimierung verträglich.

Die Lösungen dieses Problems heissen *bedingte Faktornachfragefunktionen*
$q_1(r_1, r_2, y)$, $q_2(r_1, r_2, y)$. Sie werden als *bedingt* bezeichnet, weil sie von der Höhe
des Outputs y abhängen. Setzt man diese Funktionen in die Kostengleichung $\mathcal{K}_{al}$
ein, so erhält man die Kostenfunktion $C(r_1, r_2, y) = r_1 \cdot q_1(r_1, r_2, y) + r_2 \cdot
q_2(r_1, r_2, y)$. Und da man in der Regel an der Beziehung zwischen Output und
Kosten interessiert ist, werden die beiden Faktorpreise im Allgemeinen unterdrückt,
$C(y)$.

Wir können das Kostenminimierungsproblem mit der folgenden sogenannten
Cobb-Douglas-Produktionsfunktion $Y(q_1, q_2) = \sqrt{q_1} \cdot \sqrt{q_2}$ illustrieren. Das Kostenminimierungsproblem mit dieser Funktion lautet

$$\min_{q_1, q_2}(r_1 \cdot q_1 + r_2 \cdot q_2) \quad \text{u.d.B.d.} \quad \sqrt{q_1} \cdot \sqrt{q_2} = y,$$

und die Lagrange-Funktion ist:

$$\mathcal{L}(q_1, q_2, \lambda) = (r_1 \cdot q_1 + r_2 \cdot q_2) - \lambda \cdot \left(\sqrt{q_1} \cdot \sqrt{q_2} - y\right).$$

Die Bedingungen erster Ordnung sind $\partial \mathcal{L}/\partial q_1 = r_1 - \lambda \cdot 0.5 \cdot \sqrt{q_2/q_1} = 0$,
$\partial \mathcal{L}/\partial q_2 = r_2 - \lambda \cdot 0.5 \cdot \sqrt{q_1/q_2} = 0$ und $\sqrt{q_1} \cdot \sqrt{q_2} = y$, woraus sich die folgende
Optimalitätsbedingung ergibt:

$$\frac{q_1}{q_2} = \frac{r_2}{r_1}.$$

Wenn wir die zusätzliche Bedingung $\sqrt{q_1} \cdot \sqrt{q_2} = y$ verwenden, können wir die
bedingten Faktornachfragefunktionen bestimmen:

$$q_1(r_1, r_2, y) = \sqrt{\frac{r_2}{r_1}} \cdot y, \quad q_2(r_1, r_2, y) = \sqrt{\frac{r_1}{r_2}} \cdot y.$$

Und wenn wir diese in die Kostengleichung einsetzen, erhalten wir die Kostenfunktion

$$C(r_1, r_2, y) = \sqrt{r_1 \cdot r_2} \cdot y.$$

Die bedingten Faktornachfragefunktionen haben intuitive Eigenschaften: (1) Sie
sind steigend in y, was bedeutet, dass man mehr Input braucht, um mehr Output
zu produzieren. (2) Sie sind steigend im Preis des anderen Inputs und fallend im
Preis des eigenen Inputs, was bedeutet, dass man bereit ist, den billigeren Input für
den teuren zu substituieren. Die Kostenfunktion ist steigend in den Inputpreisen,
und sie ist linear im Output. Letztere Eigenschaft ergibt sich aus der Tatsache, dass
die Cobb-Douglas-Funktion homogen vom Grad eins ist.

Mit diesem Hintergrund können wir nun fortfahren und die Kostenfunktion benutzen, um Unternehmensverhalten in unterschiedlichen Marktkontexten genauer zu analysieren. Wie wir in den folgenden Kapiteln sehen werden, sind unterschiedliche Arten von Kosten wichtige Erklärungsfaktoren für das Angebotsverhalten von Unternehmen. Wir werden diese nun einführen und unseren Werkzeugkoffer mit neuen Werkzeugen füllen. Wie wir sie benutzen und wozu sie gut sind, schauen wir uns dann später an. Wie wir zuvor argumentiert haben, ist die obige Analyse ein Spezialfall einer additiven und linearen Kostengleichung $\mathcal{K}_{al}$. Die allgemeinere Kostengleichung $\mathcal{K}$ gibt Anlass zu einer allgemeineren Kostenfunktion $C(y)$. Wir werden die verschiedenen Arten von Kosten in Bezug auf diese allgemeine Funktion definieren, wobei wir beachten, dass sie für den Spezialfall $C_{al}(y)$ entsprechend gelten.

Wenn man die Gesamtkosten nimmt und gleichmässig auf alle produzierten Einheiten verteilt, erhält man die Durchschnittskosten der Produktion:

▶ **Definition 12.5 Durchschnittskosten** Die Durchschnittskosten der Produktion einer bestimmten Menge des Guts entsprechen den Gesamtkosten bei der Produktion dieser Menge dividiert durch die Menge, $AC(y) = C(y)/y$.

Einige Kosten variieren mit und einige sind unabhängig von der produzierten Menge. Nehmen Sie als Beispiel Computersoftware oder Autos. Bevor man ein neues Produkt verkaufen kann, muss man Entwicklungskosten aufwenden. Diese Kosten sind unabhängig von der Anzahl der Lizenzen oder Fahrzeuge, die man verkauft; sie sind eine Voraussetzung für deren Produktion. Der Grund, warum diese Kosten nicht mit der produzierten Menge variieren, ist technologischer Natur. Es gibt aber auch andere, vertragliche Gründe für produktionsunabhängige Kosten. Es ist z. B. möglich, dass der Markt nur Jahresmietverträge für Büroräume anbietet. In diesem Fall kann man, unabhängig davon, wie lange man das Büro tatsächlich benötigt, entweder für ein Jahr mieten oder nicht. In einer solchen Situation sind die Mietkosten null, bevor man den Vertrag unterschreibt, und springen danach auf den vertraglich vereinbarten Mietpreis.

Beide Beispiele haben die Eigenschaft, dass sie aus einer *ex-ante* Perspektive (bevor man die Investitionsentscheidung trifft) null sind, aber sofort positiv werden, wenn man sich entscheidet, das Produkt zu entwickeln bzw. deren erste Einheit verkauft. Man nennt diese Kosten *Fixkosten*.

▶ **Definition 12.6 Fixkosten** Die Fixkosten der Produktion sind die Kosten, die anfallen, sobald eine Firma mit der Produktion beginnt und die unabhängig von der Produktionsmenge sind,

$$FC(y) = \begin{cases} 0, & y = 0 \\ FC, & y > 0 \end{cases}.$$

Im Falle der additiv-linearen Kostengleichung $\mathcal{K}_{al}$ sind Fixkosten typischerweise eine Folge bestimmter Produktionstechnologien, da die implizite Annahme ist, dass man die Menge des Inputs zum gegebenen Marktpreis frei bestimmen kann. Berücksichtigt man jedoch komplexere (und realistischere) Verträge und die daraus resultierende Kostengleichung $\mathcal{K}$, so können Fixkosten auch eine Folge von Verträgen sein, die von der obigen Struktur abweichen. Ein Beispiel sind Arbeitsverträge. In einigen Ländern mit begrenztem Arbeitslosenschutz (wie den Vereinigten Staaten von Amerika) und in einigen Branchen funktioniert der Arbeitsmarkt auf einer täglichen *Hire-and-fire*-Basis (dies wird manchmal auch als *Spotmarkt* bezeichnet). Dies führt zu Arbeitskosten, die gleich $w \cdot l$ sind. In Ländern mit umfassendem Arbeitslosenschutz sind die Arbeitskosten jedoch ganz anders. Sie sind vor der Unterzeichnung des Arbeitsvertrages gleich null und danach für eine gewisse Zeit fix. Kosten hängen mit Verträgen zusammen, und Verträge existieren innerhalb eines rechtlichen, institutionellen Rahmens. Deshalb können die Kosten manchmal unabhängig vom Produktionsvolumen sein und manchmal nicht, obwohl die zugrunde liegende Produktionstechnologie dieselbe ist.

Nehmen wir nun an, dass es Fixkosten gibt und dass die entsprechenden Verträge unterschrieben sind. In diesem Fall können die Kosten nicht vermieden werden, selbst wenn man beschließt, nichts zu produzieren. Es besteht eine Asymmetrie zwischen der *ex ante* Perspektive, bevor man den Vertrag unterschreibt, und der *ex post* Perspektive, nachdem man den Vertrag unterschrieben hat. *Ex ante* können Kosten vermieden werden, indem man den Vertrag nicht unterschreibt und nichts produziert. *Ex post* ist dies nicht mehr der Fall. Aus dieser Asymmetrie ergibt sich die folgende Definition:

▶ **Definition 12.7 Versunkene Kosten** Versunkene Kosten sind Kosten, die bereits zu einem früheren Zeitpunkt entstanden sind und somit nicht mehr vermieden werden können.

Es kann argumentiert werden, dass *ex-ante* Fixkosten *ex-post* versunkene Kosten sind. Die Formulierung ist zwar suggestiv und weit verbreitet, aber irreführend: Wenn alle Kosten Opportunitätskosten sind, dann sind versunkene Kosten überhaupt keine „echten" Kosten, weil sie sich auf Ereignisse in der Vergangenheit beziehen und daher für die anliegenden Entscheidungen irrelevant sind. Denken Sie daran, dass sich Opportunitätskosten auf Vergleiche zwischen verschiedenen Alternativen beziehen. Wenn „versunkene Kosten" die Bewertung jeder zulässigen Alternative in gleicher Weise beeinflussen, können sie die *relative* Bewertung dieser Alternativen nicht verändern, weshalb sie keine Opportunitätskosten sind.

Die Kosten, die sich mit der Produktionsmenge ändern, nennt man variable Kosten. Wenn Sie Obstbauer sind und jeden Morgen Erntehelfer für den Tag anstellen, dann sind deren Arbeitskosten auf einer täglichen Basis variabel.

▶ **Definition 12.8 Variable Kosten** Variable Produktionskosten sind die Kosten der Produktion, die sich mit der produzierten Menge ändern, $VC(y) = C(y) - FC$.

Man kann sich auch für den Durchschnitt der fixen und variablen Kosten interessieren. Das motiviert die folgenden beiden Definitionen:

▶ **Definition 12.9 Durchschnittliche Fixkosten** Die durchschnittlichen Fixkosten der Produktion einer bestimmten Menge des Guts entsprechen den Fixkosten dividiert durch die Menge, $AFC(y) = FC/y$.

▶ **Definition 12.10 Durchschnittliche Variable Kosten** Die durchschnittlichen Variablen Kosten der Produktion einer bestimmten Menge des Guts entsprechen den Variablen Kosten bei der Produktion dieser Menge dividiert durch die Menge, $AVC(y) = VC(y)/y$.

Schliesslich kann man sich auch noch dafür interessieren, um wie viel sich die Kosten verändern, wenn man eine weitere Einheit des Guts produziert:

▶ **Definition 12.11 Grenzkosten** Die Grenzkosten der Produktion sind die Kosten, die durch die Produktion einer weiteren Einheit des Guts verursacht werden, $MC(y) = dC(y)/dy$.

Die Grenzkosten $MC(y)$ können durch die partielle Ableitung der Kostenfunktion $C'(y)$ approximiert werden, wenn man infinitesimale Änderungen der Produktionsmenge zulässt. Grenzkosten spielen eine zentrale Rolle im ökonomischen Mainstream, da sie das Angebotsverhalten von gewinnmaximierenden Unternehmen wesentlich bestimmen.

Die Frage, welche Inputs zu den Fixkosten und welche zu den variablen Kosten beitragen, hängt also vom den vertraglichen Möglichkeiten ab, und diese können länder- und kulturspezifisch sein. In Ländern mit umfangreichen Kündigungsschutzgesetzen ist es schwierig, Mitarbeitende kurzfristig zu entlassen, so dass man eine gewisse Kostenstarrheit hat. In Ländern mit „Hire-and-fire"-Kulturen ist es viel einfacher, die Belegschaft kurzfristig anzupassen. Das Gleiche gilt für Kapital, für dessen Kosten man ebenfalls die Vertragsstrukturenkennen muss, um zu wissen, ob Mietverträge etc. zu den fixen oder variablen Kosten beitragen. Folgt man dieser Argumentation, so wird deutlich, dass die Frage, ob die Kosten mit dem Output variieren oder nicht, auch eine zeitliche Komponente hat. Wenn die Mindestlaufzeit eines Vertrages nicht frei bestimmt werden kann, sondern durch das Gesetz oder aus anderen Gründen vorgegeben ist, kann man nur zu den Zeitpunkten, zu denen die Verträge erneuert werden müssen, frei entscheiden, ob man die Kosten eingeht oder nicht.

Zwei Beispiele. (1) Nehmen wir an, dass der Arbeitsmarkt ein Spotmarkt ist, der Kapitalmarkt aber nicht, und dass letzterer eine Vertragsdauer von einem Jahr hat. In diesem Fall sind *ex-post*, nachdem man eine Kapitalinvestition getätigt hat, nur die Arbeitskosten innerhalb der nächsten 12 Monate flexibel. Die Kapitalkosten hingegen sind versunken. (2) Nehmen wir alternativ an, dass der Kapitalmarkt ein Spotmarkt ist, der Arbeitsmarkt aber nicht, und dass man für ein Jahr Kündigungsschutz bieten muss. In diesem Fall sind *ex-post*, nachdem man eine Person eingestellt hat, nur die Kapitalkosten für die nächsten 12 Monate flexibel. Die Arbeitskosten hingegen sind versunken.

Es ist leicht vorstellbar, dass diese Inflexibilitäten einen Einfluss auf das optimale wirtschaftliche Verhalten haben, und dass dieses Verhalten vom Planungshorizont abhängt. Aus diesem Grund unterscheidet man zwischen der sogenannten *kurzen Frist* und der sogenannten *langen Frist*. Die kurze Frist ist definiert als ein Zeitraum, in dem ein Teil der vertraglichen Verpflichtungen zu positiven, nicht vermeidbaren Fixkosten führt. Die lange Frist ist definiert als eine Zeitspanne, die ausreichend lang ist, so dass keine der vertraglichen Verpflichtungen bindend sind. Daher sind in der kurzen Frist einige der Kosten versunken, während in der langen Frist alle Kosten variabel sind. Wir werden die Relevanz dieser Unterscheidung im nächsten Kapitel sehen.

Literatur

Simon, H. A. (1957). *Models of Man: Social and Rational*. New York: Wiley.

Weiterführende Literatur

Allen, W. B. (2009). *Managerial Economics Theory, Applications, and Cases*. Norton.
Ferguson, C. E. (1969). *The Neoclassical Theory of Production and Distribution*. Cambridge University Press.
Pindyck, R., & Rubinfeld, D. (2001). *Microeconomics*. Prentice-Hall.
Png, I., & Lehman, D. (2007). *Managerial Economics*. Wiley.

Unternehmen auf Märkten mit Vollständiger Konkurrenz

13

In diesem Kapitel lernen Sie ...

- wie sich profitmaximierende Unternehmen in einem Kompetitiven Markt verhalten (verhaltenstheoretische Fundierung der Angebotsfunktion).
- wie sich die Angebotsfunktion zur Grenz- und Durchschnittskostenfunktion verhält, und was uns das über die Informationserfordernisse und die Organisationsstruktur eines Unternehmens sagt.
- die technologischen Voraussetzungen kennen, unter denen ein Kompetitiver Markt funktionieren kann.
- warum Wettbewerb die Gewinne auf null bringt, und warum das nicht schlecht ist.

13.1 Einführung

The natural price or the price of free competition ... is the lowest which can be taken. [It] is the lowest which the sellers can commonly afford to take, and at the same time continue their business. (Adam Smith, The Wealth of Nations (Smith (1776)[1991]), Book I, Chapter VII)

In diesem Kapitel werden wir uns eingehender mit der Angebotsentscheidung eines Unternehmens auseinandersetzen, welches Produkte in einem Markt mit Vollständiger Konkurrenz verkauft. Um das Problem handhabbar zu machen, müssen wir die Zielfunktion des Unternehmens spezifizieren und etwas über seine Eigentümerstruktur und interne Organisation sagen.

Die Literatur startet in der Regel mit der Annahme, dass Unternehmen versuchen, *Gewinn zu maximieren*. Wenn p der Preis eines Guts ist, welches von dem Unternehmen produziert wird, y die Menge dieses Guts und $C(y)$ die Kostenfunktion, sind die Gewinne $\pi(y) = p \cdot y - C(y) = R(y) - C(y)$, wobei $R(y)$ die Erlöse sind. Eine Möglichkeit, diese Zielfunktion zu begründen, besteht in der Rückbindung an die Interessen der Eigentümer. Nehmen wir an, das Unternehmen befinde sich im Eigentum einer einzigen Person, deren Ziel es ist, ein möglichst grosses Einkommen zu erwirtschaften. Welches Ziel würde sie dem Unternehmen geben, um ihr eigenes Ziel zu erreichen? Offenbar entspricht der Zuwachs an Einkommen, der aus der unternehmerischen Aktivität resultiert, dem Gewinn des Unternehmens: Die Eigentümerin muss die Kosten des Unternehmens tragen und erhält dafür die Erlöse. Was als Einkommen übrig bleibt, ist der Gewinn. Wenn also einkommensmaximierende Eigentümer in Unternehmen investieren, ist es in ihrem Interesse, dass die Unternehmen den Gewinn maximieren. Wenn die Eigentümer andere Interessen haben, kann dies zu anderen Zielvorstellungen für die Unternehmen führen, aber es ist ein guter Ausgangspunkt anzunehmen, dass die meisten Anteilseigner von Unternehmen in diese investieren, weil sie damit möglichst viel Geld verdienen wollen.

Exkurs 13.1. Die Grenzen der Gewinnmaximierung. Informationen, Verträge und die Organisation von Unternehmen

Die Vorstellung, dass einkommensmaximierende Eigentümer sicherstellen wollen, dass die Manager Unternehmensgewinne maximieren, ist einfach und erklärungsmächtig. Es ist aber auch eine Quelle wissenschaftlicher Debatten, und zwar aus normativen wie auch aus positiven Gründen. Aus der Perspektive der positiven Ökonomik wird argumentiert, dass Unternehmen nicht immer Gewinne maximieren. Abweichungen von der Annahme können sehr unterschiedliche Ursachen haben. Zum Beispiel kann es an unvollständigen Informationen über Erlöse und Kosten liegen. Dies ist ein praktisches Problem und kann zu Verhalten führen, welches der Annahme der Gewinnmaximierung anscheinend widerspricht. Allerdings kann man diese Schlussfolgerung nur sehr schwierig ziehen. Wie wir zuvor schon argumentiert haben, ist es ein wichtiges Ziel des Controlling, Informationen bereitzustellen, die es erlauben, Entscheidungen zu unterstützen. Wenn die Informationen schlecht sind, so sind es auch die Entscheidungen. Das heisst aber nicht, dass das Unternehmen nicht das Ziel der Gewinnmaximierung hat, ihm fehlen lediglich die Informationen, um es zu verwirklichen.

Ein weiterer wichtiger Grund, warum Abweichungen von dem Ziel der Gewinnmaximierung auftreten können, liegt in der komplexen Struktur von Unternehmen. Es lässt sich als ein Netzwerk von individuellen Interaktionen beschreiben, und jedes Individuum verfolgt seine eigenen Ziele, die nicht dem der Gewinnmaximierung entsprechen müssen. Die zentrale Frage ist dann, ob es möglich ist, durch die Gestaltung der Anreizsysteme und Unternehmenskultur die Interessen der Mitarbeitenden mit denen der Eigentümer zur Deckung zu bringen. Nehmen wir als Beispiel den CEO eines Unternehmens, welches nicht durch die Eigentümerin geführt wird, und nehmen wir an, dass Eigentümerin wie Manager ihre Einkommen maximieren wollen. Das Einkommen des Managers hängt von dem Vertrag ab, welchen er mit der

(Fortsetzung)

Eigentümerin schliesst. Daher ist es eine Frage der Vertragsgestaltung, ob der Manager sich in seinem Handeln an den Interessen der Eigentümerin orientiert. (Man kann einen solchen Vertrag als einen Anreizmechanismus verstehen. Ein optimaler Vertrag ist dann dadurch gekennzeichnet, dass er zu einer Internalisierung aller potenziellen Externalitäten zwischen Eigentümerin und Manager führt.) Daher ist die entscheidende Frage, wie ein solcher Vertrag gestaltet werden sollte, damit der Manager Sachwalter der Eigentümerinteressen ist. Bei einem schlecht gestalteten Vertrag wird der Manager seine Handlungsspielräume nutzen, um sein eigenes Einkommen zu maximieren, und das ist unverträglich mit der Einkommensmaximierung für die Eigentümer und damit auch der Maximierung der Unternehmensgewinne. Ein Beispiel könnte ein Vertrag mit Bonuszahlungen sein, der einen Anreiz zur Maximierung der kurzfristigen zu Lasten der langfristigen Unternehmensgewinne bietet.

Wir gehen im Folgenden von den vereinfachenden Annahmen aus, dass die Eigentümer ihr Einkommen maximieren wollen, dass die geltenden Arbeitsverträge die Interessen von Eigentümern und Management perfekt zur Deckung bringen und dass das Controlling hinreichend präzise in der Lage ist, Informationen über Erlöse und Kosten zu ermitteln. Mit anderen Worten gehen wir davon aus, dass Unternehmen Gewinne maximieren. Dieser Fall dient als Grenzfall, von dem ausgehend man dann Abweichungen diskutieren kann.

Es ist sinnvoll, die Zielfunktion explizit einzuführen. Das Unternehmen maximiert Gewinne, indem es die Produktionsmenge eines Guts festlegt. Damit gilt:

$$\max_{y} p \cdot y - C(y).$$

Die Annahme des Vollständigen Wettbewerbs findet sich in der obigen Problembeschreibung wieder, da der Preis als Parameter, als erklärende Variable des Problems auftaucht, das Unternehmen ihn also als gegeben hinnimmt. Die obige Formulierung des Problems geht ausserdem davon aus, dass die produzierten und die verkauften Mengen gleich sind, dass Unternehmen also keine Lagerhaltung betreiben.

Das Konzept des Grenzerlöses wird sich als nützlich zum Verständnis der Verhaltensanreize des Unternehmens erweisen.

▶ **Definition 13.1 Grenzerlöse** Die Grenzerlöse einer Menge des Guts entsprechen den Erlösen, die durch den Verkauf einer weiteren Einheit des Guts erzielt werden, $MR(y) = dR(y)/dy$.

Was bedeutet die Annahme der Gewinnmaximierung für das Angebotsverhalten eines Unternehmens? Das folgende Gedankenexperiment entwickelt die entscheidende Intuition. Nehmen wir an, das Unternehmen produziere eine Menge, bei der die Grenzerlöse grösser als die Grenzkosten sind. Was würde mit den Gewinnen passieren, wenn das Unternehmen eine weitere Einheit des Guts produziert? Da Gewinne gleich Erlöse minus Kosten sind, müssen diese steigen: Die weitere Einheit des Guts bringt mehr zusätzliche Erlöse, als sie zusätzlich kostet. Daher steigt der Gewinn; das Unternehmen hat einen Anreiz, die Produktion auszuweiten. Nehmen wir als nächstes an, das Unternehmen produziere eine Menge, bei der die Grenzerlöse kleiner als die Grenzkosten sind. Was würde mit den Gewinnen passieren, wenn das Unternehmen eine weitere Einheit des Guts produziert? In diesem Fall wird der Gewinn sinken, da die zusätzliche Einheit des Guts weniger erlöst als sie kostet. Daher wäre es im Interesse des Unternehmens, die Produktion zu reduzieren. Aber wenn wir diese beiden Überlegungen zusammennehmen, kennen wir das gewinnmaximierende Verhalten eines Unternehmens: Es wird die Produktion bis zu der Menge ausdehnen, bei der Grenzerlös gleich Grenzkosten ist. In allen anderen Situationen kann es durch Ausweitung oder Einschränkung der Produktion den Gewinn noch steigern.

Diese Bedingung kann auch analytisch ermittelt werden, indem wir die erste Ableitung der Gewinnfunktion ermitteln und diese dann gleich null setzen. Da der Preis auf einem Markt mit vollständiger Konkurrenz aus Sicht eines Unternehmens fix ist (es ist ein Preisnehmer), entsprechen die Grenzerlöse dem Preis des Guts, $MR(y) = p$, und wir erhalten:

$$\pi'(y) = p - C'(y) = p - MC(y) = 0.$$

Wir bezeichnen die Menge, bei der die obige Gleichung erfüllt ist, mit y^*. Dieses Ergebnis ist für die Theorie des Unternehmensverhaltens von zentraler Bedeutung: Ein gewinnmaximierendes Unternehmen auf einem Markt mit vollständiger Konkurrenz bestimmt seine Produktionsmenge nach der ,Preis-gleich-Grenzkosten'-Regel, da die Grenzerlöse gleich dem Preis sind. Diese Regel hat mehrere wichtige Implikationen, die wir im Folgenden herausarbeiten werden. Sie basiert aber auch auf Voraussetzungen, die wir bisher implizit als erfüllt angenommen haben und die wir für eine Vervollständigung unseres Verständnisses der Angebotsseite ebenfalls diskutieren müssen. Wir beginnen mit den Implikationen der Regel.

Die erste und für Ökonomen wichtigste Implikation ist der Zusammenhang zwischen Kosten- und Angebotsfunktion, der durch die Regel geschaffen wird. Die Bedingung $p = MC(y)$ etabliert einen Zusammenhang zwischen Preis p und Menge y. Die Angebotsfunktion eines Unternehmens schafft denselben Typ von Zusammenhang, $y = y(p)$. Sie ordnet jedem Preis eine Menge zu. Wenn wir uns die Inverse der Grenzkostenfunktion anschauen, erhalten wir $y = MC^{-1}(p)$. Aber diese Funktion hat Preise als Definitionsbereich und Mengen als Wertebereich. Die Schlussfolgerung aus dieser Beobachtung ist, dass die Angebotsfunktion eines Unternehmens seiner inversen Grenzkostenfunktion entspricht. Wenn wir das Angebotsverhalten eines Unternehmens auf einem kompetitiven Markt beobachten, können wir ,durch die Angebotsfunktion schauen' und erhalten Informationen über die Grenzkosten.

Dieses Ergebnis erlaubt uns ein vertieftes Verständnis des Konzepts der Verkaufsbereitschaft aus Kap. 5: Dort hatten wir argumentiert, dass ein Punkt auf der Angebotsfunktion als der minimale Preis interpretiert werden kann, den man einem Unternehmen bezahlen muss, damit es bereit ist, die jeweilige Einheit des Guts zu verkaufen. Dieser Preis entspricht mit unserem obigen Ergebnis gerade den Grenzkosten des Unternehmens. Und das ergibt Sinn: Die Grenzkosten geben an, wieviel die Produktion einer weiteren Einheit des Guts kostet. Wenn das Unternehmen mehr dafür bekommt, erzielt es Gewinn, bekommt es weniger, macht es Verlust. Daher ist ein Unternehmen gerade indifferent zwischen Verkauf und Nichtverkauf, wenn es für das Gut die Grenzkosten erhält.

Die ‚Preis-gleich-Grenzkosten'-Regel hat auch wichtige betriebswirtschaftliche Folgen. Um diese Regel in die Praxis umzusetzen, benötigt eine Managerin Informationen über den Marktpreis und die Grenzkostenfunktion. Das hat Implikationen für die Organisation des Unternehmens. Neben der Produktionsstätte, in der die Güter gefertigt werden, benötigt das Unternehmen eine Abteilung für Controlling, welche Informationen über Kosten sammelt und weitergibt sowie den Marktpreis beobachtet und gegebenenfalls zukünftige Entwicklungen prognostiziert. Die Organisation eines Unternehmens auf einem Markt mit Vollständiger Konkurrenz ist nicht sehr schwierig. Allerdings ist es von entscheidender Bedeutung, dass die Controlling-Abteilung die richtigen Zahlen liefert, da der Erfolg der Angebotsentscheidung davon abhängt, die Grenzkosten genau bestimmen zu können.

Leider ist das Leben für eine Managerin, die auf einem solchen Markt anbietet, und für Ökonomen, die ihn untersuchen, nicht ganz so einfach, wie die obige Regel anzudeuten scheint. Daher müssen wir im Folgenden die ‚Preis-gleich-Grenzkosten'-Regel in einen grösseren Zusammenhang einbetten, um ein umfassendes Verständnis ihrer Rolle zu entwickeln. Wir werden dazu drei Aspekte näher beleuchten, die technologischen Bedingungen, unter denen ein Markt mit Vollständiger Konkurrenz überhaupt funktionieren kann, kurz- und langfristige Angebotsentscheidungen und das Verhältnis zwischen individuellem Angebot und Marktangebot.

13.2 Produktionstechnologie und Marktstruktur

Wir haben argumentiert, dass sich die gewinnmaximierende Produktionsentscheidung anhand der folgenden Bedingung ableiten lässt:

$$\pi'(y^*) = p - C'(y^*) = p - MC(y^*) = 0.$$

Wir werden diese Bedingung zunächst aus einer rein mathematischen Perspektive hinterfragen und später dann die ökonomischen Intuitionen ableiten. Dieses Verfahren soll illustrieren, wie man durch ein Miteinander von mathematischer und ökonomischer Argumentationsweise das Verständnis ökonomischer Phänomene verbessern kann.

Vielleicht erinnern Sie sich daran, dass Sie im Mathematikunterricht während Ihrer Schulzeit gelernt haben, dass die Erfüllung sogenannter Bedingungen erster Ordnung nur notwendig, aber nicht hinreichend für die Charakterisierung eines

Maximums einer Funktion sind. Das Einzige, was eine erste Ableitung, die den Wert Null annimmt, sicherstellt, ist, dass die Funktion an dieser Stelle ‚flach' ist. Bei dieser flachen Stelle kann es sich um ein Maximum, ein Minimum oder einen Wendepunkt handeln. Um sicherzustellen, dass wir mit der Bedingung erster Ordnung ein Maximum charakterisieren, müssen wir zusätzlich die sogenannte Bedingung zweiter Ordnung anschauen. Die zweite Ableitung der Gewinnfunktion lautet:

$$\pi''(y) = -C''(y).$$

Die Bedingung zweiter Ordnung für ein Maximum sagt uns etwas über die Krümmung der Funktion. Wir müssen sicherstellen, dass die Gewinnfunktion einen ‚Buckel' hat, oder technischer ausgedrückt, dass sie strikt konkav ist. (Zusätzlich müssen wir auch noch sicherstellen, dass ein inneres Optimum existiert. Eine technische Bedingung, die dies sicherstellt, ist $p > MC(0)$ and $p < \lim_{y \to \infty} MC(y)$.) Dies gilt, wenn die zweite Ableitung der Gewinnfunktion negativ ist,

$$\pi''(y) = -C''(y) < 0 \Leftrightarrow C''(y) > 0.$$

Abb. 13.1 zeigt ein Beispiel.

Im oberen Teil von Abb. 13.1 werden die Gewinne des Unternehmens für alle möglichen Gütermengen dargestellt. Der Graph ist invers u-förmig. Die Bedingung erster Ordnung identifiziert die Menge, bei der die Steigung der Gewinnfunktion null ist. Dieser Punkt charakterisiert hier ein Maximum. Im unteren Teil von Abb. 13.1 werden die Gewinne in Erlöse und Kosten zerlegt. Die gerade Linie repräsentiert die Erlöse als Funktion von y. Die Erlöse sind linear im Output, da dieser einfach nur mit dem exogenen Preis multipliziert wird. Die Kosten steigen in diesem Beispiel überproportional. Die Gewinne entsprechen der *vertikalen* Differenz zwischen der Erlös- und der Kostenkurve. Das Unternehmen versucht nun, den Output zu finden, bei dem diese vertikale Differenz maximal gross ist. Dieser Punkt ist erreicht, wenn beide Funktionen dieselbe Steigung haben. Die Steigung der Erlösfunktion ist p und die Steigung der Kostenfunktion ist $MC(y)$.

Bisher haben wir mathematisch argumentiert. Kann man aus einer solchen Argumentation etwas als Ökonom lernen? Zunächst einmal sehen wir, dass die Bedingung für ein Gewinnmaximum die Klasse der zulässigen Kostenfunktionen auf solche begrenzt, die überproportional steigen, also deren Grenzkosten steigend im Output sind. Hier ist ein Beispiel. Nehmen Sie an, Sie investieren Zeit, um sich auf eine Prüfung vorzubereiten. Je mehr Zeit Sie auf die Vorbereitung verwenden, umso besser ist Ihre erwartete Note. Dabei ist es relativ einfach, mit einer genügenden Note zu bestehen, aber es wird immer schwieriger und damit zeitaufwändiger, wenn bessere Noten erreicht werden sollen. Dieser Zusammenhang zwischen Vorbereitungszeit und erwartetem Erfolg illustriert als ‚Daumenregel' die sogenannte 80-20-Regel (auch als Pareto-Prinzip bekannt), die besagt, dass in vielen Situationen 80 % des Ergebnisses mit 20 % des Aufwands erreicht werden kann. Im Beispiel bedeutet dies, dass Sie 80 % Ihrer Leistung in 20 % der Vorbereitungszeit erreichen, die restlichen 20 % der Leistungsfähigkeit aber

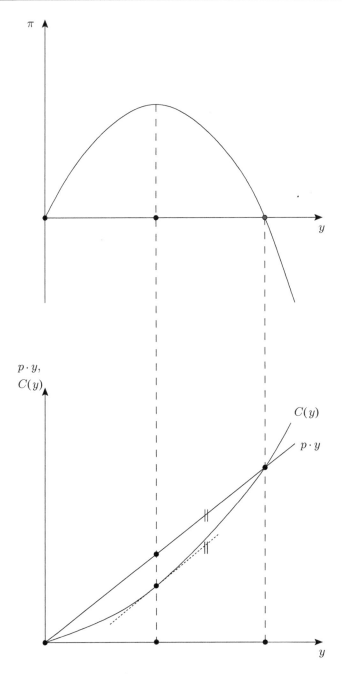

Abb. 13.1 Gewinn als Funktion des Outputs

die verbleibenden 80 % der Zeit erfordern. Dieses Prinzip lässt sich auf viele Produktionsprozesse anwenden, und intellektuelle oder physische Fitness sind dabei nur Beispiele. Wenn man natürliche Ressourcen wie ein Ölfeld ausbeuten will, ist dies zu Beginn in der Regel recht einfach, wird dann aber immer aufwändiger, je mehr der Ressource schon ausgebeutet wurde. Analog ist es relativ einfach, die Erntemenge auf einem gegebenen Stück Land zu Beginn zu vergrössern, wird dann aber immer schwieriger, je grösser die Erntemenge bereits ist.

Die obige Argumentation bediente sich technologischer Erklärungen für zunehmende Grenzkosten, und genau aus diesem Grund haben wir den Zusammenhang zwischen Produktionsfunktion und Kostenfunktion im vergangenen Kapitel hergestellt: Wenn die Inputmärkte kompetitiv sind, ist die Struktur der Kostenfunktion eindeutig durch die Struktur der Produktionsfunktion bestimmt. Im Modell mit einem Input sind sie (bis auf einen Skalierungsfaktor, der durch den Inputpreis bestimmt wird) invers zueinander. Das bedeutet aber, dass zunehmende Grenzkosten genau dann existieren, wenn die Grenzproduktivität abnimmt, wenn es also immer schwieriger wird, durch den Einsatz von Inputs den Output weiter zu erhöhen.

Nehmen wir nun im Gegenteil an, dass die Grenzkosten fallen. In diesem Fall charakterisiert die Bedingung erster Ordnung ein Gewinnminimum. Was bedeutet dieses Ergebnis ökonomisch? Abb. 13.2 illustriert den Fall.

Abb. 13.2 zeigt die Erlöse (gerade Linie) und Kosten (gebogene Linie) als Funktionen des Outputs. Es wird ersichtlich, dass der Output, bei dem der Preis den Grenzkosten entspricht, ein Gewinnminimum charakterisiert. In einer solchen Situation hat ein Unternehmen im Wesentlichen zwei Strategien zur Verfügung. Es kann entweder den Markt verlassen und an der Stelle $y = 0$ Gewinne von null erzielen (Pfeil nach links). Oder es kann versuchen, soweit wie möglich zu wachsen (Pfeil nach rechts). Wenn das Unternehmen es schafft, einen Output grösser als y^{be} zu erreichen, kommt es in die Gewinnzone. Aber es sollte dort nicht stoppen; die Abbildung zeigt, dass das Unternehmen so viel wie nur eben möglich produzieren sollte, denn die Gewinne steigen ab diesem Punkt monoton im Output. Aber diese Strategie ist inkompatibel mit der Annahme des Preisnehmerverhaltens, da diese davon ausgeht, dass das Unternehmen so klein im Markt ist, dass es mit seiner Menge den Preis nicht beeinflussen kann. Wenn das Unternehmen aber so gross wird, dass es den ganzen Markt beliefern kann, dann kann es auch die Preise beeinflussen. Daraus folgt, dass die Annahme Vollständigen Wettbewerbs und die Annahme abnehmender Grenzkosten logisch inkompatibel sind.

Die Schlussfolgerung aus dieser Feststellung ist, dass Märkte mit Vollständigem Wettbewerb kein Universalschlüssel zur Lösung des Organisationsproblems der Ökonomie sind. Wenn die Kosten $\mathcal{K}$ linear in den Faktormengen sind, können solche Märkte nur existieren, wenn die Industrie mit der ‚richtigen' Technologie produziert, und es gibt eine grosse Anzahl von Industrien, für die dies nicht gilt.

Der Grenzfall konstanter Grenzkosten verdient ebenfalls besondere Aufmerksamkeit. Abb. 13.3 zeigt die Erlöse und Kosten als Funktionen des Outputs.

Konstante Grenzkosten führen dazu, dass die Kostenfunktion linear ist, $C(y) = c \cdot y$, mit $c > 0$. Es gibt nun drei mögliche Fälle, die Kostenfunktion ist steiler als die Erlösfunktion, $c > p$, flacher, $c < p$, oder beide haben dieselbe Steigung. Die

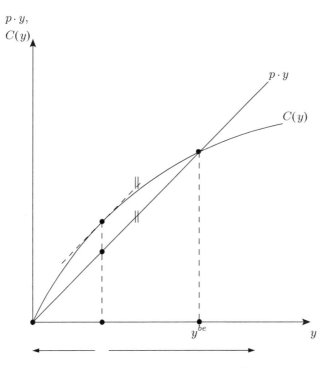

Abb. 13.2 Kosten und Erlöse, wenn Kosten unterproportional im Output steigen

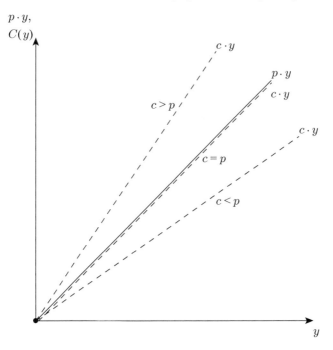

Abb. 13.3 Kosten und Erlöse, wenn Kosten proportional im Output steigen

ökonomischen Implikationen dieser Fälle sind einfach zu bestimmen. Falls $c > p$ gilt, ist das Beste, was das Unternehmen tun kann, den Markt zu verlassen, da es sonst sichere Verluste macht. Falls $c < p$ gilt, ist die umgekehrte Strategie optimal. Das Unternehmen sollte unbegrenzt wachsen, was wiederum logisch inkompatibel mit der Annahme Vollständigen Wettbewerbs ist. Daher verbleibt nur ein Fall, für den Vollständiger Wettbewerb mit konstanten Grenzkosten funktionieren kann: $c = p$. In diesem Fall ist das Unternehmen indifferent zwischen allen Produktionsniveaus, da es immer Gewinne von null erzielt. (An anderer Stelle wird ausführlich erklärt, warum Nullgewinne nicht gleichbedeutend mit der Abwesenheit von Handelsgewinnen sind. Gewinne von null bedeuten lediglich, dass die Eigenkapitalgeber keine Verzinsung erwarten können, die über dem Marktzins für Fremdkapital liegt. Daher kann davon ausgegangen werden, dass das Unternehmen auch bei Gewinnen von null einen Anreiz hat, weiter zu produzieren.)

13.3   Die lange und die kurze Frist

In Kap. 12 wurde argumentiert, dass in Abhängigkeit vom Zeitraum und der Vertragsstruktur manche Kosten fix und andere variabel sind. Die ‚Preis-gleich-Grenzkosten‘-Regel ging von der impliziten Annahme aus, dass das Unternehmen eine positive Menge anbietet. Es kann sich aber auch immer dazu entscheiden, den Markt zu verlassen, und dies ist immer dann eine kluge Entscheidung, wenn es Verluste macht, die durch einen Marktaustritt reduziert werden können. Diese Behauptung mag im Zusammenhang mit den Bemerkungen zur Vertragsstruktur nach dem ersten Lesen etwas merkwürdig erscheinen, so dass wir tiefer einsteigen müssen, um zu verstehen, was es damit auf sich hat.

Nehmen wir an, ein Unternehmen produziert mit Fixkosten $F > 0$ und variablen Kosten,

$$C(y) = \begin{cases} 0, & \text{für} \quad y = 0 \\ VC(y) + F, & \text{für} \quad y > 0 \end{cases}.$$

Weiter nehmen wir an, dass die Grenzkosten steigen. Diese Situation ist in Abb. 13.4 für das Beispiel $VC(y) = 0{,}5 \cdot y^2$ dargestellt. Bitte überprüfen Sie, dass diese Funktion zu einer Grenzkostenfunktion $MC(y) = y$ für alle $y > 0$ führt.

In Abb. 13.4 gibt die horizontale Linie p den Marktpreis wieder, und die lineare, monoton steigende Linie die Grenzkosten. Falls das Unternehmen im Markt bleibt, wird es die Menge anbieten, bei der Preis gleich Grenzkosten ist. Diese Menge ist mit y^* bezeichnet. Die Gesamterlöse für den Output y^* sind $p \cdot y^*$ und können durch die rechteckige Fläche $0pAy^*0$ dargestellt werden. Da die Grenzkosten der ersten Ableitung der variablen Kostenfunktion entspricht, muss die dreieckige Fläche $0Ay^*0$ unterhalb der Grenzkostenkurve den variablen Kosten für y^* entsprechen. Daher ist die Produzentenrente $PS(y^*)$ gleich der dreieckigen Fläche $0pA0$ und entspricht dem Erlös minus den variablen Kosten.

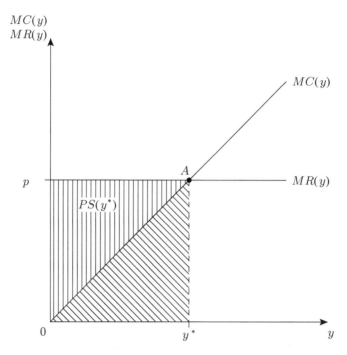

Abb. 13.4 Erlöse und variable Kosten

Wir haben hier einen allgemeinen Zusammenhang entdeckt. Vielleicht haben Sie sich gewundert, warum wir als Mass für die Handelsgewinne, die beim Unternehmen anfallen, das Konzept der Produzentenrente und nicht den Gewinn eingeführt haben. Der Grund ist, dass der Gewinn die Fixkosten berücksichtigt, wohingegen die Produzentenrente die Fixkosten ausschliesst. Wir können den folgenden Zusammenhang zwischen Gewinn und Produzentenrente herstellen:

$$\pi(y) = PS(y) - FC.$$

Daraus folgt, dass Gewinn und Produzentenrente genau dann zusammenfallen, wenn es keine Fixkosten gibt, $FC = 0$. In diesem Fall entspricht die Fläche $0pA0$ auch dem Gewinn. Wenn die Produktion hingegen vorab Investitionen erfordert, ist der Gewinn kleiner als die Produzentenrente.

Die einfachste Art zu sehen, wie Fixkosten Gewinne beeinflussten, ist durch die Hinzufügung der Durchschnittskostenkurve zur Abbildung. Sie ist gleich

$$AC(y) = \frac{VC(y)}{y} + \frac{FC}{y} = 0{,}5 \cdot y + \frac{FC}{y},$$

falls $y > 0$. Eine genauere Betrachtung dieser Funktion zeigt, dass der Graph u-förmig ist: Der erste Summand ist eine linear steigende Funktion und der zweite

Summand ist hyperbolisch. Daher muss die Summe einen u-förmigen Graph haben. Gibt es sonst etwas, das wir über die Durchschnittskostenkurve sagen können? Ja, sie wird von der Grenzkostenkurve im Minimum geschnitten. Um dies intuitiv zu verstehen, betrachten Sie den Bereich, in dem die Durchschnittskosten fallen. In diesem Bereich müssen die Grenzkosten kleiner als die Durchschnittskosten sein: Wenn der Durchschnitt an einen gegebenen Punkt fällt, bedeutet das, dass die zusätzlich hinzukommenden Kosten kleiner als der Durchschnitt an diesem Punkt sein müssen. Umgekehrt gilt aber auch, dass eine steigende Durchschnittskostenkurve impliziert, dass die Kosten der letzten produzierten Einheit grösser als der Durchschnitt sein müssen, damit dieser ‚nach oben gezogen‘ werden kann.

Um dies algebraisch zu sehen, schauen wir uns das Minimum der Durchschnittskosten an. Wenn es ein inneres Minimum m gibt, dann ist es an einer Stelle, an der die Ableitung den Wert null annimmt. Mit Hilfe der Quotientenregel ergibt das die folgende Bedingung:

$$AC'(y^m) = 0 \Leftrightarrow \frac{C'(y^m) \cdot y - C(y^m)}{(y^m)^2} = 0.$$

Für $y^m > 0$ kann diese Bedingung wie folgt vereinfacht werden (man multipliziert mit $(y^m)^2$, was möglich ist, da $y^m > 0$):

$$C'(y^m) \cdot y^m - C(y^m) = 0.$$

Wenn man durch y^m dividiert und die Ausdrücke umformt, erhält man das gewünschte Ergebnis:

$$C'(y^m) = \frac{C(y^m)}{y^m} \Leftrightarrow MC(y^m) = AC(y^m).$$

(Dieselbe Rechnung kann für die durchschnittlichen variablen Kosten durchgeführt werden.) Abb. 13.5 zeigt die Grenzkosten- und die Durchschnittskostenkurve für den Fall $FC = 10$.

Beachten Sie, dass $AC(y) = C(y)/y$ oder $C(y) = AC(y) \cdot y$ gilt. Das bedeutet aber, dass die Gesamtkosten eines bestimmten Outputs y durch die rechteckige Fläche $0ABy0$ gegeben sind.

Mit diesen Voraussetzungen können wir nun zum Verhältnis zwischen Produzentenrente und Gewinn zurückkehren, oder auch zur Rolle von (vermeidbaren) Fixkosten für das Verhalten von Unternehmen. Unterschiedliche Niveaus von Fixkosten erzeugen eine Schar von Durchschnittskostenkurven, wobei höhere Kurven mit höheren Fixkosten einhergehen.

In Abb. 13.6 wird die Grenzkostenkurve und eine Schar von Durchschnittskostenkurven für unterschiedliche Werte von FC dargestellt.

Es gibt eine Durchschnittskostenkurve, die von besonderem Interesse ist. Es ist diejenige, die sich mit der Grenzkostenkurve an der Stelle schneidet, an der Preis gleich Grenzkosten ist. Wir nennen die zu dieser Kurve gehörigen Fixkosten FC'. Dieser Fall ist in Abb. 13.7 illustriert.

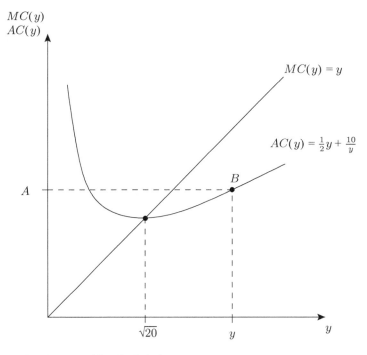

Abb. 13.5 Grenzkosten und Durchschnittskosten

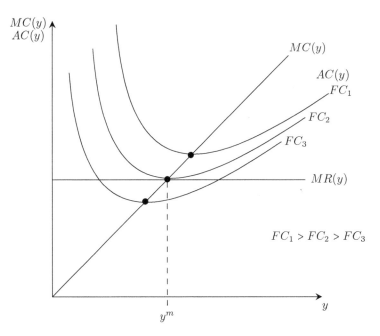

Abb. 13.6 Durchschnittskosten mit unterschiedlichen Fixkosten

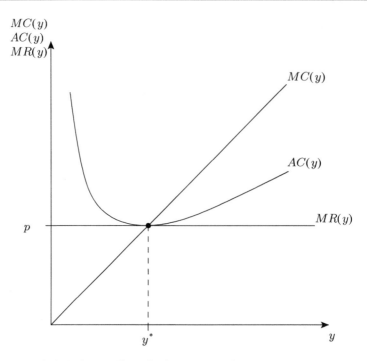

Abb. 13.7 Durchschnittskosten, die zu Gewinnen von null führen

Wir wissen bereits, dass die Erlöse an der Stelle y^* gleich der Fläche $0pAy^*0$ sind, und dass die Produzentenrente gleich der Fläche $0pA0$ ist. Weiterhin kennen wir die Kosten als Fläche $0pAy^*0$ an der Stelle y^*, so dass der Gewinn gleich null sein muss. In dieser Situation reicht die Produzentenrente gerade aus, um die Fixkosten zu decken. Wenn die Fixkosten kleiner sind, erwirtschaftet das Unternehmen Gewinne und bleibt im Markt. Was passiert aber, wenn die Fixkosten grösser sind? In diesem Fall würde das Unternehmen negative Gewinne (also Verluste) erwirtschaften. Kann das Unternehmen irgendetwas tun, um diese Verluste zu vermeiden? Ja, wenn man es mit Fixkosten zu tun hat, die man ex-ante, bevor zum Beispiel die Entwicklung eines neuen Produkts startet, vermieden werden können. Zu diesem Zeitpunkt sind die Gewinne, wenn man sich entscheidet, gar nicht erst in den Markt einzusteigen, Null, und das ist besser als ein Markteinstieg, da man die Fixkosten nicht durch die Produzentenrente refinanziert bekommt. Dieses Ergebnis führt zu einer wichtigen Erweiterung der optimalen Angebotsstrategie. Langfristig, wenn alle Kosten dadurch vermieden werden können, dass man gar nicht erst in den Markt einsteigt, bestimmt sich die optimale Angebotsmenge nach der ‚Preis-gleich-Grenzkosten'-Regel, wenn der Marktpreis grösser als die (oder gleich den) Durchschnittskosten ist, andernfalls bietet das Unternehmen nicht an. Die individuelle Angebotsfunktion entspricht damit der Inversen der Grenzkostenfunktion, wenn der Preis (schwach) grösser als die Durchschnittskosten ist, und null sonst.

Kommen wir nun zu einem leicht abgewandelten Fall. Im Gegensatz zur vorherigen Situation sei das Unternehmen bereits eine vertragliche Verpflichtung eingegangen, welches aus fixen versunkene Kosten macht, also mit anderen Worten zu ‚Kosten‘, die durch ein Verlassen oder Nichtbetreten des Marktes nicht vermieden werden können. In diesem Fall gilt dieselbe Analyse wie in Abb. 13.7 mit dem einzigen Unterschied, dass die Gewinne für $y = 0$ nicht null sind, sondern negativ bleiben. Daher ist das Beste, was das Unternehmen tun kann, die Verluste zu minimieren, und das bedeutet, im Markt zu bleiben und nach der ‚Preis-gleich-Grenzkosten‘-Regel anzubieten. Diese Regel führt zu Verlusten, aber diese sind kleiner als die Verluste bei einem Angebot von Null; die Produzentenrente reicht aus, um einen Teil der nicht vermeidbaren Kosten zu decken. Abb. 13.8 vergleicht die beiden Szenarien.

Die steigende Kurve sind die Grenzkosten, und die u-förmige Kurve sind die Durchschnittskosten. *Die Angebotsfunktion entspricht dem Teil der Grenzkosten-kurve oberhalb der Durchschnittskosten, wenn die Fixkosten vermeidbar, und der gesamten Kurve, wenn sie nicht vermeidbar sind. Kosten, die vom Unternehmen nicht beeinflusst werden können, haben auch keinen Einfluss auf sein optimales Verhalten.* Oder, um es kurz zu fassen: *Sunk costs are sunk.*

An dieser Stelle muss die Rolle von Versunkenen Kosten in der Standardtheorie noch etwas genauer beleuchtet werden. Es ist allgemein anerkannt, dass rationale Entscheider Versunkene Kosten ignorieren sollten: Was man nicht beeinflussen

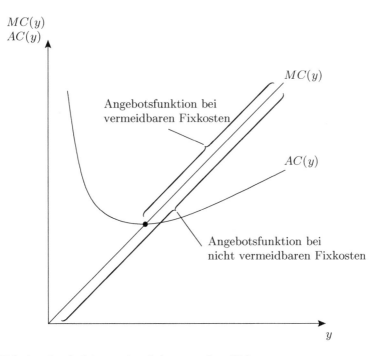

Abb. 13.8 Angebotsfunktionen mit und ohne versunkene Fixkosten

kann, sollte umgekehrt die Entscheidung auch nicht beeinflussen. Wir nennen dies das Sunk-Cost-Prinzip. Es ist ein im Allgemeinen vernünftiges und wichtiges normatives Prinzip: Kümmere Dich nicht um die Vergangenheit, wenn diese keinen Einfluss mehr auf die Zukunft hat (aber lies auch den nächsten Exkurs). Es ist aber nicht klar, ob dieses Prinzip auch einen hohen Erklärungsgehalt für tatsächliches Verhalten hat. In einer ganzen Reihe von Situationen beziehen Menschen Versunkene Kosten in ihre Entscheidungen ein, auch wenn sie dies nach dem Sunk-Cost-Prinzip nicht tun sollten.

Ein Beispiel ist das empirisch beobachtbare Phänomen des *Mental Accounting*. Dieser Begriff steht für das Phänomen, dass Menschen unterschiedliche finanzielle Titel in unterschiedlichen ‚mentalen Konten' ablegen und ihren Erfolg separat beurteilen, auch wenn ein rationaler Entscheider nur den Erfolg des gesamten Portfolios anschauen würde. Nehmen wir zum Beispiel an, Sie hätten gleich viel in zwei unterschiedliche Wertpapiere investiert. Wenn Sie heute verkaufen würden, hätten Sie mit Wertpapier *A* CHF 5'000 verdient und mit Wertpapier *B* CHF 5'000 verloren. Sie müssen ein Wertpapier verkaufen, da Sie Liquidität benötigen. Eine rationale Person würde den vergangenen Erfolg eines Wertpapiers nur dann in ihre Entscheidung einfliessen lassen, wenn sie davon ausgeht, dass der vergangene Erfolg mit dem zukünftigen Erfolg positiv oder negativ korreliert ist, so dass man aus der Vergangenheit lernen kann. Andernfalls sollten vergangene Gewinne und Verluste irrelevant für die Entscheidung sein, ob Wertpapier *A* oder *B* verkauft wird. Was man aber empirisch beobachtet, ist, dass die meisten Menschen eine Tendenz haben, das erfolgreiche Wertpapier *A* zu verkaufen, welches sich nur dann rational erklären lässt, wenn man annimmt, dass sie den vergangenen Erfolg als Indikator für zukünftigen Misserfolg nehmen. Eine wahrscheinlichere Erklärung ist allerdings, dass sie beide Wertpapiere in unterschiedlichen mentalen Konten verbucht haben und emotional auf Gewinne und Verluste reagieren, die sie tatsächlich durch einen Verkauf realisieren müssen. Eine Kapitalisierung der Gewinne durch einen Verkauf von Wertpapier *A* gibt einem ein gutes Gefühl, da man erfolgreich war, und es erlaubt einem, das negative Gefühl zu vermeiden, welches sich eingestellt hätte, wenn man die Verluste mit Wertpapier *B* realisiert hätte. Diese emotionale Voreinstellung beeinflusst das Verhalten und ist inkompatibel mit dem Sunk-Cost-Prinzip. Die Tendenz, weitere Ressourcen in verlustträchtige Investitionsprojekte zu stecken, oder auch ‚gutes dem schlechten Geld hinterherzuwerfen', nennt man auch den *Sunk-Cost-Fehlschluss*.

Exkurs 13.2. Evolution, Gefühle und Versunkene Kosten. Wann die Berücksichtigung Versunkener Kosten Vorteile haben kann
Es scheint, als seien Abweichungen von Sunk-Cost-Prinzip immer schlecht. Aber wenn dem so wäre, stellte sich die Frage, warum unsere Gehirne sich so entwickelt haben, dass sie systematisch anscheinend irrationale Entscheidungen erzeugen. Neuere Forschung im Bereich der Evolutionsbiologie stellt

---

(Fortsetzung)

die Sichtweise in Frage, dass solche Gefühle einen negativen Überlebenswert für die Art haben müssen. Nehmen wir das sogenannte Ultimatum-Spiel als Beispiel. In diesem Spiel müssen zwei Individuen entscheiden, wie sie einen bestimmten Geldbetrag aufteilen wollen. Das erste Individuum kann eine Aufteilung anbieten, und das zweite kann sie annehmen oder ablehnen. Wenn Individuum 2 das Angebot annimmt, wird das Geld so aufgeteilt, wie von ihm vorgeschlagen, lehnt er es ab, bekommt kein Individuum Geld. Nach dem Sunk-Cost-Prinzip sollte das zweite Individuum jedes positive Angebot annehmen, da die Entscheidung des ersten Individuums in der Vergangenheit liegt und nicht mehr beeinflusst werden kann. Mit dieser Logik würde ein egoistisches erstes Individuum den minimal möglichen Betrag anbieten und den Rest für sich behalten. Damit stellt das Sunk-Cost-Prinzip sicher, dass Individuum 2 fast nichts von dem Geld bekommt.

Diese Vorhersage wurde in zahlreichen Experimenten getestet und immer wieder falsifiziert. Es stellt sich heraus, dass die Person in der Rolle des zweiten Individuums zu kleine Gebote ablehnt, weil sie als unfair empfunden werden. Aber eine Ablehnung von positiven Angeboten verstösst gegen das Sunk-Cost-Prinzip. Am Ende geht man mit weniger Geld nach Hause, als man hätte verdienen können. Aus einer evolutionären Perspektive können aber anscheinend dysfunktionale Gefühle wie Verärgerung, Frustration oder Zorn, die dazu führen, dass man schlechte Angebote ablehnt, eine funktionale Rolle spielen. Individuum 2 würde sich gern darauf verpflichten können, schlechte Angebote abzulehnen, denn wenn Indiviuum 1 dies weiss, wird er ein besseres Angebot machen. Das Problem besteht natürlich darin, eine solche Strategie der Ablehnung schlechter Angebote glaubhaft zu machen. Eine wichtige Funktion, die Gefühle bei der Regulierung unseres Verhaltens haben, scheint gerade darin zu liegen: eine glaubwürdige Selbstbindung an andernfalls unglaubwürdige Strategien zu ermöglichen. Nehmen wir an, Individuum 2 reagiert mit Verärgerung und Frustration auf schlechte Angebote, so dass er sich durch eine Ablehnung zwar materiell schlechter aber emotional besser stellt. Und nehmen wir weiter an, Individuum 1 weiss das (durch Introspektion, weil er Individuum 2 kennt, oder aus allgemeiner Lebenserfahrung). Dieses Wissen motiviert Individuum 1 dazu, ein aus Sicht von Individuum 2 besseres Angebot zu machen, so dass die sich ergebende Allokation gleicher wird. Dies gibt einem emotional und nicht nur rational reagierenden Individuum 2 einen Fitnessvorteil. Dieses Beispiel zeigt, dass unsere Verhaltensdispositionen und emotionalen Reaktionen über lange Zeiträume als Einpassungen in eine bestimmte Umwelt entstanden sind, innerhalb derer sie auch eine evolutionär zu verstehende funktionale Rolle spielen. In anderen Umwelten können sie aber dysfunktional werden. Daher wäre es voreilig, das Sunk-Cost-Prinzip zum einzig rationalen Verhaltensprinzip zu erklären; es hängt vom Kontext ab, den man betrachtet.

13.4   Individuelles Angebot und Marktangebot

Bisher haben wir uns auf das Verhalten eines einzelnen Unternehmens konzentriert. Dabei haben wir festgestellt, dass sich die Angebotsfunktion als Inverse der Grenzkostenfunktion rekonstruieren lässt, wenn der Preis eine bestimmte Schwelle überschreitet, die durch die relevanten Durchschnittskosten des Unternehmens definiert wird. Was wir bisher vernachlässigt haben, ist der Zusammenhang zwischen individuellem Angebot und Marktangebot. Die verhaltenstheoretische Fundierung des individuellen Angebots in diesem Kapitel erlaubt es uns, etwas mehr über diesen Zusammenhang zu verstehen, als wir dies in Abschn. 4.2 konnten.

Dort hatten wir angenommen, dass es eine gegebene Anzahl Anbieter oder Unternehmen l in jedem Markt i gibt. In diesem Fall ist das Marktangebot für ein Gut j definiert als

$$y_i(p_i, r, w) = \sum_{j=1}^{l} y_i^j(p_i, r, w).$$

In Abhängigkeit vom Marktpreis, den fixen und den versunkenen Kosten kann die optimale Angebotsentscheidung eines Unternehmens zu positiven Gewinnen, Gewinnen von null oder Verlusten (für den Zeitraum, in dem vertragliche Verpflichtungen das Unternehmen beschränken) führen. Nehmen wir an, dass für eine gegebene Anzahl von Unternehmen l die Gewinne positiv sind. Unter bestimmten Voraussetzungen ist eine solche Situation nicht langfristig aufrechtzuerhalten. Positive Gewinne in einem Markt ziehen andere Unternehmen an, die in den Markt eintreten möchten.

Ein gutes Beispiel sind Aldi und Lidl, zwei deutsche Lebensmittelhändler, die vor einigen Jahren in den Schweizer Markt eingetreten sind. Die alte Situation, in der die beiden Unternehmen COOP und Migros den Löwenanteil des Schweizer Marktes bedienten, war nicht länger aufrechtzuerhalten, nachdem die Schweiz die Bilateralen Abkommen II mit der Europäischen Union abgeschlossen hatte. Diese wurden für die Nahrungsmittelindustrie im Jahre 2004 relevant. Die Abkommen öffneten den Schweizer Markt für Unternehmen aus der Europäischen Union, und die relativ hohen Profitmargen ermunterten Aldi und Lidl, tatsächlich in den Markt einzutreten.

Das Beispiel zeigt, dass es rechtliche Hindernisse beim Markteintritt geben kann, aber es kann auch technologische geben. Diese sind zum Beispiel gegeben, wenn ein Unternehmen in die Infrastruktur für den Vertrieb der Produkte investieren muss und der Grossteil der dafür erforderlichen Kosten bei einem Marktaustritt nicht mehr hereingeholt werden kann. Diese Kosten wirken wie eine Marktzutrittsschranke und definieren eine minimale Produzentenrente, unterhalb derer sich ein Markteintritt nicht lohnt.

Es gibt aber nicht nur Marktzutritts- sondern auch Marktaustrittsschranken. Viele von ihnen haben ihre Ursache in noch laufenden Verträgen, die finanzielle Verpflichtungen auch nach einem Verlassen des Marktes begründen, wie wir im obigen

Beispiel gesehen haben. Aber es kann auch technologische Marktaustrittsschranken geben, zum Beispiel die Kosten der Verwertung der Produktionsinfrastruktur. Mit positiven Marktaustrittskosten kann es für ein Unternehmen vernünftig sein, weiter im Markt zu operieren, auch wenn es Verluste macht.

Wir betrachten den extremen Fall, in dem die Zutritts- und Austrittskosten null sind, da er uns erlaubt, eine sehr starke Schlussfolgerung für die Effekte von Wettbewerb abzuleiten. Wir hatten gesagt, dass es bei einer gegebenen Anzahl von Unternehmen möglich ist, dass positive Gewinne erwirtschaftet werden. Ohne Marktzutritts- und Marktaustrittskosten werden diese Gewinne aber Marktzutritte nach sich ziehen. Dieser Prozess wird sich bis zu dem Punkt fortsetzen, an dem die Gewinne auf null herunterkonkurriert werden. Jede andere Situation ist unverträglich mit der Annahme rationaler Gewinnmaximierung. Aber eine solche Situation ist nur möglich, wenn der Marktpreis den Durchschnittskosten der Unternehmen entspricht. Diese Situation haben wir in Abb. 13.7 untersucht.

Dieses Gleichgewicht bedeutet schlechte Nachrichten für die Eigentümer dieser Unternehmen und gute Nachrichten für die Allgemeinheit. Die Nachrichten sind schlecht für die Eigentümer, da ihre Erwartung positiver Gewinne am Ende enttäuscht wird, da die Marktkräfte diese auf null treiben. Dieses Ergebnis bestätigt das Zitat Adam Smiths vom Beginn des Kapitels.

Nullgewinne bedeuten aber nicht, dass die Geschäftstätigkeit sinnlos ist, was man anhand der Kostengleichung sehen kann. Wir begnügen uns zur Vereinfachung mit zwei Inputs, Kapital und Arbeit. Gewinne von null bedeuten, dass die Erlöse $p \cdot y$ gleich den Kosten $\mathcal{K}(K, L, r, w) = r \cdot K + w \cdot L$ sind. Nehmen wir an, dass es genau eine Eigentümerin gibt, die das gesamte Kapital und die gesamte Arbeit selbst bereitstellt. In diesem Fall bedeuten Nullgewinne, dass sie keine Verzinsung ihres eingesetzten Kapitals oberhalb des Marktzins für Kapitalanlagen r und keine Entlohnung ihrer Arbeit oberhalb des Marktlohns w erwarten kann, da die Erlöse des Unternehmens vollständig von den Zahlungen für die Inputs $r \cdot K + w \cdot L$ aufgezehrt werden. Unsere Überlegungen zu Opportunitätskosten hatten ja ergeben, dass diese mit den jeweiligen Marktpreisen als Opportunitätskosten bewertet werden müssen. Daher ist die Eigentümerin indifferent zwischen dem Einsatz ihres Kapitals im eigenen oder in einem anderen Unternehmen, und sie ist ebenfalls indifferent zwischen Arbeit im eigenen oder Arbeit in einem anderen Unternehmen. Nullgewinne bedeuten daher nicht, dass keine Handelsgewinne existieren. Sie bedeuten lediglich, dass die Eigentümer keine Kompensation ihrer eingesetzten Inputs erwarten können, die über die Kompensationen im Markt hinausgehen.

Aus Sicht der Allgemeinheit sind Nullgewinne aber eine gute Nachricht: Sie implizieren, dass die Produktion eines Guts zu minimalen Durchschnittskosten erfolgt, da die Grenz- und Durchschnittskostenkurven sich im Minimum der Durchschnittskosten schneiden. Solange die Gewinne nicht null sind, produziert die Ökonomie nicht im Minimum der Durchschnittskosten. Damit ist die Allokation zwar effizient für die gegebene Anzahl von Unternehmen, aber die Anzahl der Unternehmen (oder Produktionsstätten) selbst ist noch nicht effizient. Freier Marktzutritt und -austritt sorgt dafür, dass Güter langfristig mit minimalem Einsatz von Inputs produziert werden.

Exkurs 13.3. Die Ethik der Gewinnmaximierung

Profit is useful if it serves as a means towards an end that provides a sense both of how to produce it and how to make good use of it. Once profit becomes the exclusive goal, if it is produced by improper means and without the common good as its ultimate end, it risks destroying wealth and creating poverty. (Benedict XVI (Pope Benedict (2009)), Caritas in Veritate)

Eine der am ausgiebigsten kritisierten Annahmen der Mainstream-Ökonomik ist die Gewinnmaximierung. Viele Menschen finden dieses Motiv unethisch oder sogar moralisch abstossend und behaupten, dass das Ziel der Gewinnmaximierung Ursache vieler der Probleme kapitalistischer Gesellschaften ist. Die Idee der *Corporate Social Responsibility* (CSR) wird als eine Alternative zur Gewinnmaximierung gesehen, die es Unternehmen erlaubt, ihr Verhalten besser in den Dienst der Allgemeinheit zu stellen.

Die Debatte um die ethischen und moralischen Standards der Wirtschaft ist wahrscheinlich so alt wie das Wirtschaften selbst. Eines der ältesten entzifferten längeren Schriftstücke der Menschheit, der Codex Hammurabi (ca. 1700 vor Christus) legt Regeln guter Geschäftspraxis fest, spezifiziert Preise und Zölle sowie Strafen für die Nichteinhaltung dieser Regeln.

Nach dem Grünbuch der Europäischen Union von 2001 ist CSR ein „concept whereby companies integrate social and environmental concerns in their business operations and in their interaction with their stakeholders on a voluntary basis." Und seit 2011 definiert die Europäische Union CSR als „the responsibility of enterprises for their impacts on society." Dieses Konzept geht deutlich über das Ziel der Gewinnmaximierung hinaus, welches in Milton Friedman (1970) einen prominenten Fürsprecher fand: „In [a free economy] there is one and only one social responsibility of business – to use its resources and engage in activities designed to increase its profits so long as it stays within the rules of the game." Dieses Zitat bringt die Meinung des ökonomischen Mainstreams gut zum Ausdruck, dass der systematische Ort für normative Überlegungen die grundlegenden Institutionen einer Gesellschaft sind. Dort werden durch Gesetze und Regulierungen die ‚Spielregeln' gesetzt, die dann für alle Marktteilnehmer in gleicher Weise Gültigkeit haben. Gefällt einem das Spielergebnis nicht, sollte man nicht die Spielzüge der Spieler kritisieren, sondern die Spielregeln ändern. Wir haben diesen Denkansatz bereits in den vergangenen Kapitel kennengelernt: Externalitäten sollten durch die Gestaltung von Eigentumsrechten, Vertragsrecht, Steuern, Regulierungen und so weiter internalisiert werden, nicht aber durch Appelle an die Unternehmen, diese freiwillig durch nicht gewinnmaximierende Geschäftspraxen zu internalisieren.

Wenn wir nun diese beiden konträren Sichtweisen haben, ist es möglich, diese zusammenzubringen? Das Modell des Unternehmensverhaltens bei

(Fortsetzung)

Vollständiger Konkurrenz kann ein guter Ausgangspunkt zur Organisation des Nachdenkens sein. Dieses Modell führt zu einer eher zustimmenden Sichtweise der oben zitierten sogenannten *Friedman-Doktrin*. Erstens kann man festhalten, dass die Existenz einer vollständigen Anzahl von Märkten mit Vollständiger Konkurrenz (also einer für jede Interdependenz) einen idealen institutionellen Rahmen bedeutet, der in der Sprache Friedmans als ‚perfekte Spielregeln' gedeutet werden kann. Dies findet einen Ausdruck im Ersten Hauptsatz der Wohlfahrtsökonomik. Zweitens wissen wir, dass freier Markt-zutritt und -austritt dazu führt, dass Wettbewerb die Tendenz hat, Gewinne auf null zu drücken. Wenn aber die maximalen Gewinne bei null sind, bleibt Unternehmen gar nichts anderes übrig, als diese zu maximieren. Jede andere Strategie würde dazu führen, dass sie Verluste machen und langfristig aus dem Markt ausscheiden müssen. Höhere Löhne für die Beschäftigten oder niedrigere Preise für die Kunden führen das Unternehmen unweigerlich in die Insolvenz. Die einzige Ausnahme von dieser Regel sind kurzfristige Gewinne oder Situationen, in denen der Marktzutritt oder -austritt nicht funktioniert, so dass Gewinne auch langfristig möglich sind. Aber in einer solchen Situation würden Befürworter freier Märkte argumentieren, dass man besser die Bedingungen für Marktzutritte und -austritte verbessern sollte, als Unternehmen komplizierte Vorgaben zu machen. Ob wir den Gedanken mögen oder nicht: Unter Bedingungen des Vollständigen Wettbewerbs bleibt kein Raum für etwas anderes als Gewinnmaximierung.

Viele Unternehmen entscheiden sich freiwillig für in einem bestimmten Sinne moralische Geschäftspraktiken. Um diese richtig einzuordnen, muss man allerdings genau hinschauen. Die Existenz solcher Praktiken bedeutet nicht, dass diese Unternehmen vom Ziel der Gewinnmaximierung Abstand genommen haben. Es gibt eine Reihe von Beispielen, bei denen klar wird, dass eine augenscheinlich moralische Geschäftspraktik nichts anderes als ‚Gewinnmaximierung mit langem Zeithorizont' ist oder auf einem sehr umfassenden Verständnis der Faktoren basiert, die den Gewinn beeinflussen. ‚Anständige' Löhne können Mitarbeitende dazu motivieren, härter zu arbeiten und sich loyaler zu verhalten, was die Gewinne erhöht, die Einhaltung von Nachhaltigkeitsstandards kann zu höheren Preisen führen, wenn die Kunden eine Zahlungsbereitschaft für nachhaltig produzierte Produkte ha-ben, und so weiter. Und es ist tatsächlich so, dass viele Vordenker der Idee der CSR das Konzept auf die Idee des ‚aufgeklärten Eigeninteresses' des Unternehmens reduzieren. Das Argument lautet dabei, dass eine Reihe potenzieller Konflikte zwischen den Interessen der Eigentümer und Manager eines Unternehmens (‚Shareholders') und anderen Anspruchsgruppen in der Gesellschaft (‚Stakeholders') auf eine zu enge Wahrnehmung hinsichtlich der die Gewinne beeinflussenden Faktoren der Shareholders zurückzuführen ist. Diese Sichtweise auf das CSR-Problem akzeptiert das Gewinnmotiv, erklärt

(Fortsetzung)

es aber für verträglich mit dem Gemeinwohlziel. Dieser Ansatz liesse sich mit dem Begriff *Verantwortliche Gewinnmaximierung* bezeichnen.

Aber dies ist nicht das Ende der Geschichte. Wir haben gesehen, dass Vollständige Konkurrenz nur unter bestimmten technologischen Voraussetzungen möglich ist und dass Externalitäten ein Gleichgewicht ineffizient machen. In solchen Situationen bleibt Raum für eine Diskussion über die angemessene Art und Weise, wie man mit Problemen wie Effizienz, Nachhaltigkeit und Verteilungsgerechtigkeit angemessen umgeht, und dazu gehört auch die Ebene der Unternehmen. Ein Beispiel: Eine der zentralen Herausforderungen der Globalisierung besteht genau darin, dass ein konsistenter globaler regulatorischer Rahmen – das Regelsystem des Spiels – fehlt, so dass man nicht davon ausgehen kann, dass für alle Akteure gleiche Ausgangsbedingungen existieren. Institutionen wie die WTO oder die OECD sind zu schwach, um die Mängel eines Systems zu korrigieren, das Wirtschaftspolitik aus der Perspektive des Nationalstaats denkt und dabei auf global agierende Akteure trifft. (CSR geht aber natürlich über Probleme der Globalisierung hinaus). Nationalstaaten treten in einen Wettbewerb um mobiles Kapital und mobile Unternehmen ein, welcher zu einem Anpassungswettbewerb nach unten führt, indem man Steuern senkt und Sozialsysteme umbaut. Diese Art des Wettbewerbs kann prinzipiell wohlfahrtssteigernd sein, da er Staaten dazu bringt, nach Wegen zu suchen, Dienstleistungen effizienter zu erbringen, aber oft treibt er die Standards auf ein ineffizient niedriges Niveau. Insbesondere grosse, multinational agierende Unternehmen können von diesen Entwicklungen profitieren. Für die vorhersehbare Zukunft ist keine Lösung in Sicht, bei der ein anderer institutioneller Akteur als diese Unternehmen selbst die ethischen Probleme angeht, die aus diesen Entwicklungen resultieren. Ob wir den Gedanken mögen oder nicht: Wenn nicht die Unternehmen die ethische Verantwortung übernehmen, übernimmt sie keiner.

Literatur

Friedman, M. (1970). The Social Responsibility of Business is to Increase Its Profits. *The New York Times Magazine*.

Pope Benedict XVI (2009). *Caritas in Veritate*. Veritas Publications.

Smith, A. (1776)[1991]. *An Inquiry into the Nature and Causes of the Wealth of Nations*. Everyman's Library.

Weiterführende Literatur

Mas-Colell, A., Whinston, M. D., & Green, J. R. (1995). *Microeconomic Theory*. Oxford University Press.

Varian, H. R. (1992). *Microeconomic Analysis*. Norton.

Unternehmensverhalten auf Monopolmärkten

14

In diesem Kapitel lernen Sie ...

- welche kognitiven, technologischen und regulativen Voraussetzungen es für die Existenz eines Monopols gibt.
- wie Unternehmen ein Monopol nutzen können, um einfache und verfeinerte Preisstrategien zu entwickeln.
- die Rolle von Preisdiskriminierung in Märkten mit unvollständigen Informationen über die Zahlungsbereitschaft der Konsumenten, und warum diese Ergebnisse helfen, Preisstrategien von zum Beispiel Airlines, Software- und Hardwareunternehmen zu verstehen.
- die Rolle von Preisdiskriminierung zwischen Marktsegmenten, und warum diese Ergebnisse helfen, zum Beispiel Debatten über internationale Preisdifferenzierung und Reimporte besser zu verstehen.
- inwieweit die Informationsbedürfnisse optimaler Preisstrategien mit der optimalen Organisationsstruktur von Unternehmen miteinander verbunden sind.
- die möglichen wirtschaftspolitischen Konsequenzen von Preisstrategien.

14.1 Einführung

> Like many businessmen of genius he learned that free competition was wasteful, monopoly efficient. And so he simply set about achieving that efficient monopoly. (Mario Puzo, 1969, The Godfather)

Das Modell des Unternehmensverhaltens bei Vollständiger Konkurrenz hat gezeigt, wie Unternehmen ihr Angebot bestimmen, wenn sie Preise als gegeben annehmen. Wenn ein Unternehmen eine positive Menge anbietet, dann ist das Angebot im Allgemeinen durch die ‚Grenzerlös-gleich-Grenzkosten'-Regel bestimmt, die sich zur ‚Preis-gleich-Grenzkosten'-Regel vereinfacht, wenn Preise als exogen

M. Kolmar, *Grundlagen der Mikroökonomik*,
https://doi.org/10.1007/978-3-662-63362-5_14

wahrgenommen werden, da in diesem Fall der Grenzerlös gleich dem Preis ist. Daher entspricht die Angebotsfunktion der Inversen der Grenzkostenfunktion. Der Umstand, dass Unternehmen bereit sind, zu Grenzkosten zu verkaufen, bedingt auch die Pareto-Effizienz von Märkten mit Vollständiger Konkurrenz.

Allerdings hat das Modell des Unternehmensverhaltens bei Vollständiger Konkurrenz auch gezeigt, dass nicht alle Güter die Voraussetzungen für das Entstehen Vollständigen Wettbewerbs erfüllen. Zum einen muss das Gut eines Unternehmens zahlreiche vollständige Substitute haben, und die Produktionstechnologie muss so beschaffen sein, dass die (langfristigen) Grenzkosten nicht fallen. Beide Voraussetzungen sind in realen Märkten nicht immer erfüllt, so dass wir uns im Folgenden fragen werden, wie ein Markt funktioniert, in dem die Annahme der Vollständigen Konkurrenz auf der Angebotsseite nicht gilt. Wir beschränken uns hier auf die Analyse unvollständigen Wettbewerbs auf der Angebotsseite. Unvollständiger Wettbewerb auf der Nachfrageseite folgt einer ähnlichen Logik. Dieser kann beispielsweise auf Arbeitsmärkten existieren, wenn es regional nur wenige Arbeitgeber gibt und die Arbeitsmobilität gering ist, oder im Bereich der staatlichen Auftragsvergabe, wenn die Leistungserbringer auf staatliche Aufträge spezialisiert sind. Da unvollständiger Wettbewerb auf der Angebotsseite häufiger untersucht wurde, leiten wir alle relevanten Intuitionen für diesen Fall ab.

Wir beginnen dabei mit der Analyse einer Situation, in der ein Anbieter ein Monopol für ein Gut besitzt. Wir definieren dabei das Monopol eines Anbieters über die Eigenschaft, einziger Anbieter eines bestimmten Guts zu sein. Diese Definition ist allerdings nicht sehr erhellend, weshalb wir zunächst fragen müssen, was sie genau bedeutet. Anschliessend werden wir untersuchen, welche Unternehmenspolitik optimal ist, wenn ein Monopol existiert, und was dies für die Leistungsfähigkeit von Märkten bedeutet.

14.2 Bedingungen für die Existenz eines Monopols

Stellen Sie sich vor, Sie wollen einen Kuchen backen und benötigen dazu gewöhnliches Mehl. Wenn Sie nun das Angebot im Detailhandel vergleichen, werden Sie feststellen, dass jeder Detailhändler seine eigenen Marken führt. In diesem Sinne ist etwa die Migros Monopolist für das Produkt ,M-Budget Haushaltsmehl', da sie die weltweit einzige Anbieterin dieser Marke ist. Verfügt damit die Migros über ein Monopol für das Produkt ,M-Budget Haushaltsmehl'? Diese Frage lässt sich ohne weitere Informationen nicht beantworten. Es müssen nämlich zwei Bedingungen erfüllt sein, damit sich das Alleinstellungsmerkmal der Marke ,M-Budget Haushaltsmehl' in ein Monopol übersetzt.

1. Aus Sicht der Konsumenten muss das Produkt von anderen Produkten unterscheidbar sein und auch in dem Sinne unterschieden werden, dass es sich nicht um vollständige Substitute handelt. Falls Sie und die meisten anderen Käuferinnen und Käufer von Mehl zwar wahrnehmen, dass es unterschiedliche Anbieter gibt, dies für Ihre Kaufentscheidung aber irrelevant ist, sondern Sie

vielmehr den günstigsten Anbieter wählen, handelt es sich bei Mehl aus Sicht der potenziellen Kunden um ein zwischen Anbietern homogenes Gut. Die Tatsache, dass niemand sonst ‚M-Budget Haushaltsmehl' anbietet, übersetzt sich für die Migros nicht in die Fähigkeit, Preise setzen zu können. Würde es sich bei Mehl hingegen um ein aus Sicht der potenziellen Kunden nichthomogenes Gut handeln, so könnten die Anbieter diese Bereitschaft zur Unterscheidung in ihrer Preispolitik berücksichtigen. Man mag nun einwenden, dass im Falle von Mehl die Homogenität für die meisten Kunden gegeben ist, so dass der Markt für Haushaltsmehl kompetitiv ist. Das mag stimmen, wichtig ist aber festzuhalten, dass eine solche Homogenität weder an den physischen Eigenschaften noch an der Marke eines Produkts per se hängt, sondern vielmehr an der Fähigkeit und Bereitschaft der Kunden, Güter verschiedener Anbieter als unterschiedlich wahrzunehmen.

Empirisch lässt sich diese Bereitschaft anhand der Preis- und Kreuzpreiselastizitäten der Nachfrage ermitteln. Intuitiv gesprochen gibt die Preiselastizität an, um wieviel Prozent sich die Nachfrage eines Guts bei einer einprozentigen Preisveränderung des Guts ändert. Ist diese (dem Betrag nach) sehr gross, existieren kaum Spielräume zur Preissetzung. Analog misst die Kreuzpreiselastizität, um wieviel Prozent sich die Nachfrage eines Guts bei einer einprozentigen Preisveränderung eines anderen Guts ändert. Ist diese (dem Betrag nach) gross, so existieren enge Substitute, so dass ebenfalls nur geringe Spielräume zur Preissetzung existieren. Eine Einführung in das Konzept der Elastizitäten findet sich im mathematischen Anhang des Kap. 17.

Diese Feststellung hat wichtige Konsequenzen für Unternehmen: Wenn die Existenz einer verwertbaren Monopolposition in der Unterscheidungsbereitschaft der Kunden liegt, ist es Sache der Unternehmenskommunikation bzw. des Marketings, die relevanten Unterschiede zu erklären bzw. durch die Schaffung einer gesellschaftlichen Bedeutung des Produkts erst zu schaffen. Aus dieser Sicht wird selbst ein relativ wenig spannendes Produkt wie Haushaltsmehl interessant: Auf diesem Markt hat es in den vergangenen Jahren eine enorme Produktdifferenzierung gegeben, indem z.B. Weizenmehl nach seinen Anbaumethoden (Bio oder konventionell), seiner Herkunft (irgendwo oder ‚Aus der Region') usw. differenziert wurde, um damit aus einem homogenen ein differenziertes Gut zu machen, für welches dann – falls es funktioniert – unterschiedliche Zahlungsbereitschaften abgeschöpft werden können, weil für jede Variante des Guts eine fallende Nachfragekurve existiert. Zwei weitere Beispiele, an denen sich diese Mechanismen deutlich machen lassen, sind Jeans und Kaffee.

- Die meisten blauen Baumwollhosen unterscheiden sich bezüglich ihrer funktionalen Eigenschaften kaum: Sie schützen vor der Witterung, sie erlauben die Mitnahme von kleinen Gegenständen, etc. Ausgehend von den physischen Eigenschaften einer Jeans würde man daher vermuten, dass es ein homogenes Gut ‚Jeans' gibt und der Markt für dieses Gut kompetitiv funktioniert. Diese Sicht vernachlässigt aber, dass Hersteller von ‚Markenjeans' durch Werbekampagnen ihren Hosen eine gesellschaftliche Bedeutung zu geben versuchen, so dass für den Kunden ein Zusatznutzen entsteht: Er ist nicht nur gegen die Witterung geschützt, sondern überträgt das Markenimage auf seine eigene Person, so dass er sich selbst eine gewisse Bedeutung im gesellschaftlichen Raum geben kann. Jeans wie viele andere Konsumgüter sind heute komplexe Zeichen- und Kommunikationssysteme, und ihre kommunikative dominiert oftmals ihre unmittelbare Funktion (denken Sie an gewollt zerrissene Jeans). Unternehmen produzieren daher auch kulturelle Narrative, in denen ihre Produkte eine spezifische Rolle spielen. Funktioniert dies, so existieren viele differenzierte Produkte mit jeweils eigenen Märkten für z. B. Levis-Jeans, Diesel-Jeans, etc., für die die Unternehmen Preissetzungsspielräume besitzen. So kann man eine Jeans von H&M für $9.95 und eine Jeans von Tom Ford für $3'250 (Winter 2020) kaufen.

- Das grosse Vorbild für viele Lebensmittelhersteller ist der Markt für Wein, weil es für einen Anteil der Bevölkerung zum guten Ton gehört, ,Weinkenner' zu sein. Daher gibt es eine riesige Auswahl an differenzierten Gütern, die es ihren Herstellern bis zu einem gewissen Masse erlauben, das Differenzierungsvermögen ihrer Kunden durch höhere Preise in Gewinne zu verwandeln.

  Kaffee ist derzeit das vielleicht interessanteste Produkt, für welches versucht wird, nach dem Vorbild Wein aus der Sackgasse der Homogenität herauszukommen. Derzeit spricht man von der ,Third Wave' der Kaffeekultur. Die zentralen Elemente dieser dritten Welle sind die Hervorhebung der Herkunft des Kaffees bis hin zum einzelnen Kaffeebauern, die Hervorhebung der Geschmacksunterschiede zwischen unterschiedlichen Erzeugern und unterschiedlichen Verarbeitungsmethoden von der Kaffeekirsche bis zum Getränk, die Schaffung von Gütesiegeln wie z. B. ,Cup of Excellence', sowie die Schulung der Kunden bezüglich der unterschiedlichen Aromen. Wie so oft, begann die ,Third Wave' als ein Phänomen einer Subkultur in Portland, San Francisco und Chicago (womit Kaffee nicht nur unterschiedliche Geschmacksnoten, sondern auch noch eine spezifische kulturelle Konnotation bekommt, siehe Jeans) und schwappt nun in den Mainstream über. Falls dies gelingt, hat sie das Potenzial, die Funktionslogik des Kaffeemarktes zu verändern.

1. Wenn die Elastizität der Nachfrage nicht unendlich gross ist (also die Nachfragefunktion nicht ,flach'), existiert das Potenzial für ein Monopol, doch ist diese Bedingung lediglich notwendig, nicht hinreichend. Zusätzlich muss noch sichergestellt werden, dass die Marktposition eines Anbieters nicht durch Imitation anderer Anbieter unterlaufen wird. Es kann unterschiedliche Gründe dafür geben, dass Imitation nicht möglich ist.

   - Der Anbieter besitzt die exklusive Kontrolle eines wesentlichen, zur Herstellung unverzichtbaren Rohstoffs. Eine solche Situation lag in der Vergangenheit beispielsweise beim ,De Beers Diamantenmonopol' vor, da ein Grossteil aller Rohdiamantenminen von De Beers kontrolliert wurde.
   - Der Anbieter ist Technologieführer, so dass andere Unternehmen nicht in der Lage sind, das Produkt zu imitieren, weil ihnen das Wissen fehlt. Ein gutes Beispiel ist das US-amerikanische Telekommunikationsunternehmen AT&T. Das Unternehmen baute das erste Netz für Ferngespräche auf und investierte

grosse Summen in Forschung und Entwicklung, was zu zentralen Erfindungen für diese Technologie führte. Die Folge war, dass das Unternehmen für lange Zeit eine Alleinstellung im Markt für Ferngespräche besass.

- Der Staat reguliert den Marktzutritt durch die Schaffung staatlicher Monopole oder der Schaffung eines Patent- und Markenrechts. Ein Beispiel für die hohen Gewinne, die durch Patente und Marken geschaffen werden können, ist das Nespresso Kaffeekapselsystem (die meisten Patente sind mittlerweile ausgelaufen). Ein etwas merkwürdig anmutendes Beispiel für ein staatliches Monopol war das deutsche Zündwarenmonopol aus dem Jahre 1930, welches einem Monopolisten (der Deutsche Zündwaren-Monopolgesellschaft) die exklusiven Rechte zur Herstellung und zum Vertrieb von Zündhölzern im damaligen Deutschen Reich zusprach. Es endete 1983. Die meisten Länder hatten Staatsmonopole in der Post- und Telekommunikationsindustrie sowie beim Bahnverkehr. Viele dieser Industrien wurden in den 1980er und 1990er Jahren zumindest teilweise privatisiert und für Wettbewerb geöffnet.

- Wir hatten bereits gesehen, dass ein kompetitiver Markt bei sinkenden Grenzkosten nicht funktionieren kann. Ganz allgemein kann festgestellt werden, dass bei sinkenden Grenz- bzw. Durchschnittskosten Unternehmen mit einem hohen Marktanteil einen Vorteil haben, weil sie günstiger produzieren und damit zu günstigeren Preisen anbieten können als kleinere Anbieter. Daher bietet Grösse einen gewissen Schutz gegen Markteintritte. Wir hatten in Kap. 6 mit dem Phänomen der Klubgüter bereits einen Spezialfall einer solchen Technologie kennengelernt. Klubgüter werden manchmal Natürliche Monopole genannt, da sie zu sinkenden Durchschnittskosten in der Anzahl der Nutzer führen.

- Für bestimmte Produkte gilt, dass der Nutzen und damit die Zahlungsbereitschaft eines einzelnen Nutzers positiv von der Anzahl der Nutzer abhängt. Wir sprechen in diesem Fall von positiven Netzwerkexternalitäten. Beispiele sind Telefon, Software wie Textverarbeitungsprogramme oder soziale Medien wie Facebook. Positive Netzwerkexternalitäten führen ebenfalls dazu, dass ein Unternehmen mit hohem Marktanteil einen gewissen Schutz gegen Markteintritte geniesst, weil ein Konkurrent mit kleinerem Marktanteil *ceteris paribus* ein aus Sicht der Nutzer weniger attraktives Angebot hat.

Wenn einer oder mehrere der obigen Gründe vorliegt bzw. vorliegen, übersetzt sich das prinzipielle Unterscheidungsvermögen der Kunden in eine (ggf. zeitlich begrenzte) Monopolposition. Ziel des nächsten Abschnitts ist es zu verstehen, wie Unternehmen eine solche Position nutzen.

14.3 Gewinnmaximierung

Im Allgemeinen ist das Problem, welches ein Unternehmen mit Preissetzungsspielräumen lösen muss, sehr komplex. Wie im vergangenen Abschnitt bereits angesprochen wurde, muss es über Markenführung und Produktentwicklung entscheiden, es muss eine Preisstrategie entwickeln, und es muss in einem sehr umfassenden Sinne das politische Umfeld beachten, um seine Rechte zu sichern und auszubauen. Im Folgenden reduzieren wir die Komplexität, indem wir uns allein auf das Problem der Preisgestaltung konzentrieren. Wir gehen daher davon aus, dass ein Unternehmen für ein bereits existierendes und im Markt positioniertes Gut eine Monopolposition besitzt und allein über die Preispolitik entscheidet. Dabei müssen verschiedene Fälle unterschieden werden.

- Das Unternehmen ist nicht in der Lage, Preise zwischen Kunden zu differenzieren. Jeder Kunde kauft zum selben Preis. Dies ist das einfachste Standardmodell der Monopoltheorie, welches uns erlauben wird, wichtige Elemente einer optimalen Preispolitik genauer zu verstehen. Wir werden zunächst den Fall eines Ein-Produkt-Monopols analysieren, das ein Gut auf einem Markt vertreibt. Als Erweiterung werden wir dieses Modell dann verallgemeinern, um sogenannte zwei- oder mehrseitige Märkte einzubeziehen. In diesem Fall verkauft der Monopolist zwei oder mehr Güter oder Dienstleistungen auf verschiedenen Märkten, und das besondere Merkmal ist die Existenz von Interdependenzen zwischen den Märkten. Diese eher abstrakt klingende Beschreibung ist von grosser Bedeutung, um die Preislogik der digitalen Wirtschaft zu verstehen.

  Allerdings ist die Abwesenheit von Preisdifferenzierung nicht sehr realistisch, da Unternehmen in der Regel versuchen werden, Preise zwischen Kunden zu differenzieren, so dass uns dieses Grundmodell allein kein hinreichend präzises Bild des Monopolverhaltens vermitteln kann. Der Grund dafür, dass Preisdifferenzierung ein wichtiges Instrument der Unternehmenspolitik ist, wird im Laufe der Analyse klar werden.
- Das Unternehmen ist in der Lage, Preise zwischen Kunden zu differenzieren.
  - Perfekte Preisdifferenzierung ist möglich (Preisdifferenzierung ersten Grads). In diesem theoretischen Grenzfall ist das Unternehmen in der Lage, jedem Kunden eigene Preise vorzugeben und diese auch noch nach der gekauften Menge zu differenzieren. Dieses Modell erlaubt es zu verstehen, welche Konsequenzen Preisdifferenzierung im Extrem haben kann, es ist aber ebenfalls nicht sehr realistisch, da es voraussetzt, dass das Unternehmen alle relevanten Informationen über seine Kunden besitzt und ein gesetzliches Umfeld existiert, so dass es diese auch in unterschiedliche Preise umsetzen kann und darf (hierzu später mehr). Die Verfügbarkeit von ‚Big Data‘ und die Entwicklung fortschrittlicher Algorithmen zur Verhaltensanalyse von Konsumenten im Internet werden es aber erlauben, sich diesem Ideal in der Zukunft weiter anzunähern.
  - Preisdifferenzierung nach der gekauften Menge (Preisdifferenzierung zweiten Grads): In vielen Situationen weiss ein Unternehmen, dass in einem Markt unterschiedliche Konsumententypen mit unterschiedlichen Preisbereitschaften für ein Gut existieren. Es kennt aus seinen Marktforschungsstudien ggf. auch die Nachfragefunktionen dieser Kundentypen, kann aber bei einem einzelnen Kunden nicht unterscheiden, zu welcher Gruppe er gehört. In diesem Fall kann er die Preise nicht direkt auf den Typ des Kunden konditionieren, sondern muss durch die Gestaltung von Produkten und Preisen Wege finden, die

unterschiedlichen Zahlungsbereitschaften abzuschöpfen. Ein Beispiel hierfür sind Economy- und Businesstarife von Airlines.

– Preisdifferenzierung nach bestimmten Kundenattributen oder Kundengruppen (Preisdifferenzierung dritten Grads): In anderen Situationen kann oder darf der Monopolist den Preis innerhalb einer Kundengruppe nicht differenzieren, kann Kundengruppen aber voneinander unterscheiden und zwischen diesen Preisdifferenzierung betreiben. Ein Beispiel hierfür ist die Preisdifferenzierung multinational anbietender Unternehmen zwischen verschiedenen Ländern.

Wir werden die Fälle im Folgenden besprechen.

14.4 Monopol ohne Preisdifferenzierung

14.4.1 Das Ein-Produkt-Monopol

Das am häufigsten zur Analyse eines Monopolmarktes herangezogene Modell ist das des nicht preisdiskriminierenden Monopolisten. Bevor wir näher darauf eingehen werden, unter welchen Umständen ein Verzicht auf Preisdifferenzierung sinnvoll sein kann, schauen wir uns an, wie ein solcher Markt funktioniert. Wir gehen davon aus, dass der Monopolist seinen Gewinn maximiert und mit einer Technologie produziert, die bei gegebenen Preisen auf den Inputmärkten zu einer Kostenfunktion $C(y)$ als Funktion der produzierten Menge y führt.

Die Marktforschungsabteilung des Unternehmens hat ermittelt, dass die Marktnachfragefunktion $x = X(p)$ lautet. Diese gibt an, welche Menge zu einem bestimmten Preis abgesetzt werden kann. In dieser Funktion sind alle Informationen über die Substitutionselastizität enthalten, so dass die Preissetzungsspielräume durch diese gegeben sind. Anders als im Fall der vollständigen Konkurrenz, in dem aus Sicht des Unternehmens die Nachfrage vollständig preiselastisch ist, so dass keine Informationen ausser dem existierenden Marktpreis notwendig sind, besteht daher der Bedarf, die Nachfragefunktion möglichst genau abzuschätzen.

Die Organisationsstruktur des Unternehmens ist also komplexer: Bei vollständiger Konkurrenz ist nur ein Controlling notwendig, um die Kosten zu ermitteln, nun benötigt das Unternehmen zusätzlich eine Marktforschungsabteilung zur Ermittlung der Nachfragefunktion.

Exkurs 14.1. Wie misst man Zahlungsbereitschaften?
Die bisherige Argumentation legt nahe, dass ein Verständnis der Reaktionen der potenziellen Kunden auf Preisänderungen von grosser Wichtigkeit für Unternehmen ist. Obwohl dies so ist und obwohl die Forschung zu *Pricing* und Zahlungsbereitschaften fortgeschritten ist, entwickeln immer noch viele Unternehmen Produkte, ohne ein klares Verständnis der Zahlungsbereitschaf-

(Fortsetzung)

ten ihrer Kunden zu haben. Studien haben ergeben, dass nur 8 bis 15 % aller Unternehmen Preisstrategien nutzen, die auf empirischen Schätzungen der Kundenreaktionen basieren (Monroe und Cox, 2001), und das, obwohl es empirische Evidenz gibt, dass selbst kleine Preisänderungen wichtige Effekte für den Unternehmensgewinn haben (Marn et al., 2003). Viele Firmen benutzen stattdessen eine Strategie, die man wohlwollend als ‚Intuitives Pricing' bezeichnen kann.

Die Marktforschung bietet eine Vielzahl unterschiedlicher Methoden an, mit denen man Zahlungsbereitschaften messen kann. Grob gesprochen fallen diese in zwei Kategorien, ‚offenbarte' und ‚bekundete' Präferenzmodelle. Offenbarte Präferenzmodelle versuchen, Zahlungsbereitschaften aus dem Verhalten von Marktteilnehmern abzuleiten. Dabei kann es sich um echte Marktdaten handeln, also zum Beispiel die Informationen, die man gibt, wenn man im Internet ‚surft', oder auch um experimentell erhobene Daten. Bekundete Präferenzmodelle basieren auf Befragungen, deren Ziel es ist, Informationen über Zahlungsbereitschaften direkt zu erhalten. Dabei kann es sich um Expertenbefragungen, Kundenbefragungen oder eine Technik handeln, die man mit *Conjoint Analyse* bezeichnet (neben anderen). Conjoint Analyse ist ein statistisches Verfahren, bei dem ein Produkt in unterschiedliche Attribute aufgeteilt wird, die zusammen den Kundennutzen generieren (für ein Auto können dies Mobilität, Flexibilität, Status und so weiter sein). Die Kunden werden dann gebeten, unterschiedliche Bündel dieser Attribute samt Preisen nach ihren Präferenzen zu ordnen. Die Ergebnisse solcher Studien werden genutzt, um zukünftige Produkte zu gestalten und zu bepreisen.

Die unterschiedlichen Techniken zur Messung der Zahlungsbereitschaft haben alle ihre jeweiligen Vor- und Nachteile, so dass es vom spezifischen Produkt und dem Budget der Marketingabteilung abhängt, welches Verfahren man wählt.

An dieser Stelle muss nun eine Grundsatzentscheidung gefällt werden. Es kann angenommen werden, dass der Monopolist einen Preis setzt und dann die Menge passiv an die entstehende Nachfrage gemäss $X(p)$ anpasst, oder es kann angenommen werden, dass der Monopolist eine im Markt abzusetzende Menge wählt und sich dann der Preis, zu dem diese Menge absetzbar ist, ergibt. Beides führt zum selben Ergebnis, und da es etwas einfacher ist, mit der zweiten Konvention zu arbeiten, hat sich diese durchgesetzt. Damit das Problem formal gelöst werden kann, muss darum aber zunächst aus der Marktnachfragefunktion die sogenannte ‚Preis-Absatzfunktion' ermittelt werden. Wir wissen, dass für jeden Preis p die absetzbare Menge x gegeben ist durch $x = X(p)$. Bilden wir die Umkehrfunktion der Marktnachfragefunktion, so erhalten wir $p = X^{-1}(x)$, einen Zusammenhang zwischen der Menge und dem erzielbaren Preis. Wir nutzen in diesem Buch die Konvention, mit x die nachgefragten und mit y die angebotenen Mengen zu bezeichnen. Da wir uns das Problem aus Sicht eines Monopolisten anschauen, der eine Angebotsentscheidung fällt, und wir davon ausgehen, dass die angebotene

Menge auch gekauft wird ($x = y$), ersetzten wir x durch y. Damit erhalten wir die Preis-Absatzfunktion, die wir auch mit $p = P(y)$ bezeichnen.

Sei π der Gewinn des Unternehmens, so lässt sich dieser aufgrund der gegebenen Informationen wie folgt als Erlös minus Kosten darstellen:

$$\pi(y) = P(y) \cdot y - C(y).$$

Das Problem aus Sicht einer Managerin, die das Unternehmen leitet, ist nun, die Menge so zu bestimmen, dass der Gewinn maximiert wird. Diese Menge ist implizit durch die notwendige Bedingung $\pi'(y) = 0$ definiert. (Wir gehen im Folgenden davon aus, dass diese Bedingung ein globales Gewinnmaximum charakterisiert, was immer dann gegeben ist, wenn die zweite Ableitung der Gewinnfunktion global negativ ist und die Gewinnfunktion eine positive Steigung an der Stelle $y = 0$ und eine negative Steigung für $y \to \infty$ annimmt.) Dann gilt für ein Gewinnmaximum:

$$P'(y) \cdot y + P(y) \cdot 1 - C'(y) = 0.$$

Die Bedingungen hat eine einfache ökonomische Interpretation: Die beiden ersten Terme geben den Grenzerlös des Monopolisten an. Dieser setzt sich aus einem Preis- (erster Term) und aus einem Mengeneffekt (zweiter Term) zusammen. Der Mengeneffekt ist bereits aus dem Fall der vollständigen Konkurrenz bekannt. Er misst, um wie viel der Umsatz eines Unternehmens steigt, wenn es eine weitere (marginale) Einheit verkauft. Daher entspricht er für infinitesimale Änderungen dem Preis. Neu ist der Preiseffekt, der den ‚Umsatzverlust‘ angibt, den ein Unternehmen hinnehmen muss, wenn es eine weitere Einheit verkaufen will. Um eine weitere Einheit des Guts zu verkaufen, muss das Unternehmen den Preis ein wenig senken, um einen weiteren Kunden zu gewinnen. Da es keine Preisdifferenzierung gibt, bedeutet dies aber, dass der Preis auch für alle Kunden gesenkt werden muss, die auch zu einem höheren Preis zu kaufen bereit gewesen wären. Dies misst der Preiseffekt. Der dritte Term misst schliesslich die Grenzkosten, so dass insgesamt die ‚Grenzerlös-gleich-Grenzkosten‘-Regel gilt.

Die Bedingung erster Ordnung lässt sich in eine einfache Daumenregel überführen, die in der Pricing-Literatur eine grosse Relevanz hat. Bringen wir die Grenzkosten auf die rechte Seite der Gleichung und formen um, so ergibt sich:

$$P'(y) \cdot y + P(y) = C'(y)$$

$$\Leftrightarrow P(y) \cdot \left(P'(y) \cdot \frac{y}{P(y)} + 1 \right) = C'(y)$$

$$\Leftrightarrow p \cdot \left(\frac{1}{X'(p) \cdot \frac{p}{X(p)}} + 1 \right) = C'(y)$$

$$\Leftrightarrow p \cdot \left(\frac{1}{\epsilon_p^X(p)} + 1 \right) = C'(y).$$

Die Umformung von der zweiten zur dritten Zeile folgt aufgrund der Definition einer inversen Funktion und dem Umstand, dass die Nachfrage mit x bezeichnet wird. Die Umformung von der dritten zur vierten Zeile basiert auf der Definition der Preiselastizität der Nachfrage, $\epsilon_p^x(p)$.

Machen wir einen kurzen Plausibilitätstest: Bei einer fallenden Nachfragefunktion ist die Preiselastizität negativ. Daher ist der Ausdruck in Klammern kleiner als eins. Die obige Bedingung kann daher nur erfüllt sein, wenn der Preis grösser als die Grenzkosten ist. Wenn zu dem Gut ein vollständiges Substitut existiert, konvergiert die Preiselastizität der Nachfrage gegen $-\infty$, so dass der Ausdruck in Klammern gegen 1 geht. Dies ist intuitiv: Um die obige Bedingung zu erfüllen, muss dann der Preis gleich den Grenzkosten gesetzt werden; wir haben es *de facto* mit dem Fall Vollständiger Konkurrenz zu tun.

Für eine endliche Preiselastizität gilt aber, dass der Preis grösser als die Grenzkosten ist. Dieser Preisaufschlag wird auch ‚Markup' genannt, und die optimale Preisregel wird als ‚Cost-Plus-Pricing' bezeichnet. Generell gilt, dass der Preisaufschlag umso höher sein sollte, je unelastischer die Nachfrage auf Preisänderungen reagiert. Eine Preismanagerin benötigt also zwei Informationen, um richtig handeln zu können: Sie muss die Grenzkosten und die Preiselastizität der Nachfrage bestimmen können.

Um die optimale Strategie eines Monopolisten zu illustrieren, bestimmen wir die Lösung seines Optimierungsproblems explizit anhand einer linearen Nachfragefunktion $p(y) = a - b \cdot y$ und konstanter Grenzkosten $MC(y) = c$. In diesem Fall sind die Erlöse gleich $R(y) = a \cdot y - b \cdot y^2$, was zu Grenzerlösen von $MR(y) = a - 2 \cdot b \cdot y$ führt. Setzt man Grenzerlöse und Grenzkosten gleich und löst nach y, so erhält man als optimale Lösung $y^* = (a - c)/(2 \cdot b)$, was zu einem Preis in Höhe von $p^* = (a + c)/2$ führt.

Die Nachfragefunktion $x(p) = a/b - (1/b) \cdot p$ hat die folgende Preiselastizität:

$$\epsilon_p^x(p) = -\frac{1}{b} \cdot \frac{p}{a/b - (1/b) \cdot p} = -\frac{p}{a - p}.$$

Daher ist der absolute Wert dieser Elastizität gleich

$$|\epsilon_p^x(p^*)| = \frac{p^*}{a - p^*} = \frac{a + c}{a - c} \geq 1.$$

Der Umstand, dass die optimale Menge des Monopolisten im elastischen Bereich der Nachfragefunktion liegt, ist kein Zufall: wäre die Nachfrage unelastisch, so könnte der Monopolist seine Erlöse mit einer Senkung des Outputs vergrössern, da eine einprozentige Reduktion des Outputs den Preis um mehr als ein Prozent steigert. Aber dann kann diese Menge nicht gewinnmaximal sein, da eine Reduktion des Outputs auch die Kosten senkt.

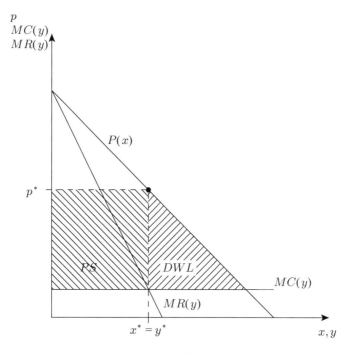

Abb. 14.1 Das Angebot eines Monopolisten ohne Preisdiskriminierung

Abb. 14.1 zeigt die grafische Lösung des Gewinnmaximierungsproblems des Monopolisten mit linearer Nachfrage. Das Optimum ergibt sich bei der Menge, bei der sich Grenzerlös- und Grenzkostenkurve schneiden, und der zugehörige Preis ist der Wert der Nachfragefunktion an dieser Stelle.

Die Lösung des linearen Modells sieht sehr abstrakt aus, ist aber ziemlich intuitiv. Nehmen wir an, dass $c = 0$ ist. In diesem Fall ist Gewinnmaximierung äquivalent zur Erlösmaximierung, und die Erlöse $p(y) \cdot y$ entsprechen für jeden Output y der rechteckigen Fläche unter der Nachfragefunktion. Daher maximiert der Monopolist den Inhalt dieser Fläche. Dies ist gegeben, wenn die Fläche ein Quadrat ist. Daher ist der optimale Output $y = a/(2 \cdot b)$. Mit positiven Grenzkosten muss man sich auf den Bereich konzentrieren, bei dem positive Handelsgewinne existieren. $(a - c)$ sind die maximalen Handelsgewinne des Konsumenten mit der grössten Zahlungsbereitschaft. Was man also bekommt, ist eine um die Grenzkosten ‚gekürzte' Nachfragefunktion $\bar{p}(y) = \bar{a} - b \cdot y$ mit $\bar{a} = a - c$. Für diese gekürzte Funktion gilt dasselbe Argument wie zuvor.

Exkurs 14.2. Welche Faktoren beeinflussen Preiselastizitäten?
Grundsätzlich gehen zwei Faktoren in die Preiselastizität der Nachfrage ein: Die Kaufkraft der Kunden (wenn das Gut teurer wird, können sie sich *ceteris paribus* weniger davon leisten) und die Bereitschaft, das Gut durch ein anderes zu substituieren. Dieser zweite Faktor führt dazu, dass das Modell auch für Märkte angewendet werden kann, in denen es enge, aber keine perfekten Substitute gibt, wie zum Beispiel bei Wein oder Jeans. Die Implikation des Modells ist dann, dass auf Märkten mit relativ engen Substituten nur relativ kleine Preisaufschläge durchsetzbar sind. An dieser Stelle lässt sich kurz darstellen, nach welchem Kriterium ein Unternehmen in seine Kundenkommunikation investieren sollte: Cost-Plus-Pricing besagt, dass der Preis in einem Markt umso höher sein kann, je unelastischer die Marktnachfrage auf Preisänderungen reagiert. Ziel einer Marketingkampagne sollte daher sein, die Marktnachfrage unelastischer zu machen. Um das Werbebudget optimal bestimmen zu können, ist es daher erforderlich, Informationen über die Grenzkosten und den Grenzertrag einer weiteren Einheit Werbung zu haben. Der Grenzertrag ergibt sich aus der Änderung der Preiselastizität der Nachfrage.

Das Ergebnis der optimalen Monopolpreisbildung ist wirtschaftspolitisch interessant: Aus der Tatsache, dass der Monopolist zu einem Preis anbietet, der grösser als seine Grenzkosten ist, folgt unmittelbar, dass auf einem Monopolmarkt unter diesen Voraussetzungen die Handelsgewinne nicht ausgeschöpft werden. Es gibt noch potenzielle Kunden, die einen Preis zu zahlen bereit wären, der grösser als die Grenzkosten des Unternehmens ist. Daher wird die Summe aus Konsumenten- und Produzentenrente nicht maximiert, der Markt ist ineffizient. Man spricht auch von Marktversagen. Der Grund für die Ineffizienz ist klar: Die einzige Möglichkeit des Monopolisten, mehr zu verkaufen, besteht darin, den Preis zu senken. Da Preisdifferenzierung aber nicht möglich ist, muss er den Preis nicht nur für den marginalen Käufer (den Käufer mit der niedrigsten Zahlungsbereitschaft, der noch zu kaufen bereit ist) sondern auch für alle anderen Käufer senken. Der daraus entstehende Ertragsverlust übersteigt den zusätzlichen Ertrag aus der weiteren verkauften Einheit. In Abb. 14.1 ist die Ineffizienz durch den Verlust an möglichen Handelsgewinnen durch die Fläche *DWL* gegeben. *DWL* steht für deadweight-loss oder Wohlfahrtsverlust, der entsteht. Bevor wir nach den wirtschaftspolitischen Implikationen dieser Ineffizienz fragen können, müssen wir zunächst ihre Ursache besser verstehen. Dies ist möglich, wenn wir uns anschauen, was ein Monopolist machen würde, der Preisdifferenzierung betreiben kann.

14.4.2 Zwei- oder mehrseitige Märkte

Sogenannte zwei- oder mehrseitige Märkte sind Vermittlungsplattformen, die Güter und Dienstleistungen für zwei oder viele verschiedene Gruppen von Kunden bereitstellen. Was sie von traditionellen Mehrproduktunternehmen unterscheidet, ist das Vorhandensein von Interdependenzen hinsichtlich der Gewinne aus dem Handel zwischen den verschiedenen Gruppen (siehe Kap. 6). Diese Interdependenzen können positiv oder negativ sein. Facebook zum Beispiel hat hauptsächlich zwei Gruppen von Kunden, nämlich Nutzer (Seite 2) und Unternehmen, die gezielte Werbung schalten (Seite 1). Facebook sammelt Daten über seine Nutzer, die es ermöglichen, Werbeanzeigen effektiver zu platzieren. Die Zahlungsbereitschaft der Unternehmen für die Schaltung von Werbeanzeigen hängt also von der Anzahl der erreichbaren Nutzer und der Effektivität der Targeting-Strategie ab, wodurch eine positive Interdependenz von Seite 2 zu Seite 1 entsteht. Gleichzeitig kann es zu einer negativen Externalität in die entgegengesetzte Richtung kommen, wenn die Benutzer nicht gerne mit zu vielen Werbeanzeigen konfrontiert werden.

Interdependenzen zwischen verschiedenen Kundengruppen können im Prinzip überall in der Wirtschaft auftreten. Sie sind in traditionellen Branchen zu finden (z. B. Kreditkartenunternehmen, die Karteninhaber und Händler miteinander verbinden, Einkaufszentren, die Kunden und Händler miteinander verbinden, oder Organisationen wie Alumni-Clubs, AIESEC usw.). Aber sie sind besonders relevant in der digitalen Wirtschaft, wo einige der grössten und profitabelsten Unternehmen der Welt als Vermittler oder Plattformen agieren. Beispiele dafür sind Facebook, Google, Baidu, eBay, Amazon, Microsoft, Apple, Taobao, und viele andere. Betrachten wir als Beispiel die digitale Anwendungsplattform von Apple. In diesem Fall bilden Anwendungsentwickler und Benutzer die beiden Gruppen von Kunden. Das Ziel der Anwendungsentwickler ist es, ihre Anwendungen an iPhone-, iPad- oder Mac-Nutzer zu verkaufen. Diese Nutzer sind bereit, diese Anwendungen zu kaufen und zu installieren. Apple hat diese Plattform in sein Hard- und Software-Ökosystem integriert, um diese Gruppen zusammenzubringen, wofür Gebühren erhoben werden.

Zweiseitige Märkte profitieren im Allgemeinen von vielen der Faktoren (wie Netzwerkexternalitäten), die die Existenz und das Fortbestehen von Monopolen erklären. Sie haben auch sehr interessante und auf den ersten Blick potenziell kontraintuitive Konsequenzen für die optimale Preisgestaltung, die im Mittelpunkt dieses Abschnitts stehen werden. Eine davon ist, dass viele der angebotenen Dienste für eine Seite des Marktes kostenlos sind (Preise von null haben). Facebook-Nutzer zahlen keinen Mitgliedsbeitrag, ebenso wenig wie Nutzer von Suchmaschinen wie Google. Aus der isolierten Perspektive dieses Marktes sieht ein solches Geschäftsmodell gelinde gesagt seltsam aus, obwohl es wahrscheinlich effizient ist, da die Grenzkosten eines zusätzlichen Facebook-Benutzers oder einer zusätzlichen Google-Suche nahe bei null liegen (obwohl die Fixkosten erheblich sind). Die Rationalität dieser Preisstrategie wird nur deutlich, wenn man beide Seiten des Marktes gleichzeitig betrachtet. Es gibt das Sprichwort „Wenn du nicht zahlst, bist du das Produkt", das zum Beispiel das Geschäftsmodell von Facebook sehr schön illustriert. Die Masse an Nutzerdaten, die Facebook sammelt, ist für Online-Werbetreibende von unschätzbarem Wert, denn so können sie die Nutzer gezielt mit Anzeigen und Botschaften ansprechen und erhalten mit grösserer Wahrscheinlichkeit ihre Aufmerksamkeit, weil sie ihre Präferenzen gut kennen. Facebook ist also für die Nutzer (Seite 1) kostenlos, weil das Geschäftsmodell darin besteht, Daten zu sammeln und den Werbetreibenden (Seite 2) Hinweise zu geben, wie sie ihre bevorzugten Kunden identifizieren und ansprechen können. Dieser Service ist nicht kostenlos, und die Preise, die verlangt werden können, hängen von der Anzahl der Nutzer, der Zeit, die sie auf der Plattform verbringen, und der Qualität der Algorithmen ab, die die Daten analysieren und in gewinnbringende Informationen umwandeln. Was wir daraus lernen können, ist, dass aufgrund der Interdependenzen, die auf zweiseitigen Märkten existieren, eine optimale Preisgestaltung ebenfalls interdependent ist. Ein gewinnmaximierendes Unternehmen sollte sich nicht auf jede Seite des Marktes separat konzentrieren, sondern die Preisgestaltung als eine beide Marktseiten umfassende Aufgabe sehen, deren Ziel es ist, die Interdependenzen bestmöglich zu internalisieren. Wie wir später sehen werden, kann eine solche Strategie Preise von null und sogar Preise unterhalb der Grenzkosten auf einer Seite des Marktes erklären.

Exkurs 14.3. Nutzungsgebühren: ein alternatives Geschäftsmodell für Facebook?

Man könnte argumentieren, dass eine aggressive Platzierung von Werbung auf Plattformen das Nutzererlebnis beeinträchtigt, weshalb ein auf Nutzungsgebühren basierendes Geschäftsmodell mit werbefreiem Service (und ohne Datensammlung) eine gangbare Alternative sein könnte. Und einige Plattformen wie Spotify bieten tatsächlich sogenannte Premium-Dienste als Option an. Ob diese Strategie funktionieren kann, hängt von den spezifischen Diensten ab, die die Plattform anbietet. Facebook hat zumindest bisher immer darauf bestanden, einen kostenlosen Dienst für seine Nutzer anzubieten. Ein interessantes Gedankenexperiment ist die Frage, welche Nutzungsgebühr Facebook erheben müsste, um indifferent zwischen seinem derzeitigen Geschäftsmodell und einer Auf Nutzungsgebühren basierten Alternative zu sein. Im Jahr 2017 lag der durchschnittliche Umsatz von Facebook pro Nutzer in Nordamerika bei 84, 41 US-Dollar. Um diese Einnahmen bei einem werbefreien Dienst zu ersetzen, müsste Facebook von jedem Nutzer mindestens diesen Betrag verlangen. Eine kürzlich durchgeführte Umfrage unter US-amerikanischen Facebook-Nutzern ergab, dass weniger als 10 % bereit wären, eine solche Nutzungsgebühr für einen werbefreien Dienst zu zahlen. Nimmt man diese Zahl für bare Münze, würde die Community dramatisch zusammenbrechen. Dies hätte zwei negative Auswirkungen für die verbleibenden Nutzer. Erstens würden sie aufgrund der Bedeutung von

(Fortsetzung)

Netzwerkexternalitäten Facebook als weniger attraktiv wahrnehmen als bisher. Und zweitens würde die Beibehaltung der Einnahmen von Facebook bedeuten, dass auch die Nutzungsgebühren drastisch steigen müssten, was wahrscheinlich noch mehr Nutzer verdrängen würde.

Im Folgenden beschränken wir uns auf zweiseitige Märkte und stellen ein einfaches Modell vor, das es erlaubt, einige der Hauptideen zu entwickeln. Ein Monopolist (der Intermediär) bietet Güter und Dienstleistungen auf zwei Seiten oder Märkten 1 und 2 an. Der Unterschied zum Standardmodell ist eine Interdependenz zwischen der gelieferten Menge auf dem Markt 2 (z. B. Facebook-Nutzer) und der Zahlungsbereitschaft der Kunden auf dem Markt 1 (z. B. Unternehmen, die Werbebotschaften platzieren und dafür Informationen von Facebook kaufen). Die Gewinnfunktion des Monopolisten ist:

$$\pi(y) = P_1(y_1, y_2) \cdot y_1 + P_2(y_2) \cdot y_2 - C_1(y_1) - C_2(y_2),$$

und wir erhalten die folgenden Bedingungen erster Ordnung, die das Gewinnmaximum charakterisieren:

$$\frac{\partial P_1(y_1, y_2)}{\partial y_1} \cdot y_1 + P_1(y_1, y_2) - \frac{\partial C_1(y_1)}{\partial y_1} = 0.$$

$$\frac{\partial P_2(y_2)}{\partial y_2} \cdot y_2 + P_2(y_2) + \frac{\partial P_1(y_1, y_2)}{\partial y_2} \cdot y_1 - \frac{\partial C_2(y_2)}{\partial y_2} = 0.$$

Die Bedingung erster Ordnung lässt sich in zwei Markup-Regeln umwandeln, die denen ähneln, die wir bereits kennen. Wir bezeichnen mit $\epsilon_1^{x_1}$ und $\epsilon_2^{x_1}$ die Preis- und Kreuzpreiselastizitäten der Nachfrage nach Gut 1 und mit $\epsilon_2^{x_2}$ die Preiselastizität der Nachfrage nach Gut 2:

$$p_1 \cdot \left(\frac{1}{\epsilon_1^{x_1}} + 1 \right) = \frac{\partial C_1(y_1)}{\partial y_1},$$

$$p_2 \cdot \left(\frac{1}{\epsilon_2^{x_2}} + 1 \right) = \frac{\partial C_2(y_2)}{\partial y_2} - p_1 \cdot \frac{y_1}{y_2} \cdot \epsilon_2^{x_1}.$$

Die erste Markup-Regel ist qualitativ identisch mit derjenigen, die wir bereits kennen. Die zweite Markup-Regel ist jedoch neu und berücksichtigt die Interdependenz zwischen Markt 2 und Markt 1 (und internalisiert sie damit aus Sicht des Monopolisten). Es können zwei Fälle unterschieden werden:

- **Negative Interdependenz:** Wenn $\epsilon_2^{X_1} < 0$, ist der Aufschlag auf Markt 2 höher als bei unabhängigen Märkten. Die Tatsache, dass mehr Nachfrage auf Markt 2 die Nachfrage auf Markt 1 reduziert, wird durch einen höheren Aufschlag auf Markt 2 im Vergleich zum Standardfall berücksichtigt.
- **Positive Interdependenz:** Wenn $\epsilon_2^{X_1} > 0$, wird der Aufschlag auf Markt 2 niedriger sein als bei unabhängigen Märkten. Die Tatsache, dass mehr Nachfrage auf dem Markt 2 die Nachfrage auf dem Markt 1 erhöht, wird durch einen niedrigeren Aufschlag auf dem Markt 2 berücksichtigt. Es kann sein, dass der verlangte Preis unter den Grenzkosten liegt, gleich null oder sogar negativ ist.

Preise unterhalb der Grenzkosten zu verlangen, kann attraktiv sein, wenn die positive Interdependenz mit dem anderen Markt stark genug ist, um die damit einhergehenden Verluste auszugleichen. Es wird gesagt, dass Spieleshersteller wie Sony ihre Konsolen mit Verlusten verkaufen, um einen grossen Marktanteil zu erreichen, was es attraktiv macht, Software für ihre Konsolen zu entwickeln. Sony erhält dann Lizenzgebühren für diese Software, wenn sie auf ihren Konsolen verwendet wird.

Hier ein Beispiel für eine lineare Nachfragefunktionen und Grenzkosten von Null: Die inverse Nachfragefunktion nach Gut 1 ist gegeben durch $P_1(y_1, y_2) = 100 - y_1 + d \cdot y_2$, wobei $d \leq 1$ ein Parameter ist, der die Interdependenz zwischen Markt 2 und Markt 1 misst. Die inverse Nachfragefunktion nach Gut 2 ist gegeben durch $P_2(y_2) = (100 - y_2)$. Daraus ergibt sich die folgende Gewinnfunktion:

$$\pi(y_1, y_2) = (100 - y_1 + dy_2) \cdot y_1 + (100 - y_2) \cdot y_2.$$

Das Beispiel ist nützlich, weil es uns erlaubt, sofort die optimale Lösung für den Fall ohne (oder mit vernachlässigter) Interdependenz ($d = 0$) zu sehen: $y_1^* = y_2^* = 50$ und daher $p_1^* = p_2^* = 50$. Die Lösung ist in Abb. 14.2a dargestellt, wo man die inversen Nachfragefunktionen auf beiden Märkten und die daraus resultierenden gewinnmaximierenden Mengen und Preise sehen kann. Die quadratischen Flächen sind die Gewinne $y_i^* \cdot p_i^* = 2'500$, $i = 1, 2$. Die Lösung ohne Interdependenz ist auch die Lösung, die sich ergeben würde, wenn das Unternehmen die Interdependenz vernachlässigen und die Gewinne auf beiden Märkten getrennt maximieren würde.

Mit $d \neq 0$ ist die Lösung die folgende:

$$\frac{\partial \pi(y_1, y_2)}{\partial y_1} = 0 \Leftrightarrow y_1 = 50 + \frac{d}{2} \cdot y_2,$$

$$\frac{\partial \pi(y_1, y_2)}{\partial y_2} = 0 \Leftrightarrow y_1 = -\frac{100}{d} + \frac{2}{d} \cdot y_2.$$

Das Lösen beider Gleichungen führt zu den folgenden gewinnmaximierenden Mengen und Preisen:

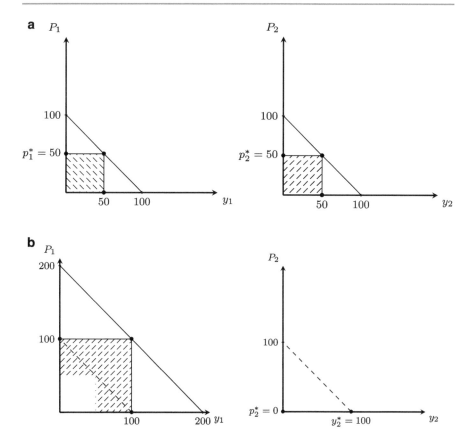

Abb. 14.2 Optimale Preissetzung in zweiseitigen Märkten. (**a**) Optimale Preisgestaltung, wenn die Interdependenzen vernachlässigt werden. (**b**) Optimale Preisgestaltung bei Internalisierung der Interdependenzen

$$y_1^* = y_2^* = \frac{100}{2-d}, \quad p_1^* = \frac{100}{2-d}, \quad p_2^* = \frac{100 \cdot (1-d)}{2-d}.$$

Wenn d also streng positiv (streng negativ) ist, ist der Preis auf dem Markt 1 grösser (kleiner) als der Preis auf dem Markt 2, was mit unserer Intuition übereinstimmt, die wir aus der modifizierten Markup-Regel abgeleitet haben. Wenn $d = 1$ ist, ist der optimale Preis im Markt 2 $p_2^* = 0$. Der Fall $d = 1$ ist in Abb. 14.2b dargestellt. Die inverse Nachfragefunktion auf Markt 1 ergibt sich, wenn $p_2^* = 0$, $y_2^* = 100$ eingesetzt wird. Der Gewinn ist gleich $y_1^* \cdot p_i^* = 10'000$, und $y_2^* \cdot p_2^* = 0$. Man kann leicht erkennen, dass die Internalisierung der Interdependenz zwischen beiden Märkten in diesem Fall den Gesamtgewinn verdoppelt. Die graue Fläche im linken Teil von Abb. 14.2b bezeichnet den Anstieg der Gewinne und die graue Fläche im rechten Teil von Abb. 14.2a bezeichnet den Rückgang der Gewinne im Vergleich zur nicht internalisierten Lösung.

14.5   Monopol mit Preisdifferenzierung

Reasonable charges
Plus some little extras on the side!
Charge 'em for the lice, extra for the mice
Two percent for looking in the mirror twice
Here a little slice, there a little cut
Three percent for sleeping with the window shut
When it comes to fixing prices
There are a lot of tricks he knows
How it all increases, all them bits and pieces
Jesus! It's amazing how it grows!
Alain Boublil und Michel-Schonberg (2013), Les Miserables (basierend auf einem Roman von Victor Hugo)

14.5.1 Preisdifferenzierung ersten Grads

In diesem Abschnitt beschäftigen wir uns mit dem Gewinnmaximierungsproblem eines Monopolisten, der perfekte Preisdifferenzierung betreiben kann. Wir behandeln diesen Fall nicht, weil er besonders realistisch ist (wo sollte der Monopolist alle relevanten Informationen herbekommen?), sondern weil er als theoretischer Referenzpunkt Aufschluss über die Ursache des oben identifizierten Marktversagens ohne Preisdifferenzierung gibt und viele gegenwärtige Tendenzen in der Preispolitik von Unternehmen besser verständlich macht.

Glücklicherweise ist der Fall vollständiger Preisdifferenzierung einfach zu verstehen. Damit sie möglich ist, muss der Monopolist in der Lage sein, die Zahlungsbereitschaft jedes Kunden genau zu ermitteln. Dann wird er jedem Kunden einen individuellen Preis setzen, der genau seiner Zahlungsbereitschaft entspricht. (Es kann notwendig sein, den Preis ein kleines bisschen niedriger zu setzen, damit die Kunden tatsächlich kaufen. Wir gehen aus Vereinfachungsgründen im Folgenden davon aus, dass sich indifferente Kunden im Sinne des Unternehmens verhalten. Diese Annahme hat keinen Einfluss auf die ökonomischen Intuitionen und vereinfacht die Analyse). Es gibt also in einem solchen Markt keinen einheitlichen Preis, sondern eine Preisfunktion, die genau der Preis-Absatzfunktion entspricht.

Bis zu welchem Preis wird der Monopolist anbieten? Er macht einen positiven Gewinn mit der letzten verkauften Einheit, solange der Preis noch grösser als die Grenzkosten dieser Einheit ist, so dass er bis zu diesem Punkt sein Angebot ausdehnen wird. Dies führt aber zu einem überraschenden Ergebnis: Der perfekt preisdifferenzierende Monopolist wird die gesellschaftlich effiziente Menge anbieten. Allerdings werden sich anders als im Falle der vollständigen Konkurrenz der Anbieter und die Nachfrager die Rente nicht teilen, sondern der Monopolist schafft es auf diese Weise, den gesamten Handelsgewinn in diesem Markt in Produzentenrente umzuwandeln (siehe Abb. 14.3).

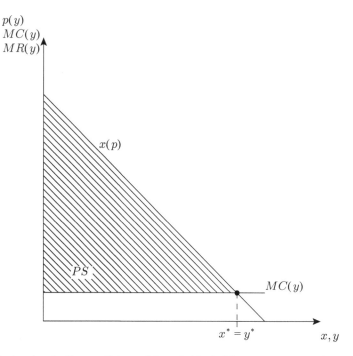

Abb. 14.3 Angebot der Pareto-effizienten Menge bei Preisdifferenzierung ersten Grads

Exkurs 14.4. Preisdifferenzierung im digitalen Zeitalter

Im Vergleich zu anderen Formen der Preisdifferenzierung galt Preisdifferenzierung ersten Grads lange Zeit als theoretischer Grenzfall ohne grosse praktische Relevanz, da die Informationen, die notwendig sind, um vollständig personalisierte Preise zu verlangen, nicht vorhanden waren. Auf der anderen Seite ist es für Unternehmen ausgesprochen verführerisch, sich weiter in Richtung vollständiger Preisdifferenzierung zu bewegen, da dies offensichtlich positive Konsequenzen für die Gewinne hat. Es sollte daher nicht überraschen, dass Internethandelsplattformen mit Preisstrategien experimentieren, die auf dem Verhalten der Nutzer im Internet basieren.

Ein Bericht zu Händen des Präsident der Vereinigten Staaten von Amerika von Executive Office President of the United States (2015) kommt zu dem Schluss, dass „the combination of differential pricing and big data raises concerns that some consumers can be made worse off, and have very little knowledge why. [...] [M]any companies already use big data for targeted marketing, and some are experimenting with personalized pricing, though examples of personalized pricing remain fairly limited. [...] [P]roviding

(Fortsetzung)

consumers with increased transparency into how companies use and trade their data would promote more competition and better informed consumer choice."

Hannak (2014) untersuchten die Suchergebnisse von 300 Personen, die auf 16 Onlinehändler- und Reiseseiten aus den USA gesucht hatten. Sie fanden heraus, dass die Kunden bei neun der 16 Plattformen unterschiedliche Preise oder unterschiedliche Suchergebnisse bei identischen Suchaufträgen präsentiert bekamen. So differenziert die Reiseseite Expedia Preise in Abhängigkeit vom Browserverlauf des Computers, von dem aus gesucht wird. Eine andere Reiseseite, Travelocity, bot Hotelzimmer an, die $15 pro Nacht günstiger waren, wenn von einem iPhone oder iPad gesucht wurde. *Home Depot* verlangte höhere Preise und bot hochwertigere Produkte an, wenn von einem Smartphone anstatt von einem Desktop-Computer gesucht wurde. In einer Untersuchung von 2012 fand das *Wall Street Journal* heraus, dass *Staples* Preise nach dem Standort des Geräts differenziert und das *Orbitz* zwischen Mac- und PC-Nutzern differenziert, weil letztere eine höhere Preisbereitschaft für Hotelzimmer zu haben scheinen.

Diese Versuche, Preise zu individualisieren, sind noch sehr grob. Allerdings kann der Zugang zu besseren Informationen und die Entwicklung besserer Algorithmen das Bild schon bald ändern. Calo (2013) kommt zu dem Schluss, dass mehr Daten und bessere Algorithmen Unternehmen relativ bald in die Lage versetzen werden, sehr genaue Persönlichkeitsprofile ihrer Nutzer anzulegen und mit Hilfe personalisierter Werbung und der Nutzung von Wissen über kognitive und emotionale Entscheidungsmechanismen diese auch strategisch umzusetzen. So haben Apple und Microsoft Patente zum sogenannten ‚Mood-Based-Advertising' angemeldet, und Amazon arbeitet an Algorithmen, die deutlich besser voraussagen können, was Kunden wünschen, bevor sie ein Produkt kaufen. Diese Informationen sind zentral für die Fähigkeit zur Preisdifferenzierung, da sie es ermöglichen, während des Suchprozesses des Kunden die Preise und die Angebote zu verändern. Google hat beispielsweise ein Patent für einen Algorithmus beantragt, der es erlaubt abzuschätzen, ob ein Kunde entschlossen zum Kauf ist oder nicht, um dann dementsprechend hohe oder niedrige Preise zu verlangen.

Shiller (2014) hat sich am Beispiel Netflix den Effekt auf Unternehmensgewinne angeschaut, der durch die Verarbeitung zusätzlicher Informationen in Preisstrategien zu erwarten ist. Er fand heraus, dass im Vergleich zum Standardfall einer Preisdifferenzierung zweiten Grads nach dem Wohnort des Nutzers die Hinzunahme aller verfügbaren Informationen über das Nutzungsverhalten des Internets die variablen Gewinne um 1,39 % steigern kann, Preisdifferenzierung auf Basis ausschliesslich demografischer Informationen führt zu einer Steigerung von 0,15 %. Das mag nach nicht viel klingen, doch wenn man sich die Gewinnmargen im US-Handel anschaut, die bei 2,34 % liegen, kann dies einen grossen Unterschied für ein Unternehmen bedeuten.

Diese Überlegungen erlauben es nun, uns nochmals mit der Frage nach den wettbewerbspolitischen Implikationen eines Monopolmarktes zu beschäftigen. Vergleichen wir den Fall des vollständig mit dem Fall des nicht preisdifferenzierenden Monopols, so ist unmittelbar klar, dass der Monopolist immer die Option der Preisdifferenzierung wählen wird, wenn er kann. Die Ineffizienz der Monopollösung ohne Preisdifferenzierung muss also an der Unfähigkeit des Monopolisten liegen, Preise zu differenzieren. Dafür kann es drei Gründe geben.

1. Preisdifferenzierung ist gesetzlich verboten. Der Monopolist ist in diesem Fall gezwungen, von jedem Kunden denselben Preis zu verlangen. Dann ist die gesetzliche Regulierung für die Ineffizienz des Marktes verantwortlich. Marktversagen ist nicht Ausdruck einer inhärenten Tendenz eines Monopolmarkts, Handelsgewinne unausgeschöpft zu lassen, sondern – gemessen am Massstab der Pareto-Effizienz – Ergebnis einer schlechten Regulierung dieses Marktes.

Ein Beispiel für den Versuch, Preisdifferenzierung juristisch zu unterbinden, ist der ‚Robinson Patman Act‘ beziehungsweise Titel 15 Kap. 1 §13 des *United States Code* mit dem Namen ‚Discrimination in price, services, or facilities‘. Es lohnt sich, den ersten Absatz genauer anzuschauen: „It shall be unlawful for any person engaged in commerce, in the course of such commerce, either directly or indirectly, to discriminate in price between different purchasers of commodities of like grade and quality, where either or any of the purchases involved in such discrimination are in commerce, where such commodities are sold for use, consumption, or resale within the United States or any Territory thereof or the District of Columbia or any insular possession or other place under the jurisdiction of the United States, and where the effect of such discrimination may be substantially to lessen competition or tend to create a monopoly in any line of commerce, or to injure, destroy, or prevent competition with any person who either grants or knowingly receives the benefit of such discrimination, or with customers of either of them: Provided, That nothing herein contained shall prevent differentials which make only due allowance for differences in the cost of manufacture, sale, or delivery resulting from the differing methods or quantities in which such commodities are to such purchasers sold or delivered: Provided, however, That the Federal Trade Commission may, after due investigation and hearing to all interested parties, fix and establish quantity limits, and revise the same as it finds necessary, as to particular commodities or classes of commodities, where it finds that available purchasers in greater quantities are so few as to render differentials on account thereof unjustly discriminatory or promotive of monopoly in any line of commerce; and the foregoing shall then not be construed to permit differentials based on differences in quantities greater than those so fixed and established: And provided further, That nothing herein contained shall prevent persons engaged in selling goods, wares, or merchandise in commerce from selecting their own customers in bona fide transactions and not in restraint of trade: And provided further, That nothing herein contained shall prevent price changes from time to time where in response to changing conditions affecting the market for or the marketability of the goods concerned, such as but not limited to actual or imminent deterioration of perishable goods, obsolescence of seasonal goods, distress sales under court process, or sales in good faith in discontinuance of business in the goods concerned."

2. Der Monopolist kann den Weiterverkauf seiner Produkte nicht verhindern. In diesem Fall werden sich Zweitmärkte bilden, auf denen sogenannte Arbitrageure die Produkte des Monopolisten weiterverkaufen. Wenn also etwa eine Person zu einem niedrigen und eine andere Person zu einem höheren Preis beim Monopolisten kaufen kann, so lohnt es sich, dass beide miteinander zu einem Preis handeln, der zwischen den beiden Monopolpreisen liegt. Dieser Prozess wird unter idealen Bedingungen so lange fortgesetzt, bis nur noch ein Preis im Markt existiert.

Unter welchen Bedingungen kann ein Monopolist nun das Aufkommen von Zweitmärkten nicht verhindern? Um dies zu verstehen, muss man die Verträge, die ein Monopolist mit seinen Kunden schliesst, näher anschauen. Bei Vertragsfreiheit kann der Monopolist im Prinzip den Weiterverkauf untersagen. Er gesteht dem Kunden nur ein Nutzungsrecht ein, nicht aber ein Recht auf Weiterverkauf. Wenn solche Verträge legal und durchsetzbar sind, kann das Aufkommen von Zweitmärkten unterbunden werden. Nun ist es aber in der Realität häufig so, dass der Staat solche Verträge nicht durchsetzt oder sogar verbietet. Legal sind sie beispielsweise auf vielen Versicherungsmärkten, auf denen Policen nicht frei gehandelt werden können. Nicht legal sind sie aber auf vielen Konsumgütermärkten, zum Beispiel in der Europäischen Union. Auch in diesem Fall steht hinter dem Marktversagen eine Regulierung des Marktes, die ihn erst ineffizient macht.

3. Dem Monopolisten fehlen die Informationen, die erforderlich sind, Preise zu differenzieren. Hierauf werden wir näher im folgenden Abschnitt zu imperfekter Preisdifferenzierung eingehen.

Als Zwischenfazit können wir festhalten, dass aus Gründen der Effizienz bisher kein Argument gegen Monopole abgeleitet werden konnte. Im Licht der beiden obigen Modelle sind es die Spielregeln auf dem Markt, die den Monopolisten ineffizient machen. Diese Schlussfolgerung mag überraschen, ist sie doch im Widerspruch zum von vielen Laien und auch Ökonomen geteilten Bauchgefühl, dass Monopole eine Tendenz zur Ineffizienz haben. Aus dieser Schlussfolgerung sollte man daher nicht vorschnell ableiten, dass es keine gesellschaftlichen Probleme mit Monopolen gibt. Dies ist aus zwei Gründen so:

Erstens mag ein perfekt preisdifferenzierender Monopolist zwar ein effizientes Marktergebnis herbeiführen, doch das gesellschaftliche Ziel kann über die Effizienz hinausgehen und auch Fragen der Verteilungsgerechtigkeit beinhalten. Nun können wir bisher wenig über Verteilungsgerechtigkeit sagen, weil ja die Gewinne des Monopols am Ende an die Konsumenten (in ihrer Rolle als Eigentümer des Monopols) zurückfliessen, so dass wir ohne Kenntnis der Verteilung der Eigentumsrechte nichts über die Verteilungswirkungen wissen. Wir verfügen aber über empirische Daten, die uns Auskunft über die Verteilung von Unternehmensgewinnen geben: Die Nachfrage von vielen Monopolgütern ist breit gestreut, während das Eigentum konzentriert in den Händen relativ weniger Personen liegt. Daher kann von einem egalitären Standpunkt aus ein Zielkonflikt zwischen Effizienz und Verteilungsgerechtigkeit gesehen werden, so dass man die Ineffizienzen, die aus einer Beschränkung der Preisdifferenzierung folgen, als notwendigen Preis für eine egalitärere Gesellschaft sehen wird. Aber dann stellt sich die Frage, warum das Problem der Verteilungsgerechtigkeit nicht direkter angegangen wird, zum Beispiel durch umverteilende Steuern.

Exkurs 14.5. Preissetzung und beschränkte Rationalität

Preisdifferenzierung ist eines der zentralen Themen in vielen Industrien. Solche Strategien finden sich unter unterschiedlichen Namen wie ‚Dynamic Pricing', ‚Power Pricing' oder ‚Yield Management'. Das Kernproblem hinter all diesen Preisdifferenzierungsstrategien ist immer dasselbe: Wie kann ich meine Kunden in nach ihren Zahlungsbereitschaften abgrenzbare Gruppen segmentieren und dann unterschiedlich bepreisen? Dies kann Win-Win-Situationen erzeugen, wenn es relativ enge Substitute zu den angebotenen Produkten gibt (so dass man auf das Angebot nicht eingehen muss) und dem Konsumenten dadurch Suchkosten entfallen.

Ein verwandtes Problem hat mit irrationalem oder beschränkt rationalem Verhalten zu tun. Aufbauend auf Studien der Verhaltensökonomik kritisieren einige Juristen bestimmte Preisstrategien von Unternehmen, da sie die Verhaltensanomalien von Konsumenten ausbeuten. Allerdings ist die Forschung in diesem Feld noch nicht zu einer abschliessenden Bewertung solcher Positionen gekommen.

Ein Beispiel: Nehmen wir an, ein Fitnessstudio verlangt einen zweistufigen Tarif mit einer Jahresgebühr L und einem Preis pro Besuch des Studios p. Wenn p den Grenzkosten entspricht und L zur Finanzierung der Fixkosten des Clubs beiträgt, ist dieser Vertrag im Rationalverhaltensmodell effizient. Es gibt aber systematische Evidenz dafür, dass Nutzer die Häufigkeit ihrer Besuche überschätzen. Diese Form der Irrationalität kann vom Fitnessclub ausgenutzt werden, indem er den Preis p unter die Grenzkosten senkt und die Jahresgebühr L stattdessen entsprechend erhöht. Dies verbreitert die Kluft zwischen der Konsumentenrente, die der Konsument erwartet, und der Konsumentenrente, die er tatsächlich realisiert. Der Kunde kann den modifizierten Vertrag attraktiver finden, obwohl er am Ende eine negative Konsumentenrente erreicht.

Ein weiteres Beispiel ist eine Preisstrategie, die auf dem sogenannten *Anchoring-Effekt* basiert. Es gibt eine einfache Daumenregel, wie man Produkte teuer verkaufen kann, für die Kunden keine klare Zahlungsbereitschaft besitzen. Man sollte das Produkt direkt neben einem ähnlichen, aber deutlich teureren Produkt platzieren. *Williams-Sonoma* fügte eine Brotbackmaschine

(Fortsetzung)

zu $429 seinem Programm hinzu und platzierte sie gleich neben dem Standardmodell zu $279. Die Konsequenz dieser Massnahme war, dass sich die Verkäufe des Standardmodells verdoppelten, obwohl so gut wie niemand die teure Brotbackmaschine kaufte (Ariely, 2008). Sie diente lediglich als Preisanker.

Ein ähnlicher Effekt trat in einer Studie zum Kaufverhalten von Bier auf (Poundstone, 2011). Im ersten Test hatten die Studienteilnehmenden die Auswahl zwischen einem regulären Bier für $1,80 und einem Premiumbier für $2,50; 80 % der Teilnehmenden wählten das Premiumbier. Im nächsten Test wurde mit einem kleineren und billigeren Bier zu $1,60 eine dritte Option geschaffen. Niemand wählte diese Option, aber das Premiumbier wurde nun nur noch von 20 % der Teilnehmenden gewählt. Im dritten Experiment wurde die kleine, billige Option durch ein teures, extra grosses Bier ersetzt, welches zu $3,40 angeboten wurde. In diesem Szenario stieg die Nachfrage nach dem Premiumbier auf 85 %. (Die Ergebnisse wurden – so die Auskunft – nicht vom vorherigen Bierkonsum beeinflusst.) Dieses Experiment zeigt, dass Kunden auf sogenannte *Preisklammern* reagieren. Die meisten Menschen entscheiden sich für die ‚mittlere' Option, wobei es relativ gleichgültig ist, was genau die Mitte ist. Diese Disposition gibt Unternehmen einen grossen Gestaltungsspielraum bei der Produktgestaltung und Preissetzung.

Zweitens kann es sein, dass die Ursache dafür, dass viele Menschen ein intuitives Problem mit Monopolen haben, vom bisherigen Modell gar nicht erfasst wird. Möglicherweise ist die Ursache für die mangelnde Effizienz eines Monopols nicht in einem statischen Modell zu verstehen, sondern nur dynamisch, weil eine abgesicherte Monopolposition die Anreize zu Innovation und Kundenfreundlichkeit erlahmen lässt. In diesem Fall ist aber ein ganz anderes Modell nötig, um das Problem richtig anzugehen.

14.5.2 Preisdifferenzierung zweiten Grads

Ein zentrales Hindernis bei der Umsetzung von Preisdifferenzierungsstrategien ist die Information, die ein Unternehmen haben muss, um individualisierte Preise setzen zu können. Es gibt zwei Wege zur Lösung dieses Problems, ein Unternehmen kann in eine bessere Informationsbasis investieren oder es kann bestehende Informationen nutzen, um möglichst effektiv Preise zu differenzieren. In diesem Abschnitt beschäftigen wir uns mit der zweiten Strategie.

Um das Problem möglichst einfach zu halten, gehen wir davon aus, dass ein Unternehmen zwei Kundengruppen hat, die bezüglich ihrer Zahlungsbereitschaft unterscheidbar sind. Es kennt die Zahlungsbereitschaften der beiden Gruppen und auch ihre Grösse, nicht aber, ob eine konkrete Kundin der einen oder der anderen

Gruppe angehört. Ein Beispiel hierfür könnte eine Airline sein, die einen Flug von Zürich nach Frankfurt anbietet, der von Geschäftsreisenden und von Privatfliegern genutzt wird. Geschäftsreisende haben eine höhere Zahlungsbereitschaft für den Flug und insbesondere für flexible Umbuchungen. Das Unternehmen kennt die Zahlungsbereitschaften sowie die relativen Grössen beider Gruppen, kann aber beim Verkauf eines Tickets nicht sagen, ob es an einen Geschäftsreisenden oder an einen Privatflieger verkauft.

Hätte das Unternehmen die Informationen, so würde es jedem Kunden genau seine Zahlungsbereitschaft in Rechnung stellen, und beide Gruppen bekämen ihr optimales Flugangebot. Das Problem ist nun, dass es sein kann, dass ein Mitglied der Gruppe mit der hohen Zahlungsbereitschaft in diesem Fall das Angebot für das Individuum mit der niedrigen Zahlungsbereitschaft vorzieht. Mit seinem ,eigenen' Angebot erhält es ja eine Konsumentenrente von null. Das Angebot der anderen Gruppe kann zwar bezüglich der gebotenen Leistung weniger gut ausfallen, dafür ist es aber auch billiger. In diesem Fall würden aber alle Kunden das Angebot für die Gruppe mit der niedrigen Zahlungsbereitschaft wählen, so dass das Unternehmen auf dem anderen Angebot sitzen bleibt. Wie wird ein Unternehmen darauf reagieren?

Um diese Frage zu beantworten, werden wir das Problem formal stärker strukturieren und grafisch analysieren. In den folgenden Abbildungen ist auf der Abszisse die Menge eines Guts und auf der Ordinate die Zahlungsbereitschaft für eine bestimmte Menge des Guts angegeben. Dabei soll der Begriff ,Menge' sehr allgemein für ein Qualitätsmerkmal benutzt werden, für das sich die Zahlungsbereitschaften der Kundengruppen unterscheiden. Im Beispiel des Flugs kann sich der Begriff ,Menge' daher auf die Flexibilität bei der Umbuchung, Grösse des Fussraums oder die Qualität des Service beziehen. Wenn das Gut ein Drucker ist, dann kann sich ,Menge' auf die Anzahl der pro Minute gedruckten Seiten beziehen.

Abb. 14.4 zeigt die Nachfragefunktionen $p^H(x)$ und $p^N(x)$ für ein Individuum mit hoher (H-Typ, durchgezogene Linie) und für ein Individuum mit niedriger (N-Typ, gestrichelte Linie) Zahlungsbereitschaft. Zur Vereinfachung sei der Anteil von H- und N-Typen im Markt gleich gross, und von jedem Typen gebe es genau ein Individuum. Der Monopolist produziere zu Grenzkosten von null, so dass die effizienten Mengen bei den maximal nachgefragten Mengen x_H^o und x_N^o liegen. Die aggregierten Zahlungsbereitschaften einer bestimmten Menge des Guts x für beide Typen entsprechen der Fläche unter ihren Nachfragefunktionen, $P^H(x) = \int_0^x p^H(x)dx$, $P^N(x) = \int_0^x p^N(x)dx$. In der Abbildung sind die aggregierten Zahlungsbereitschaften für die effizienten Mengen gegeben durch die Flächen $P^N(x_o^N) = A$ und $P^H(x_o^H) = A + B + C$.

Bisher hatten wir implizit angenommen, dass ein Unternehmen einen Preis pro Einheit eines Guts setzt und die Konsumentin wählen kann, wie viele Einheiten sie zu dem Preis kauft. Damit bei unvollständiger Information Preisdifferenzierung effektiv wird, muss das Unternehmen diese Freiheit einschränken und stattdessen vorgegebene Mengen zu Gesamtpreisen anbieten. So ist etwa $\{y, P^H(y)\}$ ein mögliches Angebot, bei dem der Monopolist die Menge y zur maximalen Zahlungsbereitschaft des H-Typs anbietet. Wir nennen einen beliebigen Tupel $\{y, P\}$ auch

Abb. 14.4 Zwei Konsumententypen, N (*gestrichelte Linie*) und H (*durchgezogene Linie*)

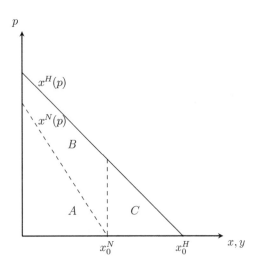

einen *Vertrag*. Dabei ist P der Preis für y Einheiten des Guts, nicht für die y-te Einheit.

Es ist unmittelbar klar, dass bei vollständiger Preisdifferenzierung die effizienten Verträge $\{x^N, P^N(x^N)\} = \{x_o^N, A\}$, $\{x^H, P^H(x^H)\} = \{x_o^H, A+B+C\}$ angeboten werden. Der Gewinn des Monopolisten ist dann $2A+B+C$, und die Konsumentenrenten sind gleich null, $CS^H(x_o^H, P^H(x_o^H)) = CS^N(x_o^N, P^N(x_o^N)) = 0$.

Diese Verträge sind bei unvollständiger Information über den Typ eines Konsumenten aber nicht durchsetzbar: Ein H-Typ würde es vorziehen, den Vertrag für den N-Typ zu kaufen, weil er damit seine Konsumentenrente auf $CS^H(x_o^N, P^N(x_o^N)) = B$ vergrössern kann. Der N-Typ würde niemals den H-Vertrag kaufen, da er keine Zahlungsbereitschaft für die zusätzliche Menge hat und daher auch nicht bereit ist, einen höheren Preis zu bezahlen.

Wie wird das Unternehmen auf diesen Anreiz reagieren? Um diese Frage zu beantworten, ist es zunächst wichtig zu verstehen, ob es eine Veränderung der Verträge gibt, die den Gewinn des Unternehmens vergrössert. Wenn das Unternehmen den H-Vertrag nicht verkaufen kann, weil alle Kunden den N-Vertrag kaufen, ist sein Gewinn $2A$. Um einen H-Typ zum Kauf ‚seines' Vertrags zu bewegen, kann das Unternehmen den H-Preis soweit senken, bis der H-Typ indifferent zwischen dem N-Vertrag und dem modifizierten H-Vertrag ist. Da die Konsumentenrente B beträgt, ist dieser Zustand erreicht, wenn der H-Vertrag $\{x_o^H, A+C\}$ ist (siehe Abb. 14.4). Diese Vertragsmodifikation ist aber aus Sicht des Unternehmens immer profitabel, da sein Gewinn nun von $2A$ auf $2A+C$ steigt; weniger als bei vollständiger Preisdiskriminierung, aber besser als zuvor.

Sind wir an dieser Stelle schon beim Gewinnmaximum des Unternehmens angelangt? Die Antwort auf diese Frage lautet nein, weil das Unternehmen noch eine weitere Stellschraube besitzt, um effektiver Preisdifferenzierung zu betreiben: die angebotenen Mengen. Wenn es etwa die Menge des N-Vertrags verringert, so sinkt die Zahlungsbereitschaft beider Typen für diesen Vertrag. Daher muss das

Abb. 14.5 Effekt einer Reduktion der Menge des N-Vertrags

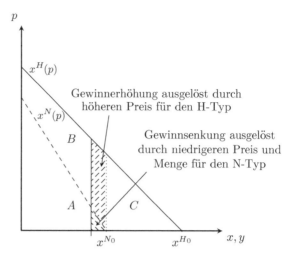

Unternehmen auch den Preis senken. Das klingt zunächst nach keiner guten Idee, weil es ja dadurch Gewinne mit dem N-Typ verliert. Warum dies trotzdem eine vernünftige Strategie sein kann, zeigt sich, wenn man sich überlegt, dass sich beide Typen in ihren Zahlungsbereitschaften für die letzte Einheit unterscheiden, der H-Typ ist mehr dafür zu zahlen bereit als der N-Typ. Deshalb hat eine Reduktion der Menge im N-Vertrag nicht nur einen Gewinnverlust bzgl. des N-Typs zur Folge, sondern kann darüber hinaus genutzt werden, um den Preis für den H-Vertrag zu erhöhen, denn die implizite ‚Drohung' des H-Typs, den N-Vertrag zu kaufen, ist nun nicht mehr so stark. Der N-Vertrag wird unattraktiver gemacht, was für beide Typen schlecht ist, aber der Nutzen des H-Typs sinkt stärker als die Zahlungsbereitschaft des N-Typs. Daher kann diese Mengenbeschränkung als Instrument der Typenselektion verwendet werden. Im Extremfall, wenn im N-Vertrag eine Menge von 0 zu einem Preis von 0 vorgesehen wird, kann man den Preis für den H-Vertrag wieder auf $A + B + C$ anheben.

Alle Verträge, bei denen der H Typ indifferent zwischen dem N-Vertrag und dem H-Vertrag ist, erfüllen die sogenannte *Selbstselektionsbedingung*. Abb. 14.5 zeigt die notwendigen und möglichen Preisänderungen bei einer Mengenanpassung des N-Vertrags von x_o^N auf $x_o^N - dx_o^N$.

Wann wird dieser Prozess stoppen? Genau dann, wenn der Grenzgewinn durch eine Preiserhöhung des H-Vertrags gleich dem Grenzverlust durch eine Mengen- und Preisreduktion des N-Vertrags ist. Grafisch bedeutet dies für gleich grosse Gruppen, dass die Strecke von der Mengenachse bis zur Nachfragefunktion des N-Typs (der Grenzverlust durch eine Preissenkung aufgrund der Mengenreduktion im N-Vertrag) gleich der Strecke von der Nachfragefunktion des N-Typs bis zur Nachfragefunktion des H-Typs (der Grenzgewinn durch eine Preisänderung im H-Vertrag) ist. Dies wird in Abb. 14.6 gezeigt.

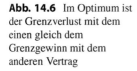

Abb. 14.6 Im Optimum ist
der Grenzverlust mit dem
einen gleich dem
Grenzgewinn mit dem
anderen Vertrag

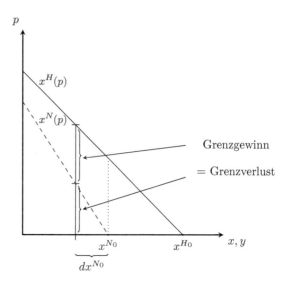

(In Abb. 14.6 wird beiden Typen eine positive Menge angeboten. Dies liegt an
den Annahmen bzgl. der Anteile der Typen und der Lage der Nachfragefunktionen.
Wenn es sehr wenige N-Typen gibt, oder sich ihre Zahlungsbereitschaft stark von
jener der H-Typen unterscheidet, kann es sein, dass es für den Monopolisten besser
ist, diese Gruppe gar nicht zu bedienen.)

Die vorherige Analyse hat einige allgemeine Eigenschaften optimaler Preisdifferenzierung bei asymmetrischer Information offenbart.

- Dem H-Typ wird immer seine Pareto-effiziente Menge angeboten, aber nicht
  dem N-Typ. Diese Eigenschaft nennt man auch *No Distortion at the Top*. Es ist ei-
  ne allgemeine Eigenschaft optimaler Lösungen in Modellen mit asymmetrischer
  Informationsverteilung, die Allokation des ‚besten' Typen nicht zu verzerren.
- Bei einem solchen Vertrag ist die Konsumentenrente des N-Typs null, die des
  H-Typs positiv (es sei denn, der N-Typ wird gar nicht beliefert).

Diese Eigenschaften eines optimalen Vertrags klingen zunächst sehr abstrakt,
und doch sind sie zum Verständnis von Preisentscheidungen in der Wirklichkeit
nützlich. In dem obigen Airline-Beispiel unterscheiden sich Geschäftsreisende und
Privatreisende etwa in ihrer Zahlungsbereitschaft für Flexibilität; Geschäftsreisende
haben in der Regel eine höhere Zahlungsbereitschaft dafür, flexibel umzubuchen.
Um unser Modell anzuwenden, würde y daher die Flexibilität eines Flugtickets
messen, und die Aussage des Modells ist, dass die Fluggesellschaft zwischen
Business- und Economytickets unterscheiden sollte. Ein Businessticket sollte dann
das für einen Geschäftskunden optimale Ausmass an Flexibilität besitzen, nicht so
aber das Economyticket. Damit Geschäftsreisende nicht diese Ticketklasse kaufen,
sollte für ein Economyticket die Flexibilität ‚künstlich' auf weniger als das optimale

Mass begrenzt werden. Die begrenzte Flexibilität und der begrenzte Komfort der Economy-Klasse führen dazu, dass der Business-Flieger bereit ist, für mehr Flexibilität und Komfort auch einen höheren Preis zu bezahlen.

Dieselbe Logik kann auf viele andere Märkte angewendet werden, zum Beispiel auf solche, auf denen sich Kunden in ‚professionelle' und ‚private' Nutzer gruppieren lassen (Computersoftware und -hardware, . . .). Die Strategie, mit Produktqualitäten und Mengen zu experimentieren, um Marktsegmente voneinander abzugrenzen und sicherzustellen, dass keine ‚Kannibalisierung' der Verträge untereinander stattfindet, nennt man auch *Price Fencing*. ‚Preiszäune' sind für eine effektive Marktabgrenzung sehr wichtig und helfen dabei, Gewinne zu maximieren. Wie im obigen Beispiel sind sie so gestaltet, dass Kunden, die bereit sind, einen hohen Preis zu bezahlen, nicht von den niedrigpreisigen Versionen in Versuchung geführt werden.

Manchmal haben Unternehmen sogar einen Anreiz, Kosten in Kauf zu nehmen, um Produkte schlechter zu machen. Hersteller von Druckern statten diese serienmässig mit einer Soft- und Hardware aus, die auf die schnellstmögliche Druckgeschwindigkeit ausgelegt ist. Einige dieser Drucker werden dann mit zusätzlicher Hard- und Software ausgestattet, die die Druckgeschwindigkeit verlangsamt, um damit eine preisgünstige Serie im Angebot zu haben. Wenn Sie sich als privater Nutzer schon einmal gewundert haben, warum Sie nicht das perfekte Produkt für Ihre Bedürfnisse finden können, kann dies die Antwort sein: Aus Sicht eines Unternehmens sind nicht nur die Grenzkosten der Produktion relevant, sondern auch die Opportunitätskosten, die daraus resultieren, dass Kunden verwandter Produkte eine Version kaufen wollen, die nicht für sie gedacht ist. Diese Opportunitätskosten sind für die Gewinne des Unternehmens relevant, nicht aber für die Gesellschaft, weshalb das sich ergebende Gleichgewicht Externe Effekte aufweist.

Eine verwandte Strategie, die hier kurz vorgestellt werden soll, heisst *Bundling*. Das Problem, auf das Bundling eine Antwort ist, lässt sich wie folgt beschreiben: Ein Unternehmen muss bei der Produktgestaltung entscheiden, welche Eigenschaften oder Komponenten in das Produkt integriert werden sollen. Ein Autohersteller kann zum Beispiel Sicherheitseigenschaften wie *Driver Alert*, adaptiver Tempomat, oder andere Komponenten serienmässig in das Fahrzeug integrieren oder separat und aufpreispflichtig verkaufen. Ein Blumengeschäft kann Blumen einzeln oder zum Strauss gebunden anbieten, ein Computer kann mit bestimmten Apps ausgeliefert werden oder diese können aufpreispflichtig sein, und so weiter.

Wenn man sich die unterschiedlichen Eigenschaften eines komplexen Produkts als einzelne, einfachere Produkte vorstellt, dann kommt man zum Bündelungsproblem: Welche einfachen Produkte sollte man in das Bündel mit aufnehmen und welche sollte man getrennt verkaufen? Gründe für eine Bündelung können darin liegen, dass die Produkte zueinander komplementär sind, weshalb Schuhe üblicherweise als Paare verkauft werden. Oder Bündelung kann Kostenvorteile haben, wenn sie billiger in der Produktion oder im Vertrieb sind.

Ein weniger offensichtlicher Grund für die Bündelung von Produkten besteht darin, dass diese Strategie es Unternehmen erlauben kann, Zahlungsbereitschaften in Situationen abzuschöpfen, in denen dies sonst nicht möglich wäre. Daher ergibt es Sinn, Bundling im Zusammenhang mit asymmetrisch verteilten Informationen und Preisdifferenzierung zweiten Grads zu diskutieren.

Ein Beispiel: Nehmen wir an, es gebe zwei Typen von Konsumenten, die an zwei unterschiedlichen Produkten interessiert sind, einem Textverarbeitungsprogramm (*TV*) und einem Tabellenkalkulationsprogramm (*TK*). Der eine Käufertyp hat eine hohe Zahlungsbereitschaft für *TV* und eine niedrige Zahlungsbereitschaft für *TK* (sagen wir ein Schriftsteller, *S*). Beim anderen Käufertyp ist es gerade umgekehrt (sagen wir ein Buchhalter, *B*). In Tab. 14.1 findet sich ein Beispiel für die jeweiligen Zahlungsbereitschaften der beiden Käufertypen für die beiden Produkte.

Typ *S* ist bereit, bis zu CHF 120 für *TV* und bis zu CHF 100 für *TK* zu bezahlen, und Typ *B* ist bereit, bis zu CHF 100 für *TV* und bis zu CHF 120 für *TK* zu bezahlen. Daher ist die Gesamtzahlungsbereitschaft für beide Produkte für jeden Typ CHF 220.

Nehmen wir an, dass das Unternehmen, welches die Software anbietet, weiss, dass die beiden Typen existieren (einer von jedem), dass es aber die Identität nicht verifizieren kann, wenn eine Person die Software kauft. Wir gehen auch davon aus, dass die Grenzkosten einer weiteren Softwarelizenz null sind. Es bieten sich zwei Pricingstrategien für das Unternehmen an, es kann die Produkte getrennt oder als Bündel verkaufen.

Was passiert, wenn es die beiden Produkte getrennt verkauft? Schauen wir uns zunächst *TV* an und nennen den Preis p^{TV}. Falls $p^{TV} \leq 100$ ist, kann das Unternehmen zwei Lizenzen verkaufen. Falls $p^{TV} \in (100, 120]$ ist, kann es eine Lizenz verkaufen, und für alle Preise $p^{TV} > 120$ verkauft es keine Lizenz. Daher ist der gewinnmaximierende Preis $p^{TV} = 100$, was zu einem Gewinn von $\pi = 200$ führt. Dieselbe Überlegung kann für *TK* angestellt werden. Daher ist der Gesamtgewinn des Unternehmens bei einem getrennten Verkauf $\pi = 400$.

Was passiert, wenn das Unternehmen die Software als Bündel verkauft? Wir nennen den Preis eines Bündels p^B. Die Nachfrage nach einem Bündel ist 2, falls $p^B \leq 220$ und 0 für höhere Preise. Daher ist der gewinnmaximierende Preis für ein Bündel $p^B = 220$, und der Gesamtgewinn ist $\pi = 440$.

Vergleichen wir die beiden Strategien, so sieht man, dass der gebündelte Verkauf die Gewinne um $40 = 440 - 400$ steigen lässt. Was passiert hier? Die Ursache für die Gewinnsteigerung liegt darin, dass sich Unterschiede in den Zahlungsbereitschaften für die Einzelprodukte durch gebündelten Verkauf ‚herauskürzen‘. Bei einem getrennten Verkauf ist in diesem Beispiel die minimale Zahlungsbereitschaft für jedes Produkt preisbestimmend. Dieser Effekt kürzt sich heraus, wenn die beiden Produkte gebündelt verkauft werden.

Diese Intuition gilt auch für komplexere Probleme und ist insbesondere bei digitalen Produkten relevant, die zu (im Wesentlichen) Grenzkosten von null vertrieben werden können. Wenn man eine grosse Anzahl eigentlich unzusam-

Tab. 14.1 Ein Beispiel zur Produktbündlung

Käufertyp	TV	TK	Summe
S	120	100	220
B	100	120	220

menhängender Produkte bündelt, ist es einfacher, die Zahlungsbereitschaft für das Gesamtpaket einzuschätzen als für jedes einzelne Produkt. Dieser *Prognosewert des Bundling* ermöglicht es, Umsätze und Gewinne zu steigern. Beispiele sind Pay-TV, Internetmedien (wie die New-York-Times) oder Musik-Streamingdienste (Spotify).

Abschliessend sei noch kurz darauf hingewiesen, dass das obige Ergebnis auch wichtige Rückwirkungen auf die Organisation von Unternehmen hat. Wie wir gesehen haben, werden für die unterschiedlichen Kundengruppen unterschiedliche Verträge konzipiert, die sich hinsichtlich Preis und Qualität des Guts unterscheiden. Beide Dimensionen, Preis und Qualität, sind zwischen den Verträgen aber nicht unabhängig, sondern nur als Reaktion auf den jeweils anderen Vertrag verständlich. Daher sollte man die Verantwortung für die einzelnen Kundengruppen nicht Bereichs- oder Produktmanagern geben, die ihre Bereiche z. B. als isolierte Profitcenter leiten, da auf diese Weise die Interdependenzen der Verträge aus dem Blick geraten. Jeder Produktmanager maximiert dann zwar den Gewinn seines Profitcenters; dies führt nicht zur Maximierung des Unternehmensgewinns.

14.5.3 Preisdifferenzierung dritten Grads

Als letztes Beispiel für eine imperfekte Form des Pricing soll nun die Preisdifferenzierung dritten Grads behandelt werden. Bei dieser Form kann das Unternehmen bestimmte Kundengruppen segmentieren, muss aber für jede Kundengruppe denselben Preis setzen. Ein sehr prominentes Beispiel für eine solche Strategie ist die Preisdifferenzierung zwischen Märkten, die in international tätigen Unternehmen zur Anwendung kommt. Immer wieder in die Schlagzeilen schafft es dabei die Pharmaindustrie, die denselben Wirkstoff in der Schweiz üblicherweise teurer anbietet als in der EU oder in anderen Staaten. Nach Auskunft des Preisüberwachers der Schweiz sind etwa die Generikapreise in der Schweiz im Durchschnitt mehr als doppelt so hoch wie im vergleichbaren Ausland (2020). Aber auch gewöhnliche Konsumgüter unterliegen dieser Form der Preisdifferenzierung, und die Schweiz ist dabei regelmässig von hohen Preisen betroffen.

Zur Veranschaulichung des Problems sei davon ausgegangen, dass ein Unternehmen ein Produkt an einer gegebenen Produktionsstätte (sagen wir in China) fertigen lässt, und dann in zwei Ländern, Schweiz (Land 1) und Frankreich (Land 2), verkauft. Die jeweils angebotenen Mengen seien y^1 und y^2, und die Fertigungs- und Vertriebskosten hängen von der Gesamtmenge ab, $C(y^1 + y^2)$. Die Marktforschung hat ergeben, dass die (inversen) Marktnachfragefunktionen in den beiden Ländern $P^1(y^1)$ sowie $P^2(y^2)$ sind. Der Gesamtgewinn des Unternehmens beläuft sich damit auf

$$\pi(y^1, y^2) = P^1(y^1) \cdot y^1 + P^2(y^2) \cdot y^2 - C(y^1 + y^2).$$

Das Problem aus Sicht eines Managers, der das Unternehmen leitet, ist, die Mengen so zu bestimmen, dass der Gesamtgewinn maximiert wird. Sie sind durch die folgenden hinreichenden Bedingungen charakterisiert:

$$\frac{\partial \pi \left(y^1, y^2\right)}{\partial y^1} = \frac{\partial P^1 \left(y^1\right)}{\partial y^1} \cdot y^1 + P^1(y^1) \cdot 1 - \frac{\partial C \left(y^1 + y^2\right)}{\partial y^1} = 0,$$

$$\frac{\partial \pi \left(y^1, y^2\right)}{\partial y^2} = \frac{\partial P^2 \left(y^2\right)}{\partial y^2} \cdot y^2 + P^2(y^2) \cdot 1 - \frac{\partial C \left(y^1 + y^2\right)}{\partial y^2} = 0.$$

Betrachten wir beide Märkte separat, so ist das Ergebnis wenig überraschend: Wie im Modell ohne Preisdifferenzierung wird das Unternehmen die Menge in jedem Markt so wählen, dass der Grenzerlös jeweils gleich den Grenzkosten ist. Neuigkeitswert steckt in den Bedingungen erster Ordnung erst, wenn man die Information benutzt, dass die Grenzkosten aufgrund der gemeinsamen Fertigung für beide Märkte gleich sind, so dass sich eine Beziehung zwischen den beiden Märkten ergibt:

$$\frac{\partial P^1 \left(y^1\right)}{\partial y^1} \cdot y^1 + P^1(y^1) = \frac{\partial P^2 \left(y^2\right)}{\partial y^2} \cdot y^2 + P^2(y^2).$$

In der obigen Form besagt die Gleichung allerdings lediglich, dass die Grenzerlöse in beiden Märkten identisch sein müssen. Bringt man die obige Gleichung in die Struktur der ‚Daumenregel‘, so ergibt sich:

$$p^1 \cdot \left(\frac{1}{\epsilon_{p^1}^{y^1}(p^1)} + 1\right) = p^2 \cdot \left(\frac{1}{\epsilon_{p^2}^{y^2}(p^2)} + 1\right).$$

Gehen wir davon aus, dass die Nachfragen fallend im Preis sind, gilt

$$p^1 \cdot \left(1 - \frac{1}{\left|\epsilon_{p^1}^{y^1}(p^1)\right|}\right) = p^2 \cdot \left(1 - \frac{1}{\left|\epsilon_{p^2}^{y^2}(p^2)\right|}\right).$$

Um den ökonomischen Gehalt dieser Regel zu verstehen, gehen wir davon aus, dass in Markt 1 (Schweiz) die Preiselastizität niedriger als in Markt 2 (Frankreich) ist, $\left|\epsilon_{p^1}^{y^1}(p^1)\right| < \left|\epsilon_{p^2}^{y^2}(p^2)\right|$. Der Term in Klammern auf Markt 1 ist kleiner als der Term in Klammern auf Markt 2. Damit beide Seiten dennoch gleich gross sein können, muss $p_1 > p_2$ gelten: Das Produkt wird auf dem Markt mit der im Optimum unelastischeren Marktnachfrage zu einem höheren Preis verkauft.

Um diese Bedingung weiter zu illustrieren, gehen wir davon aus, dass die Nachfrage in beiden Märkten linear ist, $p^i(y^i) = a^i - b^i \cdot y^i$, $i = 1, 2$, und dass die Grenzkosten konstant und identisch ($c > 0$) sind. Für diesen Fall wissen wir bereits, dass

$$y^{i*} = \frac{a^i - c}{2 \cdot b^i}, \quad p^{i*} = \frac{a^i + c}{2}, \quad \epsilon_{p^i}^{y^i}(p^{i*}) = \frac{a^i + c}{a^i - c}, \quad i = 1, 2$$

gilt. Wenn wir die Elastizitäten in den beiden Märkten vergleichen, so sehen wir, dass

$$\epsilon_{p^1}^{y^1}(p^{1*}) > \epsilon_{p^2}^{y^2}(p^{2*}) \Leftrightarrow \frac{a^1 + c}{a^1 - c} > \frac{a^2 + c}{a^2 - c} \Leftrightarrow a^1 > a^2.$$

Aber diese Bedingung gilt genau dann, wenn $p^{1*} = \frac{a^1 + c}{2} > \frac{a^2 + c}{2} = p^{2*}$: Der Preis im (im Gleichgewicht) weniger elastisch reagierenden Markt ist grösser.

Das obige Ergebnis gibt einen wichtigen Hinweis zur Erklärung des Phänomens ‚Hochpreisinsel Schweiz': Unternehmen verkaufen ihre Produkte dort teurer als anderswo, weil die Nachfrage weniger elastisch auf Preisänderungen reagiert. Dieses theoretische Ergebnis kann nun benutzt werden, um die dahinterstehende Theorie empirisch zu testen, denn es ist nun möglich, Preiselastizitäten zu ermitteln und mit den jeweiligen Preisen in verschiedenen Märkten zu vergleichen. Bestätigt sich die Hypothese des Modells, so hat man eine gültige Erklärung für ein empirisches Phänomen gefunden.

Ohne sie analytisch zu behandeln, soll abschliessend noch der Frage nachgegangen werden, was die Abschaffung der Möglichkeit der internationalen Preisdifferenzierung für Folgen nach sich zieht. Gründe für eine solche Abschaffung könnten in einem direkten Verbot der Preisdifferenzierung oder in einem indirekten Verbot durch die Zulassung der Entstehung von Arbitragemärkten liegen. Dies ist etwa die Philosophie des Europäischen Binnenmarkts.

Ausgehend von der obigen Situation müsste ein Monopolist zunächst die aggregierte Nachfragefunktion des nun neuen, einheitlichen Markts bestimmen. Diese erhält er, indem er die Marktnachfragefunktionen addiert, $X(p) = x^1(p) + x^2(p)$, und dann die neue Preisabsatzfunktion als Inverse bestimmt, $P(x) = X^{-1}(x)$. Das restliche Problem wird dann wie im Abschnitt zum nicht preisdiskriminierenden Monopol gelöst. Auch ohne quantitative Analyse lässt sich bestimmen, wie sich die neue von der alten Situation unterscheidet. Wir gehen dabei von der Perspektive des Hochpreislands aus und unterscheiden drei Fälle:

1. Beide Länder sind hinsichtlich der Struktur der Nachfrage und ihrer Grösse recht ähnlich, so dass das Gut auch bei einheitlichem Preis in beiden Ländern nachgefragt wird. Dann wird es zu einer Preissenkung im Hochpreisland und zu einer Preiserhöhung im Niedrigpreisland kommen. Die Umverteilungswirkungen zwischen den Konsumenten der beiden Länder sind einfach zu bestimmen: Die Konsumenten im ehemaligen Hochpreisland profitieren von den nun niedrigeren Preisen, während die Konsumenten im ehemaligen Niedrigpreisland verlieren.

2. Das Hochpreisland ist relativ gross und/oder hat ein vergleichsweise hohes Preisniveau. In diesem Fall kann es passieren, dass es für den Monopolisten optimal ist, den kleinen Markt vollständig aufzugeben. Dieser Fall tritt immer dann auf, wenn der zusätzliche Gewinn durch das Angebot auf dem kleinen Markt kleiner ist als der Verlust auf dem grossen Markt, der durch die damit notwendig gewordene Preissenkung eintritt. Für das Hochpreisland ändert sich nichts, aber

die Situation im Niedrigpreisland verschlechtert sich dramatisch, die dortigen Konsumenten werden vom Konsum des Guts ausgeschlossen. Daher kann ein Verbot der Preisdifferenzierung Ineffizienzen erzeugen und Konsumenten vom Konsum ausschliessen.

3. Das Hochpreisland ist relativ klein und/oder hat ein vergleichsweise ähnliches Preisniveau. In diesem Fall kann es passieren, dass der Preis im Hochpreisland auf das Niveau des Niedrigpreislandes sinkt. Die Situation in diesem Land bleibt unverändert, wohingegen die Konsumenten im Hochpreisland profitieren.

Die qualitative Analyse zeigt, dass es keine eindeutige Prognose für die Effekte einer Marktintegration zwischen verschiedenen Wirtschaftsräumen gibt. Vielmehr ist es erforderlich, Informationen über die relativen Grössen und die relativen Zahlungsbereitschaften zu ermitteln, um zu verstehen, welches der drei obigen Szenarien am wahrscheinlichsten ist.

Exkurs 14.6. Parallelimporte in der Europäischen Union (EU)
Unternehmen, die in unterschiedlichen Märkten anbieten, haben einen Anreiz, Preise gemäss der marktspezifischen Elastizitäten zu differenzieren. Die Schaffung eines Binnenmarkts in der EU ermöglicht es jedoch, dass Reimporte von Gütern frei im- und exportiert werden können. Parallelimporte sind Verkäufe von autorisierten oder unautorisierten Verkäufern, die Güter in einem Markt kaufen, um sie in einem anderen Markt wieder zu verkaufen.

Parallelimporteure nutzen Preisunterschiede zwischen Märkten für sogenannte Arbitragegeschäfte. Sie verdienen Geld, indem sie in einem Markt billig kaufen und im anderen Markt teuer verkaufen. Solche Arbitragegeschäfte üben Druck auf die hohen Preise aus und schaffen eine Tendenz zu uniformen Preisen im gesamten Wirtschaftsraum. Die einzige Ausnahme von den generellen Prinzipien der EU ist die Automobilindustrie. Dort gibt es sogenannte ‚Block-Exemptions‘, deren Ziel es ist, den Wettbewerb zwischen Autohändlern zu begrenzen. Aber auch mit dieser Ausnahme hält die EU an dem Prinzip fest, dass ein Autohändler verpflichtet ist, jedem EU-Bürger unabhängig von seinem Wohnsitz zu verkaufen.

Diese Regulierung ist selbstverständlich ein Dorn im Auge der Autohersteller, die nach Wegen suchen, dem Wettbewerbsdruck durch Parallelimporte zu entgehen. Die Europäische Kommission bestrafte zum Beispiel Volkswagen, nachdem versucht wurde, deutsche und österreichische Kunden davon abzuhalten, Autos in Italien zu kaufen. Die ursprünglich festgesetzte Strafe lag bei €102 Millionen, sie wurde später auf €90 Millionen reduziert. Sie bestrafte ebenfalls PSA Peugeot Citroën, da der Konzern versucht hatte, die niederländische Tochter dazu zu bringen, die Vertragshändler durch ein Bonussystem davon abzuhalten, in andere Länder zu verkaufen und gleichzeitig die Lieferung von Fahrzeugen in die Niederlande künstlich begrenzte. Die Strafe betrug €49,5 Millionen.

14.6 Monopolistischer Wettbewerb

Wir sind davon ausgegangen, dass das Monopolmodell in Situationen anwendbar ist, in denen ein Unternehmen mit einer nicht vollständig preiselastischen Marktnachfrage konfrontiert ist. In einer solchen Situation ist das Unternehmen in der Lage, Preise oberhalb der Grenzkosten zu setzen. Die damit einhergehende Produzentenrente ist grösser als in einer Situation mit Preisnehmerverhalten. Dies hat zwei Konsequenzen.

Erstens ist es möglich, dass auch in einer Situation mit Fixkosten das Unternehmen profitabel bleiben kann, selbst wenn bei Preisnehmerverhalten Verluste unvermeidbar sind, so dass das Unternehmen zumindest langfristig den Markt verlassen müsste. Eine solche Situation wird durch Abb. 14.7 illustriert. Wir gehen dort davon aus, dass der Monopolist keine Preisdifferenzierung betreiben kann.

In der Abbildung liegen die Durchschnittskosten über den Grenzkosten aber unterhalb des Preises eines nicht preisdiskriminierenden Monopolisten. In diesem Fall macht ein preisnehmendes Unternehmen einen Verlust, der der Fläche A entspricht, während der Monopolist einen Gewinn erzielt, der durch die Fläche B gegeben ist.

Zweitens erzeugen die Gewinne eines Monopolisten, die zum Beispiel in Abb. 14.7 sichtbar werden, einen Anreiz für andere Unternehmen, ähnliche Pro-

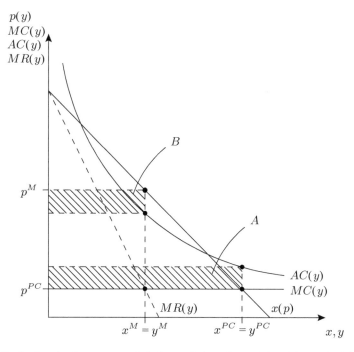

Abb. 14.7 Gewinne in einem monopolistischen und einem kompetitiven Markt mit Fixkosten

dukte zu entwickeln. Selbst wenn Unternehmen aus juristischen oder sonstigen Gründen nicht in der Lage sind, das profitable Produkt zu imitieren, können sie vergleichbare Produkte auf den Markt bringen. Eine solche Situation wird *Monopolistischer Wettbewerb* genannt, und es gibt zahlreiche Beispiele für Industrien, die so funktionieren.

- Autos eines bestimmten Typs unterschiedlicher Hersteller (zum Beispiel SUVs von Audi, Mercedes, BMW, Volkswagen und so weiter).
- Bücher oder Musik, die Variationen eines gemeinsames Themas (Liebesromane, Kriminalromane oder Lehrbücher der Ökonomik) oder Stils (Jazz, Pop, Klassische Musik) sind.
- Smartphones, Tablets oder Notebooks unterschiedlicher Hersteller.
- Clubs und Restaurants in einer Stadt.

Die obige Liste zeigt, dass monopolistischer Wettbewerb ein sehr allgemeines Phänomen ist, und dies gilt insbesondere in einer Gesellschaft, in der Markennamen wichtig für die Kunden sind (was bedeutet, dass sie eine positive Zahlungsbereitschaft für eine bestimmte Marke haben). Daher ist es wichtig, die Funktionslogik eines solchen Marktes oder einer solchen Marktstruktur zu verstehen. Man nennt die unterschiedlich ausgeprägten Güter auch *differenzierte Güter*.

Die Hauptfrage, mit der sich die Theorie monopolistischen Wettbewerbs beschäftigt, ist die nach den Bestimmungsgründen der Anzahl differenzierter Güter in einer Industrie. Wenn wir die Anzahl unterschiedlicher SUVs mit der Anzahl unterschiedlicher Liebesromane vergleichen, sehen wir grosse Unterschiede. Gibt es hier Muster, die uns erlauben zu verstehen, warum manche Industrien viele und andere wenige differenzierte Güter herstellen?

Die Grundidee zur Beantwortung der Frage besteht darin, das Modell eines Monopolmarkts mit der Idee des Markteintritts zu verbinden: Nehmen wir an, der Marktein- und austritt erzeugt keine Opportunitätskosten, und der Monopolist erwirtschaftet einen positiven Gewinn mit einem Produkt, sagen wir einem SUV eines bestimmten Herstellers A. Gewinne existieren, wenn der Preis die Durchschnittskosten übersteigt, $p^A > AC^A(y^A)$.

Diese Gewinne schaffen einen Anreiz für ein anderes Unternehmen B, in diesen Markt einzutreten und ein ähnliches Produkt anzubieten. Die Verfügbarkeit dieses zusätzlichen Produkts vergrössert die Auswahl der Konsumenten. Sie nehmen die beiden Produkte zwar als unterschiedlich wahr, doch macht die Existenz eines zweiten SUVs das andere Modell weniger exklusiv, so dass die beiden Hersteller A und B sich den Markt irgendwie teilen müssen. Die Konsequenz ist, dass sich die Nachfrage nach SUVs des Herstellers A nach links verschiebt und elastischer auf Preisänderungen reagiert, was die Gewinne senkt. Mit freiem Marktzu- und -austritt wird dieser Prozess so lange weitergehen, solange noch positive Gewinne erzielt werden können.

Umgekehrt gilt, dass Verluste eines Unternehmens i, $p^i < AC^i(y^i)$, dazu führen, dass dieses Unternehmen zumindest langfristig den Markt verlassen muss, so dass die Auswahl der Konsumenten wieder sinkt. Dies führt zu einer Verschiebung der

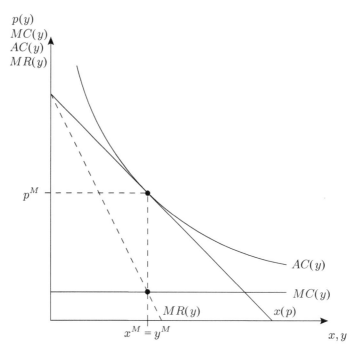

Abb. 14.8 Langfristiges Gleichgewicht in einem Markt mit monopolistischer Konkurrenz und freiem Marktzu- und austritt

Nachfragefunktion der verbleibenden Varianten nach rechts, und die Nachfrage wird weniger preiselastisch.

Im langfristigen Gleichgewicht muss daher eine Situation vorliegen, in der die Preise der einzelnen differenzierten Güter gerade den Durchschnittskosten der Produktion entsprechen, da dann Gewinne von null erwirtschaftet werden. Diese Situation wird in Abb. 14.8 illustriert.

In einer solchen Situation wird kein weiterer Wettbewerber bereit sein, noch eine zusätzliche Variante des Guts zu produzieren, und keiner der bestehenden Anbieter hat einen Anreiz, den Markt zu verlassen. Die Abbildung zeigt zwei Eigenschaften eines solchen Gleichgewichts.

Erstens gibt es bei freiem Marktzutritt und -austritt keine Alternative zu Gewinnen, die langfristig auf null sinken. Wie im Fall des Vollständigen Wettbewerbs reagieren Wettbewerber auf positive Gewinne wie die Motten auf das Licht: Sie treten in den Markt mit ihrer eigenen Variante des Produkts ein.

Zweitens ist das Gleichgewicht, obschon die Gewinne null sind, nicht Paretoeffizient. Jedes einzelne Unternehmen ist immer noch mit einer fallenden Nachfragefunktion konfrontiert, so dass die Preise in dieser Industrie oberhalb der Grenzkosten liegen.

Darüber hinaus können wir etwas über die Anzahl der differenzierten Produkte in einer Industrie aussagen. Abb. 14.7 zeigt eine Situation, in der der Monopolist einen

Gewinn π_M erwirtschaftet. Gewinne hängen vom Verhältnis der Nachfragefunktion zur Durchschnittskostenfunktion ab. Je grösser die Differenz, desto grösser die Gewinne. Nun gehen wir davon aus, dass ein Unternehmen der erste Anbieter einer neuen Produktkategorie ist (der erste SUV), so dass sich Abb. 14.7 auf eine Situation bezieht, in der kein anderes Unternehmen den Markt mit einem differenzierten Gut betreten hat.

Die Gewinne hängen von den Fixkosten ab. Eine Steigerung der Fixkosten verschiebt die Durchschnittskostenkurve nach oben, so dass die Gewinne *ceteris paribus* sinken. Im Extremfall sind sie Null, auch wenn keine Konkurrenz durch differenzierte Produkte existiert. Wenn in dieser Situation ein zweites Unternehmen ein differenziertes Produkt anbietet, führt jede dadurch verursache Verschiebung der Nachfragefunktion nach links und Vergrösserung der Preiselastizität zu Verlusten, so dass keine zweite Variante nachhaltig im Markt etabliert werden kann. Wenn die Gewinne zuvor klein aber positiv waren, reduziert der Markteintritt sie, aber nicht notwendig auf null oder ins Negative, so dass gegebenenfalls Raum für eine zweite Variante besteht. Hier wird ein allgemeines Muster sichtbar: Je höher die Fixkosten der Produktion, desto kleiner die Anzahl der differenzierten Produkte, die in einem Markt angeboten werden können; die Anzahl der Varianten ist invers mit den Fixkosten der Produktion korreliert.

Bisher haben wir das Argument intuitiv, aber sehr unpräzise entwickelt. Um genau zu verstehen, was in einem solchen Markt passiert, ergibt es Sinn, die obige Argumentation auch formal nachzuvollziehen. Daher gehen wir davon aus, dass es n differenzierte Güter in einem Markt gibt, und die Marktnachfragefunktion einer bestimmten Variante i bezeichnen wir mit $y^i = Y(1/n - b(p^i - \bar{p}))$, wobei $\bar{p} = \sum_{j=1}^{n} p^j / n$ das durchschnittliche Preisniveau in diesem Markt und $Y = \sum_{j=1}^{n} y^j$ der gesamte Output aller Varianten ist. b misst die Reagibilität der Nachfrage nach einer Variante auf Preise. Diese Nachfragefunktion hat die Eigenschaft, dass sich die Unternehmen den Markt gleichmässig aufteilen, wenn sie identische Preise verlangen, $p^i = \bar{p}$ führt zu $y^i = Y/n$. Wenn wir das Modell erarbeiten, werden wir sehen, dass mit dieser Darstellung der Marktnachfragefunktion die individuelle Nachfrage und die Marktnachfrage nur relativ zueinander bestimmt sind, so dass ein Freiheitsgrad bleibt, der es erlaubt, entweder die individuelle Nachfrage oder die Marktnachfrage zu fixieren und den Rest des Modells relativ dazu zu lösen.

Wir nehmen darüber hinaus an, dass alle Unternehmen Gewinne maximieren wollen und mit einer identischen Kostenfunktion produzieren, $C(y^i) = c \cdot y^i + FC$. Diese Annahmen sind vielleicht nicht immer realistisch, sie vereinfachen aber die Analyse beträchtlich und bewahren die zentralen Intuitionen.

Aus Sicht eines einzelnen Unternehmens ist die inverse Nachfragefunktion gegeben als $P(y^i) = 1/(b \cdot n) + \bar{p} - y^i/(b \cdot Y)$, woraus wir eine Gewinnfunktion als Funktion des eigenen Outputs ableiten können:

$$\pi(y^i) = P(y^i) \cdot y^i - c \cdot y^i - FC = \left(\frac{1}{b \cdot n} + \bar{p} - \frac{y^i}{b \cdot Y} \right) \cdot y^i - c \cdot y^i - FC.$$

Der gewinnmaximale Output eines Unternehmens i lässt sich wie zuvor durch die Bedingung erster Ordnung der Gewinnfunktion charakterisieren. (Im Allgemeinen sind Y und $\bar{p}$ Funktionen von y^i. Wir gehen davon aus, dass das Unternehmen diesen Effekt vernachlässigt.) Wenn man die Ableitung bildet und nach der erklärten Variable y^i löst, erhält man die folgende optimale Menge von Produktvariante i mit dem zugehörigen Preis:

$$y^{i*} = \frac{bY\left(1/(b \cdot n) + \bar{p} - c\right)}{2}, \quad p^{i*} = \frac{1/(b \cdot n) + \bar{p} + c}{2}.$$

Dieses Ergebnis hat intuitive ökonomische Eigenschaften: Die optimale Menge und der zugehörige Preis einer Variante i fallen in der Anzahl der verfügbaren Varianten. Diese Eigenschaft illustriert den Effekt des Wettbewerbs auf jeden einzelnen Anbieter: Je grösser die Anzahl der sonst noch verfügbaren Varianten, desto weniger Einheiten einer bestimmten Variante lassen sich verkaufen, und dies zu einem geringeren Preis.

Noch interessanter ist eine Antwort auf die Frage, wie viele differenzierte Güter in diesem Markt angeboten werden. Um diese Frage zu beantworten, gehen wir davon aus, dass alle Unternehmen im Gleichgewicht identische Preise verlangen, $p^{i*} = \bar{p} = p^*$. Wenn wir diese Annahme treffen, können wir das durchschnittliche Preisniveau in dieser Industrie für eine gegebene Anzahl von Varianten n bestimmen:

$$p^* = \frac{1/(b \cdot n) + p^* + c}{2} \quad \Leftrightarrow \quad p^* = \frac{1}{b \cdot n} + c.$$

Dieses Ergebnis zeigt, dass die Markup-Regel immer noch Gültigkeit besitzt: Ein einzelnes Unternehmen kann immer noch zu einem Preis oberhalb der Grenzkosten anbieten, aber der Markup ist umso kleiner, je grösser der Wettbewerbsdruck (also die Anzahl der Varianten n) ist.

Wenn wir in der Nachfragefunktion die Information benutzten, dass alle Varianten denselben Preis haben, erhalten wir die schon angesprochene Eigenschaft dieses Modells, dass individuelle und Marktnachfrage nur relativ zueinander bestimmt sind, so dass wir einen Freiheitsgrad bei der Setzung einer dieser Variablen haben. Wir normalisieren $y^{i*} = 1$, da dies einfach zu lösen ist (jede andere Konvention funktioniert ebenfalls), und bestimmen den Rest des Modells relativ zu dieser Setzung:

$$y^{i*} = \frac{bY\left(1/(b \cdot n) + 1/(b \cdot n) + c - c\right)}{2} = \frac{Y}{n} = 1.$$

Daher ist das Gesamtangebot einer Variante i gleich 1 gesetzt, und das Gesamtangebot der Industrie muss gleich n sein, die Anzahl der Unternehmen, die in der Industrie aktiv sind. Dieses Ergebnis hängt an der speziellen Nachfragefunktion und lässt sich nicht ohne Weiteres verallgemeinern.

Es fehlt noch ein letzter Schritt, um die Anzahl der differenzierten Güter im langfristigen Gleichgewicht zu bestimmen. Gegeben die gewinnmaximierenden Outputs und Preise, sind die Gewinne eines beliebigen Unternehmens i gleich

$$\pi^{i*} = \left(\frac{1}{b \cdot n} + c \right) \cdot 1 - c \cdot 1 - FC.$$

Auch diese Gleichung zeigt den Effekt des Wettbewerbs: Die Gewinne sinken in der Anzahl der differenzierten Güter.

Wir wissen, dass freier Markzutritt und -austritt die Gewinne auf null senkt,

$$\left(\frac{1}{b \cdot n} + c \right) \cdot 1 - c \cdot 1 - FC = 0.$$

Diese Information kann dazu genutzt werden, die langfristige Anzahl differenzierter Güter zu bestimmen:

$$\left(\frac{1}{b \cdot n} + c \right) \cdot 1 - c \cdot 1 - FC = 0 \quad \Leftrightarrow \quad n = \frac{1}{b \cdot FC}.$$

Dieses Ergebnis bestätigt die intuitive Überlegung, die wir zuvor bereits diskutiert haben: Es gibt ein negatives Verhältnis zwischen den Fixkosten einer Industrie und der Anzahl differenzierter Güter, die in einem langfristigen Gleichgewicht existieren können. Dieses Ergebnis liefert eine Erklärung für das Phänomen, warum es weniger unterschiedliche SUVs als Liebesromane gibt: Die Kosten, einen weiteren Strandroman zu schreiben, sind deutlich niedriger als die Entwicklungskosten eines neues Autos. (Sowohl die Kosten des Schreibens eines Romans als auch die Entwicklungskosten eines Autos sind Teil der Fixkosten, da sie unabhängig von der Anzahl der verkauften Exemplare oder Fahrzeuge sind.)

Dieses Ergebnis enthält auch eine wichtige Botschaft für die Manager einer bestimmten Industrie mit differenzierten Gütern: Die Anzahl existierender Varianten und die Anzahl der langfristig möglichen Varianten gibt Hinweise darauf, ob ein Markteintritt noch profitabel ist, und wie die langfristige Prognose für einen solchen Markt aussieht.

Literatur

Ariely, D. (2008). *Predictably Irrational*. Harper Collins.
Boublil, A., & Michel-Schonberg, C. (2013). *Les Misérables*. Wise Publication.
Calo, R. (2013). Digital market manipulation. *George Washington Law Review, 2013*(27), 995–1051.
Executive Office President of the United States. (2015). Big Data and Differential Pricing. Report.
Hannak, A. (2014). Measuring price discrimination and steering on E-commerce web sites. In *Proceedings of the 2014 Conference on Internet Measurement Conference*.
Marn, M., Roegner, E., & Zawada, C. (2003). Pricing new products. *The McKinsey Quartely, 3*, 40–49.

Monroe, K., & Cox, J. (2001). Pricing practices that endanger profits. *Marketing Management, 10*(3), 42–46.

Poundstone, W. (2011). *Priceless: The Myth of Fair Value (and How to Take Advantage of It)*. Simon and Schuster.

Puzo, M. (1969). *The Godfather*. Signet.

Shiller, B. (2014). *First-Degree Price Discrimination Using Big Data*. Working Paper.

Weiterführende Literatur

Allen, W. B. (2009). *Managerial Economics Theory, Applications, and Cases*. Norton.

Ariely, D. (2008). *Predictably Irrational*. Harper Collins.

Frank, R. H. (2008). *Microeconomics and Behavior*. McGraw-Hill.

Haisley, E., Mostafa, R., & Loewenstein, G. (2008). Subjective relative income and lottery ticket purchases. *Journal of Behavioral Decision Making, 21*, 283–295.

Pindyck, R., & Rubinfeld, D. (2001). *Microeconomics*. Prentice-Hall.

Tirole, J. (1988). *The Theory of Industrial Organization*. MIT Press.

Varian, H. R. (1992). *Microeconomic Analysis*. Norton.

Unternehmen auf Oligopolmärkten

15

In diesem Kapitel lernen Sie ...

- die Anwendung der Techniken der Spieltheorie, um zu verstehen, wie sich Unternehmen auf Oligopolmärkten verhalten.
- den Unterschied zwischen und die Relevanz von Preis- und Mengenwettbewerb auf Oligopolmärkten.
- wie Oligopolmodelle dabei helfen können, ein besseres Verständnis von Öl-, Gas- und vielen anderen Märkten zu erlangen.
- die Logik abgestimmten Verhaltens und die Rolle der Regulierungspolitik in Oligopolmärkten.
- wie Unternehmen sich organisieren müssen, damit sie auf Oligopolmärkten wettbewerbsfähig sein können.

15.1 Einführung

A horse never runs so fast as when he has other horses to catch up and outpace. (Ovid 2002, Ars Amatoria)

Die Modelle von Märkten mit vollständiger Konkurrenz und mit einem Monopolisten sind gewissermassen Extremfälle von Märkten, mit deren Hilfe wesentliche Elemente der Funktionslogik realer Märkte abgebildet und verständlich gemacht werden können, die aber noch von einer Reihe weiterer wichtiger Überlegungen abstrahieren. Ein solcher Aspekt ist die strategische Interdependenz der Entscheidungen, und damit beschäftigen wir uns in diesem Kapitel.

Im Folgenden finden sich noch einmal die zentralen Ergebnisse der beiden bisher behandelten Marktmodelle zusammengefasst.

© Der/die Autor(en), exklusiv lizenziert durch Springer-Verlag GmbH, DE, ein Teil von Springer Nature 2021
M. Kolmar, *Grundlagen der Mikroökonomik*,
https://doi.org/10.1007/978-3-662-63362-5_15

- **Vollständige Konkurrenz:** Es gibt viele Anbieter eines identischen Produkts, so dass jeder einzelne Anbieter davon ausgeht, dass er durch seine Entscheidungen den Marktpreis nicht beeinflussen kann. Er verhält sich als Mengenanpasser. Wenn er auf dem Markt anbietet, wird er seine gewinnmaximierende Menge so wählen, dass die Kosten der letzten produzierten Einheit gleich dem Preis sind. Diese Eigenschaft führt dazu, dass ein solcher Markt Pareto-effizient ist, da alle potenziellen Handelsgewinne ausgeschöpft werden. Damit diese Politik tatsächlich optimal ist, müssen aber zwei weitere Bedingungen erfüllt sein. Zum einen muss die Produzentenrente zumindest die vermeidbaren Fixkosten decken. Zum anderen muss die Produktionstechnologie zu zunehmenden oder konstanten Grenzkosten führen, da ansonsten ein Markt mit vollständiger Konkurrenz nicht funktionieren kann. Zusätzlich gilt, dass bei freiem Marktzutritt und -austritt im langfristigen Gleichgewicht die Gewinne auf null konkurriert werden.

  Dies hat unternehmerische Konsequenzen. Aus Sicht eines Unternehmens folgt, dass es ein effektives Controlling benötigt, da seine optimale Politik von den Grenz- und Durchschnittskosten abhängt. Diese müssen daher möglichst präzise ermittelt werden können. Darüber hinaus benötigt das Unternehmen aber keine komplizierte Unternehmensstruktur, da es sich als Mengenanpasser verhalten muss. Die Rendite der Eigentümer kann aufgrund der Gewinne von null langfristig die normale Kapitalmarktrendite nicht übersteigen.

- **Monopol:** Es gibt genau einen Anbieter eines Produkts. Dies bedeutet, dass aus Sicht der Konsumenten das Produkt hinreichend verschieden von anderen Produkten ist und andere Unternehmen das Produkt nicht imitieren können oder dürfen, so dass Preissetzungsspielräume existieren. Diese Preissetzungsspielräume übersetzen sich in im Vergleich zum kompetitiven Markt in eine höhere Produzentenrente, so dass ein Monopolmarkt auch bei zunehmenden Skalenerträgen funktionieren kann, wenn die vermeidbaren Fixkosten nicht zu hoch sind. Die Effizienz eines solchen Marktes wird wesentlich durch die Fähigkeit des Monopolisten bestimmt, Preisdifferenzierung zu betreiben. Umso weiter sich der Monopolist dem Ideal der vollständigen Preisdifferenzierung nähert, umso effizienter wird der Markt. Es existiert allerdings ein Spannungsverhältnis zwischen der Effizienz eines solchen Markts und der Verteilung der ökonomischen Renten, da im Extremfall die gesamten Wohlfahrtsgewinne in Produzentenrente umgewandelt werden.

  Um eine optimale Strategie umzusetzen, benötigt ein Monopolist Informationen über Kosten und die Preiselastizität der Marktnachfrage. Daher muss er neben einem Controlling auch noch eine Marktforschungsabteilung aufbauen, welche Preiselastizitäten misst und bei der Segmentierung des Marktes in Kundengruppen hilft.

Mit den beiden obigen Modellen lassen sich schon recht viele Märkte in ihrer Funktionslogik gut verstehen. Allerdings fehlt bislang ein wichtiges Phänomen, welches erst und in einfacher Weise durch die Analyse eines Oligopolmarktes behandelt werden kann: die strategische Interdependenz der Unternehmensentscheidungen. Auf einem Markt mit vollständiger Konkurrenz sind die Unternehmensentscheidungen nicht interdependent, weil sie keine Rückwirkungen auf die anderen Unternehmen haben; jedes einzelne Unternehmen ist zu unwichtig, als dass dies passieren könnte. Auf einem Monopolmarkt sind die Unternehmensentscheidungen nicht interdependent, weil es keinen anderen Anbieter des Produkts gibt. Interdependenz wird aber wichtig, wenn es mehr als ein Unternehmen gibt und diese so gross sind, dass sie durch ihr Verhalten den Marktpreis beeinflussen können und damit die Gewinne anderer Unternehmen beeinflussen. Eine solche direkte Interdependenz zwischen den Zielfunktionen der Unternehmen folgt der Logik Externer Effekte, die wir in Kap. 6 kennengelernt haben. Daher kann man die damit einhergehenden Phänomene auch prinzipiell mit denselben Werkzeugen wie Eigentumsrechte und Transaktionskosten untersuchen, die wir dort eingeführt haben. Eine direkte Interdependenz kann existieren, wenn mehrere Unternehmen identische Produkte verkaufen, aber auch wenn die Produkte differenziert, aber ähnlich sind (was immer dann der Fall ist, wenn die Kreuzpreiselastizitäten ungleich null sind).

Daher können sich auch zwei Monopolisten strategisch beeinflussen, wenn die Nachfragefunktionen für das eine Gut vom Preis des anderen Guts abhängen. Wir werden hier diesen Fall unbehandelt lassen, weil er das Phänomen der strategischen Interdependenz mit dem Phänomen der Monopolpreissetzung vermischt, was die Analyse verkompliziert. Stattdessen werden wir uns einen Oligopolmarkt ansehen, auf dem wenige Anbieter ein identisches Produkt anbieten. Die Annahme, dass alle Güter auf diesem Markt aus Sicht der Konsumenten vollständige Substitute sind, vereinfacht die Analyse und erlaubt es, den reinen Effekt der strategischen Interdependenz zu isolieren.

Das zentrale Hilfsmittel zum Verständnis solcher Situationen ist die Spieltheorie, auf deren Lösungskonzepte wir zurückgreifen werden. Wenn das Produkt der auf einem Markt befindlichen Unternehmen festgelegt ist, bleiben ihnen prinzipiell zwei Instrumente zur Bestimmung ihrer gewinnmaximierenden Unternehmensstrategie. Einerseits der Preis, zu dem das Produkt angeboten wird, und andererseits die Menge, die in dem Markt abgesetzt werden soll. Dies ist im Grunde ähnlich wie im Falle eines Monopols. Auf einem Monopolmarkt gilt aber, dass beide Strategien auf dasselbe hinauslaufen: Wählt der Monopolist die Menge, die er abzusetzen plant, so bildet sich der Preis gemäss der Preis-Absatzfunktion. Wählt er den Preis, so bildet sich die Menge gemäss der Marktnachfragefunktion. Da beide Funktionen zueinander invers sind, sind auch beide Strategien zueinander äquivalent. Diese Äquivalenz geht auf einem Oligopolmarkt verloren. Wie die folgende Analyse zeigen wird, sind die Prognosen für einen Oligopolmarkt, auf dem die Unternehmen Preise setzen und für einen Oligopolmarkt, auf dem die Unternehmen Mengen planen, sehr unterschiedlich.

Um dies zu verstehen, müssen wir aber zunächst beide Strategien als Modell formulieren und das gleichgewichtige Verhalten bestimmen. Das Modell der mengensetzenden Oligopolisten nennt man auch das *Cournot-Modell*. Der Name geht auf den französischen Mathematiker Antoine Augustin Cournot zurück, der das Modell schon 1838 entwickelte. Das Modell der preissetzenden Oligopolisten nennt man auch das *Bertrand-Modell*. Der Name geht auf Joseph Louis

François Bertrand zurück, der mit einigen Implikationen der Analyse Cournots unzufrieden war und sein Modell 1883 zu Preiswettbewerb umarbeitete. Es ist ideengeschichtlich faszinierend zu sehen, dass Cournots Analyse viele Konzepte der modernen Ökonomik und Spieltheorie vorwegnahm, zum Beispiel Angebots- und Nachfragefunktionen als Funktionen von Preisen, die Verwendung von Graphen, das Konzept der Reaktionsfunktion und des Nash-Gleichgewichts.

Exkurs 15.1. Das Stackelberg-Modell und der Wert der Selbstbindung

I can resist everything except temptation. (Oscar Wilde 1892)

Es existiert ein drittes Modell oligopolistischen Wettbewerbs, welches auf Heinrich Freiherr von Stackelberg (1934) zurückgeht. Er kehrt zu Cournots ursprünglicher Annahme des Mengenwettbewerbs zurück, nimmt aber an, dass in einem Duopol die beiden Unternehmen ihre Produktionsmengen sequenziell (also nacheinander) und nicht simultan setzen, wie dies von Cournot angenommen wurde. Wir werden uns hier nicht mit den Details dieses Modells auseinandersetzen, sondern stattdessen unsere Aufmerksamkeit auf einen Aspekt seiner Analyse lenken, welcher sich als zentral für ein Verständnis wichtiger gesellschaftlicher Phänomene erwiesen hat, die Idee der *Selbstbindung*.

Es stellte sich heraus, dass ein Unternehmen, welches seine Produktionsmenge als erstes setzt (der Marktführer), einen strategischen Vorteil gegenüber dem Unternehmen besitzt, welches die Produktionsmenge danach setzt (der Marktfolger). Aber wenn dem so ist, wären beide Unternehmen gern der Marktführer, und es stellt sich die Frage, welche Umstände dies festlegen. Beide Unternehmen würden alles daransetzen, in die Marktführerposition zu kommen. Was daher erforderlich ist, ist ein Mechanismus oder eine Vorrichtung, die dem einen, aber nicht dem anderen Unternehmen zur Verfügung steht, und mit welchem es glaubhaft machen kann, dass es in der Marktführerposition ist. So eine Vorrichtung nennt man einen *Selbstbindungsmechanismus* (*Commitment-Device*).

Die Erkenntnis der Wichtigkeit glaubwürdiger Selbstbindung erlaubt uns zahlreiche neue Einsichten in eine Vielzahl gesellschaftlicher Phänomene, die wir als Reaktionen auf bzw. Lösungen von Selbstbindungsproblemen rekonstruieren können. Nach Dubner und Levitt (2005) ist ein Selbstbindungsmechanismus „a means with which to lock yourself into a course of action that you might not otherwise choose but that produces a desired result."

Einer der frühesten überlieferten Selbstbindungsmechanismen wird in Homers Odyssee beschrieben. Dort verschliesst Odysseus die Ohren seiner Mannschaft mit Wachs, so dass sie nichts mehr hören können, und lässt sich anschliessend an den Mast seines Schiffs binden, um zu verhindern, dass er dem Gesang der Sirenen verfällt. (Franz Kafka (1931) sieht in dieser

---

(Fortsetzung)

Geschichte den „Beweis dessen, dass auch unzulängliche, ja kindische Mittel zur Rettung dienen können.")

Selbstbindungsprobleme existieren auf der individuellen wie auf der gesellschaftlichen Ebene. Fitnessziele sind ein gutes Beispiel für ein individuelles Selbstbindungsproblem. Die meisten von uns würden gern ein bisschen mehr Sport treiben, weniger Alkohol trinken oder sich gesünder ernähren. Aber wenn die Zeit für einen Lauf gekommen ist, mich ein Freund fragt, ob ich nicht noch ein zweites Glas Wein möchte, oder ich die Wahl zwischen Schokoladenkuchen und Broccoli habe, kann ich allem widerstehen, ausser der Versuchung. Was man in solchen Situationen benötigt, ist ein Mechanismus, der es mir erlaubt, meine Vorsätze auch umzusetzen. Einige Evolutionsbiologen argumentieren, dass Gefühle wie Scham oder Peinlichkeit als ein solcher Mechanismus interpretiert werden kann: Nehmen wir an, Sie machen ein Fitnessziel öffentlich (‚Ich werde nächstes Jahr den Berlin-Marathon laufen!‘). Wenn alle Freunde und Bekannten dies wissen und Sie es nicht schaffen, an dem Ziel festzuhalten, werden sie Sie verspotten, und Sie werden sich schämen, so dass Ihr zukünftiges Selbst den Anreiz behält zu trainieren. Diese Gefühle erzeugen emotionale Kosten des Abweichens vom Plan. Dies ist eine der wichtigsten Eigenschaften eines glaubwürdigen Selbstbindungsmechanismus: Wenn Sie sicherstellen wollen, dass Sie ihren langfristigen Sparplan einhalten, schliessen Sie einen Vertrag mit Ihrer Bank, der hohe Kündigungskosten hat. Wenn Sie sich für ein Examen vorbereiten wollen, schliessen Sie sich in einem Zimmer ohne Internetzugang ein und geben Sie den Schlüssel einem Freund, der über das Wochenende verreist ist.

Das Gefangenendilemma ist das wichtigste Beispiel für ein gesellschaftliches Selbstbindungsproblem: Beide Spieler würden davon profitieren, wenn Sie sich glaubhaft an die kooperative Strategie binden könnten. Wenn Sie das Dilemma als Metapher für gesellschaftliche Interaktionen im Allgemeinen sehen (was dem Mainstream zumindest seit Thomas Hobbes entspricht, der bekanntlich das Leben vor der Schaffung eines Leviathan-Staats als „solitary, poor, nasty, brutish, and short" bezeichnet hat), kann der Staat als ein grosser Versuch rekonstruiert werden, Kooperation glaubwürdig zu machen. Die Idee kann auf Institutionen wie Rechtsstaatlichkeit, Eigentumsrechte samt ihrer Durchsetzung durch das Rechtssystem, aber auch auf die Kultur an sich angewendet werden, innerhalb derer Glaubwürdigkeit durch ‚weichere‘ Sanktionen wie die Gefühle von Scham und Schuld sichergestellt wird.

Es zeigte sich, dass Selbstbindungsprobleme auch im Zentrum von Phänomenen wie Inflation und Besteuerung liegen. Das zugrundeliegende Problem wird auch mit dem Begriff der *Zeitinkonsistenz* der Entscheidungsfindung bezeichnet. So haben im Bereich der Geldpolitik Politiker einen Anreiz, niedrige Inflationsraten anzukündigen, damit sie die Erwartungen der Wirtschaftsakteure kontrollieren. Aber in der Zukunft können Situationen

(Fortsetzung)

auftreten, in denen eine höhere Inflationsrate kurzfristige Vorteile wie zum Beispiel eine Senkung der Arbeitslosigkeit verspricht. Daher kann es sein, dass die Ankündigung eines niedrigen Inflationsziels nicht glaubwürdig ist, wenn die Politiker keinen Selbstbindungsmechanismus zur Verfügung haben. Die Konsequenz ist, dass die Ökonomie in ein Gleichgewicht mit hohen Inflationsraten gerät. Unabhängige Zentralbanken mit einem hohen Ausmass an Eigenständigkeit in ihren Entscheidungen können ein glaubwürdiger Selbstbindungsmechanismus sein. Wenn das Ziel des Zentralbankers eine Inflationsrate von null ist und ihn Arbeitslosigkeit in seinem Amt nicht interessieren darf, kann diese Institution das Problem hoher Inflationserwartungen lösen. Die Abgabe von Kompetenzen in die Zuständigkeit der Zentralbank kann am Ende zu einer besseren Erfüllung der Ziele der Politiker führen. Dasselbe gilt für die Steuerpolitik: Wenn Politiker private Investitionen erhöhen wollen, sollten sie niedrige Steuern auf Kapital und Kapitalerträge ankündigen. Wenn die Investitionen aber erst einmal getätigt und die Produktionsanlagen gebaut sind, sind die Investoren gefangen, da sie nur unter Aufwendung weiterer Kosten die Investitionen rückgängig machen können. Daher haben Politiker zu diesem Zeitpunkt einen Anreiz, Steuern zu erhöhen. Wenn dieser Anreiz aber antizipiert wird, werden die Investitionen erst gar nicht stattfinden. Einer der Gründe, warum die Schweiz als attraktiver Ort für Kapitalanlagen gilt, liegt darin, dass sie einen Ruf aufbauen konnte, dieser Versuchung zu widerstehen. Wenn ein Land nicht über einen solchen Ruf verfügt, kann dies ernsthafte Folgen für seine ökonomische Entwicklung haben.

Die oben genannten Anleger sind mit ihren Investitionen gefangen. Dies wird auch mit dem Begriff des *Lock-In-Effekts* bezeichnet. Viele Unternehmenspraktiken basieren ebenfalls auf einem Lock-In-Effekt, der es ihnen erlaubt, Geld zu verdienen. Software-Standards sind ein gutes Beispiel. Um Software nutzen zu können, muss man typischerweise eine Menge Zeit investieren, um deren Nutzung zu lernen. Diese Investitionen binden Nutzer an die Software, da *ex-post*, nachdem der Umgang erlernt wurde, die Kosten eines Umstiegs auf eine andere Software (auch Wechselkosten oder *Switching-Costs* genannt) höher sind als *ex-ante*, bevor man die Software erlernt hat. Diese Asymmetrie in den Opportunitätskosten wird von Unternehmen genutzt, um zum Beispiel höhere Preise bei Softwareupdates durchzusetzen.

Evolutionsbiologen haben die Idee des Selbstbindungsproblems genutzt, um die Entstehung moralischer Gefühle zu erklären. Die Idee ist, dass moralische Gefühle Kooperation rational machen (nicht in einem materiellen, aber in einem psychologischen Sinn), was positive Effekte für die Wahrscheinlichkeit des Überlebens einer Gruppe und eines Gruppenmitglieds hat.

Ein Problem mit glaubwürdigen Selbstbindungsmechanismen ist, dass sie Flexibilität reduzieren. Wenn sich die Zukunft perfekt vorhersagen lässt, führt

(Fortsetzung)

Selbstbindung in der Regel nicht zu zusätzlichen Kosten. Aber je unsicherer die Zukunft ist, desto riskanter ist es, die eigenen Handlungsmöglichkeiten zu beschränken. Was wäre aus dem Epischen Gedicht ‚Die Odyssee' geworden, wenn Odysseus, gefesselt an den Mast, wegen eines unvorhergesehenen Sturms ertrunken wäre, bevor er die Insel der Sirenen passiert hätte? Er wäre nicht für seine Brillanz und listige Intelligenz in Erinnerung geblieben, sondern für seine Fähigkeit, sich beim Versuch, seiner Virilität nicht zum Opfer zu fallen, zu ertränken. Nicht wirklich die Art von Geschichte, die den Test der Zeit besteht.

15.2 Das Cournot-Duopolmodell

Im Cournot-Duopolmodell wird davon ausgegangen, dass zwei Gewinn maximierende Unternehmen U_1 und U_2 Absatzmengen y_1, y_2 eines homogenen Guts planen, die sie in einer gegebenen Periode verkaufen. Sie produzieren mit einer Technologie, die bei gegebenen Preisen auf den Faktormärkten zu konvexen Kostenfunktionen $C_1(y_1)$, $C_2(y_2)$ in Abhängigkeit der produzierten Mengen führen. Darüber hinaus existiert eine Preis-Absatzfunktion $P(y_1 + y_2)$, die den für das Marktangebot $y_1 + y_2$ erzielbaren Marktpreis angibt (Konsumenten sehen die beiden Güter als vollständige Substitute an). Um die Analyse einfach zu halten, gehen wir davon aus, dass alle Unternehmen vollständig über alle Kostenfunktionen und die Preis-Absatzfunktion informiert sind und dies auch *Common Knowledge* ist.

Bezeichnen π_1 und π_2 die Gewinne der Unternehmen, so lassen sich diese aufgrund der gegebenen Informationen wie folgt als Erlöse minus Kosten darstellen:

$$\pi_1(y_1, y_2) = P(y_1 + y_2) \cdot y_1 - C_1(y_1), \quad \pi_2(y_1, y_2) = P(y_1 + y_2) \cdot y_2 - C_2(y_2).$$

Das Problem aus Sicht eines Managers bei der Bestimmung des optimalen Produktionsplans besteht darin, dass der Gewinn nicht nur von der eigenen Mengenentscheidung, sondern auch von der Mengenentscheidung des anderen Unternehmens abhängt, weil der im Markt erzielbare Preis eine Funktion der Gesamtmenge ist. Um dieses Problem lösen zu können, gehen wir davon aus, dass Manager 1 (2) erwartet, dass das andere Unternehmen eine Menge y_2^e (y_1^e) anbieten wird. Für diese Erwartungen bestimmen die Manager dann die jeweils optimalen Mengen. Sie sind durch die hinreichende Bedingung

$$\frac{\partial \pi_1(y_1, y_2^e)}{\partial y_1} = \underbrace{\frac{\partial P(y_1 + y_2^e)}{\partial y_1} \cdot y_1 + P(y_1 + y_2^e) \cdot 1}_{=MR_1(y_1, y_2^e)} - \frac{\partial C_1(y_1)}{\partial y_1} = 0$$

für Unternehmen 1 und

$$\frac{\partial \pi_2 \left(y_1^e, y_2\right)}{\partial y_2} = \underbrace{\frac{\partial P \left(y_1^e + y_2\right)}{\partial y_2} \cdot y_2 + P \left(y_1^e + y_2\right) \cdot 1}_{= M R_2 (y_1^e, y_2)} - \frac{\partial C_2(y_2)}{\partial y_2} = 0$$

für Unternehmen 2 gegeben.

Beide Bedingungen haben eine einfache ökonomische Interpretation: Für ein erwartetes Produktionsniveau des Wettbewerbers wird ein Unternehmen seine Produktionsmenge so wählen, dass der Grenzerlös der letzten produzierten Einheit gleich den Grenzkosten dieser Einheit ist. Diese Bedingung entspricht der des nicht-preisdiskriminierenden Monopolisten mit der Ausnahme, dass der Grenzerlös von den Erwartungen über die Produktionsentscheidung des anderen Unternehmens abhängt.

Löst man die Bedingungen erster Ordnung nach der jeweiligen Entscheidungs-variable auf, so erhält man zwei Funktionen $Y_1(y_2^e)$ und $Y_2(y_1^e)$, die die optimale Angebotsmenge als Funktion der Angebotserwartung des anderen Unternehmens ausdrücken. Dies sind die *Reaktionsfunktionen* der beiden Unternehmen.

Ein Punkt auf der Reaktionsfunktion hat die Eigenschaft, dass er die gewinnma-ximale Menge für eine gegebene Menge des anderen Unternehmens bezeichnet. Die unterstellte Menge muss aber nicht konsistent mit dem tatsächlichen Verhalten des anderen Unternehmens sein. Es kann gelten, dass $Y_1(y_2^e) \neq y_1^e$ oder $Y_2(y_1^e) \neq y_2^e$ ist. Um Konsistenz sicherzustellen, können wir fordern, dass die Erwartungen der Unternehmen konsistent mit dem Verhalten der Unternehmen sein müssen: $Y_2(Y_1(y_2^e)) = y_2^e \wedge Y_1(Y_2(y_1^e)) = y_1^e$. Die beste Antwort von Unternehmen 2 auf die beste Antwort von Unternehmen 1 auf eine erwartete Menge y_2^e muss gerade gleich der erwarteten Menge y_2^e sein, und die beste Antwort von Unternehmen 1 auf die beste Antwort von Unternehmen 2 auf eine erwartete Menge y_1^e muss gerade gleich der erwarteten Menge y_1^e sein. In diesem Fall gilt für beide Unternehmen, dass die Erwartung über das Verhalten des anderen Unternehmens mit dem tatsächlichen Verhalten übereinstimmt.

Diese Konsistenzanforderung haben wir unter anderem Namen bereits kennen-gelernt: Wir suchen nach einem Nash-Gleichgewicht des Spiels. Formal ist ein Nash-Gleichgewicht des Cournot-Duopolmodells definiert als $Y_2(Y_1(y_2^e)) = y_2^e \wedge Y_1(Y_2(y_1^e)) = y_1^e$.

Damit ist das Gleichgewicht auf einem Cournot-Duopolmarkt vollständig durch die Bedingungen erster Ordnung sowie die Nash-Gleichgewichtsbedingung be-schrieben. Allerdings ist diese Lösung nicht sehr anschaulich, und man lernt ökonomisch noch nicht sehr viel aus ihr. Deshalb werden wir im Folgenden die Preisabsatz- und die Kostenfunktion genauer spezifizieren. Wir nehmen an, dass die Preis-Absatzfunktion linear ist und die Kostenfunktionen identisch und linear sind, $p(y_1 + y_2) = a - b \cdot (y_1 + y_2)$, $C_1(y_1) = c \cdot y_1$, $C_2(y_2) = c \cdot y_2$ mit $a > c > 0$ und $b > 0$. Wir nennen dieses Modell im Folgenden auch das *lineare Modell*. Es ist in Abb. 15.1 wiedergegeben.

Abb. 15.1 Das lineare Modell

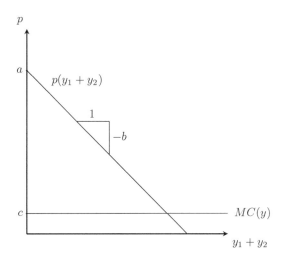

In der Abbildung ist $y_1 + y_2$ auf der Abszisse und die Preis-Absatzfunktion sowie die Grenzkostenfunktion auf der Ordinate abgetragen. Im linearen Modell hat die Grenzkostenfunktion den Achsenabschnitt c. Die Preis-Absatzfunktion hat den Achsenabschnitt a und eine Steigung von $-b$.

Es gibt unterschiedliche Wege, um das Gleichgewicht zu bestimmen. Wir werden hier aus Übungszwecken den langwierigsten wählen, bei dem die Gewinnfunktionen zunächst für die angenommenen linearen Funktionen ausgerechnet werden. Dann gilt (wir lassen die umständliche Schreibweise mit Erwartungswerten von nun an weg):

$$\pi_1(y_1, y_2) = (a - b \cdot (y_1 + y_2)) \cdot y_1 - c \cdot y_1,$$

$$\pi_2(y_1, y_2) = (a - b \cdot (y_1 + y_2)) \cdot y_2 - c \cdot y_2.$$

Dies lässt sich zu

$$\pi_1(y_1, y_2) = (a - c - b \cdot y_2) \cdot y_1 - b \cdot y_1^2,$$

$$\pi_2(y_1, y_2) = (a - c - b \cdot y_1) \cdot y_2 - b \cdot y_2^2$$

vereinfachen. Die Bedingungen erster Ordnung sind dann:

$$\frac{\partial \pi_1(y_1, y_2)}{\partial y_1} = (a - c - b \cdot y_2) - 2 \cdot b \cdot y_1 = 0$$

und

$$\frac{\partial \pi_2(y_1, y_2)}{\partial y_2} = (a - c - b \cdot y_1) - 2 \cdot b \cdot y_2 = 0.$$

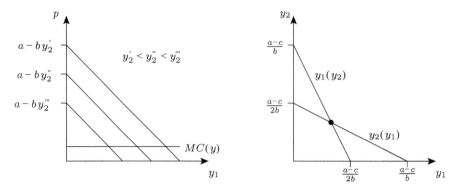

Abb. 15.2 Grenzerlöse und Grenzkosten des Oligopolisten (*links*) sowie Reaktionsfunktionen (*rechts*)

Die Bedingung erster Ordnung für Unternehmen 1 ist im linken Teil von Abb. 15.2 wiedergegeben. Auf der Abszisse findet sich die angebotene Menge und auf der Ordinate die Grenzkosten und der Grenzerlös. Die Grenzkosten sind konstant gleich c, und der Grenzerlös hat einen Achsenabschnitt von $a - b \cdot y_2$ sowie eine Steigung von $-2 \cdot b$. Wie man sieht, sinkt der Grenzerlös im Angebot des anderen Unternehmens. Ein Vergleich mit derselben Bedingung eines Monopolisten ist illustrativ: Der Grenzerlös des nicht preisdiskriminierenden Monopolisten hat dieselbe Steigung $-2 \cdot b$, schneidet die Ordinate aber an der Stelle a. Wir können uns daher einen Cournot-Duopolisten i als einen Monopolisten vorstellen, der mit einer ‚gestutzten' Nachfragefunktion $\tilde{a} = a - b \cdot y_j$ konfrontiert ist. Löst man die beiden Bedingungen nach dem jeweiligen Entscheidungsparameter auf, so erhält man

$$Y_1(y_2) = \begin{cases} (a - c - b \cdot y_2)/(2 \cdot b), & \text{falls} \quad y_2 \leq (a - c)/b \\ 0, & \text{falls} \quad y_2 > (a - c)/b \end{cases},$$

$$Y_2(y_1) = \begin{cases} (a - c - b \cdot y_1)/(2 \cdot b), & \text{falls} \quad y_1 \leq (a - c)/b \\ 0, & \text{falls} \quad y_1 > (a - c)/b \end{cases}$$

als Reaktionsfunktionen. Sie sind grafisch im rechten Teil von Abb. 15.2 dargestellt. Dabei ist y_1 auf der Abszisse und y_2 auf der Ordinate abgetragen. Da die Reaktionsfunktion von Unternehmen 1 y_2 und die Reaktionsfunktion von Unternehmen 2 y_1 als erklärende Variablen haben, muss man sowohl von der Abszisse als auch von der Ordinate auf die Grafik schauen, um sie zu verstehen. Der ‚flachere' Graph repräsentiert die Reaktionsfunktion von Unternehmen 2 und hat die übliche Orientierung. Der ‚steilere' Graph repräsentiert die Reaktionsfunktion von Unternehmen 1. Er ist spiegelsymmetrisch zum anderen und hat die umgekehrte Orientierung.

Es lassen sich drei Schlussfolgerungen aus der Grafik ziehen. (1) $Y_1(0) = Y_2(0) = (a - c)/(2 \cdot b)$: Wenn das andere Unternehmen nichts produziert, verhält sich das verbleibende Unternehmen wie ein Monopolist. (2) Die gewinnmaximale Menge eines Unternehmens ist fallend in der Menge des Wettbewerbers. (3) Das Nash-Gleichgewicht ist der Schnittpunkt der beiden Reaktionsfunktionen. Nur dort sind die tatsächlichen und die erwarteten Angebote der Unternehmen miteinander konsistent.

Formal kann man das Nash-Gleichgewicht bestimmen, indem man die Reaktionsfunktionen $Y_1(y_2) = (a - c - b \cdot y_2)/(2 \cdot b)$ und $Y_2(y_1) = (a - c - b \cdot y_1)/(2 \cdot b)$ ineinander einsetzt. Man erhält dann

$$y_1^* = \frac{a - c}{3 \cdot b}, \quad y_2^* = \frac{a - c}{3 \cdot b}$$

als die gleichgewichtigen Angebote der beiden Unternehmen und

$$y^{CN} = y_1^* + y_2^* = \frac{2(a - c)}{3 \cdot b}$$

als das gleichgewichtige Marktangebot.

Wir vergleichen diese Lösung mit der Monopollösung, $y^M = \frac{a - c}{2 \cdot b}$, und der Lösung bei vollständiger Konkurrenz, $y^{VK} = \frac{a - c}{b}$. (Diese erhält man durch die Regel ‚Preis = Grenzkosten‘, was hier bedeutet $a - b \cdot y = c$. Auflösen nach y gibt die Lösung.) Man sieht, dass $y^M < y^{CN} < y^{VK}$, was uns etwas über die Effekte von Wettbewerb lehrt: Der Wettbewerb auf dem Markt erhöht im Vergleich zum Monopol das Marktangebot, so dass die Ineffizienz reduziert wird. Die Wettbewerbskräfte sind aber nicht stark genug, um die Lösung bei vollständiger Konkurrenz zu erzwingen. Dementsprechend muss der gleichgewichtige Preis auf einem Duopolmarkt auch zwischen dem Preis auf dem Monopolmarkt und dem Preis bei vollständiger Konkurrenz liegen. Diese Preise lassen sich als Aufschläge auf die Grenzkosten bestimmen:

$$p^{PC} = c < p^{CN} = c + \frac{a - c}{3} < p^M = c + \frac{a - c}{2}.$$

Diese Markups spielen eine wichtige Rolle als ‚Daumenregel‘ in der Managementliteratur, da sie eine schnelle Abschätzung der Profitabilität eines Markts erlauben. Sie hängen von der Preiselastizität der Nachfrage ab, die selbst wiederum durch die Präferenzen und Einkommen der Konsumenten (im Modell durch die Grössen a und b dargestellt) und die Anzahl der Unternehmen bestimmt wird. Bei Vollständiger Konkurrenz ist der Markup Null, und im Cournot-Duopol ist er kleiner als im Monopol.

15.3   Das Cournotmodell mit n Unternehmen

Die bisherigen Ergebnisse legen nah, dass das Cournotmodell eine Brücke zwischen dem Modell des nicht preisdiskriminierenden Monopolisten und dem Modell der Vollständigen Konkurrenz darstellt. Um diese Intuition zu präzisieren, ist es sinnvoll, das Gleichgewicht auf einem Cournot-Oligopolmarkt für eine beliebige Anzahl von Unternehmen zu bestimmen, um dann zu sehen, wie die Unternehmenszahl das Gleichgewicht beeinflusst. Im Folgenden werden wir für das lineare Modell das Nash-Gleichgewicht bestimmen, wenn sich n Unternehmen im Markt befinden. Hierzu benötigen wir ein wenig zusätzliche Notation. Wir bezeichnen mit y_i das Angebot eines beliebigen Unternehmens i und mit y_{-i} die Angebotssumme aller Unternehmen ausser i. Dann lautet die Gewinngleichung von Unternehmen i

$$\pi_i(y_i, y_{-i}) = (a - b \cdot (y_i + y_{-i})) \cdot y_i - c \cdot y_i, \quad i = 1, \dots, n.$$

Gegeben die Angebotsmenge aller anderen Unternehmen lässt sich das gewinnmaximale Angebot von Unternehmen i durch die Bedingung erster Ordnung bestimmen:

$$\frac{\partial \pi_i(y_i, y_{-i})}{\partial y_i} = (a - c - b \cdot y_{-i}) - 2 \cdot b \cdot y_i = 0, \quad i = 1, \dots, n.$$

Im Allgemeinen handelt es sich hier um ein System mit n Gleichungen und n Unbekannten $y_1, \dots, y_n$. Wenn wir annehmen, dass sich die identischen Unternehmen im Gleichgewicht gleich verhalten, so dass $y_i = y_j$ für zwei beliebige Unternehmen i und j gilt, können wir y_i durch y und y_{-i} durch $(n-1) \cdot y$ ersetzen. Wir haben dann nur noch eine Gleichung in einer Unbekannten:

$$(a - c - b \cdot (n - 1) \cdot y) - 2 \cdot b \cdot y = 0.$$

Löst man diese Gleichung nach y auf, so erhält man die gleichgewichtige Angebotsmenge eines Unternehmens als $y^* = (a - c)/((n + 1) \cdot b)$. Das Marktangebot $n \cdot y^*$ ist $n/(n + 1) \cdot (a - c)/b$. Zum Vergleich ziehen wir wieder das Marktangebot bei vollständiger Konkurrenz heran, welches wir weiter oben als $(a - c)/b$ bestimmt hatten. Wir führen die komparativ-statische Analyse unter der Annahme durch, dass die Anzahl der Unternehmen n stetig variierbar ist (was nicht stimmt, aber diese Annahme vereinfacht die Untersuchung und hat keinen Einfluss auf das Ergebnis):

$$\frac{\partial y^*}{\partial n} < 0, \quad \frac{\partial(n \cdot y^*)}{\partial n} > 0.$$

Es ergeben sich zwei Schlussfolgerungen. Erstens fällt das individuelle Angebot und zweitens steigt das Marktangebot in der Anzahl der Wettbewerber. Obwohl jedes einzelne Unternehmen weniger produziert, wird dieser Effekt durch die Hinzunehme weiterer Unternehmen überkompensiert. Wenn nun die Anzahl der Unternehmen sehr gross wird, erhalten wir im Grenzwert $\lim_{n \to \infty} n/(n+1) \cdot (a-c)/b = (a-c)/b$: der Markt tendiert zum Gleichgewicht bei Vollständiger Konkurrenz. Das andere Extrem ist $n = 1$. In diesem Fall ist die optimale Menge $(a-c)/(2 \cdot b)$. Sie entspricht der des Monopolmodells.

Alternativ kann man auch die Markups anschauen. Der Gleichgewichtspreis beträgt $p^* = a - b \cdot n \cdot y^*$, was sich auch als $p^* = c + (a-c)/(n+1)$ ausdrücken lässt. Daraus wird ersichtlich, dass der Markup in der Anzahl der Unternehmen sinkt und auf null fällt, wenn n sehr gross wird. Daher bietet das Cournotmodell eine theoretische Basis für die Idee, dass Wettbewerb effizienzfördernd ist: Je grösser die Anzahl der Unternehmen auf einem Markt, desto kleiner ist der Einfluss eines einzelnen Anbieters auf das Marktergebnis. Wenn die Anzahl der Unternehmen sehr gross wird, verschwindet der Einfluss, und jedes einzelne Unternehmen verhält sich als Mengenanpasser und bestimmt sein Angebot nach der Pareto-effizienten ‚Preisgleich-Grenzkosten'-Regel.

15.4 Das Bertrand-Duopolmodell

Wir haben bereits gesehen, dass Bertrand sein Modell des Preiswettbewerbs als Gegenpol zu Cournots Modell entwickelt hat. Um zu verstehen, wie die Annahme, dass Unternehmen Preise und nicht Mengen setzen, das Marktergebnis beeinflusst, gehen wir nun davon aus, dass zwei Duopolisten p_1 und p_2 anstelle der Mengen setzen. Alle anderen Annahmen des vorherigen Modells gelten unverändert, und wir gehen davon aus, dass Preise positive reelle Zahlen (einschliesslich der Null) sind. Allerdings beginnen wir die Analyse unmittelbar mit der Annahme konstanter und zwischen den Unternehmen identischer Grenzkosten, $C_1(y_1) = c \cdot y_1, C_2(y_2) = c \cdot y_2$. Preiswettbewerb mit allgemeineren Kostenstrukturen ist ausgesprochen kompliziert zu untersuchen, und die zentralen Ideen lassen sich auch mit dem einfachen Modell entwickeln.

Die Gewinne der Unternehmen sind analog zum vorherigen Modell bestimmt, nur dass nun Preise und nicht Mengen gesetzt werden. Das bedeutet, dass die Kunden mit zwei Preisen konfrontiert sind, so dass sie sowohl das Unternehmen, bei dem sie kaufen wollen, als auch die Menge bestimmen müssen. Daher sind für jedes Paar von Preisen (p_1, p_2) $x_1(p_1, p_2)$ und $x_2(p_1, p_2)$ die für die beiden Unternehmen relevanten Nachfragefunktionen. Die Gewinnfunktionen lauten dann:

$$\pi_1(p_1, p_2) = p_1 \cdot x_1(p_1, p_2) - c \cdot x_1(p_1, p_2),$$

$$\pi_2(p_1, p_2) = p_2 \cdot x_2(p_1, p_2) - c \cdot x_2(p_1, p_2).$$

Beide Unternehmen wählen ihre Preise simultan und unabhängig voneinander. Damit dies möglich ist, müssen sie Erwartungen über den Preis des jeweils anderen Unternehmens bilden. Diese bezeichnen wir mit p_1^e, p_2^e. Ein Bertrand-Nash-Gleichgewicht ist dann ein Paar von Preisen, p_1^*, p_2^*, bei dem die Unternehmen ihre Gewinne für gegebene Preiserwartungen maximieren und diese Preiserwartungen mit den tatsächlich gesetzten Preisen der Unternehmen identisch sind, $p_1^e = p_1^*$, $p_2^e = p_2^*$.

Die sich ergebenden Maximierungsprobleme lassen sich nicht mit Standardmethoden wie Ableitungen der Gewinnfunktionen lösen, da die Gewinnfunktionen nicht stetig in den Preisen sind. Beide Güter sind vollständige Substitute, so dass die Konsumenten stets das billigere kaufen werden. Wenn wir nun annehmen, das ein Unternehmen einen etwas höheren Preis als das andere Unternehmen verlangt, kauft niemand bei ihm. Senkt das Unternehmen den Preis soweit, dass es etwas billiger als das andere Unternehmen ist, wechseln alle Kunden zu ihm. Und da das Unternehmen konstante Grenzkosten hat, ist es in der Lage, die benötigten Mengen zu produzieren. Daher ist die Nachfragefunktion an der Stelle unstetig, an der beide Unternehmen denselben Preis verlangen.

Ein Beispiel sind zwei benachbarte Bäckereien, die auf dem Arbeitsweg einer bestimmten Anzahl von Kunden liegen. Wenn die eine Bäckerei einen höheren Preis für ihre Croissants verlangt als die andere, werden alle Kunden bei der billigeren Bäckerei kaufen (wir sehen vom Zeitverlust ab, der sich durch Schlangenbildung ergibt). Daher kann die Nachfrage als Funktion der Preise wie folgt geschrieben werden. Sei $X(p_i)$, $i = 1, 2$ die Marktnachfragefunktion:

$$x_1(p_1, p_2) = \begin{cases} X(p_1), & p_1 < p_2 \\ 0{,}5 \cdot X(p_1), & p_1 = p_2 \\ 0, & p_1 > p_2 \end{cases},$$

$$x_2(p_1, p_2) = \begin{cases} X(p_2), & p_1 > p_2 \\ 0{,}5 \cdot X(p_2), & p_1 = p_2 \\ 0, & p_1 < p_2 \end{cases}.$$

In der obigen Formulierung haben wir angenommen, dass sich die Kunden gleich auf beide Unternehmen aufteilen, wenn die Preise identisch sind.

Die Unstetigkeit der Gewinnfunktionen führt dazu, dass wir die optimalen Preise nicht einfach wie im Fall des Cournot-Wettbewerbs durch die Ableitung der Gewinnfunktionen nach den Preisen ermitteln können. Die Unstetigkeit tritt an der Stelle $p_1 = p_2$ auf. Um die besten Antworten zu ermitteln, argumentieren wir im Folgenden aus der Perspektive von Unternehmen 1, aber ein analoges Argument kann für Unternehmen 2 entwickelt werden, da die Optimierungsprobleme symmetrisch sind.

Wenn nur ein Gleichgewicht charakterisiert werden soll, ist die Sache einfach: Wir starten mit der Vermutung, dass beide Unternehmen einen Preis verlangen, der gleich den Grenzkosten ist, $p_1 = p_2 = c$. An dieser Stelle teilt sich die Marktnachfrage hälftig auf, und beide Unternehmen machen Gewinne von null.

Setzt ein Unternehmen einen höheren Preis, so verliert es die Nachfrage und macht immer noch einen Gewinn von null, es kann sich also nicht verbessern. Setzt ein Unternehmen einen niedrigeren Preis, so gewinnt es die gesamte Nachfrage, verkauft aber zu einem Preis kleiner als den Grenzkosten, so dass es Verluste macht, es kann sich also auch nicht verbessern. Daher ist $p_1^* = p_2^* = c$ ein Gleichgewicht des Bertrand-Markts.

Aufwändiger ist es zu zeigen, dass das Gleichgewicht eindeutig ist. Wir beginnen mit dem Fall, das zumindest ein Unternehmen zu einem Preis kleiner als den Grenzkosten anbietet. Dies führt dazu, dass zumindest ein Unternehmen Verluste macht (was passiert, sobald es eine positive Menge verkauft). Diese könnte es aber vermeiden, wenn es den Preis höher als den Preis des anderen Unternehmens setzt. Nun nehmen wir an, dass zumindest ein Unternehmen einen Preis setzt, der strikt grösser als die Grenzkosten ist. Wenn das andere Unternehmen einen Preis unterhalb der Grenzkosten setzt, gilt die Analyse von zuvor. Daher gehen wir davon aus, dass das andere Unternehmen einen Preis grösser oder gleich den Grenzkosten setzt. Wenn der Preis gleich den Grenzkosten ist, sind die Gewinne Null. Erhöht das Unternehmen den Preis soweit, dass er immer noch kleiner als der andere Preis ist, erzielt es aber positive Gewinne: Die Kunden bleiben bei ihm, und es resultiert ein positiver Markup. Daher kann es kein Gleichgewicht sein, den Preis gleich den Grenzkosten zu setzen. Wenn nun aber beide Unternehmen unterschiedliche Preise haben, die grösser als die Grenzkosten sind, ist es für das Unternehmen mit dem höheren Preis nicht rational, bei dem Preis zu bleiben. Seine Gewinne sind Null, da niemand bei ihm kauft. Durch eine Senkung des Preises, so dass er kleiner als der Preis des Wettbewerbers, aber grösser als die Grenzkosten ist (das ist immer möglich, da die Preise reelle Zahlen sind), kann es sich einen positiven Gewinn garantieren, da die Nachfrage zu ihm übergeht. Daher bleibt noch der Fall übrig, dass beide Unternehmen zu einem identischen Preis grösser als die Grenzkosten anbieten. In diesem Fall teilen sie sich den Markt hälftig und erzielen einen positiven Gewinn. Nennen wir diesen Preis $p > c$. Formal gilt $\pi_1(p, p) = 0{,}5 \cdot X(p) \cdot (p - c) > 0$. Was passiert nun, wenn Unternehmen 1 zu einem Preis $p_1 = p - \epsilon$ abweicht, wobei ϵ eine kleine positive Zahl ist, $\epsilon > 0, \epsilon \to 0$? Da alle Kunden nun bei Unternehmen 1 kaufen, ist der Gewinn $\pi_1(p - \epsilon, p) = X(p - \epsilon) \cdot (p - \epsilon - c)$. Da das Unternehmen den halben Markt hinzugewinnt, existiert stets ein ϵ, welches klein genug ist, dass die Gewinne steigen.

Zusammenfassend können wir festhalten, dass ein Duopolmarkt mit Bertrand Preiswettbewerb und konstanten sowie identischen Grenzkosten ein eindeutiges Gleichgewicht hat, bei dem die Unternehmen den Preis gleich den Grenzkosten setzen. Dieses Ergebnis ist bemerkenswert, bedeutet es doch, dass bei Preiswettbewerb schon zwei Unternehmen genügen, um das Gleichgewicht bei vollständiger Konkurrenz zu erzwingen. Auch wenn nur zwei Unternehmen auf dem Markt anbieten, verhält dieser sich, als sei er vollständig kompetitiv. Dieses Ergebnis hat eine bedeutende Implikation für die Wettbewerbspolitik: Allein aus der Anzahl der Unternehmen, die auf einem Markt anbieten, können keine Rückschlüsse auf die

Wettbewerbsintensität dieses Marktes gezogen werden. Weitere Informationen über die Art des Wettbewerbs (Preise oder Mengen) sind erforderlich.

Das Ergebnis wurde unter sehr starken Annahmen abgeleitet, insbesondere hinsichtlich der Abwesenheit von Kapazitätsschranken und der Gleichheit der Grenzkosten. Um eine Idee bezüglich der Robustheit des Ergebnisses zu bekommen, wollen wir im Folgenden das Grundmodell insofern erweitern, dass wir unterschiedliche, aber immer noch konstante Grenzkosten unterstellen, $c_1 < c_2$. In diesem Fall sind die obigen Strategien offensichtlich nicht mehr optimal, weil Unternehmen 1 in der Lage ist, seinen Preis grösser als die Grenzkosten zu setzen. Dies ist ohne Verlust der Marktnachfrage möglich, so lange der Preis kleiner als die Grenzkosten von Unternehmen 2 gesetzt wird. In diesem Fall wird Unternehmen 2 nämlich den Preis nicht auf das Niveau von Unternehmen 1 senken können, da es sonst vermeidbare Verluste machen würde. Die genaue Strategie von Unternehmen 1 hängt von der Differenz der Grenzkosten ab. Sei p_1^M der Preis, den Unternehmen 1 setzen würde, wenn es Monopolist wäre.

- Falls $c_2 > p_1^M$, wird Unternehmen 1 den Monopolpreis setzen und Unternehmen 2 irgendeinen Preis grösser als der Monopolpreis. Unternehmen 1 hat aufgrund der hohen Grenzkosten von 2 *de facto* ein Monopol, auch wenn es andere Unternehmen gibt, die das Produkt prinzipiell anbieten könnten. Unternehmen 1 ist gegen Marktzutritte aufgrund seiner Kostenführerschaft geschützt.
- Falls $c_2 < p_1^M$, kann Unternehmen 1 den Monopolpreis nicht durchsetzen, da bei diesem Preis Unternehmen 2 wettbewerbsfähig wäre. Es ist nun interessant, dass in diesem Fall die mathematische Lösung des Problems des Nash-Gleichgewichts von der ökonomischen Intuition abweicht. Das Problem: Intuitiv würde man erwarten, dass Unternehmen 1 einen Preis $p_1 = c_2 - \epsilon$ mit $\epsilon > 0$, $\epsilon \to 0$ wählen wird. Mit anderen Worten ist zu erwarten, dass das Unternehmen den höchsten Preis kleiner als die Grenzkosten des Wettbewerbers setzt. Das ergibt auch ökonomisch Sinn, weil mit einem solchen Preis Unternehmen 2 aus dem Markt herausgehalten und gleichzeitig eine möglichst grosse Annäherung an den Monopolpreis erreicht wird. Das mathematische Problem ist, dass die Menge an Preisen $p_1 < c_2$ ist eine sogenannte *offene* Menge ist (der Rand $p_1 = c_2$ gehört nicht zu ihr). Daher existiert zu jedem Preis $p_1 = c_2 - \epsilon$ ein grösserer Preis $\tilde{p}_1 < c_2 - 0{,}5\epsilon$, der zu höheren Gewinnen führt, da die reellen Zahlen ,dicht' sind. Die Implikation der Dichtheit der reellen Zahlen ist, dass ein Unternehmen keine optimale Strategie besitzt, was wiederum heisst, dass kein Nach-Gleichgewicht existiert. Dieses Ergebnis ist hochgradig unbefriedigend, da die Intuition sagt, dass dieses Ergebnis ein Artefakt der Modellierung ist und keine Eigenschaft in der Wirklichkeit.

Eine mögliche Lösung des Problems, welche auch das mathematische Modell wieder in Übereinstimmung mit der ökonomischen Intuition bringt, besteht in einer Vergrösserung der ,Granularität' der Preise: Wenn man annimmt, dass die Preise nicht aus den reellen Zahlen stammen können, sondern aus einer endlichen, aber beliebig fein strukturierten Menge möglicher Preise (die kleinste Preiseinheit sind etwa 1 / 10 Rappen), dann existiert ein Gleichgewicht, in dem Unternehmen 1 den grössten zulässigen Preis kleiner als die Grenzkosten des zweiten Unternehmens wählt (sofern dieser grösser als die eigenen Grenzkosten ist).

Der Grund, warum wir nicht von Anfang an mit dieser viel realistischeren Annahme gearbeitet haben, ist ein zweifacher. Zum einen ist die dann notwendige mathematische Notation deutlich komplexer. Und zum anderen existieren bei endlichen Auswahlmengen für Preise im Falle identischer Grenzkosten multiple Gleichgewichte, die wiederum die ökonomische Interpretation schwerfällig machen. Das hier angesprochene Problem zeigt in sehr deutlicher Weise den Charakter der Mathematik als Hilfswissenschaft für die Ökonomik. Vieles wird durch die Verwendung mathematischer Methoden einfacher und präziser. Allerdings muss man sich immer bewusst sein, dass die gewählten Methoden auch zu Ergebnisartefakten führen können, die man nicht glaubt, wenn man intensiv darüber nachdenkt. Hinter einem mathematischen Formalismus existiert keine tiefere Wahrheit. Mathematik hilft uns dabei, die logische Konsistenz der Argumente besser zu verstehen; nicht mehr, aber auch nicht weniger.

15.5 Schlussfolgerungen und Erweiterungen

Die beiden Modelle des Oligopolverhaltens führen zu sehr unterschiedlichen Voraussagen über das Verhalten von Unternehmen auf einem Markt. Dann stellt sich die Frage, welches Modell das Verhalten auf Oligopolmärkten besser beschreibt. Leider ist die Antwort auf diese Frage nicht so einfach zu geben. Die beiden Modelle sind nur die Spitze eines Eisbergs von Modellen oligopolistischen Verhaltens, die über die Jahre entwickelt wurden und die sich mit jeweils spezifischen Aspekten des Problems beschäftigen. Unternehmen können zum Beispiel versuchen, sich bezüglich der Qualität ihrer Produkte, technologischen Innovationen, Marketing oder Reputation im Markt zu positionieren. Es hängt von der jeweiligen Industrie und manchmal auch vom spezifischen Zeitpunkt ab, ob sich ein Markt eher durch Bertrand- oder Cournot-Wettbewerb beschreiben lässt. Daher sind beide Modelle nützlich, und es ist bisher nicht gelungen, eine überzeugende ‚Metatheorie' zu entwickeln, die die Bedingungen angibt, unter denen ein Markt tendenziell wie ein Cournotmarkt bzw. wie ein Bertrandmarkt funktioniert.

Grob gesprochen lässt sich sagen, dass sich das Bertrand-Modell besser zur Analyse von Preiskämpfen eignet. Es zeigt, dass die Ergebnisse des Modells vollständiger Konkurrenz auch auf Märkten mit wenigen Anbietern gelten können. Dies hat wichtige methodologische Konsequenzen, da das deutlich einfachere Modell Vollständiger Konkurrenz auch in Situationen angewendet werden kann, in denen nur wenige Unternehmen im Markt anbieten, solange Evidenz dafür vorliegt, dass Preiswettbewerb existiert.

Das Cournot-Modell hingegen eignet sich zur Analyse von Unternehmensverhalten in weniger kompetitiven Situationen. Es kann als Bindeglied zwischen dem Monopolmodell und dem Modell Vollständiger Konkurrenz verstanden werden, da das Gleichgewicht mit einer Zunahme der Anzahl der Unternehmen von der Monopollösung zur kompetitiven Lösung konvergiert.

Ökonomen haben versucht, vereinheitlichte Ansätze zum Problem des Mengen- und Preiswettbewerbs zu entwickeln. Ein interessantes Denkmodel zerlegt dabei das Problem eines Oligopolisten in zwei Teile. Die Idee ist, dass ein Unternehmen seine Produktionskapazität relativ langfristig planen muss (Zeitpunkt 1) und es dann an die Kapazität gebunden ist, wenn es die konkrete Produktionsentscheidung trifft (späterer Zeitpunkt 2). Dabei erfolgt die Produktionsentscheidung zum Zeitpunkt 2 unter Bedingungen des Preiswettbewerbs, und zum Zeitpunkt der Kapazitätswahl herrscht noch Unsicherheit über die spätere Nachfrage. Das Modell kommt zu der Vorhersage, dass in Perioden geringer Nachfrage und damit existierender Überkapazität der Markt wie im Bertrand-Wettbewerb, wohingegen in Perioden grosser Nachfrage und dementsprechend bindender Kapazitätsgrenzen der Markt wie im Cournot-Wettbewerb funktioniert. Da Unternehmen den Aufbau von Überkapazitäten vermeiden wollen (sie erzeugen Kosten), kann Cournot-Wettbewerb als Normalfall angesehen werden. Wenn aber die Nachfrage stark über die Zeit fluktuiert, gibt es immer wieder Perioden mit Bertrand-Wettbewerb.

Unabhängig davon, ob man einen Oligopolmarkt als im Mengen- oder Preiswettbewerb befindlich einstuft, gilt, dass die Unternehmen einen Anreiz zu abgestimmtem Verhalten haben. Sowohl im Cournot- als auch im Bertrandmodell ist die Summe der Unternehmensgewinne kleiner als der Monopolgewinn. Dies kann man sich leicht durch das folgende Widerspruchsargument klarmachen: Angenommen, die Summe der Oligopolgewinne sei grösser als der Monopolgewinn. Dann könnte der Monopolist die Politik der Oligopolisten imitieren und damit denselben Gewinn erzielen. Dass er dies nicht macht, zeigt, dass die Gewinne niedriger sein müssen. Durch Wettbewerb entstehen also zwei Effekte: Zum einen werden im Monopol unausgeschöpfte Handelsgewinne zum Teil (Cournot) oder in Gänze (Bertrand) ausgeschöpft, und zum anderen wird Produzenten- in Konsumentenrente umgewandelt. Daher muss es im Interesse der Oligopolisten sein, den für ihre Gewinne unangenehmen Effekt des Wettbewerbs durch kollusives Verhalten zu begrenzen, indem man sich auf Preise oder Mengen einigt, die näher an der Monopollösung liegen. Unterschiedliche Strategien sind zur Erreichung des Ziels denkbar.

- Die Unternehmen können versuchen, explizite Preisabsprachen zu treffen. Dies ist allerdings in den meisten Ländern illegal, gerade weil diese in der Regel die Effizienz reduzieren und Konsumenten- in Produzentenrente umwandeln. Daher haben Unternehmen findigere Strategien entwickelt.
- Eine Möglichkeit der Beschränkung des Wettbewerbs ist eine Fusion oder ein Unternehmenskauf. Aber auch diese Massnahmen müssen in der Regel durch die zuständige Wettbewerbskommissionen genehmigt werden, um negative Folgen

auszuschliessen. Allerdings kann man Eigentumsverhältnisse durch komplizierte Holdingstrukturen zu verschleiern versuchen.

- Es besteht ein Anreiz zu impliziter Kooperation, die keine juristisch verwertbaren Spuren hinterlässt. Das Problem bei solchen ‚Gentlemen Agreements' ist aber die Durchsetzbarkeit für die Unternehmen, da es für jedes Unternehmen am besten ist, dass sich das andere Unternehmen an die Absprache hält, es selbst aber davon abweicht. (Im Cournot-Modell ist die beste Antwort eines Unternehmens auf die halbe Monopolmenge nicht die halbe Monopolmenge, sondern mehr, analog im Bertrand-Modell.) Daher basiert die Möglichkeit impliziter Kollusion auf wiederholten Interaktionen, weil dann Vertrauen aufgebaut werden kann und Unternehmen unter Umständen die Möglichkeit haben, Abweichler in Zukunft zu bestrafen.

Exkurs 15.2. Das Gefangenendilemma und der richtige Bezugsrahmen
Aus der Perspektive der miteinander im Wettbewerb stehenden Unternehmen haben die Cournot- und Bertrand-Gleichgewichte den Charakter eines Gefangenendilemmas: Beide Unternehmen würden sich besser stellen, wenn sie sich auf die Monopollösung einigen könnten, aber das rational verfolgte Eigeninteresse verhindert diese Lösung.

An dieser Stelle könnte man argumentieren, dass die Situation der Gefangenen in ihren Verhörzimmern überhaupt kein Dilemma darstellt, da die Gesellschaft davon profitiert, dass sie (und in diesem Sinne auch die Unternehmen) es nicht schaffen, sich miteinander glaubhaft abzusprechen. Die Gefangenen sind schuldig und landen im Gefängnis, und der oligopolistische Wettbewerb führt zu einer Allokation, die näher am Pareto-Optimum liegt als die Monopollösung. Wo ist das Dilemma?

Was diese Diskussion zeigt ist, dass die Problemwahrnehmung vom Bezugsrahmen abhängt, in dem man sich gedanklich bewegt. Oligopolistischer Wettbewerb ist aus Sicht der Unternehmen ein Kooperationsproblem, aber nicht aus Sicht der Gesellschaft. Im Gegenteil hat die Gesellschaft ein Interesse daran, Dilemmasituationen auf Unternehmensebene zu schaffen, um Märkte effizienter zu machen, zum Beispiel durch die Wettbewerbspolitik.

Daher kann man aus der Existenz einer Dilemmasituation auf einer bestimmten Betrachtungsebene nicht folgern, dass die Gesellschaft etwas dagegen unternehmen sollte. Es hängt davon ab, welcher normative Bezugsrahmen der richtige ist, ob ein Kooperationsproblem als nützlich oder schädlich wahrgenommen werden sollte.

In empirischen Studien zu realen Industrien werden viele Faktoren finden, die einen Einfluss auf das Marktverhalten haben können, und es ist schwierig, natürliche Experimente zu identifizieren, für die es möglich ist, den Einfluss einzelner Variablen *ceteris paribus* zu kontrollieren. Eine Möglichkeit, dieses Problem in den Griff zu bekommen, sind Laborexperimente. In solchen Experimenten werden Märkte im Labor nachgebaut und das Verhalten von Teilnehmerinnen und Teilnehmern an solchen Experimenten studiert. Der Vorteil ist, dass man hiermit viele der relevanten Faktoren durch das Experimentdesign kontrollieren kann. Es stellt sich allerdings die Frage nach der *externen Validität*, der Übertragbarkeit der Ergebnisse auf reale Märkte. Ohne hier in die methodischen Probleme tiefer einsteigen zu wollen, ergibt sich aus den experimentellen Studien das folgende Bild.

In Experimenten zum Cournot-Mengenwettbewerb ist der Vorhersagegehalt der Theorie gut, wenn die Teilnehmer nur einmal und anonym miteinander spielen. Wiederholte Interaktion und die Möglichkeit, miteinander zu kommunizieren, reduziert die Wettbewerbsintensität, abgestimmtes Verhalten wird wahrscheinlicher. Allerdings ist dieses Ergebnis sehr stark abhängig von der Anzahl der Unternehmen (Spieler) im Experiment. In einem Duopol beobachtet man noch recht häufig abgestimmtes Verhalten, doch dieses bricht sehr schnell zusammen, wenn die Anzahl der Spieler steigt. Ab ca. vier Spielern ist die Wettbewerbsintensität in der Regel grösser als von der Theorie vorausgesagt, und die Lösung konvergiert sehr schnell zum kompetitiven Gleichgewicht. Auch das Bertrand Modell ist experimentell getestet worden, und seine theoretischen Vorhersagen haben sich gut bewährt.

Exkurs 15.3. Die drei *C*s der Ökonomik
Wir haben in Kap. 9 argumentiert, dass sich Spiele als strukturelle Metaphern interpretieren lassen, mit Hilfe derer man den Zusammenhang zwischen individuellen Entscheidungen und gesellschaftlichen Folgen besser verstehen kann. Wir hatten gesehen, das eine Gesellschaft aus dieser Perspektive zwei Typen von Herausforderungen überwinden muss, wenn sie mit dem Problem der Knappheit umzugehen hat, Kooperationsprobleme und Koordinationsprobleme. Zu Beginn dieses Kapitels hatten wir argumentiert, dass es mit dem Selbstbindungsproblem ein weiteres strukturelles Problem gibt. In der englischen Sprache heissen diese drei Probleme Cooperation-, Coordination- und Commitment-Problems, woher der Name ‚drei *C*s' stammt. Selbstbindungsprobleme sind im Kern der Lösung von Kooperations- als auch Koordinationsproblemen. Um dies zu sehen, schauen wir uns nochmals das Gefangenendilemma an. In diesem Kooperationsproblem würden die Spieler sich gern darauf einigen, nicht zu gestehen, und gleichzeitig ist es nicht rational, dies zu tun. Was also fehlt, ist ein Selbstbindungsmechanismus, der es erlaubt, das Glaubwürdigkeitsproblem zu lösen. Koordinationsprobleme folgen einer anderen Logik, doch auch dort sind Selbstbindungsmechanismen zentral: Wenn sich alle Spieler öffentlich und glaubwürdig an eine bestimmte Strategie binden könnten, wäre das Gleichgewichtsauswahlproblem gelöst.

Daher spannen Kooperations-, Koordinations- und Selbstbindungsprobleme eine strukturelle Landkarte auf, mit der man aus einer ökonomischen Perspektive gesellschaftliche Probleme untersuchen und verstehen kann. Daher nennen wir sie die drei *C*s der Ökonomik.

(Fortsetzung)

Solch ein strukturelles Vorgehen hat zwei zentrale Vorteile.

- Erstens erlaubt die Einfachheit des Drei-C-Ansatzes einen schnellen Zugriff auf gesellschaftliche Probleme, ihre Interpretation und mögliche Lösungsansätze. Handelt es sich um ein Koordinations- oder ein Kooperationsproblem? Welche Art von Selbstbindungsmechanismus kann dabei helfen, das Problem zu lösen? Und wenn wir es nicht mit einem der beiden Problemtypen zu tun haben, sondern Effizienz vorliegt, lassen sich die existierenden Institutionen und Normen als Selbstbindungsmechanismen rekonstruieren, die diese Lösung stabilisieren?

  Zwei Beispiele sollen diesen Denkansatz illustrieren. Wir hatten argumentiert, dass Externe Effekte als ungelöste Kooperationsprobleme interpretiert werden können. Daher ist der nächste Schritt, nach Selbstbindungsmechanismen zu suchen, die dabei helfen, die Externalität zu internalisieren. Wir hatten auch argumentiert, dass eine vollständige Menge Kompetitiver Märkte unter bestimmten Voraussetzungen zu einem Pareto-effizienten Ergebnis führen. Der Selbstbindungsmechanismus im Hintergrund ist ein System perfekt durchgesetzter Eigentumsrechte. Aber ist das schon das Ende der Geschichte? Wer setzt die Eigentumsrechte durch, und ist es im Interesse dieser Personen, dies zu tun? Müssen wir noch tiefer graben, um Selbstbindungsmechanismen für Rechtsdurchsetzer zu identifizieren? Und so weiter.
- Zweitens sind die Drei-Cs ein Werkzeug für Ihre zukünftigen Studien. Wenn Sie beginnen, sich mit fortgeschrittenen ökonomischen Theorien zu beschäftigen, ist es einfach, die Übersicht zu verlieren und den zentralen Mechanismus nicht mehr zu sehen, der die Geschichte treibt. Gleichwohl stellen fast alle ökonomischen Theorien, die man dem Mainstream zurechnen kann, Variationen auf die Themen Koordination und Kooperation dar, hinterlegt mit mehr oder weniger ausgearbeiteten Vorstellungen zur Lösung des Selbstbindungsproblems. Wenn man diese Theorien aus der drei-C Perspektive anschaut, fällt es leichter, den Wald nicht vor lauter Bäumen aus den Augen zu verlieren. Der Ansatz hilft Ihnen auch dabei, Kritikfähigkeit zu entwickeln. Ist das vorliegende Problem wirklich adäquat als Kooperationsproblem beschrieben? Sind die in der Theorie vorkommenden Institutionen überzeugend im Sinne des zugrundeliegenden Selbstbindungsproblems? Und wenn nicht, warum? Und so weiter.

Teil IV dieses Buchs war einer Einführung in die Funktionsweise prototypischer Marktformen gewidmet. Die folgende Tabelle fasst die wesentlichen Ergebnisse der Kapitel zusammen.

Übersicht Marktstrukturen (lange Frist)	Anbieter	Nachfrager	Preis	Gewinne	Effizienz
Vollständige Konkurrenz	Viele (homogene Güter)	Viele	$p = MC$, in der langen Frist $p = \min AC$	$\pi = 0$	effizient
Bertrand-Oligopol	Wenige (identische Kostenstruktur)	Viele	$p_B = MC$	$\pi_B = 0$	effizient
Cournot-Oligopol	Wenige	Viele	$p_C > MC$	$\pi_C > 0$	ineffizient
Monopol (keine Preisdifferenzierung)	Ein	Viele	$p_M > p_C > MC$	$\pi_M > \pi_C > 0$	ineffizient
Monopol (Preisdifferenzierung ersten Grads)	Ein	Viele	$p_M^j =$ individuelle Zahlungsbereitschaft	$\pi_M =$ maximale Summe der CS und PS $> \pi_M > \pi_C > 0$	effizient
Monopolistischer Wettbewerb	Viele (heterogene Güter)	Viele	$p = MC + \mu = AC$, $\mu =$ Markup	$\pi = 0$	ineffizient

Literatur

Dubner, S. J., & Levitt, S. (2005). *Freakonomics*. William Morrow.

Dufwenberg, M., & Gneezy, U. (2000). Measuring beliefs in an experimental lost wallet game. *Journal of Games and Economic Behavior, 30*(2), 163–182.

Huck, S., Normann, H., & Oechssler, J. (2004). Two are few and four are many: Number effects in experimental oligopolies. *Journal of Economic Behavior and Organization, 53*(4), 435–446.

Ovid. (2002). *Ars Amatoria (The Art of Love)*. Modern Library.

von Stackelberg, H. (1934). *Marktform und Gleichgewicht*. Wien: Springer.

Wilde, O. (1892). *Lady Windermere's Fan*. Bloomsbury Publishing.

Weiterführende Literatur

Belleflamme, P., & Peitz, M. (2015). *Industrial Organization: Markets and Strategies*. Cambridge University Press.

Tirole, J. (1988). *The Theory of Industrial Organization*. MIT Press.

Teil V
Anhang

Eine Fallstudie

16

In diesem Kapitel lernen Sie, ...

- wie man die theoretischen Einsichten der vergangenen Kapitel anwenden kann, um einen bestimmten Markt oder eine bestimmte Industrie besser zu verstehen.
- wie rechtliche, technologische und ökonomische Aspekte einer Industrie Hand in Hand bei der Bestimmung der Funktionslogik gehen.
- wie man empirische Fakten mit theoretischen Ergebnissen verbinden kann, um eine Fallstudie zu entwickeln.
- wie all diese Fakten das Geschäftsmodell von Swissair in den Jahren vor der Insolvenz beeinflussten.

16.1 Der Konkurs von Swissair

Swissair's collapse this week stranded thousands of passengers world-wide; saw its planes blocked in London; and left fliers holding potentially worthless tickets. A widespread feeling in Switzerland is that the airline that was the national pride was finished off by the banks that embody its national character of reliable, no-nonsense business. Yet its undoing may have been something very un-Swiss: bad management. [...] The plunge in air traffic after the Sept. 11 terrorist attacks in the U.S. pushed Swissair over the edge, but it has been flirting with collapse for months. [...] The nightmare began as a grand plan for growth. Like scores of other companies from this small, land-locked country, Swissair grew into a global player. 'An inflexible regulatory environment and some poor investments' crippled Swissair, says Damien Horth, an airline analyst at ABN-Amro in London. 'Poor management by Swissair in terms of its acquisitions and not controlling its associates well' proved fatal. (The Wall Street Journal, October 02, 2001)

In den vorherigen Kapiteln haben Sie viel über die theoretische Funktionsweise von Märkten gelernt. Sie haben auch viel Arbeit darauf verwendet zu verstehen, wie sich die Theorien nutzen lassen, um bestimmte Aspekte der Wirklichkeit besser zu verstehen. Diese Fallstudien waren allerdings immer recht kurz und dienten dem

© Der/die Autor(en), exklusiv lizenziert durch Springer-Verlag GmbH, DE, ein Teil von Springer Nature 2021
M. Kolmar, *Grundlagen der Mikroökonomik*,
https://doi.org/10.1007/978-3-662-63362-5_16

Verständnis einer einzelnen Theorie oder auch nur eines bestimmten Aspekts einer Theorie. Was noch fehlt ist eine Fallstudie, deren Komplexität es erlaubt, unterschiedliche Theorien hinsichtlich ihres Erklärungsbeitrags zu vergleichen und zu sehen, wie man die Teile unterschiedlicher Theorien identifiziert, die zur Erklärung bestimmter Aspekte eines komplexen Problems nutzbringend herangezogen werden können.

In diesem Kapitel wollen wir diese Lücke schliessen und aufzeigen, wie man ökonomische Theorien verwenden kann, um die Entwicklungen auf Märkten und in Industrien besser zu verstehen. Der Fall, mit dem wir uns beschäftigen werden, ist der Konkurs von Swissair, einer ehemaligen schweizerischen Fluglinie. Um dies zu tun, müssen wir Erkenntnisse aus unterschiedlichen Kapiteln dieses Buchs zusammenbringen. Wie wir aber sehen werden, genügt das nicht. Um der Komplexität eines solchen Falls gerecht zu werden, ist ein rein ökonomischer Fokus zu eng. Stattdessen müssen wir ökonomische Überlegungen in einen integrativen Ansatz einbetten, in dem rechtliche, politische, betriebswirtschaftliche und auch kulturelle und persönliche Faktoren zusammen gedacht werden, will man der Komplexität der Wirklichkeit gerecht werden. Wir werden aber auch auf die Grenzen der Erklärung hinweisen, die sich durch die theoretischen Modelle ergeben, die Sie in diesem Buch kennengelernt haben. Einige Aspekte der Aviatik-Industrie lassen sich mit den hier vorgestellten Theorien nicht adäquat erfassen, und wir werden kurz zeigen, in welche Richtungen und wie man die Theorien weiterentwickeln muss, will man diesen komplexeren Aspekten gerecht werden.

Die Marktstruktur einer Industrie wird durch die Produktionstechnologie, die Grösse des Marktes und den rechtlichen und regulatorischen Kontext definiert, in dem sich die Unternehmen und Konsumenten bewegen. Veränderungen in einem dieser Faktoren können zu tiefgreifenden strukturellen Veränderungen hinsichtlich der Wettbewerbsintensität als auch der Art und Weise, wie Wettbewerb funktioniert, führen. Einige der Gründe für den Konkurs der Swissair lassen sich nicht verstehen, wenn man diese Faktoren ausser Acht lässt. Im Folgenden werden wir einige der zentralen Ergebnisse der vergangenen Kapitel, die für ein Verständnis des Swissair-Falls relevant sind, kurz zusammenfassen. Sie werden uns als Werkzeuge dienen, mit denen wir den Fall untersuchen. Was man allerdings beachten sollte ist, dass ein komplexer Fall wie der Konkurs von Swissair nicht vollständig mit einigen wenigen theoretischen Einsichten verstanden werden kann. Hierzu sind fortgeschrittene Theorien erforderlich, die den Rahmen einer Einführung übersteigen würden. Daher hat die Fallstudie zwei Ziele.

1. Sie soll Ihnen dabei helfen zu verstehen, wie man ökonomische Theorien verwenden kann, um bestimmte Phänome der Wirklichkeit besser zu verstehen. Dabei handelt es sich aber um ein Gedankenexperiment unter ‚Laborbedingungen‘, welches einige Aspekte bewusst ausser Acht lässt. Dies stellt die Nützlichkeit des Ansatzes nicht in Frage, sondern erlaubt es uns, eine Versuchsanordnung aufzubauen, die komplex, aber mit den Mitteln eines Einführungskurses verstehbar ist. Wir werden aber am Ende kein vollwertiges ‚Gutachten‘ in den Händen halten.

2. Sie soll darüber hinaus aufzeigen, wie Ökonomik, Recht und Betriebswirtschaft Hand in Hand miteinander gehen können und müssen, um die Logik gesellschaftlicher Phänomene zu verstehen. Ein integratives Verständnis komplexer Phänomene ist ein besseres Verständnis und führt zu besseren Entscheidungen.

16.2 Einige Fakten über die Aviatik-Industrie in Europa

Am 31. März 2002 stellte die Swissair nach 71 Jahren ihre Geschäftstätigkeit ein. Es war der offizielle Endpunkt eines langen Niedergangs, der eine der zuvor wichtigsten internationalen Fluglinien in den Konkurs trieb. Die Airline prosperierte bis in die 1980er-Jahre hinein, als sie zu den fünf wichtigsten Fluglinien Europas gehörte. Sie war aufgrund ihrer finanziellen Stabilität auch als ‚fliegende Bank‘ bekannt und galt als ein nationales Wahrzeichen der Schweiz. Wie ist es möglich, dass sich eine ‚fliegende Bank‘ innerhalb von weniger als 20 Jahren in eine Geldverbrennungsmaschine verwandelt? Welche Faktoren können den Niedergang erklären?

Eine ökonomische Analyse des Falls erlaubt es, zumindest ein wenig Licht ins Dunkel zu bringen und einige der Faktoren herauszuarbeiten, die zum Konkurs beigetragen haben. Trotzdem kommt man mit einer ökonomischen Analyse über einen bestimmten Punkt des Verständnisses nicht hinaus. Am Ende ist es das Zusammenspiel von rechtlichen, technologischen und institutionellen Faktoren, die ein Umfeld schafften, in dem Manager Entscheidungen fällten und Strategien entwickelten. Dieses Umfeld wurde für die Swissair ziemlich lebensfeindlich, aber es gibt keinen direkten kausalen Kanal, der die Veränderung des Umfelds mit dem Niedergang verbindet.

Nach dem 2. Weltkrieg nahm der Luftverkehr rasch zu, und viele Airlines profitierten von der politischen Regulierung der Industrie, die nationale De-facto-Monopole schaffte. Während der 1960er- und 1970er-Jahre galt die Swissair als eine der besten Fluglinien, und sie erwirtschaftete riesige Gewinne. Die Dinge änderten sich in den 1980er-Jahren, als die Europäische Kommission einen Prozess der Liberalisierung des europäischen Luftverkehrsmarkts in Gang setzte, und auf den sich die Mitgliedstaaten 1986 verpflichteten. Dieser Liberalisierungsprozess wurde auch für die Swissair relevant, da sie auf den Austausch mit dem Markt der damaligen Europäischen Gemeinschaft (EG) angewiesen war. Um einen gemeinsamen Markt für Luftverkehr zu schaffen, liberalisierte die EG den Markt in drei Stufen, die auch ‚Pakete‘ genannt wurden. Dieser Prozess erreichte seinen Höhepunkt mit dem dritten Paket von 1993 (ausgeweitet 1997). Es schaffte die Freiheit für jede Fluglinie, diskriminierungsfrei in jedem Mitgliedsland der Europäischen Union (EU) Dienstleistungen anzubieten und zu operieren (auch ‚Cabotage‘ genant). Dieser gemeinsame Markt wurde später auf Norwegen, Island und die Schweiz ausgedehnt.

Dieser Liberalisierungsprozess veränderte die Marktstruktur von einem System geschützter regionaler Monopole zu einem System interregionalen Wettbewerbs, der zu einer Periode mit intensivem Verdrängungswettbewerb in einem Markt mit zu vielen zu kleinen Fluglinien führte, also einer Form des Wettbewerbs, bei dem schon zu Beginn klar ist, dass einige Airlines aus dem Markt ausscheiden müssen. Die folgende Analyse wird zeigen, warum dies der Fall war. Dabei starteten unterschiedliche Airlines mit unterschiedlich guten Ausgangspositionen in diesen Prozess der Marktkonzentration. Die ‚fliegende Bank' Swissair hatte aufgrund ihrer finanziellen Reserven und hohen Liquidität einen gewissen Startvorteil. Allerdings war es aus Sicht der Swissair sehr nachteilig, dass die Schweiz 1992 nicht dem Europäischen Wirtschaftsraum (EWR) beigetreten war. So durfte durch die Nichtzugehörigkeit der Schweiz zum EWR die Swissair keine Passagiere bei Zwischenlandungen aufnehmen und keine Tickets für Flüge innerhalb der EWR anbieten.

16.3   Wie wendet man ökonomische Theorien an?

Wir werden nun einige der zentralen Prinzipien des Unternehmensverhaltens in monopolistischen Märkten aufzeigen. Wir konzentrieren uns dabei auf zwei technologische Eigenschaften, die von zentraler Wichtigkeit sind, die Kostenstruktur einer Fluglinie und das Bündelungsproblem, welches aufgrund der Netzwerkstruktur der angebotenen Dienstleistungen existiert. Diese Faktoren beeinflussen die Preisstrategie der Fluglinien und damit deren Gewinne. Das Netzwerk von Flügen, welches eine Fluglinie anbietet, bestimmt das Portfolio an Produkten, auch wenn auf einigen Strecken direkter Wettbewerb existiert.

Exkurs 16.1. Weitere Aspekte
Unsere Analyse führt nur zu einer sehr oberflächlichen Vorstellung über die Preispolitik von Fluglinien. In der Wirklichkeit spielen mindestens drei weitere Aspekte eine Rolle, die die Preispolitik einer Fluglinie kompliziert aber auch intellektuell faszinierend macht. (1) Es gibt keinen Spotmarkt für Flüge, die Nachfrage nach einem bestimmten Flug tröpfelt als mehr oder weniger zufälliger Prozess im Vorfeld des Flugs bei der Fluglinie ein. Daher gibt es in einem solchen ‚dynamischen' Markt nicht einen Preis, sondern eine zeitabhängige Preisfunktion. Die Preise können je nach Buchungszeitpunkt in Abhängigkeit vom Auslastungsgrad und anderer Faktoren variieren. (2) Jeder Flug hat eine gegebene Kapazität, was zur Folge hat, dass die Grenzkosten der Mitnahme eines weiteren Passagiers vor Erreichen der Kapazitätsgrenze sehr niedrig und bei Erreichen der Kapazitätsgrenze sehr hoch sind (man müsste auf eine grössere Maschine ausweichen). Daher würde jede Markup-Regel die Preise an dieser Stelle differenzieren. Das sich ergebende Problem ist in der Literatur als *Peak-Load-Pricing* bekannt. (3) Eine Fluglinie bietet ein Netzwerk unterschiedlicher Verbindungen an, so dass es komplementäre und substitutive Kanten in einem solchen Netzwerk gibt. Die Folge ist, dass Fluglinien auch im Hinblick auf ihre Netzwerkstruktur miteinander im Wettbewerb stehen.

Um den Effekt der Marktliberalisierung auf die Industrie zu untersuchen, sollten Sie sich in Erinnerung rufen, dass der Fall Vollständiger Konkurrenz (und damit auch Bertrand-Wettbewerb) als Spezialfall des Modells des oligopolistischen Mengenwettbewerbs (Cournot-Modell) interpretiert werden kann. Daher können wir uns auf eine kurze Wiederholung dieses Modells beschränken, um die zentralen Implikationen für den Swissair-Fall ableiten zu können.

16.3.1 Kosten

Sie haben gelernt, dass die Gesamtkosten eines Unternehmens $C(y)$ der Summe aus Fixkosten FC und Variablen Kosten $VC(y)$ entspricht. Im Kontext einer Fluglinie kann der Output y zum Beispiel über die Anzahl der Passagiere, die von A nach B transportiert werden, oder über die Häufigkeit der Flüge gemessen werden. Wir erhalten als Gesamtkosten:

$$C(y) = VC(y) + FC.$$

Ein wichtiges Charakteristikum der Aviatik-Industrie ist die Struktur der Kostenfunktion: Fixkosten bilden einen wichtigen Anteil an den Gesamtkosten, da zum Beispiel die logistische Infrastruktur zumindest in der kurzen und mittleren Frist unabhängig vom Auslastungsgrad der Flüge ist. Fixkosten haben keinen Einfluss auf die Preispolitik, aber auf die Gewinne und bestimmen somit, ob ein Unternehmen im Markt anbietet oder ihn verlassen muss.

Fixkosten sind zu einem wichtigen Teil Kapazitätskosten, das heisst die Abschreibung und die Finanzierungskosten der Flugzeugflotte und ihre Wartung, die Kosten der unterstützenden Infrastruktur, die Kosten der Lande- und Startrechte sowie die Abwicklung der Passagiere auf den Flughäfen (die Verträge sind in der Regel längerfristig).

Die variablen Kosten eines Flugs bestehen aus den Treibstoffkosten, dem Service an Bord (wie Speisen und Getränke) und so weiter. Wenn man die Kosten auf den einzelnen Passagier herunterbricht, sind nicht einmal Treibstoffkosten variabel, da sie sich mit einem zusätzlichen Passagier nur unwesentlich verändern. Daher sind in dieser Industrie in Abhängigkeit von der Betrachtungsperspektive variable Kosten relativ unwichtig. Die Durchschnittskosten eines Unternehmens sind

$$AC(y) = \frac{C(y)}{y} = \frac{VC(y)}{y} + \frac{FC}{y}.$$

Die Durchschnittskosten sind über einen gewissen Bereich fallend, wenn y relativ klein ist. Und in Abhängigkeit von den variablen Kosten können sie sogar für alle Werte von y fallend sein. Um das zu sehen, beachten Sie, dass definitionsgemäss $VC(0) = 0$ gilt. Da die Fixkosten relativ gross sind, fallen die Durchschnittskosten über einen gewissen Bereich von y, und sie fallen immer, wenn die Grenzkosten konstant oder fallend in y sind. Zur Vereinfachung gehen wir von konstanten Grenzkosten c aus,

$$VC(y) = c \cdot y, \quad c > 0.$$

Dann ist die Durchschnittskostenkurve gleich

$$AC(y) = c + \frac{FC}{y}.$$

Die Durchschnittskosten fallen für alle Werte von y und nähern sich c an, wenn y gross wird, da $AC'(y) = -FC/(y^2) < 0$ und $\lim AC(y)|_{y \to \infty} = c$ gilt. Abb. 16.1 zeigt den Zusammenhang für den Spezialfall $FC = 10$ und $c = 1$.

Was bedeutet eine solche Kostenstruktur für die Funktionsweise der Industrie? Erstens kann ein einzelnes Unternehmen ein Netzwerk technisch effizienter betreiben als zwei miteinander im Wettbewerb stehende Unternehmen:

$$C(y) = FC + c \cdot y < 2 \cdot C(y/2) = 2 \left(FC + \frac{1}{2} \cdot y \right) = 2 \cdot FC + c \cdot y.$$

Wir werden mit einem natürlichen Monopol konfrontiert, da eine Vergrösserung des Outputs die Durchschnittskosten senkt. Aufgrund dieser Eigenschaft haben Industrien wie die Aviatik-Industrie eine inhärente Tendenz zur Konzentration, da Fixkosten die Anzahl der Unternehmen begrenzt, die profitabel in dem Markt operieren können. Daher folgt, dass die Anzahl von Unternehmen, die Gewinne machen können, eher klein ist. Wenn man also einen Liberalisierungsprozess ausgehend von einer Situation mit vielen kleinen und geschützten Fluglinien startet,

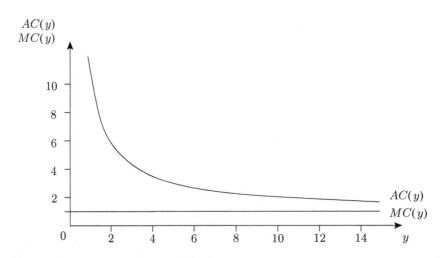

Abb. 16.1 Durchschnitts- und Grenzkosten

ist es klar, dass nicht alle diese Fluglinien im liberalisierten Markt überleben können, wenn Wettbewerb die Preise senkt. Es war von Beginn an klar: Als die Europäische Gemeinschaft entschied, dass der Markt liberalisiert werden sollte, entschied man sich dafür, dass die existierenden Fluglinien ‚Reise nach Jerusalem' spielen sollten. Allerdings aus gutem Grund, denn eine solche Konzentration senkt die Durchschnittskosten und erhöht daher die Produktionseffizienz.

16.3.2 Das lineare Cournot-Modell mit *n* Unternehmen

Im Folgenden werden wir annehmen, dass sich der Effekt einer Zunahme der Wettbewerbsintensität mit Hilfe des Cournot-Oligopolmodells beschreiben lässt. Nimmt man die Annahmen des Modells wörtlich, so lässt es sich nur für Flüge anwenden, bei denen Fluglinien in direktem Wettbewerb miteinander stehen (zum Beispiel bei einem Flug Zürich–Frankfurt), da die Güter vollständige Substitute sein müssen. Eine Anwendung auch über diese enge Interpretation hinaus ist allerdings unproblematisch, da die qualitativen Ergebnisse nicht davon abhängen, die genauen Substitutionselastizitäten zu modellieren. Das Modell monopolistischen Wettbewerbs und das Bertrand-Modell würden zu ähnlichen Ergebnissen führen. Und auch komplexere Preisstrategien oder Modelle mit Netzwerkeffekten und unvollständiger Substituierbarkeit würden an den prinzipiellen Einsichten nichts ändern. Wenn dies aber so ist, so können wir – erinnern Sie sich an den epistemologischen Zugang zu positiven Theorien, den wir in Kap. 1 diskutiert haben – aber auch das einfachste Modell heranziehen.

Um den Effekte von Wettbewerb zu verstehen, bestimmen wir das Nash-Gleichgewicht eines linearen Cournot-Modells mit *n* Fluglinien. Dabei folgen wir der Notation aus Kap. 15.

Wir nehmen an, die Nachfrage nach Dienstleistungen, die von Fluglinien erbracht werden, ist linear,

$$p = a - b \cdot Y,$$

wobei wir direkt aus der Perspektive einer Fluglinie schauen, so dass Y das Marktangebot ist. $a > c$ bezeichnet die maximale Zahlungsbereitschaft für eine solche Dienstleistung, und b gibt an, wie sensitiv die Zahlungsbereitschaft auf Preisänderungen reagiert. y_i ist das Angebot einer bestimmten Fluglinie i, und y_{-i} ist die Summe der Angebote aller Fluglinien ausser i. Dann ist die Gewinnfunktion von Fluglinie i gegeben als

$$\pi_i(y_i, y_{-i}) = (a - b \cdot (y_i + y_{-i})) \cdot y_i - c \cdot y_i - FC, \quad i = 1, \ldots, n.$$

Für gegebene Angebotsmengen der anderen Fluglinien kann man das gewinnmaximierende Angebot von i durch die Bedingung erster Ordnung charakterisieren, die zur bekannten ‚Grenzerlös-gleich-Grenzkosten'-Regel führt:

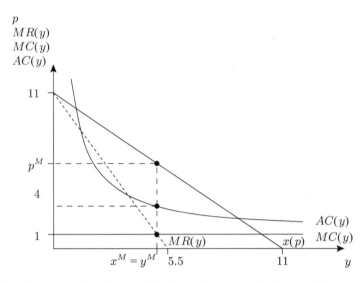

Abb. 16.2 Das optimale Angebot einer Fluglinie mit gestutzter Nachfragefunktion

$$\frac{\partial \pi_i(y_i, y_{-i})}{\partial y_i} = (a - c - b \cdot y_{-i}) - 2 \cdot b \cdot y_i = 0, \quad i = 1, \ldots, n.$$

Jede Fluglinie i verhält sich wie ein Monopolist auf einem ‚gestutzten' Markt mit Nachfragefunktion $p = a' - b \cdot y_i$, wobei $a' = a - b \cdot y_{-i}$ ist. Abb. 16.2 illustriert dies für eine gestutzte Nachfragefunktion $p = 11 - y$ und Kostenfunktion $C(y) = y + 10$. In dieser Situation ist das optimale Angebot der Fluglinie $y^M = 5$ mit einem zugehörigen Preis $p^M = 6$. Die Gewinne pro angebotener Einheit sind $p^M - AC(y^M) = 6 - 3 = 3 > 0$. (Erinnern Sie sich daran, dass es sich hierbei nicht um das Nash-Gleichgewicht handeln muss, da wir noch nicht sichergestellt haben, dass sich die anderen Fluglinien ebenfalls auf ihren Reaktionsfunktionen befinden.)

Diese Darstellung zeigt, dass die relevante Nachfragefunktion aus Sicht einer Fluglinie, $p = a' - b \cdot y_i$, von der der gesamten angebotenen Menge aller anderen Fluglinien abhängt, womit wir in diesem Modell den Effekt des Wettbewerbs einfangen: Eine Zunahme von y_{-i} verschiebt die gestutzte Nachfragefunktion nach links; eine Zunahme des Angebots der anderen Fluglinien hat denselben Effekt wie eine Reduktion der Nachfrage. In diesem Beispiel ist der Preis grösser als die Durchschnittskosten, so dass die Fluglinie positive Gewinne erwirtschaftet. Wenn aber eine Zunahme des Wettbewerbs die gestutzte Nachfragefunktion nach links verschiebt, ist es einfach zu erkennen, dass irgendwann ein Punkt erreicht wird, ab dem der Preis unter die Durchschnittskosten fällt und die Fluglinie in die Verlustzone gerät. An diesem Punkt setzt der Verdrängungswettbewerb ein, denn die Fluglinie kann diese Situation nicht langfristig überleben, wenn sie es nicht schafft, entweder ihre Dienstleistungen für die Passagiere attraktiver zu machen oder ihre Kosten zu senken.

Wenn wir annehmen, dass die anderen Fluglinien dieselbe Menge anbieten, $y_{-i} = (n-1)y$, sieht man, dass diese Verschiebung der gestutzten Nachfragefunktion das Ergebnis einer Mengensteigerung der Wettbewerber bei gleicher Anzahl dieser oder das Ergebnis einer Steigerung der Anzahl der Unternehmen, mit denen die Fluglinie im Wettbewerb steht, sein kann. Daher macht dieses Modell eine sehr klare Vorhersage über den Effekt einer Liberalisierung des Aviatik-Markts für eine einzelne Fluglinie: Sobald neue Fluglinien in den Wettbewerb mit einem zuvor geschützten, regionalen Monopolisten wie Swissair eintreten, verliert diese einen Teil ihres Markts. Dies reduziert die Gewinne und führt bei hinreichend grossem Wettbewerb schliesslich zu Verlusten. Wie lange es dauert, bis eine Fluglinie in die Verlustzone rutscht, hängt von den Fixkosten und den variablen Kosten ab.

Um weitere Ergebnisse ableiten zu können, müssen wir das Nash-Gleichgewicht bestimmen. Die Bedingungen Erster Ordnung definieren ein System von n Gleichungen in n Unbekannten $y_1, \ldots, y_n$. Wenn wir annehmen, dass sich identische Unternehmen gleich verhalten, gilt für zwei beliebige Unternehmen i und j $y_i = y_j$, und wir können y_i durch y und y_{-i} durch $(n-1) \cdot y$ ersetzen. Wir erhalten ein System mit einer Gleichung und einer Unbekannten:

$$(a - c - b \cdot (n-1) \cdot y) - 2 \cdot b \cdot y = 0.$$

Löst man diese Gleichung nach y, so erhält man die Gleichgewichtsmenge eines Unternehmens $y^* = (a-c)/((n+1) \cdot b)$ sowie das Marktangebot $n \cdot y^* = n/(n+1) \cdot (a-c)/b$. Weiterhin können wir den Marktpreis und die Gewinne einer Fluglinie bestimmen:

$$p^* = \frac{a + nc}{n + 1},$$

$$\pi^* = \frac{(a-c)^2}{(n+1)^2 b} - FC.$$

Wir interpretieren den Liberalisierungsprozess als eine Zunahme in der Anzahl der Wettbewerber n, mit denen eine Fluglinie konfrontiert ist. Schauen wir zunächst auf die Gleichgewichtspreise, so sehen wir, dass $\partial p^*/\partial n < 0$: Eine Zunahme des Wettbewerbs senkt den Preis, und da dieser invers mit der nachgefragten Menge verbunden ist, erhöht er auch die Nachfrage.

Verlässliche Daten zu diesem Effekt existieren für den US-amerikanischen Markt. Abb. 16.3 zeigt das potentielle Ausmass dieses Effekts am Beispiel einer bestimmten Route, dem Baltimore (BWI) – Albany (ALB) Markt für den Zeitraum von 1992 bis 2001, in dem Southwest Airlines in diesen Markt eingetreten ist. Der Marktzutritt führte zu einer durchschnittlichen Senkung des Flugpreises von 61 %, was zu einer Zunahme des Passagieraufkommens um 641 % führte.

Der Preisdruck, der durch Wettbewerb entsteht, ist für sich genommen noch kein Problem. Man kann im Gegenteil argumentieren, dass der Markt dadurch effizienter wird, da sich das Gleichgewicht in Richtung des Pareto-Optimums verschiebt. Wenn man sich aber die Gewinne anschaut, so sieht man, dass der durch die Marktlibera-

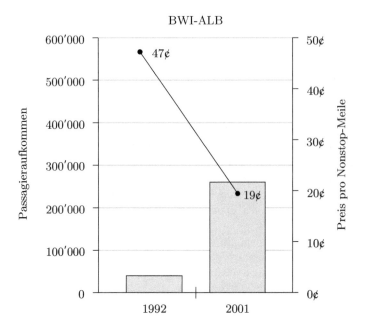

Abb. 16.3 Preise und Nachfrage vor und nach Markteintritt

lisierung entstehende Wettbewerbsdruck weitreichende strukturelle Veränderungen im Markt auslösen kann. Der erste Ausdruck in der Gewinngleichung entspricht den Erlösen minus den variablen Kosten. Er entspricht der Produzentenrente eines Unternehmens, die zur Deckung der Fixkosten herangezogen werden kann. Wenn dieser mit der Anzahl der Wettbewerber sinkt, gibt es einen Punkt, ab dem er nicht mehr zur Deckung der Fixkosten ausreicht. Wir nennen die kritische Anzahl an Wettbewerbern, bei der dieser Punkt erreicht wird, $\bar{n}$. Sie kann bestimmt werden, indem man (16.1) null setzt und nach n auflöst:

$$\pi^* = \frac{(a-c)^2}{(\bar{n}+1)^2 \cdot b} - FC = 0 \Leftrightarrow \bar{n} = \frac{a-c}{\sqrt{b \cdot FC}} - 1. \tag{16.1}$$

Wenn zum Beispiel $b = 1$, $c = 1$, $a = 2001$ und $FC = 1'000'000$ gilt, entspricht die maximale Anzahl von Unternehmen, die in dem Markt ohne Verluste anbieten können, $\bar{n} = 2$. Da die Marktliberalisierung den Wettbewerb anheizt, ist es klar, dass die maximale Anzahl an Fluglinien, die in einem geschützten Markt mit regionalen Monopolen möglich ist, grösser ist, als die maximale Anzahl von Fluglinien in einem liberalisierten Markt. Wenn daher die Anzahl Fluglinien $\hat{n}$, die im geschützten Markt existieren, grösser ist als $\bar{n}$, setzt ein Verdrängungswettbewerb ein. Genau diese Situation lag vor, als der Europäische Aviatikmarkt liberalisiert wurde.

Wenn Marktliberalisierung zu einem Verdrängungswettbewerb führt, kann man die Frage stellen, warum die Fluglinien überhaupt in neue, zuvor geschützte Märkte eintraten. Die Antwort auf diese Frage folgt der Logik des Cournotwettbewerbs und des Markteintrittsspiels. Nehmen wir an, eine Fluglinie bietet vor der Liberalisierung keinen Direktflug von *A* nach *B* an. Im liberalisierten Markt denkt sie darüber nach, in diesen Markt einzutreten. Die etablierte Fluglinie besass ein Monopol und würde durch den Markteintritt verlieren. Und trotzdem hat die Airline einen Anreiz, in diesen Markt einzutreten, solange die damit verbundenen Gewinne positiv sind. Die Tatsache, dass das etablierte Unternehmen Gewinne verliert, ist für die Markteintrittsentscheidung irrelevant (wir haben es mit einem Kooperationsproblem zu tun).

Man könnte weiter argumentieren, dass das bisher gezeichnete Bild unvollständig ist, da eine Fluglinie wie die Swissair die Verluste durch Markteintritte anderer Fluglinien in ihren ehemals geschützten Markt kompensieren kann, indem sie selbst in neue Märkte eintritt. Wettbewerb ist ja keine Einbahnstrasse. Um zu sehen, warum dieses Argument auf einem Denkfehler basiert, müssen wir uns klarmachen, dass die Summe der Oligopolgewinne auf dem liberalisierten Markt kleiner als die Summe der Monopolgewinne in den ehemals geschützten Märkten ist. Wenn zwei ehemalige Monopolisten auf Märkten *A* und *B* anfangen, miteinander in Wettbewerb zu treten, sinken die Gesamtgewinne. Daher ist es auf Ebene der Industrie nicht möglich, die Gewinneinbussen, die durch den Wettbewerb entstehen, wettzumachen. Im Falle eines eher asymmetrischen Wettbewerbs kann dies für eine einzelne Fluglinie eventuell gelingen, aber dies geht dann auf Kosten der anderen Fluglinien. Wir hatten zuvor gesehen, dass die Swissair in den Wettbewerb nicht auf Augenhöhe mit ihren Konkurrenten eintrat, da die Schweiz nicht Mitglied des EWR war. Daher war es für sie deutlich schwieriger, die Verluste aufgrund des Wettbewerbs durch einen Ausbau des Streckennetzes innerhalb dieses Wirtschaftsraums zu kompensieren.

Die Manager der betroffenen Fluglinien hätten wissen können (und wussten vielleicht auch), dass der Prozess der Marktliberalisierung zu einer Konzentration auf der Anbieterseite führen würde, entweder durch Konkurse einzelner Anbieter, Übernahmen oder Strategische Allianzen. Was zu Beginn des Prozesses allerdings nicht feststand war, ob die Swissair den Prozess trotz ihres Handicaps überleben würde.

16.3.3 Erweiterungen

Die Marktliberalisierung führte dazu, dass Fluglinien begannen, auf Strecken zu operieren, die zuvor monopolisiert waren. Jede neue Strecke hat dabei einen Effekt auf die Netzwerkstruktur eines Anbieters, und es ist genau diese Netzwerkstruktur, die ein wichtiger Faktor für das Verständnis eines solchen Marktes ist. Daher sollten wir ein wenig Zeit darauf verwenden, dies besser zu verstehen. Um dies zu tun, werden wir die Modelle in unserem Werkzeugkoffer als Heuristiken verwenden, mit Hilfe derer wir ein Verständnis komplexerer technologischer Strukturen und Marktstrukturen entwickeln.

Das Netzwerk an Flugverbindungen ist ein wichtiger Erfolgsfaktor für eine Fluglinie. Es ist die Menge an Strecken und Verbindungen, die sie anbietet. Dies ist aus mindestens zwei Gründen wichtig. Erstens ist es ein wichtiger Kostenfaktor. In Abhängigkeit von der Grösse und der Struktur des Netzwerks können sich die Kosten unterscheiden, und daher ist es wichtig, eine Netzwerkstruktur technisch effizient zu entwickeln. Zweitens ist die Grösse und Struktur des Netzwerks wichtig für die Nachfrage, da sie die Zahlungsbereitschaften der potenziellen Kunden beeinflussen.

Das zweite Argument lässt sich mit einem Beispiel illustrieren. Nehmen wir an, eine Fluglinie bietet Flüge zwischen zwei Städten A und B an und überlegt, das Netzwerk zu vergrössern, indem sie eine Verbindung zwischen den Städten B und C aufnimmt. Der erste Effekt eines solchen Schrittes ist natürlich, dass damit Nachfrage von den Passagieren geschaffen wird, die von B nach C fliegen wollen. Aber es gibt noch einen zweiten, indirekten Effekt, da das neue Netzwerk zusätzliche Nachfrage von den Passagieren schafft, die von A nach C wollen und die nun von der Fluglinie bedient werden können. Daher übersteigt aus Sicht der Fluglinie der Wert des Netzwerks $A - B - C$ die Summe der Teilnetzwerke $A - B$ und $B - C$; es handelt sich um eine einfache Form eines positiven Netzwerkeffekts. Die Tatsache, dass Netzwerkeffekte existieren, bedeutet für den Aufbau einer optimalen Netzwerkstruktur, dass man das Netzwerk ausdehnen sollte, bis die zusätzlichen Erlöse (inklusive der Netzeffekte) gleich den zusätzlichen Kosten sind.

Das erste Argument lässt sich ebenfalls am Beispiel der drei Städte A, B und C illustrieren. Nehmen wir an, dass zu gegebenen Preisen m Passagiere von jeder Stadt in jede andere Stadt fliegen wollen (A nach B, B nach A, A nach C, C nach A, B nach C und C nach B). Eine Fluglinie hat im Wesentlichen zwei Optionen, sie kann ein vollständiges Netzwerk an Verbindungen unterhalten (*FCN*, Fully Connected Network), also Flugkapazität für jede Strecke direkt anbieten. Oder sie kann eine Stadt, sagen wir A, als Drehkreuz (Hub) nutzen. Das bedeutet, dass jede Stadt B und C direkt mit A verbunden ist, es aber keine direkte Verbindung zwischen B und C existiert. Passiere, die von B nach C oder umgekehrt wollen, müssen über A fliegen. Eine solche Struktur nennt man auch ein *Hub-and-Spoke*-Netzwerk (*HSN*). Abb. 16.4 zeigt die beiden Netzwerktypen und die zugehörigen Passagierströme auf den Routen.

Wir führen nun ein einfaches Modell ein, um zu zeigen, wie die Netzwerkstruktur die Kosten einer Fluglinie beeinflusst. Wir betrachten aus Gründen der Vereinfachung nur eine Fluglinie, aber die Ergebnisse lassen sich auf eine Wettbewerbssituation übertragen. Seien AB, BC und CA die drei Routen. Die Nachfrage ist $2 \cdot m$ für jede Route (m in jede Richtung). Die Gesamtkosten der Fluglinie sind eine Funktion der angebotenen Routen und der Anzahl der Passagiere auf jeder Route. Es gibt Fixkosten zum Unterhalt einer Route, F, und variable Kosten für jede Route i als Funktion der Anzahl der Passagiere k auf dieser Route multipliziert mit den Grenzkosten eines Passagiers c,

$$V C_i(k_i) = c \cdot k_i^{\alpha}.$$

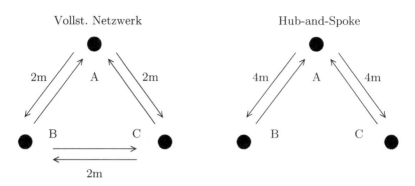

Abb. 16.4 Vollständiges und Hub-and-Spoke-Netzwerk

$\alpha \geq 1$ ist ein Parameter, der bestimmt, ob die Grenzkosten steigen ($\alpha > 1$) oder konstant sind ($\alpha = 1$). Beachten Sie, dass k nicht notwendig $2 \cdot m$ entsprechen muss: In einem *HSN* fliegt niemand auf *BC*, stattdessen müssen die *BC*-Passagiere über *A* reisen, und analog für alle Passagiere, die von *C* nach *B* wollen. In diesem Fall gilt $k_{AB} = k_{CA} = 4 \cdot m$. Wenn die Fluglinie ein *FCN* unterhält, ist $k_i = 2 \cdot m$ mit zugehörigen Kosten

$$TC^{FCN} = 3 \cdot c \cdot (2m)^{\alpha} + 3 \cdot FC = 3 \cdot c \cdot 2^{\alpha} \cdot m^{\alpha} + 3 \cdot FC.$$

Wenn die Fluglinie ein *HSN* unterhält, sind die Kosten

$$TC^{HSN} = 2 \cdot c \cdot (4 \cdot m)^{\alpha} + 2 \cdot FC = 2 \cdot c \cdot 4^{\alpha} \cdot m^{\alpha} + 2 \cdot FC.$$

Ein Vergleich ergibt, dass *HSN* kostengünstiger als *FCN* genau dann ist, wenn

$$TC^{HSN} < TC^{FCN} \Leftrightarrow m < \left(\frac{FC}{c \cdot (2 \cdot 4^{\alpha} - 3 \cdot 2^{\alpha})} \right)^{\frac{1}{\alpha}}$$

gilt. Für den Fall konstanter Grenzkosten, $\alpha = 1$, vereinfacht sich die Bedingung zu

$$m < FC/(2c).$$

Daraus folgt, dass das Verhältnis zwischen der Nachfrage auf einer Strecke und dem Verhältnis zwischen fixen und variablen Kosten über die optimale Netzwerkstruktur entscheidet. Hohe Fixkosten des Unterhalts einer Strecke machen es *ceteris paribus* wahrscheinlicher, dass ein *HSN* kosteneffizienter ist. Dieses Verhältnis wird in Abb. 16.5 illustriert.

Kosteneffizienz ist natürlich nicht der einzige Faktor, den eine Fluglinie bei der Optimierung ihres Netzwerks beachten muss. Aus Sicht des Kunden kann es einen Unterschied ergeben, ob er direkt von Zürich nach Kopenhagen fliegt oder in

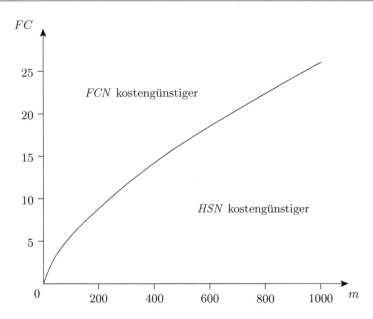

Abb. 16.5 Der Graph beschreibt den Ort, an dem die Kosten beider Netzwerktypen gleich sind ($\alpha = 3/2$ und $c = 1$). Unterhalb ist der Bereich, in dem ein *HSN*, oberhalb ist der Bereich, in dem ein *FCN* niedrigere Kosten aufweist

Frankfurt zwischenlandet. Typischerweise ist die Zahlungsbereitschaft im zweiten Fall geringer. Daher wird eine optimale Netzwerkstruktur einen Kompromiss zwischen Kosteneffizienz und Kundennutzen reflektieren.

Zum Zeitpunkt der Liberalisierung des europäischen Aviatik-Markts zeigten Erfahrungen mit der Liberalisierung des US-Markts (der ein Jahrzehnt früher durch einen solchen Prozess gegangen war), dass ein *HSN* einem *FCN* überlegen ist, und die meisten europäischen Fluglinien entschieden sich für eine *HSN*-Struktur (Air France mit Hub Paris, Lufthansa mit Hub Frankfurt, KLM mit Hub Amsterdam,...). Die Swissair widersetzte sich hingegen diesem Trend und unterhielt drei grosse Flughäfen in Zürich, Basel und Genf. Tatsächlich operierte Swissair mit einem Netzwerk, welches weder *FCN* noch *HSN* war, aber gegeben die Grösse des Schweizer Marktes kam es der Idee eines *FCN* näher. Und obwohl eine solch dezentrale Struktur das Netzwerk aus Sicht eines Schweizer Passagiers aufgrund der geografischen Nähe der Flughäfen (insbesondere im internationalen Vergleich) nicht wirklich attraktiver machte und der nationale Markt zu klein war, um ein solch teures Netzwerk zu rechtfertigen, wurde es unterhalten. Schätzungen besagen, dass es zusätzliche jährliche Kosten im zweistelligen Millionenbereich (CHF) erzeugte.

Die Entscheidung, ein solch aufwändiges Netzwerk internationaler Flughäfen zu unterhalten, war im Wesentlichen politisch begründet. Insbesondere die Beibehaltung des Flughafens Genf war ein politisches Manifest der Gleichbehandlung französischsprachiger und deutschsprachiger Schweizer. Aber politische Entscheidungen gegen den Markt haben ihren Preis, und in diesem Fall war er für die Swissair substanziell. Zu einem Zeitpunkt, zu dem der Wettbewerbsdruck die Preise sinken liess und die Deckungsbeiträge dahinschmolzen, hatte die Swissair zusätzlich eine ineffiziente Kostenstruktur ihres Netzwerks im Rucksack.

Die bisherige Analyse hat gezeigt, dass die Effekte eine Marktliberalisierung ziemlich komplex sind, und der Aviatikmarkt bildet keine Ausnahme. Erstens entsteht Wettbewerbsdruck auf den Strecken. Die Fluglinien werden neue Strecken aufnehmen, um ihre Gewinne zu vergrössern, auch wenn dies dazu führt, dass die Industriegewinne sinken. Um mit diesem Effekt umgehen zu können, ist kollusives Verhalten attraktiv, bei dem die Strategien einzelner Anbieter miteinander koordiniert werden. Daher lässt es unsere Analyse als wahrscheinlich erscheinen, dass Fluglinien durch Zusammenschluss, gegenseitige Beteiligungen und strategische Allianzen nach Wegen gesucht haben, um den Wettbewerbsdruck zu lindern. Zweitens kann die Vergrösserung des Angebots an Flugzielen positive Netzwerkeffekte erzeugen, welche Kosteneinsparungen ermöglichen, wenn sich das grössere Netzwerk effektiver organisieren lässt. Hierzu stehen zwei Mittel zur Verfügung. Internes Wachstum, also eine Ausweitung des unternehmenseigenen Netzwerks. Oder externes Wachstum durch die Bildung strategischer Allianzen oder Zusammenschlüsse. Die beiden strategischen Optionen haben jeweils ihre eigenen Vor- und Nachteile, aber es ist jenseits der Möglichkeiten dieser Fallstudie, diese genauer herauszuarbeiten.

16.4 Und Swissair?

Die bisherige Untersuchung hat gezeigt, dass die Liberalisierung des Markts Gewinne aufgrund der Steigerung der Wettbewerbsintensität sinken liess, so dass die relativ hohen Fixkosten in dieser Industrie Fluglinien in die Verlustzone bringen konnten. Interne sowie externe Wachstumsstrategien (Allianzen, Zusammenschlüsse, …) waren daher zentral, um in dem Konsolidierungsprozess nicht unterzugehen. Es ist daher nicht verwunderlich, dass die weltweit grösste strategische Allianz, die *Star Alliance*, 1997 gegründet wurde.

Die Liberalisierung des europäischen Markts war mehr Herausforderung als Chance für die Swissair, da der Entscheid des Schweizer Stimmvolks im Jahre 1992, das EEA-Abkommen nicht zu ratifizieren, dazu führte, dass die Schweiz die restriktiven bilateralen Luftverkehrsabkommen mit jedem Mitgliedstaat der EU neu und einzeln verhandeln musste und ein gleichberechtigter Zugang für Schweizer Fluglinien nur in Kombination mit der Anerkennung des Freizügigkeitsabkommens möglich war. Dieses war aber erst im Jahr 2004 vollständig umgesetzt. Tab. 16.1 gibt einen Überblick über die Faktoren, die zum Niedergang der Swissair beitrugen.

Die obigen Argumente und die Hindernisse aufgrund der Nichtmitgliedschaft im EWR machen es wahrscheinlich, dass die Swissair nach einer eigenen Wachstumsstrategie suchte. Diese hörte auf den Namen *Hunter-Strategie* und hatte als strategisches Ziel einen 20-prozentigen Marktanteil in Europa. Dies sollte durch den Kauf kleinerer Fluglinien erreicht werden, anstatt Mitglied in einer Allianz zu

Tab. 16.1 Zentrale politische, juristische und Ökonomische Faktoren für den Niedergang der Swissair

	Ursache	Wirkung
Politische Faktoren	Ineffiziente Netzwerkstruktur innerhalb der Schweiz	Ineffiziente Kostenstruktur
ökonomische Faktoren	Relevanz von Fixkostens	Begrenzt die Anzahl der Unternehmen
	Zunehmender Wettbewerb auf Strecken	Druck auf Preise und Angebot
Juristische Faktoren	Nichtmitgliedschaft im EWR	Ineffiziente Kosten- und Streckenstruktur

Tab. 16.2 Beteiligungen der Swissair (2000)

Fluglinie	Beteiligung (in Prozent)
Air Europe	49,0
Volare Air	49,0
Air Littoral	49,0
Austrian Airlines	10,0
AOM France	49,5
Balair/CTA Leisure	100,0
Crossair	70,5
Cargolux	33,7
LOT Polish	37,6
LTU Group	49,9
Portugalia	42,0
South African Airways	20,0
Sabena	49,5
Ukraine International Airlines	5,6
TAP Air Portugal	34,0

werden. (Allerdings war es die Swissair, die bereits 1989 ein Partnerschaftsabkommen mit Delta Airlines abgeschlossen hatte. Dabei kam es zu einem fünfprozentigen Kapitaltausch. Ein Jahr später kam es zu einem ähnlichen Abkommen mit Singapore Airlines.) Diese Fluglinien bildeten die sogenannte ,Qualifier Group'. Tab. 16.2 gibt eine Übersicht über die Beteiligungen bis zum Jahr 2000.

Wie man sieht, waren ausschliesslich Fluglinien kleiner Länder wie Belgien, Österreich, Finnland, Ungarn und Irland Ziele der Strategie, so dass sie die grossen Märkte Italien, Frankreich und Deutschland aussen vor liess.

Die Idee bestand darin, Passagieraufkommen aus den nun erreichbaren Märkten über zwei Hubs, Zürich und Brüssel, zu verteilen. Ein zentrales Problem mit dieser Strategie bestand aber darin, dass das entstandene Netzwerk nur wenige positive Netzwerkeffekte und Kostensynergien aufwies, da die einzelnen Netzwerke nicht gut ineinander passten. Zusätzlich verwässerte die Strategie den Markenwert der Swissair aufgrund der geringeren Qualitätsstandards der anderen Fluglinien (allesamt Anbieter, die von den anderen grossen Fluglinien nicht berücksichtigt wurden). Diese Verwässerung führte zu zusätzlichem Druck auf die Preise, da die Passagiere nicht mehr bereit waren, einen Qualitätsaufschlag zu bezahlen.

16.5 Abschliessende Bemerkungen

Eine ökonomische Analyse ist nicht wie eine Kriminalgeschichte, bei der ein Detektiv am Ende in der Lage ist, den Fall vollständig aufzuklären und den Schuldigen zu identifizieren. In der Ökonomie gibt es in der Regel keinen einzelnen Schuldigen (im Sinne struktureller Gegebenheiten, die ein Phänomen erklären), und das Beste, worauf man hoffen kann, ist die Identifikation einiger der wichtigeren Faktoren, die einen Beitrag zum betrachteten Phänomen leisten. Die obige Analyse sollte gezeigt haben, dass das Management innerhalb eines juristischen, politischen und ökonomischen Rahmen stattfindet, der die Spielräume eines Unternehmens bestimmt. Im Fall der Swissair erzeugten sie ein Handicap.

1. Die Zunahme des Wettbewerbs senkte Gewinne und erzeugte einen Verdrängungswettbewerb, den einige der Anbieter nicht überleben konnten.
2. Die Entscheidung, das EEA-Abkommen nicht zu ratifizieren, machte es für die Swissair schwierig, einen Fuss in die profitablen Mitgliedsländer der EG bzw. EU zu bekommen.
3. Wachstumsstrategien mussten dieses Handicap mit einbeziehen, so dass die Swissair glaubte, gezwungen zu sein, das zu kaufen, was übrig war. Die sich ergebende Netzwerk- und Kostenstruktur war weit entfernt vom Optimum. Marktanteil allein war kein gutes strategisches Ziel.

Das Ziel dieser Fallstudie bestand nicht darin, eine der Komplexität des Falles in allen Punkten gerecht werdende Untersuchung vorzulegen, sondern zu illustrieren, wie man ökonomische Theorien benutzen kann, um mit ihnen und in Kombination mit empirischen, juristischen und politischen Faktoren ein besseres Verständnis der gesellschaftlichen Wirklichkeit zu bekommen.

Mathematischer Anhang

17

In diesem Kapitel lernen Sie, ...

- die Grundlagen des Umgangs mit Funktionen in mehreren Variablen.
- die Grundlagen der Lösung linearer Gleichungssysteme.
- die Grundlagen der Optimierung unter Nebenbedingungen.
- das Konzept der Elastizitäten.

17.1 Vorbemerkungen

If I were again beginning my studies, I would follow the advice of Plato and start with mathematics. (Galileo Galilei)

(1) Use mathematics as shorthand language, rather than as an engine of inquiry. (2) Keep to them till you have done. (3) Translate into English. (4) Then illustrate by examples that are important in real life. (5) Burn the mathematics. (6) If you can't succeed in 4, burn 3. This I do often. (Alfred Marshall)

In den Wissenschaften geht es in der Regel darum, Hypothesen über kausale Zusammenhänge aufzustellen und diese empirisch zu überprüfen. Aus diesem Grund kommt dem mathematischen Konzept der *Funktion* eine wichtige Bedeutung zu. Eine Funktion ist eine Abbildung von einem Definitionsbereich (den erklärenden Variablen) in einen Wertebereich (den erklärten Variablen). Aus der Schule kennen Sie einfache Funktionen: Es wird angenommen, dass es eine Variable x aus einer Menge X und eine Variable y aus einer Menge Y gibt, die durch eine Funktion $f : X \rightarrow Y$ verknüpft sind. Eine solche Funktion ist die einfachste Form eines Kausalmechanismus. Wenn wir nämlich sagen, dass $y = f(x)$ ist, meinen wir, dass ein ‚Zustand' x kausal zu einem ‚Zustand' y führt, und die Funktion $f(.)$ gibt genau den Zusammenhang an, der x und y verknüpft. Man nennt dann x auch die *erklärende* Variable und y die *erklärte* Variable, da der Wert y mittels der Funktion $f(.)$ durch x bestimmt oder eben ‚erklärt' wird. Nehmen wir das folgende Beispiel.

© Der/die Autor(en), exklusiv lizenziert durch Springer-Verlag GmbH, DE, ein Teil von Springer Nature 2021
M. Kolmar, *Grundlagen der Mikroökonomik*,
https://doi.org/10.1007/978-3-662-63362-5_17

Die individuelle Nachfragefunktion $x(p)$ postuliert einen Zusammenhang zwischen einem Marktpreis p und der durch ein Individuum nachgefragten Menge x. Dies ist ein kausaler Zusammenhang, der durch die Funktion $x(.)$ dargestellt wird, und bei dem der Preis p die nachgefragte Menge x erklärt. Aus diesem Grund bilden Funktionen ein wichtiges Fundament bei der Darstellung und Analyse kausaler Beziehungen.

Der einfache Zusammenhang mit genau einer erklärten und einer erklärenden Variable ist einfach, aber oft unzureichend, um einem Phänomen gerecht zu werden, da mehrere Einflussfaktoren auf eine Variable einen kausalen Einfluss ausüben. Bei der Nachfrage nach einem Gut i ist beispielsweise nicht nur der Preis dieses Guts, p_i, für die Höhe der Nachfrage relevant, sondern auch noch die Preise anderer Güter und das Einkommen des Haushalts. Bei n Gütern hätten wir daher die Preise $p_1, \ldots, p_i, \ldots, p_n$ und das Einkommen b als erklärende Variablen für die Nachfrage x_i, und wir würden schreiben $x_i = x_i(p_1, \ldots, p_i, \ldots, p_n, b)$, um den kausalen Zusammenhang vollständig zu erfassen.

Wenn man nun kausale Mechanismen mit Hilfe von Funktionen beschreibt und analysiert, sind zwei Gesichtspunkte von besonderer Bedeutung. Zum einen ist es interessant zu verstehen, welchen kausalen Einfluss die Änderung einer erklärenden Variable auf die Änderung einer erklärten Variable hat. Um dies zu beschreiben, arbeitet man mit dem Konzept der Ableitung, oder genauer der partiellen Ableitung. Darauf wird im folgenden Abschnitt eingegangen werden.

Zum anderen kann es sein, dass mehrere Gleichungen zusammen die kausalen Mechanismen eines Systems beschreiben. Auf Märkten spielen etwa Angebot $y(p)$ und Nachfrage $x(p)$ eine Rolle. Angebot und Nachfrage stellen kausale Mechanismen dar, die von den erklärenden Variablen in die erklärten Variablen abbilden. In solchen Situationen stellt sich häufig die Frage, ob es möglich ist, dass die erklärenden Variablen Werte annehmen, die dazu führen, dass alle erklärten Variablen eine bestimmte Bedingung erfüllen. Im Fall von Angebot und Nachfrage wäre die Bedingung, an der wir interessiert sind, die Gleichheit von Angebot und Nachfrage, also das Marktgleichgewicht $x(p) = y(p)$. Wenn wir fragen, ob es einen Preis gibt, bei dem der Markt im Gleichgewicht ist, fragen wir aus Sicht der Mathematik, ob es einen Wert p gibt, so dass $x(p) = y(p)$ erfüllt ist. Mit anderen Worten müssen wir uns mit der Lösung eines Systems mit mehreren Gleichungen auseinandersetzen. Dies ist Gegenstand des übernächsten Abschnitts.

Funktionen können sehr abstrakte und schwierig zu handhabende Objekte sein. Um alle möglichen Komplikationen zu vermeiden, werden wir in diesem Kapitel annehmen, dass sowohl der Definitionsbereich als auch der Wertebereich aller Funktionen die reellen Zahlen sind und dass alle Funktionen stetig sind und keine ‚Knicke' haben. Wozu das wichtig ist, und was sonst noch alles eine Funktion sein kann, werden Sie in den Vorlesungen zur Mathematik lernen.

17.2 Ableitungen von Funktionen

Wir lassen nun den Kontext von Angebot und Nachfrage hinter uns und beschäftigen uns mit Funktionen im allgemeinen. Die meisten von Ihnen werden mit der folgenden Art, eine Funktion zu schreiben, vertraut sein: $y = f(x)$. Um zu beschreiben, um wie viel sich der Wert der erklärten Variable ändert, wenn sich der Wert der erklärenden Variable um eine kleine (infinitesimale) Einheit ändert, bezeichnet man die erste Ableitung mit $f'(x)$. Also ist z. B. $f'(x) = 2 \cdot x$, falls $f(x) = x^2$ ist. An dieser Schreibweise ist nichts falsch, nur ist sie für unsere Probleme, die zu Funktionen mit mehreren erklärenden Variablen führen, nicht hinreichend präzise. Nehmen wir an, wir haben eine Funktion mit zwei erklärenden Variablen x_1 und x_2. Dann gilt $y = f(x_1, x_2)$. Würden wir nun schreiben $f'(x_1, x_2)$, so wüsste niemand, ob wir eine Änderung von x_1 oder x_2 meinen. Im Prinzip kann man die Notation auf verschiedene Arten anpassen. Man könnte etwa $f^1(x_1, x_2)$, $f^2(x_1, x_2)$ für die Ableitungen nach x_1 und x_2 schreiben.

Seien $x_1, \ldots, x_n$ die erklärenden Variablen. Wir interessieren uns für die Änderung der Funktion f an der Stelle $a_1, \ldots, a_n$, wenn sich x_i infinitesimal an der Stelle a_i verändert und alle anderen erklärenden Variablen konstant gehalten werden (Komparative Statik). Eine weit verbreitete Möglichkeit, diese sogenannten *partiellen* Ableitungen auszudrücken, besteht in der Schreibweise

$$\frac{\partial f(a_1, \ldots, a_n)}{\partial x_i}, i = 1, \ldots, n.$$

Dass wir $f(a_1, \ldots, a_n)$ schreiben bedeutet, dass wir zwar nach der Variablen x_i ableiten, die Funktion aber an der Stelle $(a_1, \ldots, a_n)$ auswerten. Das ‚∂‘-Zeichen wird ‚del‘ ausgesprochen und erinnert an die Definition der partiellen Ableitung mit Hilfe des Differenzenquotient,

$$\frac{\partial f(a_1, \ldots, a_n)}{\partial x_i} = \lim_{dx_i \to 0} \frac{\overbrace{f(a_1, \ldots, a_i + dx_i, \ldots, a_n) - f(a_1, \ldots, a_n)}^{=df(a_1, \ldots, a_n)}}{dx_i},$$

$i = 1, \ldots, n.$

Dabei steht ‚d‘ für eine diskrete Änderung von x_i bzw. $f(.)$, und ∂ ist dann die Notation für den Grenzwert dieser Änderung, wenn dx_i beliebig klein wird.

Um mit partiellen Ableitungen für konkrete Funktionen umgehen zu können, müssen wir noch die Ableitungsregeln verallgemeinern. Hier sind die wichtigsten.

Additive Funktionen Sei $f(x_1, \ldots, x_n) = g(x_1, \ldots, x_n) + h(x_1, \ldots, x_n)$, dann ist

$$\frac{\partial f(a_1, \ldots, a_n)}{\partial x_i} = \frac{\partial g(a_1, \ldots, a_n)}{\partial x_i} + \frac{\partial h(a_1, \ldots, a_n)}{\partial x_i},$$

$i = 1, \ldots, n.$

Produktregel Sei $f(x_1, \ldots, x_n) = g(x_1, \ldots, x_n) \cdot h(x_1, \ldots, x_n)$, dann ist

$$\frac{\partial f(a_1, \ldots, a_n)}{\partial x_i} = \frac{\partial g(a_1, \ldots, a_n)}{\partial x_i} \cdot h(a_1, \ldots, a_n) + g(a_1, \ldots, a_n) \cdot \frac{\partial h(a_1, \ldots, a_n)}{\partial x_i},$$

$i = 1, \ldots, n$.

Quotientenregel Sei $f(x_1, \ldots, x_n) = g(x_1, \ldots, x_n)/h(x_1, \ldots, x_n)$, dann ist

$$\frac{\partial f(a_1, \ldots, a_n)}{\partial x_i} = \frac{\dfrac{\partial g(a_1, \ldots, a_n)}{\partial x_i} \cdot h(a_1, \ldots, a_n) - g(a_1, \ldots, a_n) \cdot \dfrac{\partial h(a_1, \ldots, a_n)}{\partial x_i}}{(h(a_1, \ldots, a_n))^2},$$

$i = 1, \ldots, n$.

Kettenregel In einer Reihe wissenschaftlicher Probleme ist die kausale Kette zwischen einer erklärten und einer erklärenden Variable länger. Man kann sich etwa vorstellen, dass x_i eine Variable z beeinflusst, $z = g(x_i)$, und z wiederum y, $y = \tilde{f}(x_1, \ldots x_{i-1}, z, x_{i+1}, x_n)$. (Der Einfachheit halber haben wir die Funktion nicht direkt abhängig von x_i gemacht, diese Komplikation folgt als nächstes. Wir nennen die Funktion $\tilde{f}(.)$, da sie eine Funktion von z ist und wir sie von $f(.)$ unterscheiden müssen, die eine Funktion von x_i ist.) Dann kann man auch schreiben $y = f(x_1, \ldots x_{i-1}, x_i, x_{i+1}, x_n) = \tilde{f}(x_1, \ldots x_{i-1}, g(x_i), x_{i+1}, x_n)$.

Ein Beispiel für einen solchen verketteten kausalen Zusammenhang kann anhand der individuellen Nachfragefunktion gegeben werden. Wir hatten angenommen, dass diese eine Funktion der Preise und des Einkommens b ist. Wenn wir nun annehmen, dass das Einkommen eines Individuums selbst wieder durch bestimmte Variablen wie die Ausbildung des Individuums bestimmt wird, ergibt sich eine verkettete Kausalität: Die Ausbildung beeinflusst das Einkommen und das Einkommen beeinflusst die Nachfrage.

In einer solchen Situation erhalten wir die folgende Regel zur Ableitung von $f(.)$ nach x_i:

$$\frac{\partial f(a_1, \ldots, a_n)}{\partial x_i} = \frac{\partial \tilde{f}(a_1, \ldots, a_n)}{\partial z} \cdot \frac{\partial g(a_i)}{\partial x_i}.$$

Das in der obigen Gleichung gegebene Ergebnis ist intuitiv: x_i verändert den Wert von z. Dies wird durch den zweiten Term im Produkt gemessen. Die Veränderung von z wiederum hat einen Einfluss auf y. Dies wird durch den ersten Term gemessen.

Hat nun x_i auch noch einen direkten Effekt auf y, so gilt $y = \tilde{f}(x_1, \ldots x_{i-1}, x_i, x_{i+1}, x_n, z)$. Bildet man nun die Ableitung nach x_i, so muss zu dem eben schon erklärten Effekt auch noch der direkte Effekt hinzukommen:

$$\frac{\partial f(a_1,\ldots,a_n)}{\partial x_i} = \frac{\partial \tilde{f}(a_1,\ldots,a_n,z)}{\partial x_i} + \frac{\partial \tilde{f}(a_1,\ldots,a_n,z)}{\partial z} \cdot \frac{\partial g(a_i)}{\partial x_i}.$$

Häufig werden partielle Ableitungen benutzt, um eine einfache Abschätzung des Effekts der Änderungen erklärender Variablen auf eine erklärte Variable abzuleiten. Dieser lässt sich durch das Totale Differenzial darstellen.

Totales Differenzial Sei $f(x_1,\ldots,x_n)$, und es werden die erklärenden Variablen um jeweils dx_i geändert. Dann gilt für die Gesamtänderung:

$$df(a_1,\ldots,a_n) = \frac{\partial f(a_1,\ldots,a_n)}{\partial x_1}dx_1 + \ldots\frac{\partial f(a_1,\ldots,a_n)}{\partial x_n}dx_n.$$

Um diesen Ausdruck besser zu verstehen, nehmen wir an, dass alle Änderungen null sind ausser x_i. Dann vereinfacht sich das Totale Differenzial zu:

$$df(a_1,\ldots,a_n) = \frac{\partial f(a_1,\ldots,a_n)}{\partial x_i}dx_i.$$

Dies ist aber eine lineare Funktion, da wir die partielle Ableitung an der Stelle $a_1,\ldots,a_n$ bestimmt haben. Wir schätzen mit dieser Formulierung also den Effekt einer Änderung einer erklärenden Variable auf die erklärte Variable ab, indem wir die Gleichung linearisieren, man spricht auch von der *Linearform*. Abb. 17.1 illustriert, was da vor sich geht.

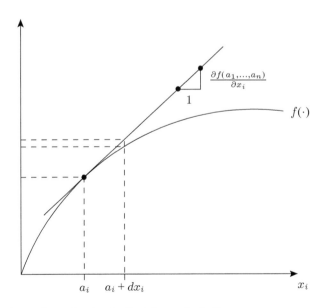

Abb. 17.1 Lineare Approximation der Funktion an der Stelle a_i

Grafisch gesprochen entspricht die partielle Ableitung einer Funktion an einer Stelle der Steigung der Tangente an die Funktion (an dieser Stelle). Wie man sieht, ist die tatsächliche Änderung der Funktion nicht gleich der Änderung, die durch die Linearisierung abgeschätzt wird. In der Abbildung wird sie überschätzt. Falls dx_i jedoch sehr klein wird, wird der ‚Fehler' immer kleiner und verschwindet schliesslich für infinitesimale Änderungen. Ein Grund, warum eine solche lineare Abschätzung dennoch interessant ist, besteht darin, dass man für eine lineare Funktion auf Methoden der Linearen Algebra zurückgreifen kann, was die Analyse deutlich vereinfacht.

Im Folgenden werden wir sehen, wie man die Ableitungsregeln benutzen kann, um die Ableitungen spezifischer Funktionen zu bestimmen.

Beispiel 1 Sei $f(x_1, x_2) = x_1^2 + x_2$. Dann ist

$$\frac{\partial f(x_1, x_2)}{\partial x_1} = 2 \cdot x_1, \quad \frac{\partial f(x_1, x_2)}{\partial x_2} = 1.$$

Durch die additive Struktur beeinflussen sich die Variablen nicht direkt, so dass die partielle Ableitung nach der einen unabhängig von dem Wert ist, an dem man die andere Variable auswertet.

Beispiel 2 Sei $f(x_1, x_2) = x_1^2 \cdot x_2$. Dann ist

$$\frac{\partial f(x_1, x_2)}{\partial x_1} = 2 \cdot x_1 \cdot x_2, \quad \frac{\partial f(x_1, x_2)}{\partial x_2} = x_1^2.$$

Durch die multiplikative Struktur hängt die partielle Ableitung vom jeweiligen Wert der anderen Variable ab. Man kann die andere Variable aber einfach wie eine Konstante behandeln, da die partielle Ableitung ja gerade davon ausgeht, dass man die Änderung einer Variable bei Konstanz aller anderen Variablen anschaut.

Beispiel 3 Sei $f(x_1, x_2) = x_1^2/x_2$. Dann ist

$$\frac{\partial f(x_1, x_2)}{\partial x_1} = \frac{2 \cdot x_1 \cdot x_2 - x_1^2 \cdot 0}{(x_2)^2} = \frac{2 \cdot x_1}{x_2}$$

aufgrund der Quotientenregel.

Ansonsten bleiben alle Ableitungsregeln, die Sie aus der Schule kennen, anwendbar. Wenn z. B. die Ableitung der Funktion $f(x) = 10 \cdot \ln[x]$ zu bestimmen ist, gilt $f'(x) = 10/x$. In gewisser Weise können Sie diese bekannte Aufgabe Schritt für Schritt in Richtung unseres komplexeren Problems entwickeln, indem Sie sagen, dass Sie ja eigentlich keine Funktion $f(x)$ vor sich haben, sondern eine Funktion $f(x, 10)$, weil ja die Zahl 10 für das Ergebnis auch wichtig ist. Nehmen Sie nun an, Sie seien nicht nur an der partiellen Ableitung der Funktion an der Stelle 10, sondern auch an der Stelle 9, 11, ... interessiert. Dann können Sie entweder an jeder dieser Stellen wieder neu ableiten, oder Sie ersetzen die konkrete Zahl 10 durch einen Platzhalter. Benennen wir also x zu x_1 um und bezeichnen den Platzhalter mit x_2. Dann haben Sie eine Funktion $f(x_1, x_2) = x_2 \cdot \ln[x_1]$. Sie haben ganz einfach den Schritt von einer Funktion in einer Veränderlichen zur sogenannten *multivariaten Analysis* gemacht. Die Ableitung dieser neuen Funktion nach x_1 können Sie nun berechnen:

$$\frac{\partial f(x_1, x_2)}{\partial x_1} = \frac{x_2}{x_1}.$$

Ein kurzer Plausibilitätstest ist wahrscheinlich nützlich: Falls $x_2 = 10$, folgt $10/x_1$, genauso, wie es sein sollte. Sie behandeln also erklärende Variablen, nach denen Sie nicht ableiten, genauso, wie Sie früher immer Zahlen behandelt haben, denn es sind nichts anderes als Zahlen, nur eben nicht konkret gegeben, sondern allgemein. Zusätzlich haben Sie nun natürlich noch die Möglichkeit, die Frage zu stellen, wie denn x_2 auf y einwirkt, und dann gilt

$$\frac{\partial f(x_1, x_2)}{\partial x_2} = \ln x_1.$$

17.3 Lösung von Gleichungssystemen

Ökonomen haben ein grosses Interesse an Gleichgewichten, da sie etwas über die logische Konsistenz der Annahmen aussagen. Wir hatten gesehen, dass auf einem Markt ein Gleichgewicht existiert, wenn es einen Preis gibt, bei dem Angebot gleich Nachfrage ist. Angebot und Nachfrage sind Funktionen, so dass es sich beim Konzept des Gleichgewichts um eine Eigenschaft von Funktionen handelt. Sagen wir, dass $y(p)$ und $x(p)$ die Marktangebots- und Marktnachfragefunktionen auf einem Markt sind. Dann ist ein Gleichgewicht ein Preis p^*, so dass $y(p^*) = x(p^*)$ gilt. Man kann alternativ auch schreiben $x(p^*) - y(p^*) = 0$: Die Überschussnachfrage muss gleich null sein. Schaut man das ökonomische Problem aus dieser Perspektive an, so sieht man, dass die Frage nach der Existenz eines Gleichgewichts gleichbedeutend ist mit der Existenz einer Nullstelle einer Funktion, der Überschussnachfrage $W(p) := x(p) - y(p)$.

Mit der Frage, ob eine Funktion wie $W(p)$ eine Nullstelle besitzt, werden sich viele von Ihnen bereits in der Schule beschäftigt haben. In diesem Zusammenhang ist der Zwischenwertsatz relevant, der Bedingungen an eine Funktion wie $W(p)$ formuliert, die hinreichend dafür sind, dass eine Nullstelle existiert: Ist der Definitionsbereich von $W(.)$ abgeschlossen, ist $W(.)$ stetig und existieren mindestens zwei Preise p, p' mit $W(p) < 0 < W(p')$, so existiert eine Nullstelle.

Um solche Fragen untersuchen zu können, benötigt man ein wenig Wissen über die Lösung von Gleichungen. Das obige Problem ist dabei sehr einfach, da es nur eine Gleichung mit einer erklärenden Variablen gibt: $W(p) = 0$. In vielen Situationen ist das Problem aber komplizierter. Stellen Sie sich etwa vor, sie hätten nicht nur einen sondern zwei Märkte mit Gütern A und B vor sich, und sie wollten wissen, ob es Preise gibt, die dazu führen, dass beide Märkte simultan im Gleichgewicht sind. Dann ist das mathematische Problem:

$$W_A(p_A, p_B) = 0 \wedge W_B(p_A, p_B) = 0,$$

wobei $W_A(.)$ und $W_B(.)$ die Überschussnachfragen nach den beiden Gütern sind, die im Allgemeinen von beiden Preisen p_A und p_B abhängen. Sie suchen also nach der Lösung eines Systems mit zwei Gleichungen und zwei erklärenden Variablen.

In der Realität gibt es natürlich mehr als zwei Güter, so dass man bei n Gütern am Ende die simultane Lösung eines Systems mit n Gleichungen und n erklärenden Variablen sucht. Da dies recht kompliziert wird, beschränken wir uns hier auf maximal zwei Gleichungen mit zwei erklärenden Variablen, und wir werden häufig auf den einfachen Spezialfall linearer Gleichungen zurückgreifen. Wir verwenden dabei die allgemeine Notation x_1, x_2 für die erklärenden Variablen, y_1, y_2 für die erklärten Variablen, und $y_1 = f_1(x_1, x_2), y_2 = f_2(x_1, x_2)$ für die kausalen Mechanismen, die die erklärenden mit den erklärten Variablen verbinden.

Nehmen wir an, wir würden ein Paar von erklärenden Variablen x_1^*, x_2^* suchen, bei dem beide Funktionen den Wert null annehmen, $f_1(x_1^*, x_2^*) = 0 \wedge f_2(x_1^*, x_2^*) = 0$. Wie man aus den hinreichenden Bedingungen des Zwischenwertsatzes folgern kann, ist nicht sichergestellt, dass eine solche Lösung existiert. Wenn aber beide Gleichungen linear sind, dann vereinfacht sich das Problem, und man kann Verfahren aus der *Linearen Algebra* verwenden, um die Lösung zu bestimmen. Sei

$$f_1(x_1, x_2) = a_1 + b_1 \cdot x_1 + c_1 \cdot x_2, \quad f_2(x_1, x_2) = a_2 + b_2 \cdot x_1 + c_2 \cdot x_2$$

ein lineares Gleichungssystem, bei dem $a_1, b_1, c_1, a_2, b_2, c_2$ exogene Parameter sind, die die Achsenabschnitte (a_1, a_2) und die Steigungen der Funktionen angeben. Dann ist das Problem, eine gemeinsame Nullstelle zu finden, gegeben durch

$$a_1 + b_1 \cdot x_1^* + c_1 \cdot x_2^* = 0 \wedge a_2 + b_2 \cdot x_1^* + c_2 \cdot x_2^* = 0.$$

Dieses Problem hat eine eindeutige Lösung, falls die Gleichungen nicht parallel sind:

$$x_1^* = \frac{a_1 \cdot c_2 - a_2 \cdot c_1}{b_2 \cdot c_1 - b_1 \cdot c_2}, \quad x_2^* = \frac{a_1 \cdot b_2 - a_2 \cdot b_1}{b_2 \cdot c_1 - b_1 \cdot c_2}.$$

Mit diesen Formeln haben Sie die allgemeine Lösung eines linearen Gleichungssystems mit zwei erklärenden und zwei erklärten Variablen. Damit am Ende nicht durch null dividiert wird, müssen Sie noch Annahmen an die Parameter stellen, so dass $b_2 \cdot c_1 - b_1 \cdot c_2 = 0$ ausgeschlossen wird. Setzen Sie nun für die Parameter Zahlen ein, sehen Sie das konkrete Ergebnis.

Die obige Lösung lässt sich mit ein wenig Arbeit bestimmen, wenn man beispielsweise die erste Gleichung nach x_1 auflöst, so dass man $x_1 = -a_1/b_1 - c_1/b_1 x_2$ erhält. Dieses Zwischenergebnis kann man dann in der zweiten Gleichung benutzen, um x_1 zu eliminieren, $a_2 + b_2 \cdot (-a_1/b_1 - c_1/b_1 x_2) + c_2 \cdot x_2 = 0$. Dann hat man nur noch eine Gleichung in einer erklärenden Variable, die man nach x_2 lösen kann.

Falls Sie es mit Problemen zu tun haben, in denen mehr als zwei Gleichungen mit zwei erklärenden Variablen vorkommen, kommen Sie aber auf diesem Weg nicht weiter. In der Mathematik werden Sie mit der Matrixalgebra aber ein Instrument kennen lernen, welches Ihnen dabei hilft, auch solche komplexeren Probleme in den Griff zu bekommen.

Ebenfalls problematisch kann es sein, wenn die Gleichungen nicht linear sind. Es übersteigt diese Einführung tiefer einzusteigen. Für einen konkreten Fall muss man halt schauen, ob und wie er sich lösen lässt.

17.4 Optimierung unter Nebenbedingungen

Für eine Reihe von Optimierungsproblemen sucht man nicht das unbeschränkte Optimum einer Funktion $f(x_1, \ldots, x_n)$ (Zielfunktion) in einem Definitionsbereich, sondern das relative Optimum bezogen auf eine *Teilmenge* des Definitionsbereichs. Diese Teilmenge des Definitionsbereichs wird beschrieben durch sogenannte Nebenbedingungen.

Als Beispiel diene eine Nutzenfunktion mit Sättigungspunkt, wie sie in Abb. 7.3.d eingeführt wurde. Formal lässt sich eine solche z. B. durch die Funktion $u(x_1, x_2) = x_1 - (x_1)^2 + x_2 - (x_2)^2$ beschrieben, deren Höhenlinien (Indifferenzkurven) in Abb. 17.2 dargestellt sind.

Abb. 17.2 Globales Maximum

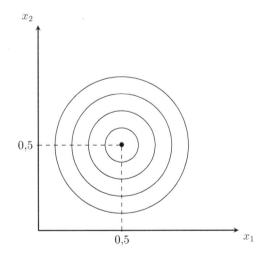

Abb. 17.3 Beschränktes
Maximum bei linearer
Restriktion

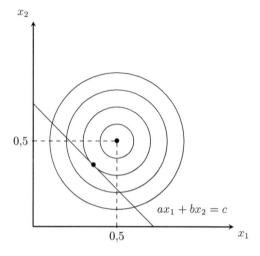

Abb. 17.4 Beschränktes
Maximum bei nichtlinearer
Restriktion

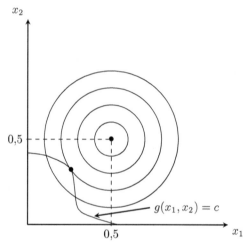

Das unbeschränkte Maximum dieser Funktion bezüglich des Definitionsbereichs R_2^+ ist an der Stelle $x_1 = x_2 = 0.5$ gegeben.

Wenn man nun die Menge der zulässigen Lösungen so einschränkt, dass sie in der Menge $ax_1 + bx_2 = c$ liegen muss (es wird also ein lineare Beschränkung eingeführt, wobei diese unterhalb des globalen Optimums liegen muss), ist das globale Maximum nicht mehr erreichbar. Vielmehr liegt das relative Maximum nun auf der in Abb. 17.3 eingezeichneten Geraden.

Analoge Überlegungen gelten, wenn die Auswahlmenge nicht durch eine lineare Restriktion begrenzt wird, sondern durch eine allgemeine Restriktion der Gestalt $g(x_1, \ldots, x_2) = c$. Dies wird durch Abb. 17.4 illustriert.

17.4.1 Hinreichende Bedingungen

Wir gehen im Folgenden davon aus, dass wir ein Optimierungsproblem mit n Variablen $x_1, \ldots, x_n$ lösen wollen. Um das beschränkte Optimum zu bestimmen, muss man ein Verfahren entwickeln, mit Hilfe dessen sicher gestellt ist, das nur nach Lösungen innerhalb der zulässigen Teilmenge gesucht wird. Ein solches Verfahren ist das *Lagrange-Verfahren*.

Wir gehen hier davon aus, dass die Struktur der Zielfunktion und der Restriktion so ist, dass ein eindeutiges Maximum existiert, welches mit Hilfe von Bedingungen erster Ordnung bestimmt werden kann. Zur Bestimmung des Optimums geht man dann wie folgt vor:

1. Man schreibt zunächst die Nebenbedingung um, so dass aus $g(x_1, \ldots, x_n) = c$ die Beschränkung $\hat{g}(x_1, \ldots, x_n, c) = g(x_1, \ldots, x_n) - c = 0$ wird.
2. Dann hängt man diese Nebenbedingung an die zu optimierende Funktion unter Zusatz eines sogenannten Lagrange-Parameters λ an. Man erhält damit die *Lagrange-Funktion*:

$$\mathcal{L}(x_1, \ldots, x_n, \lambda) = f(x_1, \ldots, x_n) - \lambda(\hat{g}(x_1, \ldots, x_n, c))$$

$$= f(x_1, \ldots, x_n) - \lambda(g(x_1, \ldots, x_n) - c).$$

3. Wenn die Lagrange-Funktion in geeigneter Form aufgestellt ist, bestimmt man die Bedingungen erster Ordnung: Man leitet man sie nach allen endogenen Grössen $x_1, \ldots, x_n, \lambda$ ab und setzt diese gleich null:

$$\frac{\partial \mathcal{L}(x_1, \ldots, x_n)}{\partial x_i} = \frac{\partial f(x_1, \ldots, x_n)}{\partial x_i} - \lambda \cdot \frac{\partial g(x_1, \ldots, x_n)}{\partial x_i} = 0, \quad i = 1, \ldots, n,$$

$$\frac{\partial \mathcal{L}(x_1, \ldots, x_n)}{\partial \lambda} = g(x_1, \ldots, x_n) - c = 0.$$

Damit erhält man ein System von $n + 1$ Gleichungen mit $n + 1$ endogenen Variablen. Man erkennt an der letzten Ableitung die Rolle des Lagrange-Parameters: Er stellt sicher, dass die Lösung mit der Nebenbedingung $g(x_1, \ldots, x_n) - c = 0$ vereinbar ist.

4. Das System der $n + 1$ Gleichungen wird nach den endogenen Grössen $x_1, \ldots, x_n, \lambda$ gelöst, und wir nennen diese Lösung $x_1^*, \ldots, x_n^*, \lambda^*$. Die allgemeine Lösung dieses Problems erlaubt es nur, die folgende Aussage über die Struktur des Optimums abzuleiten:

$$\frac{\dfrac{\partial f(x_1, \ldots, x_n)}{\partial x_i}}{\dfrac{\partial f(x_1, \ldots, x_n)}{\partial x_j}} = \frac{\dfrac{\partial g(x_1, \ldots, x_n)}{\partial x_i}}{\dfrac{\partial g(x_1, \ldots, x_n)}{\partial x_j}} \quad \forall i, j = 1, \ldots, n, i \neq j.$$

Diese Bedingung besagt, dass in einem Optimum das Verhältnis der partiellen Ableitungen der Zielfunktion dem Verhältnis der partiellen Ableitungen der Restriktion entsprechen muss. Grafisch gesprochen bedeutet das, dass wir einen Tangentialpunkt zwischen Zielfunktion und Restriktion haben. Wenn die Zielfunktion und die Restriktion aber spezifiziert wird, kann eine Lösung auch explizit bestimmt werden.

Nun mag es unklar sein, warum dieses Verfahren auch zugleich die Zielfunktion $f(x_1, \ldots, x_n)$ unter der Nebenbedingung $g(x_1, \ldots, x_n) - c$ maximiert. Wir können dies erkennen, wenn wir die Lösung $x_1^*, \ldots, x_n^*, \lambda^*$ in diese Funktionen einsetzen,

$$\mathcal{L}(x_1^*, \ldots, x_n^*, \lambda^*) = f(x_1^*, \ldots, x_n^*) - \lambda^* \cdot (g(x_1^*, \ldots, x_n^*) - c).$$

Da die Lösung so konstruiert wurde, dass $g(x_1^*, \ldots, x_n^*) - c = 0$ ist, gilt daher

$$\mathcal{L}(x_1^*, \ldots, x_n^*, \lambda^*) = f(x_1^*, \ldots, x_n^*).$$

Und damit entspricht die Lösung dem Maximum der Zielfunktion.

17.4.2 Notwendige Bedingungen

Wir wissen aus Optimierungsproblemen ohne Nebenbedingungen $\max_x f(x)$, dass die Bedingung erster Ordnung $f'(x) = 0$ lediglich hinreichend, nicht aber notwendig für ein Maximum oder Minimum einer Funktion sind. Zusätzlich muss die Funktion noch auf Konkavität (Maximum) bzw. Konvexität (Minimum) untersucht werden. Dies kann unter bestimmten Bedingungen durch die zweiten Ableitungen geprüft werden, so dass zusätzlich $f''(x) \leq 0$ für ein Maximum und $f''(x) \geq 0$ für ein Minimum gelten muss. Bei Optimierungsproblemen mit mehreren endogenen Variablen und mit Nebenbedingungen muss dieser Test verallgemeinert werden. Ob ein Maximum oder ein Minimum vorliegt, wird durch die Vorzeichen der Hauptabschnittsdeterminanten der sogenannten *geränderten Hessematix* bestimmt.

Die geränderte Hessematrix ist eine bestimmte Anordnung der zweiten Ableitungen der Lagrangefunktion. Um eine übersichtliche Notation zu haben, werden wir die folgenden Abkürzungen verwenden. Die ersten Ableitungen der Funktionen $\mathcal{L}$, f und g nach $x_i, i = 1, \ldots, n$ und λ werden mit $\mathcal{L}_{x_i}, \mathcal{L}_\lambda, f_{x_i}, f_\lambda$ und g_{x_i}, g_λ bezeichnet. Analog gilt für die zweiten Ableitungen nach $x_j, j = 1, \ldots n$ $\mathcal{L}_{x_i x_j}, \mathcal{L}_{\lambda x_j}, f_{x_i x_j}, f_{\lambda x_j}$ und $g_{x_i x_j}, g_{\lambda x_j}$, und für die zweiten Ableitungen nach λ $\mathcal{L}_{x_i \lambda}, \mathcal{L}_{\lambda\lambda}, f_{x_i \lambda}, f_{\lambda\lambda}$ und $g_{x_i \lambda}, g_{\lambda\lambda}$. Dann lassen sich die Bedingungen erster Ordnung auch wie folgt schreiben:

$$\mathcal{L}_{x_i} = f_{x_i} - \lambda \cdot g_{x_i} = 0, \quad i = 1, \ldots, n,$$
$$\mathcal{L}_\lambda = g - c = 0.$$

Aus diesem System von Gleichungen ergeben sich $(n + 1)(n + 1)$ Bedingungen zweiter Ordnung, die systematisch durch die geränderte Hessematrix erfasst werden. Man schreibt diese wie folgt auf:

$$H(x_1, \ldots, x_n, \lambda) = \begin{pmatrix} \mathcal{L}_{\lambda\lambda} & \mathcal{L}_{\lambda x_1} & \cdots & \mathcal{L}_{\lambda x_n} \\ \mathcal{L}_{x_1\lambda} & \mathcal{L}_{x_1 x_1} & \cdots & \mathcal{L}_{x_1 x_n} \\ \cdots & \cdots & \cdots & \cdots \\ \mathcal{L}_{x_n\lambda} & \mathcal{L}_{x_n x_1} & \cdots & \mathcal{L}_{x_n x_n} \end{pmatrix}$$

$$= \begin{pmatrix} 0 & g_{x_1} & \cdots & g_{x_n} \\ g_{x_1} & f_{x_1 x_1} - \lambda g_{x_1 x_1} & \cdots & f_{x_n x_1} - \lambda g_{x_n x_1} \\ \cdots & \cdots & \cdots & \cdots \\ g_{x_n} & f_{x_n x_1} - \lambda g_{x_1 x_1} & \cdots & f_{x_n x_n} - \lambda g_{x_n x_n} \end{pmatrix}$$

Die geränderte Hessematrix ist quadratisch und spiegelsymmetrisch zur Hauptachse, $\mathcal{L}_{x_1 x_j} = \mathcal{L}_{x_j x_1}$, $\mathcal{L}_{x_i \lambda} = \mathcal{L}_{\lambda x_i}$. Sie lässt sich in Untermatrizen

$$H_1 = \mathcal{L}_{\lambda\lambda}, \, H_2 = \begin{pmatrix} \mathcal{L}_{\lambda\lambda} & \mathcal{L}_{\lambda x_1} \\ \mathcal{L}_{x_1\lambda} & \mathcal{L}_{x_1 x_1} \end{pmatrix}, \ldots$$

zerlegen, wobei die letzte Untermatrix H_{n+1} identisch zur Matrix H ist. Zu jeder dieser Untermatrizen lässt sich dann die Hauptabschnittsdeterminante genannte Determinante $D_1, D_2, \ldots D_{n+1}$ bestimmen. Das Optimierungsproblem charakterisiert ein *Maximum*, wenn diese Determinanten in ihren Vorzeichen wie folgt alternieren: $D_1 \geq 0, D_2 \leq 0, D_3 \geq 0, \ldots$. Es charakterisiert ein *Minimum*, wenn diese Vorzeichen alle negativ sind, $D_1 \leq 0, D_2 \leq 0, D_3 \leq 0, \ldots$.

17.5 Elastizitäten

Die Messung und der Vergleich von Veränderungen ist in der Ökonomik und in der Marktforschung sehr wichtig. Sogenannte *Elastizitäten* sind eines der Arbeitspferde, die uns solche Messungen und Vergleiche erlauben. Daher sollten Sie mit diesem Konzept vertraut sein. Wir werden daher zunächst einige der Fragen einführen, auf die Elastizitäten eine Antwort geben, und diese danach formal einführen.

Nehmen wir an, Sie wollen wissen, wie die Nachfrage nach einem Gut $x(p)$ auf eine Preisänderung reagiert. Konkret geht es um den Brotmarkt, auf dem eine lineare Marktnachfragefunktion $x(p) = 100 - p$ existiert. Dabei wird die Menge in Kilogramm und der Preis in Schweizer Franken (CHF) gemessen.

Ein plausibler Kandidat für so ein Mass ist die partielle Ableitung der Nachfragefunktion,

$$\frac{dx}{dp} = x'(p) = -1.$$

Dieses Ergebnis hat eine intuitive Interpretation: Wenn der Brotpreis um einen Franken steigt, sinkt die Nachfrage um ein Kilogramm.

Hierbei handelt es sich um eine vernünftige und informative Aussage, und eigentlich könnte es man bei ihr belassen. Und trotzdem hat dieses Mass eine Eigenschaft, die es für die Verwendung in der Praxis nicht besonders nützlich macht: Es hängt von den Einheiten ab, in denen die abhängige und die unabhängige Variable gemessen wird. Wieso handelt es sich dabei um ein Problem? Nehmen wir an, wir messen die Nachfrage in Gramm und nicht in Kilogramm. Dann lautet die Nachfragefunktion $x(p) = 100'000 - 1'000 \cdot p$, und die partielle Ableitung lautet

$$\frac{dx}{dp} = x'(p) = -1'000.$$

Auch dies ist eine vernünftige und informative Zahl: Wenn der Brotpreis um einen Franken steigt, sinkt die Nachfrage um 1'000 Gramm. Allerdings kann man die beiden Zahlen nur dann miteinander vergleichen, wenn man die Masseinheiten kennt, und auf den ersten Blick könnte man vermuten, dass sie sich auf völlig unterschiedliche Märkte beziehen.

Dasselbe Problem tritt auf, wenn man den Preis nicht in Franken sondern in Rappen ausdrückt. Die Nachfragefunktion lautet dann $x(p) = 100 - 0{,}01 \cdot p$, und die partielle Ableitung lautet

$$\frac{dx}{dp} = x'(p) = -0{,}01:$$

Eine Steigerung des Brotpreises um einen Rappen senkt die Brotnachfrage um 0,01 Kilogramm (oder 10 Gramm).

Diese Abhängigkeit von der Messeinheit beschränkt die Nützlichkeit des Masses insbesondere auch deshalb, weil es Vergleiche zwischen Ländern, die unterschiedliche Währungen benutzen, erschwert. Aber es ist eine potenziell interessante Frage, ob zum Beispiel Schweizer Kunden stärker oder weniger stark auf Preisänderungen reagieren als französische Kunden. Und auch innerhalb eines Landes ist es interessant zu wissen, ob zum Beispiel die Brotnachfrage stärker oder weniger stark auf Preisänderungen reagiert als die Nachfrage nach Smartphones, und es ist ausgesprochen schwierig, die Masseinheiten miteinander vergleichbar zu machen.

Daher benutzen Ökonomen ein Veränderungsmass, welches unabhängig von den Messgrössen ist. Die Grundidee besteht darin, sich relative und nicht absolute Veränderungen anzuschauen. Die absolute Veränderung der Nachfrage ist dx, und die relative Änderung kann daraus abgeleitet werden, indem man diese durch einen Referenzwert x^r dividiert,

$$\text{Relative Nachfrageänderung} = \frac{\text{Absolute Nachfrageänderung}}{\text{Referenznachfrage}} = \frac{dx}{x^r} = \frac{x - x^r}{x^r}.$$

Dieselbe Idee kann man für Preisänderungen anwenden. Sei dp die Preisänderung und p^r der Referenzpreis, dann gilt

$$\text{Relative Preisänderung} = \frac{\text{Absolute Preisänderung}}{\text{Referenzpreis}} = \frac{dp}{p^r} = \frac{p - p^r}{p^r}.$$

Relative Änderungen sind unabhängig von den Messgrössen, da sich diese herauskürzen: Wenn der Nenner zum Beispiel in Kilogramm oder Schweizer Franken gemessen wird, dann gilt das auch für den Zähler. Relative Änderungen kann man in prozentuale Änderungen umwandeln, indem man sie mit 100 multipliziert.

Da wir nun die Masseinheiten beseitigt haben, können wir auf die ursprüngliche Frage zurückkommen, wie man Nachfrageänderungen misst, die durch Preisänderungen verursacht werden. Eine *Elastizität* setzt die relative Änderung einer Variable (Nachfrage) in Bezug zur relativen Änderung einer anderen Variable (Preis):

$$\text{Preiselastizität der Nachfrage} = \frac{\text{Relative Nachfrageänderung}}{\text{Relative Preisänderung}},$$

oder etwas formaler

$$\epsilon_p^x = \frac{dx/x}{dp/p} = \frac{dx}{dp} \cdot \frac{p}{x}.$$

Diese Elastizität heisst *Preiselastizität der Nachfrage*, und sie misst die prozentuale Veränderung der Nachfrage, die mit einer einprozentigen Veränderung des Preises einhergeht.

Wenn wir infinitesimale Änderungen der Preise und Mengen zulassen, können wir Elastizitäten mit Hilfe von Partiellen Ableitungen darstellen:

$$\epsilon_p^x = \frac{dx/x}{dp/p} = \frac{dx}{dp} \cdot \frac{p}{x} = \frac{\partial x}{\partial p} \cdot \frac{p}{x}.$$

Die Elastizität, die wir auf diesem Weg ermitteln, wird auch *Punktelastizität* genannt.

Bis hierher haben wir eine wichtige Elastizität bestimmt, aber man kann das Konzept natürlich auch benutzen, um andere Veränderungen zu messen. So hängt die Nachfrage nicht nur vom Preis des Guts sondern auch von den Preisen anderer Güter und vom Einkommen ab. Die folgenden Definitionen decken die am häufigsten verwendeten Nachfrageelastizitäten ab. Dabei verwenden wir die folgende Notation: Die Nachfrage nach einem Gut i ist eine Funktion des Preises dieses Guts, p_i, der Preise anderer Güter j, p_j und des Einkommens b.

▶ **Definition 17.1 Preiselastizität der Nachfrage** Die Preiselastizität der Nachfrage misst, um wie viel Prozent sich die Nachfrage nach Gut i verändert, wenn sich der Preis von Gut i um ein Prozent verändert,

$$\epsilon_{p_i}^{x_i} = \frac{dx_i/x_i}{dp_i/p_i} = \frac{dx_i}{dp_i} \cdot \frac{p_i}{x_i} = \frac{\partial x_i}{\partial p_i} \cdot \frac{p_i}{x_i}.$$

▶ **Definition 17.2 Kreuzpreiselastizität der Nachfrage** Die Kreuzpreiselastizität der Nachfrage misst, um wie viel Prozent sich die Nachfrage nach Gut i verändert, wenn sich der Preis von Gut j um ein Prozent verändert,

$$\epsilon_{p_j}^{x_i} = \frac{dx_i/x_i}{dp_j/p_j} = \frac{dx_i}{dp_j} \cdot \frac{p_j}{x_i} = \frac{\partial x_i}{\partial p_j} \cdot \frac{p_j}{x_i}.$$

▶ **Definition 17.3 Einkommenselastizität der Nachfrage** Die Einkommenselastizität der Nachfrage misst, um wie viel Prozent sich die Nachfrage nach Gut i verändert, wenn sich das Einkommen um ein Prozent verändert,

$$\epsilon_{b}^{x_i} = \frac{dx_i/x_i}{db/b} = \frac{dx_i}{db} \cdot \frac{b}{x_i} = \frac{\partial x_i}{\partial b} \cdot \frac{b}{x_i}.$$

Dieselben Fragen können bezüglich der Angebotsseite gestellt werden. Wir stellen im Folgenden die am häufigsten verwendeten Elastizitäten der Angebotsfunktion vor. Dazu nehmen wir an, dass das Angebot eine Guts i, y_i, eine Funktion des Preises dieses Guts p_i, des Lohns w und des Zinssatzes r ist.

▶ **Definition 17.4 Preiselastizität des Angebots** Die Preiselastizität des Angebots misst, um wie viel Prozent sich das Angebot von Gut i verändert, wenn sich der Preis von Gut i um ein Prozent verändert,

$$\epsilon_{p_i}^{y_i} = \frac{dy_i/x_i}{dp_i/p_i} = \frac{dy_i}{dp_i} \cdot \frac{p_i}{y_i} = \frac{\partial y_i}{\partial p_i} \cdot \frac{p_i}{y_i}.$$

▶ **Definition 17.5 Lohnelastizität des Angebots** Die Lohnelastizität des Angebots misst, um wie viel Prozent sich das Angebot von Gut i verändert, wenn sich der Lohn um ein Prozent verändert,

$$\epsilon_{w}^{y_i} = \frac{dy_i/y_i}{dw/w} = \frac{dy_i}{dw} \cdot \frac{w}{y_i} = \frac{\partial y_i}{\partial w} \cdot \frac{w}{y_i}.$$

▶ **Definition 17.6 Zinselastizität des Angebots** Die Zinselastizität des Angebots misst, um wie viel Prozent sich das Angebot von Gut i verändert, wenn sich der Zinssatz um ein Prozent verändert,

$$\epsilon_{r}^{y_i} = \frac{dy_i/y_i}{dr/r} = \frac{dy_i}{dr} \cdot \frac{r}{y_i} = \frac{\partial y_i}{\partial r} \cdot \frac{r}{y_i}.$$

Elastizitäten können positiv oder negativ sein. Ökonomen verwenden oft die Konvention, sich auf den absoluten Wert einer Elastizität zu beziehen, wenn dies keine Missverständnisse ergeben kann. Diese Konvention erlaubt es, die folgenden qualitativen Kategorien für Elastizitäten zu definieren (als absolute Werte).

▶ **Definition 17.7 Elastische Reaktion** Eine Grösse reagiert elastisch auf die Veränderung einer anderen Grösse, wenn die Elastizität grösser als eins ist.

▶ **Definition 17.8 Unelastische Reaktion** Eine Grösse reagiert unelastisch auf die Veränderung einer anderen Grösse, wenn die Elastizität kleiner als eins ist.

▶ **Definition 17.9 Isoelastische Reaktion** Eine Grösse reagiert isoelastisch auf die Veränderung einer anderen Grösse, wenn die Elastizität gleich als eins ist.

Beachten Sie, dass Elastizitäten lokale Masse sind. Eine Funktion kann an der einen Stelle elastisch und an einer anderen Stelle un- oder isoelastisch reagieren.

Literatur

Chiang, A. C. (1984). *Fundamental Methods of Mathematical Economics*, 3. Aufl. McGraw-Hill.

Stichwortverzeichnis

Infiniter Regress 14
Information, asymmetrische 147, 470
Input 67, 78, 124, 407, 428, 449
Institution 4, 49, 52, 59, 89, 104, 125, 441, 505
Institutionenökonomik 25, 27
  Neue 25
Instrumentalismus 19
Insula 367
Integration
  sequenzielle 42
  simultane 41
Interaktionsebene 8
Interdependent 272
Interdependenz 32, 123, 289, 409, 441, 455,
  473, 487
  intergenerative 145
  strategische 65, 272, 485
  zwischen Generationen 145
Internalisierung 123, 289, 409, 423, 440, 505
Iowa-Gambling-Task 377

K
Kabeljau 168
Käufer 63, 70, 112, 147, 454
Kalter Krieg als Spiel 290, 297
Kapazität 79, 172, 502, 512
Kapital 79, 124, 404, 439, 490
  humanes 80
  physisches 80
  soziales 80
  symbolisches 80
Kettenregel 530
Klimawandel 71, 148, 289
Klubgut 165, 447
Knappheit 4, 32, 59, 89, 107, 123, 158, 188,
  199, 504
  objektive 5
  subjektive 5
Kognition 376
Koinzidenz, doppelte der Wünsche 62
Kollusion 502
Komplement 76, 114, 471
  vollständiges 76, 190
Konfabulation 376, 378
Konflikt, militärischer 4, 296
Konkav 39, 426
Konkurrenz, vollständige 108, 421
Konsequenz, unintendierte 93
Konsequentialismus 26, 104
Konsumbündel 33, 185
Konsumeffizienz 107
Konsumentenrente 110, 173, 465,
  468, 502

Konsumentenwahl 196
Konsumexternalität
  negative 138, 159
  positive 138
Kontext und Verhalten 386
Kontrolle, exclusive eines wesentlichen
  Rohstoffs 446
Kontrollrecht, residuales 60
Konvention 379, 384
  gesellschaftliche 62, 80
Konvex 40, 185
Konvexität 183
  strikte 183, 215
Kooperation 371
Kooperationsproblem 289, 503, 504, 519
Koordinationsproblem 286, 289, 290, 504
Kopfsteuer 115
Kosten 26, 93, 114, 149, 285, 401, 422, 451,
  486, 513
  durchschnittliche variable 418
  kalkulatorische 406
  versunkene 417, 435
Kosten, variable 285, 417, 430, 513
  durchschnittliche 418, 432
Kostenfunktion 407, 426, 449, 480, 491, 513
Kostengleichung 439
Kreuzpreiselastizität 445
  der Nachfrage 445, 487, 542
Kritik, epistemische 230

L
Landsgemeinde 151
Laplace-Regel 239
Leben, das gute 357
Lernen 355
Leuchtturm 143
Lex Mercatoria 60
Linearkombination 250
Lohnelastizität des Angebots 542
London Congestion Charge 150
Lotterie 241
  elementare 242
  reduzierte 242
  zusammengesetzte 242

M
Macht, symbolische 384
Makroökonomik 11, 26, 290
Management von gesellschaftlichen
  Ressourcen 170
Marginalistische Revolution 27
Marke 187, 444, 524